普通高等教育"十四五"经济与管理类专业核心课程系列教材

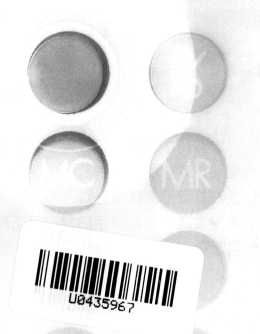

金融学（第二版）

主编 陈 健

内容提要

本教材以普通高等教育金融学教学大纲为指导框架，系统展示了金融学理论的核心内容，并通过海量数据、图表资料，力图展现全新的现实的金融实践，帮助学生把金融学习和现实的现象联系起来，更好地推进理论学习和实践应用。

本教材主要内容包括货币与信用、利息与利息率、金融市场、金融工具、商业银行、非银行金融机构、中央银行、货币理论、通货膨胀和通货紧缩、货币政策、国际金融概论等。根据金融学的最新发展，第二版更新了基础知识、数据资料，增加了影子银行的内容。本教材每章前面有学习目标，章后有小结、关键词和思考题，除此之外，还精选了众多的知识拓展、案例、专栏、课程思政文章荐读等内容，以二维码的形式穿插于各章相应内容之中，在基本理论、实践知识之外，充实教材的内容，丰富教材的形式，拓宽学生的知识面。

本教材适用于经济、金融、管理类专业本科金融学或货币银行学课程使用，也可作为其他专业本科生、研究生的金融学入门教材；对于其他希望了解金融知识的读者，也是一本非常不错的入门读物。

当前,全球经济风起云涌,贸易争端此起彼伏,局部战争持续不断。中国经济顶住了巨大的压力,不断克服困难,砥砺前行。2022年党的二十大胜利召开,指明了中国未来的发展方向,中华民族伟大复兴的中国梦终将会实现。

距离《金融学》教材首次出版已经九年多时间,其间发生了很多与经济、金融有关的大事,也有一些历史之"最",不断刷新人们的认知,值得我们深思和回味。

全球通胀高企,2022年美国、欧洲各国大都达到了40年来的最高通货膨胀率的水平。美国滥用美元霸权,肆意超发美元,用来维持其过度庞大的政府开支,尤其是在应对疫情危机中超发7万亿美元(而美国2021年的国内生产总值为23万亿美元)。美国在利用美元霸权侵蚀他国利益的同时,也最终遭到了反噬:大量货币驻留国内,居民劳动意愿下降,商品供给小于需求,物价便开始急速上涨。当然,本次通胀高企,还有地缘冲突带来的能源价格飙升等其他因素,但毋庸置疑,美元的超发是其中的罪魁祸首。为了应对40年来最高的通胀率,美联储历史性地在一年中激进加息11次,累计加息幅度达525个基点,将联邦基金利率目标区间升至5.25%~5.5%。欧洲央行从2022年7月开始加息,迄今为止连续加息10次,累计加息450个基点;英格兰银行从2021年12月开始加息,迄今为止连续加息14次,累计加息515个基点。三大发达经济体中央银行在短时间内如此陡峭地集体加息,这在历史上非常罕见。美联储激进加息推动美元汇率持续走高,经济结构相对脆弱、深度依赖美元借贷和对外贸易的发展中国家可能承受更严重的冲击。

我国实施稳健的货币政策,管住货币总闸门,守护好老百姓的钱袋子,社会融资规模增长与经济增长总体匹配,利率和汇率市场化改革稳步推进,人民币汇率形成机制进一步完善,有力促进稳增长、稳物价、稳就业和国际收支平衡。金融业综合实力大幅提升,2023年末金融业总资产超过461万亿元,5家银行、保险机构成为全球系统重要性金融机构,股票市场、债券市场和保险市场规模均居全球第二,外汇储备规模连续19年稳居全球第一。

在稳健的货币政策下,我国金融服务实体经济质效明显提升,制造业、科技创新等重点领域融资持续快速增长,绿色金融全球领先,普惠小微贷款实现"量增、面扩、价降",数字金融服务走在世界前列。坚决遏制"脱实向虚",影子银行规模较历史峰值压降接近30万亿元。

金融改革开放呈现新局面。金融基础性制度建设持续加强,推动制定和修改法律法规规章百余部;稳步推进股票发行注册制改革,推出科创板,改革创业板,设立北京证券交易所;政策性、开发性银行实行分类分账管理;开展数字人民币试点;取消银行、证券、保险行业外资股比限制。

人民币国际化持续推进。人民币加入国际货币基金组织特别提款权(SDR),成为全球第三大篮子货币、第五大储备货币。实体经济相关跨境人民币结算量保持较快增长,大宗商品、跨境电商等领域成为新的增长点,跨境双向投资活动持续活跃。人民币汇率总体呈现双向波动态势,市场主体使用人民币规避汇率风险的内生需求逐步增长。人民币跨境投融资、交易结算等基础性制度持续完善,服务实体经济能力不断增强。我国金融市场开放持续推进,人民币资产对全球投资者保持较高吸引力,证券投资项下人民币跨境收付总体呈净流入态势。截至2024年7月末,境外投资者持有我国债券4.5万亿元,创历史新高。人民币在全球贸易融资中的占比为6%,排名第二位。2022年末,人民币在全球贸易融资中占比为3.91%,同比上升1.9个百分点,排名第三。2023年9月,人民币在全球贸易融资中占比为5.8%,同比上升1.6个百分点,排名上升至第二。

以推进金融高质量发展为主题,全面加强金融监管,有效防范化解金融风险,牢牢守住不发生系统性金融风险的底线。稳妥处置高风险集团和高风险金融机构,坚持市场化、法治化原则,补齐制度短板,对一批风险程度高、规模大的企业集团"精准拆弹"。精准处置"明天系""安邦系"、华信集团、海航集团、方正集团等大型集团风险,平稳化解一批高风险中小金融机构风险,金融风险整体收敛。

我国持续建设现代中央银行制度。完善货币政策体系,维护币值稳定和经济增长。深化金融体制改革,提升金融服务实体经济能力。深化金融供给侧结构性改革,持续优化金融产品和金融服务,大力发展普惠金融、绿色金融、科技金融,推进构建多层次资本市场,健全资本市场功能,提高直接融资比重,加强金融基础设施建设。健全绿色金融体系,构建绿色金融"五大支柱",支持碳达峰、碳中和目标的实现。落实金融机构及股东的主体责任,提升金融机构的稳健性。2017年至2021年5年间,银行业机构共计提贷款拨备超过8万亿元,核销不良资产超过6万亿元,补充资本金超过10万亿元。加强和完善现代金融监管,强化金融稳定保障体系,守住不发生系统性风险底线。

在如火如荼的金融实践和理论变化中,《金融学》教材也需要与时俱进。荣幸的是,本书第一版荣获中国电子教育学会2016年全国电子信息类和财经类优秀教材评选三等奖。获奖是肯定,也是压力,敦促着我们对教材的完善和修订。本次《金融学》的修订,侧重于建设立体化教材。在第一版的基础上,根据金融学的最新发展,对于相应的知识点、数据资料进行了更新;同时加入了一些新的内容,如影子银行等;并以二维码的形式将知识拓展、课程思政等内容进行数字化展示;在学银在线上建立了与教材配套的网络课程平台,搜索"金融学"课程即可找到本课程主页,网络课程平台面向所有读者,提供课程配套的PPT、教学视频、习题、思政案例、试题、讨论题等,并提供了广泛的阅读资料、视频以及各种报告。

本次教材修订过程中,奥百宁、冯江红、党晶晶、唐建强、侯剑平、赵菁、介迎疆等老师参与了教材的修订工作,陈健作为主编对教材整体内容进行组织和编撰。

陈健
2024年9月10日,西安

第一版 前言
FIRST EDITION FOREWORD

金融是经济的核心,金融学是经济学皇冠上的明珠。金融的发展在中国正进入日新月异的阶段。尤其是2012年以来,中国政府对于金融创新给予了更为宽松的政策,国内的金融创新步伐不断加快。金融机构的业务创新、拓展,新的金融业态的出现,不断推进国内金融市场的发展。

中国金融实践的推进如火如荼,对经济的影响日益深远,是我们这一代人所不能忽视的。

银行业向民营经济开放:2014年7月,银监会批准了深圳前海微众银行、温州民商银行、天津金城银行等3家民营银行的筹建申请。目前,我国已有100余家中小商业银行的民间资本占比超过50%,其中部分为100%民间资本;全国农村合作金融机构民间资本占比超过90%,村镇银行民间资本占比超过72%。民间资本进入银行业取得历史性突破。

多层次资本市场不断完善:新三板(全国中小股份转让系统)在2014年以来呈现爆发式增长,目前挂牌公司数已经超过2400家,其中做市的公司达到300多家。A股市场的市值已经突破70万亿元人民币。

2015年股票市场的跌宕起伏,千股涨停、千股跌停、千股停牌的壮观景象,以及由于查市场配资、降杠杆所带来的股灾,"国家队"的入场救市,都是前所未有的景象,也凸显了市场发展中改革的机遇与挑战并存。

金融开放步伐不断推进:合格境外机构投资者(QFII)、人民币合格境外机构投资者(RQFII)额度不断提高;沪港通顺利运行,深港通推出在即;人民币国际化不断推进;2015年8月,人民币突然大幅贬值,牵动无数人的神经。

互联网金融如星火燎原,迅猛发展,推进了金融业态的创新和传统金融的改良,同时也推动了创业和创新的步伐,第三方支付、移动支付、P2P、众筹等互联网金融模式在探索中成长。

此外,央行货币政策实施也更趋灵活,手段更加多样;利率市场化向纵深发展;期货、期权品种不断增加,市场更加活跃;金融机构业态更加完善,除银行、保险、证券外,信托、担保、融资租赁、基金公司、小额贷款公司、典当等都登上了金融的舞台;2013年以来资产证券化加快推进;2015年中国主导下的亚投行的成立,改变了国际金融市场的格局……

在如此蓬勃发展的金融实践面前,我们的金融学教材就显得有些陈旧,跟不上实践的发展,不能给学生和使用者展示出金融的全貌和现状,书本和现实的差距有些大。基于这个原因,我们决定编写这本金融学教材,希望在金融学教材的经典内容之外,再补充一些新的金融实践方面的内容,更多地展现金融的现状和趋势,让大家有一种身临其境的感觉,而不是好像总是在回顾历史。

编者的编写原则和希望达到的效果是:内容完整,逻辑清晰;重点突出,注重实用;图文并茂,生动活泼;数据翔实,引经据典;习题总结,配套材料。教材的每一章前面有本章学习目标,每一章的最后有本章小结、关键词和思考题,每一章中间还会穿插一些知识拓展内容以及附录,在基本内容之外拓展知识面。同时教材配备了专门的PPT,以及习题解答,方便教师、学生和读者使用。

本教材含有数量众多的数据、图表,以研究者的态度来展示和论证金融的发展和现状。同时,我们也开通了微信公众号——金融交流圈①,在分享最新知识和金融实践的同时,与读者建立长期互动交流,提供更多的信息和服务。"金融交流圈"中有金融理论——《金融学》教材这个栏目,其中有课件PPT和课后习题答案,以及后续其他资料的下载。读者可扫描封底的二维码关注。

本教材系西安工业大学经济管理学院从事金融方面教学的7名教师编写而成。教材编写前后持续一年时间,经过多轮讨论和修改,凝聚了各位老师的心血。其中,陈健负责总体编写安排,具体编写分工如下:

第一章由冯江红编写,第二章由张海丽编写,第三、四章由陈健和卜文辉编写,第五章由卜文辉编写,第六章由冯江红编写,第七、八章由奥百宁编写,第九、十章由唐建强编写,第十一章由赵菁编写。

此外,范天腾、宋文达也参与了资料搜集工作,贾隽老师参与了教材的后期出版工作。同时,感谢西安交通大学出版社和袁娟编辑,为本教材出版工作做出的努力。

本教材适用于经济、金融、管理类专业本科金融学或货币银行学课程使用,也可作为其他专业本科生、硕士生尤其是MBA学生的金融学入门教材,对于其他希望了解金融知识的读者,也是一本非常不错的入门读物。

由于编者的水平所限,本书在编写过程中可能还存在一些问题,请读者不吝赐教,发邮件至chen_xait@163.com,以便我们再版时能够修正和完善。

希望我们的教材能够为中国金融教育事业贡献一份微薄的力量,能够在未来与中国的金融理论和实践共同发展和进步。

陈　健

2015年8月

---

① 现已更名为"财商健谈"。

目 录 CONTENTS

第一章　货币与信用　/1

第一节　货币的起源、职能及类型　/1
一、货币的起源　/1
二、货币的职能　/3
三、货币的类型　/5

第二节　货币制度　/10
一、货币制度及其构成　/10
二、货币制度的演变　/12

第三节　货币层次划分　/16
一、货币层次划分的意义和依据　/16
二、部分国家货币层次的划分　/16
三、我国货币层次的划分　/17

第四节　信用　/18
一、信用的概念　/18
二、信用的产生与发展　/18
三、信用形式　/19

第二章　利息与利息率　/24

第一节　利息　/24
一、利息的概念　/24
二、利息的本质　/25
三、利息转化为收益的一般形式　/26
四、收益的资本化　/26

第二节　利率及其种类　/27
一、利息率　/27
二、利率的种类　/27
三、利息率的计算方法　/31

第三节　利息理论与利率的决定　/31
一、实际利息理论　/31
二、货币利息理论　/33
三、利率的决定　/38

第四节　利率的结构及作用　/39
一、利率的结构　/39
二、利率的作用　/42

第五节　利率管理体系及市场化　/44
一、利率管理体系　/44
二、利率市场化　/44

第三章　金融市场　/48

第一节　金融市场概述　/48
一、金融市场的概念　/48
二、金融市场的分类　/48
三、金融市场的功能　/50

第二节　货币市场　/51
一、货币市场的概念和特点　/51
二、货币市场的结构　/52

第三节　股票市场　/63
一、股票市场概述　/63
二、股票市场的分类　/64
三、股票的一级市场　/67
四、股票的二级市场　/69
五、股票的价格指数　/71

第四节　债券市场　/76
一、债券市场概述　/76
二、债券的一级市场　/80
三、债券的二级市场　/91

第五节　证券投资基金市场　/99
一、证券投资基金的产生与发展　/99
二、我国证券投资基金发展情况　/99

第六节　金融衍生品市场* /100
　一、金融衍生产品市场概况 /100
　二、金融衍生产品市场类别 /100

第四章　金融工具 /111

第一节　货币市场金融工具 /111
　一、短期政府债券(国库券) /111
　二、票据 /113
　三、大额可转让定期存单 /116
　四、回购协议 /118

第二节　资本市场金融工具——股票 /120
　一、股票的概念 /120
　二、股票的特征 /120
　三、股票的种类 /120
　四、股票的价值 /123
　五、股票的价值评估方法 /124

第三节　资本市场金融工具——债券 /128
　一、债券的起源 /128
　二、债券的概念与特征 /129
　三、债券的分类 /130
　四、债券的票面要素 /135
　五、债券的定价 /136
　六、债券的投资风险 /139

第四节　资本市场金融工具——投资基金 /140
　一、投资基金概述 /140
　二、投资基金的分类 /142

第五节　资产证券化* /149
　一、资产证券化概述 /150
　二、资产证券化的分类 /154
　三、资产证券化的流程和设计(以信贷资产证券化为例) /159

第六节　衍生金融产品* /160
　一、远期交易 /160
　二、期货 /161
　三、期权 /164
　四、互换 /167

第五章　商业银行 /173

第一节　商业银行概述 /173
　一、商业银行的产生与发展 /173
　二、商业银行的性质与职能 /175
　三、商业银行的经营模式和组织形式 /176

第二节　商业银行的资本管理 /178
　一、商业银行资本构成 /178
　二、商业银行资本的筹集与管理 /179

第三节　商业银行的业务 /182
　一、商业银行的资产负债表 /182
　二、商业银行的负债业务 /183
　三、商业银行的资产业务 /188
　四、商业银行的中间业务 /195

第四节　商业银行经营管理 /199
　一、商业银行经营原则 /199
　二、商业银行经营管理理论的演变 /200
　三、商业银行风险管理的指标 /205

第五节　商业银行存款货币的创造 /208
　一、原始存款和派生存款 /208
　二、存款的创造过程与原理 /209
　三、派生倍数的修正 /210

第六节　影子银行 /211
　一、影子银行的提出 /211
　二、影子银行的主要特点 /211
　三、影子银行的功能 /212
　四、我国影子银行的主要特点 /213
　五、我国影子银行的判别标准、范围和分类 /213
　六、我国影子银行的发展和风险 /217
　七、我国影子银行的危害与治理 /220

第六章　非银行金融机构 /225

第一节　政策性银行 /225

---

* 表示建议选学内容。

一、政策性银行的含义 /225
　　二、政策性银行的特征 /226
　　三、我国政策性银行 /226
第二节　保险公司 /229
　　一、保险与保险公司 /229
　　二、保险公司的产生 /229
　　三、保险公司的基本职能 /229
　　四、保险公司分类 /230
　　五、我国保险公司的发展及现状 /232
第三节　投资银行 /234
　　一、投资银行的含义 /234
　　二、投资银行的产生和发展 /235
　　三、投资银行的业务 /236
　　四、投资银行与商业银行的比较 /237
　　五、我国投资银行的发展及现状 /238
第四节　信托投资公司 /239
　　一、信托投资公司的含义 /239
　　二、信托业的产生 /239
　　三、信托投资公司的业务范围 /239
　　四、我国信托业的发展历程 /240
第五节　基金管理公司 /244
第六节　其他金融机构 /247
　　一、信用合作社 /247
　　二、金融租赁公司 /248
　　三、财务公司 /249
　　四、小额贷款公司 /251

第七章　中央银行 /254

第一节　中央银行的产生与发展 /254
　　一、中央银行的产生 /254
　　二、中央银行的发展 /256
　　三、中央银行在中国的发展 /257
第二节　中央银行制度 /259
　　一、中央银行的所有制形式 /259
　　二、中央银行的组织形式 /260
第三节　中央银行的性质与职能 /262
　　一、中央银行的性质 /262
　　二、中央银行的职能 /263
第四节　中央银行的业务 /265

　　一、中央银行的资产负债表 /265
　　二、中央银行的负债业务 /267
　　三、中央银行的资产业务 /268
　　四、中间业务 /270
第五节　中央银行的相对独立性 /273
　　一、中央银行相对独立性的含义 /273
　　二、中央银行相对独立性的表现 /273
　　三、中央银行相对独立性的不同模式 /274

第八章　货币理论 /277

第一节　货币需求 /277
　　一、货币需求的含义 /277
　　二、货币需求的类型 /278
第二节　货币需求理论的演变 /279
　　一、马克思的货币需求理论 /279
　　二、传统的货币数量论 /281
　　三、凯恩斯的货币需求理论及其发展 /283
　　四、弗里德曼的新货币数量说 /288
　　五、麦金农提出的发展中国家的货币需求函数 /289
第三节　货币供给 /290
　　一、货币供给的定义和货币供给量的层次 /290
　　二、基础货币 /292
　　三、货币乘数与货币供给模型 /295
　　四、货币供给的内生性与外生性 /299

第九章　通货膨胀和通货紧缩 /303

第一节　通货膨胀概述 /303
　　一、通货膨胀的定义 /303
　　二、通货膨胀的度量 /304
　　三、通货膨胀的类型 /307
第二节　通货膨胀的形成机理 /308
　　一、需求拉动型通货膨胀 /308
　　二、成本推进型通货膨胀 /311
　　三、结构型通货膨胀 /312
　　四、供求混合推进型通货膨胀 /314

第三节 通货膨胀的社会经济效应 /315
  一、通货膨胀的产出效应 /315
  二、通货膨胀的强制储蓄效应——通货膨胀税 /317
  三、通货膨胀的收入分配效应 /317
  四、通货膨胀的资产结构调整效应 /317
  五、通货膨胀的资源分配效应 /318
  六、恶性通货膨胀与社会危机 /319

第四节 通货膨胀的治理 /319
  一、宏观紧缩政策 /319
  二、收入指数化政策 /321
  三、其他治理通货膨胀的政策 /321

第五节 通货紧缩 /322
  一、通货紧缩的概念 /322
  二、通货紧缩的分类 /323
  三、通货紧缩的原因 /324
  四、通货紧缩的影响及危害 /324
  五、通货紧缩的治理 /325

第十章 货币政策 /328

第一节 货币政策的最终目标 /328
  一、货币政策概述 /328
  二、货币政策目标 /329
  三、货币政策最终目标之间的关系 /331
  四、货币政策最终目标的选择方式 /333

第二节 货币政策工具 /334
  一、一般性货币政策工具 /334
  二、选择性货币政策工具 /340
  三、中国特色的货币政策框架 /342

第三节 货币政策的中介目标和传导机制 /344
  一、货币政策的操作目标和中介目标 /344
  二、操作目标和中介目标的常用指标变量 /346
  三、货币政策的传导机制 /348

第四节 货币政策效应 /351
  一、货币政策效应及其衡量 /351
  二、影响货币政策效应的因素 /352
  三、货币政策与财政政策的配合 /353

第十一章 国际金融概论 /356

第一节 外汇和汇率 /356
  一、外汇 /356
  二、汇率及其标价方法 /357
  三、汇率的种类 /358
  四、汇率的变动 /360
  五、外汇交易 /363
  六、国际储备 /365

第二节 国际货币体系 /366
  一、国际货币体系的概念和主要内容 /366
  二、国际金本位制 /366
  三、布雷顿森林体系 /367
  四、牙买加体系 /368

第三节 国际金融市场 /368
  一、国际金融市场概述 /368
  二、欧洲货币市场 /369
  三、国际货币市场 /373
  四、国际资本市场 /377

课程思政文章荐读 /382

主要参考文献 /383

第一章 货币与信用

本章学习目标

1. 掌握货币的含义和职能。
2. 了解货币的形式及其演变。
3. 掌握货币的层次及其划分的意义和依据。
4. 掌握货币制度的含义、主要内容和演变过程。
5. 掌握货币流通的形式和渠道。
6. 掌握信用的含义、产生及信用形式。

第一节 货币的起源、职能及类型

货币自问世以来,已经有几千年的历史,早在物物交换的时期就产生了货币。我国货币从秦朝的"秦半两"、宋代的"交子"、清末的"银元",发展到现在形形色色的纸币、硬币、支票、电子货币,乃至已悄然到来的数字货币。在现代市场经济中,货币渗透到社会经济生活的各个细胞,通过货币完成了产品和服务的定价、交换、支付和价值贮藏等各种功能。如果离开了货币,整个现代经济将无法运转。为什么货币具有这么大的威力?货币从何而来?为什么那些由银行发行的印有各种花纹和颜色的纸片,可以换来任何商品,进而为世人所追求?我们从货币的发展历史、功能、类型等出发,来分析这些问题。

一、货币的起源

(一)古代中国和西方的货币起源学说

从历史资料的记载可以看出,货币的出现是和交换联系在一起的。根据历史记载和考古发现,最早出现的货币是实物货币,在古印度、波斯等都有用牛、羊作为货币的记载。在公元前11世纪,中国就铸造铜贝,也是世界上最早的铸币。

关于货币的起源有不同的观点。中国古代关于货币起源的学说主要有:

(1)先王制币说。先王制币说认为货币是先王为解决民间交换困难而创造出来的。《国语·周语》中记载,古时候天灾降临,先王为赈救百姓,便创造出货币以解决百姓交换的困难。这种学说在先秦时代非常盛行。

(2)司马迁的产品交换说。史学家司马迁则认为货币是用来沟通产品交换的手段,是为适应商品交换的需要而产生的。《史记》中记载,随着农工商业的交换和流通渠道的畅通,货币和货币流通应运而生,随之兴隆。

西方关于货币起源的学说主要有:

(1)创造发明说。创造发明说认为货币是由国家或先哲创造出来的,如早期的古罗马法学家鲍鲁斯认为买卖源于物物交换,货币是国家创造的解决物物交换困难的公共形式。

(2)便于交换说。便于交换说认为货币是为解决直接的物物交换的困难而产生的。如英国经济学家亚当·斯密认为:货币是随着商品交换发展逐渐从诸货物中分离出来的,是为解决相对价值太多而不易记忆、直接物物交换的不便而产生的。

(3)保存财富说。保存财富说从货币与财富的关系中说明货币产生的必要性,认为货币是为保存财富产生的。如法国经济学家西斯蒙第认为:货币本身不是财富,但随着财富的增加,人们要保存财富、交换财富和计算财富的量,便产生了对货币的需求,货币是保存财富的一种工具。

(二)马克思的货币起源学说

马克思对货币理论的系统研究开始于19世纪40年代,当时资本主义在西方一些主要国家中已经有了较为充分的发展,而对于商品货币的理论探索也有三四百年的历史。在这样的基础上,马克思第一次对货币问题做了系统的理论阐述,揭开了"货币之谜"。

马克思认为,在人类社会产生初期的原始社会中,既不存在商品也不存在货币。随着社会的发展,出现了社会分工和私有制,劳动产品也转化成了专门为交换而生产的商品;随着商品交换的发展,也就产生了不同的价值形式。货币起源于商品,是商品生产和商品交换发展到一定程度的产物,是商品经济内在矛盾发展的产物,是商品矛盾运动中价值形式发展的必然结果。

商品是为了交换而生产的劳动产品。商品经济内部存在着矛盾:如使用价值和价值的矛盾、具体劳动和抽象劳动的矛盾、私人劳动和社会劳动的矛盾。这其中,私人劳动和社会劳动是最基本的矛盾。商品经济产生的两个基本前提条件,一是社会分工,二是不同的所有制。一方面由于存在不同的所有制和社会分工,每个劳动者生产什么、生产多少都由劳动者自己决定,生产成果归劳动者个人所有,生产商品的劳动表现为私人劳动。另一方面,由于社会分工,劳动者之间联系紧密,彼此都为对方的需要而生产,每个人的劳动都是社会总劳动的一部分,生产商品的劳动又具有社会劳动的性质。私人劳动通过商品交换,得到社会的承认,从而转化为社会劳动。

商品的使用价值和价值是商品内部的另一对矛盾。商品的使用价值是商品的有用性,是商品的自然属性,由具体劳动创造的;商品的价值是凝结在商品中的无差别的人类劳动,是商品的社会属性,由抽象劳动形成的。在商品交换中,人们必须衡量商品的价值,而商品的价值不可以自我表现,只有在两种商品的交换中,通过另一种商品的价值来表现。因此,商品交换中价值必然要求价值表现,必须有商品价值的表现形式,即价值形式。

这种价值形式的发展经历了四个阶段,也就是货币随着商品生产和商品交换的发展由萌芽到形成的全部历史过程。

1. 简单的(偶然的)价值形式

在原始社会末期,在交换中,一种商品的价值偶然地表现在另一种商品上,这种形式就是简单的或偶然的价值形式。如:

$$1 \text{只绵羊} = 2 \text{把斧子}$$

第一章 货币与信用

两把斧子以它的使用价值表现绵羊的价值,绵羊的价值得到实现,转化为社会劳动,而斧子作为货币的胚胎出现。

2. **扩大的价值形式**

随着社会生产力的发展,商品交换变得经常和丰富,一种商品的价值经常地表现在一系列的商品上。即许多商品的使用价值都可以表现一种商品的价值,如:

$$1只绵羊 = \begin{cases} 2把斧子 \\ 1袋粮食 \\ 3克黄金 \end{cases}$$

等价物可以由一系列商品来充当,说明了商品价值是人类无差别劳动的凝结,商品交换量的比例是以价值量为基础的。

偶然的简单的价值形式和扩大的价值形式出现于商品经济初期,表现为物与物的交换,交易必须在物质形态上同时满足双方的需要。简单的价值形式适应于偶然的商品交换,扩大的价值形式适应于频繁的商品交换。

3. **一般价值形式**

一种商品从商品世界中脱离出来,人们用它作为商品交换的媒介,交换中所有商品的价值都由这一种商品来表现。许多商品的价值通过同一种商品的使用价值来表现,这种商品就成为一般等价物,价值形式因此产生了质的飞跃,如:

$$\left.\begin{array}{l} 2把斧子 \\ 1袋粮食 \\ 3克黄金 \\ 2匹布 \end{array}\right\} = 1只绵羊$$

任何一种商品只要与作为一般等价物的商品交换成功,该商品的使用价值就转化为价值,具体劳动转化为抽象劳动,私人劳动转化为社会劳动。此时,作为一般等价物的商品实际起着货币的作用。只是在一般等价物中,担任一般等价物的商品不固定,不同时期、不同地区有不同的商品来充当一般等价物。

4. **货币价值形式**

更大规模和更大范围的商品交换要求有固定的、统一的一般等价物。经过长期的发展,一般等价物最后固定在贵金属——金、银上,金银因其体积小、价值大、质地均匀、便于分割等特性,被用来固定充当商品交换的媒介,最终成为货币。

商品价值形式的发展过程,也就是货币随着商品生产和交换的发展由萌芽到形成的全部历史过程,充分说明货币起源于商品,是商品经济内在矛盾发展的产物,是商品交换的媒介,是商品价值形式的完成形式。

➤ 二、货币的职能

货币的职能是货币作为一般等价物所发挥的作用与功能,是货币本质的具体体现,是商品交换所赋予的,也是人们利用货币的客观依据。它是在商品经济发展中逐渐形成的,按照货币职能产生、形成的历史顺序。货币有五种职能:价值尺度、流通手段、贮藏手段、支付手段和世界货币。其中,价值尺度和流通手段是最早产生的基本的职能,正如马克思所说:"一种商品成为货币,首先是因为它是价值尺度和流通手段的统一。"

(一)价值尺度

价值尺度是指货币在被用于计算和衡量其他一切商品价值时所发挥的一种职能,即货币用于表现商品价值和衡量商品价值量的大小,把一切商品的价值都表现为一定的货币量。

货币执行价值尺度职能是通过把商品价值表现为价格来实现,当以一定量货币表现商品的价值时,就成为商品的价格。价值是价格的基础,价格是价值的货币表现。执行价值尺度的货币本身是商品,具有使用价值和价值,因此可以充当商品的价值尺度。

这种每一货币单位所内含的、用于测定一切商品价值的含金量——价格标准,最早是以金属重量单位的名称来命名,如中国的"两"和英国的"镑"。以后价格标准和重量标准逐渐分离了,价值尺度是在商品交换中自发形成的,而价格标准是国家法律规定的、为价值尺度服务的一种货币单位。

货币执行价值尺度职能具有观念性的特点,即给商品贴上一个价码标签,因为只是表现价值,不是实现价值,因此不需要真正的现实的货币。

(二)流通手段

流通手段是货币充当商品交换媒介时所发挥的职能,是为了克服物物交换的局限性而产生的。

货币出现前,商品交换采取物物直接交换形式,即 W—W①,是买卖过程的统一。货币产生后,商品所有者先以自己的商品换成货币,再用货币购买自己所需要的商品,形成 W—G—W 的流通过程,由此产生了货币的流通手段职能,货币是商品交换的媒介,买卖过程分开了。如果有些人卖了商品不马上买,则另一些人的商品就有可能卖不出去,从而引发买卖脱节,使社会分工的联结有中断的可能,潜藏着经济危机。

以货币为媒介的商品交换,就是商品流通。货币作为交换的媒介执行流通手段的职能,打破了直接物物交换在时间上和空间上的局限性,扩大了商品交换的品种、数量和地域范围,促进了商品交换和商品生产的发展。

价值尺度表现了商品价值,而流通手段则是通过货币媒介来实现商品价值。货币是价值尺度和流通手段的统一,就已经体现货币作为一般等价物的基本内容——衡量和表现商品价值,并可以购买其他一切商品。

(三)贮藏手段

贮藏手段是指货币退出流通,以社会财富的直接化身被贮藏起来的职能。货币作为一般等价物可以购买到任何商品,因而成为社会财富的一般代表和直接化身。人们为了积累和保存社会财富,便产生了贮藏货币的需求。

马克思所指出的典型意义的贮藏手段,是金融货币流通条件下的金银原始条块的贮藏。金属货币具有十足的价值,它作为社会财富在退出流通后被贮藏起来,具有永久性和保值性的

---

① 本段中,W 代表商品,G 代表货币。W—W 代表物物交换形式,W—G—W 代表货币作为媒介的商品流通形式。

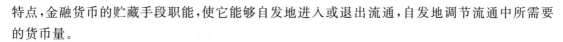

特点,金融货币的贮藏手段职能,使它能够自发地进入或退出流通,自发地调节流通中所需要的货币量。

(四) 支付手段

当货币作为价值运动的独立形式进行单方面转移时,就执行支付手段职能。如偿还赊销商品的欠款、上缴税金和发放工资、支付租金等。

支付手段起源于商品的赊买赊卖或延期支付,即起源于商业信用。货币作为支付手段时,等值的商品和货币在交换过程的两极不再同时出现,货币不再是商品交换的媒介,而是作为补充交换行为的一个环节,作为交换价值的绝对存在,独立地结束商品交换的整个过程。

货币充当支付手段职能,首先促进了商品生产和流通的发展,因为货币执行支付手段职能,最初主要是为商品流通服务的,用于商品生产者之间清偿债务。以后,随着商品生产的发展,货币的支付手段职能已经超出了商品流通领域,扩展到其他领域,如工资、房租、租金等。其次,货币作为流通手段克服了物物交换的种种局限性,而货币作为支付手段又克服了货币作为流通手段所要求的一手交钱、一手交货的局限性,促进了商品交换。但同时也扩大了商品经济的矛盾。在商业信用盛行时,商品生产者之间的债权债务关系普遍存在,导致债务链。

(五) 世界货币

当货币超越国界,在国际市场上发挥一般等价物作用时便执行世界货币的职能。

世界货币的作用首先是作为国际支付手段,用以平衡国际收支差额。其次是作为国际购买手段,用于购买外国产品,此时货币充当货币商品与普通商品相互交换。最后是作为国际资本和财富转移的一种手段,如用于对外投资、对外援助和战争赔款等。

典型意义上的世界货币是原始的金块、银块的形式。在现代信用货币制度下,主要由那些在国际上可以自由兑换成其他国家货币的硬通货来充当世界货币。理论上,信用货币由于没有内在价值,是不能执行世界货币职能的,但在西方发达国家的信用货币,可以成为世界上各国普遍接受的硬通货,实际上发挥世界货币的职能。世界各国都把这些硬通货作为本国储备的一部分,并用于作为国际支付手段和购买手段。

货币的五种职能是具有内在联系的,每一种职能都是货币作为一般等价物的本质反映;货币的价值尺度和流通手段是两个基本职能,其他职能是在这两个职能的基础上发展产生的;从历史和逻辑上讲,货币的各个职能都是按顺序随着商品流通及其内在矛盾的发展而逐渐形成的,从而反映了商品生产和商品流通的历史发展进程。

三、货币的类型

根据货币材料的演变,迄今为止,货币形态大致经历了实物货币、金属货币、代用货币、信用货币、电子货币、数字货币等几种形式,它代表着货币形态从低级向高级的发展过程。

货币材料,即币材,是指充当货币的材料或制品,一般的,充当货币材料应具备以下性质:一是价值较高;二是易于分割;三是易于保存;四是便于携带。其中,充当货币的材料价值较高,就可以用少量的货币完成大量的交易;易于分割是指货币材料可以自由分割,且分割后不影响其价值,并且分割后各个部分的价值量相等以便为价值量不等的商品交易服务;易于保是指货币材料不会因为保存而减少价值,不需要支付费用;便于携带则可以使货币在较大区域内用于充当商品交换的媒介。对同一种货币材料而言,这四个要求不是在任何时期都同等重要的。货币形态的发展过程,反映出商品生产和商品交换的发展对货币材料的要求。

(一)实物货币

实物货币即商品货币,是指以自然存在的某种物品或人们生产的某种物品来充当货币。实物货币作为货币,其价值与其作为普通商品价值相等。实物货币是在商品交换的长期发展过程中产生的最初的货币形式,是商品间接交换的一般价值形态的表现,最初实物货币被固定在某些特定种类的商品上。在中国,大致在新石器时代晚期开始出现牲畜、龟背、农具等实物货币。夏商周时期是中国实物货币发展的鼎盛期,同时也是衰落期,这时期的实物货币主要是由布帛、天然贝等来充当。在货币发展的历史上,牲畜(牛、羊和狗等)、贝壳、动物的牙齿以及兽角、毛皮、盐巴等都曾充当过实物货币。

(二)金属货币

金属货币是指以金银铜等金属为币材的货币。金属货币的演化沿着两个方向进行:一是随着交易规模的不断扩大,经历了由贱金属向贵金属的演变,货币金属最初是贱金属,如铜。随着生产力的提高,参加交换的商品数量增加,需要包含价值量大的贵金属充当货币,币材由铜向金银过渡。二是金属货币经历了由称量货币向铸币的演变。金属货币最初是以条块的形状流通的,交易时要称其重量,估其成色,这时的货币就是称量货币,如磅、铢,称量货币在交易中很不方便,难以适应商品生产和商品交换的发展需要。随着社会第三次大分工——商人阶级的出现,一些富裕的有信誉的商人就在货币金属块上打上印记,表明其重量和成色,便于流通,这就是最初的铸币。后来,铸币由国家统一铸造,成为由国家统一铸造并规定成色重量的金属货币。中国最早的圆形铸币是战国时的圆钱,流通全国的是秦始皇为统一中国货币而铸造的秦半两。

实物货币和金属货币都属于足值货币,具有以下特点:

首先,足值货币本身是具有十足内在价值的商品,足值货币的内在价值被充分地表现在其外在的使用价值上,足值货币既可以作为一般商品消费,也可以作为货币流通,它作为普通商品的价值,与它充当货币的价值是相等的。

其次,足值货币是以其自身所包含的实际价值同商品世界的其他一切商品相交换的。足值货币与其他商品交换是一种内在价值的等量交换,即以其各自内在价值的大小来决定交换的比例。

最后,足值货币本身包含着否定自身的因素。足值货币作为一种独立的货币形态,在世界货币历史中占有相当长的一段历史时期,因为它适应当时的社会生产力水平。随着社会生产力的发展,商品生产和商品流通的不断扩大,足值货币形态越来越难以适应社会经济发展的需要,从而决定其必然要向高一级的货币形态转化。

(三)代用货币

货币的流通手段职能为信用货币的产生提供了可能性。货币作为商品交换的媒介,在流通中只起到转瞬即逝的媒介作用,人们更多关心的是用货币能否换回价值相当的商品,而不是货币实体的价值量。事实上,流通中被磨损的铸币被人们接受,服务于流通,并不影响流通,就表明货币可以用象征的货币符号来执行流通手段职能,即产生了代用货币。代用货币具有如下几个方面的特点。

首先,代用货币是由政府或银行发行,以纸币来代替金属货币流通,即是一种可以兑换的信用货币,如早期的银行券。代用货币是代替金属货币在市场上流通的,为商品流通服务,即代用货币是金属货币的价值符号,其价值等于其所代表的金属货币价值,虽然其内在价值低于其额定价值,但由于它可以随时兑换成其所代表的金属货币,所以可以被人们接受。

其次,代用货币是由足值货币向现代信用货币发展的一种中介性、过渡性的货币形态。一方面,它完全是建立在足值货币的基础上,代表足值货币行使货币的基本职能,并能兑换成等价的足值金属货币,因而具有足值金属货币的烙印。另一方面,它作为不具有实足价值的价格符号,之所以能够像足值货币一样发挥货币的职能,显然体现了一定的信用关系,具有信用货币的特征。

典型的代用货币是银行券,银行券是由于资本主义银行的发展而首先在欧洲出现的代用货币,其特点是:①银行券是由银行发行的可以随时兑换成金属货币的代用货币,是代替金属货币流通与支付的信用工具。②银行券的发行必须具有发行保证,一般是黄金保证或信用保证,黄金保证体现为银行的黄金准备,信用保证体现为银行保证兑现的信用度。③早期银行券的发行是分散的,各个银行都可以凭借自己的信誉或能力发行银行券,前提是必须保证随时可以按面额兑换成金属货币。

(四)信用货币

信用货币是以信用作为保证,通过一定信用程序发行的,充当流通手段和支付手段的货币形态,是货币发展中的现代形态。目前世界各国发行的货币,基本都属于信用货币。

信用货币本身已经和金属货币相脱离,是一种信用工具或债权债务凭证,自身没有内在价值,也不能与足值的金属货币相兑换。它之所以能被社会公众接受作为流通手段和价值尺度以及用于支付的手段,是因为各社会经济行为主体对它普遍的信任。这种信任一方面来自代用货币的长期信用,使公众在兑换停止后依然保持对价值符号的货币幻觉;另一方面来自国家对这种货币价值符号的收付承诺,不仅国家征税时按面值接受,而且法定规定任何人不得拒绝接受该种信用货币,使得它成为法偿货币。

在相当长的一段历史时期内,国家为了弥补财政赤字,凭借政权直接发行并强制流通纸制的货币符号,如英国财政部发行的纸钞等,这些都是国家纸币,从性质上说,也是一种凭国家信用流通的信用货币。

中国是世界上最早使用纸币的国家。公元 11 世纪,北宋的交子是典型的纸币,它是由国家印制、强制流通的不兑现的货币符号。其后,元、明、清发行的宝钞,也属于典型的纸币。

新中国成立之后,我国一共发行了五套货币,其中现在流通的主要是第五套纸币,还有少量第四套货币。新中国成立之初,由于经济实力较弱,出现过大面值的货币,甚至万元货币,现在已经很难见到了,这些不同时期的纸币也体现了当时的时代特征。

第一套人民币自 1948 年 12 月 1 日开始发行,共 12 种面额 62 种版别,其中 1 元券 2 种、5 元券 4 种、10 元券 4 种、20 元券 7 种、50 元券 7 种、100 元券 10 种、200 元券 5 种、500 元券 6 种、1000 元券 6 种、5000 元券 5 种、10 000 元券 4 种、50 000 元券 2 种。图 1-1 展示了第一套人民币部分图样。

第一套人民币50 000元纸币

第一套人民币50 000元纸币

第一套人民币10 000元纸币

第一套人民币10 000元纸币

第一套人民币10 000元纸币

第一套人民币10 000元纸币

图1-1 第一套人民币图样

(五)电子货币

电子货币是指用一定金额的现金或存款从发行者处兑换并获得代表相同金额的数据,通过使用某些电子化方法将该数据直接转移给支付对象,从而能够清偿债务。电子货币通常以银行卡(磁卡、智能卡)为媒体,具有如下的特点:

(1)以电子计算机技术为依托,进行储存支付和流通;

(2)融金融储蓄、信贷和非现金结算等多种功能于一体;

(3)使用简便、安全、迅速、可靠;

(4)可广泛应用于生产、交换、分配和消费领域。

电子货币是一种信息货币,说到底是观念化的货币信息,它实际上是由一组含有用户的身份、密码、金额、使用范围等内容的数据构成的特殊信息。人们使用电子货币交易时,实际上交换的是相关信息,这些信息传输到开设这种业务的商家后,交易双方进行结算,这种方式比现实银行系统的方式更省钱、更方便、更快捷。

随着信息技术的发展,人们为了实现货币在信息网络上的迅速转移与支付而创新了电子货币,这一新的货币形态之所以叫作货币,是因为它一开始指法币的电子信息形式(主要是指各种银行卡上的电子储值),是代替纸币执行货币职能的交易媒介,在经济学性质上与纸币完全相同,它与纸币相比主要是信息载体不同。

（六）数字货币

近年来伴随着互联网技术的发展，一种基于区块链技术、新型的不采用法币名称与单位的电子信息价值单位，如比特币（BTC）、以太币（ETH）、瑞波币（XRP）等所谓的数字货币，开始出现并迅速发展，现已成为互联网上使用的支付工具之一。截至2021年12月，全球数字货币市场共有币种15 784种。其中市值排名前30（TOP30）的数字货币的总市值约为2万亿美元，约占所有数字货币总市值的89.84%。市值排名第一的是比特币（BTC），约为9040亿美元，占TOP30总市值的45%。

数字货币是基于数字原理，通过特定的算法大量计算产生的网络虚拟货币。欧洲银行业管理局将虚拟货币定义为：价值的数字化表示，不由央行或当局发行，也不与法币挂钩，但由于被公众所接受，所以可作为支付手段，也可以电子形式转移、存储或交易。这便是数字货币最早的概念。随着技术的发展，数字货币概念也逐步延伸，不仅仅限制于使用区块链技术。

这些数字货币在某些特定的领域，以及特定的国家被接受并作为支付工具[①]，但大多数的国家政府是抵制和反对这些数字货币作为支付工具存在的。这些第三方的数字货币更多地可以看作是一种以算法作为基础的虚拟加密货币，它们没有国家信用作为基础，受到投机的影响，市场价值波动巨大；需要浪费大量的能源来"挖矿"，才能产生其加密货币，不利于能源的节约和碳减排的大趋势；同时不是由央行发行，无法完成货币所有的职能；更重要的是政府不能控制，也不能实现政府的货币政策。而且，这些数字货币不受监管，往往成为非法交易、洗钱等的工具。

各国央行为了适应数字货币时代的到来，也在相应推出央行主导的官方的数字货币，而我国央行数字货币的发展已经走在了世界的前列。除中国之外，一些拉美国家出于政治和经济的多重因素考虑，也在积极尝试将数字货币作为法定货币使用。

央行数字货币（central bank digital currencies，CBDC）[②]是指具备特定属性的、央行发行的、可以用于移动支付的数字货币。

具体而言，要界定某货币是否为"央行数字货币"，需要考察其是否满足特定条件，包括两个核心条件和两个必备条件：两个核心条件需要同时满足，而两个必备条件只需要满足其中一个即可。两个核心条件可以概括为"基础货币"和"数字化"。在两个核心条件的基础上，要成为央行数字货币，还必须至少满足"脱离账户"和"面向大众"这两个必备条件之一。

我国的央行数字货币DC/EP（digital currency/electronic payment）可以同时满足四个条件：央行发行、数字化、脱离账户、面向大众，是一种零售型的央行数字货币。在充分的技术准备和灵活的机制设计下，我国的央行数字货币可以同时满足小额交易的匿名性与大额交易的可控性，比现有的数字货币具有更高的安全性与法律地位，可以未雨绸缪地保护货币主权与法币地位，具有重大意义。央行数字货币与其他货币形式的对比如表1-1所示。

[①]如2021年9月7日，萨尔瓦多宣布成为全世界第一个承认比特币为法定货币的国家。2021年9月15日，古巴央行称关于加密货币的决议已生效，加密货币成为古巴商业交易的合法支付方式。

[②]国际组织对"央行数字货币"（下文简称CBDC）的唯一官方定义来自国际清算银行[支付和市场基础设施委员会（CPMI）与市场委员会（MC），2018]。

表1-1 央行数字货币与其他货币形式的对比

对比项	传统货币	银行存款	第三方支付	加密货币		央行数字货币(CBDC)
				比特币	Libra/Diem①	
发行主体	央行	央行	央行	无	Libra协会	央行
分发机构	商业银行	商业银行	第三方支付	比特币网络	第三方承销	指定商业银行
准备金率	100%	约10%	100%	无	100%	100%
底层资产	无	无	银行备付金	无	法币资产	无
是否中心化	是	是	是	否	半中心化	是
是否数字化	否	是	是	是	是	是
是否计息	否	是	否	否	否	否
是否匿名	完全匿名	实名	可控匿名	完全匿名	可控匿名	可控匿名
是否可离线	是	否	否	否	否	是
信用背书	国家信用	银行信用	企业信用	算法信用	企业&算法	国家信用
信用风险	无	低	低	高	高	无

在我国,数字人民币主要定位于现金类支付凭证(M_0),将与实物人民币长期并存。数字人民币与实物人民币具有同等法律地位和经济价值,以国家信用为支撑,具有法偿性。数字人民币与电子支付工具有着相似的支付功能,但也具备其特定优势,比如:可以不依赖银行账户进行价值转移,支持离线交易,具有"支付即结算"特性;支持可控匿名,有利于保护个人隐私及用户信息安全。

2019年末以来,中国人民银行在深圳、苏州、雄安、成都及2022北京冬奥会场景开展数字人民币试点测试。2020年11月开始,增加上海、海南、长沙、西安、青岛、大连6个新的试点地区。目前的试点省市基本涵盖长三角、珠三角、京津冀、中部、西部、东北、西北等不同地区。

数字人民币是一种零售型央行数字货币,主要用于满足国内零售支付需求。截至2021年6月30日,数字人民币试点场景已经超过132万个,覆盖生活缴费、餐饮服务、交通出行、购物消费、政务服务等领域,开立个人钱包2087万多个,对公钱包351万多个,累计交易笔数7075万多笔、金额约345亿元。

第二节 货币制度

一、货币制度及其构成

货币制度是国家对货币的有关要素、货币流通的组织与管理等加以规定所形成的制度,完善的货币制度能够保证货币和货币流通的稳定,保障货币正常发挥各项职能。依据货币制度作用范围的不同,货币制度可分为国家货币制度、国际货币制度和区域性货币制度;根据货币的不同特性,货币制度又分为金属货币制度和不兑现的信用货币制度。货币制度是随着商品

---

① Libra即天秤币,是脸书(Facebook)推出的虚拟加密货币,后重新命名为Diem。

经济的发展而逐步产生和发展的,到近代形成比较规范的制度。

货币制度主要包括以下六个方面的要素。

(一) 货币材料的确定

币材的确定是一个国家建立货币制度的首要步骤,具体选择什么金属作为货币材料受到客观经济发展条件以及资源禀赋的制约。世界上许多国家曾经长期以金属作为货币材料,在历史的发展中也往往有两种币材并行流通的现象,如中国先秦时期铜是本位币,但贝金银帛都曾并行,称为铜贝、铜银、铜帛本位制。

(二) 货币单位的确定

货币单位也是货币制度的构成要素之一。在具体的政权背景下,货币单位表现为国家规定的货币名称。在货币金属条件下,需要确定货币单位名称和每一货币单位所包含的货币金属量。规定了货币单位及其等分,就有了统一的价格标准,从而使货币能更准确地发挥计价流通的作用。当代,世界范围流通的都是信用货币,货币单位的确定,就同如何维持本国货币与外国货币的比价有直接关系。

(三) 规定流通中货币的种类

规定流通中货币的种类,主要是指规定主币和辅币。主币就是本位币。在金属铸币时期,本位币指用法定货币金属按照规定的规格经国家造币场铸成的铸币。信用货币制度下,本位币表示一个国家流通中标准的基本的通货,是一国货币制度的核心,其最小规格是一个货币单位。

辅币即辅助的货币,是由各种贱金属如铜镍铝铸造的,以本位货币单位以下的小面额的货币。它是本位币的等分,其面值多为货币单位的 1‰、2‰、5‰、10‰、20‰、50‰ 几种,主要用于小额支付和找零。国家以法令形式规定在一定限额内,辅币仅具有限法偿性,但可以与主币自由兑换。

(四) 对不同货币偿付能力的管理

偿付能力又叫法偿能力,指货币所具有的法定支付能力,分为有限法偿和无限法偿两种情况。

所谓无限法偿,就是有无限的法定支付能力,不论支付的数额大小,不论属于何种性质的支付,即不论是购买商品、支付服务、结清债务、缴纳税款等,收款人都不得拒绝接受。本位币就是无限法偿货币,在一次交易中一方所支付的货币数量不受限制。

所谓有限法偿,其实就是有限的法定偿付能力,即如果支付方用辅币支付的数额达到了法律规定的有限法偿标准,那么收款方可以拒绝接受。也就是指在一次支付中,若超过规定的数额,收款人有权拒绝接受,但在法定限额内不能拒绝接受。有限法偿主要是针对辅币而言的。

(五) 规定货币铸造、发行和流通程序

货币铸造发行的流通程序主要分为金属货币的自由铸造与限制铸造、信用货币的分散发行与集中垄断发行。自由铸造指公民有权用国家规定的货币材料,按照国家规定的货币单位在国家造币厂铸造铸币,一般而言主币可以自由铸造;限制铸造指只能由国家铸造,辅币为限制铸造。信用货币的分散发行指各商业银行可以自主发行,早期信用货币是分散发行,后来,各国信用货币的发行权都集中于中央银行或指定机构。

(六)货币发行准备制度的规定

货币发行准备制度是为约束货币发行规模、维护货币信用而制定的,要求货币发行者在发行货币时必须以某种金属或资产作为发行准备。在金属货币制度下,货币发行以法律规定的贵金属作为发行准备。在现代信用货币制度下,各国货币发行准备制度的内容比较复杂,一般包括现金准备和证券准备两大类。

现金准备包括黄金准备、外汇准备等具有极强流动性的资产准备,证券准备包括国家债券准备、短期商业票据准备等有价证券准备。发行准备制度有以下几种具体类型。

(1)现金准备发行制:货币的发行100%以黄金和外汇等现金做准备。

(2)证券保证准备制:货币发行以短期商业票据、短期国库券和政府公债做准备。

(3)现金准备弹性比例制:货币发行数量超过规定的现金准备比例时,国家对超过部分的发行征收超额发行税。

(4)证券保证准备限额发行制:在规定的发行限额内,可全部用规定证券作为发行准备,超过限额的发行必须以十足的现金作为发行准备。

(5)比例准备制:规定货币发行准备中现金与其他有价证券所占的比例,但各种准备资产的比例难以确定。

(6)无准备制度:中央银行发行货币并不要求持有一定的准备资产,即国家以行政法规形式规定中央银行货币发行的最高限额。

二、货币制度的演变

货币制度在历史演变过程中,经历了金属本位制(包括银本位制、金银复本位制、金本位制等)和信用货币制度。具体见图1-2。

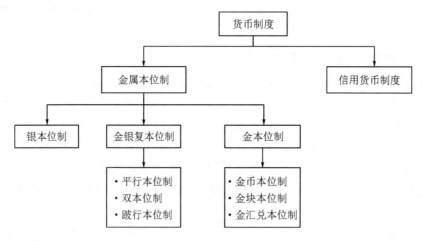

图1-2 货币制度的演变

(一)银本位制

银本位制简称银本位,是以白银为本位货币的货币制度,有银两本位和银币本位两种类型。银两本位是以白银重量"两"为价格标准实行银块流通;银币本位则是国家规定白银为货币金属,并要求铸成一定形状、重量和成色的银币,银币可以自由铸造和自由熔化,银行券可以自由兑换银币或白银,银币和白银可自由输出或输入,以保证外汇市场的稳定。

欧洲从拜占庭帝国灭亡(15世纪中叶)直至19世纪,都是采用银本位制度。16世纪在南美洲西班牙殖民地(今玻利维亚)发现波托西银矿,西班牙大量铸造银币,称为比索(Peso),因为一比索等于八个皇冠币的价值,又称八片币(pieces of eight)。自此银币成为往后四百年间国际贸易通用的货币。

在我国货币史上,白银自汉代已逐渐成为货币金属,到明代白银已货币化,中国真正成为用银之国。但实行的是银两制,以金属的重量计值,属于称量货币制度。清代宣统二年(公元1910年)颁行《币制条例》,正式采用银本位,以"元"为货币单位,重量为库平七钱二分,成色是90%,名为大清银币,但市面上银圆和银两仍然并用。辛亥革命后,1913年公布了《国币条例》,正式规定重量七钱二分、成色89%的银圆为我国的货币单位,"袁大头"银圆就是这样铸造成的,但银圆和银两仍然并用。1933年3月8日公布了《银本位币铸造条例》,规定:银本位币定名为"元",总重26.697 1克,银八八、铜一二,即含纯银23.493 448克。银本位币每元重量及成色,与法定重量、成色相比之下公差不得超过0.3%,并规定一切公私交易用银本位币授受,其用数每次均无限制。同年4月,实行"废两改元",发行全国统一的银币——"孙中山头像"银圆。1935年又实行所谓币制改革,宣布废止银本位。

(二) 金银复本位制

金银复本位制简称金银复本位,作为货币本位制的一种,曾在18—19世纪被英、美、法等国长期采用。在这种制度之下,黄金与白银同时作为本位币的制作材料,金币与银币都具有无限法偿的能力,都可以自由铸造、流通、输出与输入,金币和银币可以自由兑换。这一制度的出现弥补了黄金产量不能满足市场需求的问题。

由于市场上金价与银价都在不断波动中,为了解决金币与银币之间的兑换问题,又出现了以下几种金银复本位制的形式。

1. 平行本位制

平行本位制是指金币和银币按自己的价值流通,互不干扰,国家不规定两种货币之间的比价。中国汉武帝时代,金制钱币与银锡合金制成的钱币同时在市场上流通,就可以视作一种早期的平行本位制。英国曾于1663年发行金币时实行这种制度,当时英国的基尼金币与先令银币同时在市场上流通。

2. 双本位制

在平行本位制之下,一件商品同时拥有金币价格和银币价格,而金币价格与银币价格之间又会发生波动,这样极其不利于社会发展的需要。在这种形势之下,便诞生了双本位制。双本位制中,金币与银币之间的比价由政府通过立法的形式确立。比如1717年英国立法规定1个基尼金币等同于21个先令银币等值,既金银间价格比为15.2∶1。1792年,美国颁布铸币法案,采用双本位制,1美元折合371.25格令(24.057克)纯银或24.75格令(1.603 8克)纯金。

3. 跛行本位制

随着19世纪70年代世界银价暴跌时的劣币驱逐良币现象的出现,资本主义国家开始实行跛行本位制。在该制度下,虽然金币与银币在法律上拥有同样的地位,但是银币事实上被禁止自由铸造。美国、法国、比利时、瑞士、意大利等都曾实行过这一制度。可以说跛行本位制是金银复本位制向金本位制的过渡。

由于是复本位,货币材料来源既可以是白银也可以是黄金,来源充足。当需要进行大额交易时可以使用黄金,小额交易则使用白银,灵活方便。两种币材之间可以相互补充,更加方便保持与其他货币之间汇率的稳定。这既方便资本主义国家之间进行金币贸易,也方便它们同殖民地国家进行银币交易。但双本位制最严重的问题在于使用双本位制时会出现劣币驱逐良币现象。劣币驱逐良币现象又称为格雷欣法则,是指在实行金银复本位制条件下,金银有一定的兑换比率,当金银的市场比价与法定比价不一致时,市场比价比法定比价高的金属货币(良币)将逐渐减少,而市场比价比法定比价低的金属货币(劣币)将逐渐增加,形成良币退藏、劣币充斥的现象。

实践证明,尽管在复本位制下,金币和银币均为法定本位货币,但在实际流通中起主要作用的往往总是一种货币:银贱则银充斥市场,金贱则金充斥市场。随着社会的发展,金银复本位制已经不能适应商品经济不断发展的要求,于是,英国及各主要资本主义国家先后放弃了这种货币制度。

(三)金本位制

金本位制简称金本位,是一种以黄金为本位货币的货币制度。1704年开始,英国殖民地西印度群岛及同时期的西班牙殖民地亦开始铸造及使用金币。1717年,当时任职英国皇家铸币局总监的艾萨克·牛顿制定金、银和当时英国钱币的兑换比率,令英国实际上以黄金作为货币标准。拿破仑战争以后,英国开始铸造金币并于1821年正式确定使用金本位。到19世纪中期,金本位制开始盛行起来。

在金本位制下,每单位的货币价值等同于若干重量的黄金(即货币含金量);当不同国家使用金本位时,国家之间的汇率由它们各自货币的含金量之比——金平价来决定。金本位制总共有三种实现形式,它们是金币本位制、金块本位制、金兑汇本位制。其中金币本位制是典型的金本位制,其基本特点是:金币可以自由铸造且是无限法偿货币,辅币和银行券可按其面值自由兑换为金币,黄金可以自由输出输入,货币发行准备为黄金。金币本位制是一种稳定的货币制度,对资本主义经济发展和国际贸易的发展起到了积极的促进作用。

1. 金币本位制

金币本位制是金本位货币制度的最早形式,亦称为古典的或纯粹的金本位制,盛行于1880年到1914年间。自由铸造、自由兑换和黄金自由输出输入是该货币制度的三大特点。在金币本位制下,各国政府以法律形式规定货币的含金量,两国货币含金量的对比即为决定汇率基础的铸币平价。黄金可以自由输出或输入国境,并在输出、输入过程形成铸币—物价流动机制,对汇率起到自动调节作用。这种制度下的汇率,因铸币平价的作用和受黄金输送点的限制,波动幅度不大。

1914年第一次世界大战爆发后,各国纷纷发行不兑现的纸币,禁止黄金自由输出,金币本位制随之告终。

2. 金块本位制

金块本位制是一种以金块办理国际结算的变相金本位制,亦称金条本位制。在该制度下,由国家储存金块,作为储备;流通中各种货币与黄金的兑换关系受到限制,不再实行自由兑换,但在需要时,可按规定的限制数量以纸币向本国中央银行无限制兑换金块。可见,这种货币制度实际上是一种附有限制条件的金本位制。

3. 金汇兑本位制

金汇兑本位制是一种持有金块本位制或金币本位制国家的货币,准许本国货币无限制地兑换成该国货币的金本位制。在该制度下,国内只流通银行券,银行券不能兑换黄金,只能兑换实行金块或金本位制国家的货币,国际储备除黄金外,还有一定比重的外汇,外汇在国外才可兑换黄金,黄金是最后的支付手段。实行金汇兑本位制的国家,要使其货币与另一实行金块或金币本位制国家的货币保持固定比率,通过无限制地买卖外汇来维持本国货币币值的稳定。

金块本位制和金汇兑本位制这两种货币制度在1973年基本消失。

当不同国家使用金本位时,国家之间的汇率由它们各自货币的含金量之比——铸币平价来决定。在金本位制下,每单位的货币价值等同于若干重量的黄金(即货币含金量)。金本位制于19世纪中期开始盛行,通行了约100年,后因多种原因导致崩溃,对国际金融乃至世界经济产生了巨大的影响。

(四)信用货币制度

信用货币制度,又称为不兑现的信用货币制度,是指以不兑现的纸币为本位币,由中央银行代表国家发行,以纸币为代表的国家信用货币,由政府赋予其无限法偿能力,并强制流通的货币制度。

1929年至1933年的世界经济危机,使得金块本位制和金汇兑本位制这两种不稳定的货币制度趋于崩溃。1933年,德国、英国、美国先后放弃了金本位制。1933年至1936年,意大利、比利时、荷兰、瑞士也相继放弃了金本位制。各国国内普遍实行了不兑换黄金的纸币本位制。

20世纪70年代后,世界经济动荡不羁,金价大涨,各国纷纷以美元向美国中央银行兑换黄金,使得美国黄金大量外流,黄金储备下降。为了制止黄金继续外流,美国宣布禁止各国用美元兑换黄金,从而宣告了国际金汇兑货币制度的崩溃,这也意味着金属货币制度已经完全退出历史舞台,取而代之的是不兑现的信用货币制度。

1. 信用货币制度的特点

信用货币制度的主要特点为:

(1)信用货币是由中央银行或政府发行的本位货币,货币材质为纸,是国家对货币持有者的一种债务;

(2)信用货币不规定含金量,不能兑换黄金,不建立金准备制度;

(3)现实经济中的,信用货币由现金和银行存款构成;

(4)信用货币都是通过银行的业务活动投放到流通领域的;

(5)信用货币的发行数量根据本国商品和劳务流通的需要而定,从而使国家对货币的管理调控成为经济正常发展的必要条件。

2. 信用货币制度潜在的风险

信用货币制度取代金属货币本位制,是货币制度发展史上质的飞跃,它突破了货币的黄金限制,使具有个别使用价值的商品形态的货币形式发展成为无个别使用价值的信用货币,这不仅大大地节约了社会流通费用,而且使金属货币本位制度下经常出现的币材匮乏的问题得到了一劳永逸的解决。

但是信用货币制度也存在很大的潜在风险,主要表现在:

第一,现代信用货币是一种不兑现货币,没有规定的发行保证,其发行的过程缺乏内在的

第二,信用货币不具有自发调节货币流通量的能力,只要流通中的货币量超过需要量的容纳弹性,就会直接表现为币值下降、物价上涨,影响市场的稳定。

第三,信用货币中的存款货币可以通过商业银行的资产业务尤其是贷款业务进行大规模存款派生,而商业银行作为特殊的金融企业,受经济利益的驱使,往往会突破存贷款控制比例,从而导致信用膨胀。

第三节 货币层次划分

现实经济中有形形色色的货币,需要将它们划分为不同的层次,使货币供应量的计量有科学的口径。处于不同层次的货币,货币性不同,由于不同层次的货币供给形成机制不同、特性不同、调控方式也不同,因此,划分货币层次有利于有效地调控货币供应量。

货币供应量是指一国在某一时点上为社会经济运转服务的货币存量。货币层次的划分,也即货币供应量的划分。

➤ 一、货币层次划分的意义和依据

货币与经济的关系日益密切,货币供求的变化对国民经济的运行已经产生重大的影响。调控货币供应量,使其适应经济发展的需要,成为各国中央银行的主要任务。对货币供应量层次的划分具有重要的意义:通过对货币供应量指标的分析,可以观察分析国民经济的变动;考察各种具有不同货币性的资产对经济的影响,并选定一组与经济的变化关系最密切的货币性资产,作为中央银行控制的重点,有利于中央银行调控货币供应,并及时观察货币政策的执行效果。

不同国家对货币划分的标准各不相同,所以对货币层次的划分也各不相同,但基本思路都是按照货币的流动性或可接受性来划分的。所谓金融资产的流动性,是指这种金融资产能迅速转换成现金,而使持有人不发生损失的能力。流动性也可以理解为变现力,也就是变为现实的流通手段和支付手段的能力,也称变现力。因为变现能力越强的货币其流动性越强,而流动性越强的货币就越容易被人们普遍接受,于是按照货币的流动性和可接受性,货币一般可分成 M_1、M_2、M_3、M_4 几个层次,具体如下:

M_1 = 通货 + 商业银行的活期存款

M_2 = M_1 + 商业银行的定期存款

M_3 = M_2 + 商业银行以外的金融机构的金融债券

M_4 = M_3 + 银行与金融机构以外的所有短期金融工具

以上是西方经济学家对货币层次的归纳。

➤ 二、部分国家货币层次的划分

现实中,各个国家的货币层次不完全相同。一般各国都把 M_1 称为狭义的货币量,M_2 称为较广义的货币量,M_3 称为更广义的货币量,M_4 则称为最广义的货币量。有的国家则简单地将货币划分为 M_1(狭义货币量)和 M_2(广义货币量)。

国际货币基金组织(IMF)为了提高成员国货币金融统计对风险的敏感性,增强不同国家

之间主要金融指标的可比性,曾于 1996 年制定《货币与金融统计手册》(Monetary and Financial Statistics Manual),随后又进行了几次修改。《货币与金融统计手册》为货币供应量统计提供了概念框架体系和基本方法,是当今指导各国货币供应量统计的重要文件。

例如,美国货币供应量的统计口径主要包括 M_1、M_2、M_3 等。其中,M_1 包括财政部、联邦储备银行和各存款机构金库之外的通货、非银行发行的旅行支票、各种活期存款、可转让支付命令账户、自动转账服务账户等近似活期存款账户的存款。M_2 包括 M_1、商业银行发行的隔夜回购协议存款、美国银行海外分支机构对美国居民开办的隔夜欧洲美元存款、储蓄存款和小额定期存款、货币市场存款账户、货币市场互助储蓄金额等。M_3 包括 M_2、大额定期存款、商业银行和储蓄机构发行的定期回购协议负债、由美国居民持有的美国银行海外机构的欧洲美元定期存款等。

1960 年,美国联邦储备系统(简称美联储)正式公布 M_1,并以 M_1 作为当时货币政策的中介目标。1971 年,美联储又将货币统计公布的内容扩大到了广义上的 M_2 和 M_3。20 世纪 70 年代以来,伴随着世界范围内金融管制放松和金融创新不断涌现,美国货币层次划分口径几经变动。近年来,美联储认为,除 M_2 外,M_3 中其余部分并不能提供更多经济运行信息,加上 M_3 口径的货币供应量在货币政策操作中几乎不发挥作用,因此,自 2006 年 3 月始,美联储不再公布 M_3。

日本现行的货币供给量统计口径包括 M_1 和 M_2+CD(CD 为可转让定期存单)。其中,M_1 包括现金(不包括日本银行持有的现金)和活期存款,即企业、个人和地方政府等持有的流通中的现金和活期存款。M_2+CD,即 M_1 加准货币(定期存款、外币存款等),再加上 CD(可转让定期存单)。

三、我国货币层次的划分

中国人民银行为保证"保持货币稳定,促进经济增长"这个货币政策最终目标的实现,决定把货币供应量作为我国货币政策中介目标之一。中国人民银行于 1994 年 10 月正式编制并向社会公布货币供应量统计表,将货币供应量主要分为以下几类:

M_0:流通中现金(货币供应量统计的机构范围之外的现金发行);

M_1:M_0+企业存款(企业存款扣除单位定期存款和自筹基建存款)+机关团体部队存款+农村存款+信用卡类存款(个人持有);

M_2:M_1+城乡居民储蓄存款+企业存款中具有定期性质的存款(单位定期存款和自筹基建存款)+外币存款+信托类存款;

M_3:M_2+金融债券+商业票据+大额可转让定期存单等。

之后我国货币供应量统计口径经过了四次修订。2002 年初,第二次修订货币供应量,将在中国的外资、合资金融机构的人民币存款业务,分别计入不同层次的货币供应量。2006 年 1 月起,货币供应量统计机构范围不再包括信托投资公司和租赁公司。自 2011 年 10 月起,货币供应量包括住房公积金中心存款和非存款类金融机构在存款类金融机构的存款。

当前我国货币供应量主要包括三个层次:

$$M_0 = 流通中现金$$
$$M_1 = M_0 + 单位活期存款$$
$$M_2 = M_1 + 准货币$$

其中：准货币包括单位定期存款、储蓄存款(个人存款)和其他存款；单位是指企业、机关团体、社保基金、部队、住房公积金等；个人存款包括个人活期存款、个人定期存款、定活两便存款、个人通知存款、个人协议存款、个人协定存款、个人保证金存款、个人结构性存款等；其他存款包括证券公司存放在金融机构的保证金、住房公积金中心存款和非存款类金融机构在存款类金融机构的存款等。

在我国，M_1是通常所说的狭义货币供应量，M_2是广义货币供应量。

货币层次的划分有利于中央银行进行宏观经济运行监测和货币政策操作，有助于中央银行分析整个经济的动态变化。

第四节 信用

信用是当今社会中使用频率很高的一个词语，如信用管理体系、信用缺失、信用危机等，信用大致可以分为两个范畴，一是道德范畴的信用，主要指诚信，即通过诚实履行自己的承诺而取得他人的信任；二是经济范畴的信用。这两个范畴的信用既有各自独立的定义，又有一定的联系。经济学领域中的信用是从属于商品货币的一个经济范畴，是人们在经济活动中发生的一种借贷行为。

➢ 一、信用的概念

西方经济学中的"信用"一词来源于拉丁语"credo"，其意为"信任、声誉"等，"信用"在英语中是"credit"，其意除了"信任"以外，也解释为"赊账、信贷"等。

在经济学中，信用也称为信贷，是体现一定生产关系的借贷行为，是以偿还和付息为条件的价值运动的特殊形式，表现为商品买卖中的延期支付和货币的借贷行为，即商品或货币的所有者把一定数量的商品或货币按约定的条件和期限，暂时让渡给需要者(即借方)，约定到期由商品或货币的借入者如数归还并附带一定数额的利息。

信用行为总是与一定的社会形态相联系，并体现一定的生产关系。所以，信用借贷活动的基本特征，在不同的社会形态下虽是共同的，但其所体现的社会生产关系的内容是有差别的。

总之，信用是以偿还和付息为基本特征的借贷行为，属于商品货币关系的一个经济范畴，不同社会形态下的信用体现不同的社会生产关系。

➢ 二、信用的产生与发展

信用是在私有制的基础上产生的，是商品货币经济发展到一定阶段的产物。从信用的特征可以看出，信用是一种以偿还和付息为条件的借贷活动，贷者把自己的东西借给别人使用，要求对方按期归还，并支付使用的报酬——利息。这就说明，贷者和借者是不同的财产所有者，他们之间不能无偿占有或使用对方的财产，如果没有私有制，就不需要采用信用方式来解决货币资金的余缺调剂问题。所以，信用是商品经济发展到一定阶段的产物，当商品交换出现延期支付、货币执行支付手段职能时，就产生了信用。因此，信用的产生必须具备以下的条件：

第一，信用最初产生于商品流通过程中。

第二，信用产生的社会根源是商品和货币的不均衡分布。

第三，信用存在和发展的前提是所有制和经济利益。

第四,信用是在商品货币经济有了一定发展的基础上产生的。随着商品生产和商品交换的发展,在商品流通过程中出现了一些矛盾,商品生产过程有长短之分,销售市场有远近之别,这都给商品价值的实现带来了困难,例如,有的商品生产者出售商品时,其买者却因为自己的商品尚未出售而无钱购买。为了使社会再生产能够继续进行,在销售商品时不能坚持现金交易,而应该实行赊销,即延期支付,于是,商品的让渡和其价值的实现在时间上分离了,这样,买卖双方除了商品交换关系之外,又形成一种债权债务关系,即信用关系产生了。

第五,信用只有在货币的支付手段职能存在的条件下才能发生。当赊销到期、支付货款时,货币不是充当流通手段,而是充当支付手段,这种支付是价值的单方面转移。由于货币拥有支付手段职能,所以,它能够在商品早已让渡之后独立完成商品价值的实现,否则,赊销不可能出现。

三、信用形式

信用的形式多种多样,按行为主体的不同,信用可以分为商业信用、银行信用、国家信用、消费信用和国际信用等形式。

(一)商业信用

商业信用是一种古老的信用形式,早在前资本主义就已经产生。商业信用是指在商品交易过程中,工商企业之间直接以商品赊销和预付货款形式提供的信用。它是现代信用制度的基础。

商业信用的主要形式是赊销和预付,其中赊销是商业信用最早的基本形式。赊销是指在交易中,由于买方缺乏现实货币,不能立即支付,而卖方在资金比较充裕、又对买方信誉比较了解和信任的情况下,允许买方在约定期限内支付,即延期支付。预付是买方为购买某种紧俏商品,按照合同规定预付部分货款给卖方,以保证及时得到所需商品。

商业信用具有如下三个方面的特点:

第一,商业信用的债权人、债务人都是工商企业。商业信用是以商品形式提供的信用,债权人和债务人都是从事生产的经营者,是在商品交易过程中发生的信用行为。

第二,商品信用所贷放出去的资本是处于产业资本循环过程中最后一个环节的商品资本。商业信用提供的不是暂时闲置的货币资金,而是处于再生产过程中的商品资金。商业信用是以商品形态提供的信用,但它的活动同时包括两种性质不同的经济行为——商品买卖行为和借贷行为。一个企业将商品赊销给另一个企业,商品的买卖行为发生并完成了,即商品的所有权发生了转移,但由于货款没有立即支付,从而使卖方成为债权人,买方成为债务人,买卖双方形成债权债务关系,并以货币的形态存在,并且这种借贷行为的运动没有从再生产过程中独立出来。其中,买卖行为是基础。

第三,商业信用的供求和产业资本的动态一致。商业信用是和处于再生产过程中的商品资本的运动结合在一起的,所以,它在资本主义再生产周期各个阶段上和产业资本的动态是一致的。如在经济繁荣时,商业信用会随着生产和流通的发展以及产业资本的扩大而扩张;在经济萧条时,商业信用会随着生产和流通的消减及产业资本的收缩而萎缩。

由于商业信用是直接以商品生产和商品流通为基础,并为商品生产和流通服务的,所以,商业信用对加速资本的循环和周转、促进商品销售、最大限度地利用产业资本和节约商品资本、加强企业之间的联系和监督,都有重要作用。

但商业信用也有自身的局限性：

首先，商业信用是工商企业之间相互提供的信用，其规模只能局限于提供这种商业信用的企业所拥有的资本额，而且，企业所提供的商业信用不是其全部的资本额，只是资金暂时不用于再生产过程的部分资本，主要是再生产过程最后阶段的商品资本。

其次，由于商业信用主要是以商品形态提供的信用，所以，它只能由该商品的生产者向需求者提供，即由上游企业向下游企业提供，或者反之。商业信用只能提供给本企业产品的购买者（商品赊销）或本企业所需要产品的生产者（预付货款），如果双方没有这种商品供求关系，不可能发生商业信用行为。

最后，商业信用的信贷行为之所以能够成立，是因为卖者比较确切地了解需求者的支付能力，也只有商品出售者相信购买者能够按期归还本金并支付利息，这种信用关系才能成立。如果双方互不了解、互不信任，商业信用就难以发生。

（二）银行信用

银行信用是指银行和其他金融机构以货币形态提供的信用。银行信用是伴随着现代资本主义银行的产生，在商业信用的基础上发展起来的。

银行信用具有如下几个方面的特点。

1. 银行信用是以货币形态提供的

银行贷放出去的不是在产业资本循环中的商品资本，而是从产业资本循环过程中分离出来的暂时闲置的货币资金，还有食利者阶层的资本和社会各阶层的货币收入和储蓄。所以，银行信用可以克服商业信用的局限性。因为银行信用能聚集社会上的游资，形成巨额的借贷资本，超越了商业信用只限于产业内部的界限和商业信用数量上的限制，此外，银行信用是以货币形态提供的，不受商品流通方向的限制，克服了商业信用方向上的限制。

2. 银行信用属于间接信用

银行信用是以银行及其他金融机构为中介，以货币形式提供的信用。它通过银行及其他金融机构聚集社会上的闲置资金，并贷给企业和个人，属于间接融资。通过银行的信贷收支表可以反映这个特点。信贷收支表的资金来源方表现银行从社会各部门吸收资金，银行与所有的资金提供者之间形成债权债务关系，银行是债务人，即银行是作为所有贷款人的代表来充当债务人的；资金运用方表现了银行对吸收资金的使用情况，银行发放贷款时是债权人，即所有借入者的集中。

3. 银行信用与产业资本的变动是不一致的

银行信用所贷出的资本是独立于产业资本循环之外的货币资本，其来源除了工商企业外还有其他方面，所以，银行信用的动态同产业资本的动态保持一定的独立性。在经济萧条时，商业信用因为生产停滞而大量缩减，但企业为了防止破产或清偿债务，对银行信用的需求反而增加。经济萧条会造成银行存款减少，从而造成银行信用供求不均衡，这可能会导致利率上升。

4. 银行信用具有创造性

银行信用的创造性是指其具有创造流通工具——派生存款的功能（具体详见第五章商业银行）。

（三）国家信用

国家信用是以国家为主体进行的一种信用活动，即政府作为债务人或债权人的信用活动。

现代经济中的国家信用主要是指以国家为债务人,按照信用原则,从国内外筹集资金的一种信用形式。

国家信用与商业信用、银行信用不同,它与社会生产和流通过程没有直接联系,利用这种形式所筹集的资金,被国家掌握和使用,发挥以下几个方面的作用。

首先,调节财政收支的短期不平衡。在一个财政年度内,经常出现上半年收大于支,下半年收小于支,从而形成时点上的财政收支不平衡,政府可以借助发行国债来弥补,主要是发行国库券。

其次,是弥补财政赤字的重要手段。国家由于各种原因,经常出现较大的财政赤字,特别是二战后,西方各国普遍利用赤字财政,扩大需求,以刺激生产发展,所以,国债的发行具有非生产性。

最后,调节经济与货币供给。随着国家信用的发展,各国中央银行靠买进或卖出国债来调节货币供给,影响金融市场货币资金的供求关系,从而达到调节经济的目的,这就是通常所说的中央银行的公开市场业务。国家信用是中央银行进行公开市场业务的前提。而公开市场操作又是中央银行可以采取的主要手段。同时,通过增加政府的消费和投资支出,可以促进经济增长。

国家信用最主要的形式是发行债券,债券又分为公债券和国库券,这是两种典型的国家信用形式。其中国库券是政府为了解决短期预算支出的不足而发行的期限在一年以下的债券;公债券是为弥补长期的财政赤字而发行的期限在一年以上的长期债券。

(四)消费信用

消费信用是指工商企业、银行和其他金融机构以生活资料为对象向消费者个人提供,用以满足其消费方面的货币需求的信用,其目的是促进消费者个人消费。在当代商品经济中,消费信用发展迅速,它旨在解决消费者支付能力不足的困难,通过提供消费信用使消费者需求提前实现,达到推销商品的目的。由于消费信用的这种目的,它主要用于满足消费者购买耐用消费品、支付劳务费用和购买住宅等方面的需求。

由企业提供的消费信用主要有赊销和分期付款两种形式。赊销主要是对那些没有现款或现款不足的消费者采取的一种信用出售的方式;而分期付款则更多地运用于某些价值较高的耐用消费品的购买行为中。消费信用的产生一方面扩大了需求,刺激了经济的发展。消费信用使消费者提前享受了当前没有能力购买的消费品,解决了消费品购买力特别是耐用消费品购买力和消费品供给之间的不平衡。

(五)国际信用

国际信用指一个国家的政府、银行及其他自然人或法人对别国的政府、银行及其他自然人或法人所提供的信用。与国内信用不同,国际信用表示的是国际借贷关系,债权人与债务人是不同国家的法人,直接表现为资本在国与国之间的流动。

国际信用是国际货币资金的借贷行为。最早的票据结算就是国际上货币资金借贷行为的开始,经过几个世纪的发展,现代国际金融领域内的各种活动几乎都同国际信用有着紧密联系。没有国际借贷资金不息的周转运动,国际经济、贸易往来就无法顺利进行。

国际信用同国际金融市场关系密切。国际金融市场是国际信用赖以发展的重要条件,国际信用的扩大反过来又推动国际金融市场的发展。国际金融市场按资金借贷时间长短可分为两个市场:一是货币市场,即国际短期资金借贷市场;二是资本市场,即国际中长期资金借贷市场。国际金融市场中规模最大的是欧洲货币市场,这个市场上的借贷资本是不受各国法令条例管理的欧洲货币。在欧洲货币市场中占主要地位的是欧洲美元,其次是欧洲马克。此外还有亚洲美元市场。欧洲货币市场是巨额国际资金的供求集散中心,它和由其延伸出来的其他众多国际金融市场及离岸金融市场,将世界各地的金融活动都纳入庞大的金融网络,使借贷资金的国际化有了更深入的发展。

国际信用以领域划分,可分为贸易信用和金融信用两大类。

贸易信用是以各种形式与对外贸易业务联系在一起的信用。信用的提供以外贸合同的签订为条件,它只能用于为合同规定的商品交易供应资金。这种商业信用又可分为:①公司信用,即出口商以延期支付的方式出售商品,向进口商提供的信用;②银行信用,即银行向进口商或出口商提供贷款。

金融信用没有预先规定的具体运用方向,可用于任何目的,包括偿还债务、进行证券投资等。金融信用又可分为:①银行信用,即由银行向借款人提供贷款;②债券形式的信用,即由借款人发行债券以筹集资金。

国际信用按其期限可分为短期信贷、中期信贷和长期信贷。不同国家的出口商与进口商相互提供的商业信用,通常是短期的,但在市场竞争激烈的情况下,这种信用往往也具有长期的性质。此外,商业银行对进口商和出口商提供的信用大多也是短期的。中期信用和长期信用基本上用于购买工业装备或支付技术援助等。第二次世界大战前,动员长期资金多采用发行债券的方式;第二次世界大战后,这种方式的作用降低了,而银行信用和政府间信用的作用则提高了。

本章小结

1. 货币是商品经济内在矛盾发展的产物,是价值形态演变的必然结果。

2. 货币的职能有价值尺度、流通手段、贮藏手段、支付手段、世界货币等,价值尺度和流通手段是货币的基本职能。

3. 货币的币材和形制经历了实物货币—金属货币—代用货币—信用货币—电子货币—数字货币的演进过程。

4. 货币制度是一个国家关于货币发行、流通和组织程序的立法,历史上货币制度经历了银本位制、金银复本位制、金本位制和信用货币制度等。

1-1 知识拓展:
战俘营里的货币

5. 货币可分为狭义和广义两种。狭义货币(M_1)包括商业银行的活期存款与通货。广义货币则又可再分为三个层次。其中,M_2 是指 M_1 加上商业银行的定期存款和储蓄存款;M_3 是指 M_2 加上非银行金融中介机构发行的负债;M_4 是指 M_3 加上各种流动性较高的非金融部门发行的负债。

5. 信用是一种借贷行为,到期还本付息。信用的产生同商品生产、货币经济特别是货币的支付手段职能有着密切的关系。

6. 信用的形式是借贷活动的表现形式。信用的主要形式有商业信用、银行信用、国家信用、消费信用和国际信用。

本章关键词

货币　　　　　　价值尺度　　　　　流通手段　　　　　贮藏手段

支付手段	货币制度	无限法偿	有限法偿
格雷欣法则	信用	商业信用	银行信用
国家信用	消费信用	国际信用	

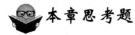

本章思考题

1. 货币的演变经历了哪些形式？试分析其优缺点。
2. 简述货币币材和形制的演进过程。
3. 货币的职能有哪些？
4. 货币层次划分的意义和依据是什么？
5. 货币制度的构成要素有哪些？
6. 信用的形式有哪些？各有什么特点？

第二章
利息与利息率[①]

本章学习目标

1. 掌握利息的本质及计量。
2. 掌握利率的种类及基准利率。
3. 掌握决定与影响利率的因素。
4. 了解利率作用于经济的途径。
5. 了解中国的利率市场化改革。

第一节 利息

利息是与信用密切相连的经济范畴,它是随着借贷行为的产生而产生的。利息是一个古老的范畴,很早就出现了,在资本主义生产方式出现以前就已经存在,并且存在于各种社会经济形态中。现代西方经济学对于利息的基本观点,把利息理解为投资人让渡资金一段时间的使用权而索要的补偿,补偿由两部分组成:对机会成本的补偿和对风险的补偿。

《新帕尔格雷夫货币金融大辞典》对利息的定义是"利息是为了使用一段时间的资金而进行的支付"[②]。

➤ 一、利息的概念

利息可以从债权人的角度看,也可以从债务人的角度看,它都能表明利息实际上是使用资金使用权的价格。因此,利息是一定量的借贷资本本金经过一段时间的借贷行为之后由债务人支付给债权人超过本金的增值额,也就是货币资金所有者因贷出货币资金的使用权,凭借资金的所有权从借贷者手中获得的报酬,或者是指借贷者使用货币资金所付出的代价。

利息随着信用行为的产生而产生,只要信用关系存在,利息就必然存在。利息是随着信用关系的发展而产生的经济范畴,并构成信用的基础。在古代(最早可追溯至原始社会末期)就存在借贷行为,利息作为一种占有资金使用权的报酬就已经出现了,当时是以实物形式(属于实物借贷)存在的(如谷物)。随着商品经济的发展,利息的支付逐渐过渡到货币形式,真正意义上的利息是指资本主义的利息,即借贷资本所产生的利息。马克思说:"只有资本家分为货

---

① 利息率简称利率,详见本章第二节。本书中使用全称"利息率"时表示强调。
② 《新帕尔格雷夫货币金融大辞典》第二卷,P434。

币资本家和产业资本家,才使一部分利润转化为利息,一般地说,才创造出利息的范畴;并且,只有这两类资本家之间的竞争,才创造出利息率。"

二、利息的本质

(一)利息的本质

研究利息的本质问题主要包括两个方面:一是利息从何而来;二是利息体现什么样的生产关系。利息是随着信用关系的发展而产生的经济范畴,利息的性质由利息的来源决定,不同的利息来源又是由不同的社会经济制度决定的。因此,在不同的社会制度下,利息体现了不同的生产关系,即体现不同的利益分配关系。

在奴隶社会和封建社会,高利贷是生息资本的主要形式,高利贷的利息来源于奴隶或小生产者的剩余劳动甚至包括一部分必要劳动所创造的价值,体现了高利贷者和奴隶主、封建主对劳动者的剥削关系,这种高额利息具有掠夺的剥削性质。

在资本主义社会,货币资本是生息资本的主要形式,货币资本的利息是货币资本家从使用资本家手中取得的,实质是剩余价值的一种特殊表现形式,是利润的一部分,体现了货币资本家和实业资本家共同剥削雇佣工人、共同瓜分剩余价值的关系。

在以公有制为主体的社会主义社会中,利息来源于国民收入或社会纯收入,是社会纯收入再分配的一种方式,体现了劳动者共同占有生产资料、独立进行经济核算、重新分配社会纯收入的关系。

但什么是利息的本质呢?西方经济学家认为,利息是对货币资本家放弃货币使用权的各种机会成本的补偿,包括时间补偿、流动性补偿、违约风险补偿和购买力下降补偿等。马克思认为:利息是使用借贷资金的报酬,是货币资金所有者凭借对货币资金的所有权向资金使用者索取的报酬。从借贷资本运动的全过程可以看出,利息的本质是工人在生产过程中所创造的剩余价值的一部分,利息来源于利润,是剩余价值的特殊转化形式。

(二)马克思的利率决定理论

马克思认为,利息在本质上同利润一样,是剩余价值的转化形式。利率在零与平均利润率之间波动。

马克思主义的利率决定理论是从利息的本质出发,认为利息是贷出资本的资本家从借入资本的资本家那里分割出来的一部分剩余价值,而利润是剩余价值的转化形式。利息量的多少取决于利润总额,利息率取决于平均利润率,利息率的变化范围在零和平均利润率之间波动。在上述区间里,利息率的高低取决于两个因素:一是利润率;二是利润在借贷双方之间分配的比例,这个比例主要由资本供求关系及竞争决定。

马克思认为,利润率决定利息率,从而使利率在决定过程中具有以下特点:一是随着技术发展和资本有机构成提高,平均利润率有下降趋势,但由于存在如社会财富及收入相对于社会资金需求的增长速度、信用制度的发达程度等问题,可能会加速或抵消这种变化趋势。二是平均利润率虽有下降趋势,但这是一个非常缓慢的过程,具有相对的稳定性。三是利率的高低,取决于两类资本家对利润分割的结果,因而使利率的决定具有很大的偶然性,无法由任何规律决定。相反,传统习惯、法律规定、竞争等因素,在利率的确定上都可以直接或间接起作用。

三、利息转化为收益的一般形式

从前面的分析可以看出,利息是资金所有者由于借出资金而取得的报酬,它来自生产者使用该笔资金发挥生产功能而形成的利润的一部分。显然,没有借贷,就没有利息。在现实生活中,利息通常被人们看作是收益的一般形态:无论贷出资金与否,利息被看作是资金所有者理所当然的收入——可能取得的或将会取得的收入;与此相对应,无论借入资金与否,生产经营者都会把自己取得的利润分为利息和企业收入两部分,扣除利息后剩下的才是企业的真正利润收入。于是,利息就成为一个尺度:如果投资额与所获得的利润之比小于利息率,则不应该投资;如果扣除利息所余下的利润与投资额的比率甚低,说明投资的经营效益很低。所以,从理论上分析,在资本主义社会,利息是剩余价值及其转化形态——利润的一部分;在社会主义社会,利息是劳动者所创造的归社会分配的收入及其转化形态——利润的一部分,但无论资本主义社会还是社会主义社会,在会计制度中,利息支出都列入成本,因此,利润中不包含利息支出。于是,利息就成为衡量投资收益或经济效益的尺度,即通常用利息来衡量收益,用利息来表示收益,从而使利息转化为收益的一般形态。

利息之所以能转化为收益的一般形态,马克思认为,主要是存在以下原因。

(1)在于借贷关系中利息是资本所有权的果实这种观念被广泛接受,取得普遍存在的意义。在货币资本的借贷中,贷者之所以取得利息,在于他拥有对货币资本的所有权;而借者之所以能够支付利息,在于他将这部分资本用于生产过程,形成价值的增值。一旦人们忽略整个生产过程中创造价值这个实质内容,仅仅关注货币资本所有权可以带来利息,货币资本自身天然具有收益性的概念,便根植于人们的观念之中。

(2)在于利息虽然实质是利润的一部分,但同利润率有一个明显的区别。利息虽然就其实质来说是利润的一部分,但由于它是个事先极其确定的量,其大小制约着企业主收入,用它来衡量收益,并以之表现收益的观念顺理成章了。利润率是一个与企业经营状况密切联系而事先不能确定的量,而利息率则是一个事先确定的量。无论企业家的生产经营情况如何,都不会改变这个量。因此,对于企业家来说,"一旦利息作为独立的范畴存在,企业家的收入事实上只是总利润超过利息的余额所采取的独立形式"。利息率的大小,在其他因素不变的条件下,直接制约企业家收入的多少,在这个意义上,用利息率来衡量收益,并以利息率表现收益的观念和做法,就不奇怪了。

(3)在于利息的悠久历史。信用与利息,"早在资本主义生产方式以及与之相适应的资本观念和利润观念存在以前很久"就存在了,货币可以提供利息,早已成为传统的看法。因此,无论货币是否作为资本使用,人们都毫不怀疑,它可以带来收益。

四、收益的资本化

(一)资本化的概念

任何有收益的事物,即使它并不是一笔贷放出去的货币,甚至也不是真正有一笔现实的资本存在,都可以通过收益与利率的对比而倒算出它相当于多大的资本金额。这称之为"资本化"。

(二)资本化公式

利息转化为收益的一般形态的主要作用,在于导致了收益的资本化。收益的资本化是从

本金、收益和利息率的关系中套算出来的,一般的,收益是本金与利率的乘积,可以用公式表示为

$$B = P \times r$$

其中:B是收益;P是本金;r是利率。

按照这样的具有规律性的关系,有些本身并不存在内在规律可以决定其相当于多大资本的事物,也可以取得一定的资本价格,甚至有些本身不是资本的事物也因此可以视为资本,即收益资本化使本身无价值的事物也有了价格,前者如土地,后者如工资。

土地本身不是劳动产品,无价值,从而本身也没有决定其价格大小的内在依据,但土地可以有收益。比如一块土地每亩的年平均收益是 1000 元,假定年利率为 5%,则这块土地就会以每亩 20 000 元的价格成交。在利率不变的情况下,当土地的预期收益越大时,其价格就越高;在预期收益不变的情况下,市场均衡利率越高,土地的价格就越低,这是在市场经济竞争过程中土地价格形成的规律,它表明资本化使本身无价值的事物有了价格。

关于并非资本的事物可以看作资本,以工资为例,如一个人的年工资为 2.4 万元,按照资本化的思路,这个人可以视为取得 2.4 万元收益的资本金额,以年平均利率为 5% 计算,这个金额是 48 万元。在西方经济学中,"人力资本"被视为一个经济范畴,工资之类的货币收益视为这个资本的所得,这个资本则是为了增进一个人的生产能力而进行的投资所形成的。资本化发挥作用最突出的领域是有价证券的价格形成。

资本化是商品经济的规律,只要利息成为收益的一般形态,这个规律就发挥作用。在我国市场经济发展过程中,如土地的买卖和长期使用权、证券的买卖,其价格的形成都是这个规律作用的结果。随着商品经济的进一步发展,"资本化"规律作用的范围将会进一步扩大和深化。

第二节 利率及其种类

➤ 一、利息率

利息率(interest rate)简称为利率,是指在借贷期限内所形成的利息额与借贷资本本金的比率,体现借贷资本增值程度的指标,是衡量利息数量的尺度。

➤ 二、利率的种类

1. **年利率、月利率和日利率**

按计算利息的时间长短,利息率分为年利率、月利率和日利率。年利率是以年为计算单位,通常以百分之几(%)来表示;月利率以月为计息单位,月利率=年利率÷12,通常以千分之几(‰)来表示;日利率以日为计算单位,日利率=年利率÷360,通常按本金的万分之几表示。中国常用"厘"作为利息单位:例如,年息 1 厘,为利率 1%;月息 1 厘,为 1‰;日息 1 厘,为万分之一。还可用"分"作为单位,分是厘的 10 倍,如果年息 1 分,表示年利率为 10%;月息 1 分,为月利率 1%。

2. **市场利率、公定利率和官定利率**

按是否随市场规律自由变动,利率可分为市场利率、公定利率和官定利率。

市场利率是指在借贷货币市场上由借贷双方通过竞争而形成的利息率,包括借贷双方直

接融资时商定的利率和在金融市场上买卖各种有价证券时的利率。市场利率是借贷资本供求状况的指示器。

由非政府民间金融组织,如银行公会等所确定的利率是行业公定利率。公定利率是指一国政府通过中央银行确定的各种利率,或者由银行公会确定的各会员银行必须执行的利率。公定利率的变化代表了政府货币政策的意向,对市场利率有重要的影响。市场利率的变化非常灵敏地反映了借贷资本的供求状况,是制定公定利率的重要依据。

在现代经济生活中,利率是政府对经济进行间接控制的重要工具,为使利率水平体现政府的政策意图,各国几乎都形成了官定利率、公定利率和市场利率并存的局面。一方面,市场利率的变化能灵敏反映出借贷资本的供求状况,是制定官定利率、公定利率的重要依据;另一方面,市场利率又随公定利率、官定利率的变化而变化。官定利率、公定利率反映政府的政策意图,对市场利率有很强的导向作用,其升降直接影响借贷双方对市场利率变化的预期,进而影响市场利率。但二者在量上和运动方向上并不完全一致,有时甚至会反方向变化。

3. 固定利率和浮动利率

按利率在借贷期内是否调整,利率可分为固定利率和浮动利率。固定利率是指在信贷期限内保持不变的利率。浮动利率是指在信贷期限内根据市场利率的变化定期调整的利率。浮动利率制下,根据借贷双方的协定,由一方在规定的时间依据某种市场利率进行调整,一般调整期为半年。浮动利率可避免固定利率的某些弊端,但计算依据多样,手续繁杂,会增加费用开支,因此,多用于3年以上的借贷及国际金融市场上的借贷。中国曾经实行的对中长期储蓄存款实行保值贴补的办法就是浮动利率制的一种形式。浮动利率按市场利率的变动可以随时调整,常常采用基本利率加成计算。通常将市场上信誉最好的企业的借款利率或商业票据利率定为基本利率,并在此基础上加0.5%至2%作为浮动利率。到期按面值还本,平时按规定的付息期采用浮动利率付息。固定利率和浮动利率两者的比较见表2-1。

表2-1 固定汇率与浮动汇率比较

对比项	固定利率	浮动利率
优点	计算成本与收益精确方便	能随通货膨胀适时调整,减少债权人的损失
缺点	由于忽略通货膨胀的影响,而给债权人尤其是长期放贷的债权人带来较大的损失	因手续繁杂、计算依据多样而增加费用支出
适用范围	多用于短期借贷	多用于长期尤其是三年以上的借贷,特别是国际金融市场上

4. 名义利率和实际利率

按是否考虑了通货膨胀的因素,即是否真实水平利率,利率可分为名义利率和实际利率。

官方公布的未调整通货膨胀因素的利率就是名义利率,剔除通货膨胀率后储户或投资者得到利息回报的真实利率就是实际利率。例如,在物价不变的时候,即通货膨胀率为0时,一年期贷款100万元,年利息额5万元,一年后本息合计为105万元,则名义利率、实际利率均为5%。而当通货膨胀率为10%时,一年后本息合计仍为105万元,但这105万元的实际购买力只相当于一年前的95.5万元,因此其名义利率仍为5%,但实际利率则为-4.5%。

名义利率适应通货膨胀(包括通货紧缩在内)的变化而变化并非同步的。我国由政府管制的利率,在考虑是否需要调整和利率水平高低是否适当时,币值的变化是一个极其关键的因素。20世纪最后15年我国7次调整利率都是与通货膨胀率的涨落密切相关的。图2-1是1990—2020年我国的利率与通货膨胀趋势图。

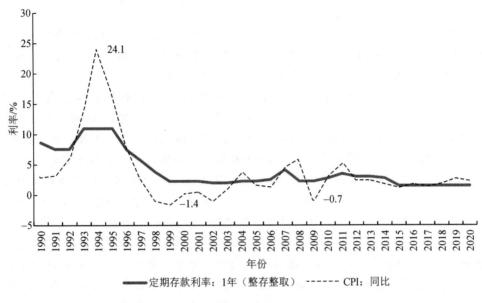

图 2-1　中国的利率与通货膨胀率(1990—2020)

5. 长期利率和短期利率

按信用行为的期限长短,利率可分为长期利率和短期利率。

短期利率,一般指融资时间在一年以内的利率,包括存款期在一年以内的各种存款利率、贷款期在一年以内的贷款利率和期限在一年以内的各种有价证券利率。长期利率,一般指融资时间在一年以上的利率,包括期限在一年以上的存款、贷款和各种有价证券的利率。

短期利率一般低于长期利率。首先,长期融资比短期融资风险大,期限越长,市场变化的可能性越大,借款者经营风险越大,因而贷款者遭受损失的风险也就越大;其次,融资时间越长,借款者使用借入资金经营取得的利润应当越多,贷款者得到的利息也应越多;最后,在现代纸币流通条件下,通货膨胀是一个普遍现象,因而,融资时间越长,货币贬值可能越大,只有提高利率才能使贷款者避免或减少通货膨胀的损失。

6. 一般利率和优惠利率

按照是否具有优惠性质,利率可划分为一般利率和优惠利率。

优惠利率,是指中央银行对国家拟重点发展的某些经济部门、行业或产品制定较低的利率,目的在于刺激这些部门的生产,调动它们的积极性,实现产业结构和产品结构的调整。享受优惠贷款利率的贷款有技术改造贷款、外贸出口产品收购贷款、粮棉油贷款、民政部门福利工厂贷款、老少边穷地区发展经济贷款等。

此外,商业银行对那些资信较高而且处于有利竞争地位的企业,发放短期贷款时计收低于其他企业利率水平的利率。对其他客户收取的贷款利率,则在优惠利率的基础上逐级上升。因此,优惠利率是确定其他企业利率的基准,其他企业利率与优惠利率的差额,基本上反映了其他贷款所承担的额外风险费用。

7. 基准利率

基准利率是指在整个利率体系中起主导作用的基础利率,它的水平和变化决定其他各种利率的水平和变化。基准利率作为各类金融产品利率定价的重要参考,是重要的金融市场要素,也是货币政策传导中的核心环节。

利息中包含对机会成本的补偿和对风险的补偿。利率中用于补偿机会成本的部分往往是由无风险利率(risk-free interest rate)表示的。由于风险的大小不同,风险溢价的程度千差万别。相对于千差万别的风险溢价,无风险利率也就成为"基准利率"。

基准利率主要以同业拆借利率和回购利率为主。在国际金融市场上,运用最广的基准利率是伦敦银行间同业拆借利率(LIBOR)①。但 2008 年国际金融危机以来,各国同业拆借市场有所萎缩,LIBOR 报价的参考基础弱化。尤其是在国际金融危机期间爆发多起报价操纵案,严重削弱了 LIBOR 的市场公信力。此后 LIBOR 管理机构推出了一系列改革举措,但仍未获得市场广泛认可。2017 年英国金融行为监管局(FCA)宣布,2021 年底后将不再强制要求报价行报出 LIBOR。2023 年 6 月 30 日,伦敦同业拆借利率所有工作小组完全停止他们的作业。这意味着,过去长达数十年金融市场的利率定价基准——LIBOR,已正式退出了历史舞台。

为应对 LIBOR 的退出,各主要发达经济体积极推进基准利率改革,目前已基本完成替代基准利率的遴选工作。各经济体选定的新基准利率多为无风险基准利率(RFRs),由各经济体独立发布,均为实际成交利率,仅有单一的隔夜期限,且绝大多数由中央银行管理。例如,美国、英国、欧元区和日本分别选择了有担保隔夜融资利率(SOFR)、英镑隔夜平均指数(SONIA)、欧元短期利率(ESTR)和日元无担保隔夜拆借利率(TONA)。

与国际相比,中国基准利率体系建设虽整体起步较晚,但在培育基于实际交易的基准利率方面,具有明显的先发优势。自中国建立银行间市场之初,就已培育形成了基于实际交易的债券回购利率等基准利率,具有较好的基准性和公信力,至今已超过 20 年。经过多年来持续培育,目前中国的基准利率体系建设已取得重要进展,货币市场、债券市场、信贷市场等基本上都已培育了各自的指标性利率。存款类金融机构间的债券回购利率(DR)、国债收益率、贷款市场报价利率(LPR)等在相应金融市场中都发挥了重要的基准作用,为观测市场运行、指导金融产品定价提供了较好参考。

总体看,中国基于实际交易的基准利率运行已久,具有全面、透明、易得的市场交易数据,并且中国人民银行始终高度重视对基准利率的监督管理,这些特征为中国基准利率体系建设奠定了良好的基础,有利于保障各个基准利率具有较强的公信力、权威性和市场认可度。

随着利率市场化改革的深入推进,中国的基准利率体系还需不断健全。对此,中国人民银行做了深入研究,提出了以培育 DR 为重点、健全中国基准利率和市场化利率体系的思路和方案。下阶段,中国银行间基准利率体系建设的重点在于推动各类基准利率的广泛运用,通过创新和扩大 DR 在浮息债、浮息同业存单等金融产品中的运用,将其打造为中国货币政策调控和金融市场定价的关键性参考指标。

2-1 案例:2013 年 6 月中国银行业"钱荒"危机

---

① 也称为伦敦同业拆出利息率。

三、利息率的计算方法

利息率计算有两种方法:单利法和复利法。

(一)单利法

单利(simple interest)是指在计算利息额时,不论借贷期限长短,只对本金计算利息,对本金所产生的利息不再加入本金重复计算利息。单利实际上是假定利息不再投入资金周转过程,只对本金计算利息,对上期本金新生利息不作为计算下期利息的依据。

单利利息的公式:$I = P \times r \times n$

本利和公式:$S = P + I = P + P \times r \times n = P(1 + r \times n)$

其中:S 为终值(本利和);P 为现值(本金);I 为利息;r 为利率;n 计息期数。

(二)复利法

复利(compound interest)是指在计算利息时,不仅计算本金的利息,而且还按借贷期限把本金上一期所获得的利息加入本金再计算下一期的利息,进行逐期滚动计算。即复利不仅对本金计算利息,还把上期产生的利息转为本金作为计算下期利息的依据,可完全反映资金的时间价值。

复利的本利和公式:$S = P(1+r)^n$

2-2 金融故事:
复利的故事

复利更能有效地体现资金的时间价值,是计息的根本方法。利息的存在,表明社会承认资本依其所有权就可取得一部分社会产品的分配权利,只要承认这种存在的合理性,那么按期结出的利息自应属于贷出者所有并可作为资本继续贷出;因而,复利的计算方法反映利息的本质特征,是更符合生活实际的计算利息的观念。

第三节 利息理论与利率的决定

利息是从属于信用的一个经济范畴,利息的存在是信用经济的一个重要特征。从 17 世纪开始,经济学家开始对利息问题进行系统研究,探讨利息的来源与存在的合理性,这些不同的理论可以分为两大类:实际利息理论和货币利息理论。实际利息理论是着眼于长期的实际经济因素分析的一种利息理论,侧重于解释利息的产生,即利息的来源;货币利息理论是短期利息理论,侧重于解释利息率的决定,即利率是由什么因素决定的。

一、实际利息理论

(一)资本生产力说

资本生产力说认为资本具有生产力,利息是资本生产力的产物。该理论最早由萨伊提出,萨伊认为,借贷资本的利息由两部分构成,一是风险性利息,二是纯利息。风险性利息是贷者借出货币后要承担一定风险的报酬,它不能说明利息的本质,只能说明收取利息的原因。利息本身是指纯利息,即"对借用资本所付的代价"。为什么借用资本要支付一定的报酬?他认为,资本具有像自然力一样的生产力,资本生产力经常与自然生产力混在一起,共同对生产做出贡献。因此,当借款人用借入资本从事生产,其生产出的价值的一部分必须用来支付资本生产力的报酬。

资本生产力理论虽然把利息解释为资本的产物,但是,由于萨伊不能区分固定资产和流动资产,不懂得生产要素与活劳动在价值形成中的作用,错误地认为资本(生产要素)能够增加所生产的产品数量、能够生产出新价值,这显然否定了劳动价值理论,是错误的。我们知道资本与劳动、土地和企业家相配合,才能生产出价值。

(二)利息报酬理论

利息报酬理论认为利息是一种报酬。它是在古典经济学中有影响的一种理论,最早由威廉·配第提出,洛克后来对此理论进行了修订与完善。

配第认为,利息是因暂时放弃货币的使用权而取得的报酬,他把"暂时放弃"货币的使用权分为三种情况:一是贷者可以随时收回借出的货币;二是贷者到期才能收回借出的货币;三是贷者自己急需货币,但他借出的货币尚未到期,不能收回。配第认为只有在第三种情况下贷者才应该收取利息。因为,"一个人不论自己如何需要,在到期之前都不得要求偿还的条件下贷出自己的货币,则他对自己所受到的不方便可以索取补偿,这种补偿我们通常称为利息"。显然,配第把利息解释为暂时放弃货币的使用权而给贷者带来的不方便的补偿。

洛克认为利息的本质是贷款人所获得的报酬,但与配第不同,他不认为贷者收取利息是因为借款人给他带来不方便,而是因为贷款人承担了风险,所获得的报酬多少应该与他所承担的风险的大小相适应,即利息是贷款人承担了风险的报酬。

利息报酬理论虽然描述了利息是贷者从借者手中取得的收益,并对取得这种收益的原因进行了分析,但由于他们没有真正理解价值、剩余价值和资本的本质,这种理论没有触及利息的本质。

(三)节欲论

节欲论认为利息应该作为资本家节欲的报酬。它由英国经济学家西尼尔提出,是资本主义社会广为流传的一种理论。西尼尔认为利润是资本家节欲的报酬,因为他拥有货币资产,但放弃了用于享乐的个人消费,是做出了牺牲。利润就是对这种牺牲的报酬。借贷资本是总资本的一部分,利息也是利润的一部分,因此,利息是借贷资本家节欲的报酬。

西尼尔认为,人类社会存在三种生产要素,一是人类劳动,二是与人力无关的自然要素如土地,三是节欲。所谓节欲是指牺牲眼前的消费欲望。西尼尔说:"我们用节欲这个词来表示个人的这样一种行为,对于他可以自由使用的那个部分,或者是不作为生产性的使用,或者是指有计划地宁愿从事于其效果在于将来而不在眼前的生产。"他认为要扩大未来的生产,需要有更多的资本,资本来源于储蓄,储蓄又来源于节欲,因此,节欲是比资本更为基础的生产要素。他强调,资本由储蓄形成,而增加储蓄就要减少人们目前的消费,就需要忍受额外牺牲,因此,利息是人们牺牲自己目前消费需要应得的报酬。

按照西尼尔的逻辑体系,价值不是由生产商品所耗费的劳动创造的,而是取决于生产费用,生产费用包括工资和利润两部分,工资是工人劳动的报酬,利润是资本家节欲的报酬。工人放弃了安逸和休息而劳动,就做出了牺牲,工资就是这种牺牲的报酬;资本家放弃了个人消费,利润就是该牺牲的报酬,借贷资本是总资本的一部分,利息也是总利润的一部分,所以利息是借贷资本家节欲的结果。

节欲论是对资本主义制度进行的最露骨的辩护,它掩盖了利息的本质,马克思在批评节欲论时指出:这真是庸俗经济学的"发现"的不可超越的标本!它用阿谀的词句来替换经济学的范畴。

(四)边际生产力说

边际生产力说由美国的经济学家克拉克提出。他认为当劳动量不变而资本量相继增加时,每增加一个资本单位所带来的产量依次递减,最后增加一单位资本所增加的产量就是决定利息高低的"资本边际生产力"。在这一系列资本单位中,任何一个单位资本量的所有者所得的利息,不能超过最后一单位的产量,假设第一个单位所有者所要求的利息超过了最后一单位的产量,企业家就不使用这个单位的资本,而用最后一单位的资本来代替它。最后一个单位的资本所增加的产量决定了利息的标准。每一个单位的资本能给它的所有者带来和最后一个单位资本的产量相同的收益,但是不能给它的所有者带来更多的收益。因此,利息就取决于资本边际生产力的大小。

(五)时差说

时差说由奥地利经济学家庞巴维克提出。他认为:一切利息都来源于同种和同量物品价值上的差别,而这种差别又是由两者在时间上的差别造成的。人们对现在财货的评价通常比对未来财货的评价大,即高估现在而低估未来,原因在于:一是不同时期产品的需要和供给之间存在差别;二是人们存在偏好现在而低估将来的倾向;三是现在物品较将来物品具有技术上的优势。这种由于对现在和未来两个不同时间的主观评价不同而带来的价值上的差异,就是时差,它要求未来财货所有者必须向现在财货所有者支付相当于价值时差的"贴水"——利息。

(六)不耐计划说

不耐计划说是由美国经济学家欧文·费雪提出的。他从纯心理因素来解释利息现象,将利息归结于"人性不耐"的结果。所谓的"人性不耐"是指人性具有偏好现在就可以提供收入的资本财富,而不耐心等待将来提供收入的资本财富的心理,由于个人收入的不同造成不耐程度的差异,引起借贷,从而产生了利息。

人都具有目光短浅、意志薄弱和随便花钱的习惯以及强调自己生命的短促和不确定,自私和不愿意为后生的孤独打算等心理,这些都倾向于增大不耐。相反,高度的远见和自制、节约的习惯,都倾向于减少不耐。不耐程度高的人倾向于借债,不耐程度低的人倾向于放款,这些活动如果进行充分的话,将降低高度的时间偏好并提高低度的时间偏好,一直到大家在共同的利率下都达到了某一中间地带为止,因此,利息是不耐的指标。

▶ 二、货币利息理论

(一)马克思的利率决定理论

马克思的利率决定论以剩余价值在不同的资本家之间分割为起点,认为利息是贷出资本的资本家从借入资本的资本家那里分割来的一部分剩余价值。剩余价值表现为利润,所以,利息量的多少取决于利润总额,利率的高低取决于平均利润率。由于利息只是利润的一部分,利润本身也就成为利息的最高界限。一般情况下,利率不会与平均利润率恰巧相等,也不会超过平均利润率。总之,利率的变化范围在零与平均利润率之间。

马克思明确指出,在利率的变化范围内,有两个因素决定着利率的高低:一是利润率;二是总利润在贷款人与借款人之间分配的比例。利润率决定利率,从而使利率具有以下特点:

第一,随着技术发展和资本有机构成的提高,平均利润率有下降趋势。因而影响平均利率有同方向变化的趋势。第二,平均利润率虽有下降趋势,但却是一个非常缓慢的过程。换句话说,平均利率具有相对稳定性。第三,由于利率高低取决于两类资本家对利润分割的结果,因而利率的决定具有很大偶然性。也就是说,平均利率无法由任何规律决定,而传统习惯、法律规定、竞争等却可以直接或间接地对利率产生影响。

需要注意的是,平均利率是一个纯理论概念。在现实生活中,人们面对的是市场利率而非平均利率。市场利率的多变性直接决定于资本借贷的供求对比变化。至于总利润在贷款人与借款人之间分配的比例,也可能出现不同情况。如果总利润在贷款人和借款人之间的分割比例是固定的,则利率随着利润率的提高而提高;同理,也会随利润率的下降而下降。

(二)古典均衡理论

由马歇尔提出的古典均衡理论流行于19世纪末至20世纪30年代的西方经济学中,又称为真实利率理论。该理论建立在萨伊法则和货币数量论基础上,认为工资和价格的自由伸缩可以自发地达到充分就业。在充分就业的所得水平下,储蓄和投资的真实数量都是利率的函数。社会存在着单一的利率水平,它不受货币数量变动的影响,取决于储蓄和投资的相互作用。

马歇尔的基本观点是:利率是资本供求趋于相等时的价格,投资构成资本的需求,储蓄构成资本的供给,利率由投资需求和储蓄意愿的均衡所决定。投资是对资金的需求,随利率上升而减少;储蓄是对资金的供应,随利率上升而增加。利率是资金需求与供给相等时的价格。古典学派的利率理论见图2-2。

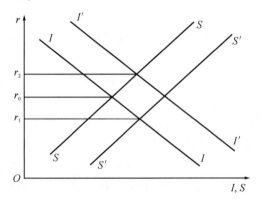

图2-2 古典学派的利率理论

如图2-2所示,投资I构成对资本的需求曲线,投资随着利率的上升而下降,随着利率的下降而上升,即投资是利率的递减函数,$I=f(r)$是一条从左上方向右下方倾斜的曲线。

储蓄S构成对资本的供给曲线,储蓄随着利率的上升而上升,随着利率的下降而下降,即储蓄是利率的递增函数,$S=f(r)$是一条从左下方向右上方倾斜的曲线。

资本的供求达到均衡时决定利率水平,即$R=f(I,s)$,储蓄与投资决定利率。从图2-2中可以看出,在投资不变的情况下,储蓄的增加会导致均衡利率水平下降,储蓄减少会导致均衡利率水平上升,即储蓄和均衡利率是反方向变化的。在储蓄不变的情况下,投资增加会导致均衡利率水平上升,投资减少会导致均衡利率水平下降,即投资和均衡利率是同方向变化的。

古典均衡理论的特点:①该理论是实际利率理论,认为利率与货币因素无关,而与实际经济因素相关;②认为利率的功能仅仅是促使储蓄与投资达到均衡,而不影响其他变量;③采用的是流量分析法，是对某一段时间内的储蓄量与投资量的变动进行分析。

古典经济学家认为：市场经济会自动达到充分就业均衡，投资代表对资金的需求，储蓄代表对资金的供给；投资需求变化较小，它取决于资本的边际生产力，储蓄则取决于人们的意愿，人们的储蓄意愿受其"时间偏好"的影响。所谓的时间偏好是指人们总是偏好现时消费，并认为同样的财货，其现在的价值要大于将来的价值，因此，要让人们推迟消费，进行储蓄，就必须给予一定的补偿，这种补偿就是利息，而利率的高低与人们的时间偏好强度有关，人们的时间偏好强烈，就必须支付高的利率才能吸引人们进行储蓄，即储蓄与利率同方向变化。

主张实物利率理论的经济学家为数甚多，我们要特别提及的是维克塞尔和马歇尔。维克塞尔(1851—1926)是瑞典现代著名经济学家，他以其独到的方式进一步发展了古典利率决定论，提出了自然利率理论。他给自然利率下了两个定义，一是"自然利率是对物价完全保持中立，既不使物价上涨，也不使物价下落的利率；它与不用货币交易而以自然形态的实物资本进行借贷时，与其需求与供给所决定的利率恰恰相等"。二是"借贷资本的需求与储蓄的供给恰恰相一致时的利率；从而大致相当于新形成的资本之预期收益率"。维克塞尔认为，借贷资本供求的变化会引起自然利率的变动，并在新的水平达到新的均衡。如果借贷资本的需求超过供给，自然利率上升，进而刺激储蓄，但同时却使企业家的需求减少，直到在更高的利率水平上达到新的均衡为止。反之，如果借贷资本的需求减少，以至于供给大于需求，于是，自然利率下降，促使投资增加，直至在更低的利率水平上，达到新的均衡。维克塞尔指出，自然利率变动的最高限度是企业家以其产品销售收入支付工资、地租以后的剩余，即实物资本的预期收益率。显然，维克塞尔的自然利率理论仍然坚持实物利率的观点，但他首次提出了投资与储蓄共同决定利率的思想，是对利率理论发展的一大贡献。

马歇尔(1842—1924)是英国现代著名经济学家，剑桥学派的创始人，他把资本的利息分成毛利息和纯利息。前者又叫总利息，包括纯利息、风险保管费和管理报酬。他认为，纯利息是"人们等待的报酬"，"等待"的实质就是财富的积累或资本的积累，就是储蓄，等待是决定资本供给的因素。这一理论与庞巴维克的时差利息论基本一致，都强调了人们对现在消费的偏好。不同的是，时差利息论将这种偏好作为对利息来源的唯一解释，而马歇尔则把它作为支配资本供给的因素。他把利息作为资本这种生产要素的价格来研究，认为利息的多少或利率的高低是由资本的供求关系决定的，从供给方面看，资本的供给主要来自社会储蓄。供给者为了将来的享乐而进行储蓄，牺牲了现在的享受，形成了社会资本供给。为此，他们必须取得报酬，即利息。利息的多少、利率的高低，是资本供给的支配因素，因此，储蓄是利率的递增函数。从需求方面看，资本的需求来自投资。资本的收益率和生产力是资本需求的支配因素，只要借入资本能获得收益，社会就会扩大对资本的需求，直到资本的边际收益率与借贷资本的利率相等为止，因此，投资是利率的递减函数。将资本供给函数与资本需求函数在同一个直角坐标系内加以表示，就可以得到一个利率决定机制的直观认识。马歇尔的储蓄与投资决定利率理论对后来的经济学家产生了深远的影响。

(三)可贷资金利率理论

可贷资金利率理论的首倡者为英国剑桥学派的经济学家罗伯森。他认为马歇尔的分析是不正确的，他混淆了"事前的"和"事后的"以及"实际储蓄"和"自愿储蓄"之间的区别。罗伯森指出，一定时期的"实际投资"总等于"实际储蓄"这是自明之理。因为它们都是"事后的"概念，自然都是相等的。但储蓄和投资相等并不意味着"实际储蓄"和"自愿储蓄"之间的相等。"实际储蓄"是已经发生了的储蓄,是一个"事后的"概念,而"自愿储蓄"则是一定时期内人们愿意进行的储蓄,即"意愿储蓄",是一个"事前的"概念,因而"实际储蓄"和"自愿储蓄"存在着质的差别,在量上也未必相等。

利息产生于资金贷放过程,考察利率的决定应该着眼于可用于贷放的资金的供求。新古典学派的利率理论是在古典均衡理论的基础上提出的,产生于20世纪30年代后期,代表人物是剑桥学派的罗伯森和瑞典学派的俄林,该理论以可贷放资金为中心概念,是以流量分析为主的利息理论。其基本观点是:利率取决于可贷资金供给与需求的均衡点。

可贷资金的需求由两部分组成:投资需求(总投资为政府投资和私人投资的总和)与货币贮藏需求(人们希望保有的货币余额)。

$$L_D = I + \Delta M^D$$

其中:L_D表示可贷资金需求;I表示总投资;ΔM^D表示货币贮藏需求。

可贷资金的供给由两部分组成:总储蓄与银行新创造的货币量(包括货币当局即中央银行新增发的货币数量和商业银行体系通过信用创造的新派生存款即存款货币量),而且,投资和人们的货币贮藏需求一样,是利率的递减函数:

$$L_S = S + \Delta M^S$$

其中:L_S表示可贷资金供给;S表示总储蓄;ΔM^S表示银行新创造的货币量。

如图2-3所示,图中r_0为古典均衡利率水平,是由投资和储蓄相等时决定的。如果考虑新增加的货币量和贮藏需求,若$\Delta M^D = \Delta M^S$,则利率水平仍维持在古典均衡利率水平上;$\Delta M^D > \Delta M^S$,则利率水平将上升,高于古典均衡利率水平;$\Delta M^D < \Delta M^S$,则利率水平将下降,低于古典均衡利率水平。

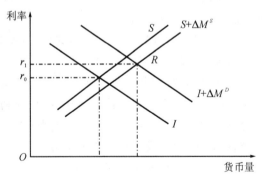

图2-3 可贷资金利率理论

该理论的特点:
(1)是长期的实际利率理论,强调实际经济变量对利率的决定作用。
(2)注重对某一时期货币供求流量的分析。
(3)兼顾货币因素和实际因素、存量分析和流量分析。
(4)忽视了收入与利率的相互作用,没有考虑商品市场和货币市场的相互影响作用。
(5)由于可贷放资金总量大部分受中央银行控制,政府的货币政策在制定利率时应予以考虑。

(四)凯恩斯的流动性偏好利率理论

流动性偏好利率理论由凯恩斯在 20 世纪 30 年代提出,也称流动性偏好理论,是一种偏重于短期货币因素分析的货币利息理论。凯恩斯基本观点是:利息是在特定时期内,人们放弃货币周转灵活性的报酬。利率属于货币经济范畴,不属于实物经济范畴。他完全否定马歇尔的储蓄投资利率理论,主张用货币需求和供给来决定利率,认为利息是使用货币的代价或放弃货币流动性的报酬,市场利率取决于货币需求和货币供给的数量,而货币需求量又基本取决于人们的流动性偏好,货币供给则是由中央银行控制的。如果人们的流动性偏好强,愿意持有的货币数量就增加,则货币需求就大,当货币需求大于货币供给时,利率上升;反之,则利率下降,即利率与货币需求成正比,与货币供给成反比。

凯恩斯认为古典学派的理论前提即市场经济会自动达到充分就业均衡是不现实的。利率由货币的供求关系决定,而不是由投资和储蓄的关系决定的。利息是人们放弃货币、牺牲流动性偏好的报酬。在货币供给相对确定的情况下,利率在很大程度上受货币需求的影响。

货币需求是指社会公众能够而且愿意持有的货币数量,货币需求基本取决于人们的流动性偏好。"流动性偏好"是指社会公众能够愿意持有的货币资产的一种心理倾向。货币作为一种特殊形式的资产,具有完全的流动性和最小的风险性,持有货币虽然不能给它的持有者带来收益,但它能随时转化为其他商品。

凯恩斯的流动性偏好理论,基本上是货币理论。凯恩斯认为,人们在得到货币收入后,通常必须做出两种选择:一是消费和储蓄之间的选择,称为"时间偏好的选择";二是储蓄形式的选择,称为"流动性偏好的选择"。凯恩斯的货币需求理论(流动性偏好理论)请参阅本书第八章内容。

流动性偏好理论的特点主要有以下几方面。

(1)该理论是完全的货币决定理论,认为利率纯粹是货币现象,与实际因素无关。凯恩斯完全抛弃了实际因素对利率水平的影响。他认为,储蓄与投资虽然有着密切联系,但不能把它们看作是决定利率水平的两个独立的变量。因为储蓄主要取决于收入,而收入一般取决于投资。储蓄量是消费者消费行为的综合结果,它等于社会的总收入减去总消费支出,而投资量是企业投资行为的综合结果,它等于由本期生产活动而引起的资本品的增值,也等于总收入减去总消费。因此,无论什么时候,投资总是等于储蓄,利率显然不能由储蓄和投资的均衡来决定。

(2)货币可以影响实际经济活动水平,但只是在它首先影响利率这一限度之内。

(3)若货币供给曲线与货币需求曲线的平坦部分相交,则利率不受任何影响,进入流动性陷阱。

(4)该理论是一种存量理论,认为利率是由某一时点的货币供求量所决定的,但中央银行的货币供给是相对稳定的,所以,利率主要受货币需求影响即主要受人们的流动性偏好心理影响。

凯恩斯的流动性偏好理论第一次将货币因素引入利率理论,把利息列入货币经济范畴,从而提出利率由货币的供求所决定而不为借贷资本的供求所决定的结论。但凯恩斯过分地夸大了货币的作用,而完全否定了实物因素。实际上,整个经济体系在运行过程中,离不开货币因素和实物因素的共同作用。这一理论的缺陷,由可贷资金利率理论做了修正。

三、利率的决定

（一）决定利率水平的因素

1. 借贷成本

对于银行而言，有两大类成本：一是借入资金的成本，即银行对存款人所支付的存款利息；二是业务费用，即银行在经营管理过程中的支出。而银行的利润来源也有两部分，一是银行在其中间业务中所获得的手续费收入；二是银行在发放贷款时所取得的贷款利息。银行作为金融企业，经营目标是取得利润最大化，就要通过收益来弥补其所耗费的成本，所以，银行在制定利率时，特别是贷款利率水平，要考虑其借贷成本。

2. 平均利润率

从前面的分析知道，利息是利润的一部分，是工人创造的剩余价值的一种特殊形式，所以，它必须受到平均利润率的制约。平均利润率反映的是整个社会的平均利润水平。当资本量一定时，平均利润率的高低决定了利润总量，平均利润率越高，则利润总额越大，借贷资本家和职能资本家分割的利润总额就越大。在现代经济社会中，借款人借入货币资金投入生产过程是为了追求高额利润，因此，他将所获得的利润的一部分以利息的形式付给贷款人，作为让渡货币资金使用权的报酬，如果支付的报酬高于平均利润率，借款人无利可图就不愿借贷，所以，利率只能低于平均利润率。同时，贷款人贷款的目的是利用暂时闲置的货币资金取得收益，因此，利率不能为0，否则，货币资本家不会无偿让渡货币资金的使用权，可以看出，利率在0与平均利润率之间发生变动。

在我国目前财务制度中，利息在企业生产成本或财务费用中列支，但这不能改变利息的本质——是利润的一部分，是工人所创造的剩余价值的特殊转化形式。在社会资金总量一定时，如果某行业的平均利润率增加，资本家投资于该行业的投资欲望将变得强烈，于是他会增加对货币资金的需求，在货币供给总量一定时，利率上升；反之同样成立。马克思说："利息是由利润率调节的，确切地说是由一般利润率调节的。"

3. 借贷期限

利率随着借贷期限长短的不同而不同，这是决定利率的一条"铁"的规律。一般情况下，利率与借贷期限长短成正比。

4. 借贷风险

借贷资金的贷出是以偿还本金并支付利息为条件的，是有条件地暂时让渡货币资金使用权。在货币资金贷出到收回本金的过程中，可能存在很多的风险，如购买力风险即通货膨胀的风险、利率风险、违约风险和机会成本损失的风险等，为了弥补这些风险所造成的损失，贷款人在确定利率时要考虑风险因素。

影响利率的风险因素，决定利率对风险补偿（风险溢价）的要求，其主要包括需要予以补偿的通货膨胀风险、需要予以补偿的违约风险、需要予以补偿的流动性风险、需要予以补偿的偿还期限风险、需要予以补偿的政策性风险等。

（二）影响利率水平发生变动的因素

货币需求大于货币供给，导致利率上升；货币需求小于货币供给，导致利率下降。影响利率水平发生变动的因素主要有以下几方面。

(1)市场资金的供求状况。平均利润率对利率的决定作用是从总体上讲的,但决定某一时期某一市场上利率水平高低的是借贷资金市场上的资金供求状况。

(2)物价的变动。在现代纸币流通的条件下,实际利率等于名义利率减去通货膨胀率,因此,物价的变化直接影响利率水平。此外,引起物价变动的一个重要原因是以货币表示的社会总供给大于社会总需求,即货币供应量过多,造成货币贬值,国家要稳定物价,必须要运用利率的调节作用。所以,国家在调整利率时必须考虑物价的变化。

(3)国际利率水平。在国际经济交往日益密切的情况下,国际利率水平对一国利率的影响有两种:一是其他国家利率对一国国内利率水平的影响;二是国际金融市场对一国国内利率水平的影响。国际金融市场利率对利率的影响是通过资金的国际流动来实现的。在放松外汇管制、资金自由流动的条件下,国内利率低于国际利率水平,会引起资金外流;当国内利率高于国际利率水平时,则会引起资金内流。资金的流动影响一国的国际收支平衡,进而影响本国货币的币值稳定和本国的对外贸易,所以,一国政府在制定和调整本国利率时,必须考虑国际利率对其的影响。例如,外国的利率高于国内利率水平,导致资金外流增加,内流减少,进而导致国内货币资金供给减少,如果国内货币资金需求不变,将导致国内利率水平上升。

(4)外汇汇率。在金融范畴内,两者互有影响。当中央银行提高本国利率时,国内金融市场上货币资金供给降低,居民对外汇的需求降低,抑制外汇行市上升和本币的贬值;当外汇汇率增加,本币贬值,外汇升值,国内居民对外汇的需求降低,在国内市场上资金的供给增加,如果资金的需求不变,本币的利率下降。如本币汇率贬值,一方面导致出口商品用外币表示的价格下降,而进口商品用本币表示的价格上升,会形成出口增加而进口减少。另一方面,会形成对外币的需求下降,而国内货币资金的供给增加,导致国内利率下降。

(5)国家经济政策。1929—1933年的经济大危机后,世界各国都通过货币政策和财政政策对经济进行一定程度的干预。国家为实现其宏观经济目标,通过调整中央银行制定的基准利率来影响金融市场利率,达到调节经济的目的。因此,国家经济政策是影响利率变化的一个重要因素。如国家实行紧缩的货币政策,导致利率上升,反之导致利率下降。

第四节 利率的结构及作用

➤ 一、利率的结构

一个国家在任何时候的利率都不止一种,而是多种多样的。各种不同信用工具的利率因种类、期限的不同而不同,即在金融市场上,不同种类的资金使用不同的利率,不同期限的资金使用不同的利率。前面的讨论忽略了信用工具种类和期限对利率影响的差异,主要探讨了利率的总体变化是由哪些因素决定的。我们还必须了解各种利率之间的关系,也就是利率的结构。这里先讨论期限相同的各种信用工具利率之间的关系,即利率的风险结构,然后讨论其他特征相同而期限不同的各种信用工具之间的利率,即利率的期限结构。

(一)利率的风险结构

利率的风险结构,指期限相同的各种信用工具(或称之为金融证券)利率之间的关系,主要是由信用工具的违约风险、流动性以及税收等因素决定的。

1. 违约风险

当投资者购买一种信用工具，往往要面临发行人到期可能无法还本付息的风险，我们称之为证券的违约风险。证券的违约风险越大，它对投资者的吸引力就越小，为提高证券的吸引力，发行者必须支付比无风险证券利率更高的利率。风险证券和无风险证券之间的利率差我们称之为风险补偿。

2. 流动性

有些证券还本付息并没问题，但却缺乏流动性，即在到期前，持有者很难在不遭受损失的情况下把它转让出去以获得现金，这样就会影响人们对该类证券的需求，为弥补这种不足，缺乏流动性的证券必须对应较高的利率。所以，在其他条件相同的情况下，流动性越高的证券，利率将越低；相反，流动性越低的证券，利率将越高。

3. 税收因素

相同期限的证券之间的利率差异，不仅反映了证券之间的风险、流动性不同，而且还受到税收因素的影响。不同国家对不同的证券要征收不同水平的税，如美国的联邦政府债券的利息收入要交所得税，而州和地方政府债券的利息收入可以免交联邦所得税。难怪美国的联邦政府债券虽然违约风险几乎为零，流动性也很高，但其利率却始终高于有一定违约风险且流动性也差一些的州和地方政府债券。证券持有人真正关心的是税后的实际利率，所以，若证券的利息收入的税收因证券的种类不同而存在着差异的话，这种差异就必然要反映到税前利率上来。税率越高的证券，其税前利率也越高。

(二)利率的期限结构

利率的期限结构指利率与期限(时间)之间的变化关系。期限相同的证券之间的利率差异主要是由证券的违约风险、流动性以及税收等因素决定的，但这些条件相同，而期限不同的证券之间的利率差异又是由哪些因素决定的？这正是利率的期限结构所要回答的。

利率与期限的关系通常有三种情形：①利率与期限丝毫不发生关系，即无论时间如何变化，利率并不发生变动；②利率是时间的正函数，期限越长，利率越高；期限越短，利率越低；③利率是时间的反函数，当时间延长时，利率下降，而当时间缩短时，利率上升。现实中，第一种情况几乎不存在，第三种情况也比较少，最常见的是第二情况。

在关于利率的期限结构方面，有两个现象特别值得注意：一是各种期限证券的利率往往是同向波动的；二是长期证券的利率往往高于短期证券。对于这两个现象的解释，西方经济学有四种理论：①预期理论(expectation theory)；②市场分割理论(market segmentation theory)；③优先聚集地理论(preferred habitat theory)；④流动性偏好理论(liquidity preference theory)。下面分别加以介绍。

1. 预期理论

(1)假设条件：①持有债券和从事债券交易时没有税收和成本的影响；②没有违约风险；③具有完善的货币市场，资金的借贷双方能够正确合理地预期短期利率的未来值；④所有投资者都是利润最大化的追求者；⑤不同期限的债券可以完全替代。

(2)基本观点：①利率曲线的形状是由人们对未来利率的预期所决定的，因此，对未来利率的预期是决定现有利率结构的主要因素；②长期利率是预期未来短期利率的函数，长期利率等于当期短期利率与预期的未来短期利率之和的平均数。

预期理论认为利率期限结构差异是由人们对未来利率的预期差异造成的。

预期理论假定整个债券市场是统一的,不同债券之间具有完全的替代性,即债券的购买者在不同债券之间没有任何特殊的偏好。在此基础上,预期理论断言,利率的期限结构是由人们对未来短期利率的预期决定的。当人们预期未来短期利率将上升,长期利率就高于短期利率;反之亦是;而当人们预期未来短期利率将保持不变时,长期利率就等于短期利率。

预期理论无法解释一个重要的经验事实,即市场上长期债券的利率一般要高于短期债券的利率。因为这意味着人们总是倾向于相信未来的利率会高于现在,显然这是没有道理的。针对这一矛盾,有的经济学家提出了市场分割理论。

2. 市场分割理论

(1)假设条件:首先假设不同类型的投资者具有与投资期限相关的偏好,这些偏好与他们的债务结构、风险厌恶程度有关,不同期限的债券不能完全代替。造成这些偏好的主要原因有:法律上的限制,缺乏能够进行未来债券交易的市场,缺乏在国内市场上销售的统一的债务工具,债务风险的不确定性,等等。各种不同期限的证券各有其特点,可满足不同投资者的偏好,而不同投资者或借款者也往往只对某种期限的证券感兴趣。

(2)基本观点:该理论认为,各种期限的证券市场是彼此分割、相互独立的。利率是由各个市场的投融资者的偏好决定的。

市场分割理论认为,期限不同的债券的市场是完全隔离的,每一种期限的债券的利率是由对那种期限的债券的供求关系决定的,而不受其他期限的债券的预期报酬率的影响。卡伯特森是该理论的倡导者。该理论认为期限不同的债券根本没有替代性,投资者强烈地偏好某种期限的债券而非其他债券,是因为他们仅仅关心所偏好的那种期限的债券的预期报酬率。按照这种理论,收益率曲线向上倾斜是因为对短期债券的需求相对高于对长期债券的需求,造成短期债券价格高而利率低。平均而言,人们更愿意持有短期债券而不是长期债券。不同的市场主体、不同的资金特征,形成不同的市场(短期市场和长期市场)。

市场分割理论对长期利率高于短期利率提供了一种直截了当的解释,但是由于该理论认为期限不同的债券市场是完全分割的,所以,它不能解释期限不同的债券的利率倾向于一起变动的事实。他的支持者认为不能预期短期债券收益率的上升将传递给其他期限债券。这是该理论的一个缺陷。同时,市场分割理论认为收益曲线偶尔也会移动。例如,如果某种事件同时刺激了所有期限债券需求的增加,整个收益曲线将向下移动。但是大多时间里,相对平滑的收益曲线的事实说明各期限债券间存在较高程度的替代性,这使人们对市场分割理论的有效性产生怀疑。

市场分割理论虽然也认识到投资者有各自由负债性质决定的流动性偏好,并且认为决定收益率曲线形状的最重要因素在于投资者资产管理的限制(局部限制和自身限制)以及贷款者受到的期限限制。但是,与流动性偏好理论所不同的是,该理论假设没有贷款者或投资者愿意改变投资期限以换取可能获得的预期利率和远期利率差额的收益,也就是说,投资者风险厌恶的程度很高,轻易不会在市场间转移,不同期限的债券市场之间是隔离的。因此,收益率曲线的形状由每一期限的证券供求关系所决定,各个同期限的证券供求关系之间的相互影响很小。

3. 优先聚集地理论

优先聚集地理论是上面两种期限结构理论的综合。它考虑了投资者对不同证券期限的偏好,也就是说,投资者有一个优先的聚集地,但这种偏好并不是绝对的。当不同期限的证券之间预期收益率差异达到一定阈值后,投资者可能放弃他所偏好的那种证券,而去投资于预期收益率较高的证券。也就是说,由于投资者偏好的存在,不同期限的证券不可能是完全相互替代的,因而各种证券的预期收益率不会完全相等;但是当不同期限的证券收益的差异达到一定程度时,替代就会发生。这一假定较预期理论的完全替代性和市场分割理论的完全分割假定都更为现实。

优先聚集地理论能够较好地解释长期利率通常高于短期利率的现象。该理论同样能解释为什么不同期限的证券利率会同向波动。由于优先聚集地理论能较好地与经验事实相符合,所以它是一种较为流行的利率期限结构理论。

4. 流动性偏好理论

该理论基本上承认预期理论,但对该理论进行了一定的修正。该理论认为,长期证券比短期证券有更多的风险——价格波动风险,其流动性较差,必须给予流动性报酬作为补偿,从而使长期证券的利率大于短期证券的利率,差值为流动性报酬。

同时该理论认为,不同期限的债券具有替代性(但不是完全替代),因此一种债券的预期报酬率能够影响期限不同的另一种债券的预期报酬率,同时投资者在债券的不同期限之间又有所偏好。这样,投资者不仅存在一个期限偏好的聚集地,同时他们也关心与他们所偏好的期限不同的债券的预期报酬率。当其他非偏好期限的债券的预期报酬率高到一定程度时,他们也会愿意购买。

流动性偏好理论解释了期限不同的债券的利率为什么在一段时间内会一起波动,短期利率上升导致未来短期利率的几何平均数上升,因而长期利率也随之上升。同时该理论也解释了收益率曲线为什么通常向上倾斜,这是因为人们偏好持有短期债券,使得风险补贴为正数,即使预期短期利率未来保持不变,长期利率也高于短期利率。除非预期短期利率在未来下降得非常厉害,以至于预期短期利率的平均数远低于即期短期利率,这样,即使一定的正数风险补贴,加在这个平均数上得到的长期利率仍然低于即期短期利率。

该理论认为,当短期利率较低时,人们一般预测它们在未来会上升到某个正常水平,因而未来的预期短期利率平均数较高,加上正数风险补贴的附加额,长期利率将大大高于即期短期利率,所以,收益率曲线将出现一个很陡的向上斜度。当短期利率高时,人们通常预测它们会下降,由于预计未来的短期利率平均数将远低于即期短期利率,以至长期利率尽管有正的流动性补贴,仍然低于短期利率,使得收益率曲线向下倾斜(正的流动性报酬不足以弥补预期短期利率的急速下降)。

这样,只要观察收益率曲线的斜度,就能知道市场对未来短期利率的预测。较陡的上升的收益率曲线表示,短期利率预计在未来会上升;不太陡的曲线表示,短期利率预期在未来不会大起大落;呈水平状的曲线表示,未来会轻微下降;向下倾斜的曲线表示,未来会急剧下降。

流动性偏好理论是最广泛地被接受的利率期限结构理论,因为它完善地解释了关于期限结构的重要经验事实。该理论肯定长期利率等于风险补贴加上预计在长期债券有效期内出现的短期利率的平均数,从而综合了预期理论和市场分割理论二者的特色。

➤ 二、利率的作用

在市场经济中,利率的作用相当广泛。从微观角度说,对个人收入在消费与储蓄之间的分配,对企业的经营管理和投资决策,利率的影响非常直接;从宏观角度说,对货币需求与供给,对市场总供给与总需求,对物价水平,对国民收入分配,对汇率和资本的国际流动,进而对经济增长和就业等,利率都是重要的经济杠杆。在经济学中,无论是微观经济学部分还是宏观经济学部分,在基本模型中,利率几乎都是最主要的、不可缺少的变量之一。

在市场经济中,利率的作用之所以极大,根本原因在于经济人有足够的独立决策权。对于可以独立决策的企业、个人等经济人来说,利润最大化、效益最大化是基本的准则;而利率的高低直接关系到经济人的收益;在利益约束的机制下,利率必然有广泛而突出的作用。

(一)利率在宏观经济中的作用

1. 积累资金

在商品经济条件下,资金的短缺制约着一国经济的发展,同时,社会上也存在着一定数量的暂时闲置的货币资金,只有有偿利用这些闲置的货币资金投入生产,才能避免双重的浪费,这种有偿的手段就是利率。适当的利率水平可以有效地促使社会闲置资金转化为投资,在不增加中央银行货币供应总量的条件下增加资金的使用效率。通过利率杠杆来积聚资金,可以获得在中央银行不扩大货币供给的条件下,全社会的可用货币资金总量增加的效应。利率上升,会促使消费下降,投资下降而储蓄增加。利率是经济的内生变量,也是金融政策的外生变量。

因此,利用利率杠杆可以调整货币流通量;利用利率杠杆可以优化产业结构;国家利用利率杠杆,可以调节国民经济结构,促进国民经济健康协调的发展;利用利率杠杆还可以调节国际收支不平衡。

2. 调整信用规模

中央银行的贷款利率、再贴现利率作用于中央银行对商业银行和其他金融机构的信用规模。当中央银行提高贷款利率或再贴现利率时,会降低商业银行和其他金融机构从中央银行获得的信用规模,进而商业银行会降低对微观经济主体贷款的信用规模,导致整个市场信用规模的缩小。相反的操作则有利于信用规模的扩大。

3. 调节国民经济结构

利率对于国民经济结构的调节功能,主要是通过采用差别利率和优惠利率来实现的,由此引导资源的配置,调整国民经济结构。

4. 抑制通货膨胀

在信用货币流通时期,引发通货膨胀的最根本原因是货币发行量过大。为抑制通货膨胀,国家应实行紧缩性的货币政策:紧缩市场银根—减少货币发行(中央银行会提高对商业银行的贷款利率和再贴现利率)—市场利率增加—导致货币需求减少—信用规模下降—物价趋于平稳。

如果通货膨胀不是由于货币发行过多引起的,而是由于商品供求不平衡引起的,政府应采用差别利率。对供不应求的产品降低利率,刺激生产扩大,导致物价下降;对供过于求的产品,提高利率,抑制商品供给,最终使物价能够反映产品的供求关系。

5. 平衡国际收支

投资主要受长期利率水平的影响。当国际收支是严重逆差时,提高本国国内利率,使其高于其他国家利率水平,促使资金内流增加,资金外流减少,调节本国的国际收支状况。

当国际收支逆差发生在国内经济萧条时,应调整利率结构:降低长期利率,刺激投资增加,促进经济复苏;提高短期利率,使资金内流增加,调整国际收支逆差(国际资本的流动受短期利率的影响,投资受长期利率的影响)。

(二)利率在微观经济活动中的作用

1. 激励企业提高资金使用效率

利率的存在会减少企业的利润,企业只有加强经营管理,加速资金周转,减少借款,通过提高资金的使用效率来减少利息的支付。对于存款人来说,存款是获取稳定收益的渠道之一,高水平的利息率对存款人有很大的诱惑力,它意味着在风险性较小和流动性较大的情况下收入的增加;对于借款人来说,借款利息是成本的一部分,企业借款额越大、时间越长,利息代价将越大,经营成本也就越高,利润就越小。因此,企业总是尽可能减少借款的数量,通过加速资金周转,提高资金的使用效率,按期或提前偿还银行贷款。

2. 影响个人和家庭的金融资产投资

人们进行各种金融资产投资时,主要考虑金融资产的安全性、收益性和流动性三个方面,而各种金融资产的收益水平和利率有密切关系,在安全性和流动性一定的情况下,调整利率,可以引导人们选择不同的金融资产。

3. 作为社会租金计算基础的参照

资产所有者贷出资产,在到期后收回并取得相应的租金,租金的度量受多种因素影响,如传统的观念与习惯、政府的法规和供求关系等,但通常是参照利率来确定的。

第五节 利率管理体系及市场化

一、利率管理体系

利率管理体系就是一国政府管理利息率的政策、方法、制度的总称,它取决于一国的经济体制、金融体制、宏观经济调控能力和金融监管水平等。利率管理体系分为直接管理体系和间接管理体系。

直接管理体系,由政府或中央银行制定关于利息率的政策、结构和水平,并对金融机构的执行情况进行监督和检查。

间接管理体系,中央银行通过调节基准利率,并运用存款准备金政策、公开市场买卖政策等手段,间接调整和控制金融机构的存贷款利率和金融市场利率。

我国目前采取的是直接管理体系,即由国务院批准和授权的中国人民银行代表国家统一管理利率,规定利率水平和浮动程度,审批金融机构和企业的债券利率,监督、检查各金融机构的执行情况。

二、利率市场化

(一)利率市场化含义

利率市场化是指金融机构在货币市场经营融资的利率水平是由市场供求来决定的,包括利率决定、利率传导、利率结构和利率管理的市场化。实际上,利率市场化就是将利率的决策权交给金融机构,由金融机构根据资金状况和对金融市场动向的判断来自主调节利率水平,最终形成以中央银行基准利率为基础,以货币市场利率为中介,由市场供求决定金融结构存贷款利率的市场利率体系和利率形成机制。

(二)利率市场化的内容

利率市场化应该包括如下内容。

(1)金融交易主体享有利率决定权。金融活动是资金盈余部门和赤字部门之间的资金交易活动。金融交易主体应该有权对其资金交易的规模、价格、偿还期限、担保方式等具体条款进行讨价还价,讨价还价的方式可能是面谈、利率招标,也可能是资金供求双方在不同客户或者服务提供商之间反复权衡和选择。

(2)利率的数量结构、期限结构和风险结构由市场自发选择。同任何商品交易一样,金融交易同样存在批发与零售的价格差别;与其不同的是,资金交易的价格还应该存在期限差别和风险差别。利率计划当局既无必要也无可能对利率的数量结构、期限结构和风险结构进行科学准确的测算。相反,金融交易的双方应该有权就某一项交易的具体数量(或规模)、期限、风险及其具体利率水平达成协议,从而为整个金融市场合成一个具有代表性的利率数量结构、期限结构和风险结构。

(3)同业拆借利率或短期国债利率将成为市场利率的基本指针。从微观层面上看,市场利率比计划利率档次更多,结构更为复杂,市场利率水平只能根据一种或几种市场交易量大、为金融交易主体所普遍接受的利率来确定。同业拆借利率或者短期国债利率是市场上交易量最大、信息披露最充分从而也是最有代表性的市场利率,它们将成为制定其他利率水平的基本标准,也是衡量市场利率水平涨跌的基本依据。

(4)政府(或中央银行)有间接影响金融资产利率的权力。如市场经济并不排斥政府的宏观调控一样,利率市场化并不是主张放弃政府的金融调控。但在利率市场化条件下,政府(或中央银行)对金融的调控只能依靠间接手段,例如通过公开市场操作影响资金供求格局,从而间接影响利率水平;或者通过调整基准利率影响商业银行资金成本,从而改变市场利率水平。在金融调控机制局部失灵的情况下,可对商业银行及其他金融机构的金融行为进行适当方式和程度的窗口指导,但这种手段不宜用得过多,以免干扰金融市场本身的行业秩序。

(三)中国利率市场化改革

1.中国利率市场化改革的动因

利率市场化改革的最主要动因在于,它是建立社会主义市场经济的核心问题。建立社会主义市场经济的关键就在于,要使市场在国家宏观调控下对资源的配置起核心性作用,而资源的配置首先是通过资金的配置完成的。这就要求资金的价格商品化由市场供求决定,使投融资主体根据资金的安全性、流动性和盈利性要求公开自由竞价,最大限度地减少不必要的利率管制。

完全竞争的借贷市场暗含着的前提条件是:第一,资金的借贷双方是完全竞争的,借款和贷款的任何一方都不能左右借贷市场的价格,只能是市场价格的被动接受者;第二,借贷双方都是追求经济利益最大化的理性经济人,对于借方或贷方,任何一方影响市场价格的变动,另一方立即会做出有利于其边际效益的理性反应;第三,借贷双方的信息是充分的。

由经济发展带来的利率市场化动因:①加入WTO(世界贸易组织)的需要。20世纪80年代以来,金融国际化成为世界金融发展的一个重要趋势,也带动了国际贸易和整个世界经济的发展。中国金融业应进一步创造条件逐步实现与国际金融接轨,而条件之一就是以利率和汇率为中心的金融商品价格形成市场化。②迎接网络经济的需要。以互联网技术为核心的网络经济无疑将成为未来经济发展的主流。网络银行是银行业适应网络经济发展的一项创新。网络银行迅猛发展的一个原因在于它极大地降低了交易成本,由此带来服务的价格优势。

2. 中国利率市场化的进程

我国的利率市场化一直贯穿于我国金融市场培育和发展的全过程,其主要的进程如下。

(1)同业拆借利率市场化:1996年1月1日,央行建立全国统一的银行间同业拆借市场,形成了中国银行间同业拆借市场利率(Chibor);1996年6月1日,在Chibor成功运行五个月的基础上,央行放开对其上限管制,实现利率水平完全由拆借双方自主决定。

(2)债券市场利率市场化:1996年,证券交易所市场通过利率招标等多种方式率先实现国债发行利率市场化;1997年6月,央行建立全国银行间债券市场,存款类金融机构所持国债统一转入银行间债券市场流通,实现国债交易利率市场化;1998年9月,国家开发银行在银行间债券市场以利率招标方式成功发行政策性银行金融债。

(3)贷款利率市场化:2004年10月,经过多次调整,央行取消贷款上浮封顶(信用社最高上浮基准利率的2.3倍),贷款最多下浮到基准利率的0.9倍;2006年8月和2008年10月,央行将商业性个人住房贷款利率下限分别下调到基准利率的0.85倍和0.7倍;2012年6月和7月,贷款利率下浮区间分别扩大至基准利率的0.8倍和0.7倍。

(4)取消贷款利率限制:2013年7月20日,央行取消金融机构贷款利率0.7倍的下限(个人住房贷款暂不调整),由金融机构根据商业原则自主确定贷款利率水平,贷款利率实现市场化。

(5)扩大存款利率浮动区间:2014年11月12日,下调基准利率,人民币存款利率浮动区间扩大为基准利率的1.2倍;2015年4月10日,又扩大到1.3倍;5月11日,进一步扩大到1.5倍。当然,利率的市场化不只是扩大浮动区间,我国近来的一系列政策都是为日后的利率市场化铺路。

(6)贷款市场报价利率(LPR)改革:2019年8月17日,中央银行发布公告,决定改革和完善LPR形成机制。这项改革和创新将LPR改按公开市场操作利率加点形成的方式报价,其中公开市场操作利率主要指中期借贷便利(MLF)利率,LPR报价的市场化和灵活性明显提高。

3. 中国利率市场化的积极影响

(1)让金融更好地支持实体。金融机构采取了差异化的利率策略,可以降低企业融资成本,提升金融服务水平,加大金融机构对企业尤其是中小微企业的支持,融资变得多元化,促使金融更好地支持实体经济发展,也有利于经济结构调整,促进经济转型升级。

(2)增加金融机构获利能力。贷款利率市场化以后,一些金融机构可能会上浮贷款利率,这能够获得更多贷款利息收入,为银行增加更多获利。同时,银行在给中小企业贷款的时候,可能会执行更加严格的贷款条件,对于发展前景更好的中小企业优先贷款,这样也可以进一步减少不良贷款。

(3)提高信贷质量。贷款利率市场化之后,金融机构会给优质客户创造更多收益,而使那些质量不高的客户收益下降,风险较大且信誉度低的客户将退出信贷市场。

(4)更有效地吸引闲置资金。利率市场化以后,金融机构可以根据自身特点来决定利率,适当地提高存款利率,就可以在短时期内吸引到更多数量的闲置资金。

(5)有利于信誉好的客户。利率市场化后,银行会更加严格审核贷款人的信用状况,信用好的贷款者将受到更多青睐;同时,银行存款利率一般会提高,贷款利率则会下降,老百姓将会得到更多的实惠;最终,促进信用体系向前迈进一步。

(6)将推进存款保险制度。利率市场化后,商业银行之间竞争会增强,一些银行可能面临新的风险,为了维护整个市场稳定,或将推进存款保险制度。

(7)促进农村金融服务进一步提高。农村信用社是农村金融服务的主力军,利率市场化后,央行不再对农村信用社贷款利率设立上限,有利于农村信用社自主定价,有利于统一各类金融机构贷款利率政策,营造更加公平竞争环境,有利于发挥价格杠杆作用,不断优化资源配置,促进农村金融服务进一步创新与提高。

(8)加速银行升级。利率市场化,资产定价将更加透明,商业银行利息差有利于竞争,经营模式转型压力增加,加速传统银行业务向投资银行、财富管理转变,促进银行进一步升级。

本章小结

1. 利息是指一定量的借贷资本本金经过借贷行为之后由债务人支付给债权人的超过本金的增值额,也就是指货币资金所有者因贷出货币资金使用权,凭借所有权从借贷者手中获得的报酬,或者是指借贷者使用货币资金所付出的代价。

2. 利息的本质是工人在生产过程中所创造的剩余价值的一部分,利息来源于利润,是剩余价值的特殊转化形式。

3. 收益的资本化是指各种有收益事物,不论它是否是一笔贷放出去的货币资金,甚至也不论它是否是一笔资本,都可以通过收益与利率的对比而倒过来计算它相当于多大的资本金额。

4. 利率可按六种方式进行分类。

5. 利率的计算方法包括单利法和复利法。

6. 实际利息理论包括资本生产力说、利息报酬理论、节欲论、边际生产力说、时差说、不耐计划说。

7. 货币利息理论主要包括马克思利率理论、古典均衡理论、可贷资金利率理论、"流动性陷阱"理论。

8. 利率市场化是指金融机构在货币市场经营融资的利率水平是由市场供求来决定的。其主要内容包括:金融交易主体享有利率决定权,利率的数量结构、期限结构和风险结构应由市场自发选择,同业拆借利率或短期国债利率将成为市场利率的基本指针,政府(或中央银行)享有间接影响金融资产利率的权力。

本章关键词

利息(interest)　　　　　　　　　现值(present value)
名义利率(nominal interest rate)　　实际利率(real interest rate)
市场利率(market interest rate)　　收益资本化(capitalization of income)

本章思考题

1. 决定利率水平变化的因素有哪些?
2. 简述利率期限结构理论和风险结构理论的内容。
3. 简述我国利率市场化改革的进程。
4. 简述凯恩斯的流动性偏好理论。

第三章 金融市场

本章学习目标

1. 理解金融市场及其融资方式。
2. 掌握金融市场的分类和作用。
3. 掌握货币市场的特点及主要类型。
4. 掌握货币市场各子市场的概念和特征。
5. 理解股票市场的特征和作用。
6. 理解股票的一级市场中股票的发行制度、类型和方式。
7. 掌握股票二级市场中影响股票价格波动的因素。
8. 了解股票价格指数的计算和类型。
9. 理解债券的发行、评级、价格影响因素、发行方式。
10. 理解债券二级市场的构成、交易方式、托管、结算。
11. 了解金融衍生品市场的种类及功能。
12. 了解金融衍生品市场各子市场的概念和发展特点。

第一节 金融市场概述

➤ 一、金融市场的概念

金融市场是指资金供应者和资金需求者双方通过信用工具进行交易而融通资金的市场，也是实现货币借贷和资金融通、办理各种票据和有价证券交易活动的市场。

在金融市场中，资金融通有两种实现方式：一种是直接融资，即资金短缺单位直接在证券市场上向资金盈余单位发行某种凭证（即金融工具），比如债券或股票。当资金盈余单位花钱向资金短缺单位购买这些凭证时，资金就从资金盈余单位转移到资金短缺单位。另一种是间接融资，即资金盈余单位把资金存放（或投资）到银行等金融中介机构中去，再由这些金融中介机构以贷款或证券投资的形式将资金转移到资金短缺单位。如图3-1所示。

➤ 二、金融市场的分类

第二次世界大战之后，金融市场在全球呈现出蓬勃发展的态势，其活动领域与交易范围日益扩展，新型金融工具和交易方式层出不穷，现代金融市场已经成为许多子市场组成的庞大市场体系。按照不同标准，金融市场可划分为不同类型。

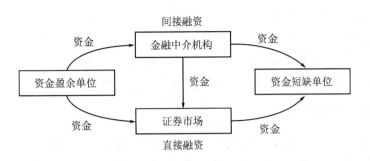

图 3-1 资金融通的方式

(一) 按交易品种分类

按交易品种,金融市场可分为货币市场、资本市场、外汇市场和黄金市场。

货币市场又称短期资金市场,是以期限在一年以内的金融资产为交易对象的市场。通过货币市场资金盈余单位将暂时闲置的资金转移给短期资金的需求者。货币市场主要有同业拆借市场、票据市场、大额可转让定期存单市场和短期债券市场等,交易量十分庞大,短期国债、可转让定期存单、商业票据、回购协议、银行承兑汇票等短期金融工具具有很强的变现性和流动性。

资本市场是以期限在一年以上的金融资产为交易对象的市场,主要满足的是资金需求者长期投资性资本的需求。资本市场的工具主要包括股票、中长期债券和抵押贷款等。

外汇市场是以各种外汇信用工具为交易对象的市场。狭义的外汇市场指的是银行间的外汇交易,包括同一市场各银行间的交易、中央银行与外汇银行间以及各国中央银行之间的外汇交易活动,通常被称为批发外汇市场。广义的外汇市场是指由各国中央银行、外汇银行、外汇经纪人及客户组成的外汇买卖、经营活动的总和,包括上述的批发市场以及银行同企业、个人间外汇买卖的零售市场。

黄金市场是专门集中进行黄金买卖的交易中心或场所。黄金市场早在19世纪初就已形成,是最古老的金融市场。现在,世界上已发展了40多个黄金市场,其中伦敦、纽约、苏黎世、芝加哥和香港的黄金市场被称为五大国际黄金市场。

(二) 按金融资产的发行和流通特征分类

按金融资产的发行和流通特征,金融市场可分为一级市场和二级市场。

一级市场又称初级市场或发行市场,在这个市场中只买卖新发行的金融资产,即一级市场是通过发行股票、债券等金融资产进行筹资活动的市场。一级市场一方面为资金的需求者提供了筹集资金的渠道,另一方面为资金的供给者提供投资场所。

二级市场又称流通市场或次级市场,是已发行的金融资产进行流通转让的市场。二级市场一方面为金融资产的持有者提供随时变现的机会,另一方面又为新的投资者提供投资机会。与一级市场不同的是,二级市场上金融资产可以不断地进行交易。

一级市场是二级市场的基础和前提,没有一级市场就没有二级市场;二级市场是一级市场存在与发展的重要条件之一,无论从流动性上还是从价格的确定上,一级市场都要受到二级市场的影响。

(三) 按范围分类

按其所属范围,金融市场可分为地方性市场、全国性市场、区域性市场和国际市场。

地方性市场和全国性市场都属于国内金融市场,市场主体都是本国的自然人和法人,交易工具都由国内发行。

区域性市场和国际市场相似,交易市场主体来自许多国家和地区,交易工具是国际性的。二者的区别在于区域性市场的活动范围是某一地区,而国际市场的范围可扩展至整个世界。

➢ 三、金融市场的功能

金融市场的功能是多方面的,其中最基本的功能是满足社会在生产过程中的投融资需求,引导资金由盈余单位向短缺单位流动。具体来说,金融市场具有聚敛、配置、调节、反映四大功能。

(一)聚敛功能

金融市场的聚敛功能是指金融市场引导众多分散的小额资金汇聚成为可以投入社会再生产的资金集合的功能。一方面,金融市场将资金需求者和供给者聚合到一起,减少双方的搜索成本和信息成本,进而降低交易成本,促进市场成长;另一方面金融市场上有多种融资形式可供双方选择,既满足了资金供给者对资金安全性、收益性和流动性的要求,也达到了需求者及时、灵活、有效地筹集资金的目的。

(二)配置功能

金融市场的配置功能表现在三个方面:一是资源的配置,二是财富的再分配,三是风险的再分配。

1. 资源配置

在经济运行中,金融市场通过将资源从低效率利用的部门转移到高效率的部门,从而实现稀缺资源的合理配置和有效利用。

2. 财富的再分配

金融资产持有者的财富随着金融资产价格的波动不断变化,一部分人的财富量随金融资产价格的升高而增加,而另一部分人则由于其持有的金融资产价格下跌,所拥有的财富量也相应减少。这样,社会财富就通过金融市场价格的波动实现了财富的再分配。

3. 风险的再分配

不同的主体对风险的厌恶程度是不同的,较厌恶风险的人可以利用金融工具把风险转嫁给厌恶风险程度较低的人,从而实现风险的再分配。

(三)调节功能

金融市场的存在及发展,为政府实施对宏观经济活动的间接调控创造了条件。金融市场给政府提供了实施货币政策和财政政策的场所,也提供了相关的决策信息。例如,存款准备金政策、再贴现政策、公开市场操作等货币政策的实施都以金融市场的存在、金融部门及企业成为金融市场的主体为前提。同时政府可以通过发行国债等财政政策,对各经济主体的行为加以引导和调节。

(四)反映功能

金融市场历来被称为国民经济的"晴雨表"和"气象台",是公认的国民经济信号系统。金融市场不仅可以反映微观经济运行状况,例如在有效的金融市场中,某个证券的价格波动就反映了其背后企业的经营管理情况及发展前景,也可以反映宏观经济运行方面的信息,例如货币政策实施时,金融市场会出现波动,表示出紧缩和放松的程度。

第二节 货币市场

一、货币市场的概念和特点

(一)货币市场的概念

金融市场根据期限的长短通常可划分为货币市场(短期资金市场)和资本市场(长期资金市场)。货币市场(money market)通常又称为短期资金市场,是以期限在一年以内的短期资金为交易对象的市场。在货币供应量层次划分上,短期资金被置于现金货币和存款货币之后,称为"准货币",所以将该市场称为"货币市场",其主要功能是保持金融资产的流动性。货币市场一方面满足了借款者的短期资金需求,另一方面也为暂时闲置的资金找到了出路。

(二)货币市场的特点

与资本市场相比,货币市场的特点主要体现在以下几方面:
(1)期限短、流动性强、风险性低;
(2)交易量大,主要是一种批发市场;
(3)管制较宽松,较容易带来金融创新;
(4)多数没有固定的交易场所;
(5)多采用贴现方式发行和交易。

(三)货币市场的参与者

货币市场中的参与者指在货币市场中参与交易的各种主体,按照它们参与货币市场交易的目的,可分为以下几类。

1. 资金需求者

货币市场上的资金需求者主要是由于短期资金不足或是日常经营需要更多的短期资金并希望通过货币市场交易获得短期资金的主体。这类参与者主要有商业银行、非银行金融机构、政府和政府机构以及企业。

2. 资金供给者

货币市场上的资金供给者主要是满足了日常经营需要后仍然拥有多余闲置资金并希望通过货币市场交易将这部分资金借出以获得一定收益的主体。这类主体主要有商业银行、非银行金融机构和企业。

3. 交易中介

货币市场的交易中介是为货币市场交易中的资金融通双方提供服务从而获得手续费或价差收益的主体。这类参与者主要有商业银行以及一些非银行金融机构。

4. 中央银行

中央银行参与货币市场交易是为了实施货币政策,控制货币供应量,引导市场利率,实现宏观金融调控的目标。

5. 政府和政府机构

政府和政府机构主要是作为短期政府债券的供给者和短期资金的需求者而参与货币市场

交易的。

6. 个人

个人参与货币市场,一般都是作为资金供给者,但由于货币市场单笔交易数额较大以及监管的需要,个人一般不能直接参与货币市场的交易,主要通过投资货币市场基金间接参与货币市场的交易,但也有个人持有短期政府债券和大面额可转让存单的情况。

➤ 二、货币市场的结构

(一) 银行同业拆借市场

银行同业拆借市场是指金融机构之间相互借贷短期资金的市场。同业拆借的资金主要用于弥补短期资金的不足、票据清算的差额以及解决临时性的资金短缺需要。同业拆借市场交易量大,能敏感地反映资金供求关系和货币政策意图,影响货币市场利率,因此,它是货币市场体系的重要组成部分。

1. 形成和发展

银行同业拆借市场起源于西方国家存款准备金制度的实施,在存款准备金制度下,规定商业银行吸收的存款必须按一定比例提取准备金,缴存于中央银行,称为法定储备。但对每家银行的某一时日来说,有些银行准备金保有量过多,出现多余,把这些超出法定准备的部分称为超额储备,超额储备停留在无利息收益的现金形式上,就会产生潜在的收益损失。而另一些银行当储备计算期末储备金不足时,就会面临被征收罚金的危险。在这种客观条件下,储备多余的银行便设法将其拆出,增加收入,而储备不足的银行又设法拆入资金,由此逐渐形成了银行同业拆借市场。

近20多年来,银行同业拆借市场有了较大的发展,它不仅作为同业之间调整储备的市场,而且已经成为银行扩大资产业务的手段,同业拆借的参加者也从商业银行扩大到非银行金融机构,使拆借市场的范围日益扩大。

2. 交易方式

同业拆借市场主要是银行等金融机构之间相互借贷在中央银行存款账户上的准备金余额,用以调剂准备金头寸的市场。有多余准备金的银行和存在准备金缺口的银行之间存在着准备金的借贷。这种准备金余额的买卖活动就构成了传统的银行同业拆借市场。银行同业拆借市场的交易有间接拆借和直接交易两种。

1) 间接拆借

资金拆借双方将意向和信息传递到中介机构,由中介机构根据市场价格、双方指令媒介交易。间接拆借是最主要的交易方式,其特点是拆借效率高、交易公正、安全。充当中介机构的主要是某些规模较大的商业银行或者专门的拆借经纪公司。

2) 直接交易

直接交易不通过经纪机构,由拆借资金买卖双方通过电话或其他电信设备直接联系,洽谈成交。其特点是交易成本低。这种交易在同业拆借市场上较为少见。

3. 特点

一般而言,银行同业拆借市场具有五大特点:

(1) 只允许经批准的金融机构进入市场;

(2) 融资期限较短,最常见的是隔夜拆借,目前甚至出现日内拆借,一般最长不超过1年;

(3) 交易金额较大,而且不需要担保或抵押,完全是凭信用交易;
(4) 交易手续简便,一般通过电话洽谈;
(5) 利率由双方协商决定,随行就市。

4. 同业拆借市场的参与者

同业拆借市场的主要参与者首推商业银行。商业银行既是主要的资金供应者,又是主要的资金需求者。非银行金融机构如证券商、互助储蓄银行、储蓄贷款协会等也是金融市场上的重要参与者,它们大多以贷款人身份出现在该市场上。

5. 同业拆借市场的拆借期限与利率

同业拆借市场的拆借期限通常以1~2天为限,短至隔夜,多则1~2周,一般不超过1个月,当然也有少数同业拆借交易的期限接近或达到一年的。

同业拆借的拆款按日计息,拆息额占拆借本金的比例为"拆息率"。在国际货币市场上,比较典型的、有代表性的同业拆借利率有三种,即伦敦银行同业拆借利率(LIBOR)、新加坡银行同业拆借利率和香港银行同业拆借利率。

上海银行间同业拆放利率(Shanghai Interbank Offered Rate,简称 Shibor),以位于上海的全国银行间同业拆借中心为技术平台计算、发布并命名,是由信用等级较高的银行组成报价团自主报出的人民币同业拆出利率计算确定的算术平均利率,是单利、无担保、批发性利率。目前,对社会公布的 Shibor 品种包括隔夜、1周、2周、1个月、3个月、6个月、9个月及1年。

Shibor 报价银行团现由18家商业银行组成(目前为工商银行、农业银行、中国银行、建设银行、交通银行、招商银行、中信银行、光大银行、兴业银行、浦发银行、北京银行、上海银行、汇丰中国、华夏银行、广发银行、邮储银行、国家开发银行和民生银行)。报价银行是公开市场一级交易商或外汇市场做市商,在中国货币市场上人民币交易相对活跃、信息披露比较充分的银行。中国人民银行成立 Shibor 工作小组,依据《上海银行间同业拆放利率(Shibor)实施准则》确定和调整报价银行团成员,监督和管理 Shibor 运行,规范报价行与指定发布人行为。

全国银行间同业拆借中心受权 Shibor 的报价计算和信息发布。每个交易日根据各报价行的报价,剔除最高、最低各4家报价,对其余报价进行算术平均计算后,得出每一期限品种的 Shibor,并于 11:00 对外发布。例如,2021年12月17日上海银行间同业拆借行情报价见表3-1,2018年9月至2021年12月同业拆借利率历史走势如图3-2所示。

表3-1 2021年12月17日上海银行间同业拆借行情报价

品种①	加权利率/%	最新利率/%	平均拆借期限/天
DIBO001	1.872 8	1.80	1.00
DIBO007	2.169 7	2.18	6.97
DIBO014	2.180 9	2.22	13.97
DIBO021	2.776 8	2.80	20.76
DIBO1M	2.857 1	2.70	30.42
DIBO2M	3.029 6	3.20	51.56
DIBO3M	3.564 4	4.30	90.00
DIBO6M	4.100 0	4.10	182.00

注:①DIBO,品种代码,即存款类同业机构拆借利率。DIBO后面的数字和字母表示期限。
数据来源:上海银行间同业拆放利率网站,http://www.shibor.org。

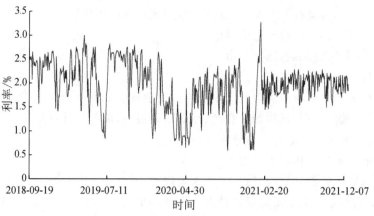

图 3-2 同业拆借利率历史走势图(月均 SHIBOR;隔夜)

表 3-2、表 3-3 和表 3-4 是 2021 年 11 月同业拆借的月报[①]。

表 3-2 2021 年 11 月同业拆借月报(按机构类别交易统计)

机构类型	成交笔数/笔	成交金额/亿元[②]	加权平均利率/%
大型商业银行	2932	39 015.79	1.970 7
股份制商业银行	5758	72 883.87	1.980 5
城市商业银行	5333	34 856.46	2.018 7
农村商业银行和合作银行	7035	20 672.55	2.076 0
证券公司	5408	19 094.34	2.198 0
其他	10 410	35 343.92	2.122 0
合计	36 876	221 866.92	2.034 9

表 3-3 2021 年 3 月同业拆借月报(按交易品种统计)

品种	加权利率/%	成交笔数/笔	成交金额/亿元
IBO001	1.984 2	13 915	100 605.97
IBO007	2.439 4	3364	8 562.59
IBO014	2.397 9	265	515.36
IBO021	2.370 0	89	210.11
IBO1M	3.051 5	177	197.57
IBO2M	3.175 8	108	121.61
IBO3M	3.478 9	364	602.12
IBO4M	3.468 4	26	16.30
IBO6M	3.333 5	77	53.78
IBO9M	3.368 6	17	10.00
IBO1Y	3.667 9	36	38.06

---

① 数据均来源于中国货币网,http://www.chinamoney.com.cn/chinese/mtmoncjgl.
② 在本书未特别注明的情况下,币种均指人民币。

表 3-4　2021 年 11 月同业拆借月报（按机构类别余额累计）

机构类型	余额/亿元
大型商业银行	1 544.26
股份制商业银行	1 909.35
城市商业银行	2 483.71
农村商业银行和合作银行	2 482.52
证券公司	1 603.20
其他	5 740.89
合计	15 763.92

（二）回购协议市场

回购协议（repurchase agreement）是交易双方进行的以债券为权利质押的一种短期资金融通业务，指的是资金融入方（正回购方）在将债券出质给资金融出方（逆回购方）融入资金的同时，双方约定在将来某一日期由正回购方按约定回购利率计算的资金额向逆回购方返还资金，逆回购方向正回购方返还原出质债券的融资行为。回购协议中证券的支付一般不采用实物交付的方式，特别是在期限较短的回购协议中。

回购交易主要发生在金融机构和金融机构之间金融机构和非金融机构之间以及非金融机构之间，是各经济单位之间融通短期资金的手段之一。回购交易的标的物通常是国家债券，尤以短期国债为主。

与回购协议对应的是逆回购协议（reverse repurchase agreement）。在逆回购协议中，买入证券的一方同意按约定期限以约定价格出售其所买入的证券。从资金供应者的角度看，逆回购协议是回购协议的逆向操作。主动借出资金，获取债券质押的交易就称为逆回购交易。

央行逆回购，是指中央银行（我国指中国人民银行）向一级交易商购买有价证券，并约定在未来特定日期，将有价证券卖给一级交易商的交易行为。此时央行扮演投资者，是接受债券质押、借出资金的融出方。逆回购为央行向市场上投放流动性的操作，正回购则为央行从市场收回流动性的操作。因此，回购交易是中央银行对全社会的流动性进行短期调节的手段。中央银行证券回购交易的期限一般较短，通常在 15 天之内。

在我国，商业银行及其授权分支机构、非银行金融机构和非金融机构、经中国人民银行批准经营人民币业务的外国银行分行等可以申请进入银行间债券市场进行回购交易。

尽管回购协议中使用的是高质量的抵押品，但是交易的双方当事人也会面临信用风险。如果到约定期限后交易商无力购回政府债券等证券，客户只有保留这些抵押品。但如果适逢债券利率上升，则手中持有的证券价格就会下跌，客户所拥有的债券价值就会小于其借出的资金价值；如果债券的市场价值上升，交易商又会担心抵押品的收回，因为这时其市场价值要高于贷款数额。

在我国债券的回购交易主要有质押式回购和买断式回购两种方式。而质押式回购在回购市场中占据了主导地位。

表 3-5 和表 3-6 是 2021 年 11 月质押式回购的月报，表 3-7、表 3-8 和表 3-9 是 2021 年 11 月买断式回购的月报。

表 3-5　2021 年 11 月质押式回购月报（按交易品种统计）

品种	加权利率/%	成交笔数/笔	成交金额/亿元
R001	2.018 0	274 936	941 421.07
R007	2.328 6	75 229	117 504.78
R014	2.415 3	13 877	15 075.13
R021	2.467 3	2016	4 405.40
R1M	2.457 3	2181	2 396.16
R2M	2.582 3	401	513.32
R3M	2.941 1	156	134.83
R4M	2.797 2	24	42.78
R6M	2.969 7	10	19.84
R9M	2.816 5	12	27.52
R1Y	3.075 0	2	2.00
合计	2.060 6	368 844	1 081 542.82

表 3-6　2021 年 11 月质押式回购月报（按机构类别分类）

机构类型	成交笔数/笔	成交金额/亿元	加权平均利率/%
大型商业银行	38 549	250 411.99	2.014 1
股份制商业银行	53 046	302 169.60	1.972 9
城市商业银行	100 727	400 052.76	1.981 6
农村商业银行和合作银行	87 011	197 081.41	2.003 9
证券公司	76 068	154 333.95	2.143 1
其他	382 287	859 035.93	2.139 9
合计	737 688	2 163 085.65	2.060 6

资料来源：中国货币网。

表 3-7　2021 年 11 月买断式回购月报（按交易品种统计）

品种	加权利率/%	成交笔数/笔	成交金额/亿元
OR001	1.966 7	1872	3 302.80
OR007	2.229 2	626	734.95
OR014	2.050 6	119	136.43
OR021	2.412 0	21	20.25
OR1M	2.653 6	20	90.39
OR2M	2.812 9	8	18.71
OR3M	2.756 0	2	1.97
OR4M	2.452 7	7	11.80

第三章 金融市场

表3-8 2021年11月买断式回购月报(按机构类别分类)

机构类型	成交笔数/笔	成交金额/亿元	加权平均利率/%
大型商业银行	182	236.07	2.058 6
股份制商业银行	418	763.25	2.019 6
城市商业银行	466	1 167.27	2.006 7
农村商业银行和合作银行	921	903.47	1.891 3
证券公司	2281	3 682.49	1.989 8
其他	1082	1 882.06	2.216 7
合计	5350	8 634.62	2.035 7

表3-9 2021年11月买断式回购月报(按债券种类分类)

债券种类	成交量/亿元
政策性金融债	1 851.61
国债	1 571.69
地方政府债	525.02
同业存单	146.26
中期票据	121.55
企业债	55.81
无固定期限资本债券	18.98
二级资本工具	8.22
短期融资券	6.61
超短期融资券	5.73
国际开发机构债	4.85
项目收益债券	1.00
合计	4 317.31

资料来源:中国货币网。

(三)票据市场

我国票据市场是以商业汇票为交易工具,为企业尤其是中小企业提供短期资金融通的场所。

1. 我国票据市场的交易流转环节

我国票据市场的交易流转环节主要包括签发和承兑、背书转让、贴现、转贴现、再贴现,各环节的参与对象与概念如下。

签发和承兑:企业与商业银行或资信较高的企业之间。企业签发票据并通过商业银行或信用资质较高的企业进行承兑,票据作为一种信用凭证诞生,实现了企业间的支付结算功能。

背书转让:企业之间。企业作为票据流通关系人,因各种对价关系而通过背书支付方式,使票据这种信用凭证代替货币充当交换媒介的功能。企业之间的背书转让通常对应一定的商品交易关系或债权债务关系。

贴现:企业与金融机构之间。企业作为商业汇票的合法持票人,在商业汇票到期以前,为获取票款可以由持票人或第三人向金融机构贴付一定的利息后,以背书方式将持有的票据进行转让。

转贴现(含回购)：金融机构之间。转贴现是指金融机构为了取得资金，将未到期的已贴现商业汇票再向另一金融机构进行贴现的票据转让行为，是金融机构间融通资金的一种方式。

再贴现：商业银行与人民银行之间。商业银行需要流动资金时，可以通过再贴现的方式将自身持有的已贴现票据出售给人民银行。再贴现业务是商业银行进行流动性管理以及头寸管理的重要工具，也是央行调节货币政策的工具。

2. 我国票据市场的分级

根据行为特征及市场功能的不同，我国票据市场可以分为一级市场和二级市场，具体如图3-3所示。

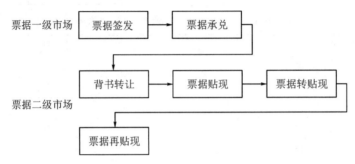

图3-3 我国票据市场层次结构和交易环节

票据一级市场即票据的发行市场。票据一级市场是购货单位、承兑方进行票据发行的场所。票据发行包括票据签发和票据承兑两个环节。

票据二级市场即票据的流通转让市场，是票据流通关系人、投资机构、市场中介机构进行交易的场所。票据二级市场涉及的基本交易行为包括背书转让、贴现、转贴现、再贴现等。再贴现市场是商业银行与人民银行之间进行票据交易的场所，商业银行通过再贴现业务向人民银行获取融资，人民银行通过调控再贴现政策实现货币政策传导。

3. 我国票据市场的参与主体

我国票据市场参与主体包括企业、银行类金融机构、非银行类金融机构、票据中介机构、人民银行，各类主体参与环节如下。

企业：企业通过签发商业承兑汇票、申请银行承兑汇票以及背书转让等方式进行支付结算，也可通过贴现或票据质押贷款等方式从银行获得融资。企业是商业汇票的最初供给方与使用者，也是票据市场上数量最大的参与者。

银行类金融机构：主要包括商业银行和信用社。银行类金融机构是票据市场上最活跃的成员，交易量占比最大，提供的票据产品和服务最多，对票据市场供需及价格的波动影响也最大。其开展的票据业务包括承兑、贴现、转贴现、再贴现等，并可提供票据审验、代理托收、票据托管等服务。

非银行类金融机构：主要包括财务公司和信托、基金、券商以及各类票据中介等。财务公司可办理票据承兑业务，为本集团企业办理票据贴现，面向金融同业开展票据转贴现业务。信托、基金及券商等非银行金融机构主要是通过特殊目的载体(SPV)以及收益权转让的方式接入票据市场。

票据中介机构:主要为票据承兑额度不足或贴现资料不完备而无法通过银行进行票据承兑或贴现的企业进行票据融资,从中赚取价差;向企业和银行提供票据交易撮合服务;还可提供信息处理、投资咨询、经营决策等增值服务。

人民银行:人民银行既是票据市场的主要监管主体,同时也是票据市场的参与主体。人民银行通过面向商业银行开展再贴现业务,调节票据市场供求,传导货币政策。

我国票据市场各类主体的参与环节如图3-4所示。

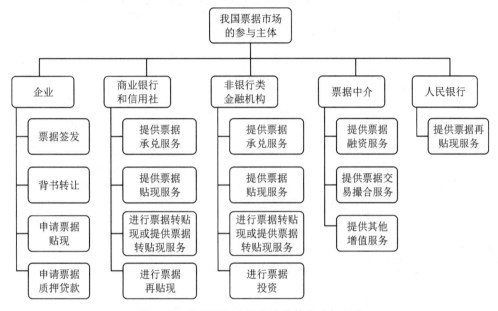

图3-4 我国票据市场各类主体的参与环节

4.我国票据市场的发展

我国票据市场始于改革开放后的1979年,人民银行首次批准部分企业签发商业承兑汇票,其发展大致可划分为四个阶段,包括1979—1993年的试点与起步阶段、1994—1997年的法规建设阶段、1998—2013年的快速发展阶段以及2013年以来的互联网金融与票据业务结合发展阶段。2013年随着互联网业务的兴起,票据市场也插上互联网的"翅膀",一些机构通过互联网平台开展票据业务。具体如表3-10所示。

表3-10 我国票据市场的发展历程

阶段	时间	关键事件
试点与起步阶段 (1979—1993)	1979年	人民银行批准部分企业签发商业承兑汇票
	1981年	上海率先推出票据承兑与贴现业务
	1982年	人民银行倡导推动"三票一卡",是我国票据市场的开端
	1984年	正式颁布《商业汇票承兑贴现暂行办法》
	1986年	人民银行在北京、上海、天津等十个城市工商银行系统内推广商业汇票承兑和贴现业务
	1986年	颁布《中国人民银行再贴现试行办法》,首次开办再贴现业务
	1988年	人民银行允许银行签收汇票一次背书转让、试办银行本票

续表

阶段	时间	关键事件
法规建设阶段 （1994—1997）	1994年	人民银行提出在"五行业、四品种"（煤炭、电力、冶金、化工、铁道和棉花、生猪、食糖、烟叶）推广使用商业汇票
	1996年	《中华人民共和国票据法》实施
	1997年	人民银行发布《中国人民银行对国有独资商业银行总行开办再贴现暂行办法》《支付结算办法》《票据管理实施办法》和《商业汇票承兑、贴现与再贴现管理暂行办法》
快速发展阶段 （1998—2013）	1998年	人民银行发布《关于加强商业汇票管理促进商业汇票发展的通知》，扩大再贴现业务的对象和范围，简化操作方式
	2000年	人民银行批准成立国内首家票据专营机构——中国工商银行票据营业部
	2001年	人民银行下发《中国人民银行关于切实加强商业汇票承兑贴现和再贴现业务管理的通知》，强化增值税发票作为真实贸易票据判别的权威性
	2005年	人民银行下发《关于完善票据业务制度有关问题的通知》，对商业汇票真实性交易关系的审查、查询查复方式和票据质押的相关处理问题等进行了明确规范，规定了转贴现、再贴现业务不再审查票据的交易背景材料
互联网金融与票据业务结合发展阶段 （2013年至今）	2013年	中国互联网金融元年，通过互联网平台开展小贷、票据贴现、融资租赁、供应链融资等传统金融业务

根据中国人民银行发布的《2020年支付体系运行总体情况》，我国票据业务量总体保持下降趋势。2020年，全国共发生票据业务1.49亿笔，金额123.78万亿元，同比分别下降21.33%和7.49%。其中，支票业务1.26亿笔，金额103.28万亿元，同比分别下降24.96%和9.98%；实际结算商业汇票业务2 285.27万笔，金额19.93万亿元，同比分别增长8.47%和9.19%；银行汇票业务18.26万笔，金额1 511.59亿元，同比分别下降21.64%和14.10%；银行本票业务36.65万笔，金额4 178.90亿元，同比分别下降46.71%和34.90%。2008—2020年我国票据业务规模发展如图3-5所示。

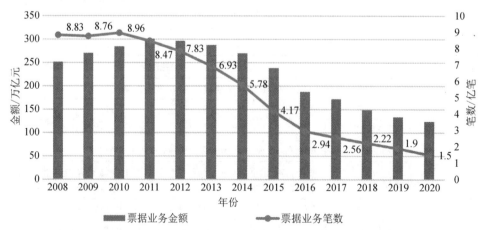

图3-5 我国票据业务规模发展（2008—2020年）

我国电子商业汇票系统业务量保持增长。2020年,电子商业汇票系统出票2 229.75万笔,金额21.36万亿元,同比分别增12.04%和9.56%;承兑2 270.94万笔,金额21.86万亿元,同比分别增长11.85%和9.54%;贴现724.44万笔,金额13.38万亿元,同比分别增长6.97%和8.08%;转贴现1 033.37万笔,金额44.10万亿元,同比分别增长23.30%和13.80%。质押式回购212.61万笔,金额19.54万亿元,同比分别增长92.35%和62.69%。2013—2020年我国电子商业汇票市场规模的变化如图3-6所示。

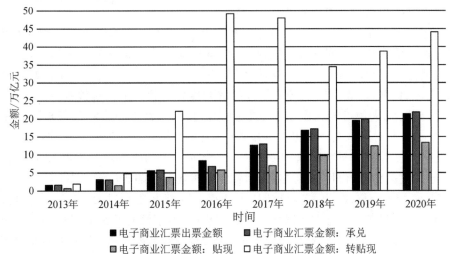

图3-6 我国电子商业汇票市场规模的变化(2013—2020年)

资料来源:中国人民银行网站。

(四)大额可转让定期存单市场

大额可转让定期存单(negotiable certificate of deposits,简写为CDs或NCDs),是一种固定面额、固定期限、可以转让的大额存款凭证。这种存款单与普通银行存款单不同:一是不记名,二是存单上金额固定且面额大;三是可以流通和转让。存款单的到期日不能少于14天,一般都在一年以下,3~6个月的居多。持有人到期可向银行提取本息;未到期时,如需现金,可以转让。这对企业或个人有闲置资金想贷出,而又恐有临时需要者具有很大的吸引力,成为货币市场重要交易对象之一。

3-1 知识拓展:
票据业务在互联网
时代的新业态

第一张大额可转让定期存单由纽约的城市国民银行(现花旗银行的前身)于1961年2月推出。大额存单按标准单位发行,面额较大,不记名,不能提前支取,可以在二级市场上转让。由于存单流动性极好,既满足了存款人的流动性需求,又提高了实际利率水平。这种存单的利率比同期存款利率高出1.25%~1.75%,因此一经发行就受到投资者的热烈欢迎。

大企业是存单的最大买主,对于企业来说,在保证资金流动性和安全性的情况下,其现金管理目标就是寻求剩余资金收益的最大化,金融机构也是存单的积极投资者,货币市场基金在存单的投资上占据着很大的份额,其次是商业银行和银行信托部门,此外,政府机构、外国政府、外国中央银行及个人也是存单的投资者。

1. 大额可转让定期存单市场的特征

(1)利率趋于浮动化。20世纪60年代初,CDs主要以固定利率发行,存单上注明特定的利率,并在指定的到期日支付。进入20世纪70年代后,随着市场利率波动的加剧,发行者开始增加浮动利率CDs的发行。

(2)收益与风险紧密相连。CDs虽由银行发行,但是也存在一定的信用风险和流动性风险。信用风险主要来自CDs到期时其发行银行无法偿付本息。流动性风险是指持有者急需资金时却无法在二级市场上将CDs立即转让或不能以合理的价格转让。由于CDs的风险要高于国库券,甚至要高于同期的普通定期存款,所以其利率通常也要高于同期的国库券和普通定期存款。

2. 我国大额可转让存单市场的发展

1986年交通银行首先引进和发行大额存单,1987年中国银行和工商银行相继发行大额存单。当时大额存单的利率比同期存款上浮10%,同时又具有可流通转让的特点,集活期存款流动性和定期存款盈利性的优点于一身,因而面世以后即深受欢迎。由于全国缺乏统一的管理办法,在期限、面额、利率、计息、转让等方面的制度建设曾一度出现混乱,因此中央银行于1989年5月下发了《大额可转让定期存单管理办法》,对大额存单市场的管理进行完善和规范。但是,鉴于当时对高息揽存的担心,1990年5月中央银行下达通知规定,向企事业单位发行的大额存单,其利率与同期存款利率持平,向个人发行的大额存单利率比同期存款上浮5%。由此导致大额存单的利率优势尽失,大额存单市场开始陷于停滞状态。

1996年,央行重新修改了《大额可转让定期存单管理办法》,对大额存单的审批、发行面额、发行期限、发行利率和发行方式进行了明确。然而,由于没有给大额存单提供一个统一的交易市场,同时也由于当时大额存单出现了很多问题,特别是盗开和伪造银行存单进行诈骗等犯罪活动十分猖獗,中央银行于1997年暂停审批银行的大额存单发行申请,大额存单业务因而实际上被完全暂停。其后,大额存单再次淡出人们的视野。

我国早期CDs失败的原因,主要有以下四个方面:一是我国早期推行CDs时,国内尚未开始利率市场化改革,存款和贷款利率均受严格管制,商业银行难以灵活调节贷款利率以消化发行CDs的高成本。二是早期CDs发行面额过小,投资对象以更关注CDs收益性的个人为主,使得CDs在市场上流通受阻。三是当时国内二级市场尚不健全,CDs缺乏流通市场,导致客户持有的CDs难以转手。四是金融监管体制不完善,商业银行对CDs的监管存有漏洞,利用CDs实行欺诈的案件时有发生。

2015年6月2日,中国人民银行公布了《大额存单管理暂行办法》,这标志着我国正式重启大额可转让定期存单业务。

大额存单是由银行业存款类金融机构面向非金融机构投资人发行的记账式大额存款凭证。从我国的情况看,近年来随着利率市场化改革的加快推进,除存款外的利率管制已全面放开,存款利率浮动区间上限已扩大到基准利率的1.5倍,金融机构自主定价能力显著提升,分层有序、差异化竞争的存款定价格局基本形成,同时,同业存单市场的快速发展也为推出面向企业和个人的大额存单奠定了坚实基础。当前,推出大额存单的条件和时机已经成熟。

大额存单的推出,有利于有序扩大负债产品市场化定价范围,健全市场化利率形成机制;也有利于进一步锻炼金融机构的自主定价能力,培育企业、个人等零售市场参与者的市场化定价理念,为继续推进存款利率市场化进行有益探索并积累宝贵经验;同时,规范化、市场化的大额存单逐步替代理财等高利率负债产品,对于降低社会融资成本也具有积极意义。

(五)短期政府债券市场

短期政府债券是政府部门以债务人身份承担到期偿付本息责任的期限在一年以内的债务

凭证。从广义上看,政府债券不仅包括国家财政部门所发行的债券,还包括了地方政府及政府代理机构所发行的证券。狭义的短期政府债券则仅指国库券。一般来说,短期政府债券市场主要指的是国库券市场。

短期政府债券以贴现方式发行,投资者的收益是证券的购买价与证券面额之间的差额。政府发行国债的目的有两个:①满足政府短期资金周转的需要;②作为央行操作公开市场业务的工具。

新国库券大多通过拍卖方式发行,投资者可以两种方式来投标:①竞争性方式,竞标者报出认购国库券的数量和价格(拍卖中长期国债时通常为收益率),所有竞标根据价格从高到低(或收益率从低到高)排队;②非竞争性方式,由投资者报出认购数量,并同意以中标的平均竞价购买。

竞争性招标又可以分为荷兰式招标和美国式招标。在荷兰式招标模式中,承销商的中标价格不是以各自的报价分别确定,而是按照所有中标价格中的最高价格,或是按照所有中标收益率中的最低收益率来统一确定,也即所有承销机构所获得的国债其成本是相同的。

而美国式招标模式则是将投标者的所投收益率由低到高进行排列,收益率低的竞标排列在前面,比收益率高的竞标优先中标,直到满足预定的发行额为止,而中标的承销机构分别以各自报出的收益率来认购国债,并以各中标人的投标收益率的加权平均值作为国债的票面利率。

目前我国短期政府债券主要有两类:短期国债和短期中央银行票据。短期国债是指中央政府发行的短期债券。短期中央银行票据期限3个月(91天),最高发行量每期不等,每期3个月期,中央银行票据发行时都要说明缴款日、起息日和到期日。这种短期中央银行票据以贴现方式发行,向全部公开市场业务一级交易商进行价格招标,到期按面值100元兑付。

央行票据由中国人民银行在银行间市场通过中国人民银行债券发行系统发行,其发行的对象是公开市场业务一级交易商,目前公开市场业务一级交易商有48家,其成员包括商业银行、证券公司等。央行票据采用价格招标的方式贴现发行,有的除竞争性招标外,同时向中国工商银行、中国农业银行、中国银行和中国建设银行等9家双边报价商通过非竞争性招标方式配售。由于央行票据发行不设分销,其他投资者只能在二级市场投资。央行票据的发行将改变货币市场基本没有短期工具的现状,为机构投资者灵活调剂手中的头寸、减轻短期资金压力提供重要工具。

第三节 股票市场

一、股票市场概述

(一)定义

股票市场是股票发行和交易的场所,是支撑股份制度的重要构成要素,也是资本市场的一个重要组成部分。

(二)作用

1. 股票市场的市场功能

(1)资源配置功能。由于资金投向和投资人利益的直接相关性,资本市场的"无形之手"在一级市场首次公开发行(IPO)和二级市场增发配股上会自动完成社会资源优化配置进程,最终实现实体经济市场优胜劣汰、合理布局。

(2) 晴雨表功能。股票二级市场是一国或地区的政治、经济、军事、文化等信息的重要反应器，在正常情况下，股市价格与其价值会与该国或该地区的政治、经济走势相吻合。

(3) 价值发现功能。价值发现是指探寻或挖掘市场上一只股票的现实价值和潜在价值，增加股票流动性。这种价值发现还能使人们看到某一行业、某一企业的内在价值，使人们对未来做出理性判断。

(4) 定价功能。股票市场对社会宏观环境具有高度敏感性，投资者在消化、吸收众多可能影响未来收益信息的前提下，通过公开竞价的方式，能够形成对某只股票较为合理的定价，在此基础上，股票背后的资产价值也得以确定。

2. 股票市场对企业的作用

(1) 转制功能。有限责任公司需要改制为股份有限公司方可上市。

(2) 优化财务结构。股票市场可使短期资金转换为长期投资（如可转换债券），可将非资本性货币资金转化为生产性资本。通过发行股票，企业可将社会上闲置资金集中起来，形成巨额的长期稳定且不用还本付息的自有资本。

(3) 强化公司治理能力。在股票市场上，上市公司透明度较高，受到监管部门、投资人、社会媒体和行业自律等多方审视和监督。企业上市以后，成为公众公司，建立起股东大会、董事会、监事会、管理层的法人治理结构，同时引入独立董事、审计部等监督机构，公司对外投资、对外担保等重大事项需要不同层级批准，防范风险。企业上市后可以更有效地激励高管人员、吸引优秀人才，同时股价对上市公司治理水平的提升会产生持续压力和动力。

(4) 融资功能。股权直接融资是一种市场化的直接融资手段，可以通过一级市场 IPO 和二级市场增发配股等再融资方式实现。

(5) 市场效应。企业股票在股票市场的价值，能够证明企业实力，提升企业形象，在供应商和客户中树立信誉。

3. 股票市场对个人的作用

(1) 财富效应。创业股东财富增值，股东价值由原来按净资产计算，转变为按市价计算，同时可以流通，股东财富大大增值。

(2) 投资功能。资本的本性就是追逐利润，股票市场和股票的增值功能决定了股市具有投资功能，投资者可选择投资股票作为资产保值或增值的方式，但并不是每个投资者都能保值或增值成功，股票市场的赚钱功能是指总体增值。

➤ 二、股票市场的分类

股票市场的分类是在尽可能包容各种股票的前提下，对汇聚市场的公司价值与风险进行结构性分类，通过定位不同类型的公司股票及其交易机制，揭示并管理不同的交易风险，吸引不同的交易主体。

(一) 按照市场功能分类

按照市场功能不同，股票市场可分为一级市场和二级市场。

股票一级市场指发行人直接或间接通过中介机构向投资者发售新发行股票而形成的市场。新发行股票分为初次发行和再发行的股票，反映的是发行人与投资者对资金与股票进行交易的市场关系。

股票二级市场指投资者之间股票买卖交易的市场，反映的是新老投资者之间投资退出和投资进入的市场关系。股票二级市场的基本功能就是为股票提供流动性,通常可分为有组织的证券交易所和场外交易市场。

2014—2021年我国累计股票首次发行金额和再筹资金额统计如表3-11所示。

表3-11 2014—2021年我国累计股票发行金额统计

年份	募集资金/亿元	首次发行股票			增发股票			配股	
		首发家数/家	首发募集资金/亿元	首发市盈率/%	增发家数/家	增发募集资金/亿元	增发市盈率/%	配股家数/家	配股募集资金/亿元
2021	14 384	478	5314	35.85	501	8657	34.21	6	412
2020	14 920	401	6048	39.59	382	8359	41.56	18	513
2019	9717	203	2534	34.27	268	7050	25.96	9	134
2018	9922	103	1375	21.39	295	8319	7.47	15	228
2017	15 039	421	2186	23.86	595	12 690	16.88	7	163
2016	19 146	248	1634	21.43	856	17 214	6.21	11	299
2015	15 058	224	1578	21.88	870	13 438	5.63	6	42
2014	7706	125	669	23.82	481	6899	6.19	13	138

注:2021年数据是截至2021年12月18日的数据。数据来源:中国证券监督管理委员会(以下简称证监会)网站。

(二)按照市场组织形式

按照市场组织形式不同,股票市场可分为证券交易所和场外交易市场。

1. 证券交易所

1)证券交易所的概念及组织形式

证券交易所又称为场内交易市场,是指拥有固定交易场所、固定交易程序与规则的集中竞价买卖各种上市有价证券的市场。在整个证券市场的构成中,证券交易所占有核心的地位。它不仅为证券交易提供了固定的场所、人员和设施,还对证券交易进行周密的组织和严格的管理。其主要职能是为证券交易提供场所和服务,并组织和管理证券交易。证券交易所的组织形式分为公司制与会员制两种,二者比较如表3-12所示。目前,大多数西方国家的证券交易所,如世界上最大的纽约证券交易所,就是采用会员制。

表3-12 证券交易所不同组织形式的比较

比较项	公司制证券交易所	会员制证券交易所
含义	按本国公司法规定组织成立,有股份公司章程和资本,要求设有股东大会、董事会、监事会等机构,以营利为目的,只允许经申请合格的证券经纪商进场买卖,对买卖方违约造成的损失负责赔偿	由证券经纪商同业设立,参加者为会员,会员由证券公司、投资公司等证券商组成,共同负担会费,不以营利为目的,只准许有会员身份的证券经纪商入场进行买卖,设有赔偿准备基金,作为会员违约赔偿用
优点	公正性;信用好,有利证券交易所的发展;设施完善,服务齐全	费用低;交易活跃;无倒闭风险
缺点	为了盈利,常常扩大会员人数,助长投机;有倒闭的可能	不提供担保,难以有效保障投资者利益;管理者和参与者合二为一,难以实现公正性
共同点	均采用经纪制,即一切证券买卖必须委托具有会员席位资格的证券经纪商办理	

2)证券交易所的分类

依据不同的发行机制、上市(挂牌)机制、交易机制和投资者群体,证券交易所又可分为主板市场和创业板市场。

(1)主板市场,也称为一板市场,是对股份公司上市有严格要求的、传统的证券交易市场,是一个国家或地区证券发行、上市及交易的主要场所。这一市场对上市公司的股权结构、资产规模、盈利状况、市场前景等都规定了一定的标准,并且主要接纳国民经济中的支柱企业、占据行业龙头地位的企业、具有较大资产规模和经营规模的企业上市。因为其上市公司数量和市值均占整个市场的绝大部分,代表着资本市场的基本面貌,所以主板市场能较大程度地反映经济发展状况,有经济"晴雨表"之称。

(2)创业板市场又称二板市场,是在主板市场的基础上发展出来的,为那些达不到主板市场上市标准的创业型中小企业服务的证券交易市场。创业板市场是对主板市场的重要补充,有助于完善资本市场体系具有前瞻性市场、上市标准低、市场监管更严、推行做市商制度、实行电子化交易的特点。美国纳斯达克证券市场就是创业板市场,创立于1971年。20世纪90年代以来,在美国纳斯达克证券市场的带动下,一些证券市场比较发达的国家或地区纷纷在证券交易所主板市场之外设立创业板市场。现在,世界上主要的创业板市场还有中国香港创业板市场(GEM,1999)、中国台湾柜台交易所(OTC,1994)、伦敦证券交易所(AIM,1995)、法国新市场(LNA,1996)、德国新市场(NM,1996)等。

我国深圳证券交易(简称深交所)所于2009年10月推出创业板,上海证券交易所(简称上交所)于2019年7月推出科创板。

3)证券交易所的功能

证券交易所具有以下三方面的功能:

第一,维持证券的市场能力。保持较强的流动变现性是证券的生命力所在。证券交易所为证券买卖提供一切方便,并有一套较成熟的组织管理手段,使证券能在价格较稳定及较短时间内完成大量交易,从而保证证券流动性的实现。

第二,协助上市公司融通资金。证券流通市场是储蓄与投资的桥梁,其发展有赖于证券交易所的发展。在证券交易所,上市公司可以较方便地采用公开募集方式(发行新证券)来筹集资金。

第三,经济信息来源之一。证券交易所的有关信息,如股票价格指数、成交量、成交额等不仅是投资者投资决策的重要信息来源,也是国家宏观经济走势的信号。

2. 场外交易市场

场外交易市场,是指投资者、股东和证券商在证券交易所之外通过电子计算机和通信网络联系起来的买卖非上市证券的市场。这种交易是在证券公司之间或在证券公司与客户之间直接进行的。证券场外交易对象,远多于证券交易所,不仅包括交易所市场不经营的非上市证券,而且包括部分上市证券。它主要由柜台交易市场、第三市场、第四市场组成。

(1)柜台交易市场又称"店头交易市场",在证券交易所之外进行证券买卖的市场。该市场交易地点分散,证券买卖在各证券商(证券自营商、证券经纪商或综合证券商)的营业柜台上进行。

(2)第三市场又称三级市场,指由上市证券在场外交易所形成的市场。

(3)第四市场又称四级市场,是指由机构投资者和持券人直接进行证券买卖所形成的大宗交易市场。

三、股票的一级市场

在股票的一级市场上,发行人筹措到了公司所需资金,而投资人则购买了公司的股票,成为公司的股东,实现了储蓄转化为资本的过程。发行人必须按照交易所规定的程序发行股票,但可以根据自身的需求选择股票的发行类型和发行方式。

(一)股票的发行制度

股票发行制度是指支配股票发行行为和明确市场参与各方的权利和责任的一系列规则体系,主要有审批制、核准制和注册制三种。其中审批制是完全计划发行的模式,核准制是从审批制向注册制过渡的中间形式,注册制则是目前成熟股票市场普遍采用的发行制度。

(1)审批制是采用行政和计划的办法分配股票发行的指标和额度,由地方政府或行业主管部门根据指标推荐企业发行股票的一种发行制度。审批制一般适用于一国股票市场的发展初期。在审批制下,公司发行股票的竞争焦点主要是争夺股票发行指标和额度,取得了政府的保荐,股票发行仅仅是走个过场。一方面地方政府、行业主管部门对股票发行定价干预力很强,没有询价制度,常常只考虑局部利益,很少对投资人负责,另一方面证券中介机构只负责包装上市,收取中介费用,很少承担责任,因此上市公司质量普遍较差,存在许多虚假上市公司。

3-2 知识拓展:
我国股票发行制度的演变

(2)核准制一方面取消了政府的指标和额度管理,并引进证券中介机构的责任,判断企业是否达到股票发行的条件;另一方面证券监管机构同时对股票发行的合规性和适销性条件进行实质性审查,并有权否决股票发行的申请。核准制一般适合处于初级发展阶段的证券市场。在核准制下,发行人在申请发行股票时,不仅要充分公开企业的真实情况,而且必须符合有关法律和证券监管机构规定的必要条件,证券监管机构有权否决不符合规定条件的股票发行申请。证券监管机构对申报文件的真实性、准确性、完整性和及时性进行审查,还对发行人的营业性质、财力、素质、发展前景、发行数量和发行价格等条件进行实质性审查,并据此做出发行人是否符合发行条件的价值判断和是否核准申请的决定。

(3)注册制也叫作"信息公开制",证券监管部门公布股票发行的必要条件,只要达到所公布条件要求的企业即可发行股票。即证券主管机关对证券发行人发行有价证券不做实质条件的限制,发行人依法将公开的各种资料完全准确地向证券监管机构申报;证券监管机构对申报文件的真实性、准确性、完整性和及时性做合规性的形式审查,确认合格后即可允许其发行。注册制对发行人、证券中介机构和投资者的要求都比较高,适用于市场化程度较高的成熟股票市场。在注册制下,发行公司的质量由证券中介机构来判断和决定,遵循的法理依据是"理性经济人"理论。

审批制、核准制和注册制的区别如表 3-13 所示。

表 3-13 审批制、核准制和注册制的区别

对比项	审批制	核准制	注册制
发行指标和额度	有	无	无
发行上市标准	有	有	有
主要推(保)荐人	政府或行业主管部门	中介机构	中介机构

续表

对比项	审批制	核准制	注册制
对发行做出实质判断的主体	证监会	中介机构、证监会	中介机构
发行监管性制度	证监会实质性审核	中介机构和证监会分担实质性审核职责	证监会形式审核，中介机构实质审核
市场化程度	行政体制	逐步市场化	完全市场化

(二)股票的发行类型

1.拟上市公司首次公开发行

首次公开发行(initial public offering,IPO)，也称首次公开募股，是拟上市公司首次在证券市场上发行股票募集资金并上市的行为。企业的普通股首次对社会公众发行大多通过承销完成。

2.上市公司增资发行

(1)配股。上市公司根据未来对资金的需求，向原有股东根据原有股东的持股比例，发售新股的行为。配股的主要原因是公司急需资金、公司希望增强本公司股票对投资者的吸引力、公司希望增大股本总量避免被收购等。

(2)增发。按增发是否定向，增发的方式可以分为公开增发和定向增发。公开增发是指上市公司向不特定对象公开募集股份的方式。定向增发是指上市公司向特定对象发行股票，非公开发行股票的增资方式。特定对象包括公司控股股东、实际控制人及其控制的企业；与公司业务有关的企业、往来银行；公司董事、员工等。公司可以对认购者的持股期限有所限制。

(3)发行可转换公司债券。企业发行可按规定条件转换为该企业股票的企业债券。发行可转换债券，对发行者有一定的好处，它可使企业以较低的利率来筹措债务资金；当债券转换成股票时，又减轻了企业的偿债压力。投资者也乐于购买可转换债券。因为他在企业经营不善时可按固定的利率取得利息收入，在企业经营成功、股票市价超过转换价格时享有将债券换成股票的权利。

(三)股票的发行方式

1.按募集对象分类

按募集对象，股票发行可分为公募发行和私募发行。

公募发行是指股份有限公司通过股票经销商面向市场公开向社会公众发行股票。公募发行的筹资潜力大，有利于股东队伍的扩大和产权的分散化；有利于克服垄断和提高股票的适销性，但通常需要承销商的协助，发行费用较高。

私募发行亦称直接发行或非公开发行，所发行的公司债及股票不经过证券管理机构向市场发行，而是经私人接洽，直接出售给一个或几个团体投资者，如储蓄银行、保险公司等。

2.按发行价格的不同分类

按发行价格的不同，股票发行可分为平价发行、折价发行与溢价发行。

平价发行是指按股票的票面金额发行股票。

折价发行是指以低于股票票面金额的价格发行股票。《中华人民共和国公司法》明确规定，股票发行时，不能采取折价发行的方式。

溢价发行是指用高于股票票面金额的价格发行股票。《中华人民共和国公司法》规定,以超过票面金额为股票发行价格的,须经国务院股票管理部门批准。以超过票面发行股票所得溢价款列入公司资本公积金。

3. 按承销过程中承担的责任和风险分类

股票承销是股票承销商凭借其在股票市场上的信誉和营业网点,在规定的发行有效期限内将股票销售出去。按承销过程中承担的责任和风险的不同,股票发行可分为代销和包销两种形式。

代销是指股票发行人委托承担承销业务的股票承销商代为向投资者销售股票。承销商按照规定的发行条件,在约定的期限内尽力推销,到销售截止日期,股票如果没有全部售出,未售出部分退还给发行人,承销商不负责承购剩余数额的责任,发行风险由发行者自己承担。

包销是指发行人与承销商签订合同,由承销商买下全部或销售剩余部分的股票,承担全部销售风险。对发行人来说,包销不必承担股票销售不出去的风险,而且可以迅速筹集资金,但相对于代销,包销的成本较高。包销在实际操作中有全额包销和余额包销之分。全额包销是指发行人与承销商签订承购合同,由承销商先按一定价格买下全部股票,并按合同规定的时间将价款一次付给发行人,然后承销商以略高的价格向社会公众出售。余额包销是指发行人委托承销商在约定期限内发行股票,到销售截止日期,未售出的余额由承销商按协议价格认购。余额包销实际上是先代理发行,后全额包销,是代销和全额包销的结合。

➤ 四、股票的二级市场

股票的二级市场可以为有价证券提供流动性,并为有价证券定价。在二级市场交易股票时,交易者还需要遵守相应的市场规则。

(一)影响股票二级市场价格波动的因素

1. 政治因素

国内外的政治形势、政治活动、政局变化、国家机构和领导人的更迭、国家政治经济政策与法律的公布或改变、国家或地区间的战争与军事行为等,都可能引起股票市场行情的变化,影响到股票价格。

2. 经济因素

众多的经济因素都关系到股票价格的涨落,诸如世界经济状况、国际贸易动向、国际收支、国家的国民生产总值的变化、货币供给量多少、物价和银行利率的变化等因素。

3. 企业所处行业的发展情况

产业的发展状况和趋势对于该产业上市公司的影响是巨大的,因而产业的发展状况和趋势、国家的产业政策和相关产业的发展都会对该产业上市公司的股票投资价值产生影响。

4. 公司自身经营情况

一般而言,股票的价值取决于公司的资产和运营情况。公司资产净值、盈利水平、公司的派息政策、股票分割、增资和减资、公司资产重组等都会影响其股价表现。

5. 投资者的心理

证券市场上投资者对股票走势的心理预期会对股票价格走势产生重要影响。社会成员,特别是投资者的心理变化,对于股票价格的影响力是不可轻视的。如果投资者对股票市场行情的前景过分悲观,就会大量抛售手中的股票,致使股票价格下跌。而投资者对股票行情持乐观态度时,又会大量买进股票,引起股票价格上涨。由于股票投资既可获利,又具有风险性,而且获利大小是一个不确定的数额,所以,投资者的心理非常容易产生变化。许多因素都可能引起投资者的心理变化,甚至传闻、谣言也会造成投资者抢购或抛售股票的热潮,引起股票价格的猛涨或暴跌。

(二)股票交易规则

1. 股票交易价格的协商方式

根据买卖双方的结合方式,股票价格的协商方式可分为议价交易方式和竞价交易方式。议价交易方式是指买方和卖方一对一地谈判,通过讨价还价达成交易。竞价交易方式是指买方和卖方都由若干人组成,他们之间公开进行双向竞争,最后在买方出价最高者和卖方要价最低者之间达成交易。由于在双向竞争中买卖双方均可以自由选择,形成的价格能够比较合理,所以双向竞争交易成为现代证券交易所中买卖股票的主要方式。根据我国证券法规定,在证券交易所,应当采用公开的集中竞价交易方式,并实行价格优先、时间优先的原则。

(1)价格优先原则。即在证券市场的买卖交易,将买卖订货划分为买方和卖方,集中在市场进行交易。卖方索价时,低价索价优先于高价索价;买方索价时,则高价索价优先于低价索价。这就是价格优先原则。市场索价在价格方面优先于限价索价。有复数市场索价时,各自作为同一顺序,同时执行全部数量。这样在卖方索价之间、买方索价之间进行竞争,首先确定买卖优先顺序,而约定价格本身则采取竞价买卖来决定。

(2)时间优先原则。这也是证券市场交易中所奉行的一种交易原则。证券市场一般规定集中交易,证券商之间不得联手交易,同一证券商不得有两人同时对一笔交易申报竞价。同一证券商同时接受两个以上委托人为证券种类、数量、价格相同的买进与卖出委托时,不可自行成交,必须分别进场申报。相同价位时,先申报者优先成交,这一般称为时间优先原则。

2. 交易程序

股票交易有严格的程序,从投资者角度观察,一般需经过如下几个主要环节。

(1)开户。投资者买卖股票必须在证券公司开立委托买卖账户。根据各国惯例,普通的投资者如果要买卖在证券交易所上市的股票,只能委托在场内派有经纪人的证券公司代理。证券公司为了确定投资者的信用,要求他们必须按证券公司的规定开户,填写证券买卖契约,写明投资者的真实姓名、地址、就业单位、主要经历、委托交易方式及其他应遵守的细则等。

(2)委托买卖。开立账户后,客户即可委托证券公司买卖股票。证券公司经纪人依据客户的要求,通过竞价,为客户争得最优价格成交,即以最低价买进,或以最高价售出。完成交易后,经纪人便向证券公司报告执行情况,由公司通知客户准备交割。

(3)支付佣金。股票成交后,客户按规定向经纪人支付代理买卖股票的手续费。20世纪70年代以前,佣金一般按固定比率收取,70年代后各国均倾向于取消固定比率。如美国证券交易委员会于1975年取消了固定佣金制度,允许各证券公司自己确定比率。尽管如此,各经纪人收取佣金的比率仍然差别不大。一般说来,佣金比率大小与委托交易额成反比,即交易额越大,佣金比率越低,反之就高。

(4)交割。在成交后的规定日期,卖方交出股票,收进票款;买方支付票款,取得股票。股票交割采用现金交易方式,不允许延期交割,否则要处以违约罚金。

(5)过户。客户买入股票后,必须办理变更股东名称的手续,否则便不能享受股东权益。这与债券交易有明显的不同,债券一般不记名,因而无须过户。股票过户不仅需要在股份公司的股东名册上做相应的变更,而且还需要卖出者在股票上做转让签章,表示出让该股票的持有权。至此,股票交易才告完结。

五、股票的价格指数

(一)股票价格指数的计算

1. 广义股票价格指数——股价平均数

股价平均数采用股价平均法,用来度量所有样本股经调整后的价格水平的平均值,可分为简单算术股价平均数、加权股价平均数和修正股价平均数。

1)简单算术股价平均数

简单算术股价平均数是以样本股每日收盘价之和除以样本数。其公式为

$$\bar{P} = \frac{1}{n}\sum_{i=1}^{n} P_i$$

式中,$\bar{P}$ 为平均股价;P_i 为各种样本股收盘价;n 为样本股票种数。

简单算术股价平均数的优点是计算简便,但也存在两个缺点:第一,发生样本股送配股、拆股和更换时会使股价平均数失去真实性、连续性和时间数列上的可比性。第二,在计算时没有考虑权数,即忽略了发行量或成交量不同的股票对股票市场有不同影响这一重要因素。简单算术股价平均数的这两点不足,可以通过加权股价平均数和修正股价平均数来弥补。

2)加权股价平均数

加权股价平均数或称加权平均股价,是将各样本股票的发行量或成交量作为权数计算出来的股价平均数。其计算公式为

$$\bar{P} = \frac{\sum\limits_{i=1}^{n} P_i W_i}{\sum\limits_{i=1}^{r} W_i}$$

式中,W_i 为样本股的发行量或成交量。

以样本股成交量为权数的加权平均股价可表示为

$$加权平均股价 = \frac{样本股成交总额}{同期样本股成交总量}$$

计算结果为平均成交价。

以样本股发行量为权数的加权平均股价可表示为

$$加权平均股价 = \frac{样本股市价总额}{同期样本股发行总量}$$

计算结果为平均收盘价格。

3)修正股价平均数(或修正平均股价)

修正股价平均数是在简单算术平均数法的基础上,当发生拆股、增资配股时,通过变动除数,使股价平均数不受影响。

修正除数的计算公式如下

$$新除数 = \frac{拆股后的总价格}{拆股前的平均数}$$

$$修正股价平均数 = \frac{拆股后的总价格}{新除数}$$

目前在国际上影响较大、历史最悠久的道·琼斯股价平均数就采用修正股价平均数法来计算股价平均数,每当股票分割、发放股票股息或增资配股数超过原股份的10%时,就对除数做相应的修正。

2. 狭义股票价格指数——股票价格指数

股价指数的编制方法有简单算术股价指数和加权股价指数两类。简单算术股价指数又有相对法和综合法之分。

1) 相对法

相对法是先计算各个样本股的个别指数,再加总求算术平均数。若设股价指数为 P',基期第 i 种股票价格为 P_{0i},计算期第 i 种股票价格为 P_{1i},样本数为 n,计算公式为

$$P' = \frac{1}{n}\sum_{i=1}^{n}\frac{P_{1i}}{P_{0i}}$$

2) 综合法

综合法是将样本股票基期价格和计算期价格分别加总,然后再求出股价指数,其计算公式为

$$P' = \frac{\sum_{i=1}^{n}P_{1i}}{\sum_{i=1}^{n}P_{0i}}$$

从相对法和综合法计算股票指数来看,两者都未考虑到由各种采样股票的发行量和交易量的不相同,而对整个股市股价的影响不一样等因素,因此,计算出来的指数亦不够准确。为使股票指数计算精确,则需要加入权数,这个权数可以是交易量,亦可以是发行量。

3) 加权法

加权股票指数是根据各期样本股票的相对重要性予以加权,其权数可以是成交股数、股票发行量等。按时间划分,权数可以是基期权数,也可以是报告期权数。

以基期成交股数(或发行量)为权数的指数称为拉斯拜尔指数,其计算公式为

$$P' = \frac{\sum_{i=1}^{n}P_{1i}Q_{0i}}{\sum_{i=1}^{n}P_{0i}Q_{0i}}$$

式中,Q_{0i} 为第 i 种股票基期发行量或成交量。

以报告期成交股数(或发行量)为权数的指数称为派许指数。拉斯拜尔指数偏重基期成交股数(或发行量),而派许指数则偏重报告期的成交股数(或发行量)。当前世界上大多数股票指数都是派许指数。其计算公式为

$$P' = \frac{\sum_{i=1}^{n}P_{1i}Q_{1i}}{\sum_{i=1}^{n}P_{0i}Q_{1i}}$$

式中,Q_{1i} 为计算期第 i 种股票的发行量或成交量。

对拉斯拜尔指数和派许指数进行几何平均,得几何加权股价指数——费雪理想式,由于计算复杂,很少被实际应用。其计算公式为

$$P' = \sqrt{\frac{\sum P_1 Q_0}{\sum P_0 Q_0} \cdot \frac{\sum P_1 Q_1}{\sum P_0 Q_1}}$$

(二)中国的股票价格指数

1. 上海证券交易所股票价格指数

上海证券交易所股票价格指数简称上证指数,由上海证券交易所编制并发布。这是一个指数系列,从总体上以及从各个不同侧面反映上海证券交易所上市股票的价格变动情况,反映不同行业的景气状况,给投资者提供不同投资组合的分析参照系。上证指数分为上证样本指数、上证综合指数、上证分类指数和上证基金指数等四类。上证指数系列均以成分股报告期的股本数作为权数进行加权计算。其计算公式为:

$$报告期指数 = \frac{报告期成分股的总市值}{除数} \times 基点$$

除数又称基期,当样本股名单、股本结构发生变化或样本股的调整市值出现非交易因素的变动时,采用"除数修正法"修正原除数,以保证指数的连续性。

上证综合与分类系列指数以"点"为单位,精确到小数点后 3 位;并且实时计算和发布,当前计算频率为每秒一次,指数报价每 5 秒更新一次。

2. 深圳证券交易所股票价格指数

深圳证券交易所股票价格指数简称深证指数,由深圳证券交易所编制并发布,属于按上市量加权的全所股价指数,现又分设 A 股与 B 股两种分类股价指数作为辅助指标。因而,目前深证指数实际上是深圳股价综合指数、深圳 A 股价格指数和深圳 B 股价格指数的统称。

深证指数以 1991 年 4 月 3 日为基期,基期指数等于 100.00。自 1991 年 4 月 4 日起,深圳证券交易所于每个营业日收市后提供当日的收市价指数,并由系统实时公布。在交易所内,通过电脑系统每隔 20 秒计算并发布一次。深证指数的计算方法与一般的加权指数计算方法相同(参见"股价加权指数"),遇有调整事项时的修正方法也是变更除数。为便于计算,在不发生不可比因素的情况下,采取下述每日连锁方法计算当日指数。计算公式为

$$当日股价指数 = 上日股价指数 \times \frac{当日各成分股市值总额}{上日收市时各成分股市值总额}$$

3. 中证指数

(1)中证指数有限公司及其指数。中证指数有限公司成立于 2005 年 8 月 25 日,是由上海证券交易所和深圳证券交易所共同出资发起设立的一家专业从事证券指数及指数衍生产品开发服务的公司。

(2)沪深 300 指数。沪深 300 指数是沪、深证券交易所于 2005 年 4 月 8 日联合发布的反映 A 股市场整体趋势的指数。沪深 300 指数的编制目标是反映中国证券市场股票价格变动的概貌和运行状况,并能够作为投资业绩的评价标准,为指数化投资和指数衍生产品创新提供基础条件。中证指数有限公司成立后,沪、深证券交易所将沪深 300 指数的经营管理及相关权益转移至中证指数有限公司。

(3)中证规模指数。中证规模指数包括中证 100 指数、中证 200 指数、中证 500 指数、中证

700 指数、中证 800 指数和中证流通指数。这些指数与沪深 300 指数共同构成中证规模指数体系。其中,中证 100 指数定位于大盘指数,中证 200 指数为中盘指数,沪深 300 指数为大中盘指数,中证 500 指数为小盘指数,中证 700 指数为中小盘指数,中证 800 指数则由大中小盘指数构成。中证规模指数的计算方法、修正方法、调整方法与沪深 300 指数相同。

2013 年至 2024 年 8 月我国境内主要股指涨跌幅情况如表 3-14 所示。

表 3-14 我国境内主要股指涨跌幅 单位:%

日期	上证综指	深证综指	沪深 300	深证成指	创业板指	上证 50	科创 50	北证 50
2013 年	−6.75	20.03	−7.65	−10.91	82.73	−15.23	—	—
2014 年	52.87	33.80	51.66	35.62	12.83	63.93	—	—
2015 年	9.41	63.15	5.58	14.98	84.41	−6.23	—	—
2016 年	−12.31	−14.72	−11.28	−19.64	−27.71	−5.53	—	—
2017 年	6.56	−3.54	21.78	8.48	−10.67	25.08	—	—
2018 年	−24.59	−33.25	−25.31	−34.42	−28.65	−19.83	—	—
2019 年	22.30	35.89	36.07	44.08	43.79	33.58	—	—
2020 年	13.87	35.20	27.21	38.73	64.96	18.85	39.30	—
2021 年	4.80	8.62	−5.20	2.67	12.02	−10.06	0.37	—
2022 年	−15.13	−21.92	−21.63	−25.86	−29.37	−19.52	−31.35	−5.79
2023 年	−3.70	−6.97	−11.38	−13.54	−19.41	−11.73	−11.24	14.92
2024 年 1—8 月	−4.46	−15.98	−3.20	−12.35	−16.44	0.39	−18.53	−39.56

4. 香港恒生指数

香港恒生指数是香港股票市场上历史最久、影响最大的股票价格指数,由香港恒生银行于 1969 年 11 月 24 日开始发布。该指数从香港上市公司中挑选 33 家有代表性的经济实力雄厚的大公司股票作为成分股,将其分为四大类:金融业股票 4 种,公用事业股票 6 种,地产业股票 9 种,其他工商业(包括航空和酒店)股票 14 种。2012 年以来已增至 50 只的上限。该指数以 1964 年 7 月 31 日为基期,基期指数定为 100。

由于该指数所选择的样本股、数量和基期较恰当,不论股票市场狂升或猛跌,还是正常水平,基本上都能反映出整个市场的活动情况。

(三)世界主要股票价格指数

1. 道·琼斯指数

道·琼斯指数,全称道·琼斯股票价格平均指数,是世界上影响最大的股票价格指数。它是 1884 年由道·琼斯公司创始人查理斯·道开始编制的,其最初的股票价格平均数是根据 11 种具有代表性的铁路公司的股票,采用算术平均法编制而成的。以后样本股数逐渐增加,而且扩大到其他行业。其所选用的代表性公司股票涉及工业、运输业、公用事业等所有重要行业。

2. 标准普尔指数

标准普尔指数是由标准普尔公司编制的反映美国股票市场行情变动的股票价格平均指数。标准普尔公司是美国的一家证券研究机构,从 1923 年开始编制与发布股票指数。其采样的股票来自美国两个主要的全国性股票交易所——纽约证券交易所和美国证券交易所,以及场外市场。最初采样的股票有 233 种,到 1957 年扩大到 500 种。其中工业股票 425 种、铁路股票 15 种、公用事业股票 60 种。其指数以 1941—1943 年为基期,以每种股票的价格乘以已发行的数

量的总和为分子,以基期的股价乘以股票发行数量的总和为分母,以相除后所得数字来表示。其计算公式为

$$股票价格指数 = \frac{\sum_{i=1}^{n} P_{1i}Q_{1i}}{\sum_{i=1}^{n} P_{0i}Q_{0i}} \times 100$$

3. 伦敦《金融时报》指数

伦敦《金融时报》指数亦称《金融时报》工商业普通股票价格指数,是由英国著名报纸《金融时报》编制和公布的用以反映英国伦敦证券交易所股票行情变动的一种价格指数。伦敦《金融时报》指数采用加权法编制,从在伦敦证券交易所挂牌的近万种股票中选取30种最佳工商业股票为计算对象,以1935年7月1日为基期,以100为基数的指数值进行计算。它不仅在伦敦股票市场上,也在世界股票市场上颇具影响力。

4. 日经指数

日经指数又称日经道氏股票价格平均指数或日经·道氏股票价格平均指数,全称为日本经济新闻社道·琼斯股票价格平均指数,是由日本经济新闻社按道·琼斯平均股价指数的方法编制发布的股票价格指数。日经指数以1949年5月16日日本东京证券交易所(Tokyo Stock Exchange)重新开业之日为基准日,根据东京证券交易所一部上市的225种股票当日平均股价176.21日元作为基准日价格,采用修正的美国道·琼斯股票价格平均指数的计算方法得出。

日经指数最早于1950年9月开始由东京证券交易所公开发布,1969年7月改由日本短波广播公司发布。1975年5月1日起,因日本经济新闻社向道·琼斯公司买进商标使用权,因而又改由日本经济新闻社对该指数进行计算和发表,并以现名命名。

日经指数是日本最有代表性的股票价格平均指数之一,也是能够较敏感地反映亚洲股票市场行情变动的股票指数之一。通过它即可了解日本股市及其经济景气变动的态势。日经指数期货在日本和新加坡的国际货币交易所均有标准合约上市交易。

(四)股票指数的应用和创新

股票指数除了反映相应股票组合的总体价格涨跌幅度和变化趋势外,现在还成为金融产品创新的基础,一些新型的金融产品的创新就是建立在指数和指数创新的基础之上,如交易型开放式指数基金(ETF)、股指期货、股指期权等。

1. 交易型开放式指数基金(ETF)

ETF是exchange traded fund的英文首字母缩写,中文译为"交易型开放式指数基金",或"交易所交易基金"(中国大陆)、"指数股票型基金"(中国台湾)、"交易所买卖基金"(中国香港)。ETF是一种在交易所上市交易的开放式证券投资基金产品,交易手续与股票完全相同。ETF管理的资产是一篮子股票组合,ETF的投资组合通常完全复制标的指数,其净值表现与盯住的特定指数高度一致。

自1993年全球第一个ETF基金——标普500指数ETF(简称SPDR,跟踪指数为标准普尔500指数)发行以来,经过不断发展,截至2022年底,全球ETF资产总规模达9.53万亿美元。我国的第一只ETF是上海证券交易所在2004年获准推出的华夏上证50ETF,基金管理人为华夏基金管理有限公司。据深圳证券交易所基金管理部发布的《ETF市场发展白皮书

(2023年6月)》数据显示,截至2023年6月底,深沪两市ETF(除货币基金)产品数量为779只,资产规模达15 585亿元人民币,产品数量资产规模均再创新高。

2. 股指期货

股指期货,即股票指数期货,就是以股票市场股票价格指数为商品的期货。股票指数期货合约同其他期货合约一样,可以转移股票价格风险,减少和避免损失,达到保值的目的。

1982年2月,堪萨斯期货交易所(KCBT)推出了以价值线综合股票指数为标的的股指期货合约,成为全球首个股指期货产品。同年4月,芝加哥商业交易所(CME)也推出了标普500股指期货。全球其他市场紧随其后,推出了以本地区股票指数为标的的股指期货产品。

例如,悉尼期货交易所(SFE)、伦敦国际金融期货和期权交易所(LIFFE)以及我国香港期货交易所(HKFE)分别于1983年、1984年和1986年上市了股指期货产品。

3. 股指期权

紧随股指期货之后,以股指期货合约或直接以股票指数为标的的股指期权产品也随之诞生。在1983年1月,CME和纽约期货交易所(NYFE)上市了以股指期货合约为标的的期权产品,标的资产分别为标普500股指期货合约和纽约证券交易所(NYSE)综合指数期货合约。同年3月,芝加哥期权交易所(CBOE)上市了以股票指数为标的的期权产品,标的资产为CBOE-100指数(后更名为标普100指数)。英国、澳大利亚、瑞典、荷兰和法国等市场也纷纷推出了以本地区股票指数期货或股票指数为标的的股指期权合约,股指期权成为一个全球性的交易品种。

例如,随着恒生指数期货的成功,香港期货交易所于1993年3月推出恒生指数期权合约,2015—2020年交易量如图3-7所示。为吸纳场外交易,香港期货交易所又于2010年2月8日推出了具有灵活性行使价及合约月份的自订条款指数期权。

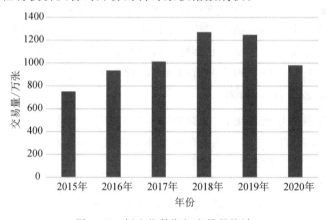

图3-7 恒生指数期权交易量统计

第四节 债券市场

一、债券市场概述

(一)债券市场的概念

债券市场是中长期债务工具的发行与交易市场,它有助于将个人、公司和政府部门的闲置资金转移给那些需要进行长期债务融资的公司和政府部门,是金融市场的重要组成部分。债券市场上所使用的债务工具借贷期限从1年至30年,在借贷期间定期支付利息,因此,债券市场也被称为固定收益市场。

债券是一种基本的固定收益证券,构成了固定收益证券市场的主要部分,全球金融市场中80%的直接融资是依靠各类债券市场来实现的。债券市场通过不断创新,满足了投资者与融资者双方的需求。它的存在不仅满足了投资者对流动性的需求,而且利用其周期与股票市场不同步的特点,也成为增加收益的重要工具,因此成为投资者资产组合的重要组成部分。庞大的债券市场也是货币政策传导的主要渠道,从而成为一国宏观调控的重要领地。因此,债券市场是当今金融市场中最重要的、规模最大的市场之一。

(二)债券市场的分类

债券市场是发行和买卖债券的场所,债券市场是金融市场的一个重要组成部分。根据不同的分类标准,债券市场可分为不同的类别。

1. 根据债券的运行过程和市场的基本功能分类

根据债券的运行过程和市场的基本功能,可将债券分为发行市场和流通市场。

债券发行市场,又称债券一级市场,是发行单位初次出售新债券的市场。债券发行市场的作用是将政府、金融机构以及工商企业等为筹集资金向社会发行的债券分散发行到投资者手中。

债券流通市场,又称债券二级市场,指已发行债券买卖转让的市场。债券一经认购,即确立了一定期限的债权债务关系。流通市场的基本作用是为在发行市场发行的债券提供流动性。当债券持有人需要资金时,可以到二级市场上出售或抵押其债券,以取得现金。

2. 根据市场组织形式分类

根据市场组织形式,债券流通市场又可进一步分为场内交易市场和场外交易市场。

在证券交易所内买卖债券所形成的市场,就是场内交易市场,这种市场组织形式是债券流通市场的较为规范的形式。交易所作为债券交易的组织者,本身不参加债券的买卖和价格的决定,只是为债券买卖双方创造条件,提供服务,并进行监管。

场外交易市场是在证券交易所以外进行证券交易的市场。许多证券经营机构都设有专门的证券柜台,通过柜台进行债券买卖。在柜台交易市场中,证券经营机构既是交易的组织者,又是交易的参与者。此外,场外交易市场还包括银行间交易市场,以及一些机构投资者通过电话、电脑等通信手段进行交易而形成的市场等。目前,我国债券流通市场主要由三部分组成,即沪深证券交易所市场、银行间交易市场和证券经营机构柜台交易市场。

3. 根据债券发行地点的不同分类

根据债券发行地点的不同,债券市场还可以划分国内债券市场和国际债券市场。国内债券市场的发行者和发行地点同属一个国家,而国际债券市场的发行者和发行地点不属于同一个国家。

(三)我国债券市场的参与者

随着市场发展,中国债券市场的参与者群体不断扩大,参与者层次也日益丰富,为债券市场的发展注入了强大活力。

1. 债券现货市场参与者

(1)发行人:经监管部门审批或备案具备发行资格的筹资人可在银行间债券市场、交易所、商业银行柜台发行债券,包括中央及地方政府、中央银行、政府支持机构、金融机构、企业法人、国际开发机构等。

(2)承销商:指导与帮助发行人完成债券发行,参与债券发行投标或认购,在发行期内将承销债券向其他结算成员(和分销认购人)进行分销,并在债券存续期内牵头其他市场中介一起监督债券发行人履行相关义务的金融机构。承销商由依法取得承销资格的商业银行、证券公司担任。

(3)做市商:经人民银行批准在银行间债券市场开展做市业务,享有规定权利并承担相应义务的金融机构。做市商按照有关要求连续报出做市券种的现券买、卖双边价格,并按其报价与其他市场参与者达成交易。截至2019年12月31日,银行间债券市场做市商共30家。

(4)货币经纪公司:经批准在中国境内设立的,通过电子技术或其他手段,专门从事促进金融机构间资金融通和外汇交易等经纪服务,并从中收取佣金的非银行金融机构。其进入银行间债券市场从事经纪业务须向人民银行备案。目前国内有五家货币经纪公司,分别是上海国利货币经纪有限公司、上海国际货币经纪有限责任公司、平安利顺国际货币经纪有限责任公司、中诚宝捷思货币经纪有限公司、天津信唐货币经纪有限责任公司。

(5)结算代理人:受市场其他参与者的委托并为其办理债券结算等业务的金融机构。开办债券结算代理业务须经人民银行批准,在开办结算代理业务前,结算代理人应与委托人签订代理协议,结算代理人为委托人在中央结算公司以委托人的名义开立债券托管账户,代理委托人使用该账户进行债券托管和债券结算。银行间债券市场结算代理人目前有49家,名单如表3-15所示。

表 3-15 银行间债券市场结算代理人名单

序号	机构名称	序号	机构名称
1	中国工商银行	2	中国农业银行
3	中国银行	4	中国建设银行
5	交通银行	6	招商银行
7	中国民生银行	8	中国光大银行
9	中信银行	10	华夏银行
11	兴业银行	12	上海浦东发展银行
13	广发银行	14	北京银行
15	恒丰银行	16	南京银行
17	上海银行	18	杭州银行
19	上海农村商业银行	20	天津银行
21	齐商银行	22	平安银行
23	齐鲁银行	24	乌鲁木齐银行
25	长沙银行	26	大连银行
27	青岛银行	28	成都银行
29	重庆银行	30	河北银行
31	厦门银行	32	富滇银行
33	晋商银行	34	福建海峡银行
35	贵阳银行	36	西安银行

续表

序号	机构名称	序号	机构名称
37	东莞银行	38	哈尔滨银行
39	广东顺德农村商业银行	40	宁波银行
41	江苏常熟农村商业银行	42	包商银行
43	汉口银行	44	汇丰银行(中国)有限公司
45	渣打银行(中国)有限公司	46	法国巴黎银行(中国)有限公司
47	德意志银行(中国)有限公司	48	花旗银行(中国)有限公司
49	摩根大通银行(中国)有限公司		

(6)境内投资人:商业银行、信用社、非银行金融机构(包括信托公司、财务公司、租赁公司和汽车金融公司等)、证券公司、保险公司、基金公司、非金融机构、非法人机构投资者、个人投资者。

其中,人民银行发布银行间债券市场的准入投资者类型,符合准入类型的投资者向人民银行上海总部备案。交易所债券市场参与者须向沪深交易所申请,各类社会投资者均可参与,政策性银行和国家开发银行、国有大型商业银行、股份制商业银行、城市商业银行、在华外资银行、境内上市的其他银行可在证券交易所参与债券现券的竞价交易。商业银行柜台债券业务参与者需在开办机构开立二级托管账户,开办机构建立投资者适当性管理制度,向具备相应能力的投资者提供适当债券品种的销售和交易服务,柜台市场投资者主要为个人和中小机构。

此外,直接投资人是指承销团成员以外,须具备一定资格,可直接参与企业债券申购或者可直接通过招标系统参与企业债券投标的投资人。直接投资人可根据自身投资需求,参与所有企业债券的簿记建档/招标发行。

(7)境外投资人:包括境外央行或货币当局、主权财富基金、国际金融组织、人民币业务清算行、跨境贸易人民币结算境外参加行、境外保险机构、合格境外机构投资者(QFII)、人民币合格境外机构投资者(RQFII);在境外依法注册成立的商业银行、保险公司、证券公司、基金管理公司及其他资产管理机构等各类金融机构,上述机构依法合规面向客户发行的投资产品,以及养老基金、慈善基金、捐赠基金等人民银行认可的其他中长期机构投资者。

上述境外机构投资者可在银行间债券市场开展现券交易,并可基于套期保值需求开展债券借贷、债券远期、远期利率协议及利率互换等交易,其中,境外央行或货币当局、国际金融组织、主权财富基金、境外人民币业务清算行和参加行还可在银行间债券市场开展债券回购交易。符合条件的境外机构投资者在银行间市场可自主决定投资规模,没有投资额度限制。

2.债券衍生品[①]市场参与者

(1)场内债券衍生品市场。场内债券衍生品的交易前台为中国金融期货交易所(简称中金所)。投资人为符合标准的自然人、一般单位客户和特殊单位客户,其中特殊单位客户包括证券公司、基金管理公司、信托公司等。此外,根据2020年2月《中国证监会 财政部 中国人民银行 中国银保监会关于商业银行、保险机构参与中国金融期货交易所国债期货交易的公告》,符合条件的试点商业银行和具备投资管理能力的保险机构,按照依法合规、风险可控、商业可持

---

① 债券衍生品属于金融衍生产品。关于金融衍生品市场、衍生金融产品,将分别在本章第六节和第四章第六节进行详细阐述。

续的原则,可参与中金所国债期货交易。投资人开户须通过中金所会员在中金所备案。国债期货在中金所结算,在中央结算公司交割,可使用中央结算公司托管的债券作为保证金。

（2）场外债券衍生品市场。场外债券衍生品的交易登记和辅助报价前台是外汇交易中心。投资人开展交易需签订《中国银行间市场金融衍生产品交易主协议》。场外债券衍生品根据债券品种的不同分别在中央结算公司或上清所结算交割。

（四）债券市场的功能与作用

纵观世界各个成熟的金融市场,无不有一个发达的债券市场。债券市场在社会经济中占有如此重要的地位,是因为它具有以下几项重要功能。

1. 融资功能

债券市场作为金融市场的一个重要组成部分,具有使资金从资金剩余者流向资金需求者,为资金不足者筹集资金的功能。我国政府和企业先后发行多批债券,为弥补国家财政赤字和国家的许多重点建设项目筹集了大量资金。

2. 资金流动导向功能

效益好的企业发行的债券通常较受投资者欢迎,因而发行时利率低,筹资成本小;相反,效益差的企业发行的债券风险相对较大,受投资者欢迎的程度较低,筹资成本较大。因此,通过债券市场,资金得以向优势企业集中,从而有利于资源的优化配置。

3. 宏观调控功能

一国中央银行作为国家货币政策的制定与实施部门,主要依靠存款准备金、公开市场业务、再贴现和利率等政策工具进行宏观经济调控。其中,公开市场业务就是中央银行通过在证券市场上买卖国债等有价证券,从而调节货币供应量,实现宏观调控的重要手段。在经济过热、需要减少货币供应量时,中央银行卖出债券,收回金融机构或公众持有的一部分货币,从而抑制经济的过热运行;当经济萧条、需要增加货币供应量时,中央银行便买入债券,增加货币的投放。

➢ 二、债券的一级市场

发行新的债务工具筹集资金的市场就是债券的一级市场,又称为债券的发行市场。债券的发行市场由发行人、投资者和中介机构组成。只要具备发行资格,无论是国家、政府机构、金融机构,还是公司或其他法人,都可以通过发行债券筹资。债券的投资者是资金的提供者,它们通过持有债券,定期获得利息并在到期日获得本金偿还。在债券市场中,发行人和投资者往往通过中介人进行交易。中介人可以负责管理债券发行和交易的整个过程,投资银行、商业银行以及信托投资公司等都是常见的中介人。图3-8为2005年至2020年我国债券市场的发行量趋势图。

2020年,我国债券市场三大公司共登记发行各类债券37.75万亿元,同比增长39.62%。其中,中央结算公司登记发行债券21.87万亿元,占比57.94%;上海清算所登记发行债券9.69万亿元,占比25.66%;中证登①登记发行债券6.19万亿元,占比16.40%。具体如表3-16所示。

---

① 中证登,即中国证券登记结算有限责任公司,也简称为中国结算。

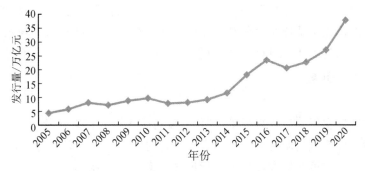

图 3-8 2005—2020年我国债券市场三大公司发行量趋势图
数据来源:中央结算公司、上海清算所、Wind。

表 3-16 2019年、2020年我国债券市场发行情况   单位:万亿元

市场	2020年发行量	2019年发行量	同比变化	占比(2020年)
合计	37.75	27.04	39.62%	100.00%
中央结算公司	21.87	15.31	42.91%	57.94%
上海清算所	9.69	7.21	34.30%	25.66%
中证登	6.19	4.52	36.93%	16.40%

数据来源:中央结算公司、上海清算所、Wind(万得信息技术股份有限公司)。

(一)债券一级市场的参与者

债券市场的参与者主要包括发行者、投资者、中介机构和管理者四类。

1. 发行者

债券的发行者是指通过发行债券形式筹措资金的企业、政府或金融机构。企业从整体上讲是资金的最终需求者,政府部门是证券市场上资金的主要需求者,金融机构是证券市场上资金的中间需求者。

2. 投资者

债券的投资者包括个人、企业、机构、政府和中央银行。其中,机构投资者是聚集社会公众分散的资金投资于各种债券,以降低投资风险和提高投资收益的专门机构,包括商业银行、投资银行、储蓄机构、信托投资公司、保险公司、养老基金会等。与个人投资者相比,机构投资者在资金规模、专业优势、分散风险等方面都具有明显的优势。中央银行作为机构投资者参与到债券市场中的目的与个人、企业和机构投资者有着明显的不同,即为了调节资金供求。

3. 中介机构

中介机构是指为证券的发行与交易提供服务的各类机构。在证券市场起中介作用的机构是证券公司和其他证券服务机构。证券公司的主要业务有证券承销、经纪、自营、投资咨询以及购并、受托资产管理和基金管理等。证券公司一般分为综合类证券公司和经纪类证券公司。证券服务机构是指依法设立的从事证券服务业务的法人机构,主要包括证券登记结算公司、证券投资咨询公司、会计师事务所、资产评估机构、律师事务所和证券信用评级机构等。

4. 管理者

管理者中包括证券管理机构和行业自律性组织。证券管理机构专门或兼职从事证券募

集、发行、买卖等经营行为的监督管理。在我国,对债券发行行使监督管理权的是中国人民银行。行业自律性组织包括证券交易所和证券业协会。根据我国证券法的规定,证券交易所是提供证券集中竞价交易场所、不以营利为目的的法人。

(二)债券发行制度

1. 核准制

债券发行核准制实行实质管理原则,即债券发行人不仅要以真实状况的充分公开为条件,而且必须符合债券监管机构制定的若干适合于发行的实质条件。只有符合条件的发行公司经债券监管机构的批准方可在债券市场上发行证券。实行核准制的目的在于,债券监管部门能尽法律赋予的职能保证发行的证券符合公众利益和债券市场稳定发展的需要。

2. 注册制

债券发行注册制即实行公开管理原则,实质上是一种发行公司的财务公布制度。它要求发行人提供关于债券发行本身以及同债券发行有关的一切信息。发行人不仅要完全公开有关信息,不得有重大遗漏,并且要对所提供信息的真实性、完整性和可靠性承担法律责任。发行人只要充分披露了有关信息,在注册申报后的规定时间内未被债券监管机构拒绝注册,即可进行证券发行,无须再经过批准。实行注册制可以向投资者提供债券发行的有关资料,但并不保证发行的债券资质优良、价格适当。

(三)债券评级

信用评级行业的发展与资本市场尤其是信用债市场的发育程度紧密相关。给新发的债券定价时,必须要考虑债券发行人的信用等级。也就是说投资者必须评估发行人可能违约,不能还本付息的违约风险。债券违约风险的大小与投资者的利益密切相关,也直接影响着发行者的筹资能力和成本。为了较客观地估计不同债券的违约风险,通常需要由中介机构进行评级。但评级是否具有权威性则取决于评级机构。

对于债券的信用评级一般包括两部分:发债主体信用评级和债项信用评级。信用评级的原则有独立性原则、一致性原则、定性分析与定量分析相结合原则。债券信用评级过程如图3-9所示。

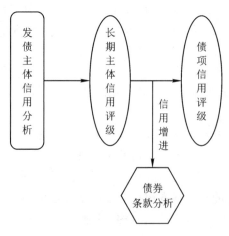

图3-9 债券信用评级过程

主体信用评级分为行业分析和企业分析。行业分析中,各个行业的风险特点存在显著差异,所有不同行业的企业所对应的信用风险存在较大不同,如果不区分行业,对被评级对象一概而论,将存在较大误差。行业分析中考虑的因素主要有:①行业的发展前景,其对于国民经济的重要性;②行业政策,国家扶持还是打压;③行业景气度,与经济周期的关系;④行业的竞争程度,是否有进入壁垒等。企业分析中,主要分析企业在行业中的地位、企业的经营管理水平、外部对企业的扶持力度和意愿、企业的财务状况分析等。

信用增进方式主要有第三方担保、设立偿债基金、资产抵质押担保和流动性支持。

目前世界上最著名的两大评估机构是标准普尔(Standard & Poor's)公司(以下简称标普)和穆迪(Moody's)评级(曾用名为穆迪投资者服务公司,以下简称穆迪)。两机构的信用级别分类如表3-17所示。

表3-17 穆迪和标普的信用级别分类

穆迪	标普	等级	风险
Aaa	AAA	投资级	还本付息能力极强,有可靠保证,承担风险最小
Aa	AA	投资级	还本付息能力很强,但风险性比前者略高
A	A	投资级	安全性良好,还本付息能力一般,有潜在的导致风险恶化的可能性
Baa	BBB	投资级	安全性中等,短期内还本付息无问题,但在经济不景气时风险增大
Ba	BB	投机级	有投机因素,不能确保投资安全,情况变化时还本付息能力波动大,不可靠
B	B	投机级	不适合作为投资对象,在还本付息及遵守契约条件方面都不可靠
Caa	CCC	投机级	安全性极低,随时有无法还本付息的危险
Ca	CC	投机级	极具投机性,目前正处于违约状态中,或有严重缺陷
C	C	投机级	最低等级,完全投机性
	D	投机级	债务违约

在国际上,穆迪评级在Baa级以下、标普评级在BBB级以下的债券即为高收益债券,也就是投机级别的信用债券。信用风险是高收益债券面临的主要风险。高收益债券是信用级别较低的债券,相对于投资级债券,其信用风险更大,债券到期不能偿付的可能性较大。

高收益债券的违约率与经济增速存在较为明显的负相关关系。在经济增速较低的年份,高收益债券的违约率较高,而在经济增速较高的年份,高收益债券违约率较低。

不同信用等级的高收益债券违约率也不同。如BB级债券违约率较低,通常在5%以内;CCC—C级违约率较高,在某些年份甚至高达40%以上。

目前,我国规模较大的全国性评级机构有大公、国衡信、中诚信、联合、东方金城等。我国目前采用的信用评级符号与标准普尔公司相同。2011—2020年我国不同级别债券的发行规模如表3-18所示。

表 3-18 2011—2020 年我国不同级别债券发行规模　　　　　　　　　单位：亿元

年份	AAA	AA+	AA	AA-	A+	A	A-	BBB 及以下
2020 年	149 945.33	14 274.69	5 723.73	535.47	170.97	18.30	3.70	19.56
2019 年	114 423.67	11 174.05	4 914.93	268.49	139.55	22.25	6.73	10.14
2018 年	91 804.88	9 803.33	3 659.13	210.67	43.55	29.87	4.06	197.28
2017 年	70 004.21	8 524.81	6 875.15	337.42	124.61	50.40	14.28	6.73
2016 年	76 556.58	13 382.97	12 066.12	597.99	228.73	88.56	6.71	0.13
2015 年	52 380.69	10 663.68	8 468.31	856.74	238.34	36.50	66.43	1.96
2014 年	16 206.11	5 920.23	7 039.43	608.71	131.17	735.75	66.20	0.00
2013 年	9 790.64	3 360.50	4 473.83	298.77	45.80	756.63	0.00	0.00
2012 年	12 736.20	4 866.75	5 525.10	483.40	83.10	33.00	7.48	0.33
2011 年	10 412.72	3 090.73	2 615.45	311.80	53.50	11.00	0.00	0.00

（四）债券发行价格的影响因素

债券发行价格是发行人发行债券时所使用的价格，也是投资者认购债券时实际支付的价格。理论上，债券发行价格是债券的票面价值及所要支付利息按发行当时的市场利率折现所得的现值。从资金时间价值来考虑，债券的发行价格由两部分组成，债券到期还本金额的现值和债券各期利息的年金现值。

债券的发行价格由多种因素决定，债券的利息率、面值、收益率、期限等都对债券的价格起决定作用。而除此之外，可赎回条款、税收待遇、市场流动性、可转换性、违约风险等因素也会对债券的价格产生影响。下面将从内在因素、外在因素两个方面论述影响债券发行价格的因素。

1. 影响债券价格的内在因素

内在因素即债券的属性，是债券价格的决定性因素，它们的不同将在很大程度上导致债券价格的不同。这些属性包括期限、息票率、早赎条款、税收待遇、流动性、信用级别、可转换性、可延期性等。

1）债券的期限

债券到期日决定了债券持有人获得未来现金流量的时间。一般来说，在其他条件不变的情况下，债券的期限越长，其市场价格变动的可能性就越大，不确定因素越多，投资者要求的收益率补偿也越高，债券的价格就越低。

2）债券的息票率

息票率即票面利率。债券的息票率是决定债券价值的重要因素，它直接影响债券持有人获得未来现金流量的大小。一般而言，在其他属性不变的情况下，债券的票面利率越低，债券价格的变动性也就越大。在市场利率提高的时候，票面利率较低的债券的价格下降幅度越大。但是，当市场利率下降时，息票率低的债券反而有更大的增值空间。

3）债券的早赎条款

债券的早赎条款是债券发行人所拥有的一种选择权，它和期权有一定的相似之处。早赎条款赋予债券发行人在债券到期前按约定的价格赎回部分或全部偿还债务的权利。这种规定在财务上对发行人是有利的,因为发行人可以在市场利率降低时发行较低利率的债券,取代原先发行的利率较高的债券,从而降低融资成本。但对投资者来说,提前赎回使他们面临较低的再投资利率,降低了他们的盈利空间,他们将要求更高的收益率来补偿损失,或者这种风险要在价格上得到补偿。因此,具有较高提前赎回可能性的债券应具有较高的票面利率,其价格相对较低。

对于可赎回债券而言,当市场利率降低时,债券被赎回的可能性增大,此时债券价格的上限是其赎回价格;当市场利率上升时,债券价格的下降和一般债券价格下降相似。

4) 债券的税收待遇

纳税是每个公民的应尽义务,无论在哪个国家,只要收入达到一定标准,都需要缴纳税金。投资者购买债券的收入是否需要纳税及纳税的数量会直接影响投资的实际收益率,因此税收待遇也是影响债券价格的一个重要因素。一般来说,免税债券的到期收益率比同类的应纳税债券的到期收益率低。此外,税收还以其他方式影响着债券的价格和收益率。例如,由于附息债券提供的收益包括息票利息和资本收益两种形式,而美国把这两种收入都当作普通收入而进行征税,但是对于后者的征税可以等到债券出售或到期时才进行,因此在其他条件相同的情况下,大额折价发行的低利附息债券的税前收益率必然略低于同类高利附息债券。也就是说,低利附息债券比高利附息债券的价格要高。

在美国,免税市政债券的利息收入可以免征联邦收入所得税,所以其到期收益率通常比类似的应税债券的到期收益率低 20% 至 40%,也就是其市场价格要高一些。

5) 债券的流动性

债券的流动性(liquidity)是指债券持有人在不受较大损失的情况下,将债券迅速变现的能力。流动性反映债券规避由市场价格波动而导致的实际价格损失的能力。债券变现的速度很快,并且遭受的损失很小,那么债券的流动性就高;而流动性较弱的债券则表现为其按市价卖出较困难,持有者会因此而受损失(包括承受较高的交易成本和资本损失)。而这种风险必须在债券的定价中得到补偿。因此,流动性好的债券与流动性差的债券相比,前者具有较高的内在价值,到期收益率较低,价格较高。

当前,大多数债券通过交易商买卖,因而交易商提供的债券买卖差价可作为衡量债券流动性好坏的标准。买卖差价较小的是交易活跃的债券,买卖差价较大的是交易冷清的债券。其他条件不变时,前者的到期收益率比后者要小,价格相对较高。

6) 债券的信用级别

债券的信用级别是指债券发行人按期履行合约规定的义务、足额支付利息和本金的可靠性程度。一般来说,除政府债券以外,一般债券都有信用风险(或称违约风险),只是风险大小不同而已。信用级别越低的债券,其信用风险越高,投资者要求的收益率也越高,债券的价格也就越低。

一般而言,政府债券的违约风险很低,一般假定为无风险债券。公司债券风险较大,债券是否能到期偿还取决于公司的经营状况。一般把公司债券的收益率细分为债券的承诺到期收益率(promised yield to maturity)和它的预期到期收益率(expected yield to maturity)。承诺到期收益率只在公司完全履行债券发行契约条件下才能实现,因此,承诺到期收益率是到期收益率的最大可能值,而如果有违约的可能性,预期到期收益率则小于承诺到期收益率。为了补偿可能发生的违约,公司发行债券时会适当提供违约溢价。

7) 可转换性

可转换债券的持有者可用债券来交换一定数量的普通股股票。每单位债券可换得的股票股数称为转换率(conversion ratio),可换得的股票当前价值称为市场转换价值(conversion value)。例如,某债券单位价格为1000元,转换率为40,当前股价每股20元,此时,转换损失为1000-40×20=200元,投资者不会实行转换权。如果股价升至每股30元,则转换收益为40×30-1000=200元。可见,投资者可以从公司股票的升值中受益。

所以,可转换债券息票率和承诺到期收益率通常较低。但是,如果从转换中获利,则持有者的实际收益率会大于承诺到期收益率。

8) 可延期性

可延期债券是一种较新的债券形式。与可赎回债券相比,它给予持有者而不是发行者一种终止或继续拥有债券的权利。如果市场利率低于息票率,投资者将继续拥有债券;反之,如果市场利率上升,超过了息票率,投资者将放弃这种债券,收回资金,投资于其他收益率高的资产。这一规定有利于投资者,所以可延期债券的息票率和承诺到期收益率较低,价格较高。

2. 影响债券价格的外在因素

1) 基础利率

基础利率是债券定价过程中必须考虑的一个重要因素。在证券的投资价值分析中,基础利率一般是指无风险利率。在现实中,完全没有风险的情况是不存在的,但可以使用两种利率来近似替代无风险利率。

一种是短期政府债券的收益率,由于短期政府债券的违约风险最小,流动性较高,可看作无风险证券,所以其收益率也可近似看作基础利率。

另一种是银行存款利率,银行本身就是靠信用生存的特殊行业,它的信用度很高,人们放心地将资金存入银行,银行存款利率在一定程度上就是无风险利率,再加上银行利率应用广泛,因此银行存款利率可作为基础利率的参照物。

一般而言,由于企业生产经营伴随着风险,其发行的债券利率必须弥补这些可能的风险损失,所以企业发行债券的利率应高于基础利率,但这并不意味着高利率债券的收益必然高于储蓄存款。债券的最后收益还要扣除交易商的手续费,并且受债券买进价、卖出价等诸多因素的制约。

2) 市场利率

市场利率与基础利率既有区别也有联系,市场利率是指市场上所有金融资产的平均报酬率,它实际上包括基础利率,但还包括其他各类金融产品的收益率,反映市场综合收益率水平。市场利率是债券利率的替代物,是投资于债券的机会成本。若市场利率上升且超过债券票面利率,债券持有者将出售债券,将资金投向利率较高的金融资产,债券需求降低,债券价格下降;反之,市场利率下降,债券利率相对较高,资金流向债券市场,债券价格上升。另外,市场利率上升,投资者要求的收益必然上升,在市场总体利率水平上升时,债券的收益率水平也应上升,从而使债券的内在价值降低,债券价格下降;反之,在市场总体利率水平下降时,债券的收益率水平也应下降,从而使债券的内在价值增加,债券价格上升。

3) 债券的供求关系

债券市场的供求关系直接影响债券的价格。当债券供给大于需求时,价格下降;当债券供不应求时,价格上升。而债券的供给需求则受多种因素制约。

首先是债券的需求,即是投资者对债券的有效购买量。在经济繁荣时期,投资者会有更多的富足资金进行投资,相应投资于债券的比重会增加;债券的需求也取决于它的替代品——股票和基金的发行状况,如果股票牛市,投资者为获得较高收益率会将资金投入股票市场,从而减少收益率低的债券的投资比重,反之,如果股市低迷,股价下跌,则投资者会选择收益相应有保障、风险较小的债券市场,这样对债券的需求会增加。此外,投资者的投资心理还受多种因素制约。还须指出,政府也构成了债券的需求主体,政府进行公开市场操作,买进债券的行为将增加需求,提升债券价格。

其次是债券的供给,它也是各种影响因素交织作用的结果。国家的一些宏观政策会极大程度影响债券的供给。例如,中央银行提高存款准备金率,银行和企业资金趋紧,将增加债券发行,而央行在金融市场上抛售债券的公开市场业务,也将增加供给。

最后,宏观经济形势也会对债券的供求产生影响。在经济繁荣时期,企业为扩大生产筹集资金将增加债券发行,同时投资增加,资金需求旺盛将减少银行等金融机构的闲置资金,相应减少金融机构对债券的持有,这样在经济繁荣时期,债券发行增加,而债券需求降低,债券价格下降;反之,在经济衰退时期,资金需求减少,企业和金融机构会把闲置资金投向债券,同时减少债券筹资,从而使债券需求增加,供给减少,价格上升。

4)其他因素

影响债券定价的外部因素还有通货膨胀水平和外汇汇率风险等。通货膨胀的存在,可能使投资者从债券投资中实现的收益不足以抵补由于通货膨胀而造成的购买力损失。当投资者投资于某种外币债券时,最后收益率的高低不仅与上述各种影响债券价值的内在因素有关,而且还要考虑汇率变动的影响。若外币升值,则将带来本币收入的贬值。这种损失的可能性必须体现在债券的定价中,使债券的到期收益率增加,债券的内在价值降低。

(五)债券的发行方式

1. 公募发行和私募发行

根据发行对象不同,债券的发行可以分为公募发行和私募发行。公募发行是指公开向社会非特定投资者的发行,公募债券的发行人必须向证券管理机构办理发行注册手续。由于发行数额一般较大,通常要委托证券公司等中介机构承销。公募债券信用度高,可以上市转让,因而发行利率一般比私募债券利率要低。私募发行是指面向少数特定的投资者发行债券,不对所有的投资者公开出售。私募发行的对象具体包括两类:一是指定的机构投资者,如投资银行、信托公司、保险公司以及基金等;二是有所限定的个人投资者,如发行单位的员工等。私募发行有特定的投资者,发行手续简便,发行费用也相对较低,但私募一般不能公开上市交易,流动性较差。

2. 平价发行、溢价发行和折价发行

根据发行价格与票面价值的不同,债券的发行可以分为平价发行、溢价发行和折价发行。平价发行也称为等额发行,是指债券的发行价格和票面价值相等,因此对于发行人而言,发行募集资金数额与未来偿还的本金数额相等。溢价发行是指债券的发行价值高于票面价值,发行人到期时按票面价值偿还本金。折价发行是指债券的发行价格低于债券票面价值,偿还时按票面价值偿还本金。

3. 直接发行和间接发行

根据有无中介机构协助发行,债券的发行可以分为直接发行和间接发行。直接发行是指债券发行人直接向投资者推销债券,而不需要中介机构进行承销。直接发行可以节省中介机构承销包销的费用,节约发行成本,但需要花费大量人力和时间进行申报登记、债券印制等繁杂的工作,另外,发行人还要完全承担债券不能按时售完的发行风险,因此,选择直接发行方式的一般都是一些信誉和知名度较高的大公司或大型金融机构。一般而言,私募发行多采用直接发行方式,而公募发行则采用间接发行方式。间接发行是指发行人不直接向投资者进行销售,而是委托中介机构承销。与直接发行相比,间接发行可节省人力、时间和一定的发行风险,迅速高效地完成发行,但发行人需支付承销费用,因而增加了发行成本。

间接发行又包括代销、余额包销和全额包销方式。代销是指发行人和承销者签订协议,由承销者代为向社会销售债券。承销者按规定的发行条件尽力推销,如果在约定期限内未能按照原定发行数额全部销售出去,债券剩余部分可退还给发行人,承销者不承担发行风险。采用代销方式发行债券,手续费一般较低。余额包销是指承销者按照规定的发行数额和发行条件,代为推销债券,在约定期限内推销债券,如果有剩余,须由承销者负责认购的发行方式。采用这种方式销售债券,承销者承担部分发行风险,能够保证发行人筹资计划的实现,但承销费用高于代销费用。全额包销是指承销者首先按照约定条件将债券全部承购下来,并且立即向发行人支付全部债券价款,然后再由承销者向投资者推销的发行方式。全额包销方式由承销者承担了全部发行风险,可以保证发行人及时筹集到所需资金,因而包销费用也较余额包销更高。

4. 定向发售、承购包销和招标发行

改革开放以来,我国国债发行方式先后经历了20世纪80年代的行政分配,90年代初的承购包销,直至目前的定向发售、承购包销和招标发行并存的发展变化过程。

1)定向发售

定向发售是指定向养老保险基金、失业保险基金、金融机构等特定机构发行国债的方式,主要用于国家重点建设债券、财政债券、特种国债等品种。

2)承购包销

承购包销方式始于1991年,主要用于不可流通的凭证式国债,它是由各地的国债承销机构组成的承销团,通过与财政部签订承销协议来决定发行条件、承销费用和承销商的义务。

3)招标发行

招标发行是指通过招标的方式来确定国债的承销商和发行条件。根据发行的竞争性招标发行可分为竞争性招标发行和非竞争性招标发行。

(1)竞争性招标。竞争性招标发行是指通过招标的方式来确定承销商和发行条件。招标发行是公开进行的,属于公募性质。根据发行对象的不同,竞争性招标发行又可分为缴款期招标、价格招标、收益率招标三种形式。

缴款期招标。缴款期招标是指在国债的票面利率和发行价格已经确定的条件下,承销机构按照向财政部缴款的先后顺序获得中标权利,直至满足预定发行额为止。

价格招标即"竞价发行",主要用于贴现债券的发行,按照投标人所报买价自高向低的顺序中标,直至满足预定发行额为止。

收益率招标主要用于付息债券的发行,发行者从投资者报出的利率中选出其中的最低利率作为债券发行利率,从最低利率顺次选定投资者及其投资金额,直到达到预定的发行金额为止。

价格招标和收益率招标均有"荷兰式"和"美国式"之分。"荷兰式"招标即中标的承销机构都以相同价格(所有中标价格中的最高价格或最低收益率)来认购中标的国债数额;而如果中标规则为"美国式",那么承销机构分别以其各自出价来认购中标数额。从债务管理者的角度看,在市场需求不好时,不宜采用荷兰式招标,由美国式招标所确定的发行收益率相对高些,对债务管理者降低成本有利。

(2)非竞争性招标。非竞争性招标表面上看与竞争性招标相似,实则差异巨大。其相同之处在于非竞争性招标沿用竞争性招标的方式开标,其不同之处在于二者结果不同。实行竞争性投标,只有出价最高的投资者获得国债发行权。而采取非竞争性招标,却类似于吃大锅饭,参加投标的投资者人人有份。通过非竞争性的招标拍卖方式发行国债,也有"荷兰式"招标和"美国式"招标两种定价方式。

在中国债券市场,债券可以通过以下三种方式发行:债券招标发行、簿记建档发行、商业银行柜台发行。国债、央行票据、政策性金融债绝大多数通过招标方式发行,部分信用债券通过簿记建档方式发行,通过商业银行柜台发行的债券只有传统凭证式国债。

在债券发行时要准备发行合同书。发行合同书(indenture)是说明债券持有人和发行人双方权益的法律文件。里面有很多限制性条款,一般分为否定性条款和肯定性条款。①否定性条款是规定不允许或者限制股东做某些事情,包括追加债务、分红派息、财务比率、变卖或购置固定资产、投资方向、工资福利等。这些限制实际上是要对公司相关活动设置某些最高限。②肯定性条款是发行人应该做某些事情,履行责任。如要求营运资金、权益资本达到一定水平以上。这些肯定性条款可以理解为对公司运营设置了某些最低限。

2020年我国债券的发行量如表3-19、表3-20所示。

表3-19 2020年我国各种类型债券的发行量

债券	面额/亿元	同比增长/%
合计	218 745.37	42.91%
1.政府债券	134 611.38	60.80%
1.1 记账式国债	69 084.90	83.91%
1.2 储蓄国债(电子式)	1 088.35	-56.93%
1.3 地方政府债	64 438.13	47.71%
2.央行票据	0.00	—
3.政策性银行债	49 028.50	33.95%
3.1 国家开发银行	22 830.20	27.07%
3.2 中国进出口银行	13 457.30	68.15%
3.3 中国农业发展银行	12 741.00	19.83%
4.政府支持机构债券	1 730.00	4.85%
5.商业银行债券	19 351.70	21.13%
5.1 普通债	6 754.80	56.02%
5.2 次级债	0.00	—

续表

债券	面额/亿元	同比增长/%
5.3 混合资本债	0.00	—
5.4 二级资本工具	6 112.90	2.74%
5.5 其他一级资本工具	6 484.00	13.83%
6.非银行金融机构债券	2 034.00	8.51%
6.1 普通债	1 987.00	6.29%
6.2 二级资本工具	47.00	840.00%
7.企业债券	3 947.89	9.38%
7.1 中央企业债券	79.00	−63.43%
7.2 地方企业债券	3 868.89	14.02%
7.2.1 普通企业债	3 806.89	18.56%
7.2.2 集合企业债	0.00	—
7.2.3 项目收益债	62.00	−65.99%
8.资产支持证券	8 041.90	−16.53%
9.中期票据	0.00	—
10.外国债券	0.00	—
10.1 国际机构债券	0.00	—
11.其他债券	0.00	—

表3-20　2020年我国债券发行量（按发行期限）

发行期限	面额/亿元	同比增长/%
合计	218 745.37	42.91%
1年以下	30 555.06	83.35%
1～3年	35 569.40	26.48%
3～5年	29 367.17	−7.88%
5～7年	20 171.94	9.50%
7～10年	57 591.52	60.39%
10年以上	45 490.29	106.15%

（六）债券的偿还

债券的偿还分为定期偿还、任意偿还、买入注销和提前售回四种方式。

定期偿还：是在经过一定宽限期后，每过半年或1年偿还一定金额的本金，到期时还清余额。这一般适用于发行数量巨大、偿还期限长的债券。

任意偿还：是债券发行一段时间（称为保护期）以后，发行者可以自由决定偿还时间，在到期前任意偿还债券的一部分或全部，具体操作可根据早赎或以新偿旧条款，也可在二级市场上买回予以注销。这种发行方式对发行者极为有利，发行者可以随时根据自己的财务状况调整债务结构，但可能会损害投资者的利益。如利率呈下降趋势时实行任意偿还，投资者会失去将债券持有到期获得高利率的权利。

买入注销：是由发行者将自己所发行的债券从流通市场或者从债券持有人处购回予以注销。由于购回债券的价格是由发行人与债券持有人双方商定的，故此种方式对双方均有利。

提前售回：是指投资者有权选择在债券到期之前，于一个特定时期或几个不同日期，按照约定的价格将债券售回给发行人的方式，投资者可以在市场利率高于债券利率时请求发行人偿还，便于投资者进行投资管理。

三、债券的二级市场

(一)债券二级市场的构成

从1981年恢复发行国债开始至今，中国债券市场经历了曲折的探索。1996年末建立债券中央托管机构后，中国债券市场进入快速发展阶段。目前，我国债券市场形成了银行间市场、交易所市场和商业银行柜台市场三个子市场在内的统一分层的市场体系。中央国债登记结算有限责任公司(简称中央结算公司，英文简称CCDC)作为债券中央托管机构，为中国债券实行集中统一托管，又根据参与主体层次性的不同，相应实行不同的托管结算安排。

1. **银行间市场**

银行间市场是中国债券市场的主体，债券存量接近全市场的90%。该市场属于大宗交易市场(批发市场)，参与者是各类机构投资者，实行双边谈判成交，主要实行"实时、全额、逐笔"的结算方式。中央结算公司为投资者开立债券账户，实行一级托管，并提供交易结算服务。

2. **交易所市场**

交易所市场由各类社会投资者参与，属于集中撮合交易的零售市场，典型的结算方式是净额结算。交易所债券实行两级托管体制，其中中央结算公司为总托管人，负责为交易所开立代理总户，中证登为债券分托管人，记录交易所投资者明细账户，中央结算公司与交易所投资者没有直接的权责关系。交易所债券交易结算由中证登负责。

3. **商业银行柜台市场**

商业银行柜台市场是银行间市场的延伸，也属于零售市场。柜台市场实行两级托管体制，其中中央结算公司为一级托管机构，负责为开办银行开立债券自营账户和代理总账户，开办银行为二级托管机构，负责为投资者开立二级托管账户，中央结算公司与柜台投资者没有直接的权责关系。与交易所不同的是，开办银行每日需将柜台投资者账户余额变动数据传给中央结算公司，同时中央结算公司为柜台投资人提供债券复核查询服务，这是保护投资者权益的重要途径。

表3-21为2016—2020年各市场交易的债券规模情况。

表3-21　2016—2020年各市场交易的债券规模　　　　单位：万亿元

发行市场	2016年	2017年	2018年	2019年	2020年
柜台交易市场	2.75	2.30	1.72	1.24	1.76
交易所市场	8.14	6.29	7.11	8.12	12.81
中国银行间市场	28.28	33.22	35.53	34.33	41.72
总计	47.31	48.08	51.47	51.81	69.10

资料来源：中国债券信息网。

从交易场所看,中国债券市场可以分为场外交易市场和场内交易市场。其中,场外交易市场主要指银行间债券市场和商业银行柜台交易市场,场内交易市场指交易所债券交易市场(包括上海证券交易所和深圳证券交易所)。从托管量和交易量看,银行间债券市场是中国债券市场的主体,在中国债券市场发挥主导作用。

(二)交易方式

当前中国债券市场的交易方式分市场情况如下:

银行间债券市场的交易方式:现券交易、质押式回购、买断式回购、远期交易、债券借贷。

交易所债券市场的交易方式:现券交易、质押式回购、融资融券。

商业银行柜台市场的交易方式:现券交易。

1. 现券交易

现券交易是指交易双方以约定的价格转让债券所有权的一次性的买断卖断,并在规定结算时间办理券款交割手续的交易行为。

交易双方在交易达成当日或者次日(交易对手方有境外投资者参与的,结算周期可适当延长),以约定的品种、数量、价格转让债券所有权。

2. 回购交易

回购一直是债券市场最主要的交易方式,在货币调控及商业银行等机构流动性管理中发挥重要作用。

回购交易就是将债券抵押给资金贷出方,获得资金,最后归还资金本息以赎回债券。从交易发起人的角度出发,凡是抵押出债券、借入资金的交易就称为进行债券正回购交易;凡是主动借出资金、获取债券质押的交易就称为进行逆回购交易。正回购方就是抵押出债券、取得资金的融入方;而逆回购方就是接受债券质押、借出资金的融出方。

回购交易分为债券质押式回购和债券买断式回购。

(1)债券质押式回购。债券质押式回购是交易双方以债券为权利质押所进行的短期资金融通业务。在质押式回购交易中,交易双方以债券为权利质押进行短期资金融通,资金融入方(正回购方)在将债券出质给资金融出方(逆回购方)融入资金的同时,双方约定在未来某一指定日期由正回购方按约定的回购利率计算的资金额向逆回购方返还资金,逆回购方向正回购方解押出质债券。回购期内正回购方出质的债券,回购双方均不得动用,质押冻结期间债券利息归出质方所有。

(2)债券买断式回购。债券买断式回购是指债券持有人(正回购方)将债券卖给债券购买方(逆回购方)的同时,与买方约定在未来某一日期,由卖方再以约定价格从买方买回相等数量同种债券的交易行为。与质押式回购不同,买断式回购期间逆回购方不仅可获得回购期间融出资金的利息收入,亦可获得回购期间债券的所有权和使用权,只要到期有足够的同种债券返还给正回购方即可。回购期间债券利息归债券持有人所有。办理买断式回购结算时,结算双方在首期结算时可以按照交易对手的信用状况协商以约定品种和数量的债券(保证券)或资金(保证金)作为履约担保;回购期间用于担保的债券将被冻结在债券提供方债券账户,当回购到期正常结算时予以解冻。

3. 债券借贷

债券借贷是指债券融入方以一定数量的债券为质物，从债券融出方借入标的债券，同时约定在未来某一日期归还所借入标的债券，并由债券融出方返还相应质物的债券融通行为。

债券借贷期间，如果发生标的债券付息，债券融入方应及时向债券融出方返还标的债券利息。债券融入方向融出方支付债券借贷费用，费用标准由借贷双方协商确定。目前只在银行间市场推出双边债券借贷，未来有望向债券自动借贷方向完善。

4. 债券衍生品交易

债券衍生品交易主要有债券远期交易和国债期货。

债券远期交易(bond forward transaction)是指债券买入方与卖出方事先确定结算价格，在未来某一时点进行交割的交易方式。债券远期交易为投资者提供了规避利率风险、进行流动性管理和锁定远期收益的工具，也有利于完善市场价格发现，提高市场流动性。债券远期的交易标的为在银行间债券市场进行现券交易的券种。债券远期从成交日至结算日的期限最长不超过365天。标准债券远期是指在银行间市场交易的，标的债券、交割日等产品要素标准化的债券远期合约。

国债期货是由国债交易双方订立的标准化契约，约定在未来某一日期以成交价交收一定数量的国债凭证。目前国债期货合约有2年期、5年期和10年期三个品种。国债期货采用实物交割，可交割国债须是同时在银行间债券市场、沪深交易所交易的记账式国债，投资者参与国债期货交割须通过中金所会员向中金所申报国债托管账户。

5. 融资融券

融资融券交易(securities margin trading)又称证券信用交易或保证金交易，是指投资者向具有融资融券业务资格的证券公司提供担保物，借入资金买入证券(融资交易)或借入证券并卖出(融券交易)的行为。融资融券交易包括券商对投资者的融资、融券和金融机构对券商的融资、融券。从世界范围来看，融资融券制度是一项基本的信用交易制度。2010年03月30日，上交所、深交所分别发布公告，表示将于2010年3月31日起正式开通融资融券交易系统，开始接受试点会员融资融券交易申报。融资融券业务正式启动。

表3-22为2020年我国债券各交易方式的成交量情况。

表3-22 2020年我国债券各交易方式的成交量总览

交易方式	面额/亿元	同比/%
1. 债券发行量		
1.1 本币债	218 745.37	42.91%
1.2 美元债(美元)	0.00	—
2. 交易总量(窄口径)		
2.1 现券交割量		
2.1.1 银行间	1 531 578.74	9.87%
2.1.2 柜台	3 273.57	29.46%
2.1.3 美元债(美元)	0.00	—

续表

交易方式	面额/亿元	同比/%
2.2 回购交割量	7 829 611.43	16.82%
2.2.1 质押式回购	7 763 265.44	17.41%
2.2.2 买断式回购	66 345.99	−26.16%
2.2.3 三方回购	0.00	—
2.3 远期成交量	0.20	—
2.4 债券借贷成交量	71 140.57	69.98%
3.结算量(宽口径)	17 325 112.00	16.46%
4.债券兑付量(本金额)	97 551.62	20.93%

资料来源：中国债券信息网。

(三) 托管和转托管

从托管体系看，中央结算公司直接托管银行间债券市场参与者的债券资产，银行间债券市场采用实名制一级账户托管体制，托管依托簿记系统进行。当中央结算公司作为中国债券市场的总托管人时，中证登公司作为分托管人托管交易所债券市场参与者的债券资产，四大国有商业银行作为二级托管人托管柜台市场参与者的债券资产。从托管结构看，中国债券市场的主体(约占债券市场存量的90%)实现了集中统一托管体系。

转托管是指处于不同市场由不同机构分别托管的债券可以通过转托管业务将债券从一个市场转移到另一个市场进行交易。目前，跨市场转托管的债券主要是部分国债和企业债。

图3-10反映了结算成员与债券账户的关系，图3-11则反映了银行间市场和交易所转托管运行机制。

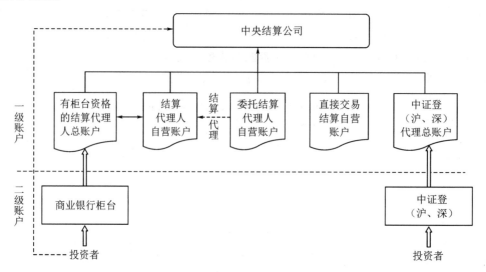

图3-10 结算成员与债券账户关系示意图

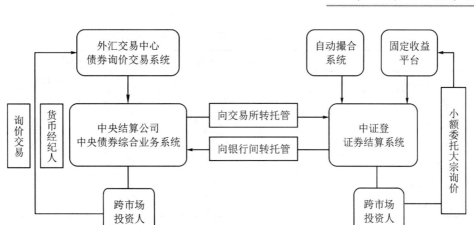

图 3-11 银行间市场和交易所转托管运行机制

此外尚有部分债券未纳入上述托管体系,上海清算所和中证登分别为银行间债券市场和交易所市场直接托管一部分债券。三家托管机构的比较如表 3-23 所示。

表 3-23 三家托管机构比较

项目		中央结算公司	中证登	上海清算所
成立时间		1996 年	2001 年	2008 年
批准机构		国务院	证监会	人民银行
监管机构		人民银行,财政部,金融监管总局,发展改革委,证监会	证监会	人民银行
体制		国有独资公司	股份制公司	股份制公司
主要品种		国债、地方政府债、政策性金融债、政府支持机构债、企业债、信贷资产支持证券、商业银行债、非银行金融机构债、国际机构债券等(国债、地方政府债、企业债为总托管)	公司债、股票、票金等(国债、地方政府债为分托管)	非金融企业债务融资工具、可转让存单等
债券业务份额(2020 年末)	总登记量及占比	77.14 万亿元,占 73.95%	13.81 万亿元,占 13.24%	13.37 万亿元,占 12.81%
	交易结算量及占比	943.23 万亿元,占 61.24%	294.61 万亿元,占 19.13%	302.26 万亿元,占 19.63%
结算方式	实时全额	全额+净额	全额+净额	

表 3-24 反映了我国债券市场及三家中央托管机构 2020 年与 2019 年的托管量对比情况。表 3-25 总览了 2020 年末中央结算公司债券市场三个子市场的托管量情况。

表 3-24 2020 年与 2019 年我国债券市场托管量对比情况　　　　　　　单位:万亿元

市场	2020 年托管量	2019 年托管量	同比变化	占比
全市场	104.32	87.38	19.38%	100.00%
中央结算公司	77.14	64.98	18.72%	73.95%
上海清算所	13.37	11.63	14.97%	12.81%
中证登	13.81	10.78	28.14%	13.24%

数据来源:中央结算公司、上海清算所、Wind。

表 3-25　2020 年末中央结算公司债券托管量总览

市场	2020年末面额/亿元	同比增长/%
一、银行间债券市场	739 400.74	18.78%
1.政策性银行	18 452.79	−5.41%
2.商业银行	487 641.10	16.86%
2.1 全国性商业银行及其分支行	355 322.38	13.50%
2.2 城市商业银行	68 421.03	19.68%
2.3 农村商业银行	55 225.81	36.89%
2.4 农村合作银行	130.57	18.31%
2.5 村镇银行	243.65	87.41%
2.6 外资银行	7 307.03	27.40%
2.7 其他银行	990.62	30.44%
3.信用社	8 924.97	16.21%
4.保险机构	23 424.79	32.50%
5.证券公司	9 353.21	38.64%
6.基金公司及基金会	125.59	84.12%
7.其他金融机构	2 693.67	60.90%
8.非金融机构	11.77	−15.50%
9.非法人产品	141 439.98	20.95%
其中:商业银行理财产品	28 553.88	20.44%
10.境外机构	28 848.44	53.70%
11.其他	18 484.43	14.75%
二、柜台市场	8 026.88	−6.08%
三、交易所市场	23 986.39	27.96%

资料来源:中国债券信息网。

(四) 净价交易和全价结算

净价交易是在现券买卖时,以不含有自然增长应计利息的价格报价并成交。全价结算是按净价进行申报和成交后,以成交价格和应计利息额之和作为结算价格。在净价交易条件下,由于债券交易价格不含有应计利息,其价格形成及变动能够更加准确地体现债券的内在价值、供求关系及市场利率的变动趋势。

目前银行间债券市场现券交易、回购交易、债券远期交易,以及交易所的部分债券都采用净价交易、全价结算的方式进行。银行间债券市场的贴现债券、零息债券和交易所上市的可转换债券实行全价交易。

(五) 结算方式

交易与结算,分属债券交易的前台和后台。

如在银行间债券市场,债券交易一般由中国外汇交易中心(以下简称交易中心)提供报价和交易平台,也可由交易双方自行谈判达成,债券结算则统一通过中央结算公司的中央债券综合业务系统完成。近年来,高效、安全的直通式处理(STP)的交易结算构架日益受到国际证券业的重视。

2005年,在中国人民银行的统一部署下,中央结算公司的债券系统与交易中心的报价交易系统实现联网,银行间债券市场的交易、结算从此可以实现自动化程度更高的直通式处理方式,市场基础设施建设又迈上新台阶。直通式处理方式使得交易确认能于交易达成当日及时进行,对市场参与者而言提高了业务处理效率,同时也便于其内部更及时有效地进行结算风险控制。

1. 按照结算头寸是否轧差分类

按照结算头寸是否轧差,债券结算方式可分为全额结算和净额结算两种。

(1)全额结算。目前,中央结算公司提供实时全额逐笔结算。银行间债券市场主要采用全额结算方式。

(2)净额结算。目前,中证登和上清所提供双边或多边净额结算服务。交易所债券主要采用净额结算方式。

2. 按照债券交收和资金支付的关系分类

按照债券交收和资金支付的关系,债券结算方式可分为券款对付结算方式和其他结算方式。

(1)券款对付(delivery versus payment,DVP)。券款对付是指在结算日债券交割与资金支付同步进行并互为约束条件的一种结算方式。2004年,中央结算公司中央债券综合业务系统与大额支付系统联网,中央结算公司成为支付系统的特许参与者,在此基础上实现了银行间债券市场的 DVP 结算。目前,银行间债券市场的交易均采用 DVP 方式进行结算。

在 DVP 结算中,资金清算的账户安排有两种:对于人民银行大额支付系统直接参与者,可通过其在支付系统开立的清算账户完成 DVP 资金结算;对于非支付系统直接参与者,通过其在中央结算公司资金系统开立的债券结算资金专户完成 DVP 资金结算。

(2)其他结算方式。个别业务可以使用 DVP 以外的结算方式,主要是境内美元债的交易结算。非 DVP 结算方式主要包括纯券过户、见券付款、见款付券三种。

①纯券过户(free of payment,FOP),是指交易结算双方只要求中央结算公司办理债券交割,自行办理资金结算。

②见券付款(payment after delivery,PAD),是指在结算日收券方通过中债综合业务系统得知付券方有履行义务所需的足额债券,即向对方划付款项并予以确认,然后通知中央结算公司办理债券结算的方式。

③见款付券(delivery after payment,DAP),指付券方确定收到收券方应付款项后予以确认,要求中央结算公司办理债券交割的结算方式。

(六)结算周期

目前银行间债券市场债券交易的结算周期主要有 $T+0$、$T+1$、$T+2$、$T+3$ 四种,其中 T 为交易达成日。债券交易结算双方中有一方为境外机构投资者即可选择 $T+2$ 或 $T+3$ 的结算周期,适用的结算业务类别包括现券交易、质押式回购、买断式回购和债券借贷。

此外,为进一步便利境外机构投资者投资银行间债券市场,银行间债券市场向境外机构投资者提供循环结算服务,适用于原结算合同的业务类型为现券买卖,宽限期暂定为原结算合同结算日后的三个工作日。同时,中央结算公司可支持境外机构投资者四天以上(含四天)非标准结算周期($T+N$,$N \geqslant 4$)的现券交易的结算服务;上海清算所会同全国银行间同业拆借中心,为境外机构投资者提供 T+10 以内的现券交易结算服务。

2020 年与 2019 年我国债券市场交易结算额对比情况如表 3-26 所示。

表 3-26　2020 年与 2019 年我国债券市场交易结算额对比情况　　　单位:万亿元

市场交易	2020 年	2019 年	同比增长率	占比
全市场	1 540.11	1 307.31	17.81%	100.00%
中央结算公司小计	943.23	813.79	15.91%	61.24%
现券交易	153.16	139.40	9.87%	
回购交易	782.96	670.21	16.82%	
债券借贷	7.11	4.19	69.98%	
上海清算所小计	302.26	254.24	18.89%	19.63%
现券交易	76.57	71.17	7.58%	
回购交易	225.69	183.07	23.28%	
中证登小计	294.61	239.28	23.13%	19.13%
现券交易	11.29	2.86	295.31%	
回购交易	283.32	236.42	19.84%	

数据来源:中央结算公司、上海清算所、Wind。

银行间债券市场债券交易结算流程如图 3-12 所示。

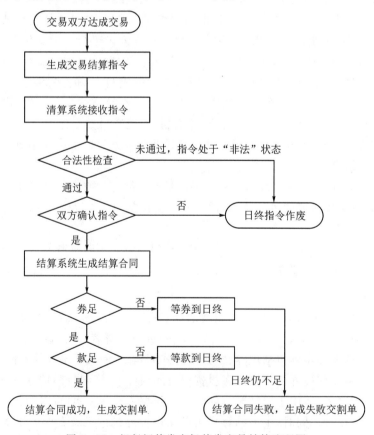

图 3-12　银行间债券市场债券交易结算流程图

第五节 证券投资基金市场

一、证券投资基金的产生与发展

作为一种大众化的信托投资工具,各国对证券投资基金的称谓不尽相同,如美国称共同基金,英国和我国香港地区称单位信托基金,日本和我国台湾地区则称证券投资信托基金,等等。一般认为,基金起源于英国,是在18世纪末、19世纪初产业革命的推动下出现的。当时,产业革命的成功使英国生产力水平迅速提高,工商业都取得较大的发展,其殖民地和海外贸易遍及全球,大量的资金为追逐高额利润而涌向其他国家。可是大多数投资者缺乏国际投资知识,又不了解外国的情况,难以直接参加海外投资。于是,人们便萌发了众人集资、委托专人经营和管理的想法,这一想法得到了英国政府的支持。1868年由英国政府出面组建了海外和殖民地政府信托组织,公开向社会发售受益凭证。海外和殖民地政府信托组织是公认的最早的基金机构,以分散投资于国外殖民地的公司债为主,其投资地区遍及南北美洲、中东、东南亚地区和意大利、葡萄牙、西班牙等国,当时的投资总额共达48万英镑。该基金类似股票,不能退股,也不能兑现,认购者的权益仅限于分红和派息。

100多年来,随着社会经济的发展,世界基金产业从无到有,从小到大。尤其是20世纪70年代以来,随着世界投资规模的剧增、现代金融业的创新,品种繁多、名目各异的基金风起云涌,形成了一个庞大的产业。以美国为例,截至2018年,美国市场共有基金管理人846家,共同基金和ETF合计资产管理规模达21.1万亿美元,占全球公募资产的45%,超过了商业银行的资产规模。基金产业已经与银行业、证券业、保险业并驾齐驱,成为现代金融体系的四大支柱之一。

截至2021年10月末,全球共同基金资产为267.45万亿美元,全球共同基金资产的55%为股权基金,21%为债券基金,7%为混合基金,17%为货币市场基金。

二、我国证券投资基金发展情况

我国证券投资基金在20世纪80年代中期萌芽,1985年12月由中国东方投资公司在中国香港、伦敦推出中国东方基金,1989年5月,香港新鸿基信托基金管理公司推出新鸿基金。这些基金主要投资于在我国的香港、台湾地区及新加坡上市的中国大陆公司的股票,或当地投资于中国大陆的公司股票。在这些海外中国投资基金的影响下,国内投资基金开始启动。从1990年开始,一些省市在当地政府和地方人民银行的支持下,对外发行投资基金。1991年7月,全国第一家投资基金——珠信基金在珠海成立。1992年,第一个经央行批准的淄博乡镇企业投资基金成立并在上交所上市。从当时所发行基金的组织形式和是否可赎回来看,我国的证券投资基金基本上属于契约型、封闭式基金。这种类型的基金在基金市场发展初期来看是比较适合市场的,它能有效地锁定基金资产,防止资金的大进大出,从而稳定市场。由于缺乏全国性的法规,因此,这一阶段发展的投资基金相当不规范,存在较大的问题。首先,基金组织机构不健全。一是缺少合格的基金管理人,不少基金由非专业人士管理。二是无独立基金托管人,一些基金管理人和基金托管人为同一法人。其次,基金规模小。当时成立的基金规模小则几千万元,大则几亿元,难以形成规模效应。最后,投资范围过于宽泛。这些基金都为综合型基金,投资范围包括实业投资和证券投资,难以集中资金有效支持证券市场的发展。

1993年5月,中国人民银行发出紧急通知,要求各省制止不规范基金的发行。从此,基金的发行暂告段落,我国将重点放在已发行基金的规范化及流通事项上。经过几年努力,截至1997年底,上述基金分别在沪、深两市上市或地方性证券交易中心上柜,其流通问题基本得到解决。1997年11月国务院证券委颁布的《证券投资基金管理暂行办法》和2003年10月全国人大常委会通过的《中华人民共和国证券投资基金法》,对我国投资基金的发行和上市流通从法律上进行了规范,这标志着我国证券投资基金进入了一个新的发展阶段。1998年至今,新的大型投资基金不断面世,出现了一些筹资规模过百亿元的大基金,这些基金有效地支持了中国证券市场的发展。

中国基金业协会披露的数据显示,截至2024年一季度末,基金管理公司及其子公司、证券公司、期货公司、私募基金管理机构资产管理业务总规模约68.10万亿元。其中,公募基金规模29.20万亿元,证券公司及其子公司私募资产管理业务规模5.98万亿元,基金管理公司及其子公司私募资产管理业务规模5.82万亿元,基金公司管理的养老金规模5.05万亿元,期货公司及其子公司私募资产管理业务规模约2707亿元,私募基金规模19.89万亿元,资产支持专项计划规模1.95万亿元。

第六节 金融衍生品市场*

一、金融衍生产品市场概况

金融衍生产品市场是金融市场发展创新到一定阶段的产物。金融衍生产品也称金融衍生工具(financial derivative instrument),是指以杠杆或信用交易为特征,在传统的金融产品如货币、债券、股票等的基础上派生出来的具有新的价值的金融工具,如期货合同、期权合同、互换及远期协议合同等。衍生市场的历史虽然很短,但却因其在融资、投资、套期保值和套利行为中的巨大作用而获得了飞速的发展。

20世纪70年代以来,世界正悄然发生着两大革命。一是以电脑和通信技术为核心的信息革命,一是以金融创新(financial innovation)为核心的金融革命。而以期货、期权等衍生证券(derivative securities)为核心的金融工具的创新更是这场金融革命核心的核心。衍生证券是当今世界上历史最短却发展最快、交易量最大的金融工具。

衍生证券是一种契约,其交易属于"零和游戏",衍生证券的交易实际上是进行风险的再分配,它不会创造财富。衍生证券具有很高的杠杆效应,它是以小博大的理想工具。这既会加大市场的风险,又会降低交易成本,提高市场的流动性。

二、金融衍生产品市场类别

(一)金融远期市场

远期市场是指进行远期合约交易的市场,交易按约定条件在未来某一日期交割结算。因远期外汇市场是远期市场成交最活跃的远期市场之一,故金融远期市场常单指远期外汇市场。在签署远期合约之前,双方可以就交割地点、交割时间、交割价格、合约规模、标的物的品质等细节进行谈判,以便尽量满足双方的需要。因此远期合约具有较大的灵活性,这是它的主要优点。

但远期合约也有明显的缺点:首先,由于远期合约没有固定的、集中的交易场所,不利于信息交流和传递,不利于形成统一的市场价格,市场效率较低。其次,由于每份远期合约千差万别,这就给远期合约的流通造成较大不便,因此远期合约的流动性较差。最后,远期合约的履约没有保证,当价格变动对一方有利时,对方有可能无力或无诚意履行合约,因此远期合约的违约风险较高。

自 2005 年 7 月 21 日,中国人民银行改革人民币汇率形成机制后,又接连推出了促进外汇市场发展的两个重要通知:《中国人民银行关于扩大外汇指定银行对客户远期结售汇业务和开办人民币与外币掉期业务有关问题的通知》和《中国人民银行关于加快发展外汇市场有关问题的通知》。这两个通知是人民币汇率改革以后,央行为满足市场规避汇率波动风险的需求而推出的重要举措,是人民币汇率机制改革进程中的关键性步骤。这两个通知对推动人民币远期和掉期等衍生产品的发展有着十分重要的意义。

表 3-27 显示了 2021 年 11 月人民币外汇远期的情况。

表 3-27　人民币外汇远期月报(2021 年 11 月)

期限品种	人民币合计折美元		美元合计折人民币	
	成交金额/万美元	成交笔数	成交金额/万美元	成交笔数
1D	709 360	93	709 344	91
1W	268 417	33	268 298	32
1M	761 766	187	751 419	174
3M	257 453	59	256 905	54
6M	168 007	43	165 574	40
9M	228 490	37	228 490	37
1Y	517 880	108	513 889	100
其他	2 507 593	837	2 392 543	739
合计	5 418 967	1397	5 286 461	1267

数据来源:中国货币网。

(二)金融期货市场

1. 产生和发展

金融期货市场是国际资本市场创新和发展的产物,也可以说是有比传统商品期货市场更新的交易品种的市场,它仍然保留价格发现、套期保值等风险转移、附加提供投机平台等有效市场功能,并继承了期货市场已有的法律监管机制。20 世纪 70 年代,由于布雷顿森林体系国际货币制度的崩溃,以及金融自由化和金融创新浪潮的冲击,国际资本市场上利率、汇率和股票价格指数波动幅度加大,市场风险急剧增加。为了规避这些风险,金融期货市场应运而生,为保证资本市场的良性运转发挥了不可替代的作用。

2. 功能

1)转移价格风险的功能

这是期货市场最主要的功能,也是期货市场产生的最根本原因。从金融期货的起源来看,由于 20 世纪 70 年代以来汇率、利率的频繁、大幅波动,全面加剧了金融商品的内在风险。广大投资者面对影响日益广泛的金融自由化浪潮,客观上要求规避利率风险、汇率风险及金融资产价格波动风险等一系列金融风险,金融期货市场正是顺应这种需求而建立和发展起来的。因此,规避风险是金融期货市场的首要功能。从整个金融期货市场看,其规避风险功能之所以能够实现,主要因为它具有以下特点:

一是金融期货具有把远期交易的不确定性转化为当前确定性的特点,交易者可以通过买卖期货合约,锁定成本或利润,以减少经营和投资风险。

二是金融商品的期货价格与现货价格一般呈同方向的变动关系。由于金融期货市场存在大量的套利者,当金融产品的现货价格与期货价格之差,即基差大于套利成本时,套利者就会入场进行套利操作,使得期货价格与现货价格具有一致性和收敛性。投资者在金融期货市场建立了与金融现货市场相反的头寸之后,金融商品的价格发生变动时,则必然在一个市场获利,而在另一个市场受损,其盈亏可全部或部分抵消,从而达到规避风险的目的。

三是金融期货市场通过规范化的场内交易,集中了众多的投机者。仅有套期保值者的期货市场不太可能达到买卖均衡,由于投机者的存在,承担了市场风险,成为套期保值者的交易对手,才使得期货市场风险转移的功能得以顺利实现。投机者通过频繁、大量的买卖使得金融期货市场具有很强的流动性,在金融期货市场上,套期保值者在可接受价位上可及时地实现交易,这也是期货交易相对于远期交易的主要优点。

2)价格发现功能

金融期货市场的发现价格功能,是指金融期货市场能够提供各种金融商品的有效价格信息。约翰·赫尔认为在有效市场上,金融期货价格是期望的未来现货价格的无偏估计。金融期货市场所形成的远期价格能够为其他相关市场提供有用的参考信息,这有助于减少信息搜寻成本和谈判成本,提高交易效率。期货价格是所有参与期货交易的人,对未来某一特定时间的现货价格的期望或预期。市场参与者可以利用期货市场的价格发现功能进行相关决策,以提高自己适应市场的能力。

3. 期货交易制度

1)保证金制度

在期货交易中,任何交易者必须按照其所买卖期货合约价值的一定比例(通常为5%~10%)缴纳资金,作为其履行期货合约的财力担保,然后才能参与期货合约的买卖,并视价格变动情况确定是否追加资金。

2)每日无负债结算制度

每日无负债结算制度又称为逐日盯市制度,是指每日交易结束后,交易所按当日结算价结算所有合约的盈亏、交易保证金及手续费、税金等费用,对应收的款项同时划转,相应增加或减少会员的结算保证金。

3)涨跌停板制度

涨跌停板制度指期货合约在一个交易日中的成交价格不能高于或低于以该合约上一交易日结算价为基准的某一涨跌幅度,超过该范围的报价将视为无效,不能成交。

4)持仓限额制度

持仓限额制度指期货交易所为了防范操纵市场价格的行为和防止期货市场风险过度集中于少数投资者,对会员及客户的持仓数量进行限额的制度。超过限额,交易所可按规定强行平仓或提高保证金比例。

5) 大户报告制度

大户报告制度指当会员或客户某品种持仓合约的投机和套利头寸达到交易所对其规定的头寸持仓限量80%以上时,会员或客户应向交易所报告其资金情况、头寸情况等,客户须通过经纪会员报告。

6) 强行平仓制度

强行平仓制度指当会员或客户的保证金不足并未在规定时间内补足,或者当会员或客户的持仓量超过规定的限额,或者当会员或客户违规,交易所为了防止风险进一步扩大,实行强行平仓制度。

7) 风险准备金制度

风险准备金制度指期货交易所从自己收取的会员交易手续费中提取一定比例的资金,作为确保交易所担保履约的备付金的制度。

8) 信息披露制度

信息披露制度指期货交易所按有关规定定期公布期货交易有关信息的制度。

4. 期货合约与远期合约比较

(1) 期货交易是标准化的契约交易,交易数量和交割时期都是标准化的,没有零星的交易;而远期合约交易的数量和交割时期是交易双方自行决定的。

(2) 期货交易是在交易所内公开进行的,便于时常了解行情的变化;而远期合约交易则没有公开而集中的交易市场,价格信息不容易获得。

(3) 期货交易有特定的保证金制度,保证金既是期货交易履约的财力保证,又是期货交易所控制期货交易风险的重要手段;而远期合约交易则由交双方自行商定是否收取保证金。

(4) 期货交易由交易所结算或结算所结算,交易双方只有价格风险,而无信用风险;而远期合约则同时具有价格风险和信用风险。

(5) 期货交易注重价格风险转移;远期交易注重商品所有权转移。

(6) 期货交易的合约,在商品交割期到来之前的规定时间内可以多次转手,允许交易双方在商品交割前通过反向买卖解除原合约的义务和责任,使买卖双方均能通过期货市场回避价格风险;而远期交易的合约在未到期之前很难直接转手,无论生产或经营发生什么变化,到期合约必须按规定进行实际商品交割。

表 3-28 是 2016 年至 2020 年我国期货公司的发展状况。

表 3-28 2016—2020 年我国期货公司发展状况

年份	家数/家	总资产/亿元	净资产/亿元	净资本/亿元	客户保证金/亿元	利润总额/亿元
2016 年	149	5439	912	685	4342	65.7
2017 年	149	5233	1053	628	3990	79.6
2018 年	149	5141	1100	704	3880	63.1
2019 年	149	6452	1214	773	5045	60.8
2020 年	149	9848	1350	863	8216	86.4

数据来源:Wind 资讯。

5. 中国金融期货交易所

中国金融期货交易所(以下简称中金所)是经国务院同意、中国证监会批准设立的,专门从事金融期货、期权等金融衍生品交易与结算的公司制交易所。中金所由上海期货交易所、郑州商品交易所、大连商品交易所、上海证券交易所和深圳证券交易所共同发起,于2006年9月8日在上海正式挂牌成立。成立中金所、发展金融期货,对于深化金融市场改革,完善金融市场体系,发挥金融市场功能,适应经济新常态,具有重要的战略意义。

中金所以服务实体经济需要、服务多层次资本市场体系建设为宗旨,通过向市场提供安全、高效、完善的金融衍生产品及服务,促进金融风险合理转移与配置,提升金融市场效率,促进社会经济繁荣。

中金所的主要职能是:组织安排金融期货等金融衍生品上市交易、结算和交割,制定业务管理规则,实施自律管理,发布市场交易信息,提供技术、场所、设施服务,以及中国证监会许可的其他职能。

中金所按照"高标准、稳起步"的原则,积极推动金融期货新品种的上市,努力完善权益、利率、外汇三条产品线,满足参与者多样化风险管理需求。采取全电子化交易方式,以高效安全的技术系统为强大后盾,在借鉴国内外交易所先进技术成果和设计理念的基础上,建立了一个结构合理、功能完善、运行稳定的金融期货交易运行平台。

中金所实行会员分级结算制度,会员分为结算会员和交易会员。结算会员按照业务范围分为交易结算会员、全面结算会员和特别结算会员。实行会员分级结算制度,形成多层次风险控制体系,保障市场安全运行。

目前中金所上市的品种包括权益类和利率类两类产品。权益类产品有沪深300、中证500、上证50指数期货以及沪深300股指期权;利率类产品有2年期、5年期、10年期国债期货。

(三)金融期权市场

1. 产生和发展

金融期权交易是指以金融期权合约为对象进行的流通转让活动。金融期权合约也是由交易双方订立的,期权的买方在支付了期权费以后,就有权在合约所规定的某一特定时间或一段时期,以事先确定的价格向期权的卖方买进或卖出一定数量的某种金融商品或者金融期货合约,当然他也可以不行使这一权利。

金融期权合约实际上是在规定日期或规定期限内按约定价格购买或出售一定数量的某种金融工具的选择权。在期权合约中,双方约定的价格称为执行价格,也即协议价格。看涨期权的买方拥有未来按协议价格买进某种金融工具的权利,看跌期权的买方则拥有未来按协议价格卖出某种金融工具的权利。

19世纪后期,被誉为"现代期权交易之父"的拉塞尔·塞奇(Russell Sage)在柜台交易市场组织了一个买权和卖权的交易系统,并引入了买权、卖权平价概念。1973年4月26日,芝加哥期权交易所(CBOE)成立,开始了买权交易,这标志着期权合约标准化、期权交易规范化。1982年,芝加哥商品交易所(CME)开始进行S&P500期权交易,它标志着股票指数期权的诞生。芝加哥期权交易所首次引入美国国库券期权交易,成为利率期权交易的开端。

期权交易场所不仅有正规的交易所,还有一个规模庞大的场外交易市场。交易所交易的是标准化的期权合约,场外交易的则是非标准化的期权合约。

对于场内交易的期权来说,其合约有效期一般不超过9个月,以3个月和6个月最为常见。为了保证期权交易的高效、有序,交易所对期权合约的规模、期权价格的最小变动单位、期权价格的每日最高波动幅度、最后交易日、交割方式、标的资产的品质等做出明确规定。

我国从 2015 年开始陆续推出了一系列商品和金融期权品种。商品期权包括大连商品交易所的玉米、铁矿石、塑料、豆粕、LPG（液化石油气）、棕榈油、聚丙烯、PVC（聚氯乙烯）等，郑州商品交易所的棉花、甲醇、菜粕、白糖、PTA（精对苯二甲酸）、动力煤等，上海期货交易所的铝、金、铜、橡胶、锌等，上海国际能源交易中心的原油期权等。

金融期权品种包括上海证券交易所的沪深 300ETF 期权、上证 50ETF 期权，深圳证券交易所的沪深 300ETF 期权，以及中国金融期货交易所的沪深 300 指数期权。

2. 功能作用

金融期权具有以下功能作用。

(1)为投资者提供对冲风险的工具。金融市场天生是一个高风险的市场，价格的频繁波动和不可预测是其特性。投资者为了稳定手中的资产价值，需要风险对冲工具，否则，不仅大量稳健型的投资者无法进入金融市场，实体经济也难以利用金融市场的功能规避利率风险和外汇风险。在期权保值防险功能中，利率期权的保值避险功能具有更大的优势，可使买方更灵活地降低成本，同时又把利率上升的风险控制在上限以内。

(2)提供新的投资工具。由于购买期权的成本远低于购买真实资产的成本，因此，期权投资具有杠杆效应，能够做到以小博大，即以支付一定的权利金为代价，购买到巨大盈利的机会，即便预测失误，投资者的损失也将止于权利金的支出。

(3)期权套利的本质是发现市场的不合理价差并从中获利。这种套利活动，在一定程度上有助于帮助金融市场价格向合理水平回归。在期权交易过程中，市场预测和传言会影响期权的价格，使其对金融资产价格的影响提前释放，从而减少了金融市场的波动性。

(4)对提高资本市场的效率有着积极的作用。由于期权交易具有风险和回报不对称的特点，投资者能够灵活运用各种期权交易进行优化选择，从而为从事量化投资和程序交易的投资机构提供了有效工具。同时，期权套利活动增加了金融市场的成交量，提高了交易的活跃程度，因而对提高资本市场的效率有着积极的作用。

(5)通过指数期权交易而总结出的市场波动率，已成为帮助市场参与者评估市场风险、决定交易策略的重要工具。投资组合、资产定价、风险管理乃至货币政策和金融监管，都离不开这一关键变量。目前，境外主要的金融衍生品市场均发布了各自的波动率指数，芝加哥期权交易所、欧洲期货交易所以及我国的香港交易所还推出了波动率衍生产品。

3. 期权交易与期货交易的区别

(1)权利和义务不同。期货合约的双方都被赋予相应的权利和义务，除非用相反的合约抵消，这种权利和义务在到期日必须行使，也只能在到期日行使；期权合约只赋予买方权利，卖方无任何权利，卖方须准备随时履行义务。

(2)标准化不同。期货合约都是标准化的，期权合约则不一定。

(3)盈亏风险不同。期货交易双方所承担的盈亏风险都是无限的；期权买方的亏损有限，盈利风险无限，期权卖方的亏损风险可能无限，盈利风险有限。

(4)保证金不同。期货交易的买卖双方都须交保证金，期权的买者则无须交纳保证金。

(5)买卖匹配不同。期货合约的买方到期必须买入标的资产，而期权合约的买方在到期日有买入或卖出的权利；期货合约的卖方到期必须卖出标的资产，而期权合约的卖方在到期日有根据买方意愿相应卖出或买入的义务。

(6)套期保值不同。运用期货进行套期保值,在把不利的风险转移出去的同时,也会把有利的风险转移出去;而运用期权,只把不利风险转移出去,而把有利风险留给自己。

(四)金融互换市场

金融互换市场,是20世纪70年代末世界汇率和利率剧烈波动条件下的产物,是国际金融衍生市场的重要组成部分。当今,全球金融互换市场已集外汇市场、证券市场、短期货币市场和长期资本市场于一身,既是融资工具的创新,又是金融风险管理的新手段。互换是比较优势理论在金融领域最生动的运用。根据比较优势理论,只要满足以下两种条件,就可进行互换:①双方对对方的资产或负债均有需求;②双方在两种资产或负债上存在比较优势。

1.产生和发展

20世纪70年代初,由于国际收支恶化,英国因此实行了外汇管制,并采取对投资进行征税的办法,以惩罚资金外流。一些企业为了逃避外汇监管便采取了平行贷款(parallel loan)的对策。平行贷款涉及两个国家的母公司,其各自在国内向对方在境内的子公司提供与本币等值的贷款。由于平行贷款涉及两个单独的贷款合同,并分别具有法律效力,因此,若一方违约,另一方仍要继续执行合同。于是,为了降低违约风险,背对背贷款应运而生。

背对背贷款是指两个国家的公司相互直接提供贷款,贷款的币种不同但币值相等,并且贷款的到期日相同,双方按期支付利息,到期各自向对方偿还借款金额。背对背贷款已非常接近现代的货币互换交易。但就本质而言,背对背贷款毕竟是借贷行为,它在法律上产生新的资产与负债,双方互为对方的债权人和债务人;而货币互换则是不同货币间负债或资产的交换,是表外业务,不产生新的资产或负债,因而也就不会改变一个公司原有的资产与负债状况。

早在1977年英国和荷兰的公司就已开始进行货币互换交易,但真正使货币互换与国际资本市场融为一体的,是1981年世界银行与IBM公司所进行的货币互换。当时在所罗门兄弟公司的安排下,世界银行发行债券所筹集的2.9亿美元与IBM公司发行债券所筹集的德国马克和瑞士法郎进行了货币互换。需要强调的是,互换只涉及一个互换协议。货币互换交易和背对背贷款的结构和文件虽然不同,但都涉及同样的现金流。

世界上第一笔利率互换交易也产生于1981年,由美国花旗银行与伊丽诺斯大陆银行首次安排了美元7年期债券固定利率与浮动利率的互换。此后,利率互换市场的发展速度远远超过了货币互换市场的发展速度。

1)第一阶段——萌芽阶段(1977—1983)

互换在这一阶段的主要特点是:交易量小,互换双方的头寸金额与期限完全对应;只有少数金融机构对互换交易有一定了解,互换双方及互换中介能赚取大量的互换利润;大多数潜在的互换用户对互换交易持谨慎态度。

2)第二阶段——成长阶段(1983—1989)

这一阶段可谓国际互换市场空前成长时期。该阶段的主要特点是:互换的作用不断扩大,互换不仅被用来进行资本市场套利,而且还被用来进行资产与负债管理;互换结构本身得以发展;互换中涉及的货币种类趋于多样化;互换市场的参与者数量和类型急剧增加。其具体表现为:互换功能不断增强,互换结构不断创新,国际互换市场迅速扩大,互换市场的参与者不断增加。

3)第三阶段——成熟阶段(1989年至今)

与20世纪80年代初相比,此时互换知识的普及使整个金融界对互换融资技术都已非常熟悉,大量机构进入互换市场,使得互换业务的获利空间大大缩小。同时,银行信用等级恶化,国际清算银行实施了表外业务资本充足性标准,这些外部环境的改变也加速了互换市场的成熟。其表现为:产品的一体化程度提高,产品的重点发生变化,人们日益重视改进组合风险管理技术、保证金融服务的合理性及对市场参与者进行重整。

2. 功能

(1)通过金融互换可在全球各市场之间进行套利,从而一方面降低筹资者的融资成本或提高投资者的资产收益,另一方面促进全球金融市场的一体化。

(2)利用金融互换,可以管理资产负债组合中的利率风险和汇率风险。

(3)金融互换为表外业务,可以逃避外汇管制、利率管制及税收限制。

3. 特点

(1)货币种类较多。金融互换市场上大部分互换交易是以美元、英镑、德国马克、瑞士法郎、日元、欧元(欧元流通后)、加拿大元或澳大利亚元等货币进行的。

(2)绝大部分互换交易的期限是 3~10 年,少数交易也有比较长的期限。短于 3 年的互换期限,相对来说较少,远期合约和期货合约的期限一般较互换交易的期限更短。

(3)金额较大。单个互换业务的额度通常在 500 万美元和 3 亿美元之间,有时也采用辛迪加式的互换进行较大数额的交易。

(4)形式灵活。互换交易可以根据客户现金流量的实际情况做到"量体裁衣"。互换交易不在交易所进行,因此互换交易的形式、金额、到期日等完全视客户需要而定,是一种按需定制的交易方式。

(5)交易成本低,流动性强,且具保密性。互换协议只需签订一次,就可以在以后若干年内进行多次交换支付,而远期合约则需多次签订,所以互换协议的交易成本较低。

(6)无政府监管。从市场交易受管制的程度来看,在互换市场上,实际上不存在政府监管;而期货等衍生工具市场或多或少都受到政府的管制。

4. 我国金融互换市场发展情况

2006 年中国人民银行发布了《中国人民银行关于开展人民币利率互换交易试点有关事宜的通知》,明确了开展人民币利率互换交易试点的有关事项。近 20 年来,我国利率互换市场不断发展,平稳运行。2023 年,人民币利率互换市场达成交易 35.2 万笔,同比增加 44.1%;名义本金总额 31.7 万亿元,同比增加 50.8%。从期限结构看,1 年期及 1 年期以下交易最为活跃,名义本金总额达 21.7 万亿元,占总量的 68.5%。人民币利率互换交易的浮动端参考利率主要包括 7 天期回购定盘利率和 Shibor,与之挂钩的利率互换交易名义本金占比分别为 91.5% 和 7.4%。以 LPR 为标的的利率互换全年成交 1256 笔,名义本金 2 319.3 亿元。2022—2023 年我国利率互换交易情况如表 3-29 所示。

表 3-29 2022—2023 年我国利率互换交易情况

年度	交易笔数/笔	交易量/亿元
2023 年	352 279	317 071.9
2022 年	244 397	210 295.6

数据来源:中国人民银行《中国货币政策执行报告》。

2024 年 8 月我国利率互换月报如表 3-30 所示。

表 3－30 2024 年 8 月我国利率互换月报

参考利率品种	期限	固定利率/%	名义本金/亿元	成交笔数
7 天银行间回购定盘利率（FR007）	1 月	1.845 0	48.00	8
	3 月	1.820 0	1 220.00	452
	6 月	1.807 3	1 624.00	919
	9 月	1.782 5	1 753.00	1 068
	1 年	1.751 8	9 958.31	8 395
	2 年	1.740 1	1 880.25	1 812
	3 年	1.755 5	292.85	259
	4 年	1.798 3	225.10	191
	5 年	1.845 1	6 649.32	15 461
	7 年	1.929 6	2.60	10
	10Y	1.998 3	4.50	21
	其他	—	893.30	577
3 个月期上海银行间同业拆放利率（Shibor_3M）	6 月	1.899 3	295.00	100
	9 月	1.834 6	20.00	12
	1 年	1.848 9	234.00	202
	2 年	1.841 8	31.50	30
	3 年	1.845 8	19.60	16
	4 年	1.868 4	20.00	27
	5 年	1.923 5	136.48	382
	其他	—	48.00	36
1 年期人民币贷款市场报价利率(LPR1Y)	6 月	3.356 1	21.00	11
	9 月	3.347 6	10.50	3
10 年期国开债（CDB10）	1 月	2.200 0	1.00	2
7 天银银间回购利率（FDR007）	4 年	1.700 0	4.00	8
	5 年	1.750 0	0.40	2

数据来源：中国货币网。

中国的互换交易只是局限于一些简单的利率互换与货币互换等形式，还处于初级阶段。但成功案例的存在，表明互换交易在中国很有实践价值。加入 WTO 之后，中国的市场和企业逐步走向世界，与国际接轨，面对全球范围内的竞争，必将更多地面临利率风险、汇率风险以及如何去拓展融投资渠道以降低融资成本、提高投资效率等难题。因此，在中国发展互换交易，尽快建立一套完善的风险防范和规避系统，充分发挥金融互换交易功能，规避风险损失，获取风险收益，势在必行。

 本章小结

1. 金融市场是资金供应者和资金需求者双方通过信用工具进行交易而融通资金的市场，具有聚敛功能、配置功能、调节功能和反映功能。

2. 金融中介机构在资金的流动再分配过程中扮演着极其重要的角色。

3. 按照不同标准，金融市场可划分为不同类型：按交易品种可分为货币市场、资本市场、外汇市场和黄金市场,按金融资产的发行和流通特征可分为一级市场和二级市场,按范围可分为地方性市场、全国性市场和国际市场。

4. 同业拆借市场是金融机构之间进行短期资金融通活动的场所。

5. 在回购市场上,短期资金的供求者通过签订证券的回购协议来融通资金。

6. 商业票据市场上交易的是由信用等级较高的大公司以贴现方式出售的一种无担保短期融资凭证。

7. 大额可转让定期存单是银行为逃避利率管制而进行创新的产物,主要用于吸引企业的短期闲置资金。

8. 短期政府债券市场是国库券发行及流通所形成的市场。

9. 股票市场的层次结构根据不同划分标准可以分为不同层次:按照市场功能不同,可分为一级市场和二级市场;按照市场组织形式不同,可分为证券交易所和场外交易市场;依据地理标准划分,可分为国际性、全国性和地方性(区域)股票市场。

10. 股票的发行制度有审批制、核准制和注册制三种,发行方式分为首次上市和增发。

11. 影响股票市场价格波动的因素来自宏观、行业、企业和市场四方面,股票的交易规则包括交易方式、竞价规则和交易程序。

12. 股票价格指数有狭义和广义之分,我国的股票价格指数主要有上证指数系列、深证指数系列以及中证指数系列等。

13. 根据债券的运行过程和市场的基本功能,债券市场可分为发行市场和流通市场;根据市场组织形式,债券市场又可进一步分为场内交易市场和场外交易市场;根据债券发行地点的不同,债券市场还可以划分为国内债券市场和国际债券市场。

14. 债券市场主要有融资功能、资金流动导向功能和宏观调控功能。

15. 债券发行制度可分为核准制和注册制。

16. 远期交易有交易灵活的优点,但同时也有信用风险较大等缺点。

17. 期货交易制度包括保证金制度、每日无负债结算制度、涨跌停板制度、持仓限额制度、大户报告制度、强行平仓制度、风险准备金制度、信息披露制度。

18. 金融期权交易是指以金融期权合约为对象进行的流通转让活动。

本章关键词

货币市场(money market)　　　　　　银行同业拆借市场(inter-bank market)
商业票据(commercial paper)　　　　　金融衍生产品(financial derivative instrument)
远期市场(financial forward market)　　证券交易所
场外交易市场　　　　　　　　　　　　首次公开发行(initial public offering, IPO)
可转换债券(convertible bond)　　　　 集中竞价交易方式
债券发行市场　　　　　　　　　　　　债券流通市场
债券的流动性(liquidity)　　　　　　 远期交易(forward transaction)
融资融券(securities margin trading)

本章思考题

1. 举例说明在现实生活中,哪些金融市场是地方性市场、全国性市场、区域性市场和国际市场。
2. 简述货币市场的概念和特点。
3. 什么是同业拆借市场?它有什么特点?
4. 商业票据市场的要素包括哪些?
5. 大额可转让定期存单市场的特点是什么?

6. 简述股票市场和现货市场、信贷市场的区别。
7. 证券交易所和场外交易市场的区别和作用分别是什么?
8. 简述股票市场价格的形成机制和股票交易的成交原理。
9. 试比较分析债券的一级市场和二级市场。
10. 简述债券市场的功能与作用。
11. 债券的发行制度有哪些?
12. 债券发行定价的影响因素有哪些?
13. 简述封闭式基金和开放式基金募集方式的区别。
14. 简述公募基金和私募基金募集方式的区别。
15. 金融衍生品市场包括哪几种子市场?

第四章 金融工具

本章学习目标

1. 掌握货币市场工具和资本市场的构成。
2. 掌握各种金融工具的定义、特征、分类、计算等。
3. 了解股票的估值方法。
4. 掌握债券的定价和投资风险。
5. 了解资产证券化的概念、特点、作用、分类。
6. 了解衍生金融产品中远期合约、期货、期权、互换等的概念、分类、特点及发展。

金融工具是指在金融市场中可交易的金融资产。之所以称之为金融工具,是因为人们可以用它们在市场中尤其是在不同的金融市场中发挥各种"工具"作用,以期实现不同的目的。比如,企业可以通过发行股票、债券达到融资的目的,股票、债券就是企业的融资工具等。

第一节 货币市场金融工具

一、短期政府债券(国库券)

(一)定义

短期政府债券(short-term government bonds)是一国政府部门为满足短期资金需求而发行的一种期限在1年以内的债务凭证。在政府遇有资金困难时,可通过发行政府债券来筹集社会闲散资金,以弥补资金缺口。期限为3、6、9、12个月。广义上看,政府债券不仅包括国家财政部门发行的债券,还包括地方政府及政府代理机构发行的债券。但从狭义上说,政府债券仅指国家财政部门所发行的债券。在西方国家一般将财政部门发行的短期债券称为国库券。

(二)特征

短期政府债券具有以下特征。

(1)贴现发行。国库券的发行一般都采用贴现发行,即以低于国库券面额的价格向社会发行。

(2)违约风险低。国库券是由一国政府发行的债券,它有国家信用做担保,故其信用风险很低,通常被誉为"金边债券"。

(3)流动性强。由于国库券期限短、风险低、易于变现,故其流动性很强。

(4) 面额较小。相对于其他的货币市场工具,国库券的面额比较小。目前美国的国库券面额一般为 10 000 美元,远远低于其他货币市场工具的面额(大多为 10 万美元)。

(5) 收入免税。免税主要是指免除州及地方所得税。

(三) 国库券收益的计算

国库券的收益率一般以银行贴现收益率(bank discount yield)表示,其计算方法①为

$$Y_{BD} = \frac{M-P}{M} \times \frac{360}{t} \times 100\%$$

式中:Y_{BD}——银行贴现收益率;
P——国库券价格;
t——距到期日的天数;
M——国库券面值。

实际上,用银行贴现收益率计算出来的收益率低估了投资国库券的真实年收益率(effective annual rate of return)。

真实年收益率指的是所有资金按实际投资期所赚的相同收益率再投资的话,原有投资资金在一年内的增长率,它考虑了复利因素。其计算方法为

$$Y_E = \left[\left(1 + \frac{M-P}{P}\right)^{365/t} - 1\right] \times 100\%$$

式中:Y_E——真实年收益率。

由于在实践中期限小于 1 年的大多数证券的收益率都是按单利计算的,因此《华尔街日报》在国库券行情表的最后一栏中所用的收益率既不是银行贴现收益率,也不是真实年收益率,而是债券等价收益率(bond equivalent yield)。其计算方法为

$$Y_{BE} = \frac{M-P}{P} \times \frac{365}{t} \times 100\%$$

式中:Y_{BE}——债券等价收益率。

债券等价收益率低于真实年收益率,但高于银行贴现收益率。

【例 4-1】 期限为半年或 182 天的面值为 10 000 美元的国库券,售价为 9818 美元,计算其年收益率。

A. 银行贴现收益率

$$Y_{BD} = \frac{10\,000 - 9818}{10\,000} \times \frac{360}{182} \times 100\% = 3.6\%$$

B. 真实收益率

$$Y_E = \left[\left(1 + \frac{10\,000 - 9818}{9818}\right)^{\frac{365}{182}} - 1\right] \times 100\% = 3.75\%$$

C. 等价收益率

$$Y_{BE} = \frac{10\,000 - 9818}{9818} \times \frac{365}{182} \times 100\% = 3.72\%$$

所以,等价收益率是真实收益率的很好近似计算。

---

① 计算国库券贴现收益率时,一般以 360 天为 1 年。

二、票据

票据是指出票人依法签发的由自己或指示他人无条件支付一定金额给收款人或持票人的有价证券,即某些可以代替现金流通的有价证券。票据包括汇票、本票和支票。票据的种类如图4-1所示。

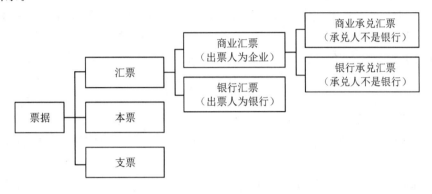

图4-1 票据的种类

票据具有以下特征:
(1)票据是以支付一定金额为目的的有价证券。
(2)票据是一种债权证券。票据权利人对票据义务人可行使付款请求权和追索权。
(3)票据是一种无因证券。票据权利的成立,不必以债权人与债务人的原因关系的成立为前提。
(4)票据是一种流通证券。票据通过背书或交付而转让,在市场上自由流通。

4-1 知识拓展:银监会①下发关于票据业务风险提示的通知

(一)汇票

根据出票人的不同,汇票可分为银行汇票和商业汇票;根据载体形式的不同,汇票又可分为纸质汇票和电子汇票。

银行汇票是出票银行签发的,由签发银行在见票时按照实际结算金额无条件支付给收款人或者持票人的票据。

商业汇票指由出票人签发的委托付款人在指定日期无条件支付确定的金额给收款人或者持票人的票据。商业汇票按其承兑人的不同,可以分为商业承兑汇票和银行承兑汇票两种。商业承兑汇票是指由存款人签发,经付款人承兑,或者由付款人签发并承兑的汇票;银行承兑汇票是指由付款人或承兑申请人签发,并由承兑申请人向开户银行申请,经银行审查同意承兑的汇票。对出票人签发的商业汇票进行承兑是银行基于对出票人资信的认可而给予的信用支持。它是企业间相互结算的重要方式之一。

商业汇票有如下特点:
(1)必须基于真实的商品交易关系。各企业、事业单位之间只有根据购销合同进行合法的

---

① 银监会,即中国银行业监督管理委员会,现国家金融监督管理总局。

商品交易,才能签发商业汇票。除商品交易以外,其他方面的结算,如劳务报酬、债务清偿、资金借贷等不可采用商业汇票结算方式。

(2)使用对象是在银行开立账户的法人。使用商业汇票的收款人、付款人以及背书人、被背书人等必须同时具备两个条件:一是在银行开立账户,二是具有法人资格。

(3)必须经过承兑。商业汇票可以由付款人签发,也可以由收款人签发,但都必须经过承兑。只有经过承兑的商业汇票才具有法律效力,承兑人负有到期无条件付款的责任。商业汇票到期,因承兑人无款支付或其他合法原因,债务人不能获得付款时,可以按照汇票背书转让的顺序,向前手行使追索权,依法追索票面金额;该汇票上的所有关系人都应负连带责任。

(4)商业汇票的承兑期限由交易双方商定,一般为3个月至6个月,目前市场上主要流通的纸质商业汇票最长期限为6个月,电子商业汇票期限最长为1年,属于分期付款的应一次签发若干张不同期限的商业汇票。

(5)可以贴现。未到期的商业汇票可以到银行办理贴现,从而使结算和银行资金融通相结合。

(6)不受地域和结算起点限制。商业汇票在同城、异地都可以使用,而且没有结算起点的限制。

(7)允许背书转让且到期通过银行转账结算。商业汇票一律记名并允许背书转让。商业汇票到期后,一律通过银行办理转账结算,银行不支付现金。

图4-2是一些汇票的票样。

(a) 银行汇票

(b) 银行承兑汇票

(c) 商业承兑汇票

图4-2 汇票的票样

为规范电子商业汇票业务,保障电子商业汇票活动中当事人的合法权益,促进电子商业汇票业务发展,中国人民银行于2009年10月发布了《电子商业汇票业务管理办法》,并建成电子商业汇票系统在全国推广应用。

电子商业汇票是指出票人依托电子商业汇票系统,以数据电文形式制作的,委托付款人在指定日期无条件支付确定金额给收款人或者持票人的票据。

电子商业汇票分为电子银行承兑汇票和电子商业承兑汇票。电子银行承兑汇票由银行业金融机构、财务公司(以下统称金融机构)承兑;电子商业承兑汇票由金融机构以外的法人或其他组织承兑。

电子商业汇票为定日付款票据,其付款人为承兑人。电子商业汇票的提示付款日是指提示付款申请的指令进入电子商业汇票系统的日期。电子商业汇票的拒绝付款日是指驳回提示付款申请的指令进入电子商业汇票系统的日期。电子商业汇票追索行为的发生日是指追索通知的指令进入电子商业汇票系统的日期。承兑、背书、保证、质押解除、付款和追索清偿等行为的发生日是指相应的签收指令进入电子商业汇票系统的日期。

(二)支票

支票是出票人签发的,委托办理支票存款业务的银行在见票时无条件支付确定的金额给收款人或者持票人的票据。开立支票存款账户和领用支票,必须有可靠的资信,并存入一定的资金。

支票可分为现金支票、转账支票、普通支票。支票一经背书即可流通转让,具有通货作用,成为替代货币发挥流通手段和支付手段职能的信用流通工具。运用支票进行货币结算,可以减少现金的流通量,节约货币流通费用。

图4-3是中国建设银行的现金支票和转账支票的票样。

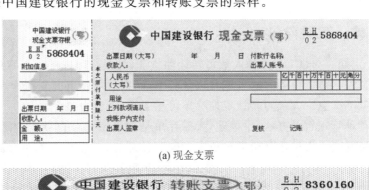

(a) 现金支票

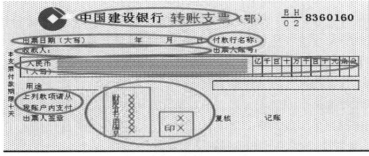

(b) 转账支票

图4-3 支票的票样

(三)本票

中国票据法第七十三条第一款规定本票的定义是:"本票是由出票人签发的,承诺自己在见票时无条件支付确定的金额给收款人或者持票人的票据。"第二款接着规定,"本法所称本票,是指银行本票",即不包括商业本票,更不包括个人本票。其主要特点有:

(1) 自付票据。本票是由出票人本人对持票人付款。

(2) 基本当事人少。本票的基本当事人只有出票人和收款人两个。

(3) 无须承兑。本票在很多方面可以适用汇票法律制度。但是由于本票是由出票人本人承担付款责任,无须委托他人付款,所以,本票无须承兑就能保证付款。

图4-4是招商银行的一张本票票样。

图4-4 本票的票样

三、大额可转让定期存单

大额可转让定期存单(CDs)亦称大额可转让存款证,是银行印发的一种定期存款凭证,凭证上印有一定的票面金额、存入日和到期日以及利率,到期后可按票面金额和规定利率提取全部本利,逾期存款不计息。大额可转让定期存单可流通转让,自由买卖。

我国《大额存单管理暂行办法》中规定,大额存单是指由银行业存款类金融机构面向非金融机构投资人发行的、以人民币计价的记账式大额存款凭证,是银行存款类金融产品,属一般性存款。

发行人发行大额存单,应当于每年首期大额存单发行前,向中国人民银行备案年度发行计划。发行人如需调整年度发行计划,应当向中国人民银行重新备案。

大额存单发行采用电子化的方式。大额存单可以在发行人的营业网点、电子银行、第三方平台以及经中国人民银行认可的其他渠道发行。

大额存单采用标准期限的产品形式。个人投资人认购大额存单起点金额不低于30万元,机构投资人认购大额存单起点金额不低于1000万元。大额存单期限包括1个月、3个月、6个月、9个月、1年、18个月、2年、3年和5年共9个品种。

大额存单发行利率以市场化方式确定。固定利率存单采用票面年化收益率的形式计息,浮动利率存单以上海银行间同业拆借利率(Shibor)为浮动利率基准计息。

大额存单自认购之日起计息,付息方式分为到期一次还本付息和定期付息、到期还本。

发行人应当于每期大额存单发行前在发行条款中明确是否允许转让、提前支取和赎回,以及相应的计息规则等。

大额存单的转让可以通过第三方平台开展,转让范围限于非金融机构投资人。对于通过发行人营业网点、电子银行等自有渠道发行的大额存单,可以根据发行条款通过自有渠道办理提前支取和赎回。

对于在发行人营业网点、电子银行发行的大额存单,发行人为投资人提供大额存单的登记、结算、兑付等服务;银行间市场清算所股份有限公司(以下简称上海清算所)对每期大额存单的日终余额进行总量登记。对于通过第三方平台发行的大额存单,上海清算所应当提供登记、托管、结算和兑付服务。

大额存单可以用于办理质押业务,包括但不限于质押贷款、质押融资等。应大额存单持有人要求,对通过发行人营业网点、电子银行等自有渠道发行的大额存单,发行人应当为其开立大额存单持有证明;对通过第三方平台发行的大额存单,上海清算所应当为其开立大额存单持有证明。

(一)大额可转让定期存单与定期存款的区别

与普通定期存款相比,大额可转让定期存单具有以下不同:

(1)不记名。普通定期存款单都是记名的,而大额可转让定期存单不记名。

(2)可转让。普通定期存款单一般都要求由存款人到期提取存款本息,不能进行转让,而大额可转让定期存单可以在货币市场上自由转让、流通。

(3)金额大且固定。普通定期存款单的最低存款数额一般不受限制,并且金额不固定,可大可小,有整有零,而大额可转让定期存单一般都有较高的金额起点,并且都是固定的整数。

(4)期限短。普通定期存款单的期限可长可短,由存款人自由选择,而大额可转让定期存单的期限规定在一年以内。

(5)利率较高。大额可转让定期存单的利率由发行银行根据市场利率水平和银行本身的信用确定,一般都高于相同期限的普通定期存款利率,而且资信越低的银行发行的大额可转让定期存单的利率往往越高。

大额可转让定期存单和定期存款、定期存单的区别见表4-1。

表4-1 大额可转让定期存单和定期存款、定期存单的区别

存单	利率	存款/存单金额	可流通性	是否记名
大额可转让定期存单	有浮动利率	有固定面额,按标准单位发行	不得提前支取,可在二级市场转让	不记名
定期存款	利率固定	存款金额不固定,可有零数	只能等到存款到期,不能转让	记名
定期存单	利率固定	存款数额由存款人决定	只能到期后提款,提前支取要付罚息	记名

(二)优点

大额可转让定期存单具有以下优点:

(1)对企业来讲,由于它由银行发行,信誉良好,危险性小,利率高于活期存款,并且可随时转让融资,等等,不失为盈利性、安全性、流动性三者的最佳配合信用工具。

(2)对银行来讲,发行手续简便,要求书面文件资料简单,费用也低,而且吸收的资金数额大,期限稳定,是一个很有效的筹资手段,尤其是在转让过程中,由于大额可转让存单调期成本

费用比债券调期买卖低,为金融市场筹措资金及民间企业有效运用闲置资金、弥补资金短缺创造了有利条件,并且由于大额可转让定期存单可自由买卖,它的利率实际上反映了资金供求状况。

二战后,尤其是20世纪70年代,美国、日本等国大额可转让定期存单的发行量大幅度上升,使大额可转让定期存单业务得到迅速发展。大额可转让存单已经是商业银行的主要资金来源之一。在美国、日本等国,大额可转让定期存单的利率已经是对短期资金市场影响较大的利率,发挥着越来越大的作用。

(三)分类

以美国为例,按照发行者的不同,美国大额可转让定期存单可以分为国内存单、欧洲美元存单、扬基存单和储蓄机构存单四类。

国内存单是四种存单中最重要也是历史最悠久的一种。它由美国国内银行发行。存单上注明存单的金额、到期日、利率及期限。国内存单的期限由银行和客户协商确定,常常根据客户的流动性要求灵活安排,期限一般为30天或者12个月,也有超过12个月的。流通中未到期的国内存单的平均年限为3个月。

欧洲美元存单是美国境外银行发行的、以美元为面值的一种可转让定期存单。欧洲美元存单由美国境外银行(外国银行和美国银行在外的分支机构)发行。欧洲美元存单的中心在伦敦,但欧洲美元存单的发行范围不仅仅限于欧洲。

扬基存单是外国银行在美国的分支机构发行的一种可转让定期存单。其发行者主要是西欧和日本等地的著名国际性银行在美国的分支机构。扬基存单的期限一般较短,大多在3个月以内。

储蓄机构存单是由一些非银行机构(储蓄贷款协会、互助储蓄银行、信用合作社)发行的一种可转让的定期存单。其中,储蓄贷款协会是主要的发行者。储蓄机构存单因法律上的规定,或实际操作困难而不能流通转让,因此,其二级市场规模较小。

与其他西方国家相比,我国的大额可转让存单业务发展比较晚。1986年交通银行首先引进和发行大额可转让存单,1987年中国银行和工商银行相继发行大额可转让存单。图4-5是一张交通银行的大额可转让定期存单的票样。

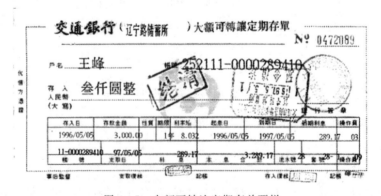

图4-5 大额可转让定期存单票样

▶ 四、回购协议

所谓回购协议(repurchase agreement),指的是在出售证券的同时,和证券的购买商签订协议,约定在一定期限后按原定价格或约定价格购回所卖证券,从而获取即时可用资金的一种交易行为。回购协议中的金融资产主要是证券。在发达国家,只要资金供应者接受,任何资产都可以做回购交易。而我国的回购协议则严格限制于国债、证券。回购协议实质上是一种短期抵押融资方式,那笔被借款方先售出后又购回的金融资产即是融资抵押品或担保品。回购协议一贯都被认为是比较安全且回报高而快的方式。

回购协议有两种:一种是正回购协议,是指在出售证券的同时,和证券的购买商签订协议,协议在一定的期限后按照约定价格回购所出售的证券,从而及时获取资金的行为;另一种是逆回购协议(reverse repurchase agreement),是指买入证券一方同意按照约定期限和价格再卖出证券的协议。

4-2 知识拓展:证券交易所对参与回购交易进行委托买卖的数量规定

回购协议的期限一般很短,最常见的是隔夜拆借,但也有期限长的。此外,还有一种"连续合同"的形式,这种形式的回购协议没有固定期限,只在双方都没有表示终止的意图时,合同每天自动展期,直至一方提出终止为止。

(一) 回购交易计算公式

$$I = PP \cdot RR \cdot T/360$$
$$RP = PP + I$$

式中:PP 表示本金;RR 表示证券商和投资者所达成的回购时应付的利率;T 表示回购协议的期限;I 表示应付利息;RP 表示回购价格。

(二) 回购利率的决定

(1) 证券的质地。证券的质地,即指证券的信用度。证券的信用度越高,流动性越强,回购利率就越低,否则,利率就会相对高一些。

(2) 期限的长短。一般来说,期限越长,则不确定因素越多,因而利率也会相对越高。

(3) 交割的条件。如果采用实物交割的方式,回购利率就会较低,如果采用其他交割方式,利率就会相对高一些。

(4) 货币市场其他子市场的利率水平。回购协议的利率水平不可能脱离货币市场其他子市场的利率水平而单独决定,否则该市场就将失去吸引力,一般是参照同业拆借市场利率而确定的。

我国银行间回购定盘利率是以银行间市场每天上午 9:00—11:30 间的回购交易利率为基础同时借鉴国际经验编制而成的利率基准参考指标,每天上午 11:30 起对外发布。回购定盘利率包括 FR001、FR007、FR014、FDR001、FDR007、FDR014 等品种,其中 FDR001、FDR007 和 FDR014 为银行间回购定盘利率品种。我国最新的银行间回购利率,可通过相关网站查询。

(三) 回购协议方式的特点

(1) 将资金的收益与流动性融为一体,增大了投资者的兴趣。投资者完全可以根据自己的资金安排,与借款者签订"隔日"或"连续合同"的回购协议,在保证资金可以随时收回移作他用的前提下,增加资金的收益。

(2) 增强了长期债券的变现性,避免了证券持有者因出售长期资产以变现而可能带来的损失。

（3）具有较强的安全性。回购协议一般期限较短，并且又有100%的债券做抵押，所以投资者可以根据资金市场行情变化，及时抽回资金，避免长期投资的风险。

（4）较长期的回购协议可以用来套利。如银行以较低的利率用回购协议的方式取得资金，再以较高利率贷出，可以获得利差。

第二节 资本市场金融工具——股票

➤ 一、股票的概念

股票是股份公司发给股东作为其投资入股的证书和索取股息红利的凭证。股票的所有者拥有剩余索取权和剩余控制权。剩余索取权是指股东对扣除债务、税金后的资产和收益享有按其持股比例所享有的要求权。剩余控制权表现为股东拥有合同所规定的经理职责范围之外的决定权，主要表现为股东的投票权。

➤ 二、股票的特征

1. 收益性和风险性

收益性和风险性是股票最基本的特征，一般而言，收益性和风险性是成正比的。收益性是指股票的持有者凭借其所持有的股票，获取股息、红利或价差等收益。风险性是指股票可能给持有者造成损失的特性，即预期收益的不确定性。

2. 决策参与性

股票持有者即是发行股票公司的股东，有权出席股东大会选举公司的董事会，参与公司的经营决策。股票持有者的意志和享有的权益，通常是通过股东经营决策权的行使而实现的。股东参与公司经营的权力大小，取决于其所持有股份的多少。从实践中看，只要股东持有的股票数额达到决策所需的实际多数时，就能成为公司的实际决策者。

3. 有限责任

对有限责任公司，股东仅以其出资额为限对公司的债务承担责任，即公司的债务与股东个人的其他财产不具有连带关系。

4. 无到期期限

股票是没有到期日的法律凭证，其有效期与股份公司存续期有关，因为股份公司是永续经营的，只要不破产，公司股票就始终有效；一旦公司不存在，股票就变成一张废纸。股份公司发行的股票一经认购，持有者不能以任何理由要求退还股本，从这一点看，购买公司股票是永久性的投资，是一个没有到期日的永久性收益凭证。对发行公司来说，股票的无期性可使公司获得一笔稳定的自有资本，有助于自身发展。

5. 较强的流动性

股票在股票市场上有较强的变现能力，可以作为买卖对象或者抵押品随时转让。股票转让意味着转让者将其出资金额以股价的形式收回，而将股票所代表的股东身份以及各种权益让渡给了受让者。

➤ 三、股票的种类

按照不同的划分方式，可以把股票划分为不同种类。

(一)按股东权利和义务分类

按股东权利和义务的不同,股票可分为普通股票和优先股票。

1. 普通股

普通股是指在优先股要求权得到满足之后才参与公司利润和资产分配的股票,代表最终的剩余索取权。普通股是股份有限公司最重要的一种股份形式,是构成公司资本的基础,也是最普遍的一种股份形式。

持有普通股的股东享有以下权利:第一,企业的经营参与权。普通股股东是公司资本的所有者,一般有股东大会出席权、表决权和选举权。第二,盈余分配权和资产分配权。当公司将公司红利分派给优先股的股东后,普通股股东有权享有公司分派的红利;当公司解散清算时,普通股股东分取公司剩余资产的次序排在优先股股东之后,如果公司剩余资产有限,普通股股东往往是最终的损失者。第三,优先认股权。当公司增发新的普通股时,现有股东有权按其原来的持股比例认购新股,以保持对公司所有权的现有比例。现有股东也可以在市场上出售优先认股权,其价值取决于股票当前市场价格、新股出售价格和购买一股所需的权数。

2. 优先股

优先股指剩余求偿权优先于普通股的股票。优先股具有以下特点:①股息固定但并非一定要支付;②公司破产后,对剩余财产的要求权在债权人之后但在普通股之前;③有面值;④正常时无表决权,但在特殊情况下具有临时表决权;⑤不能退股,如有赎回条款,公司可赎回;⑥风险大于债券但小于普通股。

通常来说,优先股可分为以下几类:

(1)累积优先股和非累积优先股。累积优先股票是指历年股息累积发放的优先股票,公司在任何营业年度内未支付的优先股股息可以累积起来,由以后营业年度的盈利一起付清。非积累优先股的股息分派以每个营业年度为界,当年结清。如果本年度公司的盈利不足以支付全部优先股股息,对其所欠部分,公司将不予累积计算,优先股股东也不得要求公司在以后的营业年度中予以补发。

(2)参与优先股和非参与优先股。参与优先股是指除了按规定分得本期固定股息外,还有权与普通股股东一起参与本期剩余盈利分配的优先股票,又可以分为全部参与优先股票和部分参与优先股票两种。非参与优先股则指除了按规定分得本期固定股息外,不能与普通股股东一起参与本期剩余盈利分配的优先股票。

(3)可转换优先股和不可转换优先股。可转换优先股亦称可兑换优先股、可调换优先股,是指在一定条件下允许股东换取一定股数普通股的优先股。不可转换优先股是不能转换成普通股股票或公司债券的优先股股票。

(4)可赎回优先股和不可赎回优先股。可赎回优先股是指股份公司发行优先股后可按规定赎回的优先股,包括强制赎回和任意赎回两种情况。强制赎回是指股份公司享有是否赎回的选择权,一旦发行该股票的公司决定按规定条件赎回,股东只能缴回股票。任意赎回是指股东享有是否要求股份公司赎回的选择权,若股东在规定的期限内不愿继续持有该股票,股份公司不得拒绝按赎回条款购回。不可赎回优先股一经发行,在规定的期限内不能赎回。

(二)按票面是否记名分类

按票面是否记载股东姓名,股票可分为记名股票和无记名股票。

记名股票是指在股票票面上和股份公司的股东名册上记载股东姓名的股票。记名股票不仅要求股东在购买股票时登记姓名或名称,而且在股东转让股票时需向公司办理股票过户手续。除了记名股东外,任何人不得凭该股票对公司行使股东权。

无记名股票是指股票票面不记载股东姓名的股票。无记名股票只凭股票所附息票领取股息,可以自由转让,不办理过户手续。与记名股票相比,不记名股票转让更方便、更自由。

(三)按股票有无票面金额划分

按股票有无票面金额,股票可以分为有票面金额股票和无票面金额股票。

有票面金额股票又称有面值股票,是指股票票面上注明一定金额的股票,如10元、100元等。股票的面值是固定不变的,它可以确定每一张股票所代表的价值在该公司资本总额中所占的比例,又可以根据股票面值和股份总数的乘积确定公司注册资本总额。

无票面金额股票,又称无面值股票,是指股票票面上没有注明金额的股票。股票发行时无票面价值记载,仅表明每股所占资本总额的比例,其价值随着公司财产的增减而增减。因此,这种股票的内在价值总是处于变动状态。这种股票的最大优点就是避免了公司实际资产与票面资产的背离,因为股票的票面价值往往是徒有虚名,人们关心的不是股票面值,而是股票价格。

(四)按风险特征分类

按风险特征不同,股票可分为蓝筹股、成长股、收入股、周期股、防守股、概念股和投机股等。

蓝筹股通常是经营业绩较好,具有稳定且较高的现金股利支付的,大公司发行的,被公认为具有较高投资价值的股票。蓝筹股一般指长期稳定的、大型的、传统工业股及金融股。

成长股是指销售额和利润持续增长,而且其速度快于整个国家和本行业增长速度的股票。这类公司当前一般只对股东支付较低红利,而将大量收益用于再投资,随着公司的成长,股票价格上涨,投资者便可以从中获得大量收益。

收入股是指那些当前能支付较高收益的股票。

周期股是指那些收益随着经济周期波动而波动的公司所发行的股票,如汽车制造公司或房地产公司的股票。

防守股是指在面临不确定因素和经济衰退时期,股息和红利要高于其他股票平均收益的股票。此类股票的发行公司大多是经营公共事业及生活必需品的行业。

概念股是指适合某一时代潮流的公司所发行的、股价起伏较大的股票。

投机股是指价格极不稳定,或公司前景难以确定,具有较大投机潜力的股票。

(五)按股东是否享有表决权分类

按股东是否对股份有限公司的经营管理享有表决权,股票可分为有表决权股票和无表决权股票。

有表决权股票是指该股票的持有人对公司的经营管理享有表决权。表决权股票又可以具体分为普通表决权股票、多数表决权股票、限制表决权股票、有表决权优先股股票等。普通表决权股票,也称单权股票,是指每股股票只享有一票表决权;多数表决权股票,也称多权股票,是指每股股票享有若干表决权;限制表决权股票是指表决权受到法律和公司章程限制的股票;有表决权优先股股票是指持有这类股票的股东,可以参加股东大会,有权对规定范围内的公司事务行使表决权的优先股。

无表决权股票又称无权股票,是指根据法律或公司章程的规定,对股份有限公司的经营管理不享有表决权的股票。相应地,这类股票的持有者无权参与公司的经营管理,但仍可以参加股东大会。

(六)按是否限售分类

按是否限售,股票可分为流通股和限售股。

流通股是指上市公司股份中,可以在证券交易所自由买卖流通的股票。

限售股是指上市公司股份中,暂时不能在证券交易所自由买卖流通的股票。这类股票除了不具有流通权,其他权利、义务和流通股是完全一样的。股票的限售通常是为了保护中小股东的利益,以及维护上市公司股价的稳定。通常限售的对象是实际控制人、大股东和高管持有的股份,以及一些机构投资者在公司增发新股时认购的股份。不同的股东限售的期限和解禁的规定也不同,通常实际控制人限售的时间最长(上市后3年才能在证券交易所内卖出)。

(七)按上市地点分类

按上市地点的不同,股票可分为A股、B股、H股、N股、S股等。

A股是以人民币标明面值,由境内公司在中国境内发行上市,且由境内居民或机构用人民币买卖的股票。

B股是用人民币标明股票面值,由境内公司在境内发行,在境内的证券交易所上市,由境外居民或机构用外币买卖的股票。在2001年之前,B股的投资者仅限于以下个人或组织:外国的自然人、法人和其他组织,中国香港、澳门、台湾地区的自然人、法人和其他组织,定居在国外的中国公民,等等。从2001年2月对境内居民个人开放B股市场之后,境内投资者逐渐成为B股市场的重要投资主体。

H股、N股、S股属于境外上市的外资股,是用人民币标明股票面值,由境内公司发行,分别在中国香港、纽约、新加坡的股票市场上市的股票。其中H股用港币交易,N股使用美元交易,S股使用新加坡元交易。

▶ 四、股票的价值

(一)票面价值

票面价值又称面值,即在股票票面上标明的金额。股票的票面价值仅在初次发行时有一定意义,如果股票以面值发行,则股票面值总和即为公司的资本金总和。随着时间的推移,公司的资产会发生变化,股票的市场价格会逐渐背离其面值,股票的票面价值也会逐渐失去原来的意义。

(二)账面价值

账面价值又称股票净值或每股净资产,是每股股票所代表的实际资产的价值。每股账面价值是以公司净资产除以发行在外的普通股票的股数求得的,它是证券分析者和投资者分析股票投资价值的重要指标。

(三)清算价值

这是公司清算时每一股份所代表的实际价值。从理论上讲,股票的清算价值应与账面价值一致,实际上只有当清算时的资产实际销售额与财务报表上反映的账面价值一致时,每一股的清算价值才会和账面价值一致。但在公司清算时,公司资产往往只能压低价格出售,再加上必要的清算成本,所以大多数公司的实际清算价值总是低于账面价值。

(四)内在价值

股票的内在价值即理论价值,也即股票未来收益的现值,取决于股息收入和市场收益率。股票的内在价值决定股票的市场价格,但市场价格又不完全等于其内在价值,由供求关系产生并受多种因素影响的市场价格围绕着股票内在价值波动。

▶ 五、股票的价值评估方法

(一)绝对估值

1. 股利贴现模型(DDM)

股利贴现模型是研究股票内在价值的重要模型,不仅为定量分析虚拟资本、资产和公司价值奠定了理论基础,还为证券投资的基本分析提供了强有力的理论根据。其基本公式为

$$V = \frac{D_1}{1+k} + \frac{D_2}{(1+k)^2} + \frac{D_3}{(1+k)^3} + \cdots + \frac{D_\infty}{(1+k)^\infty} = \sum_{t=1}^{\infty} \frac{D_t}{(1+k)^t} \quad (4-1)$$

式中:V 代表普通股票的内在价值;t 为期数;D_t 是普通股第 t 期支付的股息;k 是股息贴现率,又称资本化率。

从式(4-1)可知,股息贴现模型是假设股票永久持有,股息是投资者唯一的现金流。因此投资者必须预测一只股票所有未来时期支付的股息,由于普通股票没有一个固定的生命周期,因此通常要给无穷多个时期的股息流加上一些假定,以便于计算股票的内在价值。这些假定一般围绕着股息增长率 g_t,即假定第 t 期的股息等于第 $t-1$ 期的股息与第 t 期股息增长率 g_t 的乘积,其数学表达式为

$$D_t = D_{t-1}(1+g_t) \quad (4-2)$$

不同股息增长率的假定会派生出不同的股息贴现模型,股息贴现模型还有零增长模型、不变增长模型、三阶段增长模型和多元增长模型等特殊形式。

1)零增长模型

零增长模型假定未来支付的股息是固定不变的,即股息增长率 $g=0$。根据式(4-1)有 $D_t = D_{t-1}$,即 $D_0 = D_1 = D_2 = D_3 = \cdots = D_t$,用 D_0 来替换式(4-1)中的 D_t,得

$$V = \sum_{t=1}^{\infty} \frac{D_0}{(1+k)^t} = D_0 \sum_{t=1}^{\infty} \frac{1}{(1+k)^t} = \frac{D_0}{k} \quad (4-3)$$

假定对某一种股票永远支付固定的股息是不合理的,但在决定优先股的内在价值时,这种模型相当有用。

2)不变增长模型

假定股息永远按不变的增长率 g 增长,则第一期的股息为 $D_1 = D_0(1+g)$,第二期的股息 $D_2 = D_0(1+g) = D_0(1+g)^2$,以此类推,第 t 期的股息为

$$D_t = D_{t-1}(1+g) = D_0(1+g)^t \quad (4-4)$$

将式(4-4)带入式(4-1),如果 $k > g$,可得

$$V = \sum_{t=1}^{\infty} D_0 \frac{(1+g)^t}{(1+k)^t} = D_0 \sum_{t=1}^{\infty} \frac{(1+g)^t}{(1+k)^t} = D_0 \frac{1+g}{k-g} = \frac{D_1}{k-g} \quad (4-5)$$

零增长模型实际上是不变增长模型的一个特例,假定增长率 g 等于零,股息将永远按固定数量支付,这时,不变增长模型就变成了零增长模型。由于股息的增长率是变化不定的,因此零增长模型和不变增长模型并不能很好地在现实中对股票的价值进行评估。

3) 三阶段增长模型

三阶段增长模型将股息的增长分成了三个不同的阶段:假定在时间 t_a 之前为第一阶段,股息以一个 g_a 的不变增长速度增长;从时间 t_a 到时间 t_b 为第二阶段,是股息增长的转折期,股息增长率以线性的方式从 g_a 变化到 g_b,如果 $g_a > g_b$,则在转折期内变现为递减的股息增长率,反之变现为递增的股息增长率;g_b 是第三阶段(即时间 t_b 以后)的股息增长率,也是一个常数,该增长率是公司长期的正常增长率。股息增长的三个阶段,可以用图 4-6 来表示。

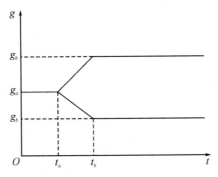

图 4-6 股票增长的三个阶段

在图 4-6 中,转折期内任何时点上的股息增长率(不管是递减还是递增)g_t 可以用式(4-6)表示:

$$g_t = g_a - (g_a - g_b) \frac{t - t_a}{t_b - t_a} \quad (4-6)$$

在满足三段增长模型的假设条件下,如果已知 g_a、g_b、t_a、t_b 和期初的股息水平 D_0,就可以根据式(4-6)算出所有各期的股息增长率和各期的股息;然后根据贴现率计算股票的内在价值。三阶段增长模型下,股票的内在价值计算公式为

$$V = D_0 \sum_{t=1}^{t_a} \frac{(1+g_a)^t}{(1+k)^t} + \sum_{t=t_a+1}^{t_b} \frac{D_{t-1}(1+g_t)}{(1+k)^t} + \frac{D_{t_b}(1+g_b)}{(1+k)^{t_b}(k-g_b)} \quad (4-7)$$

从本质上看,零增长模型和不变增长模型都可以看作是三阶段增长模型的特例。当三个阶段的股息增长率都为零时,三阶段增长模型就是零增长模型;当三个阶段的股息增长率相等但不为零时,三阶段增长模型就是不变增长模型。相对于零增长模型和不变增长模型而言,三阶段增长模型更为接近实际情况。然而,对于股票的增长形态,我们可以给予更详细的分析,以更贴近实际情况。

4) 多元增长模型

比起前三个股息贴现模型的特殊形式,多元增长模型对于股票的增长形态给予了更详细的分析。多元增长模型更为贴近实际,更加符合公司股票发展的一般趋势,应用也最为广泛。对于一个公司而言,在不同的发展阶段,成长速度也是不断变化的。相应地,股息增长率也随之而变。公司在成立初期,投资机会比较多,故将较多的利润留存用于再投资,股息支付率一般较低,但增长率较高。随着公司步入成熟期,竞争日益激烈,投资机会越来越少,这时公司会提高股息支付率,但由于利润增长受限,股息增长率也是逐渐放慢的。

多元增长模型假设在未来的某一时刻 T 之后,股息以不变的增长率 g 增长,也就是说,从时刻 T 开始具有不变增长模型的特点;但在时刻 T 之前,股息增长率是可以变化的,没有特定的模式。将时刻 T 之前的股息贴现值用 V_{T^-} 表示,将时刻 T 之后的股息贴现值用 V_{T^*} 表示,则有下面的等式

$$V_{T^-} = \sum_{t=1}^{T} \frac{D_t}{(1+k)^t} \tag{4-8}$$

$$V_{T^*} = \frac{V_T}{(1+k)^T} = \frac{D_{T+1}}{(k-g)(1+k)^T} \tag{4-9}$$

将 V_{T^-} 与 V_{T^*} 相加就得到一只股票在将来各期的所有股息的贴现值,也就是股票的价值。所以,多元增长模型中的股票价值公式为

$$V = V_{T^-} + V_{T^*} = \sum_{t=1}^{T} \frac{D_t}{(1+k)^t} + \frac{D_{T+1}}{(k-g)(1+k)^T} \tag{4-10}$$

2. 自由现金流(FCF)贴现模型

自由现金流贴现理论认为,公司价值等于公司未来自由现金流量的折现值,即选定恰当的贴现率,将公司未来的自由现金流折算到现在的价值之和,并把它作为公司当前的估算价值。该方法的基本原理是:一项资产的价值等于该资产预期在未来所产生的全部现金流量的现值总和。

1) 公司自由现金流(FCFF)贴现模型

公司自由现金流(free cash flow of firm, FCFF)是公司支付了所有营运费用、进行了必需的固定资产与营运资产投资后可以向所有投资者分派的税后现金流量,该指标体现了公司所有权利要求者,包括普通股股东、优先股股东和债权人的现金流总和。

公司自由现金流 = 息税前利润×(1－税率)＋折旧－资本性支出－追加营运资本

(4-11)

FCFF 贴现模型认为,公司价值等于公司预期现金流量按公司资本成本进行折现,将预期的未来现金流量用加权平均资本成本折现到当前价值来计算公司价值,然后减去债券的价值进而得到股权的价值。

$$EV = \sum_{t=1}^{k} \frac{FCFF_t}{(1+WACC)^t} + \frac{FCFF_{k+1}}{(WACC-g)(1+WACC)^k} \tag{4-12}$$

式中:EV 为公司价值;WACC 为加权平均资本成本;k 为公司达到稳定增长状态的年数。

2) 股权自由现金流(FCFE)贴现模型

股权自由现金流(free cash flow of equity, FCFE)是在公司用于投资、营运资金和债务融资成本之后可以被股东利用的现金流,它是公司支付所有营运费用,在扣除投资支出、所得税和净债务支出(即利息、本金支付减发行新债务的净额)之后可分配给公司股东的剩余现金流量。

股权自由现金流＝净收益＋折旧－资本性支出－营运资本追加额－债务本金偿还＋新发行债务

FCFF 折现估值模型的基本原理,是将预期的未来股权活动现金流用相应的股权要求回报率(K_e)折现到当前价值来计算公司股票价值。

$$EV = \sum_{t=1}^{k} \frac{FCFE_t}{(1+K_e)^t} + \frac{FCFE_{k+1}}{(K_e - g)(1+K_e)^k} \qquad (4-13)$$

式中：k 为公司达到稳定增长状态的年数。

3. 超额收益贴现模型：经济增加值（EVA）模型

经济增加值（EVA），也称经济附加值。其之所以成为当今投资银行进行股票估值的重要工具，在很大程度上是因为应用市盈率指标进行定价估值太简单，容易产生误解，缺乏现金流概念，对亏损公司、IT 信息技术行业很难运用。经济增加值指标克服了传统业绩衡量指标的缺陷（股东价值与市场价值不一致问题），比较准确地反映了上市公司在一定时期内为股东创造的价值。经济增加值指标在实践中主要应用于两个领域：投资分析和上市公司内部管理。

经济增加值指标等于公司税后营业净利润减去全部资本成本（股权成本与债务成本）后的净值。计算公式为：

$$经济增加值 = 税后经营净利润 - 资本成本 \qquad (4-14)$$
$$经济增加值 = (资本收益率 - 加权平均资本成本) \times 实际资本投入 \qquad (4-15)$$

如果计算得出的经济增加值为正，说明企业在经营过程中创造了财富；否则就是在毁灭财富。

（二）相对估值

1. 市盈率法（P/E）

市盈率又称价格收益比或本益比，是每股价格与每股收益之间的比率，其计算公式为

$$市盈率 = \frac{每股价格}{每股收益} = \frac{股票的市值}{净利润} \qquad (4-16)$$

公式中，作为分子的每股股价一般都是用考察日的价格，即当前价格。

市盈率模型在使用上更加简单，数据容易取得，通过价格和收益间的联系直观地反映了投入和产出的关系，同时也弥补了股息贴现模型的一些不足。首先，股息贴现模型没有考虑到不同行业公司的收益水平相差较大，而市盈率是股票价格与每股收益的比率，即单位收益的价格，所以市盈率模型可以直接用于不同收益水平的股票价格的比较；其次，股息贴现模型要求股票必须付息，而市盈率模型对于那些在某段时间内没有支付股息的股票同样适用。

但是，市盈率模型也有其自身的局限性：如果收益是负值，市盈率就失去了意义。另外，市盈率除了受企业本身基本面的影响之外，还受到整个经济景气程度的影响。在整个经济繁荣时市盈率上升，整个经济衰退时市盈率下降。

2. 市净率法（P/B）

市净率也称净资产倍率，是投资者判断某股票投资价值的重要指标。净资产倍数越小，说明股票的投资价值越高，股价的支撑越有保证。计算公式为

$$市净率 = \frac{每股市值}{每股净值} \qquad (4-17)$$

相对于市盈率，市净率在使用中有其特有的优点：第一，每股净资产通常是一个积累的正值，因此市净率也适用于经营暂时陷入困难的企业及有破产风险的公司。第二，统计学证明每股净资产数值普遍比每股收益稳定得多。第三，对于资产包含大量现金的公司，市净率是更为理想的比较估值指标。这样，市净率法尤其适用于公司股本的市场价值完全取决于有形账面

价值的行业,如银行、房地产公司。而对于没有明显固定成本的服务公司,账面价值意义不大。

3. 企业价值倍数

企业价值倍数反映的是股票价格和公司盈利之间的关系,也需要在可比公司之间比较,使用方法与市盈率基本相同。公式为

$$企业价值倍数 = \frac{企业价值}{税息折旧及摊销前利润} \quad (4-18)$$

企业价值 = 股票市值 + 有息负债市值 − 现金和短期投资

税息折旧及摊销前利润 = 息税前利润 + 折旧 + 摊销

企业价值倍数与市盈率等相对估值法指标的用法一样,企业价值倍数用企业价值(EV)代替市盈率中的股价,用税息折旧及摊销前利润(EBITDA)代替市盈率中的每股净利润。倍数相对于行业平均水平或历史平均水平较高,说明高估,反之则是低估。不同行业或板块有不同的估值(倍数)水平。

企业价值倍数较市盈率具有明显优势:首先,由于企业价值倍数不受所得税率不同的影响,使得不同国家和市场的上市公司估值更具可比性;其次,企业价值倍数不受资本结构不同的影响,公司对资本结构的改变都不会影响估值,同样有利于比较不同公司估值水平;最后,企业价值倍数排除了折旧摊销这些非现金成本的影响(现金比账面利润重要),可以更准确地反映公司价值。但企业价值倍数更适用于单一业务或子公司较少的公司估值,如果业务或合并子公司数量众多,需要做复杂调整,有可能会降低其准确性。

4. 每用户平均收入

每用户平均收入(average revenue per user,ARPU)注重的是一个时间段内运营商从每个用户所得到的利润。从运营商的运营情况来看,高端的用户越多,ARPU 越高,即 ARPU 值高,说明运营商利润高、效益好。对于有线电视的运营商或者互联网公司等靠用户数量的拓展来增加收入的公司来说,每个注册用户的 ARPU 值是评估股票价值的重要参考标准。

第三节 资本市场金融工具——债券

➤ 一、债券的起源

债券是证券市场的重要工具。债券发展到今天,经历了漫长的历史过程。

公债券是历史上最早的债券形态之一,它在奴隶制时代就已经产生。据有关文献记载,公元前 4 世纪,希腊和罗马就出现了国家向商人、高利贷者和寺院借债的情况。在封建社会,公债得到进一步的发展,许多封建主、帝王和共和国每当遇到财政困难特别是发生战争时便发行公债,当时公债券还常常被用来缴纳租税。12 世纪末期,在当时经济最发达的意大利城市佛罗伦萨,政府曾向金融业者募集公债。15 世纪末 16 世纪初,美洲新大陆被发现,欧洲去往印度的航路开通,世界市场进一步扩大。为进行战争,争夺海外市场,荷兰、英国等竞相发行公债,筹措资金。美国在独立战争时期,曾发行多种中期债券和临时债券,这些债券的发行和交易,形成了美国最初的证券市场。19 世纪 30 年代开始,美国各州大量发行州际债券,外国资本尤其是英国资本大量流入。19 世纪末到 20 世纪,欧美资本主义各国相继进入垄断阶段,为

确保原料来源和市场,建立、巩固殖民统治,加速资本的积聚和集中,股份公司大量发行公司债,并不断创造出新的债券种类,形成了多样化的债券体系。

我国首次发行的债券,是1894年清政府为支付甲午战争军费的需要,由户部向官商巨贾发行的,当时称作"息借商款",发行总额为白银1100多万两。甲午战争后,清政府为交付赔款,又发行了公债,总额为白银1亿两(当时称"昭信股票")。自清政府开始发行公债以后,旧中国历届政府为维持财政平衡都发行了大量公债。从北洋政府到蒋介石政府先后发行了数十种债券。

新中国成立后,我国中央人民政府曾于1950年1月发行了人民胜利折实公债,实际发行额折合人民币为2.6亿元,该债券于1956年11月30日全部还清本息。1954年,我国又发行了国家经济建设公债,到1955年共发行了5次,累计发行39.35亿元,至1968年全部偿清。此后20余年内,我国未再发行任何债券。1981年,为平衡财政预算,财政部开始发行国库券。

中国债券市场从1981年恢复发行国债开始至今,经历了曲折的探索阶段和快速的发展阶段,正日益走向成熟和壮大。1983年我国开始启动企业债发行,2005年开始发行首批短期融资债券,2007年发行了第一个公司债长江电力,2008年发行首批中期票据。

目前,我国债券市场形成了银行间市场、交易所市场和商业银行柜台市场三个基本子市场在内的统一分层的市场体系。在中央国债登记结算有限公司(简称CDC)实行集中统一托管,又根据参与主体层次性的不同,相应实行不同的托管结算安排。

➢ 二、债券的概念与特征

(一) 债券的概念

债券是指债券发行人为筹措资金,依照法定程序发行,向投资者出具的,承诺按票面标明的面额、利率、偿还期等给付利息并到期偿还本金的有价证券。债券的发行人是借入资金的经济主体,债券的购买者(即投资者)是出借资金的经济主体,债券反映了发行者和投资者之间的债权、债务关系,是这一关系的法律凭证。

(二) 债券的特征

债券具有偿还性、流动性、安全性、收益性等特征。

债券一般都规定偿还期限,偿还性是指债券到期时发行人必须按约定条件偿还本金并支付利息的特征。

流动性是指债券在偿还期限到来之前,可以在证券市场上自由流通和转让。

债券的安全性体现在两个方面:一是债券的利率一般是固定的,即使是浮动利率债券一般也有一个预定的最低利率界限,以保证投资者在市场利率波动时免受损失,因此债券的收益较稳定;二是公司破产时,债券持有人享有优先于股票持有人的公司剩余资产索取权。当然这种安全性也不是绝对的,只是相对意义上风险较小。

债券的收益性也体现在两个方面:一是债券可以给投资者带来一定的利息收入;二是投资者可以利用债券价格的变动赚取买卖的差额。

债券是标准化的借据。债券本质上只是借款的凭证(借据),但一般的借据是个性化的,因此不可转让,但债券是一种非个性化(标准化)的借据。金融工具的首要条件是标准化。债券反映的仍是债权债务关系,借款人出具债务凭证是向很多不知名的投资者借钱,因此,每个人的条件都是标准化的,格式相同、内容相同、责任义务相同——这样债券才具有可分割、可转让的特征。

债券区别于股票的特性:①收益固定;②有限的期限,因此要归还本金;③是债权债务关系,无权参与公司的内部管理,是外部人(股东是内部人),不摊薄股东权益。债权人让渡了一定时间的资金使用权。

债券与存款的区别:①债券是直接融资而存款是间接融资,因此它们的变现对象是不同的;②提前变现的方式不同,债券可以在二级市场上转让,而一般的定期存款是没有二级市场可以转让的。

此外,债券还可有是否可以提前赎回、税收待遇、流通性等方面的规定。

三、债券的分类

经过40多年的发展,中国已基本形成门类基本齐全、品种结构较为合理、信用层次不断拓展的债券市场。

(一)按照发行主体划分

根据发行主体的不同,债券可分为政府债券、中央银行票据、政府支持机构债券、金融债券、企业信用债券、资产支持证券、熊猫债券和同业存单。

1. 政府债券

政府债券包括国债和地方政府债券。

(1)国债。国债的发行主体是中央政府。国债具有最高信用等级,由财政部具体进行发行操作,分为记账式国债和储蓄国债。

记账式国债通过中央结算公司招标发行,在中央结算公司总托管。目前贴现国债有91天、182天、273天三个品种,附息国债有1年、2年、3年、5年、7年、10年、15年、20年、30年、50年期等品种。

储蓄国债通过商业银行柜台面向个人投资者发行,分为凭证式和电子式,其中电子式储蓄国债在中央结算公司总托管。

(2)地方政府债券。地方政府债券的发行主体是地方政府。地方政府债券分为一般债券和专项债券;其通过中央结算公司招标或承销发行,在中央结算公司总托管;目前有1年、2年、3年、5年、7年、10年、15年、20年、30年等不同期限品种。自2019年起,地方政府债券可在商业银行柜台发行。

2. 中央银行票据

中央银行票据,其发行主体为中国人民银行,是为调节货币供应量面向商业银行(一级交易商)发行的债务凭证。期限一般不超过1年,但也有长至3年的品种。中央银行票据通过央行公开市场操作系统发行,在中央结算公司托管。

3. 政府支持机构债券

一般地,政府支持机构债券通过中央结算公司发行,主要在中央结算公司托管。

(1)中国铁路建设债券。中国铁路建设债券简称铁道债,其发行主体为中国国家铁路集团有限公司(前身为铁道部),由发展改革委核准发行。

(2)中央汇金债券。中央汇金债券的发行主体为中央汇金投资有限责任公司,经央行批准发行。

4.金融债券

一般地,金融债券通过中央结算公司发行,在中央结算公司托管。

(1)政策性金融债券。政策性金融债券的发行主体为开发性金融机构(国家开发银行)和政策性银行(中国进出口银行、中国农业发展银行)。近年来,政策性金融债券加大创新力度,推出扶贫专项金融债、"债券通"绿色金融债等品种,试点弹性招标发行。政策性金融债券已在商业银行柜台交易,其中,国开债在柜台已实现常规化发行。

(2)商业银行债券。商业银行债券的发行主体为境内设立的商业银行法人。商业银行债券分为一般金融债券、小微企业贷款专项债、"三农"专项金融债、次级债券、二级资本工具、无固定期限资本债券等品种。

(3)非银行金融债券。非银行金融债券的发行主体为境内设立的非银行金融机构法人。非银行金融债券包括银行业金融机构发行的财务公司债券、金融租赁公司债券、证券公司债券、保险公司金融债和保险公司次级债。

5.企业信用债券

(1)企业债券。企业债券的发行主体为企业,2023年前是经发展改革委注册后发行。发展改革委指定相关机构负责企业债券的受理、审核,其中,中央结算公司为受理机构,中央结算公司、银行间市场交易商协会为审核机构。企业债券通过中央结算公司发行系统发行,在中央结算公司总登记托管。2023年3月,根据《国务院机构改革方案》,由证监会统一负责公司(企业)债券发行审核工作。

下面重点介绍几种常见的企业债券:

①中小企业集合债券。中小企业集合债券是企业债券的一种,由牵头人组织,发债主体为多个中小企业所构成的集合。发行企业各自确定发行额度分别负债,使用统一的债券名称,统收统付。期限一般为3~5年。

②项目收益债券。项目收益债券是企业债券的一种,发行主体为项目实施主体或其实际控制人,债券募集资金用于特定项目的投资与建设,本息偿还资金完全或主要来源于项目建成后的运营收益。

③可续期债券。可续期债券是企业债券的一种,发行主体为非金融企业,在银行间债券市场发行。无固定期限,嵌入发行人续期选择权,具有混合资本属性。

(2)非金融企业债务融资工具。非金融企业债务融资工具在交易商协会注册发行,发行主体为具有法人资格的非金融企业,在上清所登记托管。

(3)公司债券。公司债券发行主体为上市公司或非上市公众公司,在中证登登记托管。

(4)可转换公司债券。可转换公司债券发行主体为境内上市公司,在一定期间内依据约定条件可以转换成股份,在中证登登记托管。

(5)中小企业私募债券。中小企业私募债券发行主体为境内中小微型企业,在中证登登记托管。

6.资产支持证券

资产支持证券包括信贷资产支持证券和企业资产支持证券。

(1)信贷资产支持证券。信贷资产支持证券发行主体为特定目的信托受托机构(信托公司),代表特定目的信托的信托受益权份额。受托机构以因承诺信托而取得的银行业金融机构的信贷资产(信托财产)为限,向投资机构支付资产支持证券收益。信贷资产支持证券在中央结算公司登记托管。

(2)企业资产支持证券。企业资产支持证券发行主体为券商,以券商集合理财计划形式出现,基础资产为信贷资产以外的其他资产、收费权等,在中证登登记托管。

7.熊猫债券

熊猫债券是境外机构在中国境内发行的人民币债券,这些境外机构包括主权类机构、国际开发机构、金融机构和非金融企业等。

8.同业存单

同业存单是存款类金融机构法人在银行间市场上发行的记账式定期存款凭证,是货币市场工具。同业存单采用电子化方式通过外汇交易中心公开或定向发行,投资和交易主体为同业拆借市场成员、基金管理公司及基金类产品,在上清所登记托管。同业存单可分为固定利率存单和浮动利率存单,固定利率存单期限包括1个月、3个月、6个月、9个月和1年,浮动利率存单期限包括1年、2年和3年。

(二)按照付息方式划分

根据付息方式的不同,债券可分为零息债券、贴现债券、固定利率附息债券、浮动利率附息债券、利随本清债券等。

(1)零息债券:低于面值折价发行,到期按面值一次性偿还,期限在1年以上。

(2)贴现债券:低于面值折价发行,到期按面值一次性偿还,期限在1年以内。

(3)固定利率附息债券:发行时标明票面利率、付息频率、付息日期等要素,按照约定利率定期支付利息,到期日偿还最后一次利息和本金。

(4)浮动利率附息债券:以某一短期货币市场参考指标为债券基准利率并加上利差(发行主体可通过招标或簿记建档确定)作为票面利率,基准利率在待偿期内可能变化,但基本利差不变。

(5)利随本清债券:发行时标明票面利率,到期兑付日前不支付利息,全部利息累计至到期兑付日和本金一同偿付。

(三)按照币种划分

根据不同币种,债券可分为人民币债券、外币债券和特别提款权债券(SDR债券)。

(1)人民币债券。人民币债券是以人民币计价的债券,包括境内机构发行的人民币债券和境外机构发行的熊猫债券,占中国债券市场的绝大部分。

(2)外币债券。外币债券是境内机构在境内发行的以外币计价的债券,经人民银行批准发行。目前仅有零星的境内美元债券,大部分在中央结算公司托管。

(3)SDR债券。SDR债券是以特别提款权(SDR)计价的债券。2016年8月世界银行在中国银行间市场发行5亿以人民币结算的SDR债券,后续预计将有更多中资机构和国际组织参与发行。

(四)按照债券发行所在地划分

根据债券发行所在地,债券可分为国内债券和国际债券。

1. 国内债券

国内债券是指本国政府、企业等机构在本国发行的债券。

2. 国际债券

国际债券是指本国发行者在本国以外发行的债券。

国际债券一般分为外国债券与欧洲债券两类。

外国债券是由债券销售所在国之外的另一国的筹资者发行的债券,且债券以销售国的货币为单位。例如,一家中国公司在美国出售以美元为计量单位的债券,就被认为是外国债券。常见的如扬基债券、武士债券和龙债券等都属于外国债券。这些债券受到销售国货币当局的监管。

扬基债券(Yankee bonds)是在美国债券市场上发行的外国债券。即美国以外的政府、金融机构、工商企业和国际组织在美国国内市场发行的、以美元为计值货币的债券。"扬基"一词英文为"Yankee",意为"美国佬"。由于在美国发行和交易的外国债券都是同"美国佬"打交道,故名扬基债券。美国政府对其控制较严,申请手续远比一般债券烦琐。发行者以外国政府和国际组织为主。投资者以人寿保险公司、储蓄银行等机构为主。

武士债券(samurai bonds)是在日本债券市场上发行的外国债券,是日本以外的政府、金融机构、工商企业和国际组织在日本国内市场发行的以日元为计值货币的债券。"武士"是日本古时的一种很受尊敬的职业,后来人们习惯将一些带有日本特性的事物同"武士"一词连用、"武士债券"也因此得名。我国金融机构进入国际债券市场就是从发行武士债券开始的。1982年1月,中国国际信托投资公司在日本东京发行了100亿日元的武士债券,1984年11月,中国银行又在日本东京发行了200亿日元的武士债券。

龙债券(dragon bonds)是以非日元的亚洲国家或地区货币发行的外国债券。龙债券是东亚经济迅速增长的产物,从1992年起,龙债券得到了迅速发展。龙债券在亚洲地区(中国香港或新加坡)挂牌上市,其典型偿还期限为3~8年。龙债券对发行人的资信要求较高,一般为政府及相关机构。龙债券的投资人包括官方机构、中央银行、基金管理人及个人投资者等。

欧洲债券(Euro bonds)是一国政府、金融机构、工商企业在国外债券市场上以第三国货币为面值发行的债券。例如,法国一家机构在英国债券市场上发行的以美元为面值的债券即是欧洲债券。欧洲债券的发行人、发行地以及面值货币分别属于三个不同的国家。

外国债券与欧洲债券的比较如表4-2所示。

表4-2 外国债券与欧洲债券比较

债券	发行者	发行地	货币
外国债券	外国筹资者	本国	本国货币
欧洲债券	外国筹资者	本国	外国货币

(五)根据其他标准分类

债券的分类方式很多,除以上分类方式外,根据其他标准,还有多种分类方式。本书列举一部分主要的分类,具体如表4-3所示。

表 4-3 债券根据其他标准分类

债券名称	分类依据	定义/特点
无记名实物券	按记名与否	无记名实物券:票面样式为传统纸币式,票面不记名,不可挂失
实名制记账式		实名制记账式:票面样式为记账凭证式,票面记名并可挂失
折扣发行债券	按照债券票面额与发行价格的关系	折扣发行债券:发行价格低于票面额的债券
平价发行债券		平价发行债券:发行价格等于票面额的债券
溢价发行债券		溢价发行债券:发行价格高于票面额的债券
短期债券	按发行期限	短期债券:债券的发行期限为1~3年
中期债券		中期债券:债券的发行期限为3~7年
长期债券		长期债券:债券的发行期限为7年以上
固定利率债券	按利率形式	固定利率债券:债券存续期内利率不变
浮动利率债券		浮动利率债券:债券存续期内利率随基准利率变化
混合创新品种		混合创新品种:将固定利率和浮动利率方案进行混合,或加入其他选择权
有担保债券	按担保性质	有担保债券:指以特定财产作为担保品而发行的债券
无担保债券		无担保债券:不提供任何形式的担保,仅凭筹资人信用发行的债券
质押债券		质押债券:以其他有价证券作为担保品所发行的债券
抵押债券	按照债券是否有抵押	抵押债券:即指以规定的足额资产作为还本付息保证的债券
无抵押债券		无抵押债券:即指无资产抵押的债券
可赎回债券	按内含选择权	可赎回债券:允许发行公司选择在到期前的特定时间以约定价格购回部分或全部债券
可转换债券		可转换债券:赋予债券持有人按预先确定的比例将债券转换为该公司的普通股的选择权
可延期债券		可延期债券:赋予投资者在债券到期日选择继续持有债券、延长债券到期期限的权利
带认股权证的债券		带认股权证的债券:公司把认股证作为合同的一部分附带发行
偿还基金债券		偿还基金债券:要求发行公司每年从盈利中提存一定比例存入信托基金,定期偿还本金,即从债券持有人手中回购一定量的债券
实物债券	按债券形态	实物债券:一种具有标准格式实物券面的债券
凭证债券		凭证债券:债权人认购债券的一种收款凭证,而不是债券发行人制定的标准格式债券
记账债券		记账债券:没有实物形态的债券,只在电脑账户中做记录
公募债券	按募集方式	公募债券:按法定程序,经有权机构审批审核批准后在市场上公开发行的债券
私募债券		私募债券:向特定对象发行的债券

四、债券的票面要素

债券作为一种标准化、规格化的债务凭证,在其票面上以简洁明确的文字来说明持有者所拥有的权利和义务,其票面上的基本要素一般应包括以下内容。

(一)债券发行者名称

这一要素指明了该债券的债务主体,也为债权人到期追索本金和利息提供了依据。

(二)债券的票面金额

在债券的票面金额处理上,除了要标明该债券面额的计量币种以适应不同地区、不同投资的需求之外,票面金额的设计还应考虑适销性。票面金额的大小不同可以满足不同层次的投资者,票面金额大,有利于大额资金认购,但小额资金无法参与;而票面金额小,有利于小额资金投资,但债券本身印刷和发行工作量大,费用可能较高。因此,为了保证筹资成功,一些发行量大的债券在一次发行时,制定有不同面额的债券,以适应不同层次的投资者。债券面额多大并无一定之规,有100元的,也有1000元甚至上万元的。对于投资人来说,债券面额意味着未来可以收回的确定金额。

(三)债券的票面利率、利息支付方式和支付时间

债券利率是以每年支付的利息和票面金额的百分比表示的,其利率形式有单利和复利。贴现发行的债券未注明利率,但其发行价与票面金额的差额,仍然可以换算成发行时的实际利率。利息的支付方式有两种,即到期一次付息和分期付息。如果是分期支付利息,则要注明每次付息日期。债券利率的高低受制于多种因素,一般情况下,债券的期限长、信用级别低、发行债券时市场利率高等因素都会导致债券利率定价较高。

(四)债券的还本期限和方式

除了个别国家发行的永续国债外,债券通常都有期限,还本期限是指债券从发行日到存续期满止开始还本的时间。不同的债券有不同的还本期限,短则2至3个月,长则30至40年。不同的还本期限,既可以满足发行者对不同期限资金的需求,同时也可满足认购者的投资需求。还本方式是指到期一次偿还,还是期中偿还或是展期偿还。短期债券大多是到期一次偿还,中长期债券常采用其他还本方式,其目的是吸引投资者,并减轻筹资者到期的付息压力。

(五)债券是否记名和流通

如果是记名债券,应载明债券持有人的姓名或名称、挂失方法以及受理机构等。对于可上市流通的债券,应说明可参与流通的起始日、流通的方法以及办理转让的受理机构,记名债券的转让还应说明办理转让过户的手续及有关机构。

(六)赎回条款

大多数公司债券的债券契约中包含赎回条款。"赎回"的意思是,发行公司有权在债券未到期以前赎回(redeem)一部分在外流通的债券。一般情况下,规定债券在发行后的前若干年不能赎回。赎回的价格要比面值高一些,叫作赎回溢价(call premium),大约为面值的3%至10%。赎回条款在市场利率较低的时候是最有用的。这时,公司行使其赎回权利可以收回原来利息成本较高的时候发行的旧债,用较低利率另行发行新债。这样公司就可以减轻债息负担。

(七)偿债基金

债券契约里通常有要求发行公司建立偿债基金(sinking fund)的条款。该条款要求债务人每年或每半年提出一笔钱存入基金,用以在债券到期时支付本金和利息。通常,这笔钱都按期交给受托管理人。偿债基金是对投资者权益的一种保护,可以在一定程度上保证公司能够按期支付本息。

(八)其他事项

其他事项有债券可转换债券的转换条件、购买债券的优惠条件等。

以上条件构成了债券票面的基本要素,除此之外,有些要素如发行日期、审批单位的批号等,不一定在实际债券的票面上反映,而通过发行公告等形式公布于众。

➢ 五、债券的定价

(一)基于现金流贴现法的债券定价

现金流贴现法(discounted cash flow method,DCF),又称收入法或收入资本化法。其主要原理是认为任何资产的内在价值(intrinsic value)取决于该资产预期的现金流的现值。即

$$V_0 = \frac{C_1}{(1+i_1)} + \frac{C_2}{(1+i_2)^2} + \cdots + \frac{C_n + F}{(1+i_n)^n}$$

式中:V_0 为债券的现值(内在价值)或理论价值;C_n 为第 n 期债券的利息;F 为债券的面值(face value);i_n 为 n 期的即期利率。

为简化讨论,假设只有一种利率适合于任何到期日现金流的折现(即利率期限结构为平坦式),固定收益证券具有相同的息票支付 C(coupon payoff)和到期时支付本金 F,所以其理论价值为

$$V_0 = \sum_{t=1}^{n} \frac{C}{(1+i)^t} + \frac{F}{(1+i)^n}$$
$$= C\left[1 - \frac{1}{(1+i)^n}\right]\Big/i + \frac{F}{(1+i)^n}$$
$$= C\left[\frac{1}{i} - \frac{1}{(1+i)^n \cdot i}\right] + F\frac{1}{(1+i)^n}$$

(二)债券定价的应用

1. 贴现债券

贴现债券,又称为零息债券,是指债券发行时没有规定票面利率,按预定的折现率,以低于债券票面金额的价格发行的债券。债券在持有期内没有票息支付,债券持有人在债券到期日获得票面金额,债券持有人投资所应得的利息就是购买价与到期票面金额之间的差额。根据收入资本化法,贴现债券的价格是在整个债券偿还期内所有现金流的现值,即为到期票面金额的现值。贴现债券的价格公式为

$$P = \frac{F}{(1+i)^n}$$

式中:P 是债券的价格或内在价值;F 是面值;i 是折现率或期间利率;n 为债券到期年数。

2. 直接债券

直接债券(level-coupon bond)是指债券发行时,确定了债券的票面金额、偿还期和票面利率,债券按期偿还本息。直接债券的利息偿还可以分期,也可以到期一次性偿还。直接债券不能转换为公司的股票。直接债券的价格也是整个债券偿还期内所有现金流的现值,即由半年息票利息支付的现值和到期的票面金额的现值两部分相加来得到。直接债券的价格按照下列公式计算:

$$P = \sum_{t=1}^{n} \frac{C}{(1+i)^t} + \frac{F}{(1+i)^n}$$

式中:P 是债券的价格或内在价值;C 每年的利息支付;F 是面值;i 是折现率或期间利率;n 为债券到期年数。

3. 统一公债

统一公债是指没有规定偿还期的债券,债券持有人定期的、无期限的、按固定的利息率获得债券利息。统一公债通常由政府发行。与股票的偿还性相似,债券持有人不能要求偿还本金。根据收入资本化法,统一公债的价格是所有利息收入的现值。统一公债的价值的计算公式如下:

$$P = \sum_{t=1}^{n} \frac{C}{(1+i)^t} = \frac{C}{i}$$

式中:P 是债券的价格或内在价值;C 每年的息票利息支付;i 是折现率或期间利率;n 为债券到期年数。

(三) 债券的收益率

债券收益率是影响债券价格的重要因素,通常可以用以下几个指标衡量。

1. 息票率

息票率(coupon rate)是在发行证券时,证券发行人同意支付的协议利率,通常出现于中长期企业债券与政府债券中。只有在满足以下情况的时候,才能够用息票率来衡量债券的收益率:①投资者以等于证券的面值的价格买进证券;②投资者按时完成承诺的全部付款;③投资者按照债券面值变现债券。

但固定息票债券价格随市场波动,很少按照面值出售。若息票率大于市场利率,债券溢价发行;反之,折价发行;最终债券的价格收敛到面值。所以息票率不是债券收益率的一个合适的衡量指标。

2. 当前收益率

当前收益率(current yield)是按息票率计算所得的债券每一计息周期利息收入除以当前债券市场价格的比率,用以衡量投资于债券的当期回报率。

【例 4-2】 某面值为 1000 元的债券当前的市场价格为 1010 元,若该债券的票面利率为 2.1%,还有 1 年到期,每年付息 1 次,则其当前收益率为

$$\frac{21}{1010} \times 100\% = 2.08\%$$

对于溢价债券,票面利率>当前收益率>到期收益率。因为到期收益率考虑了资本损失,故其值小于当前收益率。

3. 到期收益率

到期收益率(yield to maturity)是使债券未来支付的现金流之现值与债券价格相等的折现率，体现了自购买日至到期日所有收入的平均回报率。

若已知债券当前购买价格 P_0，面值为 F，现在距离到期时间为 n 年，每年支付利息总额为 C，1 年内共分 m 次付息，则满足下式的 y 就是到期收益率。

$$P_0 = \frac{F}{(1+\frac{y}{m})^{mn}} + \sum_{t=1}^{mn} \frac{\frac{C}{m}}{(1+\frac{y}{m})^t}$$

若每半年支付一次利息，到期收益率 y 仍以年表示：

$$P_0 = \frac{F}{(1+\frac{y}{2})^{2n}} + \sum_{t=1}^{2n} \frac{\frac{C}{2}}{(1+\frac{y}{2})^t}$$

若每年付一次息，到期收益率 y 则满足以下公式：

$$P_0 = \frac{F}{(1+y)^n} + \sum_{t=1}^{n} \frac{C}{(1+y)^t}$$

到期收益率实际上就是内部报酬率(internal rate of return)或者是隐含收益率，在风险相同的条件下，到期收益率较高的债券有更高的投资价值。由于到期收益率的计算非常复杂，一般使用财务计算器进行计算。

注意，债券价格是购买日的价格，购买日不一定是债券发行日。到期收益率能否实际实现，取决于 3 个条件：

(1) 无违约（利息和本金能按时、足额收到）。
(2) 投资者持有债券到期：若此假设不成立则需要以持有期收益率来衡量。
(3) 收到利息能以到期收益率再投资：若此假设不成立，则需要用"已实现收益率来计量"。
收到利息能以到期收益率再投资：

$$P_0 = \sum_{t=1}^{n} \frac{C}{(1+y)^t} + \frac{F}{(1+y)^n} \Rightarrow P_0(1+y)^n = C(1+y)^{n-1} + \cdots + C(1+y) + C + F$$

若再投资收益率不等于到期收益率，则债券的利息的再投资收益必须按照实际的、已经实现的收益率计算，并在此基础上重新计算债券的实际回报。

到期收益率与债券投资决策：

由于到期收益率本质上是债券内部收益率，或者是隐含的收益率，通常将其与名义利率比较来获得投资信号：若 $y > i^*$，该债券的价格被低估，看多；若 $y < i^*$，则该债券的价格被高估，看空。

4. 持有期收益率

到期收益率考虑的是债券持有到期的情形，如果债券未持有到期则需要用另一种收益率来衡量，即持有期收益率。若债券价格为 P_0，付息周期为 n，且每年只付息一次，在第 $m(m \leqslant n)$ 期按 P_m 出售，则持有期收益率 h 为

$$P_0 = \sum_{t=1}^{m} \frac{C}{(1+h)^t} + \frac{P_m}{(1+h)^m}$$

由上式可以看出，到期收益率实际上是债券持有到期的持有期收益率。

六、债券的投资风险

(一)市场利率风险

债券价格与利率是反方向变化的,利率上升(下降),债券价格下降(上升)。对于一个打算持有债券直至到期的投资者来说,到期前的价格变化是不足以关心的;然而,对于一个可能在到期日之前卖掉债券的投资者来说,利率升高意味着现实资本损失。这种风险即是市场风险,或者说是利率风险,这是迄今为止投资者在债券市场所面临的最大风险。

通常习惯用国债的收益率水平来代表债券市场的收益。其他大多数固定收益债券通常与国债水平比较并被用来作为适当的国债收益率价差。在某种程度上,所有的债券的收益率是相互关联的,它们的价格随着国债利率的变化而变化。不同债券实际价格的大小取决于该债券不同的特性,例如息票、债券期权(例如看涨期权和看跌期权)。

(二)赎回风险

很多债券包含了一项允许发行人在到期日之前收回全部或部分发行债券的条款,即"赎回"。一旦在未来市场利率低于债券的票面利率,发行人通常保留有为债券再融资的权利。从投资者的角度上看,赎回权利有三个缺点:第一,一种可赎回债券的现金流模式是不确定的。第二,由于当利率下降的时候发行人可能会赎回债券,因此投资者将会面临再投资风险。也就是说,当债券的利率处在一个较低水平时投资者需要进行再投资。第三,债券潜在的资本增值会减少,因为可赎回债券的价格可能并不会上升到发行人愿意赎回债券时的价格。

许多企业债券、市政债券以及其他抵押债券多数嵌入了让债券持有人在到期日之前决定是赎回还是终止的选择权。虽然投资者通常能得到因为承担低价或高收益赎回的风险而带来的补偿,但是确定补偿是否充分并不是一件易事。总之,与不可赎回的债券相比,可赎回债券是完全不同的,其风险的大小取决于不同的赎回期的约定以及市场环境。

(三)违约风险

信用风险或者违约风险是指固定收益债券发行人违约(如发行人可能无法支付债券的本金和利息)的风险。信用风险的等级是由商业评级机构如穆迪投资服务公司、标普、惠誉等评级公司评估的。

因为风险的存在,大多债券也因此以低价或者收益率差价售出,例如美国国库券经常被认为不存在信用风险。除了较低的信用担保(投机级债券或高收益率债券或垃圾债券),投资者考虑更多的是能预见的信用风险变化和给定的信用风险水平下的实际违约成本。这是因为虽然一家发行公司的违约是极不可能发生的,但信用风险改变带来的冲击或市场传播需求的任何特定的风险水平都可能对债券价值产生直接影响。

(四)流动性风险

流动性风险(liquidity risk)是指在最近的一次交易中显示出实际价值之后,投资者不得不以低于实际价值的价格卖出证券。衡量流动性的基本方法是看投标价格和经销商卖价之间的差价大小,差价越大,流动性风险越大。

(五)突发事件风险

突发事件风险是指由于一些突然发生的事件使发债公司履行债务合约的能力产生了重大

的事先没有预料到的风险。这些突发事件包括突发的自然灾害、意外的生产经营事故和公司被重组或接管等。

(六)通货膨胀风险

通货膨胀风险是指与物价上涨有关的风险。当一个国家发生通货膨胀时,货币会贬值,这就导致债券到期现金流的现值下降,表现在二级市场上就是债券价格的不断下跌,债券持有人的利益会因此而受到损害。

(七)再投资风险

再投资风险是指投资者用投资公司债券所得的利息来投资于其他有价证券时,有可能招致资本损失的风险。因为现行的公司债券大多数是附息债券,所以公司债券的投资者基本上都面临着再投资风险。

(八)汇率风险

汇率风险是由于市场汇率变化所引起的债券价格变动的风险。当所持外国债券的币种贬值时,外国债券的价格会下跌;而当所持外国债券的币种升值时,外国债券的价格就会上涨。

从投资者的角度看,理解公司债券投资风险要把握三个基本规律:第一,公司债券收益的高低与债券发行者的风险直接相关;第二,所有不同风险类别的公司债券的收益率,一般都是一起同方向变动,同时达到顶点或底点;第三,对于具有相同风险、相同期限的一类公司债券,其价格与现行市场利率呈反方向变动关系。

第四节 资本市场金融工具——投资基金

➤ 一、投资基金概述

(一)投资基金的概念

投资基金是信托投资工具之一,它通过对外发行受益凭证或股份来吸纳社会闲散资金,汇集的资金交理财专家管理,即按基金设立的宗旨在证券市场上进行分散投资,以最小的风险来获得较高的投资回报,并将收益按投资者的比例进行分配的一种间接投资方式。

(二)投资基金的特点

投资基金作为一种证券市场的间接投资工具,之所以得到快速发展,并广为投资者欢迎,是与它本身的特点分不开的。

1.小额投资、集腋成裘

投资基金通过发行受益凭证或股票来汇集资金,有效、充分地调动了社会闲散资金。一方面,基金发行规模大,开放式基金甚至不受发行规模的限制,这样可充分满足投资者的投资需求。另一方面,基金对每一份额投资金额的起点要求低,而投资收益则以基金单位份额为基础进行分配,这样有利于小额投资者的参与,并由此享受到通常只有大额投资者才能获得的规模经营效益。

2.费用较低、收益较高

投资基金的费用是指基金管理费用和销售费用。管理费用的大小决定了销售费用的高低。基金管理费用的一部分是买卖有价证券的交易费用。在国外,大多数成熟的证券市场取消了固定佣金制,经纪商收取的佣金随交易额反向变动。一般地,基金的证券交易数额较大,往往可以享有较大的优惠。这使得单位基金分担的佣金支出非常有限,从而降低了基金的管理费用和销售费用,提高了单位基金的收益率。

基金投资是一项较长期限的投资,由于基金的专业化管理,若从一个较长期限内考察,基金获利的稳定性较好,这使基金的长期投资收益率保持了较高的水平。

3. **信息公开、专家管理**

为了迎合各种投资者不同的理财需求,产生了有着不同投资目标的基金,这些投资基金在设立时都会公布基金的投资政策或宗旨,透明度极高,这便于投资者根据自己的情况来选择合适的基金。基金的信息公开还体现在:基金管理机构定期公布基金的净资产变动以及投资比重、投资组合,这可帮助投资者及时掌握基金的运作情况,从而做出投资选择。

投资基金投资目标的实施借助于专业化的管理队伍,即专家管理。这些专业管理人员通常都具有良好的心理素质、丰富的证券投资经验;都受过良好的专业培训,掌握并熟练运用各种先进的分析手段;都与证券市场关系密切,能及时获取第一手市场信息。专家管理也可能出现分析失误而导致投资失败,但从长期看,其失误率明显比一般投资者要低,因此,长期投资回报率是比较稳定的,对于没有时间或缺少专业知识的中小投资者来说,投资于基金,就等于拥有了在市场经验专业知识及获取信息等方面的优势,从而避免了个人投资的盲目性。

4. **运作安全、风险分散**

为了保证信托资产的安全性,各国都立法规定:一个合格的基金必须做到资本运作权和资产保管权相分离。通常,基金经理公司负责基金的日常管理,不直接经手基金资产;基金保管公司则负责基金资产的保管,即以保管公司的名义开设账户,并接受基金经理公司的指令来处理和保管基金资产,其没有独立处分权。双方相互牵制的机制保证了信托资产的安全,从而避免了基金运作时资产流失的风险。

在进行证券投资时,如把资金集中投向少数几个证券,一旦失误,资产损失很大。基金采用组合投资来分散风险,手中经常持有十几家公司的股票,这一方面是受有关基金法的限制,如我国规定基金持有一家上市公司的股票,不能超过其基金净资产的10%;另一方面的原因是,科学地分散投资可抵消各个证券的非系统性风险,使基金收益趋于稳定。因此,基金的出现,使无能力进行合理选择、分散投资的小额投资者,有了规避投资风险的可能。

5. **流动性强、变现风险小**

投资基金的流动性不亚于股票,无论是买入或卖出基金份额,手续都非常简便,交易快速。通常,封闭式基金可在证券交易所内进行买卖;而开放式基金,基金经理公司每天都公开买入价和卖出价,投资者随时都可以按价买卖,变现风险很小。变现风险小的另一方面是指买卖基金份额时,价格波动小。开放式基金由于是指定价格交易,基本无价格变动风险;而封闭式基金大多发行规模大,单位价格较低,市场交投较活跃。在正常情况下,即使进行大额基金份额的交易,其对市场价格的影响也微乎其微,不会造成价格上的巨大变动从而影响投资者的最终收益。

(三)投资基金的功能

作为投资者与融资者之间的中介,投资基金对于资本市场的发展起着重要的作用,主要表现在以下几个方面。

1. 拓宽了中小投资者参与资本市场的投资渠道

中小投资者由于资金的规模较小、获得的信息很少、交易的成本过高,只能投资于很少量的证券并且投资收益通常较差,而证券投资基金将中小投资者的资金汇集起来,交由专业的管理机构进行组合投资,为中小投资者拓宽了投资渠道。

2. 促进了证券市场的稳定与发展

证券投资基金的投资由专业投资机构进行管理和运作,他们可以进行深入的研究和分析,投资行为更加理性,可以提高证券市场的效率,实现资源的有效配置,抑制市场的过度投机,促进市场的稳定和发展。

3. 促进了国民经济的增长

证券投资基金将社会上的闲散资金汇集起来投资于证券市场,扩大了直接融资的比例,将储蓄资金转化为生产资金,为企业的发展提供了重要的资金来源,促进了国民经济的增长。

4. 推动了资本市场的国际化

随着金融全球化的进一步发展,资本市场是无法完全封闭的,在境外有限制地发售基金份额,既可以将吸引的外资投资于境内,又可以限制境外资金的投机行为,从而推动资本市场的国际化。

二、投资基金的分类

按照不同的标准来划分,投资基金可分为不同的种类,具体如下。

(一) 契约型基金和公司型基金

按照基金组织形式的不同,可把基金分为契约型基金和公司型基金。这种分类方法是基金分类中最主要的一种,它分别代表了基金发展过程中,在基金组织管理形式上两种不同的潮流,即英国模式和美国模式。

1. 契约型基金

契约型基金起源于英国,目前英国及英联邦国家的基金大多数是这种类型。契约型基金是在一定的信托契约的基础上进行的代理投资行为。契约型基金由三方当事人组成。

其一,委托人(即基金经理公司)。委托人作为基金的发起人来设定基金的类型,与保管人签订信托契约,以发行受益凭证的方式对外募集资金,并根据信托契约的要求把所筹资金交受托人保管,同时运用信托资产进行证券投资。

其二,受托人(即信托公司或银行)。受托人根据信托契约来管理信托资产,在银行开设独立账户,接受委托人的指令来办理证券买卖中的钱券清算、过户等。

其三,受益人(即投资者)。受益人通过购入基金受益凭证而成为信托契约的第三方,有权要求按其投资比例来分享投资收益。

2. 公司型基金

公司型基金是依据公司法而组建的、专门进行证券投资、以营利为目的的股份有限公司形式的基金,其特点是基金本身是股份制投资公司。美国的投资基金大多数是公司型基金,又称投资公司。公司型基金由一些银行、证券公司、信托公司等机构作为发起人,设定基金的类型,对外发行股份,发起人常通过持有一定比例的股份来控制投资公司。因此,在公司创立大会后,原发起人往往以公司董事的身份参与公司管理。

3. 契约型基金和公司型基金的区别

契约型基金和公司型基金的主要区别有以下几个方面：

第一，两者主体资格不同。公司型基金的主体为投资公司，具有法人资格；而契约型基金无法人资格。

第二，两者发行的证券种类不同。公司型基金发行的是投资公司的股份，是代表着公司资产所有权的凭证；而契约型基金发行的是基金受益凭证，是有权享有收益的证明。

第三，投资者的地位不同。公司型基金中，投资者是以公司股东的身份出现，有权享有股东的一切权益；而契约型基金中，投资者则以基金受益人的身份出现，有收益分配权，却无法参与基金事务的经营管理。

第四，基金运作的依据不同。在信托资产的运作上，公司型基金依据公司章程的有关条款，而契约型基金则依据签订的信托契约。

（二）开放式基金和封闭式基金

根据基金是否可赎回，可把各种不同种类的基金分为开放式基金和封闭式基金。

1. 开放式基金

开放式基金是指基金设立时不固定基金单位总额的一种基金类型。基金管理者可根据投资的需要或投资者的需要来进行追加发行，投资者也可根据自己的需要，要求发行机构回购股份或受益凭证。开放式基金的发行规模随投资者的需求经常变动，如基金经营有方，其规模会迅速扩大，反之，其规模会日益缩小。为防范出现投资者潜在的集中性的变现要求所造成的挤兑，开放式基金总拿出基金资产中的一定比例的现金作为准备金。

2. 封闭式基金

封闭式基金是指基金设立时规定基金单位的发行总额，一旦完成了发行计划就封闭起来，不再追加发行量的一种基金类型。封闭式基金发行规模是固定的，发行单位也不回购已发行在外的股份或受益凭证。为了方便投资者变现，此类基金都可上市交易，交易价格由市场供需水平来决定。

3. 开放式基金和封闭式基金的区别

开放式基金和封闭式基金的主要区别如下。

第一，基金发行份额不同。开放式基金发行规模不受限制，其发行在外基金份额随基金的业绩、投资者需求的变动而变动；封闭式基金的发行份额受基金规模的限制，在基金存续期间是固定不变的。

第二，基金期限不同。开放式基金不设定存续期限，只要基金本身不破产就可以永存下去；封闭式基金一般都设存续期限，一旦期满，即刻清盘，对基金的剩余资产按持有份额的比例分配给持有者。通常，在受益人一致要求下，并经有权机构同意，封闭式基金可适当延长期限，甚至转为开放基金。

第三，基金持有者的变现方式不同。在开放式基金发行期结束一定时间后，销售机构会每天公布基金的买入价和卖出价。投资者随时都可以根据自己的需要按照公布的价格来增持或减持基金份额。由于交易价是以基金的净资产值价为基准价，因此，开放式基金的价格不受供需关系的影响。而封闭式基金在封闭式期间不能赎回，只能选择在流通市场上变现，其市场价格较易受供求的影响，价格变动较大。

第四，基金的投资方式不同。开放式基金因受到持有者随时赎回基金份额的影响，需准备一定的现金以备不测之需,故不可能拿出全部基金来做投资。而封闭式基金在封闭期间不许赎回,因此可拿出全部基金用作证券投资。

第五,基金的再筹资方式不同。开放式基金的发行规模不固定,可以通过增发基金份额来筹措资金。封闭式基金受基金规模固定的限制,不能增发基金份额来追加筹资。但在资金短缺时,一般可通过发行其他证券或向银行借贷等方式来筹资。从追加投资的方式看,开放式基金安全程度高,一旦股市大崩溃,开放式基金的净资产值下跌使赎回价格也同步下调,单位基金的净资产值不会跌至全无;而封闭式基金则由于有借贷资金,在市场看坏时债权人常要求提前偿还,基金被迫出售证券来支付贷款,常导致损失惨重甚至破产清盘。

(三)成长型基金、收入型基金和平衡基金

根据投资目标不同,基金可以分为成长型基金、收入型基金和平衡基金。

1. 收入型基金

收入型基金追求的目标是获取稳定的、最大的当期收入,而不强调资本的长期利得和成长。这种基金以能够带来现金定息的品种为投资对象,其投资组合主要包括利息较高的债券、优先股和能够提供丰厚股息的普通股。

特点:损失本金风险较低,但资本成长潜力相对也小。

2. 成长型基金

成长型基金是指主要投资于成长股票,追求资产长期稳定增长的基金类型。成长股票是指价格预期上涨速度快于一般公司的股票。投资于这类股票,收益高,但风险也较大。

优势:获利能力较强,分散投资以降低个人购买的股票的风险。

缺点:股票价格波动较大,损失本金的风险较高。

3. 平衡基金

平衡基金是介于成长型和收入型之间的基金。平衡基金既追求资本长期增长,也要取得当期的收入。投资对象既有股票,又有债券,具有双重投资目标。

(四)股票基金、债券基金、货币市场基金和混合基金

根据投资对象的不同,基金可以分为股票基金、债券基金、货币市场基金和混合基金。

1. 股票基金

股票基金属于成长型基金,其投资对象主要是普通股,有时也持有少量的优先股或可转换债券。股票基金的投资策略是通过长期持有经营良好的各种公司普通股,使基金资产快速增值。

2. 债券基金

债券基金属于收入型基金,其投资对象是债务凭证,是为满足一些追求每年有定期收入的投资者所设立的,收益较低,风险也小。

3. 货币市场基金

货币市场基金是指投资于各类货币市场工具的基金,其投资对象为银行存单、存款证、银行票据、商业票据和各种短期国债。由于各种短期债务凭证期限短、有定期收入、风险小、收益率低,因此,该基金属于收入型基金。

4. 混合基金

混合基金是指同时以股票、债券、货币市场工具为投资对象的基金。基金资产投资于股票

和债券的比例不符合股票基金、债券基金的规定,其投资目标在于不同类别的投资组合,实现收益与风险的平衡。

(五)主动型基金和被动型基金

根据投资理念的不同,基金可以分为主动型基金和被动型基金。

1. 主动型基金

主动型基金是以取得超越市场的业绩表现为目标的一种基金,是基金经理根据自己的投资经验与专业能力,主动地选择投资资产并进行投资组合以期获得超过市场基准的一种证券投资基金品种。

2. 被动型基金

被动型基金通常被称为指数型基金,是以证券市场的价格指数为投资对象,以拟合目标指数、跟踪目标指数变化为投资的原则,利用指数化投资概念和方法来跟踪或者模拟目标指数的一种投资策略,其目的是获得与市场指数基本一致的效益。

(六)公募基金和私募基金

根据募集方式的不同,基金可以分为公募基金和私募基金。

1. 公募基金

公募基金是指面向社会公众公开发售的一类基金,投资者通过基金理财中心或者银行购买,基金的募集对象通常是不固定的,最低投资金额要求较低,投资者众多,需要遵守基金法律和法规,并接受监管部门的严格监管。

截至2024年7月底,我国境内公募基金管理机构共163家,其中基金管理公司148家,取得公募资格的资产管理机构15家。以上机构管理的公募基金资产净值合计31.49万亿元。

2. 私募基金

私募基金是只采取非公开方式,面向特定投资者募集发售的基金。私募基金在运作上具有较大的灵活性,不公开宣传推广,最低投资金额要求较高,投资者的资格和人数受到严格限制,较少受到政策约束,也不需要接受监管部门的严格监管。私募基金的投资方向比较灵活,可以说什么都可以投,包括风险投资基金、产业基金、二级市场证券投资基金、衍生品、特定项目的投资基金等。

截至2024年7月底,我国存续私募基金管理人20 732家,管理基金数量1 150 543只,管理基金规模219.69万亿元。其中,私募证券投资基金管理人8186家;私募股权、创业投资基金管理人12 316家;私募资产配置类基金管理人8家;其他私募投资基金管理人222家。

我国最新的公募基金和私募基金的规模数据,参看中国证券投资基金业协会网站的统计数据。

(七)在岸基金和离岸基金

根据基金的资金来源和用途不同,可以分为在岸基金和离岸基金。

1. 在岸基金

在岸基金是指资金来源于本国并投资于本国证券市场的基金。在岸基金在基金市场占主导地位。

2. 离岸基金

离岸基金是指资金来源于国外并投资于本国或第三国的证券投资基金。离岸基金一般都在有"避税天堂"之称的地方注册,如卢森堡、百慕大等。

(八)产业投资基金与证券投资基金

按基金投资对象的流动性可划分为产业投资基金(直接投资基金)和证券投资基金。

1. 产业投资基金

产业投资基金是一种对未上市企业进行股权投资和提供经营管理服务的利益共享、风险共担的集合投资制度,即通过向多数投资者发行基金份额设立基金公司,由基金公司自任基金管理人或另行委托基金管理人管理基金资产,委托基金托管人托管基金资产,从事创业投资、企业重组投资和基础设施投资等实业投资。产业投资基金是一种集合投资的金融制度,它定位于实业投资,投资对象是各产业中的未上市企业股权。产业投资基金是机构化、专业化、组织化管理的投资资本,既向受资企业提供资本支持,又向其提供资本经营增值服务,以达到与受资企业共同取得收益的目的。

2. 证券投资基金

证券投资基金是指通过公开发售基金份额募集资金,由基金托管人托管,由基金管理人管理和运作资金,为基金份额持有人的利益,以资产组合方式进行证券投资的一种利益共享、风险共担的集合投资方式。

3. 两者的不同之处

(1)从投资对象上看:证券投资基金的投资对象主要是股票、债券、期权、期货等金融工具;而产业投资基金主要投资于实业项目,充实企业实有资本,形成有形资产或无形资产,如机器设备、厂房、原材料、专有技术、专利等。

(2)从基金介入后是否进行资本运作看:产业投资基金直接投资于目标公司的股权,不仅提供资本还提供必要的增值服务(管理方面的服务);而证券投资基金则几乎不向企业提供管理方面的服务,只是一种单纯的投资行为。

(3)从收益性、流动性和安全性组合看:由于证券投资基金是投资于可流通证券,可随时进入和退出,能及时控制可能发生的损失;而产业投资基金由于直接投资于未上市股权,从投资开始到企业成熟的时间一般较长,因此产业投资基金属于中长期投资,面临较大的风险,资金的流动性不如证券基金好,风险性也较大,其收益却因具体投资组合的优劣程度的不同而不同。

(4)从收益来源看:证券投资基金收入来源于资本利得和二级市场差价收入;而产业投资基金主要来自产业得到投资基金进入支持后获得的产业经营利润,它们常常在受资企业上市时退出,获得变现收益。

(九)特殊类型的基金

1. 交易型开放式指数基金

交易型开放式指数基金(exchange traded funds,ETF)是一种特殊形式的开放式证券投资基金,以追踪某一特定指数(即"目标指数")走势为投资目标,通常采用一篮子股票进行申购赎回,基金份额在证券交易所上市交易。国内习惯称为交易所交易基金或指数股票型基金(中国台湾)、交易所买卖基金(中国香港)。ETF是一种在交易所上市交易的开放式证券投资基金产品,交易手续与股票完全相同。ETF管理的资产是一篮子股票组合,这一组合中的股票种类与某一特定指数的成分股票构成完全相同,ETF的投资组合通常完全复制标的指数,其净值表现与盯住的特定指数高度一致。比如上证 50ETF,包含的成分股票相同,每只股票的数量与该指数的成分股构成比例一致,因此上证 50ETF 的净值表现就与上证 50 指数的涨跌高度一致。ETF 交易价格取决于它拥有的一篮子股票的价值,即"单位基金资产净值"。

自交易型开放式指数基金发行以来,上海证券交易所多次调整其作为融资融券标的证券的范围。《上海证券交易所融资融券交易实施细则(2023 年修订)》第二十六条规定:

标的证券为交易型开放式指数基金的,应当符合下列条件:

(一)上市交易超过 5 个交易日;

(二)最近 5 个交易日内的日平均资产规模不低于 5 亿元;

(三)基金持有户数不少于 2000 户;

(四)本所规定的其他条件。

投资者可以通过两种方式购买 ETF:可以按照当天的基金净值向基金管理者购买(同开放式共同基金);也可以在证券市场上直接从其他投资者那里购买,购买的价格由买卖双方共同决定,这个价格往往与基金当时的净值有一定差距(同封闭式共同基金)。

投资 ETF 的风险可归纳为以下几点。

(1)**市场风险**:ETF 的基金份额净值随其所持有的股票价格变动的风险。

(2)**被动式投资风险**:ETF 并非以主动方式管理,基金管理人不会试图选个别股票,或在逆势中采取防御措施。

(3)**追踪误差风险**:由于 ETF 会向基金持有人收取基金管理费、基金托管费等费用,ETF 在日常投资操作中存在着一定交易费用,以及基金资产与追踪标的指数成分股之间存在少许差异,可能会造成 ETF 的基金份额净值与标的指数间存在些许落差的风险。

2. 上市开放式基金

上市开放式基金(listed open-ended fund,LOF),也称为上市型开放式基金,是一种可在交易所挂牌交易的开放式基金,兼具封闭式基金交易方便、交易成本较低和开放式基金价格贴近净值的优点,是现行法规下 ETF 的变通品种,是开放式基金与封闭式基金的结合体。

上市型开放式基金发行结束后,投资者既可以在指定网点申购与赎回基金份额,也可以在交易所买卖该基金。不过投资者如果是在指定网点申购的基金份额,想要上网抛出,须办理一定的转托管手续;同样,如果是在交易所网上买进的基金份额,想要在指定网点赎回,也要办理一定的转托管手续。

3. 分级基金

分级基金又叫结构型基金,是指在一个投资组合下,通过对基金收益或净资产的分解,形成两级(或多级)风险收益表现有一定差异化基金份额的基金品种。它的主要特点是将基金产品分为两类或多类份额,并分别给予不同的收益分配。分级基金各个子基金的净值与占比的乘积之和等于母基金的净值。如果母基金不进行拆分,其本身是一个普通的基金。它的主要特点是将基金产品分为两类或多类份额,并分别给予不同的收益分配。分级基金各个子基金的净值与份额占比的乘积之和等于母基金的净值。例如:

拆分成两类份额的母基金净值＝A 类子基净值×A 份额占比＋B 类子基净值×B 份额占比

如果母基金不进行拆分,其本身是一个普通的基金。

分级基金可以通过场内场外两种方式认购或申购、赎回。场内认购、申购、赎回通过深交所内具有基金代销业务资格的证券公司进行。场外认购、申购、赎回可以通过基金管理人直销机构、代销机构办理基金销售业务的营业场所办理或按基金管理人直销机构、代销机构提供的其他方式办理。分级基金的两类份额上市后,投资者可通过证券公司进行交易。永续 A 类份额是否值得购买的标准是隐含收益率,有期限 A 类的标准是看到期收益率;而 B 类是否值得购买的标准是母基金所跟踪指数的波动性、价格杠杆的大小、成交量大小(流动性)。

4. 伞型基金

伞型基金(umbrella fund)是指在一个母基金之下再设立若干个子基金(sub-funds),各子基金独立进行投资决策的基金运作模式。其主要特点是在基金内部可以为投资者提供多种选择,投资者可根据自己的需要转换基金类型(不用支付转换费用),在不增加成本的情况下为投资者提供一定的选择余地。伞型基金实际上就是开放式基金的一种组织结构。在这一组织结构下,基金发起人根据一份总的基金招募书发起设立多只相互之间可以根据规定的程序进行转换的基金,这些基金称为子基金或成分基金。而由这些子基金共同构成的这一基金体系就合称为伞型基金。进一步说,伞型基金不是一只具体的基金,而是同一基金发起人对由其发起、管理的多只基金的一种经营管理方式,因此通常认为"伞型结构"(umbrella structure)的提法可能更为恰当。

它由价值优化型成长类、周期类、稳定类三只基金组成;而单一基金的组织结构较为简单,单独拥有一个基金契约。

伞型结构之下的不同子基金拥有共同的基金发起人、基金管理人和基金托管人,并共有一份基金契约、招募说明书。在此基础上,子基金之间可以相互转换,并且基于发挥规模经济的作用,不同子基金聘请共同的代销机构、会计师事务所、律师事务所等中介机构,以及共同进行公告等其他可以一起完成的事项。因此,在伞型结构基金中,各个子基金是完全独立的基金,以保证各子基金资产的独立性。同时,各个子基金又是存续于伞型基金之中,通过子基金之间的具有规模经济的安排,提高整个基金的运营效率。

5. 合格境内机构投资者(QDII)

合格境内机构投资者(qualified domestic institutional investor,QDII),是指在人民币资本项下不可兑换、资本市场未开放条件下,在一国境内设立,经该国有关部门批准,有控制地,允许境内机构投资境外资本市场的股票、债券等有价证券投资业务的一项制度安排。设立该制度的直接目的是"进一步开放资本账户,以创造更多外汇需求,使人民币汇率更加平衡、更加市场化,并鼓励国内更多企业走出国门,从而减少贸易顺差和资本项目盈余",直接表现为让国内投资者直接参与国外的市场,并获取全球市场收益。

基金公司开展 QDII 业务,主要是直接投资境外证券市场不同风险层次的产品。与此前银行同类产品主要投资单一市场或结构性产品以及多数实施投资外包不同,基金公司的 QDII 产品投向更为广泛,把目标锁定全球股票市场,具有专业性强、投资更为积极主动的特点。与第二代银行 QDII 允许直接投资海外股市的比例达 50% 相比,基金 QDII 产品投资比例理论上可达到 100%。

在投资管理过程中,除了借助境外投资顾问的力量外,国内基金公司组成专门的投资团队参与境外投资的整个过程,享有完全的主动决策权。此外,基金 QDII 产品的门槛较低,适合更为广泛的投资者参与。大部分银行 QDII 产品认购门槛为几万甚至几十万人民币,基金 QDII 产品起点仅为 1000 元人民币。

6. 合格境外机构投资者(QFII)

合格境外机构投资者(qualified foreign institutional investors,QFII)机制是指外国专业投资机构到境内投资的资格认定制度。

QFII 是一国在货币没有实现完全可自由兑换、资本项目尚未开放的情况下,有限度地引进外资、开放资本市场的一项过渡性的制度。这种制度要求外国投资者若要进入一国证券市场,必须符合一定的条件,得到该国有关部门的审批通过后汇入一定额度的外汇资金,并转换为当地货币,通过严格监管的专门账户投资当地证券市场。

作为一种过渡性制度安排,QFII 制度是在资本项目尚未完全开放的国家和地区,实现有序、稳妥开放证券市场的特殊通道。包括韩国、中国台湾、印度和巴西等市场的经验表明,在货币未自由兑换时,QFII 不失为一种通过资本市场稳健引进外资的方式。在该制度下,QFII 将被允许把一定额度的外汇资金汇入并兑换为当地货币,通过严格监督管理的专门账户投资当地证券市场,包括股息及买卖价差等在内各种资本所得经审核后可转换为外汇汇出,实际上就是对外资有限度地开放本国的证券市场。

2012 年 5 月,我国监管部门放宽了若干 QFII 申请限制:允许同一集团多家机构申请 QFII 资格;允许已发行结构性产品的 QFII 增加投资额度;放宽对 QFII 投资比例的限制;不再要求 QFII 的股票投资比例不低于 50%,QFII 可根据自身投资计划,灵活对股票债券等资产进行配置,但现金比例仍不能高于 20%。

7. 人民币合格境外投资者(RQFII)

人民币合格境外投资者(RMB qualified foreign institutional investors,RQFII),其中 R 代表人民币。RQFII 境外机构投资人可将批准额度内的外汇结汇投资于境内的证券市场。2011 年 8 月 17 日起,境外机构投资人获准以人民币境外合格机构投资者方式(RQFII)投资境内证券市场,起步金额为 200 亿元。对 RQFII 放开股市投资,可侧面加速人民币的国际化。

2011 年 8 月,时任国务院副总理李克强到访香港,正式宣布 RQFII 计划;2011 年 12 月中旬,RQFII 试点办法发布,RQFII 业务诞生。至 2012 年 2 月,香港证监会共认可了 19 只非上市 RQFII 公募基金。

2012 年 4 月,RQFII 投资额度增加 500 亿元人民币,主要用于香港证监会认可及在香港上市的 A 股 ETF 产品。2012 年 11 月,国务院再次批准增加 2000 亿元 RQFII 投资额度。

2019 年 9 月,国家外汇管理局宣布,经国务院批准,决定取消 QFII/RQFII 投资额度限制,RQFII 试点国家和地区限制也一并取消。2020 年 5 月,《境外机构投资者境内证券期货投资资金管理规定》发布,明确并简化相关资金管理要求。2024 年 7 月 26 日,为进一步深化合格境外机构投资者和人民币合格境外机构投资者外汇管理改革,稳步推进金融市场对外开放,中国人民银行、国家外汇管理局联合发布公告,对《境外机构投资者境内证券期货投资资金管理规定》进行了修订,进一步优化合格境外机构投资者和人民币合格境外机构投资者跨境资金管理。该规定自 2024 年 8 月 26 日起施行。

第五节　资产证券化*

资产证券化最早起源于美国,通过证券化过程,可以将具有共同特征的贷款、应收账款等缺乏流动性的资产转换为可以市场化的、具有投资特征的附息证券。资产证券化产品的出现极大地改变了世界的金融形势,对全球金融市场影响深远。

一、资产证券化概述

资产证券化的概念和实践兴起于20世纪70年代的美国抵押贷款支持证券。1970年,美国政府国民抵押贷款协会发行了第一只以抵押贷款组合为基础资产的抵押贷款支持证券——房贷转付证券,自此,资产证券化逐渐成为一种被广泛采用的金融创新工具并迅猛发展。

2020年,我国共发行标准化资产证券化产品28 749.27亿元,同比增长23%;年末市场存量为51 862.60亿元,同比增长24%。2022年以来,我国资产证券化发行规模下滑明显。2023年,我国资产证券化市场全年发行各类产品18 481.40亿元,同比下降7%;年末市场存量为43 516.85亿元,同比下降17%。

(一) 资产证券化的概念

资产证券化的概念有广义和狭义之分。广义的资产证券化是指某一资产或资产组合采取证券资产这一价值形态的资产运营方式,它主要包括四类:一是实体资产证券化,即实体资产向证券资产的转换,是以实物资产和无形资产为基础发行证券。二是信贷资产证券化,是指把流动性欠佳但有未来现金流的信贷资产经过重组形成资产池(asset pool),并以此为基础发行证券。三是证券资产证券化,即证券资产的再证券化过程,就是将证券或证券组合作为基础资产,再以其产生的现金流或与现金流相关的变量为基础发行证券。四是现金资产证券化,是指现金的持有者通过投资将现金转化成证券的过程。广义资产证券化的种类如图4-7所示。

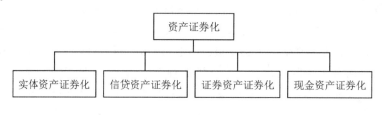

图4-7 广义资产证券化

狭义的资产证券化是指信贷资产证券化。具体而言,它是指将缺乏流动性但能够产生可预见的稳定现金流的资产,通过一定的结构安排,对资产中的风险与收益要素进行分离与重组,进而转化成为在金融市场上可以出售的流通证券的过程。按照被证券化资产种类的不同,信贷资产证券化又可分为抵押贷款支持证券化(mortgage-backed securitization, MBS)和资产支持证券化(asset-backed securitization, ABS)等。本书所述的资产证券化是狭义的资产证券化。

虽然可以证券化的资产种类很多,但并非所有的资产都适合证券化。适合证券化的资产必须具备一个重要的前提,即能在未来产生可预见的稳定的现金流。一般而言,适合证券化的资产应具备以下特征:第一,资产必须具备一定的同质性,未来产生可预测的且稳定的现金流量,或有明确约定的支付模式,这种约定必须是契约性质的;第二,有良好的信用记录,违约率和损失率低;第三,本息的偿还完全分摊于整个资产存续期间,即资产在存续期间有持续性收入;第四,资产的债务人或贷款的借款人有广泛的地域和人口分布;第五,资产的抵押物有较高的清算价值(变现价值)或对债务人的效用很高;第六,资产的合同标准规范,条款清晰明确,避免不合规范的合同和因合同条款缺乏有效性、完备性而造成利益上的损失;第七,资产池的资产应达到一定的规模,从而实现证券化交易的规模经济。

(二)资产证券化的特点

(1)资产证券化产品通过一个特设机构——特殊目的载体(special purpose vehicle,SPV)来发行。

(2)资产证券化产品在基础资产发起人的会计处理上表现为资产出售(asset sale)而不是债务融资(debt financing)。

(3)在资产证券化交易中,需要为投资者提供基础资产的"维护服务"(servicing)。

(4)资产证券化产品的信用主要取决于基础抵押资产的信用(credit of the underlying assets)。

(5)资产证券化产品通常需要进行信用增级(credit enhancement)。

(三)资产证券化的作用

1. 对发起人的作用

发放一笔贷款紧接着将其卖出的一方,被称作"发起人或卖方",之所以这么说是因为这两者实际上是一个机构。特殊目的实体就是证券化产品的发行人。资产证券化对于发起人有两个非常明显的好处或者说是优势:一是筹集资金,二是有效管理其资产负债表。

通过采用证券化,银行可以空余更多宝贵的资本金用于其他的借贷与投资活动。这些活动可以帮助银行赚取更多的收益,而收益的增加反过来又可以加强银行的资本金头寸。

资产证券化能够帮助银行实现筹集资金及有效管理资产负债表两个目的。从资产负债管理的角度来考虑,证券化就是出售既有或即将发起的资产。它使得贷款发起人在不扩大资产规模的情况下发放贷款并赚取发放费。只要将其新发放的贷款卖出,发放人就可以在不增加负债的情况下筹得资金。资产证券化使得贷款发起人减少了对债务的依赖,提高了资本金的使用效率。

2. 对投资者的作用

(1)提供投资决策信息。住房抵押贷款允许按面值提前偿还,提前偿还对住房抵押贷款支持证券的投资者在其收益上构成的损失。投资银行会帮助投资者了解住房抵押贷款支持证券的可提前偿还风险。投资者需要具备对不同利率环境下证券潜在现金流进行分析的能力,投资银行和信用评级机构花费了大量的时间和精力来研究这些期限档次和信用档次的历史状况以提供有用信息供投资者参考。

(2)提供更高的收益率。与投资于相应期限和信用等级的企业债券相比,投资于证券化产品能够获得更高的收益率。也就是说,证券化产品能够给投资者提供更大的"收益率差"。

(3)提供不同的信用等级的产品。信用导向型投资者首要关注的是应符合相应的信托条款。只有在投资级证券的范畴内,信用导向型投资者才会考虑获取更高的收益。资产证券化能够满足信用导向型投资者的需求。资产证券化的过程会产生不同信用级别的产品供不同风险承受能力的投资者投资。

(4)提供不同期限的产品。一些投资者非常关注证券的期限,而资产证券化证券在期限方面具有优势。通过期限分层,证券化产品在一笔交易中可为投资者提供多种期限选择。例如,住房抵押贷款支持证券就有多个期限,从1年、3年、5年到7年、10年甚至30年不等。

(5)扩大投资者群体与降低借款成本。从投资者的角度来看,证券化市场扩大了可供投资者选择的投资范围。在证券化之前,发放抵押贷款仅局限于一些高度专业化的机构,仅有银行和储贷机构是住房抵押贷款的主要投资者。然而,在证券化之后,即使是个人投资者也能通过购买住房抵押贷款支持证券成为抵押贷款的投资者。

担保与评级机制使得保险公司和养老基金成为住房抵押贷款的主要投资者。投资者群体的扩大明显降低了抵押贷款的资金成本。换言之,住房抵押贷款利率显著降低了。购房者从中受益无穷。收益率差的缩小提高了购房者的购买力,同时也扩大了住房投资建设的规模。同样,证券化市场的日益繁荣也降低了信用卡、汽车贷款、学生贷款、制造业住房贷款,以及其他ABS基础消费信贷的借款成本。

(四)证券化的参与机构

1.债务人

债务人向商业银行等机构举债并形成债权关系,然后依据合约按时支付本金和利息,就构成了证券化产品的现金流来源。

2.资产原始权益人(发起人)

资产原始权益人由于有融资需求,通常是证券化的发起人,也是资产的出售方。发起人负责筛选现金流稳定且可预测的同质资产,作为证券化的基础资产,并且保证从法律上将资产完全转移至SPV,达到真实出售的效果。

3.特殊目的载体(SPV)

特殊目的载体是证券化过程的核心机构。SPV代表投资者承接债权出售者的资产,并发行证券化的收益凭证或证券,是证券化产品的名义发行人。SPV有信托、公司等多种组织形式,一般视税收或法律法规限制情况而定,但以信托形式居多。

4.资产管理服务机构

服务机构的主要作用在于:负责向债务人收取每期应付的本金和利息偿还,用于支付投资者和其他中介机构的费用;在债务人违约时,处理相关的违约事宜。由于证券化产品的现金流主要依赖于债务人偿付本息的情况,所以服务机构的收款能力十分关键。

5.信用增级机构

证券化产品可能面临债务人违约、拖欠的风险,为使这种产品更受投资者的青睐,通常会进行信用增级。所谓信用增级,就是发行人运用各种手段与方法来保证能按时、足额地支付投资者利息和本金的过程。信用增级可以补偿资产现金流的不足,使证券化产品获得"投资级"以上的信用评级。

6.信用评级机构

投资者在面对众多的券种时往往无法识别其所面临信用风险的大小,而信用评级机构为投资者提供了这种便利。它通过审核资产池能承受的风险强度,然后赋予合理的评级,以方便投资者对信用风险进行定价并做出相应的决策。

7.证券化产品投资者

证券化产品的投资者类别很多,以机构投资者为主,包括基金、信托公司、保险公司、证券公司、商业银行及其他投资者。

当然,一个完善的证券化过程还需要包括承销机构、交易管理机构、资金托管机构、登记及支付代理机构,律师事务所、会计师事务所等各种中介服务机构的帮助才能实现。

(五)资产证券化的发展

资产证券化的产生是市场经济发展的必然选择。美国自第一次发行转移证券开始迄今已经有五十多年的历史,资产证券化取得了巨大的发展。目前资产证券化产品是美国固定收益证券市场最主要的增长动力。资产证券化自20世纪六七十年代以来发展迅速,尤其是MBS从20世纪90年代到21世纪初发展更加迅猛,在美国,MBS市场已成为仅次于美国国债市场的第二大市场,ABS在欧洲也快速发展。

1968年,美国信贷资产证券化启动,最初只为缓解美国购房融资的资金短缺问题。"婴儿潮一代"的成年引发住房贷款需求急剧上升,促使银行转向资本市场,通过资产证券化转嫁利率风险、获得更多的资金来源。1968年,美国推出了最早的住房抵押贷款支持证券。

1981年起,住房抵押贷款支持证券化速度大幅加快,主要目的从应对资金短缺转变为帮助各类储蓄机构管理风险和改善财务困境。1980年开始的利率市场化改革导致美国银行业负债成本急剧上升,存贷款期限不匹配等问题严重威胁储蓄机构的生存。美国政府的三家信用机构,联邦国民抵押贷款协会(Fannie Mae)、联邦住房抵押贷款公司(Freddie Mac)、政府国民抵押贷款协会(Ginnie Mae)纷纷收购银行住房抵押贷款进行重组并发行证券,来帮助储蓄机构盘活低流动性资产。随着MBS逐步完善并初具市场规模,1983年出现了对资产池现金流进行分层组合的新型MBS——抵押担保证券(CMO);1985年,基于信用卡、汽车贷款、学生贷款、厂房设备贷款、房屋权益贷款等其他各类贷款的资产支持证券也开始不断涌现,1993年又出现了以MBS和ABS现金流为抵押品的再证券化产品——抵押债务凭证,也称担保债务凭证(CDO)。1995年,世界银行下属的国际金融公司以其在南美等发展中国家的长期资产为抵押发行了4亿美元不可追索的证券。

2022年度,美国市场资产证券化产品发行规模合计约为2.45万亿美元,债券发行规模合计约8.85万亿美元,资产证券化产品约占美国债券市场发行总额的28%。

在发行种类方面,美国市场2022年MBS发行规模约2.15万亿美元,ABS发行规模约0.30万亿美元,占比分别约88%和12%,MBS发行占比较高。美国资产证券化产品历年发行情况如图4-8所示。

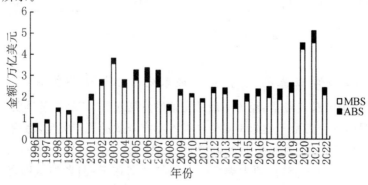

图4-8 美国资产证券化产品历年发行情况

资料来源:园园ABS研究:《"资产证券化36问"之:如果有一个稳定现金流,是否就可以将它证券化?》,新浪财经,https://finance.sina.cn/2024-05-12/detail-inauykvc2966502.d.html.

资产证券化在亚洲也得到了迅速的发展。日本、韩国和中国香港等国家和地区资产证券化发展迅速,1994年中国香港发行了3.5亿港元的抵押贷款债券。到1996年,资产证券化进一步延伸到印尼、泰国、马来西亚等亚洲国家。

二、资产证券化的分类

资产证券化可以按照不同的标准进行分类,表4-4列出了几种按照不同依据划分的资产证券化的类型,其中前两种是最重要的,也是最常见的。

表4-4 资产证券化的分类

分类依据	类型
基础资产	抵押贷款支持证券化与资产支持证券化
现金流处理与偿付结构	过手型证券化与转付型证券化
借款人数	单一借款人型证券化与多借款人型证券化
贷款发起人与交易发起人的关系	发起型证券化与载体型证券化
证券化载体的性质	政府信用型证券化与私人信用型证券化
证券构成层次	基础证券化与衍生证券化
基础资产是否从发起人资产负债表中剥离	表内证券化与表外证券化

资料来源:何小峰等,《资产证券化:中国模式》,北京大学出版社,2002,第129页。

资产证券化的主要结构类型见图4-9。

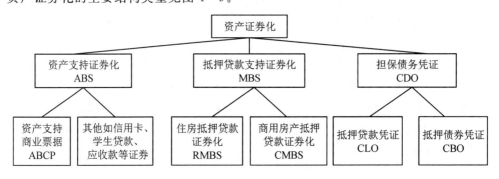

图4-9 资产证券化的主要结构类型

(一)抵押贷款支持证券化、资产支持证券化与担保债务凭证

资产证券化在美国起步最早、经历了最为完整的发展过程,产品的基础资产也涉及范围最广,产品种类也最为齐全。最早发起于对住宅类不动产贷款的资产类型,之后推广到非不动产为抵押物贷款的资产类型,因此按照基础资产抵押物的不同可以分为抵押贷款支持证券(MBS)和资产支持证券(ABS)这两大类型。它们的区别在于:前者的基础资产是抵押贷款,而后者的基础资产是除抵押贷款以外的其他资产。随着资产证券化的发展,后来又出现了担保债务凭证(CDO)。

1. 抵押贷款支持证券(MBS)

MBS是资产证券化发展史上最早出现的证券化类型。它是以抵押贷款这种信贷资产为基础,以借款人对贷款进行偿付所产生的现金流为支撑,通过金融市场发行证券(大多是债券)来进行融资的过程。按照抵押贷款的房屋性质的不同,MBS可以具体分为住房抵押贷款证券化(residential mortgage-backed securitization,RMBS)和商用房产抵押贷款证券化(commercial mortgage-backed securitization,CMBS)。按照对利息和本金的偿付的方式不同,MBS又可分为以下三种类型。

1)抵押转手证券(pass-through certificates,PTC)

抵押转手证券是将至少一个以上的抵押贷款集合共同建立一个资产池,出售池中的现金流为基础的证券化产品,是抵押贷款支持证券中最简单、最基础的形式。美国资产担保证券市场中抵押转手证券所占市场份额最大。

抵押转手证券的流程和现金流模式结构如图4-10所示。

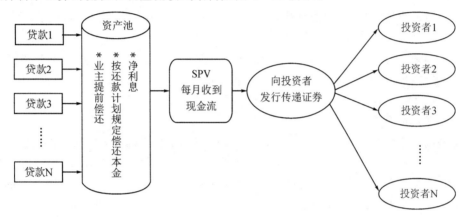

图4-10 抵押转手证券的流程和现金流模式设计图

其特点有:①"资产池"产生的现金流存入受托管理人持有的一个独立账户;②收款账户首先支付投资者每月本金和利息,然后支付服务人服务费;③投资者直接拥有贷款组合及其还款流量的所有权,过手证券和资产组合实现表外处理;④投资人、受托管理人以及信用担保机构对发起人没有追索权。

2)抵押担保债券(collateralized mortgage obligation,CMO)

1983年美国住房抵押贷款利率的急剧下降和房地产抵押贷款的激增,金融产品设计者为了吸引购买MBS的投资者,创造了第一只CMO。CMO是以抵押过手证券或抵押贷款本身的现金流为基础发行的证券化产品。它的特点在于从资产池中吸收的资产的本金收入先用来支付给具有优先等级的投资序列,当优先等级的本金支付完之后,再顺次给一下等级的投资序列成员支付。CMO可以实现对提前偿付风险的隔离。

3)可剥离抵押支持证券

可剥离抵押支持证券由美国政府国民抵押协会于1986年首次发行。可剥离抵押支持证券是指将资产池中组成现金流的利息和本金明确划分,重新分配资产,将利息支付给一类投资者,将本金支付给另一类投资者。这样划分的优势在于可以用于抵抗利率的风险和提前偿付的风险。

2. 资产支持证券(asset-backed securities, ABS)

ABS是以非住房抵押贷款资产为支撑的证券化融资方式,它实际是将MBS的技术在其他资产上的推广和运用。根据抵押物的不同,ABS可以分为商业类金融资产和消费类金融资产。其中商业类金融资产主要有资产支持商业票据,消费类金融资产则可以分为以下几类:①贷款类资产,包括汽车消费贷款、中小企业贷款、个人消费贷款、学生贷款等;②应收款类资产,包括贸易应收款、信用卡应收款、设备租赁费等;③收费类资产,包括公园门票收入、俱乐部会费收入、基础设施收费、保单收费等;④其他资产,如影片、唱片等知识产权的版税收入等都可以进行证券化。随着资产证券化技术的不断发展,证券化资产的范围还在不断扩展。下面重点介绍常用的以下几种ABC产品。

1)资产支持商业票据

资产支持商业票据(asset-backed commercial paper,ABCP)是由专业评级机构给予较高评级、质量水平较高、以商业银行短期票据为基础资产的证券化产品。ABCP是金融机构用来开拓融资渠道的重要工具,发展速度快,应用的范围广,从美国发起,到了2006年,美国未偿付ABCP总额达1.127万亿,创历史最高水平。

2020年6月2日,我国银行间市场交易商协会发布公告称,在现行资产支持票据(ABN)规则体系下研究推出资产支持类融资直达创新产品——资产支持商业票据(ABCP),并推动首批5单试点项目落地。

2)汽车贷款证券化

在美国最早的汽车消费贷款证券化始于1985年,发行机构主要为美国的几家大型的汽车公司以及汽车财务公司,如通用、福特等。这项产品的基础资产来源丰厚,因为在美国用汽车消费贷款购买汽车的家庭占80%左右,汽车消费贷款的金额占到了总的信用贷款的近三分之一的比例。2007年汽车消费贷款支持证券的发行金额占资产支持证券的8.3%。

3)信用卡应收账款证券化

美国人的消费观念促使提前消费在美国的盛行,信用卡消费产生的现金流入也是应收账款,作为证券化的基础资产,信用卡消费证券化是以发卡的金融机构的信用卡应收款为基础发行的融资产品。

2023年,我国信贷ABS发行3 485.19亿元,同比下降2%,占发行总量的19%;年末存量为18 026.25亿元,同比下降26%,占市场总量的41%。企业资产支持证券(企业ABS)发行11 784.10亿元,同比增长2%,占发行总量的64%;年末存量为19 981.55亿元,同比下降2%,占市场总量的46%。非金融企业资产支持票据(ABN)发行3 212.15亿元,同比下降31%,占发行总量的17%;年末存量为5 509.05亿元,同比下降29%,占市场总量的13%。

3. 担保债务凭证(collateralized debt obligation,CDO)

担保债务凭证产品是一种以一个或多个类别且分散化的资产作为抵押支持而发行的证券品种。CDO的主要交易流程是:由债权人即发起人(sponsor)从债务人获得债权(包含贷款或债券)之后,将此债权以真实出售的方式移转至特殊目的载体(SPV),并通过承销商将债权重新包装分成单位受益凭证转让给投资者。在此过程中,还需进行信用评级和信用增强。

与其他证券化产品相似,一个典型CDO产品的构建本质上是对信用风险重新划分的过程:首先,银行等发行人将基础资产池打包并"真实"出售给SPV,以达到破产隔离的目的;其后,SPV以基础资产池现金流作为支持而发行不同级别的债券,这些债券需要在不同程度上承受来自基础资产池的信用风险。典型的CDO证券一般分为高级层、中间层和权益层。顾名思义,高级层的本息偿付优先于中间层和权益层,其信用风险显然要低于其他层的证券,因此该层证券往往能获得 AAA 的信用评级;而来自基础资产池的违约损失往往首先由权益层来吸收,权益层面临的信用风险最大,当然投资者对权益层的回报要求也更高,所以以权益层一般由 CDO 发起人自己保留,一般也不进行评级;而中间层的风险、收益特征介于高级层、权益层之间。

从定义上来看,CDO 产品似乎与传统的 ABS 产品并没有太多的差别。两者一个最直观的差别就在于支持现金流的资产类型不同。实际上,传统的 ABS 后面支撑的资产池通常是性质相似的一类债权资产,并且很多由实业企业自身持有;而 CDO 背后的基础资产则是一些金融债务工具及其他结构化产品。事实上,CDO 的概念已经不局限于一种简单的金融产品,其实质是一种资产证券化的风险重组技术。

正如我们前面所提到的,CDO 产品结构的多样化程度已经相当高。从不同的角度可以将 CDO 产品区分为不同的类型。

1)抵押债券凭证(CBO)与抵押贷款凭证(CLO)

依资产池内不同资产类型构成区分,CDO 又可分为抵押债券凭证(collateralized bond obligations,CBO)和抵押贷款凭证(collateralized loan obligations,CLO)。前者的基础资产池一般由债券组成;而后者背后支撑的绝大部分为银行贷款债权。

2)资产负债表型 CDO 与套利型 CDO

从发行动机及基础资产来源的不同来划分,CDO 可分为资产负债表型(balance sheet)和套利型(arbitrage)。资产负债表型 CDO 多源自本身具有可证券化的资产持有者,如商业银行。商业银行为了将债权资产表外化达到转移风险的目的,常常通过 CDO 的形式来实现这一目标。套利型 CDO 则由基金、财务公司、资产管理公司等发行。他们通过向市场购买高收益的债券或其他债权资产,并通过打包、分割,在市场发行平均收益较低的证券,从而获得利差收益。因此在套利 CDO 交易中,发行人的关注点不在于转移风险,而在于将资产现金流重新包装(repackaging)、出售,获得低成本融资。

3)现金流型 CDO 与市值型 CDO

CDO 按交易结构的不同又可以分为现金流型(cash flow)和市值型(market value)。

现金流型 CDO 大多是由银行将其贷款打包转移给 SPV,再由 SPV 据此发行不同信用级别的债券,其证券价值与贷款债权的现金流量相联系,其收益和风险都取决于基础资产实际所收到的利息收入和本金的到期偿还情况。资产的市值变化并不影响现金流,仅违约才会影响。现金流型 CDO 以被动经营为主,管理经理一般不允许积极的交易。

市值型 CDO 主动经营的特征更为明显,其证券价值相当程度地取决于债权资产的市价情况,收益来源主要取决于对基础资产积极管理带来的回报,衡量其信用风险的关键在于基础资产每日的市场交易价格是否足以支付本金与利息等。因此,市值型 CDO 较现金流型 CDO 对基础资产二级市场交易价格的波动更加敏感。

4)现券型 CDO 与合成型 CDO

前面提到的都是传统的 CDO,即发行人都需要通过购买而真正拥有资产池,因此往往也称之为现券(cash)结构。而合成型 CDO 与现券型 CDO 的交易结构存在着根本的不同:合成型 CDO 的发行人事实上并不真正拥有一个风险资产池,参与各方往往通过信用违约互换达到交易目的,所以也就不存在"真实出售"转移风险的过程。具体来讲,合成型 CDO 是由发起人将一组债权(称为参照组合,reference portfolio)打包,并与 SPV 签订信用违约互换合约

(credit default swap,CDS)。合成型CDO没有将资产真实出售,但通过一个类似违约保险的信用保护机制(credit protection mechanism)将发起人的债权信用风险移转给CDO投资者,而后者以保险金的形式获得了额外的收益。

(二)过手型证券化与转付型证券化

按照现金流处理方式和偿付结构的不同,资产证券化可以分为过手型(pass-through)证券化和转付型(pay-through)证券化。两者的区别在于前者是用股权的方式构造证券,而后者是用债权的方式构造证券。过手证券是将现实资产组成的资产组合的产权出售给SPV,SPV以这些资产组合为基础发行股权式收益凭证,投资者购买该证券后即获得相应股权,并定期、定量直接获得从基础资产的运营中"过手"过来的包括本金和利息的现金流。

1. 过手型证券化

过手证券在美国市场上主要由联邦国民抵押贷款协会(Federal National Mortgage Association,FNMA,也常译为房利美)、联邦住房贷款抵押公司(Federal Home Loan Corporation,FHLMC,也常译为房地美)和政府国民抵押贷款协会(Government National Mortgage Association,GNMA)等三大政府信用机构和一些私营机构发行。过手证券的主要特征有:①是一种典型的股权凭证。证券经过过手,基础资产从发起人资产负债表中移出,基础资产的所有权转移到投资者手中,其表外融资特征明显。②风险转移彻底。基础资产运营产生的现金流和利息直接过手给投资者,不做任何中间处理,因此投资者在拥有该股权证书后,也相应承担基础资产的一切风险。③该证券的基础资产组合具有相同或相似的期限和利率,因此过手证券只是简单地将基础资产的风险转移并分散到投资者,每个投资者面临着无差异化的投资工具。

可见,过手证券的优点在于:对于发起人来说,发行这种证券有利于解决流动性问题和转移利率风险、违约风险;对于投资者而言,过手证券由于其高于国债的风险而获得高于同期国债的收益。但显然,这种过手证券的缺陷也非常突出:首先,过手证券的现金流不稳定,同时面临着提前支付的风险;其次,这种交易结构不对基础资产产生的现金流进行任何处理,而是将其简单地"过手"给投资者,由投资者自行承担基础资产的早偿风险和违约风险,因此这种权益性质的凭证只是将发起人的风险转移并细化到每个投资者身上而已。而且每个投资者都面临着相同的风险和同比例的本息支付,这种风险和收益的同质性妨碍了具有不同偏好的投资者的投资。

2. 转付型证券化

过手证券的这些缺点必然促使市场用新的方式去解决,这就是转付证券。最早出现的转付证券就是MBS,它是以按揭贷款为担保资产的证券。转付证券是发行人的债务,用于偿付证券本息的资金是来源于经过了重新安排的住房抵押贷款组合产生的现金流。它与过手型证券化的最大区别在于:前者根据投资者对风险、收益和期限等的不同偏好对基础资产组合产生的现金流进行了重新安排和分配,使本金和利息的偿付机制发生了变化;而后者则没有进行这种处理。

目前最广泛使用的转付证券是抵押担保债券(CMO),它是一种最著名也是最重要的转付债券品种之一。自从1983年FNMA发行第一笔10亿美元的CMO起,CMO在转付证券市场很快就占据了半壁江山。CMO将本息支付设为几档,任何一档债券的投资者在其本金得到偿付之前定期获得利息,而本金的支付则逐档依次进行。因此,各档债券的偿付期限不同。

期限越短,风险越小,收益也越小;期限越长,风险越大,潜在收益也越大。所以,CMO 这种分档结构不仅充分利用了抵押品,提高了资产的使用效率,而且较好地解决了过手型证券化产品的同质性问题。

CMO 的最大优势体现于它对期限和现金流的重新组合,设计出了能更好满足投资者个性化需求的具有多重风险-收益组合效用的投资产品,资金供求双方的特定需求得到了更好的匹配。随着资产证券化的深入发展,在 CMO 的基础上又相继出现了两种"极端化"的转付证券品种——PO(仅付本金)债券和 IO(仅付利息)债券。IO 债券的投资者只收到源于基础资产组合产生的利息收入,而 PO 债券的投资者只收到源于基础资产组合产生的本金收入。IO 与 PO 债券均受到原始债务人早偿行为的影响。

三、资产证券化的流程和设计(以信贷资产证券化为例)

ABS 是一个相当复杂但又非常严格的金融交易系统,支撑这个运作系统的内在要素是一系列巧妙的运作机制和严谨有效的交易结构。如图 4-11 所示,ABS 的基本交易结构由发起人(或称原始权益人)、SPV 和投资者三类主体构成。发起人将自己拥有的特定资产以"真实出售"的方式过户给 SPV,SPV 获得该资产的所有权,发行该资产的预期收入流为基础的资产支持证券,并凭借该资产的所有权确保未来的现金收入流首先用于还本付息。

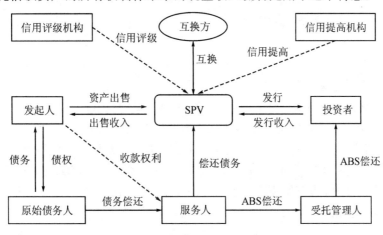

图 4-11 资产证券化的一般操作流程

要保证这一交易结构严谨有效,必须满足 5 个基本条件:
第一,即将被证券化的资产能产生固定的或循环的现金收入流;
第二,原始权益人对该资产拥有完整的所有权;
第三,将资产的所有权以真实出售的方式转让给 SPV;
第四,SPV 本身的经营有严格的法律限制和优惠的税收待遇;
第五,投资者具备资产支持证券的知识、投资能力和投资意愿。
这五个条件中的任何一个不具备,都会使 ABS 面临很大的交易结构风险。
图 4-12 是招商银行于 2021 年发行的个人消费贷款资产支持证券的交易结构和操作流程图。

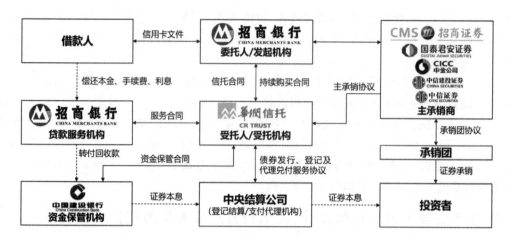

图4-12 招商银行2021年第二期个人消费贷款资产支持证券操作流程图

注:资产支持证券发行的基本交易结构,其中实线表示各方之间的法律关系,虚线表示现金流的划转。

第六节 衍生金融产品*

一、远期交易

(一)远期合约

远期合约(forward contracts)是现时签订的远期交易的法律协议,交易双方在合约中规定在未来某一确定交割日以约定价格购买或出售一定数量的某种基础资产。远期购买方称之为多头,远期出售方称之为空头。20世纪70年代布雷顿森林体系崩溃后,汇率和利率大幅波动,造成各类市场风险增大,为了管理利率风险和汇率风险,先后出现了远期利率协议、远期汇率协议等新的交易品种,从而使传统的远期交易焕发新的生机。

(二)远期利率协议

远期利率协议是合同双方在名义本金的基础上进行协议利率与参照利率差额支付的远期合约。协议利率为双方在合同中敲定的固定利率,参照利率为合同结算日(基准日)的市场利率,通常为LIBOR。

远期利率协议具有以下性质:
(1)一系列的远期利率协议的组合可以构成一个利率互换;
(2)远期利率协议不能进行对冲交易;
(3)远期利率协议只能在场外交易,无须保证金。

(三)远期外汇协议

远期外汇协议又称期汇交易,是指外汇买卖双方预先签订远期外汇买卖合同,规定买卖的币种、数额、汇率及未来交割的时间,在约定的到期日由买卖双方按约定的汇率办理交割的一种预约性外汇交易。

外汇市场上的远期交易期限一般有1个月、2个月、3个月、6个月或1年。这些期限的交易称为标准期限交易。除此之外的远期交易日期,则称为不规则日期(broken day)。远期外汇交易按外汇交割日的固定与否划分,可分为固定交割日的远期外汇交易和不固定交割日的远期外汇交易。

1. 固定交割日的远期外汇交易

固定交割日的远期外汇交易是指事先具体规定交割时间的远期交易。这类交易的外汇交割日既不能提前,也不能推后。进出口商人从订立贸易契约到收付货款,通常要经过一段时间,也就是说,他们要在将来某一时期才能获得外汇收入或支付外汇款项。为了确保这笔外汇兑换本国货币的数额不受损失,预先固定成本,他们往往选择固定交割日的外汇交易。

2. 不固定交割日的远期外汇交易

不固定交割日的远期外汇交易又称为择期交易(option forward),指买卖双方在订约时事先确定交易规模和价格,但具体的交割日期不予固定,而是规定一个期限,买卖双方可以在此期限内的任何一日进行交割。

择期交易的方式有两种:一是交易双方商定某一月份作为选择交割的期限,二是把签订远期外汇合约的第三天至约定期满日内的任何一天选择作为交割日。

二、期货

(一)期货的产生和发展

期货合约是一种标准化合约,是买卖双方分别向对方承诺在合约规定的未来某时间按约定价格买进或卖出一定数量某种资产的书面协议。商品期货交易,是在期货交易所内买卖特定商品的标准化合同的交易方式。金融期货作为期货中的一种,具有期货的一般特点,但与商品期货相比较,其合约标的物不是实物商品,而是传统的金融商品,如证券、货币、利率等。

现代期货交易产生于19世纪中期的美国。1848年芝加哥的82位商人发起并组建芝加哥期货交易所(Chicago Board of Trade,CBOT),旨在改善原有远期交易存在的流动性差、信息不对称、违约风险高等缺陷,给交易者提供了一个集中见面寻找未来交易对手的场所,以事先确定销售价格,确保利润。1865年,芝加哥期货交易所又推出了标准化的协议,将除价格以外所有的合同要素标准化,同时实行保证金制度,交易所向立约双方收取保证金,作为履约保证。至此,远期交易发展为现代期货交易。

金融期货合约交易又是在现代商品期货交易的基础上发展起来的。20世纪70年代初,世界经济环境发生巨大变化,布雷顿森林体系崩溃,世界各国开始实行浮动汇率制,金融市场上的利率、汇率和证券价格开始发生急剧波动,整个经济体系风险增大。人们日益增长的金融避险需求推动了金融期货交易的产生:1972年5月,芝加哥商品交易所(CME)设立国际货币市场(IMM)分部,推出世界上第一张外汇期货合约,从而成功地将金融期货引入期货市场;1975年10月,芝加哥期货交易所推出第一张利率期货合约——政府国民抵押贷款协会的抵押凭证期货交易;1982年2月,美国堪萨斯期货交易所开办价值线综合指数期货交易(value line index futures)。由此奠定了金融期货三大类别的主要架构。金融期货问世至今不过短短三十余年的历史,但其发展速度却相当惊人。目前,金融期货在许多方面已经走在商品期货的前面,占整个期货市场交易量的80%。

(二)期货合约的基本内容

1. 数量和单位条款

每种商品的期货合约规定了统一的、标准化的数量和数量单位,统称"交易单位"。

2. 质量和等级条款

商品期货合约规定了统一的、标准化的质量等级,一般采用被国际上普遍认可的商品质量等级标准。

3. 交易时间条款

期货合约的交易时间是固定的。每个交易所对交易时间都有严格规定。一般每周营业5天,周六、周日及国家法定节假日休息。一般每个交易日分为两盘,即上午盘和下午盘,上午盘为9:00—11:30,下午盘为1:30—3:00。

4. 报价单位条款

报价单位是指在公开竞价过程中对期货合约报价所使用的单位,即每计量单位的货币价格。

5. 合约名称条款

合约名称需注明该合约的品种名称及其上市交易所名称。

6. 交割地点条款

期货合约为期货交易的实物交割指定了标准化的、统一的实物商品的交割仓库,以保证实物交割的正常进行。

7. 交割期条款

商品期货合约对进行实物交割的月份做了规定,一般规定几个交割月份,由交易者自行选择。

8. 最小变动价位条款

最小变动价位条款指期货交易时买卖双方报价所允许的最小变动幅度,每次报价时价格的变动必须是这个最小变动价位的整数倍。

9. 每日价格最大波动幅度限制条款

每日价格最大波动幅度限制条款指交易日期货合约的成交价格不能高于或低于该合约上一交易日结算价的一定幅度,达到该幅度则暂停该合约的交易。

10. 最后交易日条款

最后交易日条款指期货合约停止买卖的最后截止日期。每种期货合约都有一定的月份限制,到了合约月份的一定日期,就要停止合约的买卖,准备进行实物交割。

(三)期货合约的特点

(1)期货合约的商品品种、数量、质量、等级、交货时间、交货地点等条款都是既定的,是标准化的,唯一的变量是价格。期货合约的标准通常由期货交易所设计,经国家监管机构审批上市。

(2)期货合约是在期货交易所组织下成交的,具有法律效力。期货价格是在交易所的交易厅里通过公开竞价方式产生的。国外大多采用公开喊价方式,而我国均采用电脑交易。

(3)期货合约的履行由交易所担保,不允许私下交易。

(4)期货合约可通过交收现货或进行对冲交易履行或解除合约义务。

(四)商品期货

商品期货是标的物为实物商品的一种期货合约,是关于买卖双方在未来某个约定的日期以签约时约定的价格买卖某一数量的实物商品的标准化协议。

1. 商品期货投资的特点

(1)以小博大。投资商品期货只需要交纳5%~20%的履约保证金,就可控制100%的虚拟资金。

(2)交易便利。由于期货合约中主要因素如商品质量、交货地点等都已标准化,合约的互换性和流通性较高。

(3)信息公开,交易效率高。期货交易通过公开竞价的方式使交易者在平等的条件下公平竞争。同时,期货交易有固定的场所、程序和规则,运作高效。

(4)期货交易可以双向操作,简便、灵活。交纳保证金后即可买进或卖出期货合约,且只需用少数几个指令在数秒或数分钟内即可达成交易。

(5)合约的履约有保证。期货交易达成后,须通过结算部门结算、确认,无须担心交易的履约问题。

2. 商品期货的品种

商品期货是期货交易的起源品种。商品期货交易的品种随着交易发展而不断丰富。从传统的谷物、畜产品等农产品期货,发展到各种有色金属、贵金属和能源等大宗初级产品的期货交易。

1)农产品期货

农产品是最早构成期货交易的商品,主要包括以下几类:

(1)粮食期货,主要有小麦期货、玉米期货、大豆期货、豆粕期货、红豆期货、大米期货、花生仁期货等。

(2)经济作物类期货,有原糖、咖啡、可可、橙汁、棕榈油和菜籽等类期货。

(3)畜产品期货,主要有肉类制品和皮毛制品两大类期货。

(4)林产品期货,主要有木材期货和天然橡胶期货。

目前美国各交易所,尤其是芝加哥期货交易所是农产品期货的主要集中地。

2)有色金属期货

目前,在国际期货市场上市交易的有色金属主要有10种,即铜、铝、铅、锌、锡、镍、钯、铂、金、银。其中金、银、铂、钯等期货因其价值高又称为贵金属期货。有色金属期货是当今世界期货市场中比较成熟的期货品种之一。目前,世界上的有色金属期货交易主要集中在伦敦金属交易所、纽约商业交易所和东京工业品交易所。尤其是伦敦金属交易所期货合约的交易价格被世界各地公认为是有色金属期货交易的定价标准。我国上海期货交易所的铜期货交易,近年来发展迅速,目前铜单品种成交量已超过纽约商业交易所,居全球第二位。

3)能源期货

能源期货开始于1978年。作为一种新兴商品期货品种,其交易异常活跃,交易量一直呈现快速增长之势,目前仅次于农产品期货和利率期货,超过了金属期货,是国际期货市场的重要组成部分。原油是最重要的能源期货品种,目前世界上重要的原油期货合约有纽约商业交易所的轻质低硫原油、伦敦国际石油交易所的布伦特原油期货合约等4种。

我国共有三家商品期货交易所,分别是上海期货交易所、郑州商品交易所和大连商品交易所。大连商品交易所目前的交易品种主要有玉米、黄大豆1号、黄大豆2号、豆粕、豆油、啤酒大麦等;郑州商品交易所目前上市交易期货品种主要有小麦(包括优质强筋小麦和普通小麦)、早籼稻、粳稻、棉花、油菜籽、菜籽油、菜籽粕、白糖、动力煤、甲醇、精对苯二甲酸(PTA)、玻璃等;上海期货交易所目前上市交易的有黄金、白银、铜、铝、锌、铅、螺纹钢、线材、燃料油、天然橡胶、沥青等期货合约。

(五)金融期货的种类

1. 外汇期货

外汇期货是交易双方约定在未来某一时间,依据现在约定的比例,以一种货币交换另一种货币的标准化合约的交易,是指以汇率为标的物的期货合约,用来回避汇率风险。它是金融期货中最早出现的品种。自1972年5月芝加哥商品交易所的国际货币市场分部推出第一张外汇期货合约以来,随着国际贸易的发展和世界经济一体化进程的加快,外汇期货交易一直保持着旺盛的发展势头。它不仅为广大投资者和金融机构等经济主体提供了有效的套期保值的工具,而且也为套利者和投机者提供了新的获利手段。

2. 利率期货

利率期货是标的资产依赖于利率水平的期货合约。世界上最先推出的利率期货是1975年由美国芝加哥商业交易所推出的美国国民抵押协会的抵押证期货。利率期货主要包括以长期国债为标的物的长期利率期货和以2个月短期存款利率为标的物的短期利率期货。

目前,中国金融期货交易所上市了4只利率期货:2年期、5年期、10年期和30年期国债期货。

3. 股票指数期货

股票指数期货,简称股指期货,是以股票价格指数为标的资产的期货交易。股票指数期货是专门为人们管理股票市场的价格风险而设计的,是目前金融期货市场最热门和发展最快的期货交易。股票指数期货不涉及股票本身的交割,其价格根据股票指数计算,合约以现金清算形式进行交割。

中国金融期货交易所目前上市了上证50、沪深300、中证500、中证1000四只股指期货。

➤ 三、期权

期权又称为选择权,是在期货的基础上产生的一种衍生性金融工具,指在未来一定时期可以买卖的权利,是买方向卖方支付一定数量的金额(指权利金)后拥有的在未来一段时间内(指美式期权)或未来某一特定日期(指欧式期权)以事先规定好的价格(指履约价格)向卖方购买或出售一定数量的特定标的物的权利,但不负有必须买进或卖出的义务。

从其本质上讲,期权实质上是在金融领域中将权利和义务分开进行定价,使得权利的受让人在规定时间内对于是否进行交易行使其权利,而义务方必须履行。在期权的交易时,购买期权的一方称作买方,而出售期权的一方则称作卖方;买方即是权利的受让人,而卖方则是必须履行买方行使权利的义务人。

(一)产生和发展

期权交易起始于18世纪后期的美国和欧洲市场。由于制度不健全等因素影响,期权交易的发展一直受到抑制。19世纪20年代早期,看跌期权/看涨期权自营商都是些职业期权交易者,他们在交易过程中,并不会连续不断地提出报价,而是仅当价格变化明显有利于他们时,才提出报价。这样的期权交易不具有普遍性,不便于转让,市场的流动性受到了很大限制,这种交易体制也因此受挫。直到1973年4月26日芝加哥期权交易所(CBOE)开张,进行统一化和标准化的期权合约买卖,上述问题才得到解决。1983年1月,芝加哥商业交易所提出了S&P500股票指数期权,纽约期货交易所也推出了纽约证券交易所股票指数期货期权交易,随着股票指数期货期权交易的成功,各交易所将期权交易迅速扩展至其他金融期货上。自期权出现至今,期权交易所已经遍布全世界,其中芝加哥期权交易所是目前世界上最大的期权交易所。

20世纪80年代至90年代,期权柜台交易市场(或称场外交易)也得到了长足的发展。柜台期权交易是指在交易所外进行的期权交易。期权柜台交易中的期权卖方一般是银行,而期权买方一般是银行的客户。银行根据客户的需要,设计出相关品种,因而柜台交易的品种在到期期限、执行价格、合约数量等方面具有较大的灵活性。

外汇期权出现的时间较晚,现在最主要的货币期权交易所是费城股票交易所(PHLX),它提供澳大利亚元、英镑、加拿大元、欧元、日元、瑞士法郎等货币的欧式期权和美式期权合约。目前外汇期权交易中大部分的交易是柜台交易,中国银行部分分行已经开办的"期权宝"业务采用的是期权柜台交易方式。

随着科创50ETF期权于2023年6月5日正式上市交易,我国场内金融期权标的增加至12个。而我国商品期货期权也加速扩容,2023年上市了苯乙烯、乙二醇、丁二烯橡胶、碳酸锂、对二甲苯、烧碱等12个品种,总数量从28个增加到40个。52个标的期权合约总计日均成交量976.7万张、日均持仓量1 308.7万张、日均权利金成交额63.1亿元。

(二) 分类

1. 按权利划分

按权利划分,期权有看涨期权和看跌期权两种类型。

看涨期权(call options),指期权的买方向期权的卖方支付一定数额的权利金后,即拥有在期权合约的有效期内,按事先约定的价格向期权卖方买入一定数量的期权合约规定的特定商品的权利,但不负有必须买进的义务。而期权卖方有义务在期权规定的有效期内,应期权买方的要求,以期权合约事先规定的价格卖出期权合约规定的特定商品。

看跌期权(put options),指期权的买方向期权的卖方支付一定数额的权利金后,即拥有在期权合约的有效期内,按事先约定的价格向期权卖方卖出一定数量的期权合约规定的特定商品的权利,但不负有必须卖出的义务。而期权卖方有义务在期权规定的有效期内,应期权买方的要求,以期权合约事先规定的价格买入期权合约规定的特定商品。

2. 按交割时间划分

按交割时间划分,期权有美式期权和欧式期权两种类型。美式期权是指在期权合约规定的有效期内任何时候都可以行使权利。欧式期权是指在期权合约规定的到期日方可行使权利,期权的买方在合约到期日之前不能行使权利,过了期限,合约则自动作废。

3. 按合约上的标的划分

按合约上的标的划分,期权有股票期权、股指期权、利率期权、商品期权以及外汇期权等种类。

利率期权是指买方在规定期限内有权按双方约定的价格从卖方购买一定数量的利率交易

标的物的业务。

外汇期权是指交易双方在规定的期间按商定的条件和一定的汇率,就将来是否购买或出售某种外汇的选择权进行买卖的交易。

4. 按价值状态划分

按期权价值状态划分,期权可以分为平值、实值和虚值期权。

平值是指期权的行权价格等于合约标的市场价格的状态。

实值是指看涨期权的行权价格低于合约标的市场价格,或者看跌期权的行权价格高于合约标的市场价格的状态。

虚值是指看涨期权的行权价格高于合约标的市场价格,或者看跌期权的行权价格低于合约标的市场价格的状态。

5. 按标的资产形式划分

按标的资产形式划分,期权可以分为现货期权和期货期权。

现货期权是以现货为标的资产的期权。

期货期权是以期货为标的资产的期权。

(三)期权的构成要素

期权的构成要素主要包括以下几方面。

(1)标的资产:每一期权合约都有一标的资产,标的资产可以是众多的金融产品中的任何一种,如普通股票、股价指数、期货合约、债券、外汇等等。

(2)看涨期权或看跌期权:当期权买方预期标的物价格会超出执行价格时,他就会买进看涨期权,相反就会买进看跌期权。

(3)期权敲定价:又称履约价格,执行价格,是期权的买方行使权利时事先规定的标的物买卖价格。

(4)期权到期日:每一期权合约具有有效的行使期限,如果超过这一期限,期权合约即失效。一般来说,期权的行使时限为 1 个月至 3、6、9 个月不等,单个股票的期权合约的有效期间至多为 9 个月。

(5)权利金:期权的买方支付的期权价格,即买方为获得期权而付给期权卖方的费用。

例如,一个看涨的 IBM 公司的股票期权,敲定价 100 美元,11 月份到期,则期权标识为"IBM November 100 call"。

(四)价值的构成

期权价格主要由内涵价值、时间价值两部分组成。

1. 内涵价值

内涵价值指立即履行合约时可获取的总利润。

当看涨期权的执行价格低于当时的实际价格时,或者当看跌期权的执行价格高于当时的实际价格时,即存在内涵价值,则该期权为实值期权。

当看涨期权的执行价格高于当时的实际价格时,或者当看跌期权的执行价格低于当时的实际价格时,该期权为虚值期权。当期权为虚值期权时,内涵价值为零。

平值期权:当看涨期权的执行价格等于当时的实际价格时,或者当看跌期权的执行价格等于当时的实际价格时,该期权为平值期权。当期权为平值期权时,内涵价值为零。

2.时间价值

期权距到期日时间越长,大幅度价格变动的可能性越大,期权买方执行期权获利的机会也越大。与较短期的期权相比,期权买方对较长时间的期权应付出更高的权利金。

值得注意的是,权利金与到期时间的关系,是一种非线性的关系,而不是简单的倍数关系。

期权的时间价值随着到期日的临近而减少,期权到期日的时间价值为零。期权的时间价值反映了期权交易期间时间风险和价格波动风险,当合约0%或100%履约时,期权的时间价值为零。

$$期权的时间价值 = 期权价格 - 内涵价值$$

期权时间价值如图4-13所示。

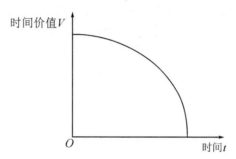

图4-13 期权时间价值图

四、互换

互换(swap)顾名思义,就是交换,是两个或两个以上当事人按照商定条件,在约定的时间内,交换一系列现金流的合约。互换在本质上是一种远期合约,与一般远期合约不同的是这种远期合约建立在交易双方交换有差别的同类基础资产之上(例如银行贷款币种、利率支付方式、期限长短等)。对互换进行分类,一般依据的是互换所赖以建立的基础资产,这些基础资产包括银行贷款、外汇、商品、有价证券(例如债券、股票)等。因此也便有了利率互换、外汇(或货币)互换、商品互换、有价证券互换等。

除了这些一般性的互换品种之外,还有建立在衍生资产之上的互换和经买卖双方认同的其他条件之上的互换。

利率互换和货币互换是互换市场上两种最常见的形式,其交易额占整个互换交易额的80%以上。而且其他形式的互换的交易机制、定价原理和交易策略都蕴含在这两种互换形式里面。

(一)利率互换

利率互换是指交易双方在约定的一段时间内,根据双方签订的合同,在一笔象征性本金数额的基础上互相交换具有不同性质的利率款项的支付。交易过程中,只交换利息款项,而不交换本金。交换的结果是改变了资产或负债的利率。

假设有甲、乙两家公司,银行的资信记录上,甲公司要好于乙公司,因此银行提供给这两家公司贷款条件是不一样的。表4-5是甲乙两公司的借款成本。

表 4-5 甲乙两公司的借款成本

项目	固定利率	浮动利率
甲公司	10.00%	6个月 LIBOR+0.30%
乙公司	11.20%	6个月 LIBOR+1.00%
借款成本差额	1.2%	0.7%

假设:甲公司希望借入1000万美元,期限为五年,浮动利率;

乙公司希望借入1000万美元,期限为五年,固定利率。

由表4-5可以看出,乙公司的借款待遇要劣于甲公司,但与借入固定比率相比,乙公司在借入浮动利率上是有比较优势的。而甲公司在借入固定利率上是有比较优势的。

假设甲公司和乙公司签订了一份互换合约,这份合约载明:

(1)甲公司:借1000万美元,固定利率10%,五年;

(2)乙公司:借1000万美元;6个月的LIBOR+1.00%,五年;

(3)甲公司每年按LIBOR的利率向乙公司支付利息;乙公司每年按9.95%的利率向甲公司支付利息。

每年年终的利率流程可用图4-14表示。

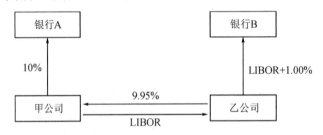

图 4-14 一个互换结构图

甲公司从互换合约中所得的损益计算如下:

在签约以前,如果甲公司以浮动利率借款,即要支付LIBOR+0.30%利息。而签订互换合约后只需向乙公司支付LIBOR的利息,因而少支付0.30%的利息。

但甲公司在签约之后必须以固定利率向银行借款,每年要向银行支付10%的固定利息,但由于从乙公司收取9.95%的利息,因此甲公司需额外支付的固定利率为0.05%。

由上分析可知甲公司得到的好处是少支付利息0.30%,甲公司多支付的利息是0.05%,总的损益为少支付利息0.25%。这是甲公司从该互换合约中所得到的收益。

同理,乙公司从该项互换合约中得到的收益为0.25%。

由此可见,这两家公司通过互换活动所取得的收益总和为0.5%,即交换对参与互换的双方都有好处。

我们还可以通过下列一种方法计算出上述互换活动的总收益:

甲乙两公司在固定利率市场上的利率差减掉甲乙两公司在浮动利率市场上的利率差。代入有关数字可以得到

$$(11.20\% - 10\%) - [(LIBOR + 1.00\%) - (LIBOR + 0.30\%)] = 0.5\%$$

至于这个0.5%如何在甲、乙两公司之间进行分配,则要视互换市场中的有关情况而定。如果具有甲公司这样地位的公司占多数,则分配就向乙倾斜;如果具有乙公司这样地位的公司占多数,则分配就向甲倾斜。

下面我们把互换中介引入,假设上例中的利率互换采取图4-15这种流程,从中我们可以看出,这种分析除了更逼近于现实和更复杂之外,并不会改变问题的实质。

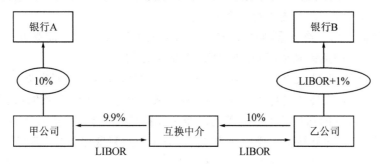

图4-15 有中介机构参与的互换结构图

与前面的分析类似:

甲公司从图4-15这种互换结构中取得的收益为:
$$0.20\% = (LIBOR + 0.3\%) - LIBOR - (10\% - 9.9\%)$$

乙公司取得的收益为:
$$0.20\% = (11.20\% - 10\%) - (LIBOR + 1\%) + LIBOR$$

互换中介的收益为:
$$0.10\% = (10\% - 9.9\%) + (LIBOR - LIBOR)$$

通过加总可以看出,这三家公司的收益仍为0.5%。像其他场合的中介机构一样,互换中介的存在节约了交易成本,提高了互换资产的安全性,有利于市场的发展。总之,这0.1%的收益与其说是其作为交易媒介的手续费收入,倒不如说是对其市场作用的一种奖励(值得注意的是,在上例中,我们并没有把包括税收和手续费在内的交易费用引入)。

(二)货币互换

货币互换(currency swap)又称外汇互换,是一种建立在不同种类货币基础之上的交易合约。由于种种原因(例如出口国的差异),一家公司可能以一种较低的融资成本取得一个国家的货币,但却以一种相对较高的成本取得另一个国家的货币;另一家公司的情况却可能与之相反。像前面的讨论一样,在这两种具有不同地位的公司中存在着一种套利机会。

假设英镑和美元的汇率为1英镑=1.5000美元。甲公司想借入5年期的1000万英镑借款,乙公司想借入5年期的1500万美元借款。但由于甲公司的信用等级高于乙公司,两国金融市场对甲乙两公司的熟悉状况不同,因此,市场向他们提供的固定利率也不同,如表4-6所示。

表4-6 市场向甲乙两公司提供的借款利率

公司	美元	英镑
甲公司	8.0%	11.6%
乙公司	10.0%	12.0%

从表4-6可看出,甲的借款利率均比乙低,即甲在两个市场都具有绝对优势,但绝对优势大小不同。甲在美元市场的绝对优势为2.0%,在英镑市场上只有0.4%。这就是说,甲在美元市场上有比较优势,而乙在英镑市场上有比较优势。这样,双方就可利用各自的比较优势借款,然后通过互换得到自己想要的资金。

于是,甲以8%的利率借入五年期的1500万美元借款,乙以12.0%的利率借入五年期的1000万英镑借款。然后,双方先进行本金的交换。

假定双方协商平均互换收益,则甲乙都将使筹资成本降低0.8%,即双方最终实际筹资成本为:甲支付10.8%的英镑利率,而乙支付9.2%的美元利率。

这样,双方就可根据借款成本与实际筹资成本的差异计算各自向对方支付的现金流,进行利息互换,即甲公司向乙公司支付10.8%的英镑借款的利息计108万英镑,乙公司向甲公司支付8.0%的美元借款的利息计120万美元。经过互换后,甲的最终实际成本降为10.8%英镑借款利息,而乙公司的最终筹资成本变为8.0%美元借款利息加1.2%英镑借款利息。若汇率水平不变的话,乙公司最终实际筹资成本相当于9.2%美元借款利息。若担心未来汇率水平变动,乙公司可以通过购买美元远期或期货来规避利率风险。

在贷款到期后,双方再次进行本金的互换,即甲向乙支付1000万英镑,乙向甲支付1500万美元。至此,货币互换结束。若不考虑本金问题,上述货币互换的流程如图4-16所示。

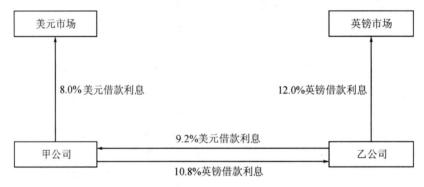

图4-16 货币互换的例子

在这个例子中,互换收益可以事先被计算出来,即
$$(10.0\% - 8.0\%) - (12.0\% - 11.6\%) = 1.6\%$$

总收益1.6%的分配方式是各种各样的,上例只是这些众多的分配方式中的一种。互换除了可以降低筹资成本和增加资产收益之外,还可以锁定向贷款方支付利率的成本。

(三)其他互换

以利率互换和外汇互换两种基本的互换为参照物,新的互换品种一般是沿着以下四个方向而出现的。

第一个方向:创新新型互换标的资产。

第二个方向:改变互换中的条件,例如期限、本金、利率、利息支付方式等。

第三个方向:不同互换之间组合创新新型互换工具。

第四个方向:利用互换品种和其他非互换品种之间进行组合。

本章小结

1. 短期政府债券是一国政府部门为满足短期资金需求而发行的一种期限在1年以内的债务凭证。

2. 票据的含义有广义和狭义之分。广义的票据包括各种有价证券和商业凭证;狭义的票据仅指汇票、本票和支票。

3. 大额可转让定期存单亦称大额可转让存款证,是银行印发的一种定期存款凭证,凭证上印有一定的票面金额、存入和到期日以及利率,到期后可按票面金额和规定利率提取全部本利,逾期存款不计息。

4. 回购协议指的是在出售证券的同时,和证券的购买商签订协议,约定在一定期限后按原定价格或约定价格购回所卖证券,从而获取即时可用资金的一种交易行为。

5. 股票是有价证券的一种主要形式,股票的所有者拥有剩余索取权和剩余控制权,具有收益性和风险性、决策的参与性、有限责任、无到期期限、较强流动性等特点。根据不同的划分标准,股票有不同分类,其中最主要的是优先股和普通股的分类。

6. 股票价值包括票面价值、账面价值、清算价值和内在价值,估计股票价值的方法主要有绝对估值法和相对估值法。

7. 债券具有偿还性、流动性、安全性、收益性等特征。

8. 根据发行主体的不同,债券可以分为政府债券、金融债券和公司债券,根据债券发行所在地的不同,债券可以分为国内债券和国际债券。

9. 债券的票面要素主要包括债券发行者名称、债券的票面金额、债券的票面利率、利息支付方式和支付时间、债券的还本期限和方式、债券是否记名和流通、赎回条款、偿债基金和其他事项。

10. 债券的投资风险主要包括市场利率风险、赎回风险、违约风险、流动性风险、突发事件风险、通货膨胀风险、再投资风险、汇率风险等。

11. 远期合约是现时签订的远期交易的法律协议,交易双方在合约中规定在未来某一确定交割日以约定价格购买或出售一定数量的某种基础资产。远期购买方称之为多头,远期出售方称之为空头。

12. 期货合约是一种标准化合约,是买卖双方分别向对方承诺在合约规定的未来某时间按约定价格买进或卖出一定数量某种资产的书面协议。

13. 期权又称为选择权,是在期货的基础上产生的一种衍生性金融工具。期权指在未来一定时期可以买卖的权利,是买方向卖方支付一定数量的金额(指权利金)后拥有的在未来一段时间内(指美式期权)或未来某一特定日期(指欧式期权)以事先规定好的价格(指履约价格)向卖方购买或出售一定数量的特定标的物的权利,但不负有必须买进或卖出的义务。期权价格主要由内涵价值、时间价值两部分组成。

14. 互换是两个或两个以上当事人按照商定条件,在约定的时间内,交换一系列现金流的合约。互换在本质上是一种远期合约,与一般远期合约不同的是这种远期合约建立在交易双方交换有差别的同类基础资产之上(例如银行贷款币种、利率支付方式、期限长短等)。互换的两种最基本的形式是利率互换和货币互换。

本章关键词

短期政府债券(short-term government bond) 支票(check)
本票(promissory note) 汇票(bill of exchange)
回购协议(repurchase agreement) 大额可转让定期存单(negotiable certificate of deposit)
远期合约(forward contracts) 期货合约(futures contracts)
期权合约(option contract) 利率互换(interest rate swap)
货币互换(currency swap) 普通股
优先股 股利贴现模型

自由现金流(DCF)贴现模型　　　　　　市盈率法
扬基债券(Yankee bonds)　　　　　　　武士债券(samurai bonds)
龙债券(dragon bonds)　　　　　　　　欧洲债券(Euro bonds)
现金流贴现法(discounted cash flow method,DCF)　贴现债券
直接债券(level-coupon bond)　　　　　到期收益率(yield to maturity)
流动性风险(liquidity risk)　　　　　　远期利率(forward rate)

 本章思考题

1. 简述短期政府债券的特点。
2. 商业票据有哪些种类？
3. 大额可转让定期存单和定期存款有什么区别？
4. 什么是回购协议？它有什么特点？
5. 简述股票和债券的区别。
6. 简述FCFF模型和FCFE模型的区别。
7. 比较欧洲债券与外国债券。
8. 什么是现金流贴现法？
9. 什么是到期收益率？
10. 债券的风险有哪些？
11. 期货合约的基本内容有哪些？
12. 期权的构成要素有哪些？
13. 请自己设计一个互换结构。

第五章 商业银行

本章学习目标

1. 理解商业银行的性质、职能及组织形式。
2. 掌握商业银行的资本管理。
3. 掌握商业银行的资产业务、负债业务和中间业务。
4. 理解商业银行经营管理理论的发展。
5. 掌握商业银行存款货币的创造。

第一节 商业银行概述

一、商业银行的产生与发展

(一)商业银行的产生

人们公认的早期银行的萌芽,起源于文艺复兴时期的意大利。银行,英文 bank,该词最早起源于意大利文"Banco",意思是"长板凳"。中世纪时,由于各国贸易的需要,出现了专门为别人鉴别、估量、保管、兑换货币的人,这些人都在港口或集市上坐着长板凳,于是他们有了一个统一的称呼——坐长板凳的人,他们就是最早的银行家。倘若有人遇到周转不灵、无力支付债务的情况,债主们就会群起捣碎其长凳,这就叫破产(bankruptcy)。

早期银行业的产生与国际贸易的发展有着密切的联系。中世纪的欧洲地中海沿岸各国,尤其是意大利的威尼斯、热那亚等城市是著名的国际贸易中心,商贾云集,市场繁荣。但由于当时社会的封建割据,货币制度混乱,各国商人所携带的铸币形状、成色、重量各不相同,为了适应贸易发展的需要,必须进行货币兑换。于是,单纯从事货币兑换业并从中收取手续费的专业货币商便开始出现和发展了。随着异地交易和国际贸易的不断发展,来自各地的商人们为了避免长途携带而产生的麻烦和风险,开始把自己的货币交存在专业货币商处,委托其办理汇兑与支付。这时候的专业货币商已反映出银行萌芽的最初职能:货币的兑换与款项的划拨。

随着接受存款的数量不断增加,货币商们发现多个存款人几乎不会同时支取存款,于是他们开始把汇兑业务中暂时闲置的资金贷放给社会上的资金需求者。最初,货币商们贷放的款项仅限于自有资金,随着代理支付制度的出现,借款者即把所借款项存入贷出者之处,并通知贷放人代理支付。可见,从实质上看,贷款已不仅限于现实的货币,而是有一部分变成了账面信用,这标志着现代银行的本质特征已经出现。

(二)商业银行的发展

现代商业银行的最初形式是资本主义商业银行,它是资本主义生产方式的产物。随着生产力的发展,生产技术的进步,社会劳动分工的扩大,资本主义生产关系开始萌芽。一些手工场主同城市富商、银行家一起形成新的阶级——资产阶级。由于封建主义银行贷款具有高利贷的性质,年利率平均为 20%~30%,严重阻碍着社会闲置资本向产业资本的转化。另外,早期银行的贷款对象主要是政府等一批特权阶层而非工商业,新兴的资产阶级工商业无法得到足够的信用支持,而资本主义生产方式产生与发展的一个重要前提是要有大量的为组织资本主义生产所必需的货币资本。因此,新兴的资产阶级迫切需要建立和发展资本主义银行。资本主义商业银行的产生,基本上通过两种途径:

一是旧的高利贷性质的银行逐渐适应新的经济条件,演变为资本主义银行。在西欧,由金匠业演化而来的旧式银行,主要是通过这一途径缓慢地转化为资本主义银行。

另一途径就是新兴的资产阶级按照资本主义原则组织的股份制银行,这一途径是主要的。这一建立资本主义银行的历史过程,在最早建立资本主义制度的英国表现得尤其明显。1694年,在政府的帮助下,英国建立了历史上第一家资本主义股份制的商业银行——英格兰银行。它的出现,宣告了高利贷性质的银行业在社会信用领域垄断地位的结束,标志着资本主义现代银行制度开始形成以及商业银行的产生。从这个意义上说,英格兰银行是现代商业银行的鼻祖。继英格兰银行之后,欧洲各资本主义国家都相继成立了商业银行。从此,现代商业银行体系在世界范围内开始普及。

商业银行发展到今天,与其当时因发放基于商业行为的自偿性贷款从而获得"商业银行"的称谓相比,已相去甚远。今天的商业银行已被赋予更广泛、更深刻的内涵。特别是第二次世界大战以来,随着社会经济的发展,银行业竞争的加剧,商业银行的业务范围不断扩大,逐渐成为多功能、综合性的"金融百货公司"。

我国的商业银行体系是以四大国有商业银行为主,股份制商业银行、地区性商业银行以及其他银行金融机构共存的格局(见表 5-1)。从 2014 年 7 月,银监会正式批准三家民营银行的筹建申请开始,截至 2024 年 6 月,我国 19 家民营银行可以分为三种发展模式:一类是纯互联网型(微众银行、网商银行、新网银行),一类是准互联网融合型(上海华瑞银行、蓝海银行、苏宁银行等),一类是相对传统型(如天津金城银行、温州民商银行等)。

表 5-1 我国的商业银行体系

类别	名称
六大国有商业银行	中国工商银行、中国农业银行、中国银行、中国建设银行、交通银行、中国邮政储蓄银行
股份制商业银行	上海浦东发展银行、平安银行、广东发展银行、福建兴业银行、中国民生银行等
企业集团银行	招商银行、中国光大银行、华夏银行、中信银行等
地区性商业银行及其他银行金融机构	城市商业银行、农村商业银行、农村合作银行、外资(合资)商业银行、外国商业银行分行、农村信用社、城市信用社、民营银行

二、商业银行的性质与职能

(一)商业银行的概念和性质

商业银行是具有信用创造功能的、以经营存放款为主要业务并以获得利润为主要经营目标的综合性金融机构。现代商业银行是具有广泛服务对象的综合性金融机构。商业银行原来为专门融通短期资金的银行,今天的商业银行也仍然是短期资金市场上的最大贷款人。现代商业银行在传统业务的基础上,还经营证券投资、外汇、信托、咨询、租赁等业务。

《中华人民共和国商业银行法》规定,商业银行是指依照该法和《中华人民共和国公司法》设立的吸收公众存款、发放贷款、办理结算等业务的企业法人。

商业银行具有以下几方面的性质。

1. 商业银行具有一般企业性质

(1)商业银行具有自有资本,独立经济核算。

(2)商业银行的业务活动处于再生产过程之中,是实现资本循环的必要环节。

(3)商业银行的经营目标也是取得利润,同样受利润平均化规律的支配。

(4)商业银行的利润来源于剩余价值。

2. 商业银行是特殊的金融企业

(1)经营对象特殊。商业银行不经营普通商品,经营的是特殊商品货币和货币资本。

(2)活动领域特殊。商业银行的活动处于货币信用领域,通过货币信用业务同其他企业发生广泛联系,并取得利润收入。

(3)对于经济影响程度特殊。商业银行与社会各部门联系密切,对整个经济运行及其发展有重要影响。

3. 商业银行的业务更综合,功能更全面

作为金融企业,商业银行与专业银行和其他金融机构相比又有所不同。商业银行的业务更综合,功能更全面,经营一切"零售"和"批发"业务;而专业银行只集中经营指定范围内的业务和提供专门性服务;其他金融机构,如信托投资公司、保险公司等,业务经营的范围相对更为狭窄。

(二)商业银行的职能

商业银行的职能主要有以下几方面。

1. 信用中介

商业银行作为一国经济中最重要的金融中介机构,具有其不可替代的作用。

信用中介是商业银行最基本、最能反映其经营活动特征的职能。这一职能的实质,是通过商业银行的负债业务,把社会上的各种闲散资金集中到银行,再通过商业银行的资产业务,把它投向社会经济各部门。

商业银行通过信用中介职能实现资本盈余和短缺之间的融通,并不改变货币资本的所有权,改变的只是货币资本的使用权,对经济过程形成了多层次的调节关系:一是把暂时从再生产过程中游离出来的闲置资金转化为职能资本,在不改变社会资本总量的条件下,通过改变资本的使用量,扩大再生产规模;二是把不当作资本使用的小额货币储蓄集中起来,变为可以投入再生产过程的巨额资本,把用于消费的资金转化为能带来货币收入的投资,扩大社会资本总量,加速经济增长;三是将短期货币资本转化为长期货币资本,在利润原则支配下,把货币资本从效益低的部门引向效益高的部门,形成对经济结构的调节。

2. 支付中介

商业银行通过存款在账户上的转移,代理客户支付,同时在存款的基础上,为客户兑付现款等,成为工商业团体和个人的货币保管者、出纳者和支付代理人。此即商业银行支付中介的职能。商业银行支付中介职能的发挥,大大减少了现金的使用,节约了社会流通费用,加速了结算过程和货币资金周转,促进了经济发展。

3. 信用创造

商业银行在信用中介职能和支付中介职能的基础上,产生了信用创造职能。商业银行是能够吸收各种存款的银行,并用其所吸收的各种存款发放贷款,在支票流通和转账结算的基础上,贷款又派生为存款,在这种存款不提取现金或不完全提现的基础上,就增加了商业银行的资金来源,最后在整个银行体系,形成数倍于原始存款的派生存款,从而扩大社会货币供给量。信用创造职能是存款货币银行与非存款货币银行的主要区别。

4. 金融服务

随着经济的发展,各个经济单位之间的联系更加复杂,各金融中介机构之间的竞争也日益激烈,人们对财富的管理要求也相应提高。商业银行根据客户的要求不断拓展自己的金融服务领域,如信托、租赁、咨询、经纪人业务及国际业务等,这些业务在商业银行经营中占据越来越重要的地位,商业银行也就有了"金融百货公司"的称呼。

➢ 三、商业银行的经营模式和组织形式

(一)商业银行的经营模式

从商业银行的发展来看,商业银行的经营模式有分业经营和混业经营两种。

1. 分业经营模式

分业经营是指银行业与证券业相互分离,分别由不同的金融机构进行经营。其特点是两种业务严格分开,证券公司不得经营零售性存放款业务,只能从事证券的承购包销、分销、自营、新产品开发以及充当企业兼并与收购的财务顾问、基金管理等业务。20 世纪 70 年代前,分业经营的典型代表有美国、日本和英国。

2. 混业经营模式

混业经营是证券业和银行业相互结合、相互渗透的一种经营方式,混业经营以德国、瑞士、法国等欧洲大陆国家为典型代表。这种混业经营模式又被称为"全能银行制度"。

中国实行的是分业经营模式。

(二)商业银行的组织形式

由于社会经济条件的不同,商业银行的组织形式也不尽相同,主要可以分为下面几种形式。

1. 单一银行制

单一银行制也称独家银行制。它的特点是银行业务完全由各自独立的商业银行经营,不设或限设分支机构。这种银行制度在美国非常普遍。

单一银行制的优点是:有利于自由竞争;有利于银行和地方政府的协调;具有独立性和自

主性,经营灵活;管理层次少,有利于中央银行的监管。

单一银行制的缺点是:与现代经济横向发展的趋势不协调;业务集中于某一地区或者某一行业,不利于分散风险;不易取得规模经济效益。

2. 分支行制

分支行制是指法律允许除了总行以外,商业银行可以在本市及国内外各地普遍设立分支机构,所有分支机构统一由总行领导指挥。分行制度起源于英国。目前,大多数国家采用分行制度。分行制按总行的职能不同,又可以进一步划分为总行制和总管理处制。

分支行制主要有以下优点:
(1)规模大、分工详细、专业化水平高;
(2)分支机构广泛,便于吸收存款,增强银行实力;
(3)便于资金在分支行之间调度,减少现金准备;
(4)有利于分散风险;
(5)便于现代化管理和服务手段的推广。

分支行制主要有以下缺点:
(1)容易形成垄断,不利于自由竞争;
(2)加大了银行内部的控制难度,执行决策时容易出现偏差;
(3)不便于发挥各地银行的主动灵活性,不便于因地制宜地开展业务。

3. 银行控股公司

银行控股公司是指由一个集团成立股权公司,再由该公司控制或收购两家以上的银行。在法律上,这些银行是独立的,但其业务与经营政策,同属于同一股权公司所控制。这种商业银行的组织形式在美国最为流行。

银行控股公司使得银行更便利地从资本市场筹集资金,并通过关联交易获得税收上的好处,也能够规避政府对跨州经营银行业务的限制。

银行控股公司的类型有:①非银行性控股公司,是通过企业集团控制某一银行的主要股份组织起来的,该种类型的控股公司在持有一家银行股票的同时,还可以持有多家非银行企业的股票。②银行性控股公司,指大银行直接控制一个控股公司,并持有若干小银行的股份。

银行控股公司的优点:①能有效扩大资本总量,做到业务多样化;②可以更好地进行风险管理和收益管理;③能够兼单一银行制和分支银行制的优点于一身。

银行控股公司的缺点:容易形成银行业的集中和垄断,不利于自由竞争。

近年来,我国银行控股公司发展迅速,出现了光大集团、中国银行、工商银行、海尔集团、首创集团等金融资本控股和实业资本控股的金融控股公司。我国金融控股公司的发展主要是由于金融业高度管制所造就的垄断利润的存在。

4. 连锁银行制

连锁银行制又称为联合银行制。它是指某一集团或某一人购买若干独立银行的多数股票,从而控制这些银行的体制。在这种体制下,各银行在法律地位上是独立的,但实质上也是受某一集团或某一人所控制,与前者的区别是它不需要设立控股公司,弥补单一银行制的不足,规避法律对设置分支机构的限制,但由于受个人或某一集团的控制,因而不易获得银行所需要的大量资本,这种体制盛行于美国中西部地区。

表5-2是对商业银行四种组织形式的比较。

表5-2 商业银行组织形式的比较

组织形式	优点	缺点	典型代表
单一银行制	1.有利于自由竞争； 2.有利于银行和地方政府的协调； 3.具有独立性和自主性,经营灵活； 4.管理层次少,有利于中央银行的监管	1.与现代经济横向发展的趋势不协调； 2.业务集中于某一地区或者某一行业,不利于分散风险； 3.不易取得规模经济效益	美国
分支行制	1.规模大、分工详细、专业化水平高； 2.分支机构广泛,便于吸收存款,增强银行实力； 3.便于资金在分支行之间调度,减少现金准备； 4.有利于分散风险； 5.便于现代化管理和服务手段的推广。	1.容易形成垄断,不利于自由竞争； 2.加大了银行内部的控制难度,执行决策时容易出现偏差； 3.不便于发挥各地银行的主动灵活性,不便于因地制宜地开展业务	世界上大部分国家都实行,如中国、英国等
银行控股公司	1.能有效扩大资本总量,做到业务多样化； 2.可以更好地进行风险管理和收益管理； 3.能够兼单一银行制和分支银行制的优点于一身	容易形成银行业的集中和垄断,不利于自由竞争	光大集团、中国银行、工商银行、海尔集团、首创集团等
连锁银行制	弥补单一银行制的不足,规避法律对设置分支机构的限制	由于受个人或某一集团的控制,因而不易获得银行所需要的大量资本	美国中西部

第二节 商业银行的资本管理

一、商业银行资本构成

银行资本是指银行股东为赚取利润而投入银行的货币和保留在银行中的收益。银行资本有三种形式：①会计资本,银行总资产与总负债账面价值的差额；②经济资本,银行在财务困难时可用来吸收损失的最低所需资本；③监管资本,一国金融监管当局对银行的资本要求,包含了用于抵补银行预期损失的准备金和银行非预期损失的经济资本部分。

(一) 银行资本的功能

1. 营业功能

资本金是银行开展业务、生存和发展的基本前提。为银行的注册、组织营业以及存款进入前的经营提供启动资金,诸如土地获得及建设办公楼或租用、安装设备等。同时,银行资本为银行的扩张,银行新业务、新计划的开拓与发展提供资金。许多银行的增长超出其开业时设施的承受能力,追加资本的注入允许银行增加办公设备、增设分行,以便同市场的扩大保持同步发展。银行资本作为银行增长的监测者,有助于保证单个银行增长的长期可持续性。因为监管当局与市场都要求银行的贷款及其他风险资产的增长与银行的资本保持一致,随着银行风险的暴露,银行吸收亏损的缓冲装置也必须相应扩大。相对资本而言,贷款与存款业务增长过快的银行会从市场和监管部门接到降低增长速度或增加资本的信号。这也有利于提高

5-1 知识拓展：《巴塞尔协议》的几个发展阶段

公众对银行的信心。

2.保护功能

资本可以吸收银行的经营亏损,保护银行的正常经营。银行资本金在一定程度上可以使客户资金免受损失,从而也在一定程度上保证了银行的安全。因此,资本金又被称为旨在保护债权人,使债权人在面对风险时免遭损失的"缓冲器"。

3.管理功能

银行的外部监管机构通过系列资本指标加强对银行的监督管理,商业银行自身加强资本金管理以满足银行管理当局规定的最低资本金要求。

4.有助于树立公众对银行的信心

它向银行的债权人显示了银行的实力。对于高负债经营的银行业,市场信心是决定银行经营稳定性的直接因素。充足的资本令银行即使在紧缩时期也能满足市场的信贷需求,在客户看来,这是一种有力的保证。

(二)银行资本的来源

银行资本的一般来源主要有两种:一是商业银行创立时所筹措的资本,二是商业银行的留存利润。其具体形式有以下几种。

(1)股本:包括普通股和优先股。

(2)盈余:包括资本盈余、留存盈余(未分配利润)。

(3)债务资本:包括资本票据和债券。

(4)其他资本储备金:包括资本准备金、贷款与证券投资、损失准备金。

(三)我国商业银行资本的构成

1.核心资本

我国商业银行的核心资本主要包括:①实收资本或普通股;②资本公积;③盈余公积;④未分配利润;⑤少数股权。

2.附属资本

我国商业银行的附属资本主要包括:①重估储备;②一般准备;③优先股;④可转换债券;⑤长期次级债务。

3.资本的扣除项

我国商业银行资本的扣除项主要包括:①商誉;②商业银行对未并报表的银行机构的资本投资;③商业银行对非自用不动产、对非银行金融机构和企业的资本投资。

二、商业银行资本的筹集与管理

(一)银行资本规模的衡量方法

1.资本账面价值(GAAP资本)

GAAP是由账面价值计量的银行资本。

$$资本账面价值(GAAP)=总资产账面值-总负债账面值$$

2.监管会计原理计量的资本量(RAP资本)

RAP资本是监管会计原理计量的资本量。

银行RAP资本=股东股权+永久优先股+贷款与租赁损失储备+可转换次级债务+其他

3. 市场价值资本(MVC)

市场价值资本(MVC)＝银行资产的市场价值(MVA)－银行负债的市场价值(MVL)

(二) 影响银行资本需要量的因素

1. 有关的法律规定

各国金融监管部门为了加强控制与管理，一般都以法律的形式对银行资本做出了具体的规定，如新设银行的最低资本额、资本资产比率、自有资本与负债比率等。

2. 宏观经济形势

经济形势状况对银行的业务经营活动具有直接影响。如果经济周期处于繁荣阶段，经济形势良好，银行存款会稳步增长，挤兑的可能性很小，债务人破产倒闭的可能性也较小。因此，在该时期银行资本的持有量可以少于其他时期。此外，银行所处地区的经济形势也对资本需要具有很大影响。一些地区性银行或主要业务相对集中的银行在确定资本持有量时，除考虑整个国际的经济形势外，还要顾及本地区的经济形势。

3. 银行的资产负债结构

从负债看，不同的负债流动性不同，从而需要的资本持有量也不同。例如，对活期存款等流动性较高的负债，银行就必须要保存较多的资本储备，而对于定期存款等流动性降低的负债，银行持有的资本储备可以相应减少。从资产看，银行资本受资产质量的制约，如果银行质量高，则遭受损失的可能性较小，银行只需保持少量的资本储备，反之银行的资本需要量就要增大。

4. 银行的信誉

资本多少是决定一个银行信誉高低的重要因素。同样，信誉的高低也影响银行应该持有的资本数量。如果银行的信誉较高，公众对其比较信任，愿意将自己的资金存入该银行，则该银行就会有较充裕的资金来源。当经济形势发生动荡、金融体系不稳定时，由于银行信誉高，存款人不会大量提出现金，该银行也就不必保持大量的资本来应付资金的外流。

(三) 银行最佳资本需要量

银行资本过高会降低财务杠杆比率，增加筹集资金的成本，影响银行的利润；资本过低会增加对存款等其他资金来源的需求，使银行边际收益下降，如图 5－1 所示。

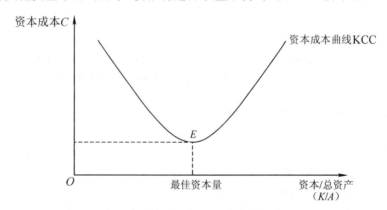

图 5－1 银行资本量与资金成本之间的关系

银行的资本成本曲线要受到银行的资产规模、资产负债结构及其面临的市场状况所影响，即不同的资产规模、资产负债结构和所面临的市场状况会决定不同的资本成本曲线。

(四)商业银行资本的筹集

1. 内源资本策略

所谓内源资本,是指以留存收益方式形成的资本,是在一个营业年度结束后,通过决算,将净利润不全部用于股息支付,而是拿出一部分作为留存盈余保留在银行,来增加银行资本。内源资本的优点:①不必依靠公开市场筹集资金,可免去发行成本,因此成本较低;②不会影响现有股东的控制权和收益;③风险小,不受外部市场波动的影响。其缺点是融资规模受到较大限制。

2. 外源资本策略

外源资本策略包括:出售资产与租赁设备,发行普通股,发行优先股,发行中长期债券,股票与债券互换,等等。

外源资本的策略选择有两个要求:一是监管当局的监管要求;二是股东价值最大化。

外源资本的策略的具体选择:①发行次级长期债券补充资本的及时性和灵活性;②发行普通股和永久性非累积优先股补充核心资本的不足,维护资本的稳定。

(五)我国商业银行资本监管的历程

1. 第一阶段:1995年《中华人民共和国商业银行法》出台之前

当时商业银行没有真正树立审慎经营的理念,监管当局监管的重点还停留在机构审批和现场检查上。对银行资本在抵御风险中的作用没有充分认识,对资本充足率的关注也很少。

2. 第二阶段:1995年至2003年

1995年商业银行法中明确规定:商业银行的资本充足率不应低于8%。监管当局1996年出台了相关文件对资本充足率的计算做出详细规定。

3. 第三阶段:2004年至2010年

2004年初经国务院批准,银监会发布《商业银行资本充足率管理办法》,标志着中国银行业资本监管迈上一个新台阶。

4. 第四阶段:2011年以来

2011年以来,银监会要求银行实施更严格的巴塞尔Ⅲ资本金要求。以兴业银行为例,表5-3是2021—2023年兴业银行资本充足率情况。

表5-3 2021—2023年兴业银行资本充足率情况   单位:百万元人民币

主要指标	指标值		
	2023年	2022年	2021年
资本净额/亿元	10 330.57	9 738.33	8 781.72
其中:核心一级资本/亿元	7 147.64	6 629.16	5 996.61
其他一级资本/亿元	860.89	860.52	859.99
二级资本/亿元	2 334.63	2 260.53	1 936.17
扣减项/亿元	12.59	11.88	11.05
加权风险资产合计/亿元	73 123.26	67 462.29	61 026.20
资本充足率	14.13%	14.44%	14.39%
一级资本充足率	10.93%	11.08%	11.22%
核心一级资本充足率	9.76%	9.81%	9.81%

资料来源:兴业银行:兴业银行股份有限公司资本充足率报告,http://www.cib.com.cn/cn/index.html。

第三节 商业银行的业务

一、商业银行的资产负债表

资产负债表实际上就是一张资金平衡表,一个简单的会计等式:资产=负债+所有者权益。一张银行的资产负债表有两大项目:一个是资产项目,代表对资金的运用;另一个负债项目,包括负债和净值。负债项目说明了银行的资金来源。下面是一张典型的商业银行资产负债表(表5-4)。

表5-4 2018年中国工商银行资产负债表

资产项目	金额/亿元	占比	负债项目	金额/亿元	占比
客户贷款及垫款总额	154 199.05	—	客户存款	214 089.34	84.4%
加:应计利息	389.58	—			
减:贷款减值准备	4 127.61	—	同业和其他金融机构存放和拆入款项	18 144.95	7.2%
客户贷款及垫款净额	150 461.32	54.3%	卖出回购款项	5 148.01	2.0%
投资	67 546.92	24.4%	已发行债务证券	6 178.42	2.4%
现金及存放中央银行款项	33 725.76	12.2%	其他	9 985.85	4.0%
存放和拆放同业及其他金融机构款项	9 624.49	3.5%	负债合计	253 546.57	100.0%
买入返售款项	7 340.49	2.6%	所有者权益合计	23 448.33	
其他	8 296.42	3.0%			
资产合计	276 995.40	100.0%	负债和所有者权益总计	276 995.40	

资料来源:中国工商银行《中国工商银行股份有限公司2018年度报告(A股)》,http://www.icbc.com.cn/ICBC/default.htm。

(一)资产项目

商业银行资产负债表中的资产项目主要包括以下几个方面:

(1)现金及存放中央银行款项:包括银行的库存现金和在中央银行的存款,这是银行最流动的资产。

(2)发放贷款及垫款:这是银行的主要资产之一,包括对个人和企业发放的各种贷款,如住房贷款、商业贷款、消费贷款等。

(3)证券投资:银行可能会购买政府债券、企业债券、股票等金融工具作为投资,以期获得利息或股息收入。

(4)同业资产:包括存放同业款项、拆出资金和买入返售金融资产等,是银行与其他银行及金融机构之间的短期资金往来。

这些资产项目反映了银行的资金分布和投资状况,是银行进行财务分析和管理的重要依据。银行资产管理的目标是在确保流动性和安全性的基础上,实现资产的最大化增值。

(二)负债项目

商业银行资产负债表中的负债项目主要包括以下几个方面:

1)吸收存款

这是商业银行负债业务中最主要的部分,包括个人和企业的储蓄存款、定期存款等。存款是银行资金来源的基础,也是银行能够进行贷款和其他投资活动的资金保障。

(2)同业存放款项:这是指其他银行或金融机构存放在该银行的资金,包括同业存款和同业拆入等。同业存放款项是银行间资金往来的一种形式,通常用于短期资金的调剂。

(3)向中央银行借款:商业银行可以向中央银行借款,以满足流动性需求或进行资金的临时调剂。这通常包括再贷款、再贴现等形式。

(4)应付债券:商业银行通过发行债券筹集资金,这些债券包括金融债券、资本债券等,是银行长期资金来源的一部分。

➤ 二、商业银行的负债业务

商业银行的负债业务是指形成资金来源的业务,其资金主要来自自有资本和吸收的外来资金两部分。外来资金包括存款类负债和非存款类负债。20世纪70年代以后,商业银行将关注的重点从资产的运作移向负债的管理。70年代以来,金融业竞争日益加剧,创新产品不断出现,迫使商业银行不得不考虑如何面对由金融业同质化所带来的存款减少和银行业地位下降的问题。银行要力图以最低的风险、最小的成本获取最大的资金保障。

商业银行负债的目的主要有两个:一是维持银行资产的增长率;二是保持银行的流动性。

表5-5是2023年我国银行业负债情况。

表5-5 2023年我国银行业负债情况表

金融机构	项目	第一季度	第二季度	第三季度	第四季度
大型商业银行	总负债/亿元	1 532 994	1 584 538	1 597 768	1 628 968
	比上年同期增长率	14.5%	13.8%	12.4%	13.5%
	占银行业金融机构比例	42.0%	42.4%	42.5%	42.5%
股份制商业银行	总负债/亿元	633 684	640 119	639 426	651 033
	比上年同期增长率	7.6%	7.0%	6.8%	6.6%
	占银行业金融机构比例	17.4%	17.1%	17.0%	17.0%
城市商业银行	总负债/亿元	482 101	494 293	502 869	511 303
	比上年同期增长率	11.8%	11.3%	11.7%	10.7%
	占银行业金融机构比例	13.2%	13.2%	13.4%	13.3%
农村金融机构	总负债/亿元	492 233	497 599	504 229	506 571
	比上年同期增长率	10.1%	9.1%	9.0%	9.2%
	占银行业金融机构比例	13.5%	13.3%	13.4%	13.2%
其他类金融机构	总负债/亿元	507 428	519 796	519 517	533 369
	比上年同期增长率	7.7%	7.8%	4.6%	4.8%
	占银行业金融机构比例	13.9%	13.9%	13.8%	13.9%

资料来源:国家金融监督管理总局网站。

(一)存款负债的种类

1. 传统负债业务

1)活期存款

活期存款主要是指可由存款户随时存取和转让的存款,它没有确切的期限规定,银行也无权要求客户取款时做事先的书面通知。持有活期存款账户的存款者可以用各种方式提取存款,如开出支票、本票、汇票,电话转账,使用自动柜员机或其他各种方式等手段。由于各种经济交易包括信用卡商业零售等都是通过活期存款账户进行的,所以在国外又把活期存款称之为交易账户。作为商业银行主要资金来源的活期存款有以下几个特点:

一是具有很强的派生能力。在非现金结算的情况下,银行将吸收的原始存款中的超额准备金用于发放贷款,客户在取得贷款后,若不立即提现,而是转入活期存款账户,这样银行一方面增加了贷款,另一方面增加了活期存款,创造出派生存款。

二是流动性大、存取频繁、手续复杂、风险较大。由于活期存款存取频繁,而且还要提供多种服务,因此其成本相对较高,故而活期存款利率较低或不支付利息。

三是活期存款相对稳定部分可以用于发放贷款。尽管活期存款流动性大,但在银行的诸多储户中,总有一些余额可用于对外放款。

四是活期存款是密切银行与客户关系的桥梁。商业银行通过与客户频繁的活期存款的存取业务建立比较密切的业务往来,从而争取更多的客户,扩大业务规模。

2)定期存款

定期存款是指客户与银行预先约定存款期限的存款。存款期限通常为3个月、6个月和1年不等,期限最长的可达5年或10年。利率根据期限的长短不同而存在差异,但都要高于活期存款。定期存款的存单可以作为抵押品取得银行贷款。

定期存款具有以下特点:

一是定期存款带有投资性。由于定期存款利率高,并且风险小,因而是一种风险最小的投资方式。对于银行来说,由于期限较长,按规定一般不能提前支取,因而是银行稳定的资金来源。

二是定期存款所要求的存款准备金率低于活期存款。因为定期存款有期限的约束,有较高的稳定性,所以定期存款准备金率就可以要求低一些。

三是手续简单,费用较低,风险性小。由于定期存款的存取是一次性办理,在存款期间不必有其他服务,因此除了利息以外没有其他的费用,因而费用低。同时,定期存款较高的稳定性使其风险性较小。

3)储蓄存款

储蓄存款主要是指个人为了积蓄货币和取得一定的利息收入而开立的存款。储蓄存款也可分为活期存款和定期存款。储蓄存款具有两个特点:一是储蓄存款多数是个人为了积蓄购买力而进行的存款。二是金融监管当局对经营储蓄业务的商业银行有严格的规定。

因为储蓄存款多数属于个人,分散于社会上的各家各户,为了保障储户的利益,因此各国对经营储蓄存款业务的商业银行有严格的管理规定,并要求银行对储蓄存款负有无限清偿责任。

2. 西方国家创新的存款工具

除上述各种传统的存款业务以外,为了吸收更多存款,打破有关法规限制,西方国家商业银行在存款工具上有许多创新。如可转让支付命令账户、自动转账账户、货币市场存款账户、大额可转让定期存单、个人退休金账户等。

(1) 可转让支付命令账户(negotiable order of withdrawal account,简写 NOW 或 NOWS)。可转让支付命令账户是西方商业银行的一种新型存款账户,20 世纪 70 年代初由美国马萨诸塞州互助储蓄银行创办,是一种以支付命令书取代支票的活期存款账户。可转让支付命令账户既能像传统的活期存款那样使客户在转账结算上得到便利,又可让客户获取存款利息。这等于将储蓄存款与活期存款两者的优点集于一身,因而有较大的吸引力。

(2) 自动转账服务账户(automatic transfer service accounts,简称为 ATS)。自动转账服务账户是金融创新之一,这是一种存款可以在储蓄存款账户和支票存款账户之间按照约定自动转换的存款账户。自动转账服务账户开办于 1987 年,是在电话转账服务账户的基础上发展起来的,与电话转账服务账户的不同之处在于存款在账户间的转换不需存款人电话通知而由银行按约定自动办理。

存户可以同时在银行开立两个账户:有息的储蓄账户和无息的活期支票存款账户。活期支票存款账户的余额要始终保持 1 美元。银行收到存户所开出的支票需要付款时,可随时将支付款项从储蓄账户上转到活期支票存款账户上,自动转账,即时支付支票上的款项。开立自动转账服务账户,存户要支付一定的服务费。在开立此账户之前,存户一般先把款项存入储蓄账户,由此取得利息收入,而当需要开支票时,存户用电话通知开户行,将所需款项转到活期支票账户。

(3) 货币市场存款账户(money market deposit accounts,MMDAs)。货币市场存款账户是西方商业银行为竞争存款而开办的一种业务。开立这种账户,可支付较高利率,并可以浮动,还可使用支票。这一账户的存款者可定期收到一份结算单,记载所得利息、存款余额、提款或转账支付的数额等。

(4) 大额可转让定期存单(CDs 或 NCDS)。大额可转让定期存单亦称大额可转让存款证,是银行印发的一种定期存款凭证,凭证上印有一定的票面金额、存入和到期日以及利率,到期后可按票面金额和规定利率提取全部本利,逾期存款不计息。大额可转让定期存单可流通转让,自由买卖,最早由花旗银行发行。在我国,根据《中国人民银行关于大额可转让定期存单管理办法》的规定,大额可转让定期存单的发行单位限于各类银行。非银行金融机构不得发行大额可转让定期存单。大额可转让定期存单的发行对象为城乡个人和企业、事业单位。购买大额可转让定期存单的资金应为个人资金和企业、事业单位的自有资金。

(5) 个人退休金账户(individual retirement account,IRA)。个人退休金账户是美国商业银行 1974 年为没有参加"职工退休计划"的个人创设的一种新型的储蓄存款账户。按照规定,只要工资收入者每年在银行存入 2000 美元,其存款利率可以不受 Q 条例[①]的限制,且可暂时享受免税优惠,直到存户退休以后,再按其支取的金额计算所得税。然而,由于退休后存户的收入减少,故这笔存款仍可按较低的税率纳税。个人退休金账户存款因存期较长,其利率也略高于一般储蓄存款。

---

① Q 条例是指美国联邦储备委员会按字母顺序排列的一系列金融条例中的第 Q 项规定,于 20 世纪 30 年代发布。其主要内容是对美联储会员银行吸收定期存款和储蓄存款规定最高利率限额,同时禁止对活期存款支付利息。20 世纪 80 年代,Q 条例被废止。

3. 我国创新的存款产品

20世纪90年代以来，国内银行业存款产品创新不断兴起，极大地丰富了商业银行理财服务的种类和手段，出现了一系列新的存款种类，主要有：①本外币活期一本通；②本外币定期一本通；③通知存款；④定期自动转存业务；⑤教育储蓄；⑥结构性存款。

以中国工商银行为例，现有的个人存款业务种类有活期存款、定期存款、活期一本通、定期一本通、人民币教育储蓄、人民币零存整取定期存款、人民币整存整取定期存款、人民币存本取息定期存款、人民币定活两便存款、个人通知存款、定活通。中国工商银行最新的客户存款结构和利率水平，可以在中国工商银行的官方网站查看。

5-2 知识拓展：招商银行推出"与汇率挂钩的结构性存款"

4. 影响商业银行的存款因素

影响商业银行的存款因素主要有以下两个方面：

（1）影响存款水平的外部因素：经济发展水平和经济周期、银行同业的竞争、中央银行的货币政策、金融法规、人们的储蓄习惯和收入、支出预期。

（2）影响存款水平的内部因素：存款利率、金融服务的项目和质量、服务收费、银行网点设置和营业实施、银行资信、银行形象、雇员形象等。

（二）银行的非存款负债

银行非存款性资金规模取决于存款量和投资与贷款需求量之间的对比关系，并要考虑如非存款性资金来源的成本、风险程度、政府的法规限制等问题。

银行非存款性负债包括主要同业拆借、向中央银行贴现借款、证券回购、国际金融市场上融资和发行中长期债券。

1. 同业拆借

同业拆借要在会员银行之间通过银行间资金拆借系统完成，是流动性盈余的银行向流动性短缺的银行提供的信贷。

我国银行间的同业拆借主要目的是补充准备金的不足和保持银行的流动性；同业拆借利率也已实现了市场化，基本体现了市场对资金的供求关系。

2. 向中央银行贴现借款

商业银行持中央银行规定的票据向中央银行申请抵押贷款。商业银行获得贴现借款的利率由中央银行规定，这一利率是中央银行调节商业银行准备金的最重要的利率之一。

我国商业银行从中央银行申请贴现资金有一部分是通过票据贴现完成的，有一部分则再贷款方式取得，即信用贷款。

3. 证券回购

证券回购指的是商业银行在出售证券等金融资产时签订协议，约定在一定期限后按原定价格或约定价格购回所卖证券，以获得即时可用资金，协议期满时，再以即时可用资金做相反交易。回购协议从即时资金供给者的角度来看又称为"逆回购协议"。回购协议利率较低，如果银行以此融资用于收益较高的投资，则会带来较高的盈利。

4. 国际金融市场上融资

商业银行利用国际金融市场融资也可以获取所需资金，最典型的是欧洲货币存款市场，当银行所接受的存款货币不是母国货币时，该存款就叫作欧洲货币存款。银行从国际金融市场融资既可以通过专门的机构进行，也可以通过资金的海外分支机构完成。

5. 发行中长期债券

发行中长期债券是指商业银行以发行人身份,通过承担债券利息的方式,直接向货币所有者举借债务的融资方式。银行发行中长期债券所承担的利息成本较其他融资方式要高,但能保证银行资金的稳定。资金成本的提高促使商业银行经营风险较高的资产业务,这从总体上增大了银行经营的风险。表5-6反映了招商银行2024年6月30日和2023年12月31日的负债情况。

表5-6 招商银行的负债情况表

项目	2024年6月30日		2023年12月31日	
	平均余额/亿元	占总额百分比/%	平均余额/亿元	占总额百分比/%
客户存款	86 628.86	82.84	81 554.38	82.02
同业往来	8 609.61	8.23	8 884.08	8.94
向中央银行借款	2 235.46	2.14	3 771.89	3.79
以公允价值计量且其变动计入当期损益的金融负债及衍生金融负债	712.11	0.68	614.01	0.62
应付债券	2 745.99	2.63	1 747.64	1.76
其他①	3 645.55	3.48	2 855.54	2.87
负债总额	104 577.58	100.00	99 427.54	100.00

注:①"其他"包括应付职工薪酬、应交税费、合同负债、租赁负债、预计负债、递延所得税负债、应计利息和其他负债。

资料来源:《招商银行2024年半年度报告》。

(三) 商业银行负债成本的构成

银行负债成本是指银行为吸收存款、筹措资金、借入款项所必须支付的成本费用开支。

1. 利息成本

利息成本是商业银行以货币的形式直接支付给存款者或债券持有人、信贷中介人的报酬,利息成本的高低依期限的不同而不同。

2. 营业成本

营业成本是指花费在吸收负债上的除利息之外的一切开支,包括广告宣传费用、银行职工的工资和薪金、设备折旧应摊提额、办公费用及其他为存款客户提供服务所需要的开支等。利息成本和营业成本之和称为资金成本。

3. 可用资金成本

相对于可用资金而言的银行资金成本,可用资金是指银行总的资金来源中扣除应交存的法定存款准备金和必要的储备金后的余额。

4. 有关成本

有关成本指与增加负债有关而未包括在上述成本之中的成本,主要包括风险成本和连锁反应成本。风险成本是指因负债增加引起银行风险增加而必须付出的代价。连锁反应成本是指银行对新吸收负债增加服务和利息支出而引起银行原有负债增加的开支。

三、商业银行的资产业务

商业银行的资产业务是指将自己通过负债业务所聚集的资金加以运用的业务。

表 5-7 是招商银行 2024 年 6 月 30 日和 2023 年 12 月 31 日的资产情况。

表 5-7 招商银行的资产情况表

项目	2024 年 6 月 30 日		2023 年 12 月 31 日	
	平均余额/亿元	占总额百分比/%	平均余额/亿元	占总额百分比/%
贷款和垫款总额	67 478.04	58.30	65 088.65	59.02
减:贷款损失准备①	2 730.85	2.36	2 668.05	2.42
贷款和垫款净额	64 747.19	55.94	62 420.60	56.60
投资证券及其他金融资产	33 503.88	28.95	32 094.73	29.10
现金、贵金属及存放中央银行款项	6 106.15	5.28	6 848.21	6.21
同业往来	7 972.74	6.89	5 583.81	5.06
商誉	99.54	0.09	99.54	0.09
其他②	3 318.33	2.85	3 237.94	2.94
资产总额	115 747.83	100.00	110 284.83	100.00

注:①此处的贷款损失准备是以摊余成本计量的贷款和垫款的损失准备。
②"其他"包括固定资产、在建工程、使用权资产、无形资产、投资性房地产、递延所得税资产、应计利息和其他资产。
资料来源:《招商银行 2024 年半年度报告》。

(一)现金资产及其管理

1. 现金资产的概念

银行现金资产是商业银行预先准备为应付存款支取所需的资金,主要由库存现金、在中央银行的存款、存放同业存款和托收中的现金等项目组成。现金资产是商业银行所有资产中最具流动性的部分,是银行随时用来支付客户现金需要的资产。各国均把现金资产作为支付客户提取、满足贷款的需求,以及支付各种费用的一线准备。但现金资产是非盈利性资产,不能为商业银行带来收益或只带来甚微的收益,故各国商业银行都希望把现金资产量减低到必要的最低水平。

2. 构成

(1)库存现金。库存现金指银行为应付每天的现金收支活动而保存在银行金库内的纸币和硬币。我国商业银行的库存现金由业务库存现金和储蓄业务备用金两部分构成。

(2)托收中的现金。托收中的现金指已签发支票送交中央银行或其他银行但相关账户尚未贷记的部分。

(3)在中央银行的存款。商业银行存放在中央银行的资金可分为一般性存款和法定存款准备金两部分。一般性存款又称超额准备金,是商业银行可以自主运用的资金,主要用于转账结算,支付票据交换的差额,发放贷款和调剂库存现金的余缺。法定存款准备金是商业银行按法定比例向中央银行缴纳的存款准备金,其初始目的主要是使商业银行能够有足够的资金应付提存,避免发生挤兑而引起银行倒闭。

(4)存放同业存款。存放同业存款是指商业银行存放在代理行和相关银行的存款。在其他银行保持存款的目的,是为了便于银行在同业之间开展代理业务和结算收付。由于存放同业的存款属于活期存款的性质,可以随时支用,因此可以视同银行的现金资产。

3. 现金资产管理的基本原则

(1)适度存量控制原则:适度的存量控制既能保证银行的盈利性,也能保证银行的流动性。

(2)适时流量调节原则:银行必须根据业务需要调节现金流量,使其达到适度规模。

(3)安全性原则:确保现金资产的安全。

在确保银行流动性需要的前提下,应尽可能地降低现金资产占总资产的比重,使现金资产达到最适度的规模。

4. 银行的流动性需求和供给

客户对银行提出的必须立即兑现的资金需求,包括存款客户的提现需求和贷款客户的贷款需求。流动性需求增加的因素:提取存款、合格贷款客户的贷款要求、偿还非存款借款、提供和销售服务中产生的营业费用和税收、向股东派发现金股利。

现金资产直接形成流动性供给。流动性供给增加的因素:客户存款、提供非存款服务所得收入、客户偿还贷款、银行资产出售、货币市场借款、发行新股。

银行内部流动性供给和需求来源见表5-8。

表5-8　银行内部流动性供给和需求来源

供给来源	需求来源
客户存款	客户提取存款
提供非存款服务所得收入	合格贷款客户的贷款需求
客户偿还贷款	偿还借款
银行资产出售	营业费用和税金支出
货币市场借款	
发行新股	向股东派发现金股利

正的流动性缺口(流动性盈余):流动性供给＞流动性需求
负的流动性缺口(流动性赤字):流动性供给＜流动性需求

当银行面临负的流动性缺口时,就要及时进行资金调剂,补充其流动性;当银行面临正的流动性缺口时,就要决定如何将这些剩余流动性资金投资于盈利性资产。

流动性需求供给不匹配是商业银行日常经营的常态,准确预测流动性需求是银行进行现金资产管理的首要任务。

(二)贷款业务及其管理

贷款,亦称为放款,是指商业银行作为贷款人按照一定的贷款原则和政策,以还本付息为条件,将组织到的货币资金以一定的利率提供给借款人使用,并按约定到期收回本息的一种资金运用方式。在所有的资产中,贷款占银行总资产比重最高,是银行最主要的收入来源。贷款占西方商业银行总收入的50%～60%；在新兴市场国家占比在75%以上,银行的风险也主要集中在信贷领域。

1. 贷款种类

按照不同分类方式,贷款可分为不同的类别。

1) 按贷款期限长短分类

按贷款期限,贷款可以分为活期贷款、定期贷款和透支贷款三类。

活期贷款:也称通知贷款,是指没有确立贷款期,银行可随时通知收回或借款人可以随时偿还的贷款。相对于银行来说,活期贷款流动性好,银行可视银根松紧随意发放或收回,是银行营运资金的良好途径之一。

定期贷款:按照偿还期限的不同,可以分为短期贷款、中期贷款和长期贷款。

透支贷款:透支贷款是指银行与客户签订透支合同,允许客户在合同规定的期限和范围内,超过其活期存款账户余额进行支付并随时偿还的贷款。

2) 按贷款的信用程度分类

按信用程度,贷款可以分为信用贷款和担保贷款。担保贷款又分为保证贷款、抵押贷款、质押贷款三类。

信用贷款:指以借款人的信誉发放的贷款。

保证贷款:以第三人承诺在借款人不能偿还贷款时,按约定承担连带责任而发放的贷款。

抵押贷款:以借款人或第三人的财产作为抵押物发放的贷款。

质押贷款:以借款人或第三人的动产或权利作为质物发放的贷款。

3) 按照贷款对象的部门分类

按贷款对象的部门,贷款可以分为工业贷款、农业贷款、商业贷款、科技贷款、消费贷款。

4) 按照贷款在社会再生产中占用形态划分

按在社会再生产中占用的形态,贷款可以分为流动资金贷款和固定资产贷款。

流动资金贷款:可分为工业流动资金贷款和商业流动资金贷款,以及其他流动资金贷款。

固定资产贷款:大中型项目的固定资金贷款由国家开发银行、中国建设银行办理;中小型项目的资金,除企业自筹、社会筹集外,也是国有独资商业银行与其他商业银行一项重要的贷款业务。

5) 按贷款的使用期限不同分类

按使用期限,贷款可以分为短期贷款、中期贷款和长期贷款三类。

短期贷款:指贷款期限在1年以内(含1年)的贷款。目前主要有6个月、1年等期限档次的短期贷款。这种贷款也称为流动资金贷款,在整个贷款业务中所占比重很大,是金融机构最主要的业务之一。

中期贷款:中期贷款指贷款期限在1年以上(不含1年)5年以下(含5年)的贷款。

长期贷款:指贷款期限在5年(不含5年)以上的贷款。

人民币中长期贷款包括固定资产贷款和专项贷款。

6) 按贷款质量(或贷款风险程度)不同分类

1998年5月,中国人民银行参照国际惯例,结合中国国情,制定了《贷款风险分类指导原则(试行)》,把贷款分为正常类贷款、关注类贷款、次级类贷款、可疑类贷款、损失类贷款五类。五类贷款具有不同的主要特征,如表5-9所示。

表 5-9　五类贷款的主要特征

贷款种类	主要特征
正常类	借款人有能力履行承诺,并对贷款的本金和利息进行全额偿还,没有问题贷款
关注类	净现金流量减少; 借款人销售收入、经营利润在下降,或净值开始减少,或出现流动性不足的征兆; 借款人的一些关键财务指标低于行业平均水平或有较大下降; 借款人的还款意愿差,不与银行积极合作; 贷款的抵押品、质押品价值下降; 银行对抵押品失去控制; 银行对贷款缺乏有效的监督等
次级类	借款人支付出现困难,并难以按市场条件获得新资金; 借款人不能偿还对其他债权人的债务; 借款人内部管理问题未解决,妨碍债务的及时足额偿还; 借款人采取隐瞒事实的不正当手段套取贷款
可疑类	借款人处于停产、半停产状态; 固定资产贷款项目处于停缓状态; 借款人已资不抵债; 银行已诉诸法律来收回贷款; 贷款经过重组仍然逾期,或仍然不能正常归还本息,还款状况没有得到明显改善
损失类	借款人无力还款,抵押品价值低于贷款额; 抵押品价值不确定; 借款人已彻底停止经营活动; 固定资产贷款项目停滞时间很长,复工无望

2. 贷款的原则

国际上通行一种评价借款人信誉状况的原则,即"6C"原则,指品质(character)、能力(capacity)、现金(cash)、抵押(collateral)、环境(conditions)和控制(control)。

(1)品质。品质指借款有明确的目的,并有能力按时足额偿还贷款。借款人信誉由责任感、真实、严肃的目的和归还贷款的认真态度构成。

(2)能力。能力指借款人有申请借款的资格,并在法律上有能力签署具有约束力的贷款协议。

(3)现金。现金指借款人现金状况,分析借款人是否有能力以现金流的形式,取得足够的现金来偿还贷款。

(4)抵押。抵押指借款人抵押资产,分析借款人用作借款担保的担保品质量。

(5)环境。环境指借款人生活、工作稳定性,分析借款人面临的经济环境。

(6)控制。控制主要涉及法律的改变、监管当局的要求和一笔贷款是否符合银行的质量标准等问题。

3. 贷款价格的构成

(1)贷款利率。贷款利率指一定时期客户向贷款人支付的贷款利息与贷款本金之比率。它是贷款价格的主体,也是贷款价格的主要内容。

(2)贷款承诺费。贷款承诺费是指银行对已承诺贷给客户而客户又没有使用的那部分资金收取的费用。也就是说,银行已经与客户签订了贷款意向协议,并为此做好了资金准备,但客户并没有实际从银行贷出这笔资金,承诺费就是对这笔已做出承诺但没有贷出的款项所收取的费用。承诺费作为顾客为取得贷款而支付的费用,构成了贷款价格的一部分。

(3)补偿存款余额。补偿存款余额是指应银行要求,借款人在银行保持一定数量的活期存款和低利率定期存款。它通常作为银行同意贷款的一个条件而写进贷款协议中。要求补偿存款余额的理由是:顾客不仅是资金的使用者,还是资金的提供者,而且只有作为资金的提供者,才能作为资金的使用者。存款是银行业务的基础,是贷款的必要条件,银行发放贷款应该成为现在和将来获得存款的手段。从另一方面讲,这也是银行变相提高贷款利率的一种方式,因此,它成为贷款价格的一个组成部分。

(4)隐含价格。隐含价格是指贷款定价中的一些非货币性内容。银行在决定给客户贷款后,为了保障客户能偿还贷款,常常在贷款协议中加上一些附加性条款。

附加条款可以是禁止性的,即规定融资限额及各种禁止事项;也可以是义务性的,即规定借款人必须遵守的特别条款。

附加条款不直接给银行带来收益,但是可以防止借款人经营状况的重大变化,给银行利益造成损失,因此,它可以视为贷款价格。

表 5-10 是招商银行 2024 年 6 月 30 日按产品类型划分的贷款及不良贷款分布情况,表 5-11 是招商银行 2024 年 6 月 30 日按担保方式划分的贷款及不良贷款分布情况。

表 5-10 招商银行按产品类型划分的贷款及不良贷款分布情况(2024 年 6 月 30 日)

贷款项	贷款和垫款金额/亿元	占总额百分比/%	不良贷款金额/亿元	不良贷款率/%[①]
公司贷款	27 718.33	41.08	313.85	1.13
流动资金贷款	11 574.73	17.16	82.21	0.71
固定资产贷款	8 497.42	12.59	155.24	1.83
贸易融资	3 422.98	5.07	0.50	0.01
其他[②]	4 223.20	6.26	75.90	1.80
票据贴现[③]	4 348.17	6.44	—	—
零售贷款	35 411.54	52.48	320.42	0.90
小微贷款	8 073.86	11.97	50.62	0.63
个人住房贷款	13 754.39	20.38	55.21	0.40
信用卡贷款	9 194.60	13.63	163.94	1.78
消费贷款	3 777.45	5.60	39.30	1.04
其他[④]	611.24	0.90	11.35	1.86
贷款和垫款总额	67 478.04	100.00	634.27	0.94

注:①代表某一类不良贷款占该类贷款总额的比例。
②主要包括融资租赁、并购贷款及对公按揭等其他公司贷款。
③票据贴现逾期后转入公司贷款核算。
④主要包括商用房贷款、汽车贷款、住房装修贷款、教育贷款及以货币资产质押的其他个人贷款。
资料来源:《招商银行 2024 年半年度报告》。

表 5-11 招商银行按担保方式划分的贷款及不良贷款分布情况(2024 年 6 月 30 日)

贷款项	贷款和垫款金额/亿元	占总额百分比/%	不良贷款金额/亿元	不良贷款率/%①
信用贷款	27 371.61	40.57	258.63	0.94
保证贷款	8 511.70	12.61	188.94	2.22
抵押贷款	23 010.08	34.10	147.68	0.64
质押贷款	4 236.48	6.28	39.02	0.92
票据贴现	4 348.17	6.44	—	—
贷款和垫款总额	67 478.04	100.00	634.27	0.94

注:①代表某一类不良贷款占该类贷款总额的比例。
资料来源:《招商银行 2024 年半年度报告》。

(三)投资业务

1. 目的与功能

银行进行证券投资一般出于以下几方面的目的:

(1)获取收益。通过证券增加收益主要有三个来源:一是通过购买有高利息的债券来实现;二是资本利得;三是通过合理避税来增加收益。

(2)补充流动性。在现金作为第一准备使用后,银行仍然需要有二级准备(银行的短期证券投资)作为补充。此外,银行购入的中长期证券也可在一定程度上满足流动性需求,只是相对短期证券其流动性要差一些。

(3)降低风险。证券为银行资产分散提供了一种选择;证券投资比较灵活,可以根据需要随时买进卖出。

(4)合理避税。地方政府债券往往具有税收优惠,故银行可以利用证券组合达到避税的目的。

2. 证券投资业务与贷款业务的区别

第一,银行处于地位不同。贷款是依借款人的申请而进行办理的,银行处于相对被动的地位;证券投资是银行的主动行为。

第二,贷款涉及的是银行与借款人之间的关系,具有个性化;而证券投资则是非个性化的,是一种社会化、标准化的市场交易行为。

第三,是否需要抵押或担保。银行贷款在办理时常常需要借款人提供资产抵押或担保;但银行的证券投资业务通常是不需要抵押或担保的。

第四,在贷款交易中,银行一般处于主债权人的地位;而在证券投资中,银行只是众多债权人或所有权人之一。

第五,资产流动性不同。

3. 银行证券投资工具

(1)货币市场工具。货币市场工具是指到期期限在一年以内的金融工具与证券。这些工具主要包括国库券、商业票据、大额可转让定期存单、银行承兑汇票、证券投资基金等。

(2)资本市场工具。资本市场工具是指期限在一年以上的各种证券。这类证券包括中长期国债、中央政府机构债券、市政债券、公司债券、公司股票等。

(3)金融创新工具。金融创新工具具体包括结构化票据、剥离证券、资产支持证券。

目前我国商业银行证券投资可供的选择有国库券、国家建设债券、国家投资债券、国家特种债券、金融债券、企业债券、央行票据、回购协议和银行承兑票据。表5-12反映了2023年和2022年中国工商银行投资结构,表5-13反映了2023年银行业资产情况。截至2023年底,我国银行业金融机构资产达到417.29万亿元,负债规模达到383.12万亿元。

表5-12 2022—2023年中国工商银行投资结构

投资	2023年12月31日		2022年12月31日	
	金额/亿元	占比/%①	金额/亿元	占比/%①
债券	113 577.27	95.85%	100 635.70	95.54%
政府债券	87 209.77	76.78%	74 225.55	73.76%
中央银行债券	382.60	0.34%	568.17	0.56%
政府性银行债券	8 119.46	7.15%	7 622.09	7.57%
其他债券	17 865.44	15.73%	18 219.89	18.10%
权益工具	1 878.35	1.59%	1 908.69	1.81%
基金及其他	1 833.91	1.55%	1 688.55	1.60%
应计利息	1 207.15	1.02%	1 104.08	1.05%
合计	118 496.68	100.00%	105 337.02	100.00%

注:①政府债券、中央银行债券、政府性银行债券、其他债券为债券项目中的二级投资项目,该四项的占比数据为该债券金额占债券总金额的比例;其他各项的占比数据则为该投资项目金额占总投资金额的比例。
资料来源:《中国工商银行2023年度报告(A股)》。

表5-13 2023年银行业资产情况表

金融机构	项目	第一季度	第二季度	第三季度	第四季度
大型商业银行	总资产/亿元	1 664 212	1 715 265	1 732 619	1 767 647
	比上年同期增长率	14.0%	13.3%	12.1%	13.1%
	占银行业金融机构比例	41.9%	42.2%	42.3%	42.4%
股份制商业银行	总资产/亿元	689 170	69 5571	695 948	708 849
	比上年同期增长率	7.5%	7.0%	6.7%	6.7%
	占银行业金融机构比例	17.3%	17.1%	17.0%	17.0%
城市商业银行	总资产/亿元	520 287	533 340	542 820	552 042
	比上年同期增长率	11.5%	11.1%	11.4%	10.7%
	占银行业金融机构比例	13.1%	13.1%	13.2%	13.2%
农村金融机构	总资产/亿元	529 480	535 447	542 620	546 113
	比上年同期增长率	9.8%	8.9%	9.0%	9.2%
	占银行业金融机构比例	13.3%	13.2%	13.2%	13.1%
其他类金融机构	总资产/亿元	569 364	582 869	583 653	598 236
	比上年同期增长率	7.4%	7.4%	4.6%	5.0%
	占银行业金融机构比例	14.3%	14.3%	14.2%	14.3%

资料来源:国家金融监督管理总局网站。

四、商业银行的中间业务

(一)概念

中间业务指不构成商业银行资产负债表表内资产、表内负债,形成非利息收入的业务。中间业务是银行在办理资产负债业务中衍生出来的,它在银行的资产负债表上一般不直接反映出来,较多地表现为以中间人的身份替客户办理收付和其他委托事项,提供各类金融服务并收取手续费的业务。

以中间人的身份,指的是不直接以债权人或债务人的身份出现。作为一种资产负债之外的和占用银行资产较少的业务,中间业务一般不运用或较少运用银行资金。

商业银行表外业务是指商业银行从事的、按照通行会计准则不列入资产负债表内,不影响资产负债总额,但能影响银行资产收益率的经营活动。由于这种业务不直接反映在银行的资产负债表内,所以称之为表外业务。表外业务属于中间业务。

广义表外业务包含狭义表外业务和传统的表外业务,我国将广义表外业务统称为中间业务。

狭义表外业务,又称或有资产和或有负债业务,如贷款承诺、担保、互换、期权等。由于同银行资产负债业务密切相关,在一定条件下能转变为资产负债业务,同时在银行资产负债表中得到反映,因此,这种表外业务又可称为或有资产业务与或有负债业务。由于这类业务是伴随国际金融市场及现代化信息技术的发展而发展起来,产生时间相对较短,因此也可称之为新兴表外业务。

另一类是传统的表外业务,又称金融服务类业务,指商业银行以中间人身份替客户办理收付业务或其他委托事项,为客户提供各类金融服务并收取手续费等业务。如租赁业务、与贷款有关的各种服务业务等。

(二)商业银行中间业务的分类

1.巴塞尔委员会的分类

根据巴塞尔委员会对表外业务广义和狭义概念的区别,按照是否构成银行或有资产和或有负债,可以将表外业务分为两类:

(1)或有债权/债务类表外业务,主要包括贷款承诺、担保金融衍生工具类。

(2)金融服务类表外业务,主要包括代理、信托、咨询、结算支付类、与贷款和进出口有关服务。

2.西方商业银行中间业务的种类

目前国际上常见的也是基本的划分银行中间业务种类的依据是收入来源标准。从收入来源角度出发,中间业务可分为以下五类:

(1)信托业务收入,是信托部门产生的交易和服务收入。

(2)投资银行和交易收入,是证券承销、从事金融交易活动所产生的收入,如期货、外汇、利率、证券、指数交易。

(3)存款账户服务费,包括账户维护费、最低金额罚款、无效支票罚款等。

(4)手续费收入,包括信用卡收费、贷款证券化、抵押贷款再融资服务收费、共同基金和年金的销售、自动提款机(ATM)提款收费等。

(5)其他非手续费收入,包括数据处理服务费、各种资产出售收益等。

3. 按照风险大小和是否含有期权期货性质分类

从产品定价和商业银行经营管理需要,按照风险大小和是否含有期权期货性质,可将中间业务分为以下三大类。

(1)无风险/低风险类中间业务:咨询顾问、代理、保管、基金托管。

(2)不含期权期货性质风险类中间业务:交易、支付结算、银行卡、资产证券化。

(3)含期权期货性质风险类中间业务:担保、承诺、金融衍生产品、租赁。

4. 中国人民银行的分类

从商业银行开展中间业务的功能和形式角度,根据《中国人民银行关于落实〈商业银行中间业务暂行规定〉有关问题的通知》,中间业务可分为九大类:①支付结算类中间业务;②银行卡业务;③代理类中间业务;④担保类中间业务;⑤承诺类中间业务;⑥交易类中间业务;⑦基金托管业务;⑧咨询顾问类业务;⑨其他类中间业务。

(三)中间业务的类型

1. 支付结算业务

支付结算是商业银行代客户清偿债权债务、收付款项的一种传统中间业务,包括"四票一卡三种结算",即:银行汇票、银行本票、商业汇票、支票,信用卡,汇兑、托收承付、委托收款。

2. 代理与代理融通业务

商业银行代理业务主要包括以下几方面。

(1)代理政策性银行业务。目前就我国政策性银行机构设置来看,除农业发展银行设有一定的分支机构外,中国进出口银行和国家开发银行很少设分支机构。许多业务需要商业银行代为办理。

(2)代理中国人民银行业务。鉴于中国人民银行服务对象的局限性,需要委托商业银行办理本应由自己办理的业务,主要包括代替中央银行办理"财政金库"业务和代理中央银行吸收财政性存款。

(3)代理商业银行业务。商业银行之间相互代理一定业务的需要,可以使业务互补,并实现双赢。例如为委托行办理支票托收等业务。

(4)代收代付业务。代收代付业务是商业银行利用自身的结算便利,接受客户的委托代为办理指定款项的收付事宜的业务,例如代理各项公用事业收费、代理行政事业性收费和财政性收费、代发工资、代扣住房按揭消费贷款还款等。

(5)代理证券业务。代理证券业务指银行接受委托办理的代理发行、兑付、买卖各类有价证券的业务,还包括接受委托代办债券还本付息、代发股票红利、代理证券资金清算等业务。此处有价证券主要包括国债、公司债券、金融债券、股票等。

(6)代理保险业务。代理保险业务指商业银行接受保险公司委托代其办理保险业务的业务。商业银行代理保险业务,可以受托代个人或法人投保各险种的保险事宜,也可以作为保险公司的代表,与保险公司签订代理协议,代保险公司承接有关的保险业务。代理保险业务一般包括代售保单业务和代付保险金业务。

(7)代理融通业务。代理融通又叫代收账款或收买应收账款,是由商业银行或专业代理融通公司代顾客收取应收款项,并向顾客提供资金融通的一种业务方式。商业银行或代理融通公司代理赊销企业收账,使赊销账款按时收回,同时通过购买赊销账款向赊销企业提供资金融通,这就从两方面巩固了商业信用。代理融通业务的意义在于:商业银行不但可以通过对买方企业的资信调查,避免商业信用的盲目性,而且还可利用银行的经营优势,促使拖欠贷款迅速得到处理,加速资金周转,通畅与企业的关系,增加银行的效益。

3. 担保类中间业务

担保类中间业务主要有以下几种。

(1)银行承兑汇票。

(2)备用信用证。备用信用证(standby letter of credit,SCL)是银行担保业务的一种主要类型,通常是为债务人的融资提供担保,从而获取佣金(手续费)收入。银行通过发放备用信用证给企业,相当于在借款期把自己的信用出借给了发行人,使发行人的信用等级提高到了一个较高的等级。

(3)保函(letter of guarantee,L/G)。保函是银行应委托人(通常是债务人)的要求作为担保人向受益人(通常是债权人)做出的一种书面保证文件。如果对受益人负有主要责任的委托人违约、拒付债务或发生失误,担保银行保证履行委托人的责任。保函不占用资金,但一经银行开出,就产生了一笔或有负债。在申请人未及时完成其应尽的义务时,银行就得无条件地承担付款的责任。

4. 承诺类中间业务

承诺类中间业务是指商业银行在未来某一日期按照事前约定的条件向客户提供约定信用的业务,主要指贷款承诺和票据发行便利。

贷款承诺(loan commitment)是银行承诺客户在未来一定的时期内,按照双方事先约定的条件(期限、利率、金额、贷款用途等),应客户的要求,随时提供不超过一定限额的贷款。

票据发行便利(note issuance facilities,NIFS)是一种具有法律约束力的中期授信承诺,它是商业银行与借款人之间签订的、在未来一定时期内(期限一般为5~7年)由银行以承购连续性短期票据的形式向借款人提供信贷资金的协议。

5. 交易类中间业务

交易类中间业务指商业银行为满足客户保值或自身风险管理等方面的需要,利用各种金融衍生工具进行的资金交易活动。其主要有远期合约和远期利率合约两种。

远期合约指双方约定在未来的某一确定时间,按照约定的价格买卖一定数量的某种现货金融资产的契约。

远期利率合约是买卖双方同意从未来某一商定时期开始在某一特定时期按照约定利率借贷一笔约定数额和币种的名义本金的契约。买方是名义借款人,其目的是规避利率上升的风险;卖方是名义贷款人,其目的是规避利率下降的风险。

此外还有金融期货和互换等衍生工具。

6. 基金托管类业务

为了保证基金资产的安全,基金应按照资产管理和保管分开的原则进行运作,并由专门的基金托管人保管基金资产。在我国,基金托管人必须由合格的商业银行担任,基金管理人必须由基金管理公司担任。

7. 咨询顾问类业务

咨询顾问类业务指银行依靠自身信息、人才、信誉等优势,收集和整理有关信息,并通过对这些信息以及银行和客户资金运动的记录和分析,形成系统的资料和方案,提供给客户,以满足其业务经营管理或发展的服务活动。咨询顾问类业务主要包括评审类信息咨询、委托中介类信息咨询和综合类咨询三种。

评审类信息咨询主要有项目评估、企业信用等级评估、验证企业注册资金。

委托中介类信息咨询主要有技术贸易中介咨询、资信咨询、专项调查咨询、委派常年咨询顾问。

综合类咨询主要包括企业管理咨询、常年经济信息咨询。

8.银行卡业务

银行卡是由银行或公司签发的、证明持卡人资信、可供其在指定商店或场所进行记账消费的一种授信凭证。

银行卡的功能有支付功能、结算功能、储蓄功能、汇兑功能和消费信贷功能。

9.其他类中间业务

以上八类业务中不能包括的都可以列入其他类,如信托业务、保管箱业务等。

在商业银行的年报中,中间业务收入一般体现为手续费及佣金收入。表5-14和表5-15分别反映了中国工商银行和兴业银行2023年和2022年中间业务收入情况。

表5-14 中国工商银行2023年和2022年中间业务收入概览

项目	2023年金额/亿元	2022年金额/亿元	增减额/亿元	增长率/%
手续费及佣金收入	1 378.91	1 458.18	-79.27	-5.4
结算、清算及现金管理	454.18	454.39	-0.21	-0.0
个人理财及私人银行	225.82	262.53	-36.71	-14.0
投资银行	200.60	195.86	4.74	2.4
银行卡	179.06	177.36	1.70	1.0
对公理财	117.70	141.72	-24.02	-16.9
资产托管	79.94	87.09	-7.15	-8.2
担保及承诺	72.96	88.03	-15.07	-17.1
代理收付及委托	19.50	18.94	0.56	3.0
其他	29.15	32.26	-3.11	-9.6
手续费及佣金支出	185.34	164.93	20.41	12.4
手续费及佣金净收入	1 193.57	1 293.25	-99.68	-7.7

资料来源:《中国工商银行2023年度报告(A股)》。

表5-15 兴业银行2023年和2022年中间业务收入概览

项目	2023年		2022年	
	金额/亿元	占比/%	金额/亿元	占比/%
手续费及佣金收入	331.19	100.00	494.62	100.00
支付结算手续费收入	29.14	8.80	27.75	5.61
银行卡手续费收入	118.08	35.65	133.84	27.06
代理业务手续费收入	58.31	17.61	52.58	10.63
担保承诺手续费收入	12.10	3.65	14.08	2.85
交易业务手续费收入	4.84	1.46	5.70	1.15
托管业务手续费收入	35.49	10.72	35.51	7.18

续表

项目	2023年		2022年	
	金额/亿元	占比/%	金额/亿元	占比/%
咨询顾问手续费收入	52.56	15.87	194.54	39.33
信托手续费收入	3.70	1.12	5.64	1.14
租赁手续费收入	2.92	0.88	4.21	0.85
其他手续费收入	14.05	4.24	20.77	4.20
手续费及佣金支出	53.64		44.21	
手续费及佣金净收入	277.55		450.41	

资料来源：《兴业银行2023年度报告》。

第四节 商业银行经营管理

一、商业银行经营原则

(一)安全性原则

安全性是指商业银行在经营活动中，必须保持足够的清偿力，经得起重大风险和损失，能随时应付客户提存，使客户对商业银行保持坚定的信任。商业银行之所以必须坚持安全性目标，是因为商业银行经营管理的特殊性。第一，商业银行作为特殊企业，自有资本较少，经受不起较大的损失；第二，由于商业银行经营管理条件的特殊性，尤其需要强调它的安全性；第三，商业银行在经营过程中会面临各种风险。商业银行面临的风险主要有以下几种：

1. 信用风险

信用风险指由于信用活动中存在的不确定性而导致银行遭受损失的可能性，确切地说，是所有因客户违约而引起的风险。比如：资产业务中借款人无法偿还债务引起的资产质量恶化，负债业务中的存款人大量提取现款形成挤兑，等等。

2. 利率风险

利率风险有狭义和广义之分。指市场利率水平变化对银行的市场价值产生影响的风险。我国商业银行的利率曾经长期处于利率管制的环境下，但是随着我国利率市场化的不断加强，利率风险对商业银行的影响也将日益突出。

3. 汇率风险

汇率风险指银行在进行国际业务中，其持有的外汇资产或负债因汇率波动而造成价值增减的不确定性。随着银行业务的国际化，商业银行的海外资产和负债比重增加，商业银行面临的汇率风险将不断加大。

4. 流动性风险

流动性风险有狭义和广义之分。狭义的流动性风险是指商业银行没有足够的现金来弥补客户存款的提取而产生的支付风险；广义的流动性风险除了包含狭义的内容外，还包括商业银行的资金来源不足而未能满足客户合理的信贷需求或其他即时的现金需求而引起的风险。

5. 操作风险

操作风险指由于内部程序、人员、系统不充足或者运行失当，以及因为外部事件的冲击等导致直接或间接损失的可能性的风险。

安全性在很大程度上取决于商业银行资产安排规模和资产结构。这就要求商业银行合理安排资产规模和结构,注重资产质量,提高自有资本在全部负债中的比重。

(二)流动性原则

流动性是指商业银行保持随时以适当的价格取得可用资金的能力,以便随时应对客户提存及银行支付的需要。商业银行必须保持借贷资本运用所形成的资产有足够的流动性,即当银行需要清偿力时,能迅速将资产变现,或从其他途径获得资金来源。衡量商业银行流动性包括两个标准:一是资产变现的成本,资产变现成本越低,该项资产流动性就越强;二是资产变现的速度,资产变现速度越快,该项资产的流动性就越强。

(三)盈利性原则

效益性目标是商业银行经营活动的最终目标,这一目标要求商业银行的经营管理者在可能的情况下,尽可能地追求利润最大化。这既是商业银行充实资本、加强实力、巩固信用、提高竞争能力的基础,也是股东利益所在,是商业银行开拓进取、积极发展业务、提高服务质量的内在动力。

商业银行经营过程中,实现"三性原则"往往存在一些矛盾。从盈利性角度看,商业银行的资产可以分为盈利性资产和非盈利性资产,盈利性资产的比重越高,商业银行收取的利息就越高,盈利规模也越大。从流动性角度看,非盈利性资产如现金资产可以随时用于应对提现的需要,具有十足的流动性,因此,现金资产的比重越高,商业银行的流动性就越强。从安全性角度看,一般情况下,具有较高收益的资产,其风险总是较大的。同时,商业银行"三性原则"之间也存在着协调统一的关系。

5-3 知识拓展:存款保险制度

安全性是商业银行第一经营原则,流动性既是实现安全性的必要手段,又是盈利性和安全性之间的平衡杠杆,安全性是盈利性的基础,而盈利性也保证了安全性和流动性。因此,商业银行总是在保证安全性、流动性前提下,追求最大限度的盈利,实现"三性原则"的均衡。

➤ 二、商业银行经营管理理论的演变

(一)资产管理理论

资产管理理论主要研究如何把筹集到的资产恰当地分配到现金资产、证券投资、贷款和固定资产等不同资产上。商业银行的资产管理理论以资产管理为核心,早在十七八世纪,资产管理就成为商业银行管理遵循的原则。商业银行资产管理理论历史上依次经历了由商业贷款理论向资产转移理论和预期收入理论发展的演变过程。

1. 商业贷款理论

商业贷款理论是最早的资产管理理论。由18世纪英国经济学家亚当·斯密在其《国富论》一书中提出的。

产生背景:商业贷款理论产生于商业银行发展初期,当时商品经济不够发达,信用关系不够广泛,社会化大生产尚未普遍形成,企业规模较小。企业主要依赖内源融资,需向银行借入的资金多属于商业周转性流动资金;此时中央银行体制尚未产生,没有作为最后贷款

人角色的中央银行在银行发生清偿危机时给予救助,银行经营管理更强调维护自身的流动性,而不惜以牺牲部分盈利性作为代价。因此,银行资金运用结构单一,主要集中于短期自偿性贷款上。

基本观点:该理论认为商业银行的资金来源主要是流动性很强的活期存款,因此其资产业务应主要集中于短期自偿性贷款,即基于商业行为能自动清偿的贷款,以保持与资金来源高度流动性相适应的资产的高度流动性。

短期自偿性贷款主要指短期的工、商业流动资金贷款。由于这种理论强调贷款的自动清偿,也被称作为自动清偿理论;又由于该理论强调商业银行放款以商业行为为基础,并以真实商业票据做抵押,因此也被称为"真实票据论"(real-bill theory)。

优点:①为商业银行保持流动性和安全性提供了理论依据;②强调资金运用受制于资金来源的性质和结构。

缺点:①没有认识到活期存款余额具有相对稳定性;②忽视了贷款需求的多样性。不主张发放不动产贷款、消费贷款等,限制了自身业务的发展和盈利能力的提高;③忽视了贷款清偿的外部条件,经济萧条时,短期自偿性贷款的自偿能力是相对的,而不是绝对的。

2. 资产转移理论

产生背景:20世纪20年代,金融市场不断发展、完善,尤其是短期证券市场的发展,为银行保持流动性提供了新的途径。与此相适应,资产转移理论应运而生。这种理论是美国经济学家莫尔顿1981年在发表于《政治经济学杂志》上的《商业银行及资本形成》一文中提出的。

基本观点:该理论认为银行流动性强弱取决于其资产的迅速变现能力,因此保持资产流动性的最好方法是持有可转换的资产。这类资产具有信誉好、期限短、流动性强的特点,从而保障了银行在需要流动性时能够迅速转化为现金。最典型的可转换资产是政府发行的短期债券。

优点:沿袭了商业贷款理论银行应保持高度流动性的主张,同时扩大了银行资产运用的范围,突破了前一理论拘泥于短期自偿性贷款的资金运用的限制,是银行经营管理理念的一大进步。

缺点:①过分强调资产通过运用可转换资产保持流动性,限制了银行高营利性资产的运用。②可转换资产的变现能力在经济危机时期或证券市场需求不旺盛的情况下会受到损害。

3. 预期收入理论

预期收入理论产生于20世纪40年代,由美国经济学家普鲁克诺于1949年在《定期存款及银行流动性理论》一书中提出的。

背景:预期收入理论产生于第二次世界大战后西方各国经济的恢复和发展的背景之下。从政策导向上看,此时凯恩斯的国家干预经济的理论在西方非常盛行,该理论主张政府应该扩大公共项目开支,进行大型基础建设项目,应该鼓励消费信用的发展,以扩大有效需求从而刺激经济的发展。因此,中长期贷款及消费贷款的需求扩大了。从市场竞争来看,随着金融机构多元化的发展,商业银行与非银行金融机构的竞争日益激烈,这迫使银行不得不拓展业务种类,增加利润率回报较高的中长期贷款的发放。

基本观点:该理论认为,银行资产的流动性取决于借款人的预期收入,而不是贷款的期限长短。借款人的预期收入有保障,期限较长的贷款可以安全收回;借款人的预期收入不稳定,期限短的贷款也会丧失流动性。因此预期收入理论强调的是贷款偿还与借款人未来预期收入

之间的关系,而不是贷款的期限与贷款流动性之间的关系。

优点:①为银行拓展营利性的新业务提供了理论依据,使银行资产运用的范围更为广泛,巩固了商行在金融业中的地位。②突破了传统的资产管理理论依据资产的期限和可转换性来决定资金运用的做法,丰富了银行的经营管理思想。

缺点:①对借款人未来收入的预测是银行主观判断的参数,如果不准确,会使银行的经营面临更大的风险。②在贷款期限较长的情况下,不确定性因素增加,债务人的经营情况可能发生变化,到时并不一定具有偿还能力。

(二)负债管理理论

该理论产生于 20 世纪 50 年代末期,盛行于 60 年代。负债管理理论是以负债为经营重点,即以借入资金的方式来保证流动性,以积极创造负债的方式来调整负债结构,从而增加资产和收益。这一理论认为:银行保持流动性不需要完全靠建立多层次的流动性储备资产,一旦有资金需求就可以向外借款,只要能借款,就可通过增加贷款获利。

负债管理理论历史上依次经历了由存款理论向购买理论和销售理论发展的三个阶段。

1. 存款理论

该理论曾经是商业银行负债的主要正统理论。其主要特征是它的稳健性和保守性,强调应按照存款的流动性来组织贷款,将安全性原则摆在首位,反对盲目存款和贷款,反对冒险谋取利润。

基本观点:

①存款是商业银行最主要的资金来源,是其资产业务的基础;

②银行在吸收存款过程中是被动的,为保证银行经营的安全性和稳定性,银行的资金运用必须以其吸收存款沉淀的余额为限;

③存款应当支付利息,作为对存款者放弃流动性的报酬,付出的利息构成银行的成本。

局限性:

①没认识到银行在扩大存款或其他负债方面的能动性;

②没认识到负债结构、资产结构以及资产负债综合关系的改善对于保证银行资产的流动性、提高银行盈利性等方面的作用。

2. 购买理论

该理论是继存款理论之后出现的另一种负债理论,它对存款理论做了很大的否定。

基本观点:

①商业银行对存款不是消极被动,而是可以主动出击,购买外界资金;

②商业银行购买资金的基本目的是增强其流动性;

③商业银行吸收资金的适宜时机是在通货膨胀的情况下。直接或间接抬高资金价格,是实现购买行为的主要手段。

局限性:助长商业银行片面扩大负债,加深债务危机,导致银行业恶性竞争,加重通货膨胀负担。

3. 销售理论

该理论产生于 20 世纪 80 年代的一种银行负债管理理论。

基本观点:银行是金融产品的制造企业,银行负债管理的中心任务就是迎合顾客的需要,努力推销金融产品,扩大商业银行的资金来源和收益水平。该理论给银行负债管理注入了现

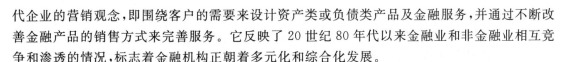

代企业的营销观念,即围绕客户的需要来设计资产类或负债类产品及金融服务,并通过不断改善金融产品的销售方式来完善服务。它反映了20世纪80年代以来金融业和非金融业相互竞争和渗透的情况,标志着金融机构正朝着多元化和综合化发展。

局限性:未能很好地解决如何使银行盈利性与流动性、安全性统一的问题。

(三)资产负债综合管理理论

20世纪70年代末,市场利率大幅上升,使得负债管理在负债成本提高和经营风险增加等方面的缺陷越来越明显。单纯的负债管理已经不能满足银行经营管理的需要。这一时期各国金融管制放松,使得银行吸收存款的压力减小,因此,商业银行由单纯偏重资产或负债管理转向资产负债综合管理。

资金负债综合管理理论认为,商业银行单靠资金管理或单靠负债管理都难以达到流动性、安全性、盈利性的均衡。银行应对资产负债两方面业务进行全方位、多层次的管理,保证资产负债结构调整的及时性、灵活性,以此保证流动性供给能力。该理论并不是对资产管理、负债管理理论的否定,而是吸收了前两种管理理论的合理内核,并对其进行了发展和深化。资产负债综合管理的方法主要有利率敏感性缺口管理和持续期缺口管理。

1. 利率敏感性缺口管理

1)相关概念

利率敏感性资产与负债是在一定期间内展期或根据协议,按市场利率定期重新定价的资产或负债。

资金缺口(GAP)是指利率敏感性资产(RSA)与利率敏感性负债(RSL)之间的差额(绝对缺口),即:

$$GAP = RSA - RSL$$

利率敏感比率(SR)是指利率敏感性资产与利率敏感性负债之间比率(相对缺口),即:

$$SR = RSA/RSL$$

资金缺口表示了利率敏感性资产和利率敏感性负债之间的绝对值,用于衡量银行净利息收入对市场利率的敏感程度;而利率敏感比率则反映了它们之间相对量的大小。

零缺口:RSA=RSL   RSA/RSL=1

正缺口:RSA-RSL>0   RSA/RSL>1

负缺口:RSA-RSL<0   RSA/RSL<1

资金缺口、利率变动与净利息收入变动之间的关系如表5-16所示。

表 5-16 资金缺口、利率变动与净利息收入变动之间的关系

资金缺口	利率敏感比率	利率变动	利息收入变动	变动幅度	利息支出变动	净利息收入变动
正值	>1	上升	增加	>	增加	增加
正值	>1	下降	减少	>	减少	减少
负值	<1	上升	增加	<	增加	减少
负值	<1	下降	减少	<	减少	增加
零值	=1	上升	增加	=	增加	不变
零值	=1	下降	减少	=	减少	不变

当银行存在正缺口和资产敏感时:如果利率上升,由于资产收入增加多于借入资金成本的上升,银行的净利息差扩大,其他条件不变,则银行净利息收入增加;如果利率下降,由于银行资产收入下降多于负债利息支出下降,则净利息差减少,银行净利息收入减少。

当银行存在负缺口和负债敏感时:如果利率上升,利率敏感性负债成本上升会超过利率敏感性资产收入增加,净息差缩减,银行净利息收入减少;如果利率下降,利率敏感性负债成本下降多于利率敏感性资产收入下降,净息差扩大,银行净利息收入增加。

资金缺口用于衡量银行净利息收入对市场利率的敏感程度。当利率敏感资产大于利率敏感负债时,资金缺口为正值;当利率敏感资产小于利率敏感负债时,资金缺口为负值;当利率敏感资产等于利率敏感负债时,资金缺口为零。当市场利率变动时,资金缺口的数值将直接影响银行的利息收入。

一般而言,银行的资金缺口绝对值越大,银行承担的利率风险也就越大。

2)资金缺口的管理

(1)正缺口战略(进取型策略)。当银行预测市场利率将上升时,保持缺口为正值,缺口率(利率敏感性资产/利率敏感性负债)大于1,使银行净利息收入随着利率上升而增加。

(2)负缺口战略(进取型策略)。当银行预测市场利率将下降时,往往趋向于保持缺口为负值,利率敏感比率小于1,使银行净利息收入随着利率下降而增加。

(3)零缺口策略(防御型策略)。努力使缺口为零,利率敏感比率等于1。即银行资产与负债的期限对应,以此控制由于利率波动而导致的巨额损失的风险。

资金缺口管理在实际操作中面临许多困难。首先,准确预测利率变动趋势非常困难,影响利率的因素复杂多样,任何银行都很难有十足的把握来精确地预测利率水平;其次,银行不可能完全自主地控制其资产负债结构,进而及时改变资金缺口。银行有根据利率变动安排其利率敏感资产及负债的意愿,但银行的客户也有自主选择存款、贷款期限的权利,因此银行在安排资金缺口时具有一定的被动性。

2.持续期缺口管理

1)持续期的概念

持续期(duration)也称为久期,是指固定收入金融工具的所有预期现金流入量的加权平均时间。持续期反映了现金流量的时间价值。

持续期是固定收入金融工具的所有预期现金流入量的加权平均时间,或是固定收入金融工具未来的现金流量相对于其价格变动基础上计算的平均时间,计算公式为

$$D = \frac{\sum_{t=1}^{n} \frac{t \times C_t}{(1+i)^t} + \frac{n \times F}{(1+i)^n}}{P}$$

式中,D 为持续期;t 为各现金流发生的时间;C_t 为金融工具第 t 期的现金流或利息;F 为金融工具面值(到期日的价值);n 为该金融工具的期限;i 为市场利率;P 为金融工具的现值。

2)持续期缺口管理

持续期缺口管理就是银行通过调整资产与负债的期限与结构,采取对银行净值有利的久期缺口策略来规避银行资产与负债的总体利率风险。

当市场利率变动时,不仅仅是各项利率敏感资产与负债的收益与支出会发生变化,利率不敏感的资产与负债的市场价值也会不断变化。持续期缺口管理就是银行通过调整资

产负债的期限与结构,采取对银行净值有利的持续期缺口策略来规避银行资产与负债的总体利率风险。

持续期缺口是银行资产持续期与负债持续期和负债资产系数乘积的差额,用公式表示为

$$D_{\text{GAP}} = D_A - U \cdot D_L$$

式中,D_{GAP} 为持续期缺口;D_A 为资产持续期;D_L 为负债持续期;U 为负债资产系数。

持续期缺口管理的局限性:

第一,用持续期缺口预测银行净值变动要求资产与负债利率与市场利率是同幅度变动的,而这一前提在实际中是不存在的;

第二,商业银行某些资产和负债项目,诸如活期存款、储蓄存款的持续期计算较为困难。因此持续期管理也不可能完全精确地预测利率风险程度。

第三,运用持续期缺口管理要求有大量的银行经营的实际数据,因此运作成本较高。

(四)资产负债外管理理论

资产负债外管理理论主张银行应从正统的负债和资产业务以外去开拓新的业务领域,开辟新的盈利源泉。在知识经济时代,银行应发挥其强大的金融信息服务功能,利用计算机网络技术大力开展以信息处理为核心的服务业务。

该理论认为,银行在存贷款业务之外,可以开拓多样化的金融服务领域,如期货、期权等多种衍生金融工具的交易。该理论还提倡将原有资产负债表内的业务转化为表外业务。

三、商业银行风险管理的指标

依据中国银监会颁布的《商业银行风险监管核心指标(试行)》,风险监管核心指标分为三个主要类别:

风险水平类指标:衡量商业银行的风险状况,以时点数据为基础,属于静态指标,包括信用风险指标、市场风险指标、操作风险指标和流动性风险指标。

风险迁徙类指标:衡量商业银行风险变化的程度,表示为资产质量从前期到本期变化的比率,属于动态指标,包括正常贷款迁徙率和不良贷款迁徙率。

风险抵补类指标:衡量商业银行抵补风险损失的能力,包括盈利能力、准备金充足程度和资本充足程度三个方面。

(一)风险水平类指标

1. 流动性风险指标

流动性风险指标衡量商业银行流动性状况及其波动性,包括流动性比例、核心负债比例、流动性缺口率指标,按照本币和外币分别计算。

(1)流动性比例。

$$\text{流动性比例} = \frac{\text{流动性资产}}{\text{流动性负债}} \times 100\% \geq 25\%$$

(2)核心负债依存度。

$$\text{核心负债依存度} = \frac{\text{核心负债}}{\text{总负债}} \times 100\% \geq 60\%$$

核心负债包括距到期日三个月以上(含)的定期存款和发行的债券以及活期存款的50%。总负债是指按照金融企业会计制度编制的资产负债表中负债总计的余额。

(3)流动性缺口率。

$$流动性缺口率 = \frac{流动性缺口}{90天内到期表内外资产} \times 100\% \geqslant -10\%$$

流动性缺口为90天内到期的表内外资产减去90天内到期的表内外负债的差额。

2. 信用风险指标

(1)不良资产率。

$$不良资产率 = \frac{不良信用风险资产}{信用风险资产} \times 100\% \leqslant 4\%$$

信用风险资产是指银行资产负债表表内及表外承担信用风险的资产,主要包括各项贷款、存放同业、拆放同业及买入返售资产、银行账户的债券投资、应收利息、其他应收款、承诺及或有负债等。

不良信用风险资产是指信用风险资产中分类为不良资产类别的部分。

(2)不良贷款率。

$$不良贷款率 = \frac{(次级类贷款+可疑类贷款+损失类贷款)}{各项贷款} \times 100\% \leqslant 5\%$$

(3)单一集团客户授信集中度。

$$单一集团客户授信集中度 = \frac{最大一家集团客户授信总额}{资本净额} \times 100\% \leqslant 15\%$$

最大一家集团客户授信总额是指报告期末授信总额最高的一家集团客户的授信总额。授信是指商业银行向非金融机构客户直接提供的资金,或者对客户在有关经济活动中可能产生的赔偿、支付责任做出的保证。

(4)单一客户贷款集中度。

$$单一客户贷款集中度 = \frac{最大一家客户贷款总额}{资本净额} \times 100\% \leqslant 10\%$$

最大一家客户贷款总额是指报告期末各项贷款余额最高的一家客户的各项贷款的总额。

(5)全部关联度。

$$全部关联度 = \frac{全部关联方授信总额}{资本净额} \times 100\% \leqslant 50\%$$

全部关联方授信总额是指商业银行全部关联方的授信余额,扣除授信时关联方提供的保证金存款以及质押的银行存单和国债金额。

3. 市场风险指标

市场风险指标衡量商业银行因汇率和利率变化而面临的风险,包括累计外汇敞口头寸比例和利率风险敏感度。

(1)累计外汇敞口头寸比例。

$$累计外汇敞口头寸比例 = \frac{累计外汇敞口头寸}{资本净额} \times 100\% \leqslant 20\%$$

累计外汇敞口头寸为银行汇率敏感性外汇资产减去汇率敏感性外汇负债的余额。

(2)利率风险敏感度。

$$利率风险敏感度 = \frac{利率上升200个基点对银行净值影响}{资本净额} \times 100\%$$

4.操作风险指标

操作风险指标衡量由于内部程序不完善、操作人员差错或舞弊以及外部事件造成的风险,表示为操作风险损失率,即操作造成的损失与前三期净利息收入加上非利息收入平均值之比。

$$操作风险损失率 = \frac{操作造成的损失}{前三期净利息收入加上非利息收入平均值}$$

(二)风险迁徙类指标

1.正常贷款迁徙率

(1)正常类贷款迁徙率。

$$正常类贷款迁徙率 = \frac{期初正常类贷款向下迁徙金额}{期初正常类贷款余额 - 期初正常类贷款期间减少金额} \times 100\%$$

(2)关注类贷款迁徙率。

$$关注类贷款迁徙率 = \frac{期初关注类贷款向下迁徙金额}{期初关注类贷款余额 - 期初关注类贷款期间减少金额} \times 100\%$$

期初正常类贷款向下迁徙金额,是指期初正常类贷款中,在报告期末分类为关注类/次级类/可疑类/损失类的贷款余额之和。

2.不良贷款迁徙率

(1)次级类贷款迁徙率。

$$次级类贷款迁徙率 = \frac{期初次级类贷款向下迁徙金额}{期初次级类贷款余额 - 期初次级类贷款期间减少金额} \times 100\%$$

(2)可疑类贷款迁徙率。

$$可疑类贷款迁徙率 = \frac{期初可疑类贷款向下迁徙金额}{期初可疑类贷款余额 - 期初可疑类贷款期间减少金额} \times 100\%$$

(三)风险抵补类指标

1.盈利能力

(1)成本收入比率。

$$成本收入比率 = \frac{营业费用}{营业收入} \times 100\% \leqslant 35\%$$

营业费用是指损益表中营业费用。

营业收入是指损益表中利息净收入与其他各项营业收入之和。

(2)资产利润率。

$$资产利润率 = \frac{净利润}{资产平均余额} \times 100\% \geqslant 0.6\%$$

(3)资本利润率。

$$资本利润率 = \frac{净利润}{所有者权益平均余额} \times 100\% \geqslant 11\%$$

2.准备金充足程度

(1)资产损失准备充足率。

$$资产损失准备充足率 = \frac{信用风险资产实际计提准备}{信用风险资产应提准备} \times 100\% > 100\%$$

信用风险资产实际计提准备指银行根据信用风险资产预计损失而实际计提的准备。

信用风险资产应提准备是指依据信用风险资产的风险分类情况应提取准备的金额。
(2)贷款损失准备充足率。

$$贷款损失准备充足率=\frac{贷款实际计提准备}{贷款应提准备}\times100\%\geqslant100\%$$

3. 资本充足程度
(1)资本充足率。

$$资本充足率=\frac{资本净额}{风险加权资产+12.5倍的市场风险资本}\times100\%\geqslant8\%$$

资本净额等于商业银行的核心资本加附属资本之后再减去扣减项的值。
(2)核心资本充足率。

$$核心资本充足率=\frac{核心资本净额}{风险加权资产+12.5倍的市场风险资本}\times100\%\geqslant4\%$$

第五节 商业银行存款货币的创造

一、原始存款和派生存款

(一)原始存款

原始存款指以现金方式存入银行的直接存款,也就是商业银行吸收到的能够增加其准备金的存款。

(二)派生存款

派生存款指由商业银行用转账方式来发放的贷款、贴现或投资等业务活动引申而来的存款,又称为衍生存款或虚假存款。简言之,由商业银行的贷款转化而来的存款就叫派生存款。

(三)原始存款和派生存款的区别

(1)原始存款是基础货币的一个转化形态,而派生存款则是超过基础货币的一个增量。
(2)原始存款的增加会直接引起银行体系准备金的增加,而派生存款并不能增加银行体系的准备金。
(3)派生存款的形成是整个商业银行体系的特殊机能,而原始存款是任何某个别银行都能形成的,原始存款的增加是先存后贷,而派生存款的增加是先贷后存。
(4)原始存款的增加一般不会引致信用膨胀,而派生存款的增加,则有可能导致信用膨胀。

(四)存款准备金

1. 概念
存款准备金是指金融机构为保证客户提取存款和资金清算需要而准备的在中央银行的存款。

存款准备金率也称存款准备率,是指中央银行要求的存款准备金占金融机构存款总额的比例。

2.构成

存款准备金包括法定准备金和超额准备金两部分。法定准备金是按照法定比率向中央银行缴存的存款准备金。超额准备金是指在中央银行存款准备金账户中超出了法定存款准备金的那部分存款。

在准备金总量不变的情况下,它与法定存款准备金有此消彼长的关系。

法定准备金(R_d)等于法定准备金率(r_d)与商业银行存款总额(D)之积,用公式表示为

$$R_d = D \cdot r_d$$

超额准备金(E)则是银行实有准备金(R)与法定准备金之差。用公式表示为

$$E = R - R_d$$

➢ 二、存款的创造过程与原理

(一)假定前提

(1)每家银行只保留法定存款准备金,其余部分全部贷出,超额存款准备金为零。
(2)客户的一切款项均存入银行,不提取现款。
(3)法定存款准备金率为20%。

(二)派生创造过程

假设A银行有10 000万元存款,法定准备金率(r_d)是20%,商业银行可贷出8000万元。在派生存款的创造过程中,客户贷到这笔款,又存入另一个银行B,B银行同样按照20%提取存款准备金,剩余部分用于放款,这样的过程重复下去,银行收到存款后将保持同样的存款准备金率,把其余的部分贷放出去,这笔资金被使用后,受款人又将其存入另一个银行账户,这样将会不断循环下去,如表5-17所示。

表5-17 活期存款派生过程

银行名称	活期存款总额/万元	法定存款准备金率	存款准备金/万元	贷款总额/万元
A银行	10 000	20%	2000	8000
B银行	8000	20%	1600	6400
C银行	6400	20%	1380	5120
D银行	5120	20%	1024	4096
……	……	20%	……	……
总计	50 000		10 000	40 000

我们得到这样一个序列

$$D = R[1 + (1-r_d) + (1-r_d)^2 + (1-r_d)^3 + \cdots] = \frac{1}{r_d} \cdot R$$

式中,D代表存款总额,r_d代表法定准备金率;R代表原始存款;$\frac{1}{r_d}$是货币乘数。

由此得出结论:
(1)货币乘数是法定存款准备金率的倒数。
(2)扩张信用的能力取决于两大因素:原始存款额度的大小(与信用的扩张成正比)和法定存款准备金率的高低(与信用的扩张成反比)。

三、派生倍数的修正

(一) 第一个修正为现金漏损

现金漏损是指在商业银行存款货币创造过程中,随着客户从商业银行提取或多或少的现金,从而使一部分现金流出银行系统。现金漏损会降低存款货币创造乘数。现金漏损与活期存款总额之比称为现金漏损率,也称提现率,一般以 c' 来表示。这个比率越高,说明流出银行的现金就越多,银行系统的现金储备相应越少,所创造的派生存款也相应越少。反之,提现率较低,说明流出银行的现金越少,银行系统的现金储备也越多,所创造的派生存款就相对越多。所以,现金漏损率对商业银行存款货币创造的制约与法定准备金率具有同等的影响,是制约商业银行信用创造能力的一个重要因素。所以,货币乘数变为

$$k = \frac{1}{r_d + c'}$$

式中,r_d 为法定存款准备金率;c' 为现金漏损率。

(二) 第二个修正为超额存款准备金

超额准备金是商业银行从存款中留下的、法定准备金以外的现金,用于支付客户意外的提现与借款。超额准备金与存款总额的比例我们称为 e,即超额准备金率,它对货币乘数的限制也起了一定的作用,此时,货币乘数变为

$$k = \frac{1}{r_d + c' + e}$$

我国金融机构2001—2021年各季度超额存款准备金率如图5-2所示。

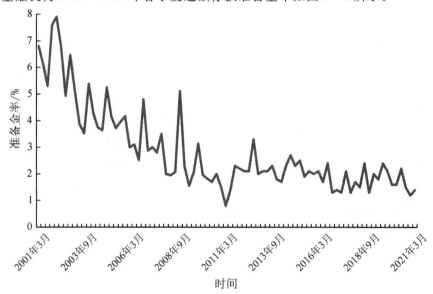

图5-2 我国金融机构2001—2021年超额存款准备金率(季)

(三) 第三个修正为定期存款准备金占活期存款的比

中央银行规定,对于定期存款也需交纳一定的法定准备金,定期存款参与存款创造,但要扣除作为法定准备金的部分。假设中央银行对定期存款规定的准备金率为 r_t,活期存款转换

为定期存款的比例为 t,那么我们可以得出结论,分母中应该加上一个乘积 $r_t \cdot t$,此时,货币乘数变为

$$k = \frac{1}{r_d + c' + e + r_t \cdot t}$$

第六节　影子银行[①]

影子银行是指常规银行体系以外的各种金融中介业务,通常以非银行金融机构为载体,对金融资产的信用、流动性和期限等风险因素进行转换,扮演着"类银行"的角色。影子银行游离于监管之外,风险隐蔽且具有传染性,被认为是 2008 年金融危机的"罪魁祸首"之一。加强对影子银行的监管已获得国际社会的广泛认同,成为第三版巴塞尔协议改革的主要内容,同时也已成为金融稳定理事会重点关注的政策问题。

一、影子银行的提出

影子银行这一概念是由美国经济学家保罗·麦卡利(Paul McCulley)于 2007 年首次提出。他认为美国当时存在大量承担信用中介的金融活动,虽然游离于常规金融体系以外,但实际功能与银行无异。由于"在阴影之下运行"(operate in shadow),故而成为金融体系中隐匿的系统性风险。麦卡利曾于 1998 年提出"明斯基时刻"(minsky moments),预警俄罗斯金融危机。如同明斯基时刻一样,影子银行最初被提出时,只是描述了金融体系中的一种现象,并未获得应有的重视。

2008 年美国次贷危机爆发后,对危机诱因的反思使影子银行成为热点话题。国际货币基金组织在 2008 年 10 月发布的《全球金融稳定报告》中提出了"准银行"(near-bank)概念,指代那些通过发行资产支持证券、抵押贷款支持证券、担保债务凭证和资产支持商业票据调节常规银行信贷的特殊目的实体。同年,时任美国财政部长的蒂莫西·盖特纳(Timothy Geithner)在一次演讲中表示,在常规银行体系以外存在着一个庞大的金融体系,并且主要投资于流动性差、风险高的资产,与常规银行体系构成了一个"平行银行体系"(parallel bank system)。

2010 年 10 月,时任美联储主席的本·伯南克(Ben Bernanke)在金融危机调查委员会总结报告中提出,影子银行是一类游离于银行监管范围之外的金融机构,他们充当储蓄与投资之间的信用中介,证券化工具、资产支持票据、货币市场基金、投资银行、抵押公司以及其他诸多不同类型的机构,都具有影子银行特征。伯南克认为,很多影子银行业务已经存在了 50 多年,由于部分业务出现过度创新和快速扩张,才成为引爆危机的祸根。

二、影子银行的主要特点

1. 非银行金融机构是主要载体

这是影子银行最广泛的定义方式。只要常规银行以外的金融机构从事了相关业务,都可以被纳入影子银行范畴。金融稳定理事会在其对影子银行的定义中采用了"其他金融机构"

[①] 摘自《中国影子银行报告》,中国银保监会政策研究局、统计信息与风险监测部课题组,《金融监管研究》,2020 年第 11 期。

(other financial institutions)的表述,从形式上对影子银行进行界定,优点是非常直观,缺点是过于宽泛,针对性不强,无法瞄准影子银行的问题根源。

2. 功能上具有金融资产风险因素转换的作用

早期人们关注焦点主要在影子银行的金融中介职能类型,将是否具有信用中介职能作为区分影子银行的标准。较为典型的是国际货币基金组织提出的"非银行信用中介"(non-bank credit intermediation,NBCI)的概念。但影子银行普遍结构复杂,且资金募集模式颇为个性化,难以直观判定其是否具有信用中介作用。此后,国际货币基金组织和金融稳定理事会都提出,关注影子银行的目的在于揭示其产生风险的原因。金融资产的风险根源是信用与流动性状况劣变,而金融中介往往充当风险因素转换的角色,最终会成为风险承担人。因此,影子银行应当是具有信用、流动性和期限转换功能的主体,这也成为金融稳定理事会此后建立影子银行监测框架的基础。

3. 构成系统性风险的重大隐患

一方面,影子银行具有常规银行信用中介职能,承担常规银行的各类风险。另一方面,由于影子银行主要向常规银行覆盖范围以外的实体提供融资,这些实体信用水平较差,违约概率和违约损失率相对较高,而且大部分业务跨市场、跨行业,透明度较低,容易成为系统性风险源头。例如,2008年的次贷产品就是由各类资产管理机构和基金发行,普遍采用资产打包分层的复杂结构,并采用信用违约互换等增信手段,导致风险隐藏、难以识别。正因为影子银行是系统性风险的重大隐患,第三版巴塞尔协议改革将其作为治理的重点对象。

4. 游离于审慎监管、行为监管和救助体系之外

金融业具有高度负外部性,各国监管当局都已经建立了成熟的审慎监管和行为监管框架,并且都采用特许牌照的准入模式。金融体系普遍受到央行流动性支持、最后贷款人以及存款保险和投资人保护等制度的保障。影子银行通常不受任何监管或者只受到较低程度的监管,也没有被纳入外部救助保障体系,一旦出现重大风险,只能依靠自救。但由于普遍存在资本金和准备金储备的严重不足,其自救能力也仅是杯水车薪。

▶ 三、影子银行的功能

影子银行业务由来已久,犹如硬币的两面,唯有辩证对待、因势利导、"抑恶扬善",才能趋利避害,充分发挥影子银行的积极作用。

1. 影子银行是金融中介体系的有机组成部分

影子银行之所以在金融体系中具有一席之地,是两重因素结合的产物。一方面,银行体系无法彻底解决信息不对称。金融中介是撮合资金需求与供给的桥梁,解决信息不对称是传统银行最专长和熟悉的。但由于信息不对称广泛存在,银行不可能全部覆盖。随着金融市场的发展,银行也不可能包揽全部金融中介。欧美国家在20世纪末普遍建立了完善的全能型金融体系,在许多国家形成了间接融资与直接融资并驾齐驱的双融资市场格局。美国1999年出台《金融服务现代化法案》,取消了1933年《格拉斯-斯蒂格尔法案》对混业经营的限制;此后又出台《商品期货现代化法案》,将场外交易置于监管体系之外。借助直接融资体系的便捷,影子银行业务快速增长。另一方面,影子银行满足了个性化的金融需求。部分金融消费者风险偏好较高,愿意承担较高的风险以换取较高的回报。而商业银行以传统的存贷款业务为主,审慎文化是立足的根本,远远无法满足这些多元化需求。

2. 影子银行是套利行为驱使的产物，具有天使与魔鬼的两重性

套利(arbitrage)具有两面性，金融中介作为解决信息不对称的手段，其经营本质就是寻找市场的价格差异，亦即是一种套利行为，本无可厚非。然而，影子银行在发展过程中追求短期收益和绝对利润，演变成"为套利而套利"。例如，危机前出现的各种层层嵌套、结构复杂的产品让人眼花缭乱。各种资产抵押证券、担保债务凭证和信用类衍生品的基础资产普遍不符合银行授信的最低标准，但却呈几何级数野蛮生长，充斥了信贷、债券和股票市场，成为引爆系统性风险的"定时炸弹"。影子银行是金融工具，介于天使与魔鬼之间，管理好了是天使，管理不好则是魔鬼。

▶ 四、我国影子银行的主要特点

受金融体系结构、金融深化程度以及监管政策取向等因素影响，我国影子银行经历快速发展的同时，也呈现出一些与其他经济体不同的特点。

第一，以银行为核心，表现为"银行的影子"。这是由我国以银行为主导的间接融资体系所决定的。我国银行业资产一直占金融业总资产的90%左右。正是因为银行业资产规模庞大，影子银行资产端和负债端均与银行密切相关。从负债端看，银行是非银行金融机构和影子银行资金的主要提供方。例如，基金公司私募资管业务一半资金来源于银行，资金信托40%以上的资金完全依赖于银行。从资产端看，影子银行的客户绝大部分是银行的客户，实质为通道业务。可见，中国的影子银行具有"银行中心化特征"。而发达经济体的影子银行以共同基金、货币市场基金等非银行金融机构为核心，资金较少直接来源于银行体系。例如，美国共同基金2019年底受托管理资产规模为17.7万亿美元，与联邦存款保险公司所有参保银行18.65万亿元总资产规模基本相当。

第二，以监管套利为主要目的，违法违规现象较为普遍。各类机构利用监管制度不完善和监管标准不统一游离于监管边缘，在所谓的"灰色地带"大肆从事监管套利活动。另外，还存在大量"无证驾驶"，形成了"全民办金融"的小环境。例如，互联网金融平台本应只承担信息中介和支付中介功能，但事实上却从事贷款等资金信用活动，并长期处于监管真空地带。

第三，存在刚性兑付或具有刚性兑付预期。多数产品承诺保本或保最低收益。有的还与投资人签订"抽屉协议"，承诺刚性兑付。有的在产品销售过程中隐藏风险，夸大收益，不及时充分披露信息，造成"买者自负"难以真正落实。

第四，收取通道费用的盈利模式较为普遍。发达经济体影子银行主要是交易型模式，借助回购、卖空、做市等工具赚取利差收益。我国影子银行产品则大多是认购持有到期，流动性低，以量取胜，拼市场份额。赚取通道管理费是盈利的主要来源。

第五，以类贷款为主，信用风险突出。发达经济体影子银行投资范围广泛，以标准化资产为主，信用违约风险较低。资金大多通过互相拆借、回购等市场手段获取，面临集中大额赎回的流动性风险。而我国影子银行绝大部分是银行贷款的替代，但客户评级标准显著低于贷款客户，无论是融资来源还是资金投向都承担直接的信用风险，且风险大于银行贷款。

▶ 五、我国影子银行的判别标准、范围和分类

确定我国影子银行标准，必须兼顾影子银行国际标准的共性特征和我国影子银行的特点。

在金融稳定理事会确定的信用转换、期限转换和流动性转换等基本属性的基础上，重点关注各种产品的风险传导、隐匿方式以及诱发系统性金融风险的可能性，以此提出我国影子银行范围的判别标准，按照风险程度高低，区分广义和狭义影子银行，分别确定属于其范围的业务活动。

（一）界定标准

影子银行界定标准主要包括四项：

一是金融信用中介活动处于银行监管体系之外，信贷发放标准显著低于银行授信。其活动主要包括各类不受商业银行审慎监管标准约束的类信贷业务，又可以进一步分为两类：一是完全游离于金融监管体系以外却从事信用中介的机构和业务；二是虽然在监管覆盖范围内，但通过非洁净转移等各种方式规避商业银行审慎监管标准的机构和业务。例如，有些信用中介虽接受金融监管，但资本和拨备计提明显不足；有些非银行信用中介发放信贷标准显著低于银行授信标准，借款人现金流覆盖和信用缓释不足；部分贷款流向房地产、产能过剩领域甚至"僵尸企业"等银行贷款的限制性行业。

二是业务结构复杂、层层嵌套和杠杆过高。发行分级分层产品，区分优先级、中间级和劣后级，有的涉及账户分拆、多层嵌套。由于结构设计十分复杂，以致底层资产不清，风险难以识别，真实风险水平被掩盖。基金、理财、信托等可以作为交易对手直接进入同业拆借和回购市场，有的大量使用衍生产品，质押回购方式加杠杆。部分金融机构、互联网平台和地方资产交易所还将本应面向合格投资者发行的资管产品进一步拆分、转让，销售给风险承受能力较弱的一般个人客户。

三是信息披露不完整，透明度低。产品存续期间完全未披露基础资产信息，或披露不充分，投资者和市场第三方机构无法准确掌握产品规模、收益变现、投资比例、基础资产、交易结构等主要信息，也无从判断风险趋势和高低变化。由于跨机构、跨市场、跨行业频繁，各类风险相互交织，产品最终持有人难以穿透识别整体风险水平和风险环节。

四是集中兑付压力大，金融体系关联性和风险传染性高。各种以集合投资为主要经营模式的产品具有明显的期限转换作用，是影子银行的重要特征。当投资产品出现风险征兆时，从众心理将诱发"破窗效应"，极易造成挤兑冲击。此外，部分集合投资产品还集中投资于金融机构发行的产品，遭遇集中兑付后，风险会在金融体系内传染、叠加和共振。

（二）范围和分类

按照上述界定标准，我国影子银行可以分为广义和狭义两大类。其中，广义影子银行是基本符合四项界定标准的金融产品和活动，狭义影子银行则是其中影子银行特征更加显著、风险程度更为突出的产品和活动。

1. 广义影子银行

广义影子银行主要包括银行同业特殊目的载体投资、委托贷款、资金信托、信托贷款、银行理财、非股票公募基金、证券业资管、保险资管、资产证券化、非股权私募基金、网络借贷 P2P 贷款，以及融资租赁公司、小额贷款公司、典当行提供的贷款，还包括商业保理公司保理、融资担保公司在保业务、非持牌机构发放的消费贷款、地方交易所提供的债权融资计划和结构化融资产品。由于没有非持牌机构发放的消费贷款、地方交易所提供的债权融资计划和结构化融资产品的统计数据，本书在计算中国影子银行规模时，暂不包括这几类产品。

(1)同业特殊目的载体投资。同业特殊目的载体投资是表内业务,指银行购买他行理财产品、信托投资计划、证券投资基金、证券公司资产管理计划、基金管理公司及子公司资产管理计划、保险资产管理产品等特殊目的载体(SPV)的投资行为。按照会计准则关于金融资产四分类标准,大多记为应收款项投资。这些业务透明度极低,表面看是购买各种资管产品,但基本上属"黑箱"操作,基础资产和交易结构十分复杂。经过穿透后大部分是类信贷资产,许多投向资金池产品。由于没有强制性的监管约束,银行将同业特殊目的载体投资作为监管套利的重要方式。

(2)委托贷款。传统的委托贷款属于银行表外业务,银行作为受托人,按照委托方确定的贷款对象和利率发放贷款,不承担信用风险,不需计提拨备和资本。但2008年之后,委托贷款异化为银行规避信贷标准的通道,业务完全由银行主导,委托方和贷款对象都由银行确定,银行出具隐性担保或抽屉协议,承担信用风险,实际上并不是真正的"委托"。2009年初,委托贷款规模不到3万亿元,2010—2015年连续6年增速超过30%,多家股份制银行2013年增速超过100%,2016年底规模猛增至13.97万亿元。

(3)资金信托。资金信托是信托公司的主要业务,属于私募资产管理产品,按投资者人数分为单一资金信托和集合资金信托,其中近三分之二由银行等金融机构持有。由于信托具有"跨界"的独特优势,资金信托具有严重的交叉金融风险。另外,信托产品设计灵活,普遍具有多层嵌套结构,容易成为投资者加杠杆、以小搏大的工具,风险传染性强,且容易隐藏和放大。

(4)信托贷款。信托贷款是一种特殊的贷款形式,它是由信托机构作为中介,将委托人的资金按照约定的用途、利率、期限等发放给借款人,并在到期时负责收回本息。信托贷款具有以下特点:①属于直接融资,风险局部化;②灵活性高;③在操作上与银行贷款有重大差别;④法律关系为信托。

(5)银行理财。在理财业务发展初期,银行以发行保本保收益理财产品为主,产品透明度较低,信息披露不充分。特别是封闭式产品存续期间,投资者不清楚收益和风险情况,偏离了"受人之托,代客理财"的业务本源。理财资金来源以普通个人投资者为主,比例基本在60%以上,2018年曾达到86.9%,集中兑付风险较大。非金融企业和金融同业直接持有理财产品比例也不少,集合投资特征明显。理财资金投资范围广泛,包括债券、存款、货币市场工具、资管产品、委托投资和非标资产等。资管新规出台前,理财投资非标资产的平均剩余期限为784天,而非保本理财产品的平均剩余期限为129天,期限错配严重。

(6)非股票公募基金。公募基金向多个投资者募集资金,根据事先确定的投资策略将集合资金进行投资运作,具有类存款的特征。为满足投资者的流动性需求,部分公募基金提供"T+0"赎回提现服务。由于存在严重期限错配,当市场出现压力和波动性加剧时,公募基金特别是开放式公募基金,很容易出现份额大量赎回甚至"挤兑",因此,金融稳定理事会也将货币市场基金、混合基金、债券基金等全部纳入影子银行范畴。

(7)证券业资管。证券业资管包括证券公司、基金管理公司、期货公司以及这些公司的子公司所发行的资产管理产品。这类资管产品以通道业务居多,2018年基金子公司通道类业务规模占比高达75.2%,资金80%以上来源于银行。

(8)保险资管。保险资管主要是债权投资计划、股权投资计划和组合类产品,通过非公开方式发行。截至2019年末,保险资管产品余额2.76万亿元。

(9)资产证券化。资产证券化主要包括信贷资产支持证券(信贷ABS)、交易所资产支持专项计划(企业 ABS)和资产支持票据(ABN)三类。资产证券化产品一般都设置优先与劣后的结构化方式,资金来源多为各类资管和理财产品,但是产品本身流动性严重不足。截至 2019 年末,市场存量为 3.83 万亿元,换手率不到 30％,远低于中央结算公司托管债券 200％以上的整体换手率。由于资产证券化信息披露不充分,基础资产良莠不齐,还有部分地方交易所发行大量类资产证券化产品,基础资产透明度更低,一旦基础资产劣变,极易产生集中兑付压力,风险隐患突出。

(10)非股权私募基金。非股权私募基金是一种以非公开方式向合格投资者募集资金的投资基金。我国私募基金不设行政许可,只在证券投资基金业登记备案,由行业开展自律管理。近年来,私募基金重大风险个案时有发生,部分私募基金登记备案虚假不实、挪用侵占基金财产,与非法集资、P2P 等相互关联,出现较大兑付风险。因不受直接监管,部分基金成为影子银行加杠杆的通道。

(11)网络借贷 P2P 贷款。网络借贷机构是专门从事网络借贷信息中介业务活动的平台,按工商企业登记注册。借款人与出借人通过平台直接对接,完成借贷。2013 年以来,部分网贷机构逐渐偏离信息中介、信贷撮合等服务定位,违规开展信贷和资金池运作,甚至呈现出庞氏骗局的典型特征。

(12)融资租赁公司、小额贷款公司、典当行提供的融资,商业保理公司保理、融资担保公司在保业务。这类业务本质上是类融资或为融资活动提供担保,是典型的信用中介,但信贷标准显著低于银行贷款。例如,融资租赁业务中大部分为售后回租,其中部分售后回租业务租赁物虚化,名为融资租赁,实为变相发放贷款,其资金投向主要集中于政府基建项目、房地产等领域。

截至 2019 年底,中国广义影子银行规模为 84.80 万亿元,占 2019 年国内生产总值的 86％,相当于同期银行业总资产的 29％,具体见表 5-18。

表 5-18 2019 年末中国广义影子银行规模

序号	项目名称	金额/万亿元
1	同业 SPV 投资	—
2	银行理财	23.40
	其中:2.1 同业理财	0.84
	2.2 投向非标债权	1.41
	2.3 投向资管部分	9.16
	2.4 其他	11.99
3	委托贷款	11.44
4	资金信托	17.94
5	非股票公募基金	13.47
6	证券业资管	18.23
7	保险资管	2.76
8	非股权私募基金	4.00
9	资产证券化	3.83
10	融资租赁公司租赁资产	2.70
11	融资担保公司在保余额	2.18
12	小额贷款公司贷款余额	0.93

续表

序号	项目名称	金额/万亿元
13	网络借贷P2P贷款	0.49
14	商业保理公司保理余额	0.10
15	典当行贷款	0.10
16	(减)重复和嵌套部分	16.77
17	合计(剔除嵌套)	84.80

说明:考虑到同业特殊目的载体投资所投公募基金、银行理财等各类产品基本已纳入广义影子银行统计,为避免重复计算,计算广义影子银行规模时SPV投资余额按零处理。同业SPV投资余额2019年末为15.98万亿元。

数据来源:中国银保监会(现国家金融监督管理总局)、中国人民银行、中国证券投资基金业协会、中国信托业协会、Wind数据、网贷之家。

2. 狭义影子银行

在广义影子银行中,同业特殊目的载体投资、同业理财和投向非标债权及资管的银行理财、委托贷款、信托贷款、网络借贷P2P贷款和非股权私募基金的影子银行特征更为明显,风险程度更突出,属于高风险的狭义影子银行范畴。截至2019年底,狭义影子银行规模为39.14万亿元,占广义影子银行的46.2%,较历史峰值下降11.87万亿元,具体见表5-19。

表5-19 2019年末中国狭义影子银行规模

序号	项目名称	金额/万亿元
1	同业SPV投资(不含公募和私募基金投资)	10.82
2	部分银行理财	11.41
	其中:2.1 同业理财	0.84
	2.2 投向非标债权	1.41
	2.3 投向资管产品	9.16
3	委托贷款	11.44
4	信托贷款	7.45
5	非股权私募基金	4.00
6	网络借贷P2P贷款	0.49
7	(减)重复和嵌套部分	6.48
8	合计(剔除嵌套)	39.14

数据来源:中国银保监会、中国人民银行、中国证券投资基金业协会、网贷之家。

六、我国影子银行的发展和风险

20世纪80年代,我国信托公司、保险公司等非银行金融机构开始设立。1997年11月,《证券投资基金管理暂行办法》出台,证券投资基金开始大规模增长。2002年起,商业银行陆续开展理财业务。在这一时期,各类机构主要还是围绕自身业务经营范围发展,产品之间的边界划分较为清晰,影子银行整体规模不大。

2008年以后,我国影子银行进入快速增长阶段。为应对国际金融危机的冲击,货币政策由趋紧转向适度宽松,并取消了对金融机构信贷规模的硬性约束。2009年全年新增人民币贷款9.6万亿元,M_2和M_1分别增长27.7%和32.4%,为20世纪90年代以来最高。但随着房地产价格快速上涨和地方政府融资平台风险积累,货币政策开始收紧,同时加强对金融机构信贷投放总量、节奏和结构的管理,贷款增速和投向均受到严格约束。在这一背景下,为规避宏观调控和监管,银行将资产大量移到表外。各类跨市场、跨行业的影子银行因而迅速增长。尤其是银行理财与信托公司的"银信合作"业务急剧膨胀,银行利用理财资金购买信托公司的信托计划,信托计划再以信托贷款方式投向房地产行业和地方政府融资平台。

到2016年底,影子银行规模已经十分庞大,违法违规现象异常严重,濒临风险暴发的前夜。国际货币基金组织、国际清算银行等国际组织从2014年起多次对中国影子银行风险提出警示,认为同业投资、信托贷款和表外理财等已成为隐藏信贷增长和不良资产的温床,严重威胁到中国金融体系的安全与稳定。2016年7月,英国《金融时报》撰文指出,中国的影子银行可能成为中国式"雷曼破产危机"的源头。影子银行犹如悬在我国金融体系之上的达摩克利斯之剑,若不及时强力"精准拆弹",必将酿成全行业系统性风险甚至金融危机。

(一) 规模庞大,野蛮扩张

到2016年底,商业银行表内各项投资共计23万亿元,理财产品29万亿元,委托贷款13万亿元,资金信托和证券化资管发行产品51万亿元。影子银行体量与同期银行信贷基本相当,且增速远超贷款增速。

影子银行已成为信贷资产非信贷化的通道。商业银行为了规避各类监管,将贷款转移至信托公司等机构,信托公司以这些资产发行受益权产品,银行再购买,并以"投资类资产"记录于资产负债表,从而实现监管套利。同业特殊目的载体投资在2012—2016年间复合增长率超过60%,到2016年底已高达23.05万亿元,部分股份制银行投资余额超过贷款2倍。信托公司事务管理类业务迅速膨胀,年增速一度超过50%,其中一半以上是银行资金。

另外,影子银行也成为表内资产表外化的通道。2010年以后,利率市场化改革加快,银行发行大量理财产品替代存款,2011—2015年五年时间,理财规模年均复合增长率超过50%,2016年底,理财余额升至29.06万亿元。在理财产品中,同业理财是一种最简易的以转移出表为目标的影子银行业务。商业银行通过发行理财产品承接本行信贷资产,其他银行以同业理财形式购入,通常还会签署回购协议。参与者分别承担资产出表、发行理财、同业投资和担保回购等不同角色,资金空转特征非常突出。据统计,2016年末同业理财占比超过20%,两年内增长了10倍以上。图5-3显示了2014—2016年我国同业理财余额及其占理财产品的比例。

图5-3 2014—2016年我国同业理财余额及其占理财产品比例
数据来源:银行业理财登记托管中心。

(二)结构复杂,风险交织

一是影子银行成为隐性和虚假担保的通道。以同业特殊目的载体投资为例,通常的业务模式是 A 银行将本行贷款转移至通道机构,包装为通道机构发行的资管产品,B 银行认购资管产品的同时与 A 银行签署回购协议,一旦底层资产发生风险则由 A 银行回购。由于商业银行之间的同业债权风险权重显著低于一般贷款,银行资本占用较少;但 A 银行并没有将回购协议纳入表外担保计提资本,形成"抽屉协议",滋生大量隐性回购和虚假担保。2013—2017年,这类业务增长迅猛,银行持有的同业资产规模累计增长了 246%,但提供隐性担保的银行并没有将表外担保计算资本,少计的风险加权资产最高时一度达 6 万亿元,造成单家银行和银行业资本水平严重失实。此后业务模式更是由两家银行参与演变为多家银行合作,由于各自承担的责任关系复杂,信贷资产的发起、持有和风险承担出现割裂,风险相互交织、相互渗透,真实风险水平也变成一笔"糊涂账"。图 5-4 显示了影子银行中涉及多方回购、担保。

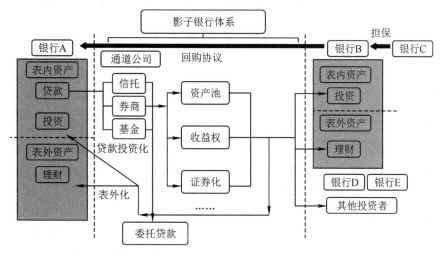

图 5-4 影子银行中涉及多方回购、担保

二是通道产品结构化。结构化产品主要是将信贷资产以证券化组合形式打包分层,发售给不同的投资者。结构化产品历来是影子银行的重灾区,如金融危机中造成严重危害的次贷产品、信用违约互换以及担保债务凭证等。在中国影子银行体系中,以通道形式存在的特殊目的载体(SPV)是业务模式的中心环节,而这种模式本身就是从证券化业务中发展出来的,自然也会快速助推影子银行与证券化的互相连接。2012 年后,不同市场主体均加快了证券化推广,全部规模在 2012—2016 年间扩大了 30 多倍。

这些证券化产品虽然发行场所不同,但在资产端都是由具有信用属性的资产打包组成,其中既有来自银行体系的信贷资产,也有直接将各类信贷资产组合打包的方式。在资金来源方面,多以资管产品形式发行,最终资金主要来源于银行体系。大量银行资金投资认购证券化产品的优先级部分,优先级部分对应的风险权重仅为 20%,显著低于一般资产 100% 的要求,从而推动了结构化通道业务的快速发展。

非标准证券化产品在这一时期增长也十分迅速,将信贷资产作为基础资产,以信托计划或资管计划进行结构化分层,通过双边协议等场外交易模式发售分销。最普遍的是银行以表内资产持有优先级部分,以表外理财或非银行金融机构发售资管持有劣后级部分。在证券化基础上还出现了所谓"再证券化",基础资产和打包转移情况十分不透明,多层嵌套相当普遍,风险被巧妙地粉饰和掩盖。

(三)关联风险突出,相互传染和叠加

影子银行将横跨不同行业的金融机构捆绑,将单体风险转变为行业风险,将行业风险扩散成跨行业的系统性风险。以资管业务为例,2016 年以前疯狂扩张,几乎每年增速都在 50% 以上。2010—2016 年跨行业资管产品发展规模如表 5-20 所示。

表 5-20 跨行业资管产品发展规模 单位:万亿元

资管产品类型	2010 年	2011 年	2012 年	2013 年	2014 年	2015 年	2016 年
银行理财	2.80	4.60	7.10	10.21	15.03	23.50	29.05
信托资产	3.04	4.81	7.47	10.91	13.98	16.30	20.21
券商资管	0.19	0.28	1.89	5.21	7.95	11.89	17.58
基金公司	2.52	2.77	3.62	4.22	6.68	12.42	14.26
基金子公司				0.97	3.74	8.57	10.50
私募基金					1.49	4.16	7.89
保险资管					0.92	1.39	1.90
合计	8.55	12.46	20.08	31.52	49.76	78.23	101.39
较上年增速	—	45.7%	61.2%	57.0%	58.0%	57.1%	29.6%

数据来源:中国银保监会、中国信托业协会、中国证券投资基金业协会。

各类资管互相投资嵌套,形成大量资金池和资产池,负债与资产无法对应辨识,造成流动性错配严重。2016 年底,大部分资管产品发行期限都小于 3 个月,90% 以上不足 1 年,而对接的资产期限则普遍为 3~4 年以上。投资非标债权的久期与其负债久期错配有的高达 5 倍,若后续资金不能及时募集,资金链会立即断裂,流动性风险在短时期就会像瘟疫一样在整个行业快速蔓延。

七、我国影子银行的危害与治理

(一)我国影子银行的危害

一是不断推高杠杆水平。2008 年之后,中国债务水平持续升高。宏观杠杆率在 2013 年 6 月突破 200% 后,2016 年底达到 239%,其间只用了三年多的时间。影子银行发挥了"关键"作用,不仅大大加重了社会经济活动的债息负担,也降低了资金周转与使用的效率。我国 1995—2019 年宏观杠杆率趋势如图 5-5 所示。

二是助长脱实向虚。各种完全空转、以套利为目的的影子银行经营模式不断涌现。2013 年 12 月,推出同业存单业务,其后同业存单迎来爆发式增长,一些银行大量发行同业存单,甚至通过自发自购、同业存单互换等方式进行同业理财投资和委外投资,虚增资产负债,资金只是在金融体系内部"绕圈",并未真正流向实体经济。即使部分资金最终流向了实体经济,但由于链条拉长,资金成本也大幅提高。一些信托公司通过嵌套其他公司发行的信托计划,形成大量"信托中信托"(TOT),资金并未离开金融体系。

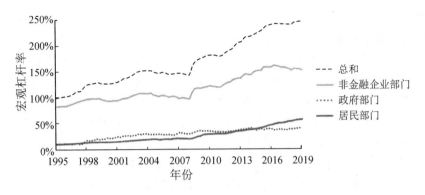

图 5-5　我国 1995—2019 年宏观杠杆率趋势
数据来源：中国社科院资产负债表研究中心。

三是严重掩饰资产质量真实性。无论是信贷资产非信贷化，还是表内资产表外化，基础资产的信用风险源头并没有发生变化。经过影子银行包装，商业银行在会计科目上把贷款转为投资，或者完全转移至表外，"成功"逃避贷款风险分类和拨备计提要求，造成资产质量不实、资本和拨备虚高。2016 年 4 月，国际货币基金组织在其《全球金融稳定报告》中指出，收入不足以覆盖利息支付的中国企业贷款总额接近 1.3 万亿美元，占中国上市企业债务的 14%，远高于公布的商业银行不良贷款率。

四是形成"劣币驱逐良币"的逆向激励。影子银行作为各种监管套利的通道曾经"盛极一时"。由于能够在短时期内通过加杠杆获得高额利润，各金融机构竞相效仿，希望在影子银行领域"大展拳脚"，极大地扭曲了市场行为。合法合规的金融业务增速缓慢甚至萎缩，高风险影子银行业务则野蛮生长，对前者形成巨大"挤出效应"。据统计，部分高风险影子银行在 2010—2015 年增长了 50%，远超同期银行贷款增速。

五是危及社会稳定。由于监管不严、不足和监管空白，违法违规和"无照驾驶"金融活动大肆横行。金融业具有高度外部性，一些金融风险已外溢为社会风险。例如，在银行理财、信托、证券资管、私募基金等领域，因产品无法按时兑付，投资人信访、聚集等事情不断发生。互联网金融、P2P 贷款等网络金融业务发展迅速，没有纳入监管，2016 年前后风险开始集中爆发，各种大规模聚集维权事件层出不穷，对社会稳定产生了严重威胁。

（二）我国影子银行的治理

2016 年底，习近平总书记在中央经济工作会议上强调，要把防范化解金融风险放到更加重要的位置。2017 年 2 月，在中央财经领导小组①第十五次会议上，习近平总书记特别指出要坚决治理市场乱象，坚决打击违法行为。在党中央、国务院统一领导和部署下，金融管理部门迅速行动，对影子银行重拳出击，努力消除系统性金融风险隐患。

第一，严厉整治市场乱象。2017 年起，集中开展"三违反""三套利""四不当""十乱象"专项整治，重点整治乱加杠杆、脱实向虚、以钱炒钱的复杂结构化产品，严禁资产转让附回购协议、抽屉合同等虚假交易，治理私售理财"飞单"，虚假宣传、强制捆绑搭售、误导欺诈、私募产品变相进行公募等不规范行为。区分表内业务和表外业务、自营业务和代客业务、同业业务和信

---

① 现中央财经委员会。

贷业务，筑牢风险防火墙。坚决清理和取缔未经批准从事金融业务的机构和业务活动，严厉打击非法集资，推动修订《防范和处置非法集资条例》。坚定开展互联网金融和网络借贷风险专项整治，清理整治网贷机构和借助互联网平台从事非法金融的各类违法违规活动。2017年银行业乱象专项治理发现问题6万余个，涉及金额18.5万亿元，形成了强大的监管震慑。

第二，规范对交叉金融监管。推动"类信贷"表外业务回表调整，按照信贷分类标准把非信贷资产纳入统一分类。将所有承担信用风险的影子银行业务实行统一授信管理，遵循相同的客户评级和大额风险暴露规定。重点压降结构复杂、层层嵌套、脱实向虚的高风险业务活动。对影子银行按业务实质进行一致性、穿透式监管，明确和落实资本占用与拨备计提的监管要求。细化完善统计监测，实现对资金规模、期限结构、底层资产投向的全覆盖。严查大股东操纵、侵吞、挪用公共资金以及把金融机构当成"提款机"的违法犯罪行为。严格产品销售行为管理，落实"双录"，坚持投资者适当性管理，确保产品和服务与客户风险承受能力相匹配。

第三，坚决拆解非法金融集团。加强非金融企业投资金融机构监管，有序处置由工商企业违规参股控股金融机构所形成的实质性金融集团。强化穿透监管，严格股东资质，严查股权代持、隐形股东以及虚假注资、循环注资。要求金融集团内部金融业务与非金融业务必须严格风险隔离。

第四，严肃追责问责。坚持双线问责，既处罚机构也处罚责任人。坚持"上追两级"，既问责经办人也问责机构负责人。实行罚管挂钩，将处罚结果与市场准入、履职评价、监管评级相结合。加大处罚力度，情节严重的坚决顶格处罚，涉嫌违法犯罪的移送司法机关。公开处罚信息，开展典型处罚案例通报，提高监管透明度，发挥处罚的警示作用。加强职业操守教育，坚守合规诚信和道德底线，推动建立银行从业人员黑名单制度，实施行业禁入。2017—2019年，对银行业保险业共计罚没70多亿元，超过原银监会和原保监会前十年行政处罚罚款总和，处罚机构9698家次，做出行政处罚决定17861件，处罚责任人员12043人次，以上处罚中相当部分与影子银行有关。

第五，全面弥补监管制度短板。金融管理部门研究发布《关于规范金融机构资产管理业务的指导意见》（以下简称"资管新规"），明确资产管理业务属性，统一产品标准，减少跨机构跨市场套利。根据"资管新规"原则，制定各项业务的具体实施细则，包括理财新规、理财子公司监管规定、证券业资管细则、保险资管细则、资金信托办法等。按照功能定位，规范委托贷款、银信合作和私募投资基金备案，厘清委托人和受托人、管理人和托管人职责，回归业务本源。对地方监管的小额贷款公司、融资担保公司、融资租赁公司、典当行、商业保理公司和地方资产管理公司，制定了专门规则，强化政策指导和专业协作。

（三）治理的成效

1.野蛮生长得到根本遏制

影子银行规模大幅压缩。自2017年初开始集中整治，影子银行规模从历史高位大幅下降。截至2019年末，广义影子银行规模降至84.80万亿元，较2017年初100.4万亿元的历史峰值缩减近16万亿元。影子银行占GDP的比例从2016年底的123%下降至2019年底的86%，降幅达37个百分点。狭义影子银行规模降至39.14万亿元，较2016年底缩减了11.87万亿元。

加通道、加杠杆和加嵌套的高风险业务得到重点清理。同业理财在2017年初曾达到6.8万亿元的历史峰值，2019年末降至8400亿元。同业特殊目的载体投资由2016年底的23.05万亿元降至2019年末的15.98万亿元。同期委托贷款和网络借贷P2P贷款分别由13.2万亿元、0.82万亿元降至11.44万亿元和0.49万亿元。截至2020年上半年末,同业理财、委托贷款和网络借贷P2P贷款分别进一步降至6607亿元、11.22万亿元和0.19万亿元。

2. 违法违规活动大幅下降,市场秩序得到修复

"无照驾驶"等非法金融活动受到严厉打击。2016—2019年新发非法集资案件稳步回落,增速由过去三位数降至两位数。"e租宝""昆明泛亚"等互联网金融领域大案要案得到稳妥处置。利用影子银行跨行业跨机构腾挪资金、占用资金、窃取资金等违法违规行为减少,持牌经营、特许经营、合规经营的理念与文化得到恢复,市场秩序开始好转。

3. 风险水平由发散转为收敛

一是摸清了风险底数。初步建立了我国影子银行统计监测体系和认定标准,厘清了影子银行的真实规模和业务分布。通过风险排查、现场检查与监管督查,穿透识别底层资产,基本确认了风险最终承担主体。

二是压降了存量风险,遏制了增量风险。脱实向虚、层层嵌套的交叉业务显著减少。2020年上半年,信托金融同业通道业务较2017年的历史峰值下降5.3万亿元。同期证券业资管规模下降幅度超过45%,基金子公司通道产品仅2018年一年就减少了1.55万亿元。影子银行集中加杠杆得到压缩,商业银行自营债券逆回购交易杠杆比率由2017年之前的40%以上降至30%以下。截至2020年上半年,实际运营的网络借贷P2P机构由高峰时期约5000家压降至29家,目前已完全归零。借贷规模、参与人数连续下降,一些高风险机构被精准拆解。

三是提高了风险抵御能力。非信贷资产开始计提资本和拨备,计提水平逐年上升。减值准备与资产余额的比例由2017年初的0.62%提升至2019年底的1.93%,与贷款拨备率3.46%的差距不断缩小。影子银行资本占用不足的问题也有所缓解,表内风险加权资产平均密度较2017年初的52.07%上升了4个百分点,2019年末达到56.07%。

4. 国际评价趋向积极正面

2017年之前,国际组织和市场机构普遍认为中国影子银行是一颗"原子弹",一旦引爆,将从根本上动摇整个金融体系的稳定。2017年之后,国际评价出现了彻底转变,对中国影子银行治理取得的显著成效予以充分肯定,认为不仅确保了中国金融体系的稳定,也成为全球影子银行规模下降的主要推动力。

本章小结

1. 商业银行是具有信用创造功能的、以经营存放款为主要业务并以获得利润为主要经营目标的综合性金融机构,其性质是特殊的金融企业。

2. 商业银行的四大职能:信用中介、支付中介、信用创造和金融服务。

3. 商业银行有四种组织形式:单一银行制、总分行制、银行控股公司和连锁银行制。

4. 银行资本是指银行股东为赚取利润而投入银行的货币和保留在银行中的收益。银行资本具有以下功能:营业功能、保护功能、管理功能和有助于树立公众对银行的信心。

5. 我国商业银行资本的构成有:核心资本、附属资本和资本的扣除项。

6. 银行资本规模的衡量方法有:GAAP资本、RAP资本和市场价值资本(MVC)。

7. 商业银行的负债业务是指形成资金来源的业务,其资金主要来自自有资本和吸收的外来资金两部分。外来资金包括存款类负债和非存款类负债。

8. 商业银行的资产业务是指将自己通过负债业务所聚集的资金加以运用的业务,包括现金资产、贷款和投资业务。

9.商业银行的中间业务指不构成商业银行资产负债表表内资产、表内负债,形成非利息收入的业务。

10.商业银行经营需遵循流动性、安全性和盈利性原则。商业银行总是在保证安全性、流动性前提下,追求最大限度的盈利,实现"三性原则"的均衡。

11.商业银行管理经历了资产管理理论阶段、负债管理理论阶段、资产负债综合管理理论阶段、资产负债外管理理论阶段。

12.商业银行管理的指标有三大类:风险水平类、风险迁徙类和风险抵补类。

13.原始存款是以现金方式存入银行的直接存款,也就是商业银行吸收到的能够增加其准备金的存款。派生存款是由商业银行用转账方式来发放的贷款、贴现或投资等业务活动引申而来的存款,又称为衍生存款或虚假存款。

本章关键词

商业银行(commercial bank)　　　　银行资本金
核心资本(core capital)　　　　　　现金资产(cash asset)
资产业务(asset business)　　　　　负债业务(liability business)
中间业务(intermediary business)　　原始存款(primary deposit)
派生存款(derivative deposit)　　　单一银行制(unit banking)
分支行制(sub-branch system)　　　银行控股公司(bank holding company)

 本章思考题

1.如何认识商业银行的性质和职能?
2.简述商业银行的业务经营原则。
3.商业银行的资产负债业务和中间业务都包括哪些内容?
4.请用自己的语言分析说明存款的创造过程与原理。
5.简述商业银行资本的构成。
6.商业银行经营管理的思想经历了什么样的发展变化?

第六章 非银行金融机构

本章学习目标

1. 掌握各种主要非银行金融机构的概念、特点及基本类型。
2. 掌握政策性银行以及保险公司、投资银行等非银行金融机构的重要业务。
3. 了解各种非银行金融机构的运作方式。
4. 了解各种非银行金融机构的主要特征。

第一节 政策性银行

一、政策性银行的含义

政策性银行是指由政府发起、出资成立,为贯彻和配合政府特定经济政策和意图而进行融资和信用活动的机构。

政策性银行在国际上的实践已经有较为悠久的历史了,它是在商业银行高度发达的基础上产生的。萌发建立政策性银行的原始思想,最早可追溯到17世纪,当时英国有人建议用公共土地做抵押开办一个国家银行,统辖所有国家的经营事业。在这个建议中就包含了建立政策性银行的原始思想。然而,真正的政策性银行的出现是在19世纪后半期,首先开始在农业领域。1894年,法国建立的农业信贷互助地方金库是政策性银行最早的雏形。但直至20世纪初,政策性银行的设立并不普遍,相应的政策性银行立法亦处于萌芽状态。而20世纪30年代则是政策性银行普遍设立的时期,美国、日本、韩国、泰国、印度、巴西等都先后成立了政策性银行,形成了较为健全的政策性金融体系。

美国于1916年根据《联邦农业信贷法》建立了联邦土地银行,1923年建立了联邦中期信贷银行。根据《1932年住房贷款银行法》,美国建立了联邦住房贷款银行体系,成了扶持住房贷款的政策性银行。根据《1933年农业信贷法》,美国在全国12个农业信贷区又组建了12个合作社银行,并设立了中央合作社银行,1933年建立了合作银行,又于1935年建立了办理农业信贷的主要机构——农民家计局,这是美国政府贯彻实施农业政策的主要工具。1933年依据行政命令建立了商品信贷公司,1935年成立了农村电气化管理局,1934年创建了联邦政府所属的美国进出口银行,也以《1945年进出口银行法》为依据建立了美国进出口银行。这些机构都由政府出资设立,专门为贯彻、配合政府社会经济政策和意图,在专门领域内从事融资活动,具有浓厚的政策性色彩。可见,20世纪30年代美国基本上形成了政策性金融体系。

20世纪30年代世界经济危机发生,各国政府都纷纷加强对经济的干预,尤其对农业的政策扶持和干预更为突出,这一时期各国农业政策性银行的设立最为普遍。由此可见,政策性银行的产生和发展是国家干预、协调经济的产物。

二、政策性银行的特征

政策性银行特征主要有以下几个方面:

一是政策性银行的资本金多由政府财政拨付;

二是政策性银行经营时主要考虑国家的整体利益、社会效益,不以营利为目标,但政策性银行的资金并不是财政资金,政策性银行也必须考虑盈亏,坚持银行管理的基本原则,力争保本微利;

三是政策性银行有其特定的资金来源,主要依靠发行金融债券或向中央银行举债,一般不面向公众吸收存款;

四是政策性银行有特定的业务领域,不与商业银行竞争。

三、我国政策性银行

20世纪90年代,我国组建了三家政策性银行,即国家开发银行、中国进出口银行、中国农业发展银行,均直属国务院领导。

我国设立国家开发银行的主要目的:一方面是为国家重点建设融通资金,保证关系国民经济全局和社会发展的重点建设顺利进行;另一方面是把当时分散管理的国家投资基金集中起来,建立投资贷款审查制度,赋予开发银行一定的投资贷款决策权,并要求其承担相应的责任与风险,以防止盲目投资,重复建设。

随着我国对外经济贸易的扩大,运用补贴以施加特殊保护、促进出口的办法已经过时。为了按国际惯例运用出口信贷、担保等通行做法,扩大机电产品特别是大型成套设备和高新技术、高附加值产品的出口,合理促进对外贸易的发展,创造公平、透明、稳定的对外贸易环境,我国成立了中国进出口银行。

农业是国民经济的基础。我国农业基础薄弱,比较效益低,地区差异大。农业的发展,尤其是落后地区农业的发展,粮、棉、油等主要农产品的生产、收购、储备和销售,在相当程度上需要国家的支持。为了集中财力解决农业和农村经济发展的合理的政策性资金需要,促进主要农产品收购资金的封闭运行,国务院决定成立中国农业发展银行。

(一)国家开发银行

1. 产生与发展

国家开发银行成立于1994年,总行设在北京,在国内设有多家一级分行和二级分行,在国外多地还设有代表处。截至2023年,国家开发银行注册资本金为4 212.48亿元人民币,由国家财政全额拨付。

国家开发银行按照国家宏观经济政策和开发银行信贷原则独立评审贷款项目、发放贷款。其资金主要靠以市场方式向国内外发行金融债券筹集,资金运用领域主要包括:制约经济发展的"瓶颈"项目,直接关系增强综合国力的支柱产业中的重大项目,重大高新技术在经济领域应用的项目,跨地区的重大政策性项目,等等。

国家开发银行的贷款分为两部分:一是软贷款,即国家开发银行注册资本金的运用。其主要按项目配股需要贷给国家控股公司和中央企业集团,由其对企业参股、控股。二是硬贷款,即国家开发银行借入资金的运用。国家开发银行在项目总体资金配置的基础上,将借入资金直接贷给项目,到期收回本息。

2.**经营方针**

国家开发银行贯彻"既要支持经济建设,又要防范金融风险"的方针。其主要任务是:按照国家有关法律、法规和宏观经济政策、产业政策、区域发展政策,筹集和引导境内外资金,重点向国家基础设施、基础产业和支柱产业项目以及重大技术改造和高新技术产业化项目发放贷款;从资金来源上对固定资产投资总量和结构进行控制和调节。

3.**发展现状**

国家开发银行成立以来,贯彻中央的宏观经济政策、产业政策和地区发展政策,严格防范金融风险,积极支持经济社会发展。一是贷款集中投向国家"两基一支"领域的重点项目。支持了长江三峡、京九铁路、西电东送、西气东输、南水北调、五纵七横国道主干线、北京奥运项目和黑龙江商品粮基地等一大批项目。国家重点建设项目近80%的信贷资金、国债项目1/3的配套贷款是由国家开发银行提供的。二是适应经济社会发展阶段和市场形势的变化,主动调整贷款投向,支持经济结构调整。中西部地区的贷款余额占全部贷款余额的48.46%,其中西部地区占23.20%。贷款向经济发展瓶颈行业倾斜,开发银行贷款余额近2/3集中在煤电油运等瓶颈领域。积极支持"两基一支"中新的瓶颈领域,对中小企业、"三农"、县域经济、公共卫生、再就业、环保等难点热点问题进行了积极探索,打通全面建设小康社会融资"瓶颈"。

根据2012年全球50家最安全银行榜单,中国大陆银行业仅国家开发银行与中国农业发展银行两家银行入选榜单,分别居于第28位与第30位。截至2023年末,国家开发银行资产总额达到186 545亿元,净利润874亿元[①]。

(二)中国农业发展银行

1.**产生与发展**

中国农业发展银行,简称农发行,于1994年4月正式成立,总行设在北京,在国内设有2000余家分支机构。中国农业发展银行注册资本金为2000亿元人民币,由国家财政全额拨付。

中国农业发展银行的资金主要来源于中央银行的再贷款。其主要职责是按照国家的法律、法规和方针、政策,以国家信用为基础,筹集资金,承担国家规定的农业政策性金融业务,代理财政支农资金的拨付,为农业和农村经济发展服务。

2.**经营宗旨和经营范围**

中国农业发展银行的经营宗旨是紧紧围绕服务国家战略,建设定位明确、功能突出、业务清晰、资本充足、治理规范、内控严密、运营安全、服务良好、具备可持续发展能力的农业政策性银行。

中国农业发展银行的经营范围,由国家根据国民经济发展和宏观调控的需要并考虑到农发行的承办能力来界定。中国农业发展银行成立以来,国务院对其经营范围进行过多次调整。至2023年,中国农业发展银行的经营范围为:办理粮食、棉花、油料、食糖、猪肉、化肥等重要农

---

① 数据来自《国家开发银行2023可持续发展报告》。

产品收购、储备、调控和调销贷款,办理农业农村基础设施和水利建设、流通体系建设贷款,办理农业综合开发、生产资料和农业科技贷款,办理棚户区改造和农民集中住房建设贷款,办理易地扶贫搬迁、贫困地区基础设施、特色产业发展及专项扶贫贷款,办理县域城镇建设贷款,办理农业小企业、产业化龙头企业贷款,组织或参加银团贷款,办理票据承兑和贴现等信贷业务;吸收业务范围内开户企事业单位的存款,吸收居民储蓄存款以外的县域公众存款,吸收财政存款,发行金融债券;办理结算、结售汇和代客外汇买卖业务,按规定设立财政支农资金专户并代理拨付有关财政支农资金,买卖、代理买卖和承销债券,从事同业拆借、存放,代理收付款项及代理保险、资产证券化、企业财务顾问服务,经批准后可与租赁公司、涉农担保公司和涉农股权投资公司合作等方式开展涉农业务;经国务院银行业监督管理机构批准的其他业务。

3. 发展现状

2023年,中国农业发展银行资产总额达9.96万亿元,净利润达360.58亿元。质量效益保持稳定,改革创新持续深化,高质量发展和现代化建设迈出坚实步伐。全年累放贷款2.78万亿元,同比多放1097亿元;年末贷款余额8.79万亿元,比年初净增1.05万亿元,增长13.57%;政策性业务占比94.38%,较年初增加0.79个百分点。中国农业发展银行为乡村振兴和强国建设做出了积极贡献。

(三)中国进出口银行

1. 产生和发展

中国进出口银行成立于1994年,总行设在北京,在国内设有30余家营业性分支机构和代表处,国外也设有多家分行或代表处。中国进出口银行注册资本金为1500亿元,由国家财政全额拨付。

中国进出口银行依据国家有关法律、法规、外贸政策、产业政策和自行制定的有关制度,独立评审贷款项目。其资金主要靠以市场方式向国内外发行金融债券筹集,业务范围主要是为成套设备、技术服务、船舶、单机、工程承包、其他机电产品和非机电高新技术的出口提供卖方信贷和买方信贷支持。同时,该行还办理中国政府的援外贷款及外国政府贷款的转贷款业务。

2. 经营宗旨和经营范围

中国进出口银行的经营宗旨是:紧紧围绕服务国家战略,建设定位明确、业务清晰、功能突出、资本充足、治理规范、内控严密、运营安全、服务良好、具备可持续发展能力的政策性银行。

中国进出口银行支持外经贸发展和跨境投资,"一带一路"建设、国际产能和装备制造合作,科技、文化以及中小企业"走出去"和开放型经济建设等领域。

中国进出口银行的经营范围:经批准办理配合国家对外贸易和"走出去"领域的短期、中期和长期贷款,含出口信贷、进口信贷、对外承包工程贷款、境外投资贷款、中国政府援外优惠贷款和优惠出口买方信贷等;办理国务院指定的特种贷款;办理外国政府和国际金融机构转贷款(转赠款)业务中的三类项目及人民币配套贷款;吸收授信客户项下存款;发行金融债券;办理国内外结算和结售汇业务;办理保函、信用证、福费廷等其他方式的贸易融资业务;办理与对外贸易相关的委托贷款业务;办理与对外贸易相关的担保业务;办理经批准的外汇业务;买卖、代理买卖和承销债券;从事同业拆借、存放业务;办理与金融业务相关的资信调查、咨询、评估、见证业务;办理票据承兑与贴现;代理收付款项及代理保险业务;买卖、代理买卖金融衍生产品;资产证券化业务;企业财务顾问服务;组织或参加银团贷款;海外分支机构在进出口银行授权范围内经营当地法律许可的银行业务;按程序经批准后以子公司形式开展股权投资及租赁业务;经国务院银行业监督管理机构批准的其他业务。

3. 发展现状

截至 2023 年末,中国进出口银行表内资产总额 6.38 万亿元,较年初增长 7.62%;本外币贷款余额 5.52 万亿元,较年初增长 5.5%。不良贷款率 1.18%,较年初下降 0.18 个百分点。国际信用评级继续与中国主权评级一致。

第二节 保险公司

一、保险与保险公司

保险是指投保人根据合同约定,向保险人支付保险费,保险人对于合同约定的可能发生的事故因其发生所造成的财产损失承担赔偿保险金责任的一种经济形式。

从经济角度看,保险是分摊意外事故损失的一种财务安排;从法律角度看,保险是一种合同行为,是一方同意补偿另一方损失的一种合同安排;从社会角度看,保险是社会经济保障制度的重要组成部分,是社会生产和社会生活"精巧的稳定器";从风险管理角度看,保险是风险管理的一种方法。

保险公司是指销售保险合约、提供风险保障的公司。保险公司是经营保险业的经济组织,是现代国家中最重要的非银行金融机构,它的主要经营活动包括财产、人身、责任、信用等方面的保险与再保险业务及其他金融业务。

二、保险公司的产生

随着经济和社会生活的日趋复杂化,各种意外的不幸事件随时都有可能发生,经济各部门在保证基本生产和生活需要外,还要对风险进行必要的防范和控制。从企业单位和个人的经济能力、知识技术水平以及风险管理经验看,应对意外风险的能力较弱,客观上要求建立专业机构来集中管理风险,并对意外风险和伤害产生的损失进行补偿,于是,保险公司就应运产生了。

最早的商业保险是海上保险,起源于意大利。共同海损是海上保险的萌芽,船舶(货物)抵押借款是海上保险的初级形式。现存世界上最古老的保险单就是 1347 年 10 月 23 日由热那亚商人乔治·勒克维出立的,承保"圣·克勒拉"号航船从热那亚到马乔卡的航程。1668 年,伦敦市长批准设立第一家保险经营机构——皇家保险交易所,开始海上保险经营。1871 年世界上最大的保险垄断组织劳合社成立,宣告保险公司正式登上历史舞台。

三、保险公司的基本职能

1. 提供有形的经济补偿

保险公司对投保人在意外事故中遭受的经济损失和人身伤害,按照合同规定的责任范围给予一定数量的经济补偿和给付,达到少数人的损失由多数人共同分担的目的。

2. 提供无形的、精神上的"安全保障"

通过保险契约的签订,保险公司在精神上为投保人提供了安全保障,在承保期间,如果没有发生承保范围内的意外事故,保险公司无需向投保人提供经济补偿。

3. 强化了投保人的风险意识

人们越来越关注生产生活中的不确定因素所造成的不利影响,积极防范风险。除了采取与保险公司建立一定保险契约关系的方式防范风险,还通过完善自身防范措施降低风险发生的可能性。

4. 从其最重要的经济功能看,促进储蓄资金向生产性资金的有效转化

保险公司在集中投保人特定范围的风险,为投保人提供风险管理服务的同时,还涉及对保险资金进行运用的业务。由于保险资金在一般情况下是比较稳定的,保险公司可以进行多元化的投资运作,在这个过程中,保险公司作为机构投资者向金融市场提供大量的资金,促进储蓄资金向生产性资金的有效转化。

➢ 四、保险公司分类

(一)人寿保险公司

人寿保险公司是为投保人因意外事故或伤亡造成的经济损失提供保障的金融机构。人寿保险公司经营的险种主要有人身意外伤害保险、疾病保险(又称健康保险)、人寿保险(分为死亡保险、生存保险和两全保险)等。其出售的保单有两种性质:一是定期保险单,不具有储蓄的性质;二是不定期保险单,保单经常积累资金,属于投保人所有,具有储蓄的性质。

人寿保险公司资金来源主要来源于缴纳的保费收入,还有一部分资产业务的收入。从总体上看,人口死亡率和某个年龄段罹患某种疾病的概率是可以预测的,所以人寿保险公司可以较为精确地预计下年度所需要支付的保险金。因而,人寿保险公司对资产的流动性要求不高,可以用于长期投资和不动产的长期抵押贷款,以获得稳定的、较高的投资收益。

中国人寿保险(集团)公司属国家特大型金融保险企业,总部设在北京,世界500强企业。公司前身是成立于1949年的中国人民保险公司,1996年分设为中保人寿保险有限公司,1999年更名为中国人寿保险公司。

2003年,经国务院同意、保监会批准,原中国人寿保险公司重组改制为中国人寿保险(集团)公司,业务范围全面涵盖寿险、财产险、养老保险(企业年金)、资产管理、另类投资、海外业务、电子商务等多个领域,并通过资本运作参股了多家银行、证券公司等其他金融和非金融机构。中国人寿保险(集团)公司及其子公司构成了我国最大的国有金融保险集团。2023年,总保费收入达6 413.8亿元,总资产达5.89万亿元,是我国资本市场最大的机构投资者之一。连续21年入选《财富》全球500强。

(二)财产保险公司

财产保险公司是指从事财产保险业务的保险公司。财产保险是以物质财富及其有关的利益为保险标的的险种,主要有海上保险、货物运输保险、工程保险、航空保险、火灾保险、汽车保险、家庭财产保险、盗窃保险、营业中断保险(又称利润损失保险)、农业保险等。

财产保险公司的保险赔偿额不像人寿保险公司那样可以准确地预计,其风险更难把握,受经济周期影响更明显,所以需保持较高的资金流动性。因此,它更多地投资于国债、地方政府债券和股票等,以保持必要的资产流动性。

中国人民财产保险股份有限公司(PICC P&C)是中国内地最大的财产保险公司,其前身是1949年10月成立的中国人民保险公司,总部设在北京,是中国人民保险集团股份有限公司

(PICC Group)的核心成员和标志性主业,是国内历史悠久、业务规模大、综合实力强的大型国有财产保险公司,保费规模居全球财险市场前列。公司于2003年11月6日成功在香港联交所主板挂牌上市,成为中国内地第一家在海外上市的金融企业。2024年1月,金融监管总局发布年度资产负债管理能力监管评估结果,公司被评定为保险行业第1档。自2019年以来,公司连续5年资产负债管理能力监管评估结果位于财险行业第一梯队。公司的业务主要有:财产损失保险、责任保险、信用保险、意外伤害保险、短期健康保险、保证保险等人民币或外币保险业务;与上述业务相关的再保险业务;各类财产保险、意外伤害保险、短期健康保险及其再保险的服务与咨询业务;代理保险机构办理有关业务;国家法律法规允许的投资和资金运用业务;国家法律法规规定的或国家保险监管机构批准的其他业务。公司机构网点和国内业务基本遍布全国所有城乡地域。公司中资利益海外业务覆盖134个国家和地区。

伴随着改革开放和经济的发展,我国先后成立了多家财产保险公司,比较有代表性的有中国人民财产保险股份有限公司、中国太平洋财产保险股份有限公司、中国平安、中国大地财产保险股份有限公司等。

(三)再保险公司

再保险公司是指从事再保险业务的公司。再保险也称分保或"保险的保险",是指保险人将自己所承担的保险责任,部分地转嫁给其他保险人承保的业务。再保险业务中分出保险的一方为原保险人,接受再保险的一方为再保险人。再保险人与本来的被保险人无直接关系,只对原保险人负责。

再保险是保险公司最重要的风险屏障之一。适度分保,保险公司既可以根据可拓展的市场规模充分展业,也可按自身的风险承受能力在确保偿付能力的前提下自留充分的业务,并实现风险分散。作为保险市场一种通行的业务,再保险可以使保险人不致因一次事故损失过大而影响对赔偿责任的履行。例如,对于"9·11"恐怖袭击事件的保险损失后计,据美国梅尔肯研究院估算数字,"9·11"恐怖袭击所造成损失的总成本为2000亿美元,而纽约保险信息研究所估算的由"9·11"事件引起的保险偿付(包括财产人寿和责任险理赔费用)为356亿美元。如此巨大的天文数字令关注保险业的人士不禁捏一把汗:保险公司能逃过这一劫吗?保险公司还保险吗?人们的担心不无道理,如此巨额的赔付对任何一个保险公司来说都可能面临破产的危险。但保险公司自有应对之道,那就是采取再保险方式,有关资料显示,在美国"9·11"事件中,国际再保险市场承担了70%的风险。

以上根据基本业务的不同对保险公司的分类,根据不同的标准,保险公司还可以划分为不同的类型。例如:根据经营目的的不同,可分为商业性保险公司和政策性保险公司;根据经营方式的不同,可以分为互助保险、行业自保和机构承保等。见表6-1。

表6-1 保险公司的类型

依据的标准	保险公司的类型
根据基本业务的不同	人寿保险公司、财产保险公司、再保险公司
根据经营目的的不同	商业性保险公司、政策性保险公司
根据经营方式的不同	互助保险、行业自保、机构承保等

五、我国保险公司的发展及现状

(一)我国保险公司的发展历程

1. 解放初期,改造旧中国保险业

解放初期,人民政府接管各地的官僚资本保险公司,同时整顿改造私营保险公司,为新中国保险事业的诞生和发展创造了条件。1949年8月,为尽快恢复和发展受连年战争破坏的国民经济,中央人民政府在上海举行了第一次全国财经会议。会上,中国人民银行建议成立"中国人民保险公司",并在会后立即组织筹备。经党中央批准,中国人民保险公司于1949年10月20日正式成立。这是新中国成立后第一家国有保险公司。中国人民保险公司成立后,迅速在全国建立分支机构,并以各地人民银行为依托,建立起广泛的保险代理网。中国人民保险公司的成立,标志着中国的保险事业进入一个新的历史发展时期。

为建立起新的适应社会主义建设需要的保险业,1949年人民政府对旧中国保险业进行了全面的清理、整顿和改造。

1951年和1952年,公私合营的"太平保险公司""新丰保险公司"相继成立。两家公司都是在多家私营保险公司的基础上组建的,其业务范围限于指定地区和行业,经营上取消了佣金制度和经纪人制度。1956年,全国私营工商业的全行业公私合营完成后,国家实行公私合营企业财产强制保险,指定中国人民保险公司为办理财产强制保险的法定机构。同年,太平和新丰两公司合并,合并后称"太平保险公司",不再经营国内保险业务,专门办理国外保险业务。两家公司的合并实现了全保险行业公私合营,标志着中国保险业社会主义改造的完成。从此,中国国内保险业务开始了由中国人民保险公司独家经营的局面。

2. 从1966年到1976年的"文化大革命"期间,中国国内保险业务彻底停办

"文化大革命"期间,在"左"的思潮影响下,保险被认为是"私有经济的市场","不适应中国社会主义经济基础",等等,1969年月1月停办了交通部的远洋船舶保险,海外业务受到很大影响。接着停办的是汽车第三者责任保险。1968年前,海外业务由香港民安保险公司、中国保险公司、太平保险公司分给中国人民保险公司,然后由中国人民保险公司进行对外统一分保。但1969年后,海外业务对外的分保由民安保险公司代理,寿险由中国保险公司分保,中国香港、中国澳门、新加坡等国家和地区的保险业务下放到中国保险公司香港分公司管理。到1969年,与我国有再保险关系的国家由原来的32个下降到17个,有业务来往的公司由67家下降到20家,仅与社会主义国家和个别发展中国家保持分保关系。实际上停止了多年发展起来的与西方保险市场的分保往来。

3. 改革开放后,国内保险业务全面恢复

1978年12月,中共十一届三中全会确立改革开放政策,决定把工作重点转移到以经济建设为中心的社会主义现代化建设上来。中国人民银行在1979年2月召开的全国分行行长会议上提出恢复国内保险业务。

1979年4月,国务院批准《中国人民银行全国分行行长会议纪要》,做出"逐步恢复国内保险业务"的重大决策。中国人民银行立即颁布《关于恢复国内保险业务和加强保险机构的通知》,对恢复国内保险业务和设置保险机构做出了具体部署。

到1980年底,除西藏外,中国人民保险公司在全国各地都已恢复了分支机构,各级机构总数达810个,专职保险干部3423人,全年共收保费4.6亿元。中国人民保险公司分支机构接受总公司和中国人民银行当地分支机构的双重领导。1983年9月,经国务院批准,中国人民保险公司升格为国务院直属局级经济实体。从1984年1月开始,其分支机构脱离中国人民银行,改由总公司领导,实行系统管理。

4.1996年至今,保险业务的快速增长

随着国内保险业务的全面恢复,各项保险业务取得令人瞩目的成就,1995年6月,《中华人民共和国保险法》颁布,对发展社会主义市场经济、规范保险经营活动、保护保险活动当事人的合法权益、促进保险事业的健康发展具有十分重要的意义。保险法出台后,中国人民银行相继制定了一些配套的保险业管理规定,如《保险管理暂行规定》《保险代理人管理暂行规定(试行)》《保险经纪人管理规定(试行)》等。

1998年11月中国保险监督管理委员会成立后,立即对保险市场的现状和存在的问题进行调查研究,并着手修改、补充和完善保险法律法规体系,先后颁布了《保险公司管理规定》《向保险公司投资入股暂行规定》《保险公估人管理规定(试行)》等一系列保险规章。

(二)我国保险行业的发展现状

从组织形式来看,国有保险公司目前是我国保险公司的主要组织形式之一,在我国保险市场上占有重要地位,目前国内有四大副部级保险公司,分别为中国人保、中国人寿、中国出口信用保险、中国太平保险。

股份制保险公司在我国主要包括全国性的中国太平洋保险公司、中国平安保险公司和若干区域性保险公司,如天安保险股份有限公司、大众保险股份有限公司、华泰财产保险有限公司、新华人寿保险有限公司、泰康人寿保险有限公司、永安财产保险有限公司、华安财产保险有限公司等。

1998年11月中国保险监督管理委员会成立以来,我国保险业发展迅速,历年保费稳步增长。2023年我国保险业保费收入首次突破5万亿元,达51 247亿元,同比增长9.14%。过去25年,中国保险业保持增长态势,持续为中国经济贡献力量,赋能经济社会发展。1999—2023年我国保险业保费收入如表6-2所示,2023年12月我国保险业经营情况如表6-3所示。

表6-2 1999—2023年我国保险业保费收入　　　　　单位:亿元人民币

年份	保费收入					
	原保险	财产险	人身险	寿险	健康险	人身意外伤害险
1999	1393	521	872	768	37	67
2000	1596	598	997	851	65	81
2001	2109	685	1424	1288	62	75
2002	3053	778	2275	2074	122	79
2003	3880	869	3011	2669	242	100
2004	4318	1090	3228	2851	260	117
2005	4927	1230	3697	3244	312	141
2006	5641	1509	4132	3593	377	162
2007	7036	1998	5038	4464	384	190
2008	9784	2337	7447	6658	585	204
2009	11 137	2876	8261	7457	574	230
2010	14 528	3896	10 632	9680	677	275

续表

年份	保费收入					
	原保险	财产险	人身险	寿险	健康险	人身意外伤害险
2011	14 339	4618	9721	8696	692	334
2012	15 488	5331	10 157	8908	863	386
2013	17 222	6212	11 010	9425	1123	461
2014	20 235	7203	13 031	10 902	1587	543
2015	24 283	7995	16 288	13 242	2410	636
2016	30 959	8724	22 235	17 442	4042	750
2017	36 581	9835	26 746	21 456	4389	901
2018	38 017	10 770	27 247	20 723	5448	1076
2019	42 645	11 649	30 995	22 754	7066	1175
2020	45 257	11 929	33 329	23 982	8173	1174
2021	44 900	11 671	33 229	23 572	8447	1210
2022	46 957	12 712	34 245	24 519	8653	1073
2023	51 247	13 607	37 640	27 646	9035	959

数据来源:国家金融监督管理总局网站。

表6-3　2023年12月我国保险业经营情况表　单位:亿元人民币

项目	本年累计/截至当期
原保险保费收入	51 247
1.财产险	13 607
2.人身险	37 640
原保险赔付支出	18 883
1.财产险	9 171
2.人身险	9 712
资金运用余额	276 738
其中:银行存款	27 243
债券	125 661
股票和证券投资基金	33 274
资产总额	299 573
其中:再保险公司	7 471
资产管理公司	1 052
净资产	27 348

数据来源:国家金融监督管理总局网站,此处省略原表表注。

第三节　投资银行

一、投资银行的含义

投资银行(investment bank,corporate finance)是与商业银行相对应的一类金融机构,主要从事证券发行、承销、交易、企业重组、兼并与收购、投资分析、风险投资、项目融资等业务的非银行金融机构,是资本市场上的主要金融中介。

投资银行是证券和股份公司制度发展到特定阶段的产物,是发达证券市场和成熟金融体系的重要主体,在现代社会经济发展中发挥着沟通资金供求、构造证券市场、推动企业并购、促进产业集中和规模经济形成、优化资源配置等重要作用。

6-1 知识拓展:亚洲基础设施投资银行

投资银行主要是美国和欧洲大陆的称谓,在不同的国家,投资银行有着不同的称谓。在英国,称之为商人银行(merchant bank);在欧洲大陆(以德国为代表),由于一直沿用混业经营制度,投资银行仅是全能银行(universal bank)的一个部门;在东亚(以日本为代表),则被称为证券公司(securities company)。

二、投资银行的产生和发展

(一)投资银行的产生

投资银行是从18世纪欧洲早期的商人银行业务中孕育发展而来的,真正意义上的投资银行业务是18世纪后兴起的。工业革命的结果使大机器工业代替手工业,企业的规模得以迅速扩大,这些大企业对资本的巨额需求仅靠银行贷款已无法满足,于是面向社会发行公司债券逐渐成为企业筹资的重要方式之一。企业筹资方式的变化客观上要求在传统的商业银行之外产生一种专门协助公司发行债券的机构。随着资本主义各国公司立法的兴起,股份制更获得了迅速发展,股份制企业制度的推行客观上要求必须有专门的金融机构为企业股票发行、推销、买卖等提供中介服务。另外,资本主义国家的政府为维持资本主义生产关系和经济制度而行使各项职能时也常遇到资金不足的问题,因而需要发行政府债券来解决,这也要求有相应的专门机构来帮助政府进行债券的发行和推销。投资银行的产生是资本主义生产关系和生产力共同作用的结果。

18世纪后期,伦敦逐渐取代阿姆斯特丹的国际金融中心地位,并持续到第一次世界大战,随着贸易竞争加剧以及制造商日益专业化,贸易商和制造商已无力承担贸易中拓展市场的财务风险。于是,大约从1825年起,迅速崛起一批承兑商号,专门承担出口业务中的财务风险。这些承兑商号就是英国投资银行(商人银行)的前身。其组建者多是移入英国或在英国开设营运所的欧洲大陆富有商人。他们的业务从一般贸易转向专门贸易,从专门贸易转向金融业务,再由一般金融业务转向证券发行和票据承销为主的业务。

19世纪,美国政府出于内战和铁路建设等基础设施发展的需要,发行了大量政府债券和铁路债券,从而促使美国的投资商号大量涌现。这些投资商号自19世纪中叶后开始大量进行政府债券、铁路债券的发行和销售业务,不仅迅速占领了美国市场,而且在英国、欧洲大陆开设分号,发展成为立足美国的国际商号。

(二)投资银行的发展

投资银行的发展经历了以下几个阶段。

1. 金融管制下的投资银行

对投资银行的法律管制是从1929年世界经济大危机后开始的。从美国开始的金融危机波及全球主要资本主义国家,为了防止危机的再度爆发,美国对金融业进行了严格管制。

2. 放宽限制下的投资银行

1975年,证券和交易委员会放弃了对股票交易手续费的限制,实行手续费的完全自由化,此项改革成为美国证券市场自由化的象征,对后来美国证券市场的发展产生了实质性的影响。

3. 从分业经营到混业经营

到了20世纪80年代,科技进步与世界金融市场的不断发展,促使各种金融衍生工具创新推陈出新,金融业之间的渗透融合力度逐步加强,原来的分业经营与监管的机制阻碍了金融业务创新和服务效率的提高。在这种背景下,西方各国金融当局如英国、德国、法国、瑞士、日本等纷纷进行了以打破证券和银行业界限为主要内容的改革,形成了现代银行混业经营的趋势。

进入20世纪90年代以后,随着金融管制的放松和金融创新活动加剧,商业银行和投资银行的业务融合进一步发展,金融业并购潮风起云涌。银行、证券、信托、保险等跨行业强强联合,优势互补的购并,加快了国际银行业向混业经营迈进的步伐。美国国会于1999年11月4日通过的《金融服务现代化法案》从法律上取消了商业银行和证券公司跨界经营的限制,以此为标志,现代国际金融业务走上了多样化、专业化、集中化和国际化的发展道路。

➢ 三、投资银行的业务

投资银行业是一个不断发展的行业。在金融领域内,不同类型的投资银行经营的业务也有很大不同:

广义投资银行是指任何经营华尔街金融业务的金融机构,业务包括证券、国际海上保险以及不动产投资等几乎全部金融活动。

较广义投资银行是指经营全部资本市场业务的金融机构,业务包括证券承销与经纪、企业融资、兼并收购、咨询服务、资产管理、创业资本等,与广义投资银行相比,不包括不动产经纪、保险和抵押业务。

较狭义投资银行是指经营部分资本市场业务的金融机构,业务包括证券承销与经纪、企业融资、兼并收购等,与较广义投资银行相比,不包括创业资本、基金管理和风险管理工具等创新业务。

狭义投资银行的业务仅限于从事一级市场证券承销和资本筹措、二级市场证券交易和经纪业务的金融机构。

投资银行主要业务体系见图6-1。

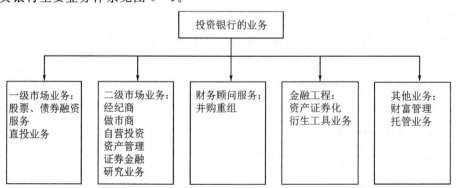

图6-1 投资银行的业务

四、投资银行与商业银行的比较

从本质上讲,投资银行和商业银行都是资金盈余与资金短缺者之间的中介,一方面使资金供给者能够充分利用多余的资金以获取收益,另一方面又帮助资金需求者获得所需资金以求发展。从这个意义上讲,二者的功能是相同的,二者都充当了资金媒介的作用,促进了社会资源更有效的配置。

由于信息技术的发展、金融领域的创新和金融管制的放开,二者的区别日渐模糊。在金融市场发展过程中,尤其是过去的这40年里,两者业务不断扩张,出现交叉,投资银行和商业银行在新的金融市场和金融工具等业务方面的竞争非常激烈。商业银行为了自身的发展,大量介入投资银行的业务,如场外衍生工具市场、金融服务行业等。二者利用各自的优势,为机构和个人投资者提供一些包括建议、方法和工具等方面的咨询服务。商业银行利用其广泛的业务、高水平的金融人才、丰富的业务经验、熟练的金融技能,在投资银行原本的业务领域与其展开激烈的竞争。所以,二者的界限越来越模糊,所经营的业务也趋同。

但是,作为两种不同的金融机构,在发挥金融中介作用的过程中,投资银行的运作方式与商业银行有着很大的不同,具体表现在以下几个方面。

1. 本源业务不同

资金存贷业务是商业银行业务的本源和实质,其他业务则是在此基础上的延伸和扩展。

投资银行业务最本源的业务是证券承销以及在此基础上形成的证券经纪业务,其他投行业务都是在此基础上的延伸和发展。

2. 融资功能存在明显差异

商业银行是间接融资的媒介,它对资金提供者来说是资金需求者,从事的是负债业务,对于资金短缺者来说又是资金供给者,从事的是资产业务。

投资银行可以向投资者推介发行股票或债券的筹资者,也可以为投资者寻找合适的投资机会,是直接融资。

3. 从业务活动来看

投资银行主要是在资本市场开展业务,而商业银行主要是在货币市场开展业务。

4. 从利润来源看

投资银行的利润来源是收取客户支付的佣金;而商业银行的利润来源是存贷款之间的利差。

5. 从经营理念上

投资银行的投资理念是在控制风险的前提下,稳健与开拓并重。而商业银行追求的是收益性、安全性、流动性的结合,坚持稳健性原则。

6. 从监管机构来看

投资银行只要是证券监督委员会之类的机构,而商业银行主要是受中央银行的监督管理。

投资银行与商业银行的比较如表6-4所示。

表 6-4 投资银行与商业银行比较

项目	投资银行	商业银行
本源业务	证券承销	存贷款
功能	直接融资,并侧重长期融资	间接融资,并侧重短期融资
业务概貌	无法用资产负债表反应	表内与表外业务
主要利润来源	佣金	存贷款利差
经营方针与原则	在控制风险前提下更注重开拓	追求收益性、安全性、流动性三者结合,坚持稳健原则
监管部门	主要是证券管理机构	中央银行
风险特征	一般情况下,投资人面临的风险较大,投资银行风险较小	一般情况下,存款人面临的风险较小,商业银行风险较大

五、我国投资银行的发展及现状

我国的投资银行业务是从满足证券发行与交易的需要不断发展起来的。从我国的实践看,投资银行业务最初是由商业银行来完成的,商业银行不仅是金融工具的主要发行者,也是掌管金融资产量最大的金融机构。

20 世纪 80 年代中后期,随着我国开放证券流通市场,原有商业银行的证券业务逐渐被分离出来。1987 年,新中国第一家证券公司——深圳经济特区证券公司成立,随后,各地区先后成立了一大批证券公司,形成了以证券公司为主的证券市场中介机构体系。除了专业的证券公司以外,还有一大批业务范围较为宽泛的信托投资公司、金融投资公司、产权交易与经纪机构、资产管理公司、财务咨询公司等也在从事投资银行的其他业务,但在随后的十余年里,券商逐渐成为我国投资银行业务的主体。

我国的投资银行可以分为三种类型:第一种是全国性的,第二种是地区性的,第三种是民营性的。全国性的投资银行又分为两类:其一是以银行系统为背景的证券公司,其二是以国务院直属或国务院各部委为背景的信托投资公司。地区性的投资银行主要是省市两级的专业证券公司和信托公司。以上两种类型的投资银行依托国家在证券业务方面的特许经营权在我国投资银行业中占据了主体地位。第三类民营性的投资银行主要是一些投资管理公司、财务顾问公司和资产管理公司等,他们绝大多数是从过去为客户提供管理咨询和投资顾问业务发展起来的,并具有一定的资本实力,在企业并购、项目融资和金融创新方面具有很强的灵活性,正逐渐成为我国投资银行领域的又一支中坚力量。

目前我国比较有影响力的证券公司分别是东方财富、中信证券、海通证券、广发证券、招商证券、国泰君安、国信证券、华泰证券、银河证券、中信建投、光大证券等。我国证券公司近年主要经营数据如表 6-5 所示。

表 6-5 我国证券公司 2016—2023 年主要经营数据　　　　　　　单位:亿元

年份	家数/家	净利润	总资产	净资产	净资本	营业收入
2016 年	129	1 234.45	57 900	16 400	14 700	3 279.94
2017 年	131	1 129.95	61 400	18 500	15 800	3 113.28
2018 年	131	666.20	62 600	18 900	15 700	2 662.87

续表

年份	家数/家	净利润	总资产	净资产	净资本	营业收入
2019 年	133	1 230.95	72 600	20 200	16 200	3 604.83
2020 年	138	1 575.34	89 000	23 100	18 200	4 484.79
2021 年	140	1 911.19	105 900	25 700	20 000	5 024.10
2022 年	140	1 423.01	110 600	27 900	20 900	3 949.73
2023 年	145	1 378.33	118 300	29 500	21 800	4 059.02

数据来源：中国证券业协会网站。

第四节 信托投资公司

一、信托投资公司的含义

信托投资公司也称信托公司，是一种以受托人的身份代人理财的金融机构。

信托作为一种经济行为，是指委托人为了自己或者第三者的利益，将自己的财产或有关事务委托给自己信任的人或组织代为管理、经营的经济活动。信托作为一种财产管理制度，是指以资金、财产为核心，以信任为基础，以委托和受托为方式的财产管理体制。

信托的特征表现为：委托人对受托人的充分信任是信托成立的基础，拥有可以信托财产的委托人的委托是信托建立的前提，信托财产是贯穿于信托全过程的核心主线，信托财产的权利从委托人手中转移给受托人是实现信托目的的手段，信托的本质是对财产的管理，其最终目的是使信托财产保值，这种复杂的信托关系需要具有法律效力的契约来保障。

二、信托业的产生

信托拥有悠久的历史。在国外，将个人财产及金融资产委托给信托投资公司进行管理，已经成为一种非常普遍的现象。在发达的市场经济国家，信托业已经发展成为现代金融业的重要支柱之一，信托与银行、证券、保险并称为现代金融业的四大支柱。

据文字记载，信托的发展历程可追溯至公元前 2548 年古埃及人写的遗嘱。但具有原始特性的现代意义上的信托，则起源于 13 世纪英国的"尤斯制"，英国是信托业的发源地。但英国现代信托业却不如美国、日本发达。开办专业信托投资公司，美国比英国还早，美国于 1822 年成立的纽约农业火险放款公司（后更名为农民放款信托投资公司），是世界上第一家信托投资公司。

三、信托投资公司的业务范围

信托投资公司的主要业务包括：经营资金和财产委托、代理资产保管、金融租赁、经济咨询、证券发行以及投资等。

根据国务院关于进一步清理整顿金融性公司的要求，我国信托投资公司的业务范围主要限于信托、投资和其他代理业务，少数确属需要的经中国人民银行批准可以兼营租赁、证券业

务和发行一年以内的专项信托受益债券,用于进行有特定对象的贷款和投资。我国信托投资公司的业务范围具体有以下几个方面:

(1)受托经营资金信托业务,即委托人将自己合法拥有的资金,委托信托投资公司按照约定的条件和目的,进行管理、运用和处分;

(2)受托经营动产、不动产及其他财产的信托业务,即委托人将自己的动产、不动产以及知识产权等财产、财产权,委托信托投资公司按照约定的条件和目的,进行管理、运用和处分;

(3)受托经营法律、行政法规允许从事的投资基金业务,作为投资基金或者基金管理公司的发起人从事投资基金业务;

(4)经营企业资产的重组、购并及项目融资、公司理财、财务顾问等中介业务;

(5)受托经营国务院有关部门批准的国债、政策性银行债券、企业债券等债券的承销业务;

(6)代理财产的管理、运用和处分;

(7)代保管业务;

(8)信用见证、资信调查及经济咨询业务;

(9)以固有财产为他人提供担保;

(10)受托经营公益信托;

(11)中国人民银行批准的其他业务。

➤ 四、我国信托业的发展历程

(一)新中国成立前的信托业

1911年10月辛亥革命爆发,推翻了封建帝制,中国历史掀开新的一页。代表先进生产力的资本主义经济虽然羸弱不堪,但终于在中国开始艰难成长发育。在这一背景下,信托制度和信托业也被引入中国。

1917年,上海商业储蓄银行成立保管部,首次开办代保管业务;1921年,保管部更名为信托部,并增办个人信托业务。在此之前的1919年,聚兴诚银行上海分行已经成立信托部。1921年,在短短数月中,先后有十余家信托公司成立。信托公司的大量开设,形成了投资泡沫,同时又缺乏有效的监管,造成畸形发展,以致引发危机。1921年冬,中国近代金融史上著名的"信交风潮"爆发,信托公司大批倒闭,仅幸存中央和通易两家信托机构。抗战期间,上海的信托公司又增至30余家。抗战结束后,一些信托公司停业整顿。至1946年底,上海信托行业公会尚有私营信托公司成员12家、银行信托部18家。到1949年新中国成立时,全国共有信托公司14家,其中上海13家。

(二)新中国成立后信托业的发展和历次整顿

新中国信托业自1979年恢复以来,中间共历经六次大的整顿,经整顿后才形成了现在的中国信托行业。

1. 第一次整顿(1982年)

1979年后,随着财政收入分成制度的实施和地方利益的强化,在银行体系之外,迅速形成了一批以融通资金、促进地方经济发展为目的的信托机构。1982年底,全国各类信托机构发展到620多家,进入了第一次蓬勃发展期。信托投资公司在短期内迅速膨胀,一方面与原有的银行业务抢资金;另一方面,这些信托机构在业务上又超越了信托范围,开展银行信贷业务,加剧了短期资金用于长期贷款的超负荷运行,进而助长了固定资产投资规模的膨胀。

针对以上情况,1982年4月国务院对信托业务进行了第一次整顿,下达了《关于整顿国内信托投资业务和加强更新改造资金管理的通知》,规定除国务院批准和国务院授权单位批准的信托投资公司外,各地区、各部门不得办理信托投资业务。已经办理的,由各省、自治区、直辖市人民政府限期清理。信托投资业务一律由央行或央行指定的专业银行办理。经批准举办的信托投资业务,其全部资金活动都要统一纳入国家信贷计划和固定资产投资计划,进行综合平衡。

这次整顿的重点是信托机构,目的在于清理非金融机构设立的信托投资公司,改变信托机构过多过乱的局面。

2. **第二次整顿**(1985年)

1983年中国人民银行专门行使中央银行职能。随之,信托业又被提上议事日程。中国人民银行提出凡是有利于引进外资、引进先进技术,有利于发展生产、搞活经济的各种信托业务都可以办理,信托业出现了又一次高潮。

但信托业这一轮的扩张基本上是银行信贷业务的重复,最终的结果是再次促成了中国经济发展的过热现象,导致货币市场信贷失控和货币投放失控;信托业务的不规范经营对国民经济的负面影响再次产生。1985年初,随着经济紧缩,央行再次将信托业作为清理整顿的重点,信托业第二次全国性整顿就此展开。这次整顿的重点是指向那些不规范经营的信托业务。

3. **第三次整顿**(1988年)

1986年央行根据国务院发布的《中华人民共和国银行管理暂行条例》,颁布了《金融信托投资机构管理暂行规定》和《金融信托投资机构资金管理暂行办法》两个法规性文件,就信托机构、信托业务和资金管理做了规定,这一时期,央行对信托业的管理开始走上法治轨道。1986至1989年,伴随着我国利率市场化改革的突破性进展,金融市场、外汇调剂市场逐步开放,并出现了发行金融债券等新型金融业务,在搞活银行的主导思想下,把信托业作为搞活的主要途径,信托业的发展再次掀起高潮。

在这期间,严重的通胀势头,使信托机构在为社会提供新的信用方式的同时,也改变了社会信用结构。为此,国务院在治理经济环境、整顿经济秩序中,又一次将清理整顿金融信托机构作为控制货币、稳定金融的重要措施。1988年,央行根据中共中央、国务院《关于清理整顿公司的决定》和《国务院关于进一步清理整顿金融性公司的通知》,对信托业进行了第三次的清理整顿。这次整顿的重点是清算与整顿信托公司,致使信托投资公司从745家锐减为360家。

4. **第四次整顿**(1993年)

1992年,为期三年的全国经济治理整顿宣告结束。邓小平同志南下视察,掀起了我国新一轮改革开放的热潮,经济迅速回升并呈现高速增长态势。

随着开发区、房地产、集资的兴起,信托机构不仅数量在增加,经营也日益不规范。在这一时期,信托公司一方面没有找准自己的定位,忽视专业理财职能,一味地在资本市场上开展证券业务。另一方面高息揽存,扰乱金融秩序,形成了大量的不良资产,甚至出现严重的支付危机。

1993年6月,中央决定进行宏观调控,整顿金融秩序,对信托业的第四次清理整顿正式开始。这次清理整顿的重点是切断银行与信托公司之间资金的联系,要求银行不再经营信托业务,银行与信托分业经营、分业管理。1995年底,全国具有法人地位的信托投资公司392家,1996年撤并了168家由商业银行独资或控股的信托投资公司,另有两家被关闭和兼并。但保留了工、农、中、建四行总行所属的四大信托投资公司。与此同时,对国务院部委和大型企业集团主办的信托机构进行改组和整顿,对地方信托机构也进行了大规模的合并和撤销。

5. 第五次整顿(1999年)

经过前面四次整顿,信托机构始终没有走上有序发展的路子。第四次整顿后,由于业务定位不明确,许多信托投资公司内部管理和风险控制能力不足,形成了大量的不良资产,甚至出现严重的支付危机。伴随着中农信、中创、广国投等的破产,信托业又走到了非整顿不可的地步。1999年,第五次整顿启动,其目标是保留少量规模较大、效益好、管理严格、真正从事受托理财业务的信托公司,使信托业回归本业,实现信托业与银行业、证券业的严格的分业经营、分业管理,业内人士将此次整顿称为推倒重来。到2001年《中华人民共和国信托法》颁布之前,有210多家信托机构退出市场,59家获准重新登记,13家拟保留未重新登记。重新登记公司消化历史负债2000多亿元,并按新规则规范开展业务。信托业全行业事实上已经处于歇业状态。

6. 第六次整顿(2007年)

2007年3月1日,信托两新规《信托公司管理办法》《信托公司集合资金信托计划管理办法》正式实施之后,信托业第6次整顿正式拉开帷幕。根据通知,监管层将对信托业实施分类监管,信托公司或立即更换金融牌照,或进入过渡期。

我国信托业的六次大整顿如表6-6所示。

表6-6 我国信托业的六次大整顿

次数	时间	原因	结果
第一次整顿	1982年	变相的存贷业务过多	确定业务范围
第二次整顿	1985年	贷款投放失控	业务清理,明确资金来源
第三次整顿	1988年	助长固定资产投资	撤并机构、业务清理
第四次整顿	1993年	违规拆借、揽存、放贷	信托与银行分开
第五次整顿	1999年	支付危机	分业经营、分业管理
第六次整顿	2007年	违规经营、支付危机	明确自有资金和信托资金业务范围,分类监管

(三)我国信托业的发展现状

中国信托业从1979年恢复至今,经历了40多年的发展历程。2001年《中华人民共和国信托法》的颁布奠定了信托行业的法律基础,2007年银监会颁布实施《信托公司管理办法》和

《信托公司集合资金信托计划管理办法》,明确了信托公司作为财富管理机构的功能定位,为信托业快速发展奠定了制度基础。2012—2023年,我国全行业管理的信托资产结构的主要业务数据见表6-7和表6-8,我国全行业资金信托资产结构的主要业务数据见表6-9。

表6-7 全行业管理的信托资产结构:按业务功能划分

年份	全行业管理的信托资产规模/万亿元	融资类信托占比/%	投资类信托占比/%	事务管理类信托占比/%
2012年	7.47	48.87	35.84	15.28
2013年	10.91	47.76	32.54	19.70
2014年	13.98	33.65	33.70	32.65
2015年	16.30	24.32	37.00	38.69
2016年	20.22	20.59	29.62	49.79
2017年	26.25	16.87	23.51	59.62
2018年	22.70	19.15	22.49	58.36
2019年	21.60	26.99	23.71	49.30
2020年	20.49	23.71	31.46	44.84
2021年	20.55	17.43	41.38	41.20
2022年	21.44	14.55	43.92	41.53
2023年	23.92	14.53	48.34	37.13

数据来源:中国信托业协会网站。

表6-8 全行业管理的信托资产结构:按来源划分

年份	全行业管理的信托资产规模/万亿元	集合资金信托占比/%	单一资金信托占比/%	管理财产信托占比/%
2012年	7.47	25.20	68.30	6.50
2013年	10.91	24.90	69.62	5.49
2014年	13.98	30.70	62.58	6.72
2015年	16.30	32.78	57.36	9.87
2016年	20.22	36.28	50.07	13.65
2017年	26.25	37.74	45.73	16.53
2018年	22.70	40.12	43.33	16.55
2019年	21.60	45.93	37.10	16.98
2020年	20.49	49.65	29.94	20.41
2021年	20.55	51.53	21.49	26.98
2022年	21.14	52.08	19.03	28.89
2023年	23.92	56.51	16.12	27.37

数据来源:中国信托业协会网站。

表 6-9 全行业资金信托资产结构:按投向划分

年份	资金信托总额/万亿元	基础产业占比/%	房地产占比/%	证券市场:股票占比/%	证券市场:基金占比/%	证券市场:债券占比/%	金融机构占比/%	工商企业占比/%	其他占比/%
2012 年	6.98	23.62	9.85	3.05	0.87	7.63	10.21	26.65	18.12
2013 年	10.31	25.25	10.03	2.94	0.74	6.67	12.00	28.14	14.23
2014 年	13.04	21.24	10.04	4.23	1.09	8.86	17.39	24.03	13.13
2015 年	14.69	17.89	8.76	7.56	2.24	10.55	17.93	22.51	12.56
2016 年	17.46	15.64	8.19	3.58	1.60	11.02	20.71	24.82	14.44
2017 年	21.91	14.49	10.42	4.62	1.28	8.25	18.76	27.84	14.33
2018 年	18.94	14.59	14.18	2.79	1.30	7.50	15.99	29.90	13.74
2019 年	17.94	15.72	15.07	2.81	1.23	6.88	13.96	30.60	13.72
2020 年	16.31	15.13	13.97	3.28	1.44	9.15	12.17	30.41	14.45
2021 年	15.01	11.25	11.74	4.82	1.86	15.68	12.44	27.73	14.47
2022 年	15.03	10.60	8.14	4.43	1.73	22.83	13.39	26.00	12.88
2023 年	17.38	8.73	5.60	3.41	1.92	32.67	13.64	21.80	12.21

数据来源:中国信托业协会网站。

第五节 基金管理公司

基金是通过公开或者非公开募集成立,由基金管理人管理,基金托管人托管,为基金份额持有人的利益,进行投资活动的金融产品。基金管理人由依法设立的公司或者合伙企业担任,即本节中所说的基金管理公司。

基金管理公司按照基金募集方式的不同,可以分为公募基金管理公司和私募基金管理公司两大类。其中,通过公开募集方式设立的基金(即公募基金)的基金份额持有人按其所持基金份额享受收益和承担风险;通过非公开募集方式设立的基金(即私募基金)的收益分配和风险承担由基金合同约定。

在我国,公募基金管理公司成立的条件要求比较高,应当具备一系列法律规定的条件(如注册资本至少 1 亿元,具有相应的人员、制度等),并经国务院证券监督管理机构批准。

基金管理公司所管理的基金,依据其性质和投资方向等的不同,可以分为很多种类,如社会保障基金、养老金、创业投资基金(包括天使投资基金、风险投资基金等,常简称 VC)、私募股权投资基金(常简称为 PE)、产业投资基金、证券投资基金等。其中,VC、PE 主要是投资企业 IPO 上市之前的公司股权,证券投资基金主要是投资二级市场的股票、债券甚至金融衍生品的。

依据投资对象的不同,公募基金又可分为货币市场基金、股票型基金、债券型基金、混合型基金等。依据是否主动管理,又可分为主动管理型基金和被动投资型基金(主要是指数型基金,如 ETF 交易型开放式指数基金)。

依据投资策略不同,股票型基金又可细分为价值型基金、成长型基金和平衡型基金。依据股票、债券投资比例以及投资策略的不同,混合型基金又可以分为偏股型基金、偏债型基金、配置型基金等。

截至2024年6月,我国公募基金管理公司共有163家,存量基金12 036只,管理资产规模31.08万亿元;私募基金管理公司共有20 768家,存量基金151 257只,管理资产规模19.89万亿元。

截至2024年6月,我国公募基金数量及规模如表6-10所示,我国基金管理机构非货币公募基金月均规模排名(前10家)如表6-11所示。

表6-10 我国公募基金数量及规模(截至2024年6月)

基金类型	基金数量/只	基金份额/亿份	资产净值/亿元
封闭式基金	1354	36 022.57	38 570.52
开放式基金	10 682	260 604.07	272 255.86
其中:股票基金	2474	28 472.32	31 048.96
其中:混合基金	5046	33 600.34	35 461.50
其中:债券基金	371	131 910.07	131 870.27
其中:货币市场基金	2490	61 085.56	68 896.29
其中:QDII基金	301	5 535.79	4 978.83
合计	12 036	296 626.65	310 826.38

资料来源:中国证券投资基金业协会网站。

表6-11 非货币理财公募基金规模排名

排名	基金管理机构名称	非货币公募基金月均规模/亿元
1	易方达基金管理有限公司	11 392.26
2	华夏基金管理有限公司	9 441.29
3	广发基金管理有限公司	7 159.36
4	嘉实基金管理有限公司	6 357.85
5	富国基金管理有限公司	6 067.54
6	博时基金管理有限公司	5 643.63
7	招商基金管理有限公司	5 576.33
8	南方基金管理股份有限公司	5 460.96
9	汇添富基金管理股份有限公司	4 831.20
10	鹏华基金管理有限公司	4 343.84

资料来源:中国证券投资基金业协会微信公众号。

私募基金主要包括私募证券投资基金、私募股权投资基金和创业投资基金,此外还有少量的私募资产配置基金和其他私募投资基金。依据中国相关法律,在中国境内设立的私募投资基金管理机构可以采取股份有限公司、有限责任公司、普通合伙企业、有限合伙企业等组织类型。

按运作形式不同，私募证券投资基金主要有契约型基金、合伙型基金和公司型基金，其中契约型基金的数量和管理资产规模均超过90%。

按投资对象不同，私募证券投资基金主要有股票型基金、债券型基金、混合型基金、货币市场基金以及基金的基金（FOF），此外还有上市公司定向增发基金、期货期权衍生品基金、资产证券化投资基金和其他类型证券投资基金。

按产品类型不同，私募证券投资基金主要有成长基金、并购基金、夹层基金、房地产基金、基础设施基金等。

2019—2023年，我国主要私募基金类型数量及规模如表6-12所示。

表6-12 主要私募基金类型数量及规模（2019—2023年）

时间	私募证券投资基金		私募股权投资基金		创业投资基金	
	数量/只	资产规模/万亿元	数量/只	资产规模/万亿元	数量/只	资产规模/万亿元
2019年末	41 392	2.56	28 477	8.87	7978	1.21
2020年末	54 324	4.30	29 402	9.87	10 398	1.69
2021年末	76 818	6.31	30 800	10.77	14 511	2.37
2022年末	92 578	5.61	31 523	11.11	19 353	2.90
2023年末	97 258	5.72	31 259	11.12	23 389	3.21

资料来源：中国证券投资基金业协会网站。

截至2023年四季度末，我国各类资产管理产品数量及规模如表6-13所示。

表6-13 各类资产管理产品数量及规模（截至2023年四季度末）

类型	数量/只(个)①	规模/亿元
公募基金	11 528	275 992.95
证券公司及其子公司资管计划	20 146	59 250.64
基金管理公司资管计划	8 299	47 710.23
养老金	2 958	48 882.34
基金子公司资管计划	2 993	14 379.86
期货公司及其子公司资管计划	2 117	2 745.57
私募基金	153 032	203 155.96
资产支持专项计划	2 268	19 238.60
合计②	202 645	670 633.05

注：①单位：产品只数或养老金组合个数。
②合计（总规模）一行中剔除了私募基金顾问管理类产品与私募资管计划重复部分。
资料来源：中国证券投资基金业协会网站。

随着中国老龄化进程的加快和多层次养老保障体系的不断完善，养老金成为资本市场日益重要的机构投资者。我国养老金资产包括全国社会保障基金理事会受托管理的社保基金、基本养老保险基金，人力资源和社会保障部监督管理的企业年金和职业年金以及第三支柱个人养老金。截至2023年底，全国企业职工基本养老保险基金累计结余已接近6万亿元。截至

2022年底,全国社保基金权益25 336.56亿元。截至2023年底,全国企业年金积累金额达3.19万亿元,参加职工3144万人,是我国养老金体系的第二支柱。2022年我国推出个人养老金制度,参加人每年缴纳个人养老金的额度上限为1.2万元。截至2024年6月底,我国已有超过6 000万人参加个人养老金,成为我国养老金体系的第三支柱。

第六节 其他金融机构

一、信用合作社

(一)信用合作社产生

信用合作机构即信用社,是指由个人集资联合组成的以互助为主要宗旨的合作金融组织。

信用合作社最早创建于1848年的德国,其建立与自然经济、小商品经济发展直接相关。由于农业生产者和小商品生产者对资金的需要存在季节性、零散、小额和小规模的特点,因此小生产者或农民很难取得银行贷款的支持,但客观上,生产和流通的发展又必须解决资本不足的困难,于是就出现了这种以缴纳股金和存款的方式建立的互助、自助的信用组织。信用合作社在世界各国发展相当普遍,但一般规模不大,而且在发展中不仅满足自身的资金融通需求,也开始向其他方面发展金融业务。

信用社的资金来源是社会缴纳的股金、公积金和吸收的存款。贷款主要用于解决其社员的资金需要。起初主要是发放短期生产贷款和消费贷款,后来开始为企业解决生产设备更新、技术改造等提供中长期贷款。

(二)信用合作社的分类

按金融业务的地域范围,信用合作社可以分为农村信用合作社和城市信用合作社两种。

1. 农村信用合作社

农村信用合作社是由农民入股组成,实行入股社员民主管理,主要为入股社员服务的合作金融组织,是经中国人民银行依法批准设立的合法金融机构。农村信用社是中国金融体系的重要组成部分,其主要任务是筹集农村闲散资金,为农业、农民和农村经济发展提供金融服务。同时,组织和调节农村基金,支持农业生产和农村综合发展,支持各种形式的合作经济和社员家庭经济,限制和打击高利贷。

创办初期,农村信用合作社主要办理种植业的短期贷款,随着农村结构的调整和非农业人口的增加,其业务范围拓展到综合办理农牧副渔业和农村工商业及社会消费性贷款。由于农村信用合作社以扶持农业生产发展为主要任务,各国对农村信用社实行各种鼓励政策。

合作金融组织在我国有悠久的历史,可追溯到战国时期的"合会"。在新中国成立初期的社会主义改造过程中,个人对生产资料所有权被取消。随着公有化程度的提高,农村信用社的合作性质被淡化,并转化为国家银行在农村的基层机构。进入20世纪80年代以后,这种"官办"的制度安排已经不适应农村经济的发展和变化,1984年我国农村信用社推行以恢复组织上的群众性、管理上的民主性和经营上的灵活性为基本内容的体制改革。1996年农村信用合作社与国有商业银行——中国农业银行脱离行政隶属关系,并开始按合作原则运作。

2. 城市信用合作社

城市信用合作社是一定社区范围内,由城市居民、法人集资入股组建的合作金融组织,是具有独立法人地位的经济实体。

城市信用合作社实行独立核算、自主经营、自负盈亏、民主管理的经营原则,盈利归集体所有,并按股分红。其主要经营业务是:面向城市集体企业、个体工商户以及城市居民聚集资金,为其开办存款、贷款、汇兑、信息和咨询,代办保险和其他结算、代理、代办业务,支持生产和流通,促进城市集体企业和个体工商户经济的发展,搞活城市经济。

在20世纪80年代后,我国在城市地区陆续建立大量取名为城市信用合作社的金融机构,从一开始,其市场定位就没有严格遵循合作金融的性质,而是在国家银行难以顾及的业务中发挥"拾遗补阙"的作用,因此,它基本上是按股份制商业银行模式组建并发展起来的。1994年我国金融体制改革中,把城市中的城市信用合作社改制为当地的股份制商业银行,尽管仍采用合作银行的名称,但实际上已不具有合作金融的内涵。1996年以来,央行明确新的政策导向,对没有建立城市商业银行的城市中的城市信用社,逐步纳入合作金融的改革轨道,按照合作金融原则加以改造和规范。

➢ 二、金融租赁公司

(一)含义

金融租赁公司是以经营融资租赁业务为主的非银行金融机构。

由于租赁业具有投资大、周期长的特点,在负债方面我国允许金融租赁公司发行金融债券、向金融机构借款、外汇借款等,作为长期资金来源渠道;在资金运用方面,限定主要从事金融租赁及其相关业务。这样,金融租赁公司成为兼有融资、投资和促销多种功能,以金融租赁业务为主的非银行金融机构。金融租赁在发达国家已经成为设备投资中仅次于银行信贷的第二大融资方式。

(二)业务范围

经批准,金融租赁公司可经营下列本外币业务:

(1)融资租赁业务;
(2)转让和受让融资租赁资产;
(3)向非银行股东借入3个月(含)以上借款;
(4)同业拆借;
(5)向金融机构融入资金;
(6)发行非资本类债券;
(7)接受租赁保证金;
(8)租赁物变卖及处理业务。

(三)我国融资租赁业的发展

我国的融资租赁业起源于1981年4月,最早的租赁公司以中外合资企业的形式出现。2020年6月9日,银保监会发布《融资租赁公司监督管理暂行办法》,进一步加强融资租赁公司监督管理。

1981年7月,我国成立了首家由中资组成的非银行金融机构——中国租赁有限公司。经过数十年的发展,目前我国的融资租赁业务涉及公交、城建、医疗、航空、IT等多个领域的产业。

中国企业经过几十年市场化运作和积累后急需产业更新和技术改造,这些都会带来大量的成套设备、交通工具、专用机械的需求,而发达国家的成功经验已经证明了租赁是解决这些需求的最有效途径。今后市场的巨大需求是租赁业务发展的最好时机。

根据监管机构的不同,租赁公司可以分为金融租赁公司和融资租赁公司。根据2024年9月修订的《金融租赁公司管理办法》,金融租赁公司是指经国家金融监督管理总局批准设立的,以经营融资租赁业务为主的非银行金融机构。其规模普遍较大,融资难度、融资成本相对较低,杠杆倍数的上限更高,受到更严格的监管。按股东/关联方情况细分,金融租赁公司可进一步再分为银行系和非银行系。

而融资租赁公司为非金融机构,原先由商务部监管,2018年5月商务部办公厅发布商办流通函〔2018〕165号,将融资租赁公司的业务经营和监管规则职责划给了银保监会(现国家金融监督管理总局)。融资租赁公司则可细分为厂商系、平台系和独立第三方系。根据资金来源的不同,融资租赁公司又可细分为内资租赁公司和外资租赁公司,两者在注册条件、融资环境等方面存在差异。相对于内资租赁公司,外资租赁公司发展时间较早,数量较多,准入门槛较低,审批相对宽松。

2019年融资租赁公司扩张节奏有所放缓。截至2019年底,我国融资租赁公司总数量为12 130家,较2018年底的11 777家增长3%,年增长速度由29.56%降至3%。截至2020年3月底,公司总数为12 145家,其中,金融租赁公司数量为70家,内资租赁公司为406家,外资租赁公司为11 669家。外资租赁公司为我国租赁行业的主要组成部分,公司数量行业占比为96.08%,金融租赁公司和内资租赁公司数量占比分别为0.58%和3.34%。相比于2011年至2016年的迅速发展期,融资租赁企业数量增速明显减小,步入了增长放缓期,一方面是因为宏观经济下行,租赁行业所投向行业的信用风险增加,融资成本上升,企业放慢扩张步伐;另一方面是因为监管体制的调整和移交,相关政策仍在探索中,新企业的审批进度处于停滞状态。

三、财务公司

(一)含义

财务公司又称金融公司,是指以加强企业集团资金集中管理和提高企业集团资金使用效率为目的,为企业集团成员单位提供财务管理服务的金融机构。财务公司是为企业技术改造、新产品开发及产品销售提供金融服务,以中长期金融业务为主的非银行机构。

世界上最早的一家财务公司于1716年诞生在法国,是金融业与工商企业相互结合的产物,也是金融资本与产业资本相融合的一种具体的组织形态。

(二)财务公司的主要模式

1. 美国模式

美国模式财务公司是以搞活商品流通、促进商品销售为特色的非银行金融机构。它依附于制造厂商,是一些大型耐用消费品制造商为了推销其产品而设立的受控子公司。这类财务公司主要是为零售商提供融资服务的,主要分布在美国、加拿大和德国。目前,美国财务公司在流通领域的金融服务几乎涉及从汽车、家电、住房到各种工业设备的所有商品,对促进商品流通起到了非常重要的作用。一些金融公司由其母公司组建,例如福特汽车公司组建的福特汽车信贷公司就是向购买福特汽车的消费者提供消费信贷服务。

2. 英国模式

英国模式财务公司基本上都依附于商业银行,其组建的目的在于规避政府对商业银行的监管。因为政府明文规定,商业银行不得从事证券投资业务,而财务公司不属于银行,所以不受此限制,这种类型的财务公司主要分布在英国、日本和中国香港。

(三) 我国财务公司的特点

财务公司在各国的名称不同,业务内容也有差异,但多数是商业银行的附属机构。我国的财务公司不是商业银行的附属机构,是隶属于大型集团的非银行金融机构。我国的财务公司具有以下特点:

1. 业务范围广泛,但以企业集团为限

我国的财务公司是企业集团内部的金融机构,其经营范围只限于企业集团内部,主要是为企业集团内的成员企业提供金融服务。财务公司的业务包括存款、贷款、结算、担保和代理等一般银行业务,还可以经人民银行批准,开展证券、信托投资等业务。

2. 资金来源于集团公司,用于集团公司,对集团公司的依附性强

我国的财务公司的资金来源主要有两个方面:一是由集团公司和集团公司成员投入的资本金,二是集团公司成员企业在财务公司的存款。财务公司的资金主要用于为本集团公司成员企业提供资金支持,少量用于与本集团公司主导产业无关的证券投资方面。由于财务公司的资金来源和运用都限于集团公司内部,因而财务公司对集团公司的依附性强,其发展状况与其所在集团公司的发展状况相关。

3. 接受企业集团和人民银行的双重监管

我国的财务公司是企业集团内部的金融机构,其股东大都是集团公司成员企业,因而其经营活动必然受到集团公司的监督。同时,财务公司所从事的是金融业务,其经营活动必须接受金融监督管理部门的监管。

4. 坚持服务与效益相结合、服务优先的经营原则

我国的财务公司作为独立的企业法人,有其自身的经济利益,但由于财务公司是企业集团内部的机构,且集团公司成员企业大都是财务公司的股东,因此,财务公司在经营中一般都应较好地处理服务与效益的关系,在坚持为集团公司成员企业提供良好金融服务的前提下,努力实现财务公司利润的最大化。

(四) 我国财务公司发展现状

中国的财务公司都是由企业集团内部集资组建的,其宗旨和任务是为本企业集团内部各企业筹资和融通资金,促进其技术改造和技术进步。

我国的第一家财务公司是1987年成立的东风汽车工业财务公司,这是探索具有中国特点的产业资本与金融资本结合方式的尝试。企业集团财务公司作为我国金融体系的一个重要组成部分,服务国内200多家大中型企业集团及其所属20多个重要产业。

2020年财务公司行业积极应对多种不利因素,整体继续保持良好的发展态势。一是行业资产继续保持平稳增长态势。年末表内外资产规模11.34万亿元,同比增长9.83%。其中,表内资产总额7.82万亿元,同比增长11.41%。二是收入及利润变化具有显著顺周期性,行业整体稳健经营。2020年财务公司行业营业净收入为1 373.81亿元,比2019年下滑3.33%;全行业实现利润总额1 106.93亿元,较2019年增长3.29%。三是全行业主要风险监管指标继续呈现良好态势。截至2020年末,全行业共219家公司无不良资产,占比85.88%;年末不良贷款率0.50%,低于商业银行1.34%;资本充足率19.53%,高于商业银行4.83%。四是财务公司行业资金集中度再创新高,资金管控能力持续加强。2020年末行业全口径资金归集度达到52.17%,比2019年继续提升。值得注意的是,财务公司行业告别过去机构数量持续增长的态势,2020年财务公司行业机构数量257家,比2019年减少1家。

四、小额贷款公司

(一) 含义

小额贷款公司是由自然人、企业法人与其他社会组织投资设立,不吸收公众存款,经营小额贷款业务的有限责任公司或股份有限公司。

小额贷款公司是企业法人,有独立的法人财产,享有法人财产权,以全部财产对其债务承担民事责任。小额贷款公司股东依法享有资产收益、参与重大决策和选择管理者等权利,以其认缴的出资额或认购的股份为限对公司承担责任。

(二) 小额贷款公司的经营范围

小额贷款公司经营特殊商品,即货币,秉持小机构、小客户、小额贷款的经营原则。只贷不存,以自有货币资金经营,其经营范围主要有以下几个方面:

(1) 办理各项小额贷款;
(2) 办理小企业发展、管理、财务等咨询业务;
(3) 其他经批准的业务。

(三) 小额贷款公司的经营特点

(1) 贷款种类以短期贷款为主,小额、分散。70%的资金应用于同一借款人贷款余额不超过50万元的小额借款人;其余30%资金的单户贷款余额不得超过资本金的5%。
(2) 坚持为农民、农业、农村及城区小型企业的经济发展服务。
(3) 信贷服务比较灵活。自主选择贷款对象,经营市场化。
(4) 信贷业务的区域性很强。以服务当地为主,原则上不得跨区(县、市)经营。

(四) 我国小额贷款公司发展现状

从20世纪80年代初,我国就开始引进和推行小额贷款扶贫模式。2006年中央1号文件《中共中央 国务院关于推进社会主义新农村建设的若干意见》指出:"在保证资本金充足、严格金融监管和建立合理有效的退出机制的前提下,鼓励在县域内设立多种所有制的社区金融机构,允许私有资本、外资等参股。大力培育由自然人、企业法人或社团法人发起的小额贷款组织,有关部门要抓紧制定管理办法。"为小额贷款公司的产生提供了政策依据,当年成立了7家小额贷款公司。在此阶段,小额贷款公司的成立模式不同,如山西平遥采取政府主导组建模式,而四川广元采取完全市场化的公开竞标模式。

2008年5月,银监会和人民银行出台《关于小额贷款公司试点的指导意见》,从市场准入、经营行为、监督管理、退出机制等方面对小额贷款公司提出了更加严格的要求。积极吸引外资进入,并采取完全市场化模式,使一些不达标的机构逐步退出市场,经营风险得到一定程度控制,市场秩序得到优化。

经过规范整合和重新审批,小额贷款公司稳步走上了规范运作、快速发展的轨道。根据中国人民银行公布的数据,截至2024年6月末,全国共有小额贷款公司5428家,贷款余额7581亿元。小额贷款公司从无到有、从小到大、从点到面,在一定程度上缓解了"贷款难、贷款贵"的

问题,解决了农村经济个体的资金缺口问题,提高了资金使用效率,符合我国现阶段经济发展方式转变的现实要求,对转移和分散银行的信贷风险、加速社会资金总量的扩充、提高农村金融服务水平和完善多层次信贷市场建设等发挥了积极作用。

我国现行的金融机构体系如图6-2所示。

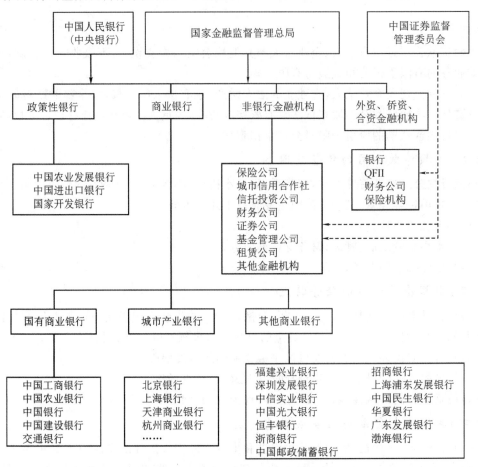

图6-2 我国现行的金融机构体系

本章小结

1. 政策性银行是指由政府发起、出资成立,为贯彻和配合政府特定经济政策和意图而进行融资和信用活动的机构。我国的政策性银行主要有国家开发银行、中国进出口银行、中国农业发展银行,它们分别在国民经济的发展中发挥各自的作用。

2. 保险公司是专门经营保险合同、提供风险保障的金融机构,依据基本业务的不同可分为人寿保险公司、财产保险公司、再保险公司等。

3. 投资银行是从商业银行中孕育而来,并成为了金融业中的重要金融机构。投资银行主要从事证券承销、交易,企业重组、兼并与收购,投资分析,风险投资等业务,是资本市场上主要的金融中介。

4. 信托投资公司是一种以受托人的身份代人理财的金融机构。信托投资公司的主要业务包括经营资金和财产委托、代理资产保管、金融租赁、经济咨询、证券发行以及投资等。

5.在金融市场中,还存在一些非银行金融机构,主要有信用合作社、金融租赁公司、财务公司、小额贷款公司等。

本章关键词

政策性银行	保险公司	投资银行
信托投资公司	信用合作社	基金管理公司
财务公司	金融租赁公司	小额贷款公司

本章思考题

1. 什么是政策性银行?政策性银行的主要特征有哪些?
2. 保险公司分为哪几种类型?
3. 保险公司的基本职能有哪些?
4. 投资银行和商业银行的主要区别是什么?
5. 投资银行的基本业务有哪些?
6. 简述信托投资公司的含义和业务范围。
7. 什么是金融租赁公司?其业务范围有哪些?

6-2 知识拓展:互联网金融

第七章 中央银行

本章学习目标

1. 了解中央银行产生的客观经济条件、发展历史及主要类型。
2. 掌握中央银行的性质和职能。
3. 掌握中央银行的业务及其关系。
4. 理解中央银行与政府的关系,正确认识中央银行的相对独立性。

7-1 导例:中国货币政策执行报告

第一节 中央银行的产生与发展

一、中央银行的产生

中央银行制度是商品信用经济发展到一定历史阶段的产物,中央银行是在商业银行的基础上发展演变而来的,从商业银行发展为中央银行,经历了一个较长的历史演变过程,是经济发展的客观要求和必然结果。

(一)中央银行产生的经济条件

1. 统一银行券发行的需要

在银行业发展初期,由于实行金本位制度,没有专门发行银行券的银行,许多银行除了经营一般的存放款业务外,每家银行都有权发行银行券——代用货币,以致银行券品种繁多,不统一。而银行券不统一存在以下弊端:

(1)各种银行券之间的比价难以确定。

(2)真伪难辨,为交易带来不便。

(3)银行券仅在其发行银行业务范围内流通,不利于商品的大规模流动,给生产和流通造成很多困难。

(4)每家银行应保证其所发行的银行券可以随时兑换成金属货币,但由于资本主义竞争的加剧,很多银行难以保证及时将银行券兑换为金属货币。

这些弊端的存在客观上要求成立一个资金雄厚并有权威的银行以发行一种能在全国流通并保证随时兑换的货币,即要求成立货币发行的银行。

2. 统一票据交换和清算的需要

随着银行业务的不断扩展,各银行之间的债权债务关系错综复杂,银行每天接收票据的数量日益增多,由各家银行自行轧差进行当日结算存在困难,同城和异地都存在问题,虽然当时欧洲一些大的城市已经建立票据交换所,但还不能为所有的银行服务,也不能从根本上解决全国性票据交换和清算问题,就在客观上要求建立一个全国统一且有权威的公正的票据交换和清算机构为商业银行之间的债权债务关系的处理服务,即建立清算的银行。

3. 最后贷款人角色的需要

最后贷款人理论最早可以追溯到1797年,由法兰西斯·巴林爵士(Sir Francis Baring)提出,他在其著作中首次提到了中央银行作为"银行的银行"的职能,并指出在银行危机时,中央银行应作为最后贷款人向有偿债能力的银行提供贷款。然而,该理论的系统阐述是由英国经济学家亨利·桑顿(Henry Thornton)在1802年提出的,他强调了中央银行在银行恐慌时提供流动性的重要性,并认为最后贷款人的主要作用是防止银行恐慌引起的货币收缩。英国经济学家沃尔特·白芝浩(Walter Bagehot)在1873年出版的《伦巴第街》(Lombard Street)一书中进一步发展了这一理论。白芝浩提出了著名的"白芝浩原则",主张中央银行应在金融危机时慷慨放贷,但只放给经营稳健、拥有优质抵押品的机构,并且要以足够高的、能吓走非急用钱者的利率来放贷。他的这些观点对现代中央银行扮演最后贷款人角色的理论产生了深远影响。最后贷款人理论的核心在于中央银行应在金融体系面临流动性危机时提供资金支持,以防止恐慌蔓延和金融体系的崩溃。

随着资本主义生产的发展和流通的扩大,对贷款的要求不仅数量增加,而且期限延长,商业银行如果仅用自己吸收的存款来提供贷款,远远不能满足社会经济发展的需要,如果将吸收的存款全部发放贷款,会削弱银行的清偿能力,增加银行发生挤兑和破产的可能性,于是,有必要适当集中各家商业银行的一部分现金准备,在有的商业银行发生支付困难时,给予必要的支持,在客观上要求有一个银行的"后台",能够在商业银行资金发生困难时,给予贷款支持,即要求成立银行的银行。

4. 金融监管的需要

随着经济的不断发展,银行业的竞争也日趋激烈,虽然高收益、高风险是一种内在的约束机制,但是银行破产后的损失有相当部分还是由全社会共同承担。对高额利润的追逐推动着银行从事风险很大的业务,从而使银行破产的可能性大大增加,而银行的破产比普通的企业破产会引起更大的经济动荡和社会的不稳定。一个国家的经济就像是一个蜘蛛网,普通的企业只是蛛网上的一条线,一条线断了对整个蛛网影响不大,但银行却是蛛网上的一个节点,一旦断了影响就很大,甚至可能导致整张蛛网被毁掉。因此,客观上也需要一个代表政府意志的专门机构从事对金融业的监督管理和协调工作。

随着银行业和金融市场的发展,需要政府对金融业和全国的金融市场进行统一管理和调节,形成全国性的全能调节的有效机制,即要求成立银行的银行。

正是因为以上原因,建立中央银行制度成为经济发展的必然要求,当然上述建立中央银行的客观要求也不是同时提出的,中央银行的发展是一个渐进的过程。中央银行是在实践中逐渐成长起来的,事实上直到今天中央银行的发展也尚未停止,随着经济的不断发展,中央银行的功能势必也会不断完善。

(二)中央银行建立的途径

中央银行的建立途径有两条:一是由私人或国有商业银行逐步演变而成为传统功能型的

中央银行,如英格兰银行。二是成立之时就为履行中央银行职责,是 20 世纪新式中央银行的成立方法,如美国的联邦储备体系。

7-2 知识拓展:英格兰银行

7-3 知识拓展:美国联邦储备体系

二、中央银行的发展

中央银行的产生与发展,经历了一个漫长的历史阶段,它是伴随着资本主义银行业的发展而产生的。中央银行制度从产生、发展到完善,经历了三个历史阶段。

(一)中央银行的初创时期:从 17 世纪中到 19 世纪初

这一阶段是中央银行的萌芽期,这个阶段中央银行的特点是尚未完全垄断货币发行权。早期的中央银行大多数是由普通商业银行经过长期演变而成的,商业银行向中央银行自然演进的过程就是一个逐步集中掌管货币发行权的过程。

1668 年,瑞典的里克斯银行(由一家私人资本创建的银行)被改组为瑞典国家银行,它是现代中央银行的萌芽,但是此时的瑞典国家银行并未独占货币发行权,所以还称不上是真正的中央银行。

随着政府控制的推进,利用法律形式,集中货币的发行,中央银行逐步从普通银行中分离出来,为商业银行提供服务。公认真正全面发挥中央银行职能的银行是 1694 年成立的英格兰银行,这是一家在政府帮助下设立的私人股份制银行,其成立的初衷是为政府筹集和提供资金。作为交换条件,政府授权该银行发行同等数额的银行券,特权仅限于伦敦地区,在伦敦以外的其他地区,由其他银行发行银行券。1833 年,英国国会通过法案,规定英格兰银行发行的货币作为全国唯一的法偿货币,这是其成为中央银行的决定性的一步。

(二)中央银行制度的普遍建立时期:从 19 世纪初到二战结束

这是中央银行逐步发展完善时期。标志着这一时期开始的是 1844 年英国国会通过的《皮尔条例》,该条例赋予了英格兰银行独家垄断的货币发行权,这使其成为第一家真正意义上的中央银行。实际上成立于 1694 年的英格兰银行是全世界最早的私人股份银行,1844 年的《皮尔条例》使其成为货币发行的银行。随着英格兰银行地位的提高,许多商业银行把自己现金准备的一部分存入英格兰银行,商业银行之间的债权债务就可以通过英格兰银行划拨。1854 年,英格兰银行成为英国银行的票据交换中心,1872 年,它开始向资金周转困难的其他商业银行提供资金支持,充当最后贷款人的角色,并同时具有了全国性金融管理机构的色彩,至此,英国建立起了中央银行体系。

由于英格兰银行的成功,其他国家也纷纷仿效英国建立了自己的中央银行制度。成立于 1800 年的法兰西银行于 1848 年垄断了全法国的货币发行权,并于 19 世纪 70 年代完成了向中央银行的过渡。德国于 1875 年将普鲁士银行改为国家银行,并于 20 世纪初开始独享货币发行权。美国的中央银行制度建立较晚。1913 年 12 月美国国会通过了《联邦储备法》,正式成立联邦储备体系,美国历史上第一次建立了中央银行制度。在此期间,世界上约有 29 家中央银行相继成立,大部分在欧洲,显然和欧洲经济发展较快有关,这进一步说明了中央银行的建立是经济发展的需要。

第一次世界大战后,面对世界性的金融恐慌和严重的通货膨胀,为了稳定战后金融,1920年在布鲁塞尔召开的国际金融会议决定:①所有尚未成立中央银行的国家,都应尽快建立中央银行,以共同维持国际货币体制和经济稳定;②提出中央银行应具有更大的独立性,应按照稳定币值的要求掌握发行货币,不受政府干预,明确了稳定货币是中央银行的重要职能,确认了中央银行的重要地位。此后,以布鲁塞尔会议为推动力,几乎所有独立的国家,都先后成立了中央银行,旨在推动宏观经济发展,加强金融管理,控制恶性通货膨胀,由此推动了又一次中央银行成立的高潮。

从19世纪初到第二次世界大战结束,是中央银行历史上发展最快的一个时期,这一时期的中央银行制度具有以下特点:

(1)大部分中央银行是依靠政府的力量建立的。与前一个时期相比,这一时期的大部分中央银行都不是由商业银行自然演进而成的,而是依靠政府的力量创建的,而且,在较短时期内数量迅速增加,是中央银行历史上发展最快的一个时期。

(2)建立中央银行的区域扩大了。不仅经济发达的欧洲国家普遍建立了中央银行,经济欠发达的美洲、亚洲和非洲等国家也纷纷设立中央银行。设立中央银行已经成为全球性的普遍现象。

(3)中央银行管理金融的职能得到加强。由于该阶段发生了20世纪30年代大危机(世界经济大危机),大量金融机构的倒闭给社会经济造成巨大震荡和破坏,使得人们认识到金融机构和金融体系保持稳定的必要性,因此中央银行日益成为管理宏观金融的重要机构,中央银行的职能得到扩展。

(三)中央银行的强化时期:20世纪中叶至今

二战后至今,是中央银行发展的第三阶段。在这一阶段,一方面,一批经济较落后的国家摆脱了殖民统治获得独立,纷纷建立了本国的中央银行;另一方面,随着国家干预经济的加强,各国政府利用中央银行推行金融政策,中央银行的管理职能进一步得到强化,中央银行不仅管理金融机构和金融市场,还参与一国宏观经济的管理,各国纷纷加强了对中央银行的控制,许多国家的中央银行都先后实行了国有化。1945年12月,法国公布法令,将法兰西银行收归国有,原股东的股票,换成政府债券。1946年英国政府宣布英格兰银行收归国有,英国财政部将股份全部收购。同时,中央银行不再从事普通商业银行业务,维持货币金融稳定是中央银行的主要职责。中央银行进入了一个新的发展阶段。

从中央银行的发展历史看,如果说第一阶段初创时期是中央银行的自然演变,第二阶段发展完善时期是政府力量推动中央银行的迅速创建时期,那么,第二次世界大战以后至今的第三阶段则是政府对中央银行控制的加强和中央银行宏观经济调控职能进一步强化的时期。

➢ 三、中央银行在中国的发展

(一)旧中国的中央银行

中央银行在我国出现得较晚,最早具有中央银行形态的是晚清时期的户部银行。户部银行于1905年(光绪三十一年)8月在北京西交民巷开业,它是模仿西方国家中央银行而建立的我国最早的中央银行。1908年7月,户部银行改称大清银行。除经办一般银行业务外,清政府授予户部银行经理国库及发行铸币等特权,但它不是真正意义上的中央银行。第一,它不是"银行的银行"。当时的户部银行和后来的大清银行都经营大量商业银行的业务。第二,它不是"发行的银行"。清末是中国银行业的初创时期,许多银行都有银行券的发行权,大清银行并未也不可能独占货币发行权。因此,只能说大清银行只是一家有某些中央银行性质的国家银行。

孙中山先生认为,"欲革命之成功,非特有健全之军队训练,尤须有完整之金融组织"。1924年8月孙中山先生在广州组建国民革命政府并成立了国民革命政府的中央银行,1926年北伐军攻克武汉,在武汉成立中央银行,这两家中央银行存在的时间都很短,所以并没有真正行使中央银行的基本职能。

1927年南京国民政府成立,制定了《中央银行条例》,并于1928年11月新成立中央银行,总行设立于上海。国民政府的中央银行完全仿效西方先进国家中央银行的组建规范,在制度上符合国际银行惯例。该行享有发行纸币、经理国库、募集和经理内外债之特权。1942年7月1日,根据《钞票统一发行办法》,国民政府将中国银行、交通银行和中国农民银行三家银行发行的钞票及准备金全部移交给中央银行,由中央银行独占货币发行权,同时由中央银行统一管理国家外汇。随着内战的爆发,国民政府的中央银行制度几乎被彻底毁掉。

与此同时,中国共产党也开始了中央银行的实践。1932年2月,中华苏维埃共和国国家银行在江西瑞金成立,并发行货币。从土地革命时期到抗日战争时期,再到中华人民共和国诞生前夕,人民政权被分割成彼此不能连接的区域,各根据地建立了相对独立、分散管理的根据地银行,并各自发行在本根据地内流通的货币。

1948年12月1日,以华北银行为基础,合并北海银行、西北农民银行,中国人民银行在河北省石家庄市宣布成立,并发行人民币,成为中华人民共和国成立后的中央银行和法定货币。

(二)新中国的中央银行

中国人民银行是新中国的中央银行。1949年2月,中国人民银行将总行迁往北京。中国人民银行成立初期的主要任务是运用经济、行政、法律手段稳定金融物价。

1983年以前,中国人民银行是"大一统"的"复合式"中央银行体制,中国人民银行身兼中央银行和专业银行两项职能,经办各种银行业务,集货币发行、代办国库及工商信贷业务于一身。

1983年9月17日,《国务院关于中国人民银行专门行使中央银行职能的决定》发布,决定中国人民银行专门行使中央银行的职能,不再兼办工商信贷和储蓄业务,专门负责领导管理全国的金融事业,并成立中国工商银行,承担原来由中国人民银行办理的工商信贷和储蓄业务。从1984年起,中国人民银行专门行使中央银行职能,有了明确的货币政策目标及宏观金融调节手段,宏观调控方式逐渐从直接控制向间接控制转变。

1995年3月18日,第八届全国人民代表大会第三次会议通过了《中华人民共和国中国人民银行法》,首次以国家立法的形式确立了中国人民银行作为中央银行的地位,标志着中国现代中央银行制度正式形成并进入法制化发展的新阶段。

2003年12月27日,十届全国人大常委会六次会议对《中华人民共和国中国人民银行法》进行了修正。修正后的《中华人民共和国中国人民银行法》加强了中国人民银行的独立地位,人民银行作为中央银行的主要职能转变为:制定和执行货币政策,不断完善有关金融机构的运行规则,更好地发挥作为中央银行在宏观经济调控和防范与化解系统性金融风险中的作用。对全国银行业金融机构及其业务活动的监督管理工作则由新成立的银行业监督管理委员会负责。

党的二十大报告提出"建设现代中央银行制度",为做好中央银行工作指明了方向。我们要全面贯彻习近平新时代中国特色社会主义思想,以加强党中央集中统一领导为引领,坚持金融工作的政治性、人民性和专业性,夯实现代中央银行制度,走中国特色金融发展之路,服务和保障社会主义现代化强国建设。

7-4 知识拓展:建设现代中央银行制度

第二节 中央银行制度

由于各国的社会制度、政治体制、经济发展水平、金融业务的发达程度等存在差异,因而各国的中央银行制度也各有差距。

➤ 一、中央银行的所有制形式

按所有制形式,各国中央银行可以划分为以下几种形式。

(一)全部资本归国家所有的中央银行

全部资本归国家所有是世界上大多数国家的中央银行采用的所有制形式。这类中央银行全部由国家拨款建立,或者由国家收买私人股份改组而成。如英国的英格兰银行,法国、德国、荷兰、加拿大、澳大利亚、中国等多个国家的中央银行。

(二)股份制的中央银行

股份制的中央银行是指资本由政府和私人混合持有的中央银行。在股份制中央银行中,国有股至少50%,而私人股份(政府以外的法人,而非个人)在50%以下。私人股东只具有部分股东权益,通常,私人股东只能按法律规定获得分红的权利,而无权经营管理与决策权,私人股份的转让与流通必须经过中央银行同意后才可以进行。股份制的中央银行如日本银行(政府持有55%股份,私人持有45%股份)、墨西哥银行(政府持有53%股份,私人持有47%股份)、比利时的中央银行(政府私人各持有50%)等。

(三)私有资本的中央银行

私有资本的中央银行是指资本完全为私人所有的中央银行,但只限于金融机构法人,其他法人没有持股的资格,如美国联邦储备体系和意大利的中央银行。美国联邦储备银行的股本全部由储备区的会员银行集体所有,会员银行必须按照实收资本和公积金的6%来认购股份,先缴付所认购股份的一半即3%,另一半待通知随时支付,会员按实际缴纳的股本享受年息6%的股息。意大利银行的股份是由储蓄银行、公营信贷银行、国民利益银行和社会保险机构集体持有。

(四)无资本的中央银行

无资本的中央银行是指在中央银行建立之初,根本没有资本,是由国家授权执行中央银行职能的中央银行,中央银行运用的资金,主要是各金融机构的存款和流通中的货币,自有资金占很小部分,如韩国的中央银行。韩国中央银行的资本最初为15亿韩元,全部由政府出资,在

1962年《韩国银行法》的修改使韩国中央银行成为一个不拥有资本的特殊法人,其年度净利润在提足资产贬值准备以及法定准备之后要全部缴入政府的总收入账户,会计年度中一旦发生亏损,首先由公积金弥补,不足部分由政府报销。

(五)资本为多国共有的中央银行

资本为多国共有的中央银行是指资本由多个国家共同所有的中央银行,这类中央银行主要是跨国中央银行,比如由贝宁、布基纳法索、科特迪瓦、几内亚比绍、马里、尼日尔、塞内加尔、多哥等国组成的西非货币联盟(现西非经济货币联盟)所设的中央银行,由喀麦隆、乍得、刚果(布)、赤道几内亚、加蓬和中非共和国组成的中非货币联盟所设立的中非国家银行以及欧洲中央银行等属于这一类型。

中央银行的资本所有制无论采用什么形式,都是作为推行国家货币政策的机构,受国家的直接控制和监督,因此,当今中央银行的资本所有权问题已经没有实质意义。

二、中央银行的组织形式

从中央银行制度的形成与发展可以看出,中央银行的出现在有的国家主要表现为自然演进的过程,而在另一些国家却更多地带有人为设计的色彩,因此,世界各国的中央银行制度并不存在一个统一的模式,它是由各国的社会制度、经济管理体制、商品经济发展水平、金融业发达程度、历史习惯等因素决定的。中央银行的组织形式一般有以下几种。

(一)单一式中央银行制度

单一的中央银行制度是最主要也是最典型的中央银行制度形式。它是指国家建立专门的中央银行机构,使之全面地行使中央银行全部职能的制度。单一的中央银行制度又有如下两种具体情形。

1. 一元式中央银行制度

这种体制是在一国国内只设置一家中央银行,去行使中央银行的权力和履行中央银行的全部职责,机构设置一般采取总分行制。总行拥有绝对的权力,地方一级中央银行只是执行机构,不拥有独立的权力。如英国的英格兰银行,成立于1694年,总部设在伦敦,在伯明翰、利物浦等城市设立分行,中国人民银行也属于这种类型。

7-5 知识拓展:中国人民银行的组织形式

2. 二元式中央银行制度

这种体制是在一国建立中央和地方两极中央银行机构,中央一级机构是最高权力或管理机构,地方级机构也有一定的独立权力。中央和地方两级机构按照规定分别行使职权,这实际上是一种联邦制的中央银行制度。特点是权力和职能相对分散,分支机构不多,一般的实行联邦制的国家较多采取这种形式。如德国、南斯拉夫和美国等国家。

美国的中央银行称为联邦储备体系,该体系包括联邦储备委员会、联邦公开市场委员会和联邦咨询委员会,也包括设在地方一级的12家联邦储备银行。设在中央一级的联邦储备委员会负责制定货币政策,对12家联邦储备银行、会员银行和持股公司进行管理与监督,直接向国会负责;联邦公开市场委员会主要负责公开市场业务的实施,从而指导货币政策的全面贯彻执行。美国联邦储备委员会设在华盛顿,负责管理联邦储备体系和全国的金融决策,对外代表美国的中央银行,美国联邦储备体系将50个州和哥伦比亚特区划分为12个联邦储备区,每一个区设立一家联邦储备银行,联邦储备银行在各自的辖区内履行中央银行职责。

(二)复合的中央银行制度

复合的中央银行制度是指国家不专门设立行使中央银行职能的银行,而是由一家大银行既行使中央银行职能,又经营一般银行业务的银行管理体制。这种复合制度主要存在于实行计划经济体制的国家,如苏联和东欧等国,我国在1983年以前也一直实行这种银行制度。

(三)跨国的中央银行制度

跨国的中央银行制度是指两个以上主权独立的国家共同拥有一个中央银行的制度,即由参加某一货币联盟的所有成员国联合组成的中央银行制度。其主要职能有:发行统一货币,为成员国政府服务,执行共同的货币政策及其成员国政府一致决定授权的事项。采用这种银行制度的有西非货币联盟所设的中央银行、中非货币联盟所设的中央银行、欧洲中央银行以及成立于1965年的东加勒比海中央银行等。

西非货币联盟(UMOA)成立于1962年,成员国有贝宁、布基纳法索、科特迪瓦、几内亚比绍、马里、尼日尔、塞内加尔和多哥,联盟拥有统一的货币——西非法郎(FCFA)和共同的中央银行,即西非国家中央银行(BCEAO)。联盟决定成员国的信贷规模,协调成员国利率,促进了本地区货币经济一体化。联盟银行系统包括银行和专门金融机构。1994年1月10日,西非经济货币联盟(UEMOA)成立,西非货币联盟被西非经济货币联盟所取代。

欧洲中央银行成立于1998年7月,总部设在德国的金融中心法兰克福。欧洲中央银行是一个典型的跨国中央银行,是欧洲一体化进程逐步深入的产物。二战后,处于苏联和美国两个大国之间的欧洲各国走上互相联合以谋求共同发展的道路,法国、联邦德国、意大利、荷兰和比利时、卢森堡6国在1951年签订《欧洲煤钢共同体条约》,标志着欧洲一体化进程的开始。在1957年,上述6国在罗马签订了《欧洲原子能共同体条约》和《欧洲经济共同体条约》,在此之上,经过发展,建立了欧洲经济共同体,即今天的欧盟。欧共体在1991年的《马斯特里赫特条约》中提出建立欧洲经济货币联盟的计划。1994年1月1日,欧洲中央银行的前身——欧洲货币管理局在德国法兰克福成立,在规定时间内完成未来欧洲中央银行货币政策运作框架的设计工作。1998年,欧盟15国加入欧洲货币联盟,荷兰中央银行前任行长维姆·德伊森贝赫被任命为欧洲中央银行的行长,欧元从1999年开始投入流通,即欧洲中央银行正式运作,其基本职责是制定和实施欧洲货币联盟内统一的货币政策。

按照《马斯特里赫特条约》的规定,欧洲中央银行的基本任务是:①确定和实行欧洲货币联盟的货币政策;②按照条款规定从事外汇交易;③拥有和管理成员国的官方外汇储备;④促进国际收支体系的正常运行。

欧洲中央银行与各成员国中央银行组成了中央银行体系,其主要职责是发行欧元,制定和执行统一的货币政策,对成员国金融体系的管理提出意见。

(四)准中央银行制度

准中央银行制度是指在一些国家或地区,没有真正专业化的、具备完全职能的中央银行,只是由政府授权某个或某几个商业银行,或设置类似中央银行的机构,部分行使中央银行职能的体制。

新加坡和我国香港地区是其典型代表。如新加坡设立有金融管理局和货币委员会两个机构来共同行使中央银行职能,由货币局发行货币,保管发行准备金和维护新加坡货币的完整,金融管理局负责制定货币政策和金融业的发展政策、银行发照、存款准备金收存、监理及融资等业务。2002年10月,新加坡金融管理局与货币委员会合并,新加坡金融管理局开始负责货币的发行。中国香港现行的中央银行职能由以下几个机构来行使:成立于1993年的金融管理局,集中行使货币政策、金融监管和支付体系管理等中央银行的职能,成立于1981年的香港银行公会参与协调货币和信贷政策,港币发行由汇丰银行、渣打银行和中国银行负责,辅币由港府自己发行,其中汇丰银行独家承担票据交换责任,政府的银行监理专员和证券监理专员则负责具体的金融监管事务。此外,利比里亚、马尔代夫、伯利兹等国也都实行各具特点的准中央银行制度。

第三节 中央银行的性质与职能

➤ 一、中央银行的性质

中央银行的性质是指通过国家法律赋予中央银行的特有属性。这个属性可以表述为:中央银行是国家赋予其制定和执行货币政策,对国民经济进行宏观调控和管理监督的特殊的金融机构。这一性质表明,中央银行既是特殊的国家机关,又是特殊的金融机构。

(一)中央银行是管理金融事业的国家机关

中央银行自始至终都是管理金融事业的国家机关,虽然早期中央银行的股份大多为私人持有,但第二次世界大战后,各国中央银行的私人股份先后转化为国有,因此,各国的中央银行实质上是国家机构的一部分。

中央银行作为管理金融事业的国家机关,主要表现在:①中央银行是全国金融事业的最高管理机构,是代表国家管理金融事业的部门;②中央银行代表国家制定和执行统一的货币政策,监督全国金融机构的业务活动;③中央银行的主要任务是代表国家运用货币政策对经济生活进行直接或间接的干预;④中央银行代表国家参加国际金融组织和国际金融活动。

中央银行虽然是国家机关的组成部分,但中央银行又不同于一般的国家机关。这是因为中央银行不是单凭行政权力行使其职能,而是通过运用经济、法律和行政等多种手段,对商业银行和其他金融机构进行引导和管理,以达到整个国民经济的宏观调节和控制。中央银行的管理职责都寓于金融业务的经营过程之中,如通过对利率、汇率、存款准备金率的控制,引导和影响银行存贷款业务、外汇业务和公开市场的有价证券交易等业务而实现的。因此,中央银行的管理职能在很大程度上是建立在它所拥有的经济手段的基础上的,这是区别于一般行政权力机构的本质特征。

(二)中央银行是特殊的金融机构

中央银行作为金融机构,是不同于商业银行、投资银行等各种金融企业的特殊金融机构。中央银行的特殊主要表现在以下几个方面。

(1)从经营目标来看:中央银行不以营利为目的,中央银行以金融调控、稳定货币、促进经济发展为宗旨;而普通的金融机构是金融企业,是以营利为活动的宗旨的。

(2)从服务对象来看:中央银行不经营商业银行和其他金融机构的普通金融业务,以政府和商业银行等金融机构为服务对象;而商业银行和其他金融机构的业务经营对象是工商企业

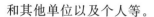

和其他单位以及个人等。

(3)从经营内容来看:中央银行独占货币发行权、制定和执行货币政策、接受银行等金融机构的准备金存款和政府财政性存款,也吸收存款,但不是为了扩大信贷业务规模,而是为了在全国范围内有效调控信贷规模,调节货币供应量。

(4)从宏观调控来看:中央银行是国家宏观金融和经济调控的主体,而商业银行和其他金融机构是宏观金融调控的对象。

(5)从管理来看:中央银行具有管理的特殊性。中央银行行使管理职能时,是以银行的身份出现的,而不仅仅是一个行政管理机构。中央银行通过经济、法律和行政的手段行使其职能,而且,中央银行在行使管理职能时,不偏向任何一家银行,只是以金融管理者的身份出现,执行控制货币发行和调节信用的职能,从而达到稳定金融的目的。

二、中央银行的职能

中央银行的性质与职能之间既相互联系,又相互制约。中央银行的性质决定职能,职能是其性质的体现。

(一)中央银行是"发行的银行"

所谓"发行的银行"是指国家赋予中央银行集中与垄断货币发行的特权,是国家唯一的货币发行机构。中央银行独占货币发行权,这是中央银行发挥其全部职能和实施宏观金融调控的基础,也是中央银行之所以成为中央银行的最基本、最重要的特征。垄断货币发行权,成为全国唯一的货币发行机构,是中央银行的特权,也是中央银行不同于其他金融机构之处。这有两层含义:第一,中央银行占有本国货币发行的独享垄断权,是国家唯一的货币发行机构。第二,是指中央银行必须以维护本国货币的正常流通与币值稳定为宗旨。

中央银行独占货币发行权有以下几方面意义:①统一国内的货币形式,避免分散发行所造成的货币流通的混乱。②中央银行因为独占货币发行权,可以成为控制货币流通量的"总闸门",能根据经济发展的客观需要,灵活地调节流通中的货币总量,维护货币币值的稳定。③有利于中央银行增强自身的资金实力,为中央银行执行货币政策、有效实施金融宏观调控提供资金力量。

(二)中央银行是"银行的银行"

所谓"银行的银行",一方面是指中央银行的业务对象是商业银行和其他金融机构及特定的政府部门;另一方面是指中央银行通过"存、放、汇"对商业银行和其他金融机构的业务经营活动施以有效营销,以充分发挥金融管理职能。具体表现在以下几方面。

1. 集中存款准备金

法律规定,商业银行和其他金融机构所吸收的存款必须按法定比例向中央银行缴纳存款准备金,同时,商业银行出于流动性的考虑,也会将一定比例的资金存放于中央银行构成超额存款准备金。因此,中央银行集中和保管的准备金存款包括商业银行等金融机构的法定准备金存款和超额准备金存款。

中央银行集中存款准备金,一方面能保证存款机构的清偿能力,进而保障存款人的资金安全以及商业银行等存款机构自身的安全;另一方面,更为重要的是中央银行能根据宏观调控的需要,变更、调整存款准备金的上缴比率,从而有利于调节信用规模和控制货币供应量;再一方面,中央银行集中存款准备金能增加中央银行的资金实力,是中央银行的主要资金来源之一。

2. 充当"最后贷款人"

最后贷款人是指当商业银行和其他金融机构出现资金短缺而通过其他方式或渠道难以融通资金时,可以通过再贴现或再贷款的方式向中央银行融通资金,中央银行则成为整个社会信用的最后贷款人。

最后贷款人的角色确立了中央银行在整个金融体系的主导地位:一方面,中央银行作为最后贷款人,能够有力地支持陷于资金周转困难的商业银行和其他金融机构,避免挤兑风潮的扩大,进而维护社会金融秩序的稳定;另一方面,中央银行可以通过提高或降低再贴现率或再贷款率的措施,控制货币供应量,调节社会信贷规模。

3. 组织全国的清算

由于商业银行等金融机构都依法在中央银行开设有存款准备金账户和超额存款准备金账户,各银行之间发生的资金往来或应收、应付款项,都要通过中央银行划拨款转账,中央银行遂成为全国的清算中心。同城或同地区银行间的资金清算主要在票据交换所进行,最后由中央银行集中清算交换的差额;而异地银行间的远距离资金划拨则完全由中央银行统一办理。

中央银行通过组织全国银行系统的清算,一方面为各银行提供服务,提高了清算效率,加速了资金的周转,解决了单个商业银行资金清算所面临的困难;另一方面有利于中央银行加强了解和及时掌握全国银行和金融机构的资金运营信息,从而有助于中央银行监督、管理职能的履行。

(三)中央银行是"国家的银行"

所谓"国家的银行",是指中央银行代表国家制定和实施货币政策,代为管理财政收支以及为国家政府提供各种金融服务。其主要内容有以下几方面。

1. 制定和实施货币政策

中央银行在法律授权的范围内,根据本国宏观经济形势的发展,独立地制定和实施货币政策,防范和化解金融风险,维护金融稳定。

2. 代理国库

中央银行代理经办政府的财政预算收支,政府的收入和支出都通过财政部在中央银行开立的各种账户进行。具体包括:按国家预算要求代收国库存款,按财政支付命令拨付财政支出,向财政部门反映预算收支的执行情况,经办其他有关国库事务,等等。

3. 代理发行政府债券

当一国政府为调剂政府收支或弥补开支不足而发行政府债券时,通常由中央银行来代理政府债券的发行,并代办债券到期时的还本付息等事宜。

4. 为政府提供信用

中央银行作为政府的银行,在国家财政出现入不敷出时,一般负有向政府提供信贷支持的义务。这种信贷支持主要有两种方式:一是在法律许可的范围内,直接向政府提供贷款或透支。这种方式是为了弥补政府财政收支的暂时性不平衡而采取的措施,是短期性融资,除了特殊情况,各国中央银行一般不承担向政府提供长期贷款或透支的责任。二是购买政府债券。这种方式有两种情况,一是直接在一级市场上购买政府债券,中央银行所支付的资金直接形成财政收入,等同于直接向政府融资。因此,一些国家的中央银行法禁止中央银行以直接的方式购买政府债券。《中华人民共和国中国人民银行法》第二十九条规定:中国人民银行不得对政府财政透支,不得直接认购、包销国债和其他政府债券。二是间接在二级市场上购买,即公开市场业务,则资金间接流向财政。中央银行根据经济发展或宏观政策的需要,通过在二级市场上买卖政府债券,可以改变基础货币的投放量,因而,公开市场业务已成为各国中央银行所积极采用的一项重要货币政策工具。

5. 充当政府的金融代理人,代办各种金融事务

作为政府的银行,中央银行充当政府金融代理人的内涵是多方面的。例如:代理和保管国家黄金外汇储备;制定和执行货币政策,调节货币供给量,实施宏观金融的监督和管理;代表政府参加国际金融组织和各项国际金融活动;在国内外经济金融活动中,充当政府的顾问,提供经济、金融情报和决策建议;对金融业实施金融监管;等等。

第四节 中央银行的业务

中央银行的职能要通过具体业务活动来实现。传统上,根据银行资产负债表所反映的资金运动关系,银行业务可以分为负债业务、资产业务和中间业务,中央银行虽然是一个特殊的银行,但其资金运动仍不失这种关系。只不过中央银行的业务活动有其特定的领域、特定的对象,而且其业务活动不以营利为目的,此外,中央银行的性质也决定了其区别于商业银行和其他金融机构的业务,因此,中央银行的资产负债表不同于一般银行。

一、中央银行的资产负债表

中央银行的业务活动及其主要职能可以通过中央银行的资产负债业务得到概括反映。在现代金融条件下,中央银行要通过自身的业务操作来调节金融机构的资产负债和社会货币总量,借以实现宏观金融调控的近期和远期目标。而中央银行的业务操作集中反映在一定时期的资产负债表上。

(一)中央银行资产负债表的结构

国际货币基金组织提供了"货币当局资产负债表"即中央银行资产负债表的基本格式,表7-1是一个简化的中央银行资产负债表。

表7-1 中央银行资产负债表

资产	负债
国外资产	储备货币
黄金	银行外的货币
外汇在基金组织的储备头寸	存款货币银行的库存货币
持有的特别提款权	存款货币银行的存款
对政府的债权	政府存款
政府债权	发行债券
贷款和预支或预付款项	国外负债
对存款货币银行的债权	资本账户
对非货币性金融机构的债权	
对非金融性公共企业的债权	

国际货币基金组织提供的是货币当局资产负债表的基本格式和内容,各国中央银行要根据本国的实际情况进行调整。表 7-2 是中国人民银行根据国际货币基金组织《货币与金融统计手册》的要求,对货币金融统计制度进行修订后的货币当局资产负债表。

表 7-2 2023 年 12 月中国人民银行资产负债表   单位:亿元

资产	金额	负债	金额
国外资产	233 548.51	储备货币	389 036.93
外汇	220 453.85	货币发行	118 660.94
货币黄金	4 052.88	金融性公司存款	245 687.45
其他国外资产	9 041.78	其他存款性公司存款	245 687.45
对政府债权	15 240.68	其他金融性公司存款	
其中:中央政府	15 240.68	非金融机构存款	24 688.54
对其他存款性公司债权	185 561.01	不计入储备货币的金融性公司存款	6 038.42
对其他金融性公司债权	1 310.90	发行债券	1 250.00
对非金融部门债权		国外负债	3 062.34
其他资产	21 283.04	政府存款	46 291.74
		自有资金	219.75
		其他负债	11 044.96
总资产	456 944.14	总负债	456 944.14

资料来源:中国人民银行网站。

从表 7-2 可以看出,我国中央银行的负债主要是流通中的货币、其他存款性公司存款和政府存款,资产主要是外汇储备以及对其他存款性公司的债权。

(二)中央银行资产负债表的主要内容

国际货币基金组织提供的是中央银行资产负债表的基本格式和内容要求,但由于各国的实际情况不同,各国中央银行资产负债表的内容也有所区别。下面以中国人民银行的资产负债表为例,对中央银行资产负债表的各项指标进行说明。

(1)国外资产。国外资产主要是中国人民银行所持有的以人民币计值的国家外汇储备、黄金及国际金融机构往来等资产。目前该项目是中国人民银行最大的资产项目,2023 年 12 月国外资产占总资产的比重达 51.11%,这表明中央银行的基础货币有 50% 以上是通过购买外汇等国外资产的方式投放到流通领域的。

(2)对政府债权。对政府债权主要是指中国人民银行对政府的借款以及所持有的中央政府债券。

(3)对其他存款性公司债权。其他存款性公司指主要从事金融中介业务和发行包含在一国广义货币概念中负债的所有金融性公司(中央银行除外)和准公司。在我国包括存款货币公司和其他存款货币公司。我国的其他存款性公司包括政策性银行、国有商业银行(中国工商银行、中国农业银行、中国银行、中国建设银行)、股份制商业银行(交通银行、中信银行、中国光大银行、华夏银行、广东发展银行、深圳发展银行、招商银行、上海浦东发展银行、兴业银行、民生银行、恒丰银行、浙商银行、城市商业银行、农村商业银行、外资商业银行)、合作金融机构(城市信用合作社、农村信用合作社、农村合作银行)、邮政储汇局、财务公司。此项目主要是中国人民银行对这些金融机构发放的信用贷款、再贴现和债券回购等性质的融资和持有的这些金融机构发行的债券。

(4)对其他金融性公司的债权。其他金融性公司指除中央银行和其他存款性公司以外的其他金融公司。在我国主要包括信托投资公司、金融租赁公司、保险公司、证券公司、证券投资基金管理有限公司、养老基金公司、资产管理公司、担保公司、期货公司、证券交易所和期货交易所等。此项目主要是中国人民银行对这些金融机构发放的信用贷款、再贴现和债券回购等性质的融资。

(5)对非金融性公司的债权。中国人民银行为支持老少边穷地区经济发展等所发放的专项贷款。

(6)其他资产。其他资产是在本表内未做分类的资产。

(7)储备货币。储备货币是中国人民银行所发行的货币,各金融机构在中国人民银行的存款准备金存款和机关团体存款。

(8)发行债券。发行债券指中国人民银行发行的融资债券,即央行票据。

(9)政府存款。政府存款指各级财政在中国人民银行账户上预算收入与支出的余额。

(10)自有资金。自有资金指中国人民银行信贷基金。

(11)其他负债。其他负债指在本表内未做分类的负债。

二、中央银行的负债业务

中央银行的负债业务主要包括货币发行业务、存款业务、其他负债业务。中央银行负债项目的任何增加,都将导致银行准备金的减少。

(一)货币发行业务

统一货币发行是中央银行制度形成的最基本动因,也是"发行的银行"职能的直接体现。中央银行的货币发行,是通过再贴现、再贷款、购买有价证券以及收购黄金外汇等途径投入市场,从而形成流通中的货币。

1. 货币发行业务的含义

第一,从货币发行的过程看,货币发行是指货币从中央银行的发行库通过各家商业银行的业务库流到社会,这是从动态上讲的。

第二,从货币发行的结果来看,货币发行是指货币从中央银行流出的数量大于从流通中回笼的数量,是从静态的角度来看的。

因此,货币是一种债务凭证,是货币发行人即中央银行对社会公众的负债,在现代不兑换的信用货币制度下,是发行者的一项长期占有的稳定收益。所以,货币发行是中央银行的重要负债。

2. 货币发行的意义

流通中的现金都是通过货币发行业务流出中央银行的,货币发行是基础货币的主要构成部分。中央银行通过货币发行业务,一方面可以满足社会商品流通扩大和商品经济发展对货币的客观需要;另一方面可以筹集资金,满足履行中央银行各项职能的需要。

7-6 知识拓展:中国人民银行人民币的发行

(二)存款业务

不同于商业银行的存款业务,中央银行的存款业务主要包括以下几方面。

1.政府和公共机构存款

中央银行作为国家的银行,由政府赋予其代理国库的职责,因此,财政部门的收支一般都由中央银行办理,同时,依靠国家财政拨给行政经费的行政事业单位,其存款也由中央银行办理,因此,政府和公共机构存款在没有支出前,就形成中央银行重要的资金来源。

2.商业银行等金融机构存款

商业银行在中央银行的存款主要包括两大类:

(1)商业银行向中央银行上缴的存款准备金。中央银行作为银行的银行,为防止商业银行将吸收的存款全部贷出,发生挤兑而破产,都以法律的形式规定,按商业银行吸收的存款总额的一定比例,以现金形式存放于中央银行,即为存款准备金。准备金中法律规定的部分,必须交存于中央银行,是法定存款准备金,超过法律规定的部分,即为商业银行的超额存款准备金。

在现代存款准备金制度下,中央银行集中商业银行和其他金融机构的存款准备金。最初,中央银行集中存款准备金只是为了应付商业银行和其他金融机构的存款人大量挤兑存款的需要,以保证银行业的清偿能力和金融业的稳定。后来中央银行利用提高或降低存款准备金率来调节商业银行的放款能力,从而法定存款准备金率和法定准备金存款成为中央银行的货币政策工具。

(2)商业银行存入中央银行用于票据清算的活期存款。中央银行是商业银行之间债权债务的清算中心,但中央银行办理清算业务有两个条件:一是商业银行要在中央银行开立存款账户,二是商业银行要交存一定的清算保证金,从而形成商业银行在中央银行的存款。商业银行以外的其他金融机构要通过中央银行办理清算,也要满足以上两个条件。

(三)其他负债

其他负债是指除了以上负债项目外的其他负债项目,如中央银行对国际金融机构的负债或中央银行发行债券融资等。

➤ 三、中央银行的资产业务

中央银行的资产业务即其资金运用业务,主要包括以下几方面。

(一)再贴现和再贷款业务

商业银行缴存在中央银行的存款准备金,构成中央银行吸收存款的主要部分。当商业银行资金短缺时,可以从中央银行取得借款。其方式是把工商企业贴现的票据向中央银行办理再贴现,或者以票据和有价证券为抵押向中央银行申请借款。中央银行对商业银行办理再贴现和再贷款业务,要注意这种资产业务的流动性和安全性,注意期限长短,以保障资金的灵活周转。再贴现和贷款业务是中央银行提供基础货币、调控货币供应量的重要渠道。再贴现和再贷款业务是中央银行履行最后贷款人职能的具体手段。中央银行的再贴现率对市场利率影响很大。

(二)对政府的贷款

中央银行对政府的贷款是政府弥补财政赤字的途径之一,但如果这种贷款数量过大,时间过长,会引起信用扩张,导致通货膨胀,因此,正常情况下,各国政府对此加以限制。如美国联邦储备银行对政府需要的专项贷款规定了最高限额,而且要以财政部的特别库券作为担保,英格兰银行除了少量的政府隔日需要可以融通外,一般不对政府垫款。

《中华人民共和国中国人民银行法》规定,中国人民银行不得对政府财政透支,不得直接认购、包销国债和其他政府债券,不得向地方政府、各级政府部门提供贷款。

中国人民银行贷款对象是经过人民银行批准,持有金融业务许可证,在人民银行开立独立的往来账户,按规定向人民银行缴纳存款准备金的商业银行和其他金融机构。

(三)证券买卖业务

各国中央银行一般都经营证券业务,其目的不是为了盈利,而是中央银行公开市场业务操作的结果,中央银行在公开市场上主要是买卖政府发行的长期或短期国债,通过买卖证券投放或回笼基础货币,调节和控制市场上的货币供应量。中央银行买卖证券的目的在于调节和控制货币供应量或者市场利率,不以营利为目的。

一般的,金融市场不太发达的国家,中央政府债券在市场上流通量小,中央银行买卖证券的范围就要扩展到各种票据和债券,如期票和地方政府债券等。中央银行证券买卖业务应注意的是:不能在一级市场上购买,只能在二级市场上购买;不能购买市场流动性差的有价证券,主要是购买政府债券。

(四)金银、外汇储备业务

各国政府都赋予中央银行掌管全国国际储备的职责。所谓国际储备是指具有国际性购买能力的货币,主要有:黄金,包括金币和金块;白银,银币和银块;外汇,包括外国货币、存放在外国的存款余额和以外币计算的票据及其他流动资产;此外,还包括特别提款权和在国际货币基金组织的头寸等。中央银行执行该职能的意义主要有以下几个方面。

(1)有利于稳定币值。不少国家的中央银行对其货币发行额和存款额,都保持一定比例的国际储备,以保证币值的稳定。当国内物资不足、物价波动时,可以使用国际储备外汇进口商品或抛售黄金白银,回笼货币,平抑物价,维持货币对内价值的稳定。

(2)有利于稳定汇价。在浮动汇率制度下,各国中央银行在市场汇率波动剧烈时,可以运用国际储备进行干预,以维持货币对外价值的稳定。

(3)有利于保证国际收支平衡。当外汇收支经常发生逆差时,中央银行可以使用国际储备抵补进口外汇的不足;当国际储备充足时,中央银行可以减少对外借款,用国际储备清偿债务或扩大资本输出。

黄金、外汇和特别提款权三种资产优缺点的比较如表7-3所示。

表7-3 三种储备资产优缺点的比较

储备资产	优点	缺点
黄金	安全性高	不便支付使用,无收益,管理成本高
外汇	具有灵活兑现性,有收益,管理成本低	风险高
特别提款权	既安全可靠又灵活兑现	不能随意购入,不能成为主要国际储备资产

中央银行保管和经营黄金外汇储备应考虑的两个问题:一是确定合理的黄金外汇储备数量;二是保持合理的外汇币种构成。

对外汇储备资产的经营遵循安全性、流动性、增值性的原则,以安全为第一要求,在保证外汇资金安全和流动性的基础上,达到有所增值。

由此可见,金银、外汇,不仅是稳定货币的重要储备,也是用于国际支付的国际储备,因而,是中央银行的一项重要资产业务。当代世界各国国内市场上并不流通和使用金银币,纸币也不能兑换成金银,而且多数国家实行不同程度的外汇管理,纸币一般不与外汇自由兑换,在国际支付发生逆差时一般不直接支付黄金,而是采用出售黄金换取外汇来支付,这样,各国的金银、外汇自然集中到中央银行储存。需要金银和外汇的,一般向中央银行申请购买,买卖金银、外汇是中央银行的一项业务。

(五)其他资产

其他资产即除以上四项外,未列入的所有项目之和,主要包括待收款项和固定资产等。

四、中间业务

中央银行的中间业务是指中央银行为商业银行和其他金融机构办理资金划拨清算和资金转移的业务。由于中央银行集中了商业银行的存款准备金,因而商业银行彼此之间由于交换各种支付凭证所产生的应收应付款项,就可以通过中央银行的存款账户划拨来清算,从而使中央银行成为全国清算中心。各国中央银行都设立专门的票据清算机构,处理商业银行的票据并结清其差额。参加中央银行票据交换的银行均须遵守票据交换的有关章程,并在中央银行开立往来账户,缴存清算保证金并支付清算费用,只有清算银行可以参加中央银行的票据交换,非清算银行办理票据交换只能委托清算银行办理。

(一)集中票据交换

这项业务是通过票据交换所进行的。票据交换所是在同一城市内银行间清算各自应收应付票据款项的场所。票据交换所一般每天交换两次或一次,根据实际需要而定。所有银行间的应收应付款项,都可以轧抵后而收付差额。各行交换后的应收应付差额,即可通过其在中央银行开设的往来存款账户进行转账收付,不必收付现金。中央银行的票据交换原理举例如表7-4所示。

表7-4 中央银行的票据交换原理举例　　　　　　　单位:万元

交换方		应收金额				
		甲银行	乙银行	丙银行	丁银行	应收总额
应付金额	甲银行	—	20	10	40	70
	乙银行	30	—	50	20	100
	丙银行	20	80	—	10	110
	丁银行	10	20	40	—	70
	应付总额	60	120	100	70	—
应收应付差额		10	−20	10	0	—

从表7-4我们可以看出,虽然甲乙丙丁各家银行相互之间都有应收应付款,经过多边净额结算,最终,只需甲银行和丙银行各拿出10万元支付给乙银行,总共350万元的结算就全部结清。根据这种原理,票据交换主要有以下步骤:

(1)入场前,各银行先将应收票据按付款行分别归类整理,并计算出向各付款行分别应收的款项金额及汇总金额,填票据交换结算表。

(2)入场后,各银行一方面将应收票据分别送交各有关付款行,一方面接收他行交来的本行应付款票据,核对、计算应付各行款项金额及应付总金额,填交换票据计算表。

(3)各银行根据交换票据计算表,比较本行应收、应付款总额,计算出应收应付净额后,填具交换差额报告单,并凭报告单与交换所的总结算员办理最后款项支付。

收付差额通过在中央银行的存款账户间的转账即可完成。

(二)办理异地资金转移

各城市、各地区间的资金往来,通过银行汇票传递,汇进汇出,最后形成异地间的资金划拨问题。这种异地间的资金划拨,必须通过中央银行统一办理。

办理异地资金转移,各国的清算办法有很大不同,一般有两种类型:一是先由各金融机构内部自成联行系统,最后各金融机构的总管理处通过中央银行总行办理转账结算;二是将异地票据统一集中传递到中央银行总行办理轧差转账。

中央银行通过组织全国银行系统的清算,一方面为各家商业银行提供了服务,减少了在途资金,提高了清算效率,加速了资金周转;另一方面,有利于中央银行对全国金融情况及各商业银行等金融机构的资金情况加强了解,从而有助于中央银行监督、管理职责的履行。

在我国,根据《中华人民共和国中国人民银行法》规定,中国人民银行有"维护支付、清算系统正常运行"的职责。

(三)中央银行的支付清算业务

清算是每一笔经济业务及其对应资金运动的终结,中央银行通过其支付清算系统,实现金融机构之间债权债务以及资金的顺利转移,对加速资金的周转、实现资金的合理配置有着重要意义。中央银行的支付清算是其最常见的业务活动。

1. 中央银行的支付清算体系

中央银行的支付清算服务是指中央银行作为一国支付清算体系的参与者和管理者,通过一定的方式和途径,使金融机构之间的债权债务清偿和资金转移顺利完成。因此,中央银行的支付清算体系包括以下几种。

(1)清算机构。清算机构是指提供资金清算服务的中介机构。在不同的国家,清算机构具有不同的组织形式,例如票据交换中心、清算中心等。清算机构大多实行会员制度,会员交纳会费并遵守清算机构的规章制度。大多数国家的中央银行是作为清算机构的成员直接参与支付清算业务的,也有少部分国家的中央银行不直接加入清算机构,而是通过监督、审计等方式为金融机构提供清算服务。

(2)支付系统。支付系统是由提供支付清算服务的中间机构和实现支付指令传送及资金清算的专业技术手段共同完成,用以实现债权债务清偿和资金转移的一种金融安排。中央银行在支付系统中通常负责监督管理,控制支付系统所面临的各类风险,一些国家由中央银行直接拥有并经营大额支付系统,从而保证货币政策的有效传导和金融体系的健康运转。

目前较为重要的几个支付系统有:环球银行金融电信协会(SWIFT)、(纽约)银行间清算所支付系统(CHIPS)、欧洲间实时全额自动清算系统(TARGET)、中国现代化支付系统(CNAPS)。

(3)支付清算制度。支付清算制度是对清算业务的规章制度、操作管理、实施范围、实施标准化的规定和安排。中央银行一般综合本国经济运转情况协同相关部门制定符合本国国情的支付清算制度。由于很多国家金融机构同业间业务发展较为迅速,业务量较大,因此一些中央银行还制定了同业间清算制度,用以保证同业间市场的健康运转。

2. 我国支付清算体系的构成

中国人民银行目前运行的主要支付系统有以下六个。

(1)大额实时支付系统。大额实时支付系统于2002年10月8日投产试运行,2005年6月24日完成全国推广。该系统主要处理同城和异地的大额贷记支付业务和紧急的小额贷记支付业务。大额支付指令逐笔实时发送,全额清算资金,主要为银行业金融机构和金融市场提供快速、高效、安全、可靠的支付清算服务,是支持货币政策实施和维护金融稳定的重要金融基础设施。

(2)小额批量支付系统。小额批量支付系统于2005年11月28日投产试运行,2006年6月26日完成全国推广。该系统主要处理同城和异地纸凭证截留的借记支付业务以及每笔金额在规定金额起点以下的小额贷记支付业务。支付指令批量发送,轧差净额清算资金,主要为社会提供低成本、大业务量的支付清算服务。

(3)支票影像交换系统。全国支票影像交换系统于2006年12月18日投产试运行,2007年6月25日完成全国推广。该系统主要通过影像技术、支付密码、数字签名等技术,将纸质支票转化为影像和电子信息,实现纸质支票截留,利用信息网络技术将支票影像和电子清算信息传递至出票人开户行进行提示付款,实现支票的全国通用。

(4)境内外币支付系统。境内外币支付系统于2008年4月28日投产,目前开通了港币、英镑、欧元、日元、加拿大元、澳大利亚元、瑞士法郎和美元8种货币支付业务,满足了国内对多种币种支付的需求,提高了结算效率和信息安全性。该系统以清算处理中心为核心,由直接参与机构等单一法人集中接入,由代理结算银行进行银行间外币资金结算。清算处理中心负责外币支付指令的接收、存储、清分、转发,并将参与者支付指令逐笔实时清算后,分币种、分场次将结算指令提交结算银行结算。结算银行是人民银行指定或授权的商业银行,为直接参与机构开立外币结算账户,负责直接参与机构之间的外币资金结算。

(5)电子商业汇票系统。电子商业汇票系统于2009年10月28日在北京、上海、山东、深圳四地投产试运行,并于2010年6月28日完成全国推广。该系统依托网络和计算机技术,接收、登记、转发电子商业汇票数据电文,提供与电子商业汇票货币给付、资金清算行为相关服务并提供纸质商业汇票登记、查询和商业汇票(含纸质、电子商业汇票)公开报价服务的综合性业务处理平台。电子商业汇票系统的建立,大大降低了票据操作风险,同时为金融机构统一管理票据业务提供了基础平台。

(6)网上支付跨行清算系统。网上支付跨行清算系统于2010年8月30日上线试运行,并于2011年1月24日完成全国推广,主要支持网上支付等新兴电子支付业务的跨行(同行)资金汇划处理。网上支付跨行清算系统采取实时传输及回应机制,可处理跨行支付、跨行账户信息查询以及在线签约等业务。客户通过商业银行的网上银行可以足不出户办理多项跨行业务,并可及时了解业务的最终处理结果。

第五节 中央银行的相对独立性

一、中央银行相对独立性的含义

中央银行的独立性,是指中央银行在法律授权范围内制定和执行货币政策、进行金融监管与调控的自主权。

中央银行的独立性问题,实际上就是中央银行与政府的关系问题。所谓"相对独立性",实际包括两层含义:一是中央银行在与政府的关系上必须保持一定的独立性;二是中央银行不可能完全脱离政府,其独立性是相对的。

首先,为了保证中央银行独立地制定和实施货币政策,不受政府过多干预、影响和控制,必须保证中央银行具有一定的独立性。这是因为:

(1)中央银行与政府关系问题的重点存在差异。政府偏重于通过扩张性政策刺激需求,拉动经济增长,增加就业,这种做法往往会导致通货膨胀。而中央银行更关心币值稳定,维护正常的金融状况和秩序,遏制过高的通货膨胀。

(2)政府因注重短期利益,容易出现"政治交易周期",即在选举前,政府倾向于采取扩张性货币政策,在选举前出现较低的利率和失业率,由此导致的通货膨胀和名义利率上升出现在选举之后,到时政府再采取限制性政策。

(3)由于中央银行可能被用来通过购买政府债券从而为弥补财政赤字提供方便,因此,中央银行必须保持独立,才能避免中央银行无限购买政府债券而导致货币供给的扩大,抵制来自财政部门要求中央银行"帮助摆脱困境"的压力。

(4)中央银行业务需要较强的专业性和技术性,交给政治家操作不太合适。

(5)中央银行的独立性有利于有效、及时和统一实施货币政策,维护整个金融体系的健康运行,防止政府为地方的局部利益而破坏整个经济大局。

其次,中央银行作为国家的金融管理当局,是政府实施宏观调控的重要部门,中央银行不可能完全独立于政府,而是接受政府的管理和监督,在国家总体经济政策指导下履行自己的职责。因此,中央银行的独立性只是相对的,不仅因为货币政策是整个国家宏观经济政策的一部分,而且中央银行的业务活动和监督管理都是在国家授权下进行的,有些国家的中央银行就是政府的组成部门,中央银行的主要负责人也大都由政府委派,因此,中央银行的职责履行需要政府其他部门的协作与配合,不能完全脱离政府。

二、中央银行相对独立性的表现

中央银行的相对独立性主要表现在以下几个方面。

(一)从法律赋予中央银行的职责看,即中央银行的隶属关系

多数国家都明确规定在制定和执行货币政策上中央银行享有相对独立性,但是中央银行在制定货币政策,承担稳定货币金融的货币政策目标和实现政府经济目标和社会职责的同时,不能脱离国家经济发展的总政策和总目标。

(二)从中央银行领导人的任命和任期看

政府作为中央银行唯一或主要的股东,或者在私人全部持有中央银行股票的情况下,政府

一般都拥有任命央行理事和总裁的权力,说明政府在人事上对中央银行有一定的控制权,可以通过人事的任免来影响中央银行的活动。

至于中央银行理事会中是否应有政府的代表以及代表的权力有多大,各国有较大差别,有两种情况:一是中央银行理事会中没有政府代表,对中央银行制定的政策不过问,如英国、美国、荷兰等;二是在中央银行决策机构中有政府代表,但政府代表的发言权、投票权、否决权以及暂缓执行权有区别,如德国,政府内阁成员可以参与中央银行理事会会议,但只有发言权而没有表决权,政府只有权力要求中央银行理事会推迟两星期做出决议,但无权要求央行理事会改变其决议。

(三)从中央银行与财政部的关系看

多数国家严格限制中央银行直接向政府提供长期贷款,以防止央行用货币发行来弥补财政赤字,但又要通过某些方法在一定限度内对政府融资予以支持,表现为两点:一是在财政部遇到筹资困难时,中央银行可以为政府提供短期贷款;二是为政府融资创造有利条件,如通过各种信用调节措施为政府公债的发行创造条件。但为了防止中央银行对政府过度融资引起通货膨胀,许多国家对融资方式、额度和期限都从法律上严加限制,禁止财政部向中央银行透支。

(四)从中央银行的利润分配和资金来源看

中央银行不是企业,不以营利为目标,但它又有盈利,而且盈利很高。中央银行不需要政府拨款,这是央行不同于其他政府部门的地方,不以营利为目标,其收入扣除必要的支付与积累外,全部上缴政府,是它作为政府部门性质的体现。

(五)从中央银行的资本所有权看

从中央银行的资本所有权看,它的发展趋势是归国家所有。目前许多西方国家的央行资本归国家所有,如英国、法国、德国、加拿大、澳大利亚、挪威、荷兰等;有些国家央行的股本是公私合有的,如比利时、墨西哥、奥地利等;另外,有一些国家的央行虽归政府管辖,但资本属于个人所有,如美国和意大利等。凡是允许私人持有央行股本的国家,一般都对私人股权做了一些限制,以防止私人利益在央行占有特殊地位,如美联储在争取私营银行合作的同时,又对私营银行的权力加以限制,不受私营银行的操纵。

三、中央银行相对独立性的不同模式

一国中央银行的相对独立性的强弱主要取决于以下几方面的制度安排:中央银行的隶属关系、法律赋予中央银行的权力、中央银行领导人的任命和任期、中央银行决策层中是否有政府代表、中央银行与财政部的资金关系等。中央银行的独立性大致可以分为以下几个模式。

(一)独立性较强的模式

这种模式的主要特点是中央银行直接对国会负责,政府无权对其发布命令,法律赋予中央银行有较大的权力并明确其独立性地位,政府不得直接对它发布命令、指示,不得干涉货币政策。如果中央银行与政府发生矛盾,通过协商解决。中央银行领导人的任期长于总统的任期或有任期错开的安排,中央银行决策层中没有政府代表或政府代表没有表决权,政府向中央银行融资有严格限制,并且中央银行无须财政拨款。采用这种模式的国家如美国、德国。

7-7 知识拓展:美国联邦储备体系的独立性

（二）表面上独立性较弱，但实际上独立性较强的模式

这种模式是指中央银行名义上隶属于政府，或法律当中有限制中央银行独立性的条款，但实际上中央银行可以保持较强的独立性，即中央银行可以独立制定和执行货币政策，但政府对中央银行具有一定的行政干预权。采用这种模式的国家如英国、日本。

7-8 知识拓展：日本中央银行的独立性

（三）独立性较弱的模式

这种类型的中央银行不论在名义上还是在实际上都受制于政府的指令，其货币政策的制定和执行都要经过政府批准，中央银行决策层中的政府代表有权否决或推迟中央银行决议的执行。采用这种模式的国家如意大利、法国。

7-9 知识拓展：意大利中央银行的独立性

中央银行独立性程度的不同，宏观经济界的运行效果就不同。根据萨默斯等人的研究，中央银行的独立性程度越高，该国的通货膨胀率就越低。在1973—1988年，通货膨胀最低（平均通货膨胀率在4%以下）的国家如德国、瑞士，其央行的独立性程度较高；相反，西班牙、新西兰、意大利等中央银行独立性较弱的国家，其平均通货膨胀率在12%以上。同时，具有独立中央银行制度国家的失业率或产出波动不比央行不独立的国家大，这从一个侧面支持了中央银行独立的观点。

根据1995年《中华人民共和国中国人民银行法》的规定，"中国人民银行在国务院领导下，制定和实施货币政策，对金融业实施监督管理"。同时，"中国人民银行就年度货币供应量、利率、汇率和国务院规定的其他重要事项作出的决定，报国务院批准后执行"。这就表明我国的中央银行隶属于国务院，而且货币政策中的一些重要内容，尤其是货币发行量的决定权在国务院，中央银行的独立性较弱。但相对于地方政府和各级政府部门而言，中央银行的独立性则更强一些。《中华人民共和国中国人民银行法》规定，中国人民银行在国务院领导下依法独立执行货币政策，履行职责，开展业务，不受地方政府、各级政府部门、社会团体和个人的干涉。可见，中国人民银行的独立性，是以其接受国务院的领导为前提的，是国务院领导下的独立。此外，我国的央行虽然在法律上不属于财政部，好像具有较高的独立性，但由于国务

7-10 知识拓展：中央银行的独立性与通货膨胀——基于历史的教训

院在法律上对央行具有很大的干预权，在实践中其他主体有很多非法律手段干扰央行独立实施货币政策和开展其他业务，因此，我国央行的独立性实际上仍然较弱，需要增强其独立性。

但是2003年修订的《中华人民共和国中国人民银行法》增加了"中国人民银行货币政策委员会应当在国家宏观调控、货币政策制定和调整中，发挥重要作用"的规定。而修订前的《中华人民共和国中国人民银行法》就已规定："中国人民银行设立货币政策委员会，货币政策委员会的职责、组成和工作程序，由国务院规定，报全国人民代表大会常务委员会备案。"修订后的《中华人民共和国中国人民银行法》对此有明确的体现，多项规定都强化了中国人民银行制定和实施货币政策的功能。

综上可见，按通常标准衡量，中国人民银行属于独立性较弱的中央银行，但其独立性呈不断增强的趋势。

本章小结

1. 中央银行的性质是管理金融事业的国家机关和特殊的金融机构。中央银行的职能是发行的银行、银行的银行、国家的银行。

2. 中央银行的组织形式有单一银行制、准中央银行制、跨国中央银行制和复合的中央银行制。

3. 中央银行的资产负债业务具有和其他金融机构不同的特点,对其他金融机构的影响很大。

4. 中央银行独立性的强弱和本国宏观经济的运行有一定的联系。

本章关键词

最后贷款人(lender of last resort)
单一式中央银行制度(singleness central bank system)
准中央银行制度(quasi central bank system)
跨国中央银行制度(multinational central bank system)
中央银行的独立性(independence of central bank)
存款准备金(reserve against deposits)

本章思考题

1. 简述中央银行的性质与职能。
2. 简述中央银行的组织形式。
3. 简述中央银行负债与资产业务之间的关系。
4. 如何理解中央银行的独立性问题?

第八章 货币理论

本章学习目标

1. 了解和掌握各种货币需求理论。
2. 掌握货币乘数及其决定因素。
3. 掌握基础货币的构成、投放渠道和决定因素。
4. 掌握货币供给的控制机制及影响因素。
5. 理解货币供给的内生性与外生性。

第一节 货币需求

货币对经济的作用是通过货币的供求关系及运动实现的,货币当局实行的改变货币供应量的措施,总是通过货币需求的相应变化对经济发生影响的,即货币对经济活动的作用,主要同货币需求函数的具体形式和稳定性有关,因此,货币需求理论是现代货币理论的中心,也是宏观经济理论的重要组成部分,它与货币供给理论一起成为货币当局进行货币政策选择的理论依据。

货币需求理论所要研究和解决的问题是:什么是货币需求?决定货币需求的因素是什么?不同的经济学流派给予了不同的解释。

➤ 一、货币需求的含义

货币需求产生的根本原因在于货币的职能。在现代市场经济中,人们需要以货币方式取得收入,用货币作为交换和支付的手段,以货币贮存财富,由此对货币产生了有一定客观数量的需求问题。经济学意义上的货币需求是一种能力与愿望的统一,经济学研究的对象就是这种客观的货币需求。

从历史上看,经济学家们曾经从两个不同的角度来探讨货币需求。

一种是从宏观的角度出发,即从社会的角度出发,仅仅把货币视为交易的媒介,所以把货币需求定义为:为完成一定的交易量,需要有多少货币来支撑,或者说流通中的商品需要多少货币作为媒介来完成它的交换,马克思的货币必要量公式和费雪方程式就是这种类型。

另一种是从微观角度出发,即从微观个人的角度出发,把货币看作个人持有的一种资产,也就是说货币和股票、债券,以及各种实物资产一样,是人们持有财富的一种形式,不同之处在于,它还具有交易媒介的功能,所以把货币需求理解为在收入一定的前提下人们愿意用货币保留的财富量。

从剑桥学派提出现金余额学说后,经济学家主要是从后一种角度来理解货币需求的。

应该注意的是,经济学家所探讨的货币需求是有一定的前提条件的,它不是简单地表示人们想持有多少货币,它的真正含义是,当某人拥有一定数量的财富总额时,他可以选择以多种形式来持有该笔财富,而他愿意以货币这种资产形式来持有的那部分财富就构成他对货币的需求。所以,货币需求实际上是一种资产选择,或者说是财富分配行为,它受到人们的财富总额、各种资产的相对收益及风险的影响。

综上所述,我们可以将货币需求理解为:货币需求是指社会各部门在既定的收入或财富范围内能够而且愿意以货币形式持有的数量。

掌握货币需求的概念要把握以下几点。

1. 货币需求是一个存量的概念

它主要考察在特定的时空范围内(如某国、某年底),社会各部门在其拥有的全部资产中愿意以货币形式持有的数量或份额,尽管存量的多少与流量的大小、速度相关,但货币需求理论研究的主要是存量问题。

2. 货币需求是有限制的,是一种能力与愿望的统一

把货币需求看作是一种有支付能力的需求,而不是单纯的一种心理上的主观愿望,是经济学的通义,货币需求以收入或财富的存在为前提,即在具备获得或持有货币的能力范围之内愿意持有的货币量。因此,货币需求不是一种无限的、纯主观的或心理上的占有欲望,不是人们无条件地"想要"多少货币的问题,人们对货币的欲望可以是无限的,但对货币的需求却是有限的。换言之,制约条件中同时满足两个基本条件的才形成对货币的需求:一是必须有能力获得或持有货币,二是必须愿意以货币形式保有其资产。有能力而不愿意就不会形成对货币的需求,有愿意而无能力则只是一种不现实的对货币的愿望,而不是需求。

3. 现实中的货币需求包括对现金的需求和存款货币的需求

因为货币需求是所有商品、劳务的流通及一切有关货币支付、贮藏所提出的需求,除了现金能满足这种需求外,存款货币同样能满足这种需求。

4. 人们对货币的需求既包括对执行流通手段和支付手段职能的货币需求,也包括对执行价值贮藏手段职能的货币需求

前者是对货币作为交换媒介和延期支付手段的需求,后者是对货币作为资产保存形式的需求,两者的差别只在于持有货币的动机不同或货币发挥职能作用的形式不同,但都在货币需求的范畴之内,如果仅包括前者,显然不能涵盖货币需求的全部,并与现实经济不符合。

二、货币需求的类型

1. 名义货币需求和实际货币需求

(1)名义货币需求:是指社会各个经济部门在一定时点上所实际持有的货币单位的数量。如10万美元、50万英镑等,用 M_d 表示。

(2)实际货币需求:是指名义货币数量在扣除了物价变动因素之后的实际货币购买力。它等于名义货币需求除以物价水平,即 M_d/P。

所以,名义货币需求和实际货币需求的根本区别在于,是否剔除了通货膨胀或通货紧缩所引起的物价变动的影响。

在金属货币流通条件下,流通中的货币需求可以自发调节,所以不存在名义货币需求和真实货币需求的矛盾。当价格水平很少变化的条件下,也没有必要区分名义货币需求和真实货币需求。但在价格水平经常变动且幅度较大的情况下,区分这种货币需求是非常必要的。

对于货币需求者来说,重要的是货币实际具有购买力的高低而不是货币数量的多少;对于全社会来说,重要的是寻求最适度货币需求量,因此,在物价总水平有明显波动的情况下,区分并研究名义货币需求对于判断宏观经济形势以及制定并实施货币政策具有重要意义。

2. 微观货币需求和宏观货币需求

(1)微观货币需求:是指当从个人或家庭、企业单位的微观角度,考察其在既定的收入水平、利率水平和其他经济条件下保持多少货币最为合适,这种类型的货币需求称为微观货币需求。

(2)宏观货币需求:是指当从整个国民经济的宏观角度,考察一个国家在一定时期内的经济发展和商品流通所必需的货币量,这种货币量既能够满足社会各方面的需要,又不至于引发通货膨胀,这种类型的货币需求称为宏观货币需求。

二者的关系是,从数量意义上说,全部微观货币需求的总和即为相应的宏观货币需求。货币需求首先是一个宏观经济学问题。当然,宏观货币需求是微观货币需求的集合,对微观货币需求的分析,主要在于研究每一个经济单位持有多少货币最为合算,并剖析货币需求变化的原因。对宏观货币需求的分析,主要在于根据影响货币需求的变量,探讨一国经济发展客观上所需的货币量,从而为货币供给决策提供依据。

第二节 货币需求理论的演变

货币理论是经济学中最富有争论的理论之一,而货币需求理论又是货币理论的主要内容。货币需求理论是一种关于对货币需求的动机影响因素和数量决定的理论,是货币政策选择的理论出发点。本节阐述货币需求理论的演变过程,从马克思的货币需求理论到传统货币数量理论的货币需求思想,再到凯恩斯的货币需求理论及其主要发展,以及弗里德曼的现代货币数量论的货币需求思想。

8-1 知识拓展:中国古代的货币需求思想

➤ 一、马克思的货币需求理论

马克思的货币需求理论集中反映在其货币必要量公式中,马克思的货币必要量公式是在总结前人对流通中货币数量广泛研究的基础上,对货币需求理论从宏观角度的主要概括,也是现代货币需求理论的先驱之一。

马克思的货币必要量公式是以完全的金币流通为假设条件的。按这个假设条件,他进行了如下论证:①商品价格取决于商品的价值和黄金的价值,而商品价值取决于生产过程,所以商品是带着价格进入流通的;②商品数量的多少和价格的高低,取决于需要多少金币来实现它,即待出售商品的价格总额决定了流通中所需要的货币量;③商品与货币交换后,商品退出流通,而货币却要留在流通中多次充当商品交换的媒介,于是,一定数量的货币流通几次,就可以充当几倍于它的商品进行交换的媒介。这个论证可以用公式写出:

执行流通手段职能的货币必要量 = 商品价格总额 / 货币的流通速度

如果用 M 表示执行流通手段职能的货币必要量,以 P 表示商品价格水平,以 Q 表示待出

售的商品数量,以 V 表示货币流通速度,则有下面的公式:
$$M = (P \times Q)/V$$

这个公式表明,在一定时期内执行流通手段的货币必要量主要取决于流通中的商品价格水平、商品数量和货币的流通速度这三个因素,与商品价格和进入流通的商品数量成正比,与货币流通速度成反比。

马克思的货币必要量公式具有重要的理论意义,它反映了商品流通决定货币流通的基本原理,货币是为了适应商品交换的需要而产生的,并随着商品的交换而进入流通,因为交换的需要而变换自身的数量,这种分析,即使在货币信用关系日趋复杂的今天,对深入理解商品流通和货币流通的内在联系,仍然具有重要的指导意义。

由于马克思的货币必要量公式建立在金币流通的基础上,理解时要注意以下几点。

第一,马克思的货币必要量公式强调商品价格由商品的价值决定,商品价格总额决定货币必要量,货币数量对商品价格没有决定性的影响,即货币数量不影响商品价格水平。这个论断适用于金属货币流通时期,在金币流通的条件下,商品价格取决于商品价值和黄金价值,商品价值取决于生产过程,而商品价格是在流通领域之外决定的,商品是带着价格进入流通的;商品价格有多大,就需要有多少金币来实现它的疏通,商品与金币交换后,商品退出流通,金币却留在流通之中,所以一枚金币流通几次就可使相应几倍价格的商品出售。因此,商品价格总额是一个既定的值,必要的货币量是根据这一既定值确定的。

而且在金币本位制度下,金币可以自由地进入或退出流通领域,因此,流通中的金币可以在价值规律的作用下,自发调节商品流通对货币的需要量。当流通中的货币量大于需要量时,有相应数量的货币退出流通;当流通中的货币量小于需要量时,又有相应数量的货币进入流通,因此,商品价格不会由于货币量的大量短缺或严重过剩而出现大幅度变动。

当金属货币的流通被纸币及不兑现的信用货币流通所取代时,必须考虑货币供应对货币需求的反作用。不兑现的信用货币流通使货币供应量失去自动适应货币需要量的功能。纸币本身没有价值,不能发挥自动调节功能,这使流通中的货币量和货币需要量之间经常存在差异,从而引起商品价格的变动,也就是说,如果实际流通中的货币量大于货币的需要量,会造成过多货币滞留在流通中而导致物价上涨,通过商品价格的变动,使原来过多的货币被流通所吸收,变成价格上涨后的货币需要量的组成部分,这种货币供给对货币需求的反作用,在现代经济中是显著的,是不容忽视的。

针对不兑现信用货币流通下货币量对价格的影响,马克思在上述货币必要量规律的基础上提出纸币流通规律,指出在纸币流通下,单位纸币所代表的金属货币量等于流通中所需要的金属货币量除以流通中的纸币总额,即

单位纸币代表的金属货币量＝流通中需要的金属货币量÷流通中的纸币总额

在这个公式中,我们可以明显看出货币供应量对货币币值从而对物价的影响,在货币需求不变的情况下,如果货币供应量增加,则有币值下降和物价上升的变化。

第二,货币必要量公式为我们提供了对货币需求进行理论分析的思路,但直接运用来测算实际生活中的货币需求,存在很多问题。如在货币必要量公式中,$P \times Q$ 代表待出售的商品价格总额,在实际中很难准确计算在某一时刻有多少商品正处于销售中,有多少商品处于积压状态,对此,人们一般以 GDP 作为 $P \times Q$ 的替代物,它包括了待售商品以及处于储存状态商品两个部分。V 表示货币流通速度,代表进入流通的、不断充当流通与支付媒介的货币的周转次

数,在实际中也很难测算的,这些都集中说明,货币必要量公式中所研究的货币需求,只能是理论分析中的一个定性的量,而非实际中可以测量的量。

第三,马克思货币必要量公式反映的是货币的交易性需求,即执行流通手段职能的货币需要量,但在现代经济条件下,要求对货币需要量的考察不仅应从商品交易需求的角度,而且应从金融交易的角度进行。

二、传统的货币数量论

古典学派的经济学家一般认为货币本身并无内在价值,它仅仅起到方便交换的作用,是覆盖于实体经济上的一层"面纱",对经济并不发生实际影响。这种思想在经济学说史上被称为传统货币数量说,是经济学中流传最广、势力最大的一种解释物价与货币价值的学说。

货币数量说是指以货币的数量来解释货币的价值或一般物价水平的一种理论,根据这种理论,在其他情况不变的条件下,一个国家物价的高低或货币价值的大小,完全取决于这个国家货币数量的多少,也就是说,货币数量的变动必将引起一般物价水平同方向且等比例的变动。

它的基本观点是:货币数量决定货币价值和物价水平,货币价值和货币数量成反比,物价水平和货币数量成正比。货币数量论揭示了对于既定数量的总收入应该持有的货币总量,因而是一种货币需求理论。

在经济学史上,货币数量论很早就出现了,一般认为可以追溯到晚期的重商主义。但是,当代经济学对于货币需求理论的研究只追溯到20世纪前叶出现的货币数量论的两种流派:现金交易说和现金余额说。

(一)现金交易方程式(费雪方程式)

美国经济学家欧文·费雪在1911年出版的《货币的购买力》一书,是现金交易数量说的代表作。在书中,费雪提出了著名的交易方程式。

费雪考察了货币总量(货币供给)与整个经济的最终产品和劳务支出总量之间的关系,他认为,假设 M 表示一定时期内流通货币的平均数量,V 表示货币流通速度——货币周转率,即单位货币在一定时期内被用来购买最终产品和劳务的平均次数,P 表示各类商品价格的加权平均数,T 表示各类商品和劳务的交易总量,则存在公式:

$$MV = PT$$

其中:PT 被称为名义总收入或名义总支出。

费雪认为,在货币经济条件下,人们持有货币的目的是进行交换,因此,货币在一定时期内的支付总额(MV)与商品交易总额(PT)一定是相等的,即货币数量乘以在一定时期内货币被使用的次数必定等于名义收入(该年度花费在商品和劳务上的名义货币总量)。

费雪认为,交易方程式各变量之间的相互关系主要表现在:① 如果 V、T 不变,则 P 随 M 正比例变动;② 如果 M、T 不变,则 P 随 V 正比例变动;③ 如果 M、V 不变,则 P 随 T 反比例变动。在上述三个关系中,费雪认为第一个关系最重要,这个关系可以表示为:

$$P = (MV)/T$$

其中:V、T 在长期中均不受 M 变动的影响。V 是由经济中影响个人交易方式的制度因素和技术决定的,具体地说,它取决于人们的支付习惯、信用的发达程度、运输与通信条件以及其他"与流通中货币量没有明显关系的"社会因素,而制度与技术只有在较长时间内才会对流通速度产生影响,因此他认为,在短期内,货币流通速度是相当稳定的。T 取决于资本、劳动力及自然资源的供给状况和生产技术水平等非货币因素,在一定时期内也不会改变。正是因为V、T是独立于M之外而由其他因素决定的,所以,根据交易方程式,货币数量增加所产生的影响,将会引起一般物价水平同比例的上升。

应该指出的是,费雪并不认为V、T是固定不变的常数,在长期内,它们都倾向于上升,但它们是整个经济体系的特征反映,变化甚慢,并且与货币量M无关。

交易方程式虽然主要说明M决定P,但当把P视为给定的价格水平时,这个交易方程式也就成为货币需求的函数:

$$M = (1/V) \cdot PT$$

这一公式表明,在给定的价格水平下,总交易量与所需要的名义货币量具有一定的比例关系,这个比例就是$1/V$。换言之,要使价格保持给定水平,只有当货币量与总交易量保持一定比例关系才能实现。

费雪方程式侧重于宏观分析,即货币总量和总产出及总的价格水平的关系,因而没有注意微观经济主体行为动机对货币需求量的影响,这成为其理论的一大缺陷。并且他认为,货币只具有交易媒介的作用,只不过是为商品交易提供方便的。

(二)现金余额说(剑桥方程式)

现金余额说是20世纪早期以马歇尔、庇古为代表的剑桥学派经济学家所持有的货币数量论观点。

剑桥学派的经济学家认为,人们之所以持有货币,是因为货币具有两个属性:一是交易媒介,二是财富储藏。货币储藏功能与人们的财富水平有关,货币的储藏功能也影响到人们的货币需求。他们认为,人们的财富或收入有三种用途:一是用于投资取得收益;二是用于消费取得享受;三是用于手持现金便利交易和预防意外。用于这些用途的财富或收入需要以货币的形式持有,由此形成人们手中持有的现金余额。

在剑桥学派的经济学家看来,个人的财富总额和持有货币的机会成本以及货币持有者对未来收入、支出和物价等的预期都会影响他愿意持有的货币额,但在做出结论时,把其他因素都忽略了,只简单考虑了人们的货币需求同财富的名义价值成比例,而财富又同国民收入成比例,所以,货币需求就同名义国民收入成比例。

1917年,英国剑桥学派代表庇古根据马歇尔的现金余额说,在英国《经济学季刊》上发表了《货币的价值》一文,提出著名的剑桥方程式:

$$M = KPY$$

其中:M表示货币需求量,也就是所谓的现金余额;K表示以货币形式持有的收入或财富占总收入或总财富的比例;P表示一般物价水平;Y表示总收入。

剑桥方程式隐含的假设是货币供给与货币需求随时趋向均衡,在充分就业的条件下,Y是常数,因此,当货币供给相对货币需求增加时,唯一能使货币供求相等的途径就是物价相应上升。即他们认为,在短期内,YK是相对稳定的,货币数量的变动不会对这两个变量产生任何影响,货币数量的变动只会使物价水平发生同方向同比例的变动。

(三)现金交易方程式和现金余额说的比较

1. 共同点

两种学说(方程式)作为货币数量论,具有以下共同点:

(1) 两种学说具有相同的形式。如果我们令现金交易方程式 $M = PT/V$ 中的 $1/V$ 等于 K，则有 $M = KPT$，与现金余额说 $M = KPY$ 具有相同的数学形式。在分析时均采用二分法，将货币分析与实体经济分析分开，认为货币与实体部门无关，货币的唯一作用就是决定绝对物价水平，即二者都是属于价格水平的学说。

(2) 两种学说具有一致的结论。二者都认为物价水平和货币数量之间存在一种因果关系，货币数量是因，物价水平是果，物价水平随货币数量的变化呈正比例变化。

(3) 两种学说都属于宏观经济理论。实际上，货币数量论在论述影响货币购买力的各种因素时，涉及许多宏观经济问题，其理论意义实际超出了价格水平的决定。正如英国经济学家哈里斯指出的那样，在凯恩斯的思想被接受之前，货币数量论是占统治地位的宏观经济理论。

2. 区别

两种方程式作为货币数量说，具有以下区别：

(1) 对货币需求分析的侧重点不同。现金交易方程式重视货币的购买手段职能，仅仅视货币为交易媒介；而现金余额说侧重强调货币的资产功能，把货币作为价值贮藏手段，即经济主体持有货币不仅限于现在交易的需要，还可能留作将来用于不时之需。

(2) 现金交易方程式把货币需求作为流量进行研究，现金余额说把货币需求作为存量研究。现金交易方程式把货币需求与支出流量联系在一起，重视货币支出的数量和速度，着重分析支出流；而现金余额说把货币需求当作以货币形式保有资产来处理，把货币看成是资产存量的一种，持有货币自然成了资产选择理论的一种。

(3) 两个方程式强调的货币需求决定因素不同。现金交易方程式强调客观因素，重视影响交易的金融制度支付过程，忽略了人的主观作用；而现金余额说则重视持有货币的成本与持有货币的满足程度的比较，强调人们的主观意识及其对经济形势的判断力，按庇古的话来说就是，现金余额说的优点在于能顾及人类意志（需求的原动力）的作用。

(4) 现金交易方程式中的 $1/V$ 与现金余额说的 K 虽然数学形式相类似，但有着不同的决定机制。$1/V$ 取决于制度因素，而 K 的大小着重反映的是经济主体的资产选择行为，除了制度和技术条件外，它还取决于经济主体对目前消费和未来消费的偏好程度、人们对于投资报酬的预期以及人们对价格变动的预期等，因此，K 有更多的不确定性。也就是说，现金余额说从动态的角度研究货币需求。

➤ 三、凯恩斯的货币需求理论及其发展

1936 年，凯恩斯出版了《就业、利息和货币通论》（以下简称《通论》），在该书中，凯恩斯把货币、利息问题与产量、就业、收入等宏观经济问题联系在一起，系统提出了自己的货币需求理论。凯恩斯认为，货币需求是指一定时期经济主体能够而且愿意持有的货币数量，人们取得货币后，通常做出两种选择：一是消费和储蓄之间的选择，即时间偏好选择；二是储蓄形式的选择（包括现金储蓄和债券储蓄），即流动性偏好选择。凯恩斯认为，人们普遍存在流动性偏好的心理倾向，因此，人们愿意持有现金而不愿意持有其他缺乏流动性的资产。这个流动性偏好便构成对货币的需求，所以，凯恩斯的货币需求理论又被称为流动性偏好理论。

(一) 凯恩斯的货币需求理论

1. 货币需求动机

人们为什么偏好流动性，为什么愿意持有货币呢？凯恩斯认为，人们的货币需求源于以下

三种动机:交易动机、预防动机和投机动机。

(1)交易动机。交易动机是人们为了应付日常交易需要而持有货币的动机,可分为个人的所得动机和企业的营业动机。个人保存货币量的多少直接与货币收入的多少及货币收支时间的长短有关。交易动机是建立在确认货币流通媒介职能基础上的货币需求论,是由所得动机和营业动机产生的货币需求,是由于货币的交易媒介功能而导致的一种货币需求,所以被称为货币的交易需求,它取决于收入的数量和收支时距的长短。由于收支的时距在短期是固定的,相对稳定,故这种货币需求主要取决于收入水平,与收入呈同方向变化,是收入的递增函数。

(2)预防动机。预防动机是指人们为了应付意外开支而持有货币的动机。由于生活中经常会出现一些未曾预料的不确定的支出,为此,人们需要保留一定的货币。与交易动机不同,预防动机产生于未来收入和支出的不确定性,是收入的递增函数。

(3)投机动机。投机动机是指人们为了在货币与盈利性金融资产之间进行选择而保留货币的动机。他假设,全社会的金融资产只有货币和债券。而市场利率和债券的价格是反方向变化的,人们预期市场利率要上升,则债券的价格将下降,人们会减少购买债券,而增加对货币的需求,所以,这种预期将影响人们持有资产的决策,影响货币需求。因此,货币的投资动机产生于未来利率的不确定性,它与利率呈反方向变化,是利率的递减函数。

2. 货币需求函数

从上面分析可知,人们对货币的总需求就是由三个动机共同形成的。其中,交易动机的货币需求和预防动机的货币需求都是收入的递增函数,因此,我们将由于交易动机和预防动机而产生的货币需求用 L_1 表示,Y 是收入水平,货币需求是收入的递增函数,即

$$L_1 = L_1(Y)$$

投机动机的货币需求是利率的递减函数,我们用 L_2 代表因投资动机而产生的货币需求,r 表示利率,则

$$L_2 = L_2(r)$$

由交易动机和预防动机引起的货币需求与投机动机引起的货币需求二者之和,便构成凯恩斯的货币总需求函数,也称为流动性偏好函数,即

$$M_d = L_1 + L_2 = L_1(Y) + L_2(r)$$

其中:$L_1(Y)$ 表示由交易动机和预防动机引起的货币需求;$L_2(r)$ 表示投机性货币需求是利率的函数。

凯恩斯的货币需求曲线如图 8-1 所示。

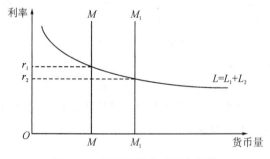

图 8-1 凯恩斯的货币需求曲线

凯恩斯在分析货币需求过程中还提出了著名的"流动性陷阱(liquidity trap)"假说。所谓"流动性陷阱"是凯恩斯分析的货币需求发生不规则变动的一种状态。凯恩斯认为，一般情况下，由流动偏好决定的货币需求在数量上主要受收入和利率的影响。其中交易性货币需求是收入的递增函数，投机性货币需求是利率的递减函数，所以，货币需求是有限的。但是当利率降到一定低点之后，由于利息率太低，人们不再愿意持有没有什么收益的生息资产，而宁愿以持有货币的形式来持有其全部财富。这时，货币需求便不再是有限的，而是无限大了。如果利率稍微下降，不论中央银行增加多少货币供应量，都将被货币需求所吸收。也就是说，利率在一定低点以下对货币需求是不起任何作用的，这就像存在着一个大陷阱，中央银行的货币供给都落入其中，在这种情况下，中央银行试图通过增加货币供应量来降低利率的意图就会落空。如图 8-2 所示，当利率 i 降到 i 的低点时，货币需求曲线 L 就会变成与横轴平行的直线，后人把这一直线部分称作"流动性陷阱"。

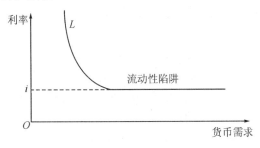

图 8-2 流动性陷阱

当一国进入"流动性陷阱"时期，货币当局中央银行无论怎样增加货币供给，货币均会被人们储存起来，不会对市场利率产生任何影响，即不会使利率进一步降低，这说明中央银行通过增加货币供给，降低利率刺激投资的努力失败，只有通过财政政策才可能刺激经济复苏，使利率降低。

3. 对流动性偏好理论的评价

流动性偏好理论在货币需求理论的发展中占有非常重要的地位。它第一次将货币作为一种资产来研究，明确提出了货币在现实经济中作为资产的功能。第一次提出了货币需求的利率弹性问题，强调货币需求与利率的关系，这也是对货币理论的一大贡献。但是，就理论基础而言，流动性偏好理论以一种人们愿意以货币形式保存其财富的心理动机为出发点，把心理因素作为影响货币需求的主要因素，用心理分析来代替经济分析，其科学性显然是值得怀疑的。流动性偏好理论作为一种货币需求理论，其货币仅指现金，抹杀了各种存款货币在经济中所起的作用。因而，在抽象基础上产生的流动性偏好理论，其理论的可行性与适用性也是很有限的。

(二) 凯恩斯货币需求理论的发展

从 20 世纪 50 年代开始，一些经济学家对不同动机引起的货币需求变动又做了进一步的研究，他们发现由交易动机和预防动机引起的货币需求不但是收入的函数，也是利率的函数，同时，人们多样化资产选择行为对投机性货币需求也会产生影响。

1. 交易性货币需求

美国普林斯顿大学的威廉·鲍莫尔和耶鲁大学的詹姆斯·托宾等发展了凯恩斯的交易性货币需求理论，提出了著名的平方根公式。

根据凯恩斯的理论,交易动机的货币需求只是收入的函数,与利率没有多大关系。而鲍莫尔和托宾从收入和利率两个方面,对交易性货币需求进行了细致的研究,证明了交易性货币需求不但是收入的函数也是利率的函数。他们对交易性货币需求进行研究,是将它和规模经济联系在一起进行的。在他们的模型中,将管理科学中最适度存货控制技术运用于货币理论。

$$\frac{M}{P} = \frac{\sqrt{2bY/r}}{2} = \sqrt{bY/2r}$$

其中:M 是名义交易性货币需求量;P 是一般物价水平;b 是出售非现金资产的手续费或佣金;Y 是收入水平;r 是利率。

这就是著名的平方根公式。

平方根公式表明货币的交易性货币需求与收入 Y 和债券的交易费用 b 呈正方向变化,同时与利率 r 呈反方向变化,而且交易性货币需求的收入弹性和利率弹性分别为 0.5 和 -0.5。也就是说,如果交易量增加 1%,则交易动机的货币需求增加 0.5%,如果利率上升 1%,则交易动机的货币需求减少 0.5%。

货币的交易需求与利率不但有关,而且关系极大,该论证不仅为凯恩斯主义的以利率为货币政策的传导机制的理论提供进一步的说明,而且向货币政策的制定者指出,如果货币政策不能够影响利率,它的作用是有限的。根据平方根公式,假定利率和物价不变,增加一定比率的货币存量,将导致收入更高比例的增加。

观点:鲍莫尔认为,任何企业或个人的经济行为都以收益的最大化为目标。在货币收入取得和支用之间的时间差内,没有必要让所有用于交易的货币都以现金形式存在。由于现金不会给持有者带来收益,所以应将暂时不用的现金转化为生息资产的形式,待需要支用时再变现,只要利息收入超过变现的手续费就有利可图。一般情况下利率越高,收益越大,生息资产的吸引力也越强,人们就会把现金的持有额压到最低限度。但若利率低下,利息收入不够变现的手续费,那么人们宁愿持有全部的交易性现金。

2. 预防性货币需求

在鲍莫尔等人用平方根公式证明交易性货币需求要受利率影响后,1966 年,美国经济学家惠伦将利率因素引入预防性货币需求,得出了"立方根公式"(或称惠伦模型),论证了预防性货币需求受利率影响的观点,从而修正了凯恩斯关于预防性货币需求对利率不敏感的观点。

惠伦认为,预防性货币需求产生于未来的不确定性。人们无法保证他们在某一时期的货币收入和货币支出与事先预料的完全一致,这就不能排除实际支出超过实际收入,或发生意外情况临时需要货币的可能,这样,人们实际保持的货币往往比预期所需要的多一些,其中超额部分就属于预防性货币需求。决定因素主要有:①持币的成本。持币的成本主要由两项内容构成,一项是非流动性成本,一项是利息损失成本。②收入和支出状况。因为只有当收入和支出的差额(净支出)超过持有的预防性现金余额时,才需要将非货币性资产转化为货币,而这种可能性出现的概率分布受每次收入和支出数额、次数变化的影响,所以,收入和支出状况会引起预防性货币需求的变化。而另一方面,持有过多的预防性货币余额又会导致利率损失,即机会成本增加,因此,对于理性的人来说,必定存在着一个最佳预防性货币余额。惠伦模型就是描述这一最佳预防性货币余额的,即最适度预防性货币需求。惠伦模型可以用公式表示为

$$M = \sqrt[3]{\frac{2Q^2 b}{r}}$$

其中：M是预防性货币的平均持有额，r是利率，Q是净支出（支出大于收入时）的标准差，b是每次将非货币资产转换成货币的手续费，也称为非流动性成本。

惠伦模型表明，最适度的预防性货币余额同净支出分布的方差、非流动性成本呈正相关，同持有货币余额的机会成本（利率）呈负相关，由此证明了预防性的货币需求同样受利率变动的影响。

3. 投机性货币需求

经济学家托宾发展了凯恩斯的投机性货币需求理论，提出资产选择理论的基本思想。

托宾认为，凯恩斯关于投机性货币需求的描述，实际上隐含着这样一个假定：投资者对所谓"正常预期利率"有一个比较明确的定位，因此，在货币和债券这两种资产中投资者只会持有其中的一种，而不能两者兼有，即存在"要么证券，要么货币"的假设。而在实际中，投资者对自己的预期往往并不完全有把握，一般人都会既持有货币，同时又持有债券。为了弥补这个缺陷，托宾在1958年，发表了《流动性偏好——对付风险的行为》一文，提出了著名的资产选择理论，用投资者避免风险的行为动机重新解释流动性偏好理论，开创了资产选择理论在货币理论中的应用。

在资产选择理论中，托宾论证了在未来不确定的情况下，人们依据总效用最大化原则在货币与债券之间进行组合，货币的投机需求与利率呈反方向变动。

托宾认为，资产不外两种：货币和债券。持有债券可以获得利息，但是要承担由于债券价格下跌而遭受损失的风险，因此，债券被称为风险性资产；持有货币虽然没有收益，但没有风险，所以，货币被称为安全性资产。而且，风险和收益同方向变动，同步消长。由于人们对待风险的态度不同，就可能做出不同的选择决定，据此，托宾将人们分为三种类型：风险回避者、风险爱好者和风险中立者。托宾认为，现实生活中后二者只占少数，绝大多数人都属于风险回避者，资产选择理论就以他们为主进行分析。

1）人们依据总效用最大化原则在货币与债券之间进行组合

托宾认为，人们之所以选择持有货币而不持有有收益的其他金融资产，是因为人们进行资产选择的原则不是预期收益最大化，而是预期效用最大化。对风险回避者而言，预期效用最大化是指在风险一定时的预期收益最大化，或者在预期收益一定时的风险最小化。收益与风险是呈正比例关系，也就是说，收益高的资产风险往往很大，收益低的资产风险往往很小。货币是没有收益的资产，但它同时又是没有风险的资产。所以，人们在做出投资决策前，必须对各种资产的收益与风险进行衡量和比较，以确定预期效用最大化的最优资产组合。

假设某人的资产构成中只有货币没有债券，为了获得收益，他会将一部分货币转换成债券，因为减少了货币在资产中的比例可以带来收益的正效用。但随着债券比例的增加，收益的边际效用递减而风险的负效用递增，当新增加债券带来的收益正效用与风险负效用之和等于零时，他就会停止将货币换成债券的行为。这就是资产分散化原则。这个理论说明了在不确定状态下人们同时持有货币和债券的原因，以及对于二者在量上选择的依据。

2）货币的投机性需求与利率呈反方向变动

托宾认为，利率越高，债券的预期收益越高，因而货币持有量的比例就越小，这就证明了货币投机需求与利率之间呈反方向变动的关系。托宾模型还论证了货币投机需求的变动是通过人们调整资产组合实现的。这是由于利率的变动引起预期收益率的变动，破坏了原有资产组合中风险负效用和收益正效用的均衡，人们重新调整自己资产组合的行为，导致了货币投机需求的变动。所以，利率和未来的不确定性对于货币投机需求具有同等重要性。

➤ 四、弗里德曼的新货币数量说

美国经济学家米尔顿·弗里德曼是现代货币数量论的代表人物,1956年,弗里德曼发表《货币数量说的重新表述》一书,以货币需求理论的形式,提出新货币数量说。弗里德曼认为,货币数量说首先是一种货币需求理论,其次才是产出、货币收入或物价水平的理论,因此,货币数量说所要研究的,主要是影响人们货币需求的各种因素。

(一)货币需求的影响因素

弗里德曼认为货币作为一种资产,最终财富拥有者对它的需求,会受到以下几个因素的影响。

1. 财富总额

总财富是制约人们货币需求量的规模变量。也就是说,即使人们将其全部财富都以货币形式持有,其货币需求总量也只能等于其拥有的财富总额,而不可能多于其拥有的总财富。

但是,由于总财富无法用货币加以直接衡量,因此,它无法作为一个重要的变量而被列入货币需求函数,然而,由于总财富与收入之间具有密切的关系,所以,人们通常以收入代表财富而成为货币需求函数的一个变量。在弗里德曼的货币需求理论中,被作为货币需求决定因素的收入是一种"恒久性收入"。所谓恒久性收入,是指过去、现在和将来一个较长时期中的收入的平均数,是以不变价格计算的实际收入。

2. 人力财富和非人力财富的比例

弗里德曼认为,货币需求不仅取决于总财富,而且还受到财富结构的影响。弗里德曼将总财富分为人力财富和非人力财富。人力财富也称为人力资本,是指人们所具有的能为自己带来收入的能力,包括体力、智力、掌握的某种技巧等;非人力财富,则是指各种实物财富。无论是人力财富或非人力财富,都将为其所有者带来收入。

总财富是由人力财富和非人力财富构成的,人力财富和非人力财富在为其所有者带来收入方面具有不同的稳定性。一般地说,人力财富转化为非人力财富,受到经济形势、经济环境和制度方面等的限制,因此,人力财富与非人力财富在总财富中所占的比例,将在一定程度上影响货币需求,一般地说,人力财富在总财富中所占的比例越大,货币需求相对就多。

3. 持有货币及其他资产的预期收益

人们持有货币还是其他资产,必须对收益和风险做出全面的衡量和比较。由于其他资产的收益是人们持有货币的机会成本,所以,其他资产的收益越高,货币需求就越少。在弗里德曼的货币需求函数中,被作为机会成本变量的主要有债券的预期收益率、股票的预期收益率、实物资产的预期收益率(即预期的物价变动率),弗里德曼认为,人们对资产的选择范围很大,所以,除了货币和各种非货币的金融资产以外,他们还可以持有实物资产。

4. 影响货币需求的其他因素

除了上述三个影响因素之外,还有其他很多因素对货币需求产生影响,如技术因素、人口因素、制度因素以及人们的心理因素等。

(二)弗里德曼的货币需求函数

在以上分析的基础上,弗里德曼给出了他的货币需求函数:

$$\frac{M_d}{P} = f(Y_P, \omega, r_m, r_b, r_e, \frac{1}{P}\frac{dP}{dt}, \mu)$$

其中：M_d/P是实际货币需求量；Y_P是恒久性收入；ω是非人力财富占总财富的比例；r_m是货币的预期收益；r_b是债券的预期收益率；r_e是股票的预期收益率；$\frac{1}{P} \cdot \frac{dP}{dt}$是预期的物价变动率；$\mu$表示影响货币需求的其他因素。

可以看出，货币需求由货币总收入、财产收入（即非人力收入）在总收入中的比例、各种金融资产的预期收益率以及人们主观偏好、客观技术和制度等因素共同决定。在各种影响因素中，Y_P、r_m与货币需求呈同方向变动，ω、r_b、r_e、$\frac{1}{P} \cdot \frac{dP}{dt}$与货币需求呈反方向变动。

弗里德曼认为，在上述变量中：ω、μ在一定时期内是相对稳定的，通货膨胀率只有在较高而且持续时间长才直接影响货币需求，即$\frac{1}{P} \cdot \frac{dP}{dt}$在一定时期内也相对稳定，因此，公式中上述三个变量可以忽略；各种证券的收益率，由于直接受市场利率的影响和制约，由此可以用市场利率r来概括。这样，货币需求函数可以简写为

$$M_d/P = f(Y_P、r)$$

（三）基本观点

1. 货币需求函数比较稳定

人们持币数量与其决定因素（如财富或收入、债券股票等的预期收益率和预期通货膨胀率等）之间，存在着一种稳定的关系。

影响货币供给和货币需求的因素相互独立，影响货币供给的主要是货币政策、金融制度等，对货币需求几乎没有什么影响。

对货币需求最主要的影响因素是收入和市场利率。弗里德曼通过研究发现：货币需求对市场利率的变化敏感性差，其利率弹性很低，因此，市场利率对货币需求影响很小；货币需求对收入的变化敏感性强，其收入弹性很高，但如果引入恒久性收入，则货币需求是相对稳定的。这样，货币需求及货币需求函数都是相对稳定的。

2. 货币流通速度是一个稳定的函数

弗里德曼关于货币需求函数以及货币流通速度的稳定性观点，具有十分重要的意义。首先，如果货币流通速度是稳定并且可以预测的，那么就可以预测货币供应量变动对总支出水平的影响，从而也就可以通过调节货币供应量来调节总需求。如果货币流通速度如凯恩斯认定的那样是容易改变的，那么，通过变动货币供应量去影响总需求的努力就落空了。其次，由于名义收入或价格水平是货币供应量和货币需求相互作用的结果，如果货币需求具有稳定性，那么，货币对于总体经济的影响主要来自货币供应量。基于这点，弗里德曼提出货币主义的基本命题：货币最重要，货币供应量的变动是物价水平和经济活动发生变动的最根本的决定性的原因，并提出所谓的"单一规则的"货币政策主张。其含义是：未来保持物价和经济的稳定，政府应尽量减少对经济生活的干预，政府需要采取的唯一政策，就是把年货币供应量的增长率长期固定在同预计经济增长率一致的水平。所以，稳定的货币需求函数和货币流通速度是货币主义的立论基础和分析的依据。

➢ 五、麦金农提出的发展中国家的货币需求函数

麦金农认为，传统理论认为货币和实物资产是不同的财富持有形式、是相互竞争的替代品

的认识,在发展中国家来看是错误的。

麦金农提出了两个发展中国家货币需求行为的假设:一是所有经济单位都只限于内源融资。二是投资具有不可分割性,由于投资必须达到一定规模才能获得收益,因此投资支出比消费支出更具有一次支付的性质。

麦金农提出了发展中国家的货币需求函数:

$$\frac{M}{P} = f(Y, \frac{I}{Y}, d - P^*)$$

其中:M/P 是发展中国家的实际货币需求;Y 为实际收入;I/Y 代表投资在收入中占的比例;d 为各类存款利率的加权平均数;P^* 代表预期未来通货膨胀率;$d - P^*$ 是实际利率水平。

这一货币需求函数表明,由于货币需求与实际投资同时增加,因此,货币与资本(投资)非但不是相互竞争的替代品,反而是相互补充的互补品。实际货币余额越多,投资则越大,货币成了投资的先决条件。如果货币的实际收益率(实际存款利率)提高,则货币需求增加,货币需求增加则导致货币积累量增加,这就扩大了内部融资的资本形成机会,即投资机会增加。因此,在发展中国家,提高利率反而刺激投资,降低利率却压抑投资,利率与投资成正比。然而,发展中国家由于金融压抑,实际货币余额的增长相当有限,因而阻碍了投资的增加。据此,发展中国家应放弃金融压抑战略,而实行金融深化战略。

第三节 货币供给

在现实经济生活中,货币供给与货币需求原是相伴而生的,但是,在理论研究中,货币供给理论相对货币需求理论是相对滞后的,这种理论发展的不平衡主要源于人们对货币需求和货币供给的认识不同。20世纪60年代之前,几乎所有的经济学家都只把货币需求看作是内生变量,从而加以研究,而将货币供给则看作是外生变量。他们认为,货币供给并不是内在于经济运行的客观规律,而是外在地决定于货币当局或中央银行的主观意志,因此,货币供给是一个货币当局或中央银行能够绝对控制的变量。

这种对货币供给认识的偏见,导致了货币供给理论与货币需求理论研究的不协调。经济学家往往全神贯注于货币需求问题的分析,而忽略了对货币供给理论的研究,甚至将货币供给假定为一个可以任意决定的常数。直到20世纪60年代初期,一些经济学家经过实证分析,才意识到货币供给在很大程度上也是一个内生变量,从而才将货币供给作为一种受制于客观经济规律的范畴进行理论上的研究,也正是从这个时期开始,才逐渐产生了现代意义的货币供给理论。我们所研究的货币供给理论主要是指货币供给的决定理论。

➤ 一、货币供给的定义和货币供给量的层次

(一)货币供给的定义

货币供给是指经济主体创造货币供给量并把它投入流通的过程,我们可以从静态和动态两方面来理解。

1. 静态的货币供给,即是指货币供应量

静态的货币供给是指一个国家在某一时点上除中央银行和商业银行及其他金融机构以外的非银行社会公众(包括政府、企事业单位和居民个人)所持有的由银行体系所供给的债务总

量,是一个存量的概念。它是反映在银行资产负债表中的一定时点上的银行负债总额或资产总额。现实生活中不可兑换的信用货币基本上是由银行创造的,货币的供给主要是商业银行和中央银行两个部门,它们在货币的供给过程中扮演着不同的角色。现代经济中的信用货币主要由中央银行所创造的现金和商业银行创造的存款货币组成。

实行中央银行制度的金融体制下,货币供应量是通过中央银行创造基础货币和商业银行创造存款货币而注入流通的。这一供应过程具有三个特点:①货币供给形成的主体是中央银行和商业银行;②两个主体各自创造相应的货币,即中央银行创造现金通货,商业银行创造存款货币;③非银行金融机构对货币供给有重要影响。

2. 动态的货币供给

动态的货币供给是指银行体系通过其业务活动向生产流通领域提供货币的整个过程,反映的是货币流量。即货币供给首先是一个经济过程,是银行系统向经济中注入货币的过程。其次在一定时点上会形成一定的货币数量,称为货币供给量。

(二)货币供给量

货币供给量是指在企业、个人以及金融机构中的货币总存量。

在本书第一章中,我们曾经介绍过货币供给量的层次划分,主要有 M_0,M_1,M_2 和 M_3。尽管各个国家及国际金融组织对货币层次的划分标准和方法是不尽相同的。但都是以货币的流动性为主要依据。各国对货币供给量进行层次划分的目的在于考察不同种类的货币性资产对经济的影响(因为不同层次的货币形成购买力的活跃程度不同,对商品和货币流通的影响也不同),并选定与经济变动最密切的货币性资产作为中央银行实施控制的重点,为实现其货币政策的目标服务。

8-2 知识拓展:居民活期储蓄存款是否应计入狭义货币 M_1?

图 8-3 是 2000—2021 年我国的货币供给量变化曲线图。

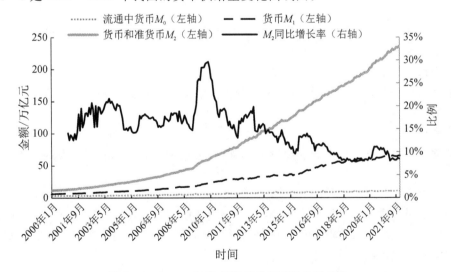

图 8-3 2000—2021 年我国的货币供给量变化

➤ 二、基础货币

(一)基础货币的定义

在现代货币供给理论中,基础货币是一个十分重要的概念。对于基础货币,我们可以从基础货币的来源和运用两方面来理解。从基础货币的来源看,它是指货币当局即中央银行的负债,也就是由中央银行投放并为中央银行所能直接控制的那部分货币,它只是整个货币供给量的一部分。从基础货币的运用看,它由两部分构成:一是商业银行的存款准备金(包括商业银行的库存现金及商业银行在中央银行的准备金存款),二是流通于银行体系之外的为社会公众所持有的现金,即通常所说的"通货"。我们从基础货币的来源和运用来理解基础货币的定义,是因为从这两方面可以分别说明基础货币的决定因素以及基础货币对整个货币供给量的影响。

根据基础货币的定义,我们可以明确看出,基础货币的构成包括两部分,即基础货币(B)是由流通中的现金(C)和商业银行的准备金存款(R)构成,即 $B=C+R$。而商业银行的准备金存款是由商业银行的库存现金和商业银行在中央银行的存款准备金构成,因此,

基础货币=社会公众持有的现金+商业银行的库存现金+商业银行缴存中央银行的法定存款准备金+商业银行缴存中央银行的超额存款准备金

基础货币(B)之所以称为基础货币,是因为没有中央银行的现金发放和中央银行对商业银行的信贷供应,商业银行的准备金存款难以形成,商业银行难以进行存款货币的创造。由此可以看出,货币供应的全过程是:中央银行提供 $B \rightarrow B$ 形成商业银行的原始存款→商业银行进行存款货币的创造,创造派生存款→形成市场中的货币供应量即 M_S。所以,中央银行提供 B 是货币供应的最初环节。

可以看出,所谓的基础货币是指具有货币总量倍数扩张或收缩能力的货币,是中央银行的负债。

(二)基础货币的特点

1. 负债性

基础货币为中央银行的负债,其中,存款准备金是中央银行对商业银行的负债,而流通中的现金是中央银行对社会公众的负债。

2. 流通性

无论存款准备金,还是流通中的通货,其持有者都能自主运用,尤其是流通中的现金,是所有货币层次中最活跃的部分。

3. 派生性

基础货币是商业银行创造派生存款的基础,其运动的结果能够使货币供应量成倍地增加或收缩。

4. 可控性

准备金货币的供给者只能是中央银行,中央银行能够对其进行控制,在中央银行垄断货币发行的情况下,流通中的通货也可以由中央银行控制,因此,中央银行可以控制基础货币,并通过它来调整整个货币供应量。

(三)基础货币的投放渠道

基础货币直接表现为中央银行的负债,但中央银行的负债是由其资产业务决定的,我们知

道中央银行的资产业务主要包括国外资产、对政府的债权和对金融机构的债权,所以,基础货币都是通过中央银行资产业务的渠道投放出去的,要分析中央银行如何提供基础货币,可以从中央银行的资产业务入手。

1. 国外资产与基础货币的投放

国外资产是由外汇、黄金和中央银行在国际金融机构的资产构成,其中,外汇和黄金是中央银行用基础货币收购来的。一般情况下,如果中央银行放弃稳定汇率的目标,则通过该项资产业务投放的基础货币有较大的主动权;如果中央银行追求稳定汇率的目标,由于需要买卖外汇调节供求关系以平抑汇率,外汇市场的供求状况对中央银行的外汇占款有很大影响,通过该渠道投放的基础货币就有相当的被动性。

2. 对政府债权和基础货币的投放

对政府债权表现为中央银行持有政府债券和财政透支或直接贷款。中央银行虽然可以代理政府发行债券,但一般不直接认购,而是在公开市场上购买,由于中央银行持有政府债券的目的不是谋取福利,是为了调控货币供应量,因此,中央银行一般只与商业银行等参与存款货币创造的金融机构进行政府债券的买卖,只要中央银行买进政府债券,并将款项计入商业银行等金融机构的准备金存款账户,基础货币就会增加;当中央银行卖出政府债券时,金融机构用准备金支付,基础货币就会相应减少。所以,中央银行对政府的债权增加,就意味着中央银行把相应的基础货币注入了流通领域,如果减少对政府的债券,就意味着中央银行收回相应的基础货币。

3. 对金融机构的债权与基础货币的投放

中央银行对商业银行等金融机构债权的增加,主要通过办理再贴现或发放再贷款的业务,直接增加商业银行的准备金存款,负债方的基础货币就会相应增加,并必然导致存款货币的多倍扩张;相反,如果中央银行对商业银行的债权减少,意味着中央银行减少了再贴现或再贷款投资,基础货币也相应下降。一般地说,在市场经济国家,中央银行对商业银行的债权具有较强的控制力。

从上面分析我们可以得出两个结论:

第一,在除基础货币项目以外的中央银行负债不变的情况下,任何中央银行资产的增加都会引起基础货币的增加;

第二,在中央银行资产项目保持不变的情况下,除基础货币以外的中央银行负债的减少也将会引起基础货币的增加。

中央银行通过在公开市场上进行业务操作可以使基础货币数量发生变化。中央银行主要是通过在公开市场上进行证券买卖和通过贴现窗口来控制基础货币的变化,从而影响货币供给量。

(四)基础货币对货币供应量的影响

1. 基础货币总量对货币供给量的影响

在两级银行体制下,货币供应量有两种形式:现金货币和存款货币。现金是由中央银行发行,由商业银行投入流通的,存款货币是由商业银行系统创造出来的,现金货币和存款货币可以相互转化。商业银行存款创造的基础是准备金,而现金和商业银行准备金存款的变化,要受制于中央银行的行为。

从总体上说,现金和商业银行的准备金存款是整个货币供给的基础,即基础货币,而现金和存款货币构成货币供给量。因此,把货币供给量(M_S)与基础货币(B)相比较,就形成最基本的货币供给模型。

$$货币供给量 = 基础货币 \times 货币乘数$$

即

$$M_S = B \times K$$

其中:K 是货币乘数。

如果我们假定货币乘数为常数,而且 B 各个构成部分在 B 中所占的比重不变,则 B 总量发生变化,会引起货币供给量的多倍变动,即 $\Delta M_S = \Delta B \times K$。

这是假设中央银行所投放出去的全部基础货币都被商业银行等存款类金融机构用来创造派生存款了,即创造存款货币了。但事实上,由中央银行投入流通而为社会公众持有的现金不进入金融体系,不能用来创造存款货币。其次,在商业银行的准备金存款中的法定存款准备金,商业银行是不能用来创造派生存款的,而超额存款准备金,商业银行为了应付客户的提现或应付意外事故等,是不会全额动用的。所以,基础货币与货币供给量在数量上的关系是,货币供给量等于基础货币中商业银行实际用以创造存款货币的部分与货币乘数的乘积加上中央银行直接对社会公众投放的基础货币现金所形成的总额。

2. 基础货币结构变动对货币供给量的影响

如果基础货币总量不变,而基础货币内部各个构成部分发生变动对货币供给量的影响,通过对基础货币 B 的定义,我们可以用以下公式列出基础货币 B 的构成:

$$B = C_1 + C_2 + R_1 + R_2$$

其中:C_1 是社会公众持有的现金;C_2 是商业银行的库存现金;R_1 是商业银行缴存在中央银行的法定存款准备金;R_2 是商业银行缴存在中央银行的超额存款准备金。

在基础货币总量不变的前提条件下,基础货币各个构成部分比例变动将对货币供给量产生影响,具体如下。

(1)法定存款准备金与超额存款准备金的相互转换及其影响。

当法定存款准备金转换为超额存款准备金时,意味着商业银行的超额存款准备金增加,银行信用创造能力增强,货币供给量以一定的倍数扩张,反之,则货币供给量以一定的倍数收缩。

(2)社会公众持有的现金与超额存款准备金的相互转化及其影响。

当社会公众持有的现金转换为超额存款准备金时,银行的信用创造能力增强,货币供给量以一定的倍数扩张,反之,则货币供给量以一定的倍数收缩。

(3)社会公众持有的现金与商业银行的库存现金相互转化及其影响。

社会公众持有的现金与商业银行的库存现金虽然都属于流通中的通货,但由于商业银行的库存现金本身已经在商业银行系统内部,可以增加商业银行的信用创造能力,而当社会公众持有的现金转换为库存现金后,可以增加商业银行的信用创造规模,货币供给量以一定的倍数扩张,反之,货币供给量则以一定的倍数收缩。

(4)社会公众持有的现金与商业银行的法定存款准备金的相互转换及其影响。

社会公众持有的现金在进入商业银行系统之前,不能创造派生存款,而商业银行的法定存款准备金同样不能创造派生存款,所以,二者的相互转换对货币供给量没有什么影响。

可以看出,基础货币结构的变动对货币供给量的影响,实际上是通过影响货币乘数而发生作用的。

三、货币乘数与货币供给模型

(一) 货币乘数

货币乘数是研究货币供应量问题的基础。在这里,我们通过分析货币供应变动与基础货币变动之间的关系,推导出货币乘数,并考察影响货币乘数的因素。

1. 什么是货币乘数

货币供应量与基础货币之间通过货币乘数联系起来。

货币乘数,就是货币总量扩张或收缩的倍数,反映的是货币供给总量与基础货币之间的倍数关系。货币乘数的实质是揭示基础货币与货币供给量之间的倍数扩张关系是如何形成的,主要受哪些因素的决定和影响。

在基础货币一定的条件下,货币乘数决定了货币供给的总量。货币乘数越大,则货币供给量就越多;反之,货币乘数越小,则货币供给量就越少。所以,货币乘数是决定货币供给量的又一个很重要的因素。但是,与基础货币不同,决定货币乘数的绝大多数因素是中央银行不可控制的,取决于商业银行和社会公众的行为。所以,现代货币供给理论的显著特点就在于特别注重对货币乘数及其决定因素的分析。

2. 货币乘数公式

我们知道:货币乘数 K = 货币供给量 M_S ÷ 基础货币 B。如果我们考察狭义的货币供给量 M_1 时,$M_1 = C + D$,$B = C + R$,则

$$K = (C+D)/(C+R)$$

其中:C 表示流通中的现金;D 表示活期存款;R 表示总准备金。

因为总准备金 R 包括活期存款的法定存款准备金和超额存款准备金,还包括非交易性存款定期存款的法定存款准备金。如果用 c' 表示流通中现金占活期存款的比例,即通货比率,tD 表示非交易性存款定期存款,用 t 表示非交易性存款定期存款占活期存款的比率,用 r_D 表示活期存款的法定存款准备金率,用 r_E 表示活期存款的超额存款准备金率,用 r_t 表示非交易存款的法定存款准备金率,那么

$$R = r_D \times D + r_E \times D + r_t \times tD$$
$$= (r_D + r_E + r_t \times t) \times D$$
$$C = c' \times D$$

所以货币乘数的公式是:

$$K = (C+D)/(C+R)$$
$$= (c'+1)D/[(c'+r_D+r_E+r_t \times t)D]$$
$$= (c'+1)/(c'+r_D+r_E+r_t \times t)$$

即 $(c'+1)/(c'+r_D+r_E+r_t \times t)$ 为货币供给量 M_1 的货币乘数。

可以看出,货币乘数并不是固定不变的,会随着经济运行的变化而有所变动,影响到 c'、r_D、r_E、r_t、t 的因素都会作用于货币乘数,因此,在经济发展中与中央银行的宏观调控中,改变 c'、r_D、r_E、r_t、t 的因素也会影响货币乘数的高低。

3. 影响货币乘数的因素

通过上面的分析,我们知道中央银行对货币乘数是不可控的。从前面的分析中可以看出,

货币乘数的大小取决于以下几个因素:流通中现金占活期存款的比例 c'、活期存款的法定存款准备金率 r_D、活期存款的超额存款准备金率 r_E、非交易存款的法定存款准备金率 r_t、非交易存款占活期存款的比例 t。因此,在经济发展中与中央银行的宏观调控中,改变 c'、r_D、r_E、r_t、t 的因素也会影响货币乘数的高低。

1) 影响超额存款准备金率 r_E 的因素

超额存款准备金比率的变动对货币供给量变动的反向作用比较强,它主要作用于商业银行的经营决策行为,商业银行留存的超额准备金越多,其贷款和投资规模越小,存款扩张的倍数也就越小,影响超额存款准备金的因素主要有以下几个方面。

(1) 市场利率的高低。如果市场利率上升,则商业银行将减少超额存款准备金而相应地增加贷款或投资,以获得较多的收益,因此,超额存款准备金比率将下降;反之则上升。

(2) 借入资金的难易程度以及资金成本的高低。如果商业银行能够比较容易地从中央银行或其他地方借入资金,并且成本比较低,商业银行就可以减少超额存款准备金,从而使超额存款准备金率下降;反之则上升。

(3) 社会公众的资产偏好及资产组合的调整。如果社会公众偏好持有现金,纷纷将存款转化为现金,则商业银行的库存现金以及存在中央银行的准备金存款将减少,因此,为了防止清偿能力不足,商业银行将增加超额存款准备金,使超额存款准备金率上升;反之,如果社会公众偏好定期存款,纷纷将活期存款转化为定期存款,而定期存款比较稳定,提现频率比较低,因此,商业银行可以减少其所持有的超额存款准备金,从而使 r_E 下降。由此可见,r_E 虽然主要决定于商业银行的经营决策行为,但商业银行的经营决策行为在一定程度上还要受到社会公众等其他经济主体的影响。

(4) 商业银行经营的风险偏好程度。超额存款准备金的存在使商业银行有一部分资金没有用于获取利润,所以,为了争取资金更高的回报率,敢于冒险经营的商业银行会充分利用资金用于生息资产,从而把超额存款准备金的数量尽可能降低,谨慎经营的银行则会保留足够的超额存款准备金,相比之下,前者无疑提高了存款派生的能力和货币乘数,进而使货币供给增加。

(5) 社会对资金的需求程度。商业银行贷款或投资的规模,归根到底要受到经济社会对资金需求程度的制约。在一个市场成熟的市场经济中,如果社会对资金的需求较大,借款者也愿意支付较高的利率,则商业银行将增加贷款或投资,从而相应减少超额存款准备金,导致 r_E 下降。

我们可以看出,r_E 出现在货币乘数公式的分母中,因此可知,r_E 总是与货币乘数呈反方向的变动关系。

2) 影响通货比率的因素

这里通货即指流通中的现金。通货比率的变动也主要取决于社会公众的资产选择行为,即影响社会公众资产选择行为的因素也影响货币乘数 K。如果社会公众现金持有比率高,则参与存款派生的资金较少,货币乘数变小,货币供给量的增加速度降低。影响通货比率的主要因素有以下几个方面。

(1) 社会公众的流动性偏好。通货是一种流动性比较高的金融资产,人们持有通货的主要目的就是满足自己的流动性偏好,因此,在其他情况不变时,如果人们的流动性偏好增强,则通货比率就上升。

(2) 持有现金的机会成本,即其他金融资产的收益。通货是人们持有的各种金融资产的一种形式,现金具有较高的流动性,但持有现金不会带来收益,而除了通货以外的其他金融资产一般都具有一定的收益,这就说明,除通货以外的其他金融资产的收益就是人们持有通货的机会成本,如果其他资产的收益率上升,人们将减少通货而相应的增加其他金融资产的持有量,则通货比率就下降。

(3)银行活期存款的增减变化。通货比率是通货对活期存款的比率,因此,在社会公众手持通货不变的情况下,如果银行体系的活期存款增加,则通货比率下降,可以看出,凡是影响银行体系活期存款的因素,都会对通货比率产生一定的影响。

(4)收入或财富的变动。收入或财富的变动可能产生两种不同的影响,一是对通货比率产生正的影响,二是对通货比率产生负的影响。当收入增加使人们的流动性偏好增强时,通货比率将上升,当收入增加使人们增加对高档消费品和生息资产的需求时,通货比率将下降。之所以增加对高档消费品和生息资产的需求会导致通货比率下降,是因为在购买高档消费品和生息资产时,人们往往用活期存款支付,而不是用通货支付,因此,随着人们收入水平的提高以及由此而引起的对高档消费品和生息资产需求的增加,活期存款的持有量将增加,而通货的持有量将减少,导致通货比率下降。在上述两种影响中,负影响应该是主要的。

(5)其他因素。其他因素如信用的发达程度(如果银行信用发达,为公众提供高质量的服务,公众将增加将资金投放在银行系统,持有的现金减少)、人们的心理预期等,都可能对通货比率产生影响。

通货比率对货币乘数以及对货币供给量的影响比较复杂,因为在 M_1 的货币供给模型中,通货比率同时出现在分母和分子中,我们可以用基本原理分析通货比率的变动对货币乘数从而对货币供给量的影响。

人们持有的现金通货是一种潜在的准备金,如果将这种潜在的准备金转化为现实的准备金,即把持有的现金存入商业银行,从而导致通货比率下降,则在部分准备金制度下,这部分现金即可以通过商业银行的资产业务创造出成倍的派生存款,从而使货币乘数增大,并使货币供给量增加;而人们持有更多的通货,导致通货比率上升,则这部分通货由于流出银行体系,而不再成为创造存款货币的基础,这就使货币乘数缩小,从而使货币供给量减少。可见,从基本原理看,通货比率的变动对货币乘数从而对货币供给量产生负的影响。

3)影响定期存款比率 t 的因素

这个比率的变动主要取决于社会公众的资产选择行为。影响因素主要有以下几个方面。

(1)定期存款利率。定期存款的利率决定着人们持有定期存款所能取得的收益,在其他情况不变的条件下,如果定期存款利率上升,则 t 也上升。

(2)其他金融资产的收益率。其他金融资产的收益是人们持有定期存款的机会成本,因此,如果其他资产的收益率上升,则 t 将下降。

(3)收入或财富的变动。收入或财富的增加往往引起各种资产持有额的同时增加,但是,各种资产的增加幅度却不相同,仅以定期存款和活期存款这两种资产而言,随着收入或财富的增加,定期存款的增加幅度一般要大于活期存款的增加幅度,所以收入或财富的增加一般导致 t 的同方向变动。

当货币定义为 M_1 时,t 的变动必然引起货币乘数的反方向运动,而且其影响是间接的,是指当 t 变动的时候,货币乘数的其他决定因素也将随之而发生相应的变动。例如,在一般情况下,定期存款的法定存款准备金比率将低于活期存款的法定存款准备金比率,因此,当 t 上升时,商业银行的综合准备金比率将下降,剩余准备金将增加,这必然导致货币乘数的扩大,货币供给量的增加。又例如,当 t 上升时,由于定期存款相对稳定,提现频率相对较低,因此,商业银行的超额存款准备金比率将降低,而这也同样会导致货币乘数扩大、货币供给量的增加。

在具体分析 t 的变动对整个货币供给量的影响时,要考虑货币的定义,即根据具体情况具体分析。

4) 法定存款准备金比率(r_D、r_t)。

在其他情况不变的情况下,中央银行可以通过提高或降低法定存款准备金比率而直接改变货币乘数,从而达到控制货币供给量的目的。所以,在货币乘数的各个决定因素中,法定存款准备金比率基本上是一个可以由中央银行直接控制的外生变量,法定存款准备金比率的变动必将对货币乘数从而对货币供给量产生负的影响。

综上所述,在货币乘数的决定因素中,r_D、r_t 这两个因素基本上代表了中央银行的行为对货币供给量的影响,r_E 代表了商业银行的行为对货币供给的影响,t 和 c' 代表了社会公众的行为对货币的影响。这就说明,在现代经济中,货币供给并不完全由中央银行所决定和控制,它在一定程度上也要受到商业银行和社会公众行为的影响,而商业银行和社会公众的行为又受到经济运行的内在规律的影响,由此可见,在现代经济中,货币供给在一定程度上是一个内生变量。

1999—2023 年我国货币乘数走势如图 8-4 所示。

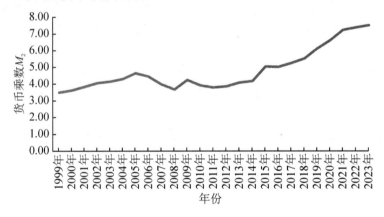

图 8-4 我国货币乘数走势图

数据来源:中国人民银行网站。

中国人民银行统计数据中货币乘数(M_2)的具体算法通常是指货币供应量 M_2 与基础货币之间的比率。基础货币也称为储备货币,包括流通中的现金(M_0)和商业银行在中央银行的存款。货币乘数的计算公式可以表示为:

$$货币乘数 = \frac{M_2}{基础货币}$$

这个比率反映了每单位基础货币能够创造多少倍的 M_2 货币供应量。在实际操作中,由于银行体系的信贷活动,基础货币通过存款和贷款的循环过程可以创造出更多的存款货币,从而增加了 M_2 的总量。

需要注意的是,货币乘数并不是一个固定不变的值,它会随着银行信贷政策、存款准备金率、现金漏损率等因素的变化而变化。此外,货币乘数的计算还可能涉及其他因素,如超额准备金率和银行的信贷行为等。

补充知识点

货币乘数与存款货币扩张倍数都是用来阐明现代信用货币具有扩张性的特点,二者的差别主要在于:

一是货币乘数和存款扩张倍数的分子分母构成不同。货币乘数等于货币供给量除以基础货币,而存款货币扩张倍数等于存款总额除以原始存款。

二是分析的角度和说明的问题不同。货币乘数是从中央银行的角度进行分析的,关注的是中央银行提供的基础货币与全社会货币供给量之间的倍数关系,而存款货币扩张倍数是从商业银行的角度进行分析的,主要揭示了商业银行体系是如何通过吸收原始存款、发放贷款和办理转账结算等信用活动创造出数倍存款货币的。

(二)货币供给模型

通过以上分析,我们可以得到货币供给的完整模型,即:

$$M_1 = B \times K = B \times (c' + 1)/(c' + r_D + r_E + r_t \times t)$$

由于货币乘数大于1,我们可以通过下图形象地描述基础货币与货币供给之间的关系。

货币供给之所以和基础货币之间具有倍数的关系,主要是由于商业银行的存款扩展机制产生的作用。

四、货币供给的内生性与外生性

通过对中央银行体制下货币供给过程的分析,我们知道,货币供给量是由基础货币和货币乘数共同决定的,其中,货币乘数又是由多个因素共同决定的,由此就引申出货币当局与货币供给量之间究竟是一种什么关系的问题,即货币供给量到底是外生变量还是内生变量。

20世纪60年代以前,包括凯恩斯在内的绝大多数经济学家都认为货币供给是一个完全取决于货币当局主观行为的外生变量,因此,人们在研究货币以及货币与经济的关系时,就只研究货币需求,而假设货币供给不变,或假设货币供给可由货币当局任意决定的。20世纪60年代以后,随着货币理论研究的深入,尤其是各种货币供给理论的相继提出,越来越多的经济学家认识到货币供给的内生性,在当代西方经济学界,以弗里德曼为代表的经济学家倡导货币供给的外生性,而以托宾为代表的经济学家却强调货币供给的内生性。

货币供给的内生性与外生性之争,实际上是人们对货币当局与货币供给之间的关系有着不同的看法,这种不同的看法在一定程度上决定了他们对货币政策的有效性也有不同的认识。如果认为货币供给是外生变量,就说明货币当局能够有效地控制货币供给,从而实现对宏观经济运行的控制和调节;如果认为货币供给是内生变量,就说明货币供给将取决于客观的经济运行过程及其规律,货币供给的变动将受制于各种经济因素的变动及微观经济主体的决策行为,因此,货币当局无法完全通过货币政策来决定货币供给,从而对宏观经济运行实施有效的控制和调节。

(一) 货币供给的外生性分析

货币供给的外生性分析理论认为:在现代经济中,货币供给量主要是由经济体系以外的货币当局即中央银行决定的,货币供给量具有外生性,是经济运行的外生变量,中央银行可以通过现金发行、规定存款准备金比率等方式来控制作为经济系统外生变量的货币供给量。

(1)在现代经济中,货币供给量取决于三个方面的因素,即基础货币、存款准备金比率、现金占活期存款的比率。在这三个因素中,基础货币反映中央银行的行为,存款准备金比率反映商业银行的行为,而现金占活期存款的比率反映非金融部门的行为。其中,基础货币可以由中央银行直接控制,商业银行从基础货币中保留存款准备金以及其所愿意保留的超额存款准备金,非金融部门从基础货币中抽取现金满足其货币需求。

(2)如果假定存款准备金比率和现金占活期存款的比率两个参数为一个常数或变化比较稳定,那么,经济运行中的货币供给量的变化将完全取决于基础货币的相应变化,而基础货币的变化又直接处于中央银行的控制之下,因此,中央银行可以通过控制基础货币来控制货币供给量,这样,货币供给量便可以看作是由中央银行在经济体系以外所决定的外生变量。

(3)现代经济运行中的波动取决于货币供给与货币需求的相互作用,而统计上的实证研究已经表明货币需求函数在长期内是极为稳定的,加上与之相对应的货币供给量又是外生可以控制的变量,因此,货币供给量的变化就成为影响经济波动的根本原因,中央银行完全可以通过控制货币供给量的变化来控制产出和价格的波动。

(4)强调货币供给的外生性并不否认经济系统中实际经济活动对货币供给量的影响,只是表明实际经济活动对货币供给量的影响远远不如中央银行对货币供给的影响那么强烈,而且,货币供给的外生性分析是专门就宽口径的货币供给量即 M_2 所言的,这样一来,便把经济系统中的货币资产与其他金融资产区别开来,强调商业银行和非银行金融机构之间的区别,更强化了货币供给的外生性。

(二) 货币供给的内生性分析

货币供给的内生性分析理论认为:在现代经济运行中,货币供给量难以由中央银行直接控制,而是由经济体系内部各经济主体共同决定的,因此,货币供给量是经济体系中的内生变量。

(1)随着金融体系的日益发达及其内部竞争的加剧,随着公众可以选择的资产持有形式的日益多样化及其相互替代性的增强,一方面,商业银行的存款和资产规模要受存款的资产偏好和银行贷款、投资机会的影响,另一方面,其他非银行金融机构的存款创造能力也会随着其他贷款融资活动的增加而提高,而公众的资产偏好所导致的资产结构又是现实经济运行经常调整变化的结果,这就使得货币供给的变化具有内生性。

(2)具体到银行的存款关系而言,银行的资产是由银行的负债决定的,但是,在金融体系高度发达的现代经济运行过程中,只要存在贷款需求,银行部门就能够提供信贷并由此创造出存款货币,致使货币供给量增加,这样便形成从金融部门到企业等实业部门的信贷货币流。

(3)就金融中介的创新而言,金融中介的创新能够起到动用闲置资金、节约头寸、改变货币流通速度的作用,因此,即使中央银行只有部分提供所需货币,通过金融创新也可以相对扩大货币供给量。

(4)就现代企业的功能而言,现代企业可以通过创造非银行形式的支付而扩大信用规模,这是因为银行信贷并非是满足企业新增投资支出的唯一途径,企业可以通过发行或交换期票,甚至通过不履行还款义务等途径创造出非银行形式的支付。

(5)强调货币供给的内生性并不等于否认中央银行控制货币供给量的有效性,是因为商业银行的存在,即使不受控制,也并不意味着通过基础货币供给所实行的货币控制对经济运行没有影响,其他非银行金融机构的存在也并不意味着对商业银行的控制形同虚设。并且,即使不受控制的非银行金融机构资产和负债的增减完全能够抵消受控制的商业银行的货币资产强制性的反向变动,中央银行对货币供给量的控制仍然起作用,只不过货币资产与其他金融资产之间、商业银行的货币创造能力与非银行金融机构的货币创造能力之间的替代性会大大降低中央银行对货币供给量的控制效应。

由此可以得出结论:在现代经济中,货币供给量不完全是中央银行可以操作的外生变量,而是一个受经济体系内部诸多因素影响而自行变化的内生变量,因此,中央银行对货币供给量的控制就不可能是绝对的,而是相对的。

本章小结

1. 从理论上说,人们对货币的需求大致可分为对交易媒介的需求和对资产形式的需求,但在现实生活中,这两类货币需求是相互交融的。

2. 费雪的现金交易说和剑桥学派的现金余额说是传统货币数量说的两种代表性学说。这两种学说原是作为一种货币价值理论或物价理论而提出的,但它们后来却成了现代货币需求理论的重要渊源。

3. 凯恩斯的流动性偏好理论分析了人们持有货币的三大动机:交易动机、预防动机和投机动机。凯恩斯认为,交易性的货币需求是收入的增函数,而投机性的货币需求则是利率的减函数。

4. 凯恩斯学派经济学家对凯恩斯流动性偏好理论的发展是围绕着三大动机的货币需求理论展开的。其中最有代表性的是鲍莫尔的交易性货币需求模型和托宾的资产选择理论。前者是对凯恩斯交易动机货币需求理论的发展,提出交易动机的货币需求不仅是收入的增函数,而且也是利率的减函数。后者则是对凯恩斯投机动机货币需求理论的发展,在维持投机动机的货币需求与利率呈反向关系的基本结论的前提下,分析了人们在同一时间同时持有包括货币在内的多种不同收益率的金融资产这一客观情况。

5. 弗里德曼的新货币数量说以货币需求函数的形式加以表述。在这一货币需求函数中,弗里德曼以恒久性收入作为总财富的代表,以债券的预期收益率、股票的预期收益率及实物资产的预期收益率作为机会成本变量,同时还以人力财富与非人力财富之比以及其他综合变量作为影响货币需求的其他因素。因此,从本质上说,弗里德曼的新货币数量说既是对传统货币数量说的继承和发展,又是对凯恩斯流动性偏好说的继承和发展。

6. 货币供给的外生性与内生性之争起源于人们对货币供给与货币当局之间关系的不同认识。这种争论与货币政策有效性之争有一定联系。

本章关键词

货币需求(demand for money)   现金交易方程式(equation of exchange)

剑桥方程式(Cambridge equation)   交易动机(transaction motive)

预防动机(precautionary motive)   投机动机(speculative motive)

流动性陷阱(liquidity trap)   货币供给(money supply)

基础货币(monetary base)   货币乘数(money multiplier)

本章思考题

1. 简述现金交易数量说和现金余额数量说的主要内容与区别。
2. 简述凯恩斯的货币需求理论及其发展。
3. 简述弗里德曼的现代货币数量说。
4. 影响货币乘数的因素有哪些?
5. 如何理解货币供给的内生性与外生性问题?

第九章 通货膨胀和通货紧缩

本章学习目标

1. 理解通货膨胀的含义、类型和度量指标。
2. 掌握通货膨胀形成的原因,尤其重点掌握需求拉升型通货膨胀形成的机理。
3. 理解通货膨胀的社会经济效应。
4. 理解通货膨胀的各种治理措施。
5. 理解通货紧缩的含义、成因及其治理思想。

第一节 通货膨胀概述

一、通货膨胀的定义

通货膨胀是指在纸币流通条件下,纸币发行量超过了商品流通中所需要的货币量,从而引起纸币贬值、一定时间内一般物价水平的普遍而持续上涨的经济现象。在理解时应注意把握以下几点。

(一)通货膨胀与纸币流通

通货膨胀是一种货币现象,它的前提是现代信用货币制度。一般认为,在金属货币流通时期,由于金属货币本身具有价值,除了能充当流通手段外,还可以充当贮藏手段,可以自发地调节流通中所需要的货币量,一般不会发生通货膨胀。但在纸币流通时期,一方面由于纸币流通从技术上提供了无限供给货币的可能性,可以借助国家权力使这些纸币强制进入流通,另一方面,纸币本身没有价值,进入流通中的纸币不会以贮藏方式退出流通,不具备自发调节货币流通量的功能,就产生了货币供给量的无限性和市场上货币容纳量的有限性之间的矛盾。矛盾的必然结果是投入流通的过多纸币只能靠降低单位纸币所代表的价值量来与经济生活中的客观需要量相适应,就会引起货币贬值、物价上涨,形成通货膨胀。因此,理论界一般把通货膨胀与纸币流通联系起来,认为纸币流通是产生通货膨胀的前提条件和特有现象,但不能因此推断纸币流通必然产生通货膨胀。

(二)通货膨胀与物价水平

通货膨胀要通过物价上涨(由于纸币贬值,购买同样的商品要付出比以前更多的货币,即货币的购买力下降)表现出来,但不是所有的物价上涨都是通货膨胀。首先,通货膨胀是指一般物价水平的上涨,而不是个别商品和劳务的价格上涨,因此,通货膨胀中的货币贬值只能和物价总水平紧密相关。其次,通货膨胀所引起的物价上涨是一个持续的过程,季节性、暂时性或偶然性的物价上涨不能视为通货膨胀。通货膨胀中的价格变动应是一个连续的过程,在这个过程中物价具有上涨的基本倾向,并将持续一段时间,因此,通货膨胀一般是以年为时间单位来考察的,以年度的一般物价变动率来表示通货膨胀的程度。

关于物价上涨与货币发行速度问题。通货膨胀初期,物价上涨速度慢于货币发行速度,物价刚开始上涨,人们往往会认为这是物价的暂时波动,一般会等待价格回落后再购买商品,而暂时将货币储存,其结果必然造成市场上货币流通速度减慢,导致流通中必要的货币需求量增多,从而增加货币发行。通货膨胀中期,物价上涨速度与货币发行速度接近,随着通货膨胀的发展,物价上涨速度逐渐加快,人们开始认识到物价上涨可能遭受货币贬值的损失,纷纷抛出手中的货币,购买商品以保值,从而造成市场货币流通速度加快,货币相对过多。通货膨胀后期,物价上涨速度快于货币发行速度,货币流通速度加快之后,货币流通与商品流通不相适应,出现了过多的货币量,这时又增加货币发行,更使物价急剧上涨。因此在通货膨胀过程中,物价上涨与货币发行速度螺旋上升。

在通货膨胀的三个阶段中,通货膨胀预期发挥了重要作用。通货膨胀预期是指人们根据生活中的实际感受,预测通货膨胀即将发生或将继续发展。这种预测决定人们的经济行为。通货膨胀预期心理往往加剧了通货膨胀的速度与幅度。通货膨胀预期的出现与存在,导致投资者不愿持有货币,使货币流通速度加快;导致企业囤积商品,减少对商品的供应,扩大供求矛盾;导致企业提前涨价,推动物价迅速上涨。因此,通货膨胀会导致通货膨胀的预期,通货膨胀预期又加速通货膨胀的发展。

(三)通货膨胀的表现形式

通货膨胀中的物价上涨存在公开和隐蔽两种类型。在公开型通货膨胀下,政府对物价水平不加以管制,价格随市场供求的变化而自由涨落,货币贬值所导致的物价水平的上涨会通过物价指数的上涨表现出来,即在公开型通货膨胀下,只要存在通货膨胀,就表现为物价水平的明显上涨。隐蔽型通货膨胀是指表面上货币工资没有下降,物价总水平没有上涨,但居民的实际消费水平下降的一种情况,是因为政府通过价格控制、定量配给以及其他一些措施来抑制物价的上涨,但实际上市场上商品供应紧张,市场需求过度,导致国家限量生产,以致黑市价格上涨,形成市场商品供应发生持续普遍的短缺现象。即这种类型的通货膨胀的物价上涨并不反映在公开的物价指数上,而是通过抢购惜售、有价无货、黑市猖獗等扭曲现象反映出来。

【相关观点】
(1)通货膨胀产生的基本前提条件是不兑现的纸币流通;
(2)通货膨胀产生的直接原因是货币供应量持续大量地超过货币需求量;
(3)通货膨胀的本质是货币贬值;
(4)通货膨胀的表现是一般物价水平以不同形式持续上涨。

在物价受抑制的条件下,通货膨胀可定义为由于货币供应量超过了客观需要量,从而引起货币贬值、物价上涨和货币流通速度减慢的经济现象。

➢ 二、通货膨胀的度量

通货膨胀有以下两种衡量尺度:

(一)内在的衡量尺度

内在的衡量尺度就是把实际流通的货币量超过货币必要量的差额作为衡量通货膨胀的尺度,而且应以物价没有上涨时的货币必要量为基础。

(二)外在的衡量尺度或指标

通货膨胀是一般物价水平的持续上涨现象,那么,通货膨胀的程度就可以以一般物价水平的上涨程度来表示。在实际生活中,一般物价水平的变动是通过物价指数来衡量的。根据所选择的样本数量和范围的不同,经济学中通常使用的物价指数有以下三个。

1. 消费价格指数

消费价格指数(consumer price index,CPI),又称居民消费价格指数,是根据居民家庭日常消费的具有代表性的一篮子商品和劳务的价格变动状况编制的一种物价指数。即它是以消费者的日常生活支出为对象,反映消费品价格水平的变化情况。消费价格指数的优点在于它的变动能比较准确地反映通货膨胀对居民家庭生活的影响,能够灵敏地反映居民日常生活成本的变化,而且资料容易搜集,被许多国家采用。但消费价格指数也有其局限性:第一,消费价格指数不反映公共部门的消费、生产资料和资本产品以及进出口商品,而且生活消费品只是社会最终产品中的居民消费品这一部分,不能说明全面的情况。一部分消费品价格的提高,可能是由于品质的改善,消费价格指数不能准确地表现这一点,因而有夸大物价上涨的可能。第二,消费价格指数的调查仅限于城镇居民,因此它不能反映全国居民的生活费用的变化情况。

CPI 计算公式:

$$消费价格指数 = \frac{一组固定商品按当期价格计算的价值}{一组固定商品按基期价格计算的价值} \times 100$$

CPI 告诉人们的是,对普通家庭的支出来说,购买具有代表性的一组商品,在今天要比过去某一时间多花费多少。例如,若 1995 年某国普通家庭每个月购买一组商品的费用为 800 元,而 2000 年购买这一组商品的费用为 1000 元,那么该国 2000 年的消费价格指数为(以 1995 年为基期)CPI = 1000 ÷ 800 × 100 = 125,也就是说物价水平上涨了 25%。图 9-1 为 1980 年 12 月以来我国 CPI 走势图。

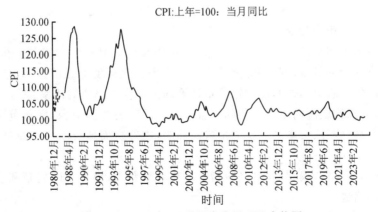

图 9-1 1980 年 12 月以来我国 CPI 走势图

数据来源:国家统计局网站。

9-1 专栏:消费者价格指数 CPI　　　　9-2 专栏:为什么商品房没有纳入 CPI 统计?

2. 生产价格指数

生产价格指数(producer price index, PPI)又称为工业生产者出厂价格指数、批发物价指数(wholesale price index, WPI),是衡量工业生产者价格变动趋势和变动幅度的价格指数。工业生产者价格包括工业生产者出厂价格和工业生产者购进价格,前者是工业企业产品第一次出售时的价格,后者是工业企业购进中间投入品的价格。PPI 统计采价的商品篮子中,生产资料占比达到 70% 左右,生产资料价格变动对 PPI 走势具有决定性影响。具体看,国际大宗商品价格和国内投资需求是影响生产资料价格以及 PPI 波动的两个基本因素。图 9-2 为 1980 年 12 月以来我国 PPI 走势图。

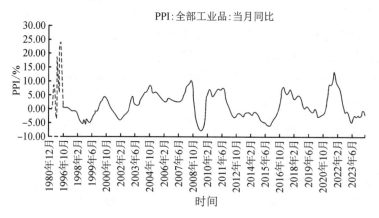

图 9-2　1980 年 12 月以来我国 PPI 走势图
数据来源:国家统计局网站。

3. 国内生产总值平减指数

国内生产总值平减指数(GDP implicit price deflator, GDP IPD)是衡量一国经济在不同时期所生产和提供的全部最终产品和劳务的价格总水平变化程度的经济指标,是按现行价格计算的某一年国内生产总值与按基期固定价格计算的国内生产总值的比率。

优点:该指数以构成国内生产总值的所有最终产品和劳务为对象,涵盖范围全面,其计算样本包括了消费品、劳务、资本品以及进出口商品等,能够全面地反映一国总体价格水平的变化程度。

缺点:数据不易搜集,编制 GDP 平减指数既耗时又费力,很难及时更新和公布,难以及时反映价格的变动趋势。

GDP 平减指数计算公式:

$$\text{GDP 平减指数} = \frac{\text{名义 GDP}}{\text{实际 GDP}} \times 100$$

之所以有名义GDP与实际GDP的区别，是因为在一个宏观经济中，产品与劳务的市场价格总是处于不断的变动之中。而在同一年份中，名义GDP与实际GDP之间的差别则反映了这种价格变动的影响。由于GDP有名义GDP与实际GDP之分，为了反映两者之间的内在联系，必须去除价格变动的影响，由此提出了GDP平减指数的概念。它是指名义GDP与实际GDP之间的百分比值。图9-3为1978—2022年我国GDP平减指数走势图。

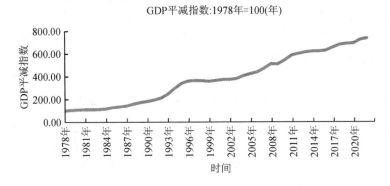

图9-3 1978—2022年我国GDP平减指数走势图

数据来源：国家统计局网站。

上述三种指数包含的商品范围不同，反映的物价变化都有一定程度的局限性，而且三种物价指数在统计上，都忽略了许多资产的价格，特别是实际资产存量和金融资产。因此，艾奇安和克莱因合著的《论通货膨胀的正确测量》中提出了理想指数，指数的统计范围从商品拓展到各种资产，尤其是实际资产存量和金融资产，即这种指数是包含金融资产与非金融资产、有形资产与无形资产、耐用资产与非耐用资产、消费性资产和生产性资产、人力资产与非人力资产在内的物价指数。

目前，大多数国家和国际组织都采用消费价格指数和国内生产总值平减指数来度量通货膨胀，前者用于月、季度的分析，后者主要用于年度分析。

➢ 三、通货膨胀的类型

在经济分析中，可以按不同的标准对通货膨胀进行分类，这样的分类便于在理论或实践中对通货膨胀从不同角度进行考察和理解。

(一) 按表现形式不同划分

按表现形式的不同，通货膨胀可以分为公开型通货膨胀和隐蔽型通货膨胀。

(1) 公开型通货膨胀 (open inflation)，又称开放式的通货膨胀，是指在物价可以自由变动的条件下，货币供应量过多，完全可以通过物价上涨加以释放和表现的通货膨胀，前提是市场功能完全发挥，物价可以自由浮动。我们一般说的通货膨胀就属于这种类型。

(2) 隐蔽型通货膨胀 (repressed inflation)，又称抑制性通货膨胀或被遏制的通货膨胀，是指在物价受抑制的条件下，货币供应量过多，以非价格上涨的方式表现出来，如国家牌价与自由市场或黑市之间存在巨大价差，一些产品在价格不变的情况下质量下降，商品有价无货、普遍排队等候，黑市猖獗，还有商品的票证配给制度等，这些商品流通领域的现象，均是隐蔽型通货膨胀特有的表现形式。

（二）按物价上涨速度划分

按物价上涨速度快慢来划分，通货膨胀分为爬行的通货膨胀、步行式的通货膨胀、跑步式的通货膨胀和恶性通货膨胀。

(1) 爬行的通货膨胀（creeping inflation）是指物价水平上涨的幅度在2％～3％之内，同时不存在通货膨胀预期的状态。西方经济学家认为，爬行式的通货膨胀对经济的发展和国民收入的增加都有积极的刺激作用，并将它看作是实现充分就业的必要条件。

(2) 步行式的通货膨胀（walking inflation），也称为温和的通货膨胀，是指物价上涨的幅度比爬行式要高，但又不是很快，平均物价上涨率在3％～10％之间。该种通货膨胀有可能是通货膨胀即将加速的危险信号。

(3) 跑步式的通货膨胀（running inflation），也称飞奔的通货膨胀，即物价总水平上涨的速度比前两种更为迅速，平均每年的物价上涨水平在10％以上，并且发展速度很快。

(4) 恶性通货膨胀（hyper inflation），又称极度通货膨胀或无法控制的通货膨胀，是指一国的物价水平无限制地迅速上升，主要特征是物价水平急剧上升，正常的经济关系遭到破坏，货币大幅度贬值以至货币体系崩溃，如巴西1989年通货膨胀率为1765％，德国1923年通货膨胀率超过1 000 000％，成为恶性通货膨胀的典型代表。

（三）按形成原因不同划分

按形成原因，通货膨胀可分为需求拉动型通货膨胀、供给型通货膨胀、供求混合型通货膨胀和结构型通货膨胀等类型。

物价总水平的持续上涨需要有一种推动力，根据这种推动力是源于需求还是供给，或者两者兼而有之，或者是结构方面，或者说根据通货膨胀具体产生的原因机理，可以进行这样的分类。

（四）按是否被预期划分

按是否被预期，通货膨胀可分为预期型通货膨胀和非预期型通货膨胀。

预期型通货膨胀指事先已经被人们合理预期到了的通货膨胀，而非预期型则相反。一般认为，被公众预期到了的通货膨胀对实体经济的产出等运行方面没有影响，只有未被事先预期的通货膨胀才会对实体经济产生各种效应。

第二节　通货膨胀的形成机理

通货膨胀产生的直接原因是货币供应量过多，按成因进行分类，就是研究货币供应量超过客观需要量的原因。

➤ 一、需求拉动型通货膨胀

需求拉动型通货膨胀（demand-pull inflation）是最早、最广为流传、影响最大的一种通货膨胀理论，它是用总需求的过度增长来解释通货膨胀的产生。也就是说，由于社会总需求的过度增长超过了按现行价格水平供给的增长速度，即处于供不应求状态，使太多的货币去追求太少的商品和劳务而引起的一般物价水平持续上涨的经济现象即称为需求拉上型通货膨胀。这种理论认为，当经济中总需求扩张超出总供给增长时所出现的过度需求是拉动价格总水平上升、产生通货膨胀的主要原因。通俗的说法就是"太多的货币追逐太少的商品"(弗里德曼语),使得对商品和劳务的需求超出了在现行价格下可得到的供给,从而导致一般物价水平的上涨。其中,需求是指人们持有的货币对商品和劳务形成的有支付能力的需求,供给是指市场上商品和劳务的总量。

需求拉动型通货膨胀中总需求过大的原因,主要有以下三个方面:
(1)政府需求膨胀:政府财政支出超过财政收入而形成赤字;
(2)投资需求膨胀:国内投资总需求超过国内总储蓄和国外资本流入之和;
(3)消费需求膨胀:国内消费总需求超过消费品供给和进口消费品之和。

需求拉动型通货膨胀的成因主要有以下几个方面:
(1)政府财政支出超过财政收入而形成赤字,靠透支来弥补;
(2)国内投资总需求超过国内总储蓄和国外资本流入之和;
(3)国内消费总需求超过消费品供给和进口消费品之和,形成所谓的"消费膨胀"。

需求拉动型通货膨胀的形成主要考虑以下因素:
(1)实际因素:由于政府采取措施扩大需求,降低利率和某些产业投资优惠等刺激投资,使投资需求增加,因而使商品和劳务的总需求不断增长。
(2)货币因素:①经济体系对货币需求大大减少,即使在货币供给无增长的条件下,原有的货币量也会相对过多;②在货币需求不变时,货币供给增加过快,货币量也会相对过多。

大多数时候,货币供给增长过快、货币过多造成的商品和劳务的供不应求与投资需求过多造成的商品和劳务的供不应求所引起的物价水平上涨是一样的,但也有区别。如投资需求过旺必然导致利率上升,而货币供给过多必然导致利率下降。过旺的投资需求又往往要求追加货币供给的支持,反过来增加货币供给也往往是为了刺激投资,等等。如果投资的增加引起总供给同等规模的增加,物价水平可保持不变;如果总供给不能以同等规模增加,物价水平上升较缓慢;当劳动力充分就业,可用资源被充分利用的情况下,投资的增加不能再引起总供给的增加,需求的拉动将完全作用在物价上,这就必然引起物价持续上涨,出现通货膨胀。

凯恩斯在《通论》中,从分析货币量变动的传导机制出发,认为货币量对物价的影响是间接的,影响物价的因素除货币量以外,还有成本单位和就业量等多种因素,他在研究这种类型的通货膨胀时,把需求大于供给分为三种情况:
(1)在经济没有达到充分就业和生产能力没有被充分利用时,如果货币数量增加,在货币需求不变的情况下,首先引起市场利率下降,从而导致投资增加,投资增加通过投资乘数的作用,促使消费增加,随着投资和消费的增加,社会总需求也将增加,促使就业增加和产量的扩大,即社会总供给随着社会总需求的增加而增加,并不会导致通货膨胀。
(2)在经济扩张到一定阶段,以至有些资源和技术变得稀少的情况下,货币数量增加,引起社会总需求增加,进而引起社会总供给的增加,同时也会导致物价水平的上升,但由于此时的生产能力仍然有所扩大,物价上升幅度小于货币数量上升的幅度,这时货币数量的增加,部分引起生产和就业的增加,部分引起物价水平的上涨,这被称为存在半通货膨胀或爬行的通货膨胀。
(3)在社会达到充分就业和生产能力被充分利用的情况下,货币数量增加,引起社会总需求增加,但总需求的增加不会引起社会总供给的增加,即社会总供给属于无弹性的,物价水平将随着货币数量的增加而成比例地上涨,就会产生真正的通货膨胀。

需求拉动型通货膨胀的形成机理可以用图9-4来说明。

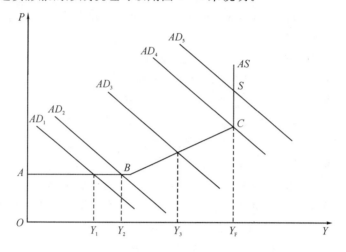

图9-4 需求拉动型通货膨胀形成机理示意图

在图9-4中,横轴代表国民收入(Y),纵轴代表物价水平(P)。社会总供给曲线 AS 可按社会的就业状况分成 AB、BC、CS 三个区间段;社会总需求曲线 AD 随着总需求的扩大而会出现不断向右上方移动。

第一,在 AB 区间段,总供给曲线呈水平状态,意味着供给弹性无穷大,社会上存在着大量的闲置资源,如严重的失业现象、现有设备开工不足以及金融资本过剩等情况。这时,总供给增加的潜在能力非常大,当总需求扩大时只有产出的增加,而不会导致物价的上涨,物价仍然保持在原来的水平。

第二,在 BC 区间段,总供给曲线逐渐向社会充分就业时的最大产出点靠近,表现为向右上方倾斜。意味着社会闲置资源已经不多,总供给潜在的增加能力较小,总需求扩大,必然在产出增加的同时会出现物价的上升。当总需求曲线从 AD_2 移至 AD_3 时,产出水平增加,但增加的幅度比以前减缓,同时物价开始上涨。

第三,在 CS 区间段,总供给曲线已处于社会资源充分利用(充分就业)的位置上,呈现垂直状态。意味着社会上已经不存在任何可以利用的闲置资源,相应的产出水平也达到了短期内的最大水平。此时,扩大总需求,那就只有物价水平的上涨,而不会有任何产出的增加。总需求曲线从 AD_4 到 AD_5,只有导致物价上涨,而产出水平保持在充分就业时的最大产出点 Y_F 上。

在凯恩斯学派的模式中,社会总需求包括政府支出、消费需求、投资需求和净出口,在总产出不变时,其中任何一个需求的自发增加都会产生通货膨胀的缺口。货币主义则强调货币因素对通货膨胀的作用,认为通货膨胀纯粹是一种货币现象。应当说明的是,在凯恩斯的理论中,增加货币数量只会出现利多弊少的半通货膨胀,而不会出现真正的通货膨胀,这是他推行膨胀性货币政策的理论基础。但从20世纪50年代以后,通货膨胀在各主要发达国家蔓延,不仅没有起到刺激经济的作用,反而使经济增长速度变缓,甚至陷入经济停滞或衰退,失业和通货膨胀并存的现象用凯恩斯的理论无法解释,经济学家的注意力开始转向社会总供给方面,提出了通货膨胀成因的成本推进说。

二、成本推进型通货膨胀

在20世纪50年代,西方国家出现了经济停滞和通货膨胀并存的时期,许多经济学家开始对需求拉上型通货膨胀产生怀疑,认为通货膨胀产生的根源在于社会总供给的变化,在商品和劳务的总需求不变时,由于生产成本的上升而推进物价上升,导致通货膨胀。因为在通常情况下,商品的价格是以生产成本为基础,加上一定的利润而构成,因此生产成本的上升必然导致物价水平的上升。即成本推进说认为通货膨胀的根源不在于总需求的过度增加,而是在于总供给方面产品成本的上升,这就是成本推进型通货膨胀(cost-push inflation)。而生产成本提高又归结为两种原因:一是工会力量对工资提高的要求;二是垄断行业中企业为追求利润形成的垄断价格。所以,成本推进型通货膨胀又分为工资成本推进型和利润推进型两种。

(一)工资成本推进型通货膨胀

工资成本推进型通货膨胀以存在强大的工会组织,从而存在不完全竞争的劳动力市场为假定前提。由于存在工会力量,要求提高工人的工资,工资的提高,使得货币工资率的增长速度超过了边际劳动生产率的增长速度,生产成本增加,企业为保持利润不变,将提高商品价格,工人为保持实际工资水平不变,又要求提高工资,于是生产成本再次增加,物价继续上涨……出现工资、物价的螺旋式上升,即形成工资成本推进型通货膨胀。

(二)利润推进型通货膨胀

利润推进型通货膨胀以存在商品和劳务的不完全竞争市场为前提,即存在完全垄断市场。工人提高工资,商品的生产成本上升,垄断企业为获得垄断利润,提高产品的价格,以垄断企业产品为原材料的其他产品成本上升,引起其他产品价格的上升……于是物价总水平上涨,即产生利润推进通货膨胀。学者们将其产生的根本原因归结为工人工资的提高。即在不完全竞争的市场中,寡头企业和垄断企业在追求更大利润时,依靠其垄断市场的力量,运用价格上涨的手段来抵消成本的增加,从而导致价格总水平上升。如果其他社会力量或政府拥有某种垄断力量,他们也可以运用这种力量来保持自己在总收入分配中所占的比重,进而导致通货膨胀。

从经济学的角度看,工资、利润都属于生产成本的组成部分,所以,不管工资成本推动还是利润推动所造成的通货膨胀,都可统一看成是成本推动型的通货膨胀,因此也可以将供给型通货膨胀称为成本推动型通货膨胀。可以通过图9-5对此类型的通货膨胀进行说明。

在图9-5中,横轴代表国民收入(Y),纵轴代表物价水平(P),Y_F是充分就业条件下的国民收入,社会总需求曲线为AD,最初,社会总供给曲线为A_1S,在总需求不变时,由于工资或利润等生产成本上升,企业的产品供给减少,使总供给曲线由A_1S向A_2S、A_3S移动,这样,导致国民收入Y由Y_F降至Y_2和Y_1(国民收入下降是因为产品的生产成本上升,导致失业增加,产量减少),同时物价水平由P_1上升到P_2、P_3,形成成本推进型通货膨胀。

以弗里德曼为首的货币学派坚持需求拉上的主张,反对成本推进的说法。他们认为,成本推进型的通货膨胀理论是将个别价格同一般物价水平等同起来,把相对价格与绝对价格混为一谈,只要货币供给量没有变化,则普遍的、持续的物价上涨就不可能发生。某种商品价格上升后,人们在该商品上的支出可能会增加,但在货币收入不变的条件下,用在其他商品上的支出必然会减少,于是一种商品价格的上升为其他商品价格的下降抵消,所以,一般物价水平不

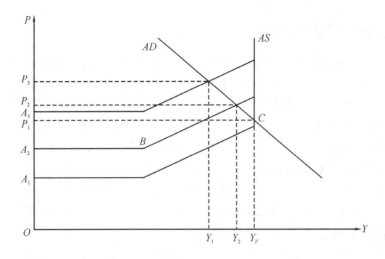

图 9-5 成本推动型通货膨胀形成机理示意图

可能上涨。弗里德曼还指出,由成本上升所引起的物价上涨往往是一次性的,而不会是持续性的,不过,这种一次性的物价上涨可能使政府做出增加货币供应量的反应,从而导致持续性的物价上涨。在一些国家,如日本和德国,在石油危机时没有做出这样的反应,通货膨胀得以避免。

三、结构型通货膨胀

由于需求拉上或成本推动的通货膨胀理论不足以说明一些国家的长期通货膨胀问题,于是,一些经济学家从一国经济结构及其变化方面寻求通货膨胀的成因。他们认为,即使整个经济生活中的社会总需求和社会总供给处于均衡状态,但由于经济结构方面的因素变动,一般物价水平也会发生上涨的情况,这就是所谓的结构型通货膨胀(structural inflation)。

这种理论的核心思想是:经济中存在两个部门——先进部门和保守部门(或需求增加部门和需求减少部门、扩展部门和非扩展部门、开放部门与非开放部门),由于需求转移、劳动生产率增长的不平衡或世界通货膨胀率的变化,导致一个部门的工资、物价发生变动时,但劳动力市场的特殊性要求两个部门工人的工资以同一比例上升,相反的情况出现时,由于物价与工资存在向下的刚性,结果会引起物价总水平的普遍持续上涨。

具体而言,这种类型的通货膨胀又可以分为以下几种。

(一)需求结构转移型通货膨胀

需求结构转移型通货膨胀即指在总需求不变的情况下,由于消费者偏好的变化,部分需求转移到其他生产部门,而各种生产要素却不能及时转移,于是,需求增加的部门的工资和物价上升,而需求减少的部门的工资和产品价格由于"刚性"特点又没有下降,因此导致物价总水平的上涨。该理论最早由舒尔兹在1959年发表的《最近美国的通货膨胀》中提出的。

(二)部门差异型通货膨胀

先进部门与落后部门的劳动生产率存在差异,当先进部门因劳动生产率提高而增加工资时,由于攀比,落后部门的货币工资也以同等比例提高,从而引起整个经济出现工资推进型的通货膨胀。该理论最早由鲍莫尔在1967年发表的《不平衡增长的宏观经济学:城市危机的解剖》中提出,之后托宾和希克斯也提出了相类似的看法。

(三)斯堪的纳维亚模型(北欧模型)通货膨胀

斯堪的纳维亚模型主要适用于分析"小国开放经济的"通货膨胀问题,是一种以小国开放经济为对象,从经济结构、部门分析通货膨胀的一种理论模型。该模型最初由挪威经济学家克鲁斯特提出的,经过瑞典经济学家德格伦、法克森及奥德纳等人加以发展和完善。

小国开放经济指的是一类小型国家,他们参与国际贸易,但其进出口总额在世界市场上所占的份额比较小,因而他们的进出口不会对世界市场上的商品价格产生任何影响,是一个纯粹的价格接受者,但世界市场的价格变化却能通过贸易对其国内价格水平产生影响,因此,这些国家的通货膨胀在很大程度上要受世界通货膨胀的制约。

在模型中,小国开放经济分为两个部门,一个是开放部门(E),另一个是非开放部门(S)。开放部门包括那些生产的产品主要用于出口的行业,或虽然用于国内消费,但有进口替代品与之竞争的行业,非开放部门是指那些受政府保护或因其产品本身的性质而免受国外竞争压力的行业。

假设用 π 表示通货膨胀率,用 W 表示货币工资增长率,用 λ 表示劳动生产率的增长率,用下标 E、S 分别表示开放部门和非开放部门,下标 W 则表示世界市场,斯堪的纳维亚小国型通货膨胀可用图9-6来说明。

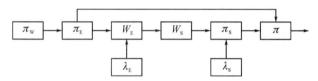

图9-6 斯堪的纳维亚小国型通货膨胀形成示意图

斯堪的纳维亚模型包括以下几个主要关系:

(1)以本国货币表示的开放部门的产品价格由世界市场价格与现行汇率共同决定的,在固定汇率下,开放部门的通货膨胀率 π_E 等于世界市场的通货膨胀率 π_W,即 $\pi_E = \pi_W$;

(2)开放部门的劳动生产率的增长率 λ_E 由外生变量决定,$\pi_E + \lambda_E$ 构成开放部门每个工人产出价值的增长率,如果收入分配结构不变,则每个工人产出价值的增长率就等于货币工资的增长率 W_E,即 $W_E = \pi_E + \lambda_E$;

(3)开放部门的货币工资增长率 W_E 与非开放部门的货币工资增长率 W_S 之间存在一种挤出效应或关联效应,市场力量和工会的工资政策将导致非开放部门的工资增长率与开放部门一致,即 $W_E = W_S$;

(4)非开放部门采用成本加成定价原则,因此,该部门的货币工资增长率 W_S 与劳动生产率的增长率 λ_S 共同决定了该部门的通货膨胀率 π_S,即 $\pi_S = W_S - \lambda_S$;

(5)开放部门的通货膨胀率 π_E 和非开放部门的通货膨胀率 π_S 的加权平均数构成国内的通货膨胀率 π,即 $\pi = \pi_E \cdot a_E + \pi_S \cdot a_S$。

其中,a_E 和 a_S 分别为开放部门和非开放部门在国民经济中的比重,因此有 $a_E + a_S = 1$。

四、供求混合推进型通货膨胀

这是将供求两方面的因素结合起来考虑通货膨胀的产生,认为通货膨胀是需求拉动和成本推进共同作用而引起的。需求拉动型通货膨胀是撇开供给来分析通货膨胀的成因,而成本推进型通货膨胀则是以总需求给定为前提条件来解释通货膨胀的,二者都具有一定的片面性和局限性,因此,有的经济学家认为,成本推进或需求拉动的概念存在缺陷,它只能说明由于需求曲线或供给曲线的位置移动而发生的物价水平的一次性上涨,但不适宜对持续的物价上涨进行分析,在现实的经济生活中,大量存在的是总供给和总需求共同作用下的供求混合型通货膨胀。如图 9-7 所示。

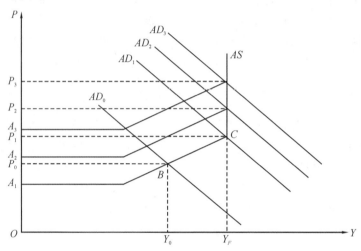

图 9-7 混合型通货膨胀形成机理示意图

混合型通货膨胀可能由需求拉上开始,假定经济最初的总供求均衡点为 A_1S 和 AD_0 的交点 B,政府为了促进经济增长,便实行刺激总需求以提高产出的政策,在扩张性的财政、货币政策的共同作用下,总需求曲线从 AD_0 移到 AD_1,产出由 Y_0 增加到 Y_F,同时物价水平由 P_0 上升到 P_1,物价的上涨会使生产成本提高,从而导致总供给曲线由 A_1S 移动到 A_2S,产品价格进一步上升到 P_1,但产出水平下降了,为了实现经济增长和充分就业,政府再次增加支出,总需求曲线由 AD_1 移动到 AD_2,如此下去,物价水平由 P_0 向 P_1、P_2、P_3 移动而螺旋式上升,产生通货膨胀。

混合型通货膨胀也可能由成本推进开始,假设经济起初处于充分就业的水平,总供求均衡点为 A_1S 和 AD_0 的交点,如果这种状态维持久了,工会组织向企业提出增加工资的要求,由于工资成本的推动,总供给曲线从 A_1S 向 A_2S 移动,物价水平上升,而产出水平下降,导致失业的增加,影响了政府政策目标的实现,政府采取扩张的货币政策,导致总需求曲线从 AD_0 移动到 AD_1,产出恢复充分就业的水平,但物价进一步上升,为了抵消通货膨胀的影响,工会又要求提高工资,成本又推动供给曲线发生变动,持续性的通货膨胀不可避免。

可以看出,工人工资增加后,如果没有需求和货币收入的增加,就不会产生持续的通货膨胀;如果工人增加工资,企业成本增加,产品价格上升,但社会总需求不变,则将导致产品积压,企业会压缩生产,导致失业增加、产量减少,通货膨胀中止。因此,成本推进型通货膨胀如果不结合需求拉动,就不会产生持续的通货膨胀。

第三节 通货膨胀的社会经济效应

➤ 一、通货膨胀的产出效应

通货膨胀的产出效应反映的是通货膨胀与经济增长的关系。国内外的经济学家对恶性通货膨胀会损坏经济增长的认识基本一致,但对于温和的通货膨胀的产出效应存在争议,观点大致可分为以下三种。

(一)促进论

促进论认为通货膨胀具有真正的产出效应,可以促进经济增长。坚持该观点的人认为,资本主义经济长期处于有效需求不足、生产要素没有得到充分利用、劳动者没有充分就业、实际经济增长率低于潜在的经济增长率的状态,因此,政府可以通过实施通货膨胀政策,实行财政赤字预算,扩大货币发行,增加政府的投资性支出,扩大社会总需求,刺激经济增长,由于投资乘数作用,在通货膨胀的同时,产量和国民收入也将增加。

(1)政府可以通过赤字财政和通货膨胀的货币政策,在增加政府实际投资的同时,保证私人部门的投资不会因为政府投资的增加而相应减少(非挤出效应),以提高货币增长率的手段来刺激有效需求,达到促进经济增长的目的。

(2)通货膨胀是一种有利于高收入阶层的收入再分配效应,即在通货膨胀的过程中,高收入阶层的收入比低收入阶层的收入增加幅度大,与此同时,高收入阶层的边际储蓄倾向比低收入阶层高,因此,在通货膨胀时,高收入阶层的储蓄总额增加,转化为投资,导致实质经济的增长。

(3)通货膨胀出现后,公众预期的调整有一个过程,在这个过程中,物价上涨了,名义工资没有改变,而企业利润会相应提高,因此,在公众的货币幻觉(认为在通货膨胀时,仍以为币值是稳定的)没有破灭的情况下,通货膨胀会刺激私人投资的积极性,进而促进经济的增长。

(4)通货膨胀有利于产业结构的调整,由于存在价格下降的刚性,相对价格调整困难,通货膨胀引起的物价上涨在各地区、各部门和各行业、各企业之间是不平衡的,长线产品的价格和短线产品的价格都上升,但短线产品的价格上升幅度大,因此,两类部门的投资都可能增加,但短线产业的投资规模比长线产业大,增长速度快,从而全社会的产业结构可以得到调整。

结论:在经济处于有效需求不足,实际经济增长率低于潜在经济增长率时,政府可以通过实施适度的通货膨胀政策来实现经济的增长。

促进论认为,通货膨胀是政府的一项政策,政府可以获得直接利益,获利大小完全取决于政府调控经济水平的高低。

(二)促退论

促退论认为通货膨胀不仅不能促进经济增长,反而会降低效率,阻碍经济增长,其理由主要有以下几点:

(1)通货膨胀会降低借款成本,从而诱发社会对资金的过度需求,迫使金融机构加强信贷配额管理,降低金融体系的运营效率。

(2) 长期的通货膨胀会增加生产性投资的风险和经营成本，使生产性投资下降，使资金更多地流向非生产性部门，扰乱正常的资金分配流向，不利于经济的长期增长。

(3) 在公众对通货膨胀产生预期后，在公众舆论的压力下，政府可能采取价格管制措施，这会使经济的运行更缺乏竞争性和活力。

就通货膨胀的危害而言，也有不同的认识：

以弗里德曼为代表的货币学派认为，通货膨胀虽然可以给政府带来收入，可以在短期内呈现出良好的初始效果，但当通货膨胀持续进行的时候，人们很快就发现他们手中的货币数量多了一些，但可购买的商品却少了，工商企业发现销售收入虽然扩大了，但成本上升了，这就迫使他们把工资和物价抬得更高，否则，将遭受通货膨胀的损失。于是，恶果开始出现：被抬高的物价、通货膨胀与经济停滞连在一起。如果不采取强硬措施有效制止通货膨胀，这种恶果将越演越烈，不仅破坏市场活动的正常进行，导致经济混乱和危机，而且将带来政治的动荡。

新剑桥学派也认为，通货膨胀是经济中的严重疾病，它从多方面危害经济社会生活。首先，通货膨胀是一种极不合理的收入再分配，通货膨胀有利于经济力量强大的集团，不利于社会的贫弱阶层。在通货膨胀中，最能捞到好处的是大集团，他们可以不断地从物价上涨中攫取更多的超额利润；而对大部分的从业者来说，他们的货币收入的增加总是落后于物价的上涨。在这个时差中，他们的损失变成了投资者或资本家的收益。那些失业或退职人员，既没有提高收入的希望，又得不到通货膨胀的好处，并且通货膨胀还可能将其应得收入再分配，这种不公平的收入再分配加剧了原有的国民收入分配不均。其次，通货膨胀打击了生产与投资，不利于经济发展。在通货膨胀环境下，从事生产和投资的风险较大，相比之下，进行财产投机更为有利可图。因为在通货膨胀下，货币价值不断下跌，而物质财富的价值不断上涨。特别是在"物价将要上涨"这种通货膨胀预期作用下，人们将提前抬高各种财产的现值，这样一来，各种财产就成为投机的对象。而资金也从生产性领域转向流通领域，服务于投机活动，生产资本减少，经济衰退。最后，在现代的开放经济中，通货膨胀容易形成外贸逆差。只要汇率的调整没有及时跟上通货膨胀的幅度，通货膨胀就将打击出口而有利于进口。因为在通货膨胀中出口成本增加，国内价格上升，降低了国际市场的竞争力，阻碍出口，而进口商品则因有利可图便源源不断地涌入国内，造成国际贸易的紧张局面，出现外贸逆差。

供给学派认为通货膨胀的危害表现在以下五个方面：①通货膨胀使个人和企业承受更多的实际税率。一方面，通货膨胀提高了人们的名义收入，使他们升至更高的税率级，造成"纳税等级上移"，加重了税收负担；另一方面，由于沿用历史的成本计算程序造成对折旧的错误估价，致使成本偏低，形成虚假利润，因高估资本收益而使企业交纳更多的税款。②通货膨胀降低储蓄的数量和效率。一方面，通货膨胀减少了人们的实际收入，削弱了人们的储蓄能力；另一方面通货膨胀造成本金贬值和储蓄实际收益下降，使人们对储蓄和未来收益产生悲观的预期，储蓄意愿大大降低，导致即期消费对储蓄的替代。通货膨胀还会影响储蓄的配置，人们不愿意持有将随通货膨胀而贬值的长期金融证券，而把储蓄转向短期金融资产和各种有形资产，致使储蓄效率低下。③通货膨胀减少投资。除上述两点致使投资力不足和资金来源匮乏以外，通货膨胀还降低实际盈利率，加剧对投资的抑制。④通货膨胀严重损害供给。通货膨胀造成工资、物价互相追逐，导致价格、利率反复无常地变动，形成市场更大的不确定性，市场相对价格的可靠性和市场信号的准确性降低，不利于各种经济资源的估价和有效配置，经济活动的风险增大，企业创新困难重重，从根本上破坏了市场机制，损伤了供给力量。⑤通货膨胀导致贸易逆差。由于国内价格上升,有利于进口而不利于出口,造成贸易收入的巨大逆差。

(三)中性论

中性论认为通货膨胀对产出和经济增长即没有正的效应,也没有负效应。在温和的通货膨胀环境下,必然会形成公众对通货膨胀的预期,由于公众的预期,他们会对物价上涨做出合理的行为调整,使有关通货膨胀的各种效应的作用相互抵消,从而对经济增长不发生作用。

二、通货膨胀的强制储蓄效应——通货膨胀税

强制储蓄效应,也即赤字货币化的结果,由于政府通过透支或增发国债的方式,直接或间接地增发了货币来筹集投资基金,从而提高了整个社会的储蓄水平的效应。

所谓的储蓄是指用于投资的货币积累。在正常情况下,经济当中的家庭、企业和政府三部门的储蓄分别有各自的形成规律:家庭部门的储蓄是收入剔除消费支出后的剩余部分,企业部门的储蓄由用以扩张生产的利润和折旧基金组成,政府部门的储蓄来源则比较特殊。如果政府用增加税收的办法来筹集生产性投资的资金,那么这部分储蓄是从其他两个部门的储蓄中挤出的,而社会总储蓄量不变;如果政府通过向中央银行借款弥补财政赤字的方法形成储蓄,就会直接或间接增加货币发行,强制增加全社会的储蓄总量,由此引发的通货膨胀降低了家庭和企业所持有的货币余额,而这部分失去的货币价值实际上转移到发行货币的政府手中,形成所谓的"通货膨胀税",也就是说,政府通过增加发行货币引起通货膨胀而获得超额收入,它以隐蔽的手段增加了政府的投资,只要政府的储蓄倾向高于各货币持有者的储蓄倾向,整个国家的平均储蓄水平就会提高,从而有更多的投资资金。显然,通货膨胀这种"强制储蓄"的效应是通过对社会流通中的货币量进行再分配而实现的。

三、通货膨胀的收入分配效应

在通货膨胀时期,人们的实际收入和名义收入之间会产生差距,只有剔除物价的影响,才能看出人们实际收入的变化,由于各社会成员收入增长的比例不一致,因此,在物价总水平上涨时,有些人的实际收入水平会下降,有些人的实际收入水平会上升,这样,通货膨胀实际上在社会成员之间强制进行了一次国民收入再分配,这就是通货膨胀的收入分配效应。

(1)通货膨胀对固定收入者不利,对浮动收入者有利。

(2)通货膨胀对债务人有利,对债权人不利(固定利率)。债务人获得货币进行即期使用,提前购买,等到其偿还时,由于通货膨胀,同量货币的实际购买力已经下降,通过牺牲债权人的利益使债务人获利。但如果采用浮动利率,在借款合同中附加通货膨胀条款,则不会存在这种分配效应。

(3)通货膨胀对实物财富持有者有利,对货币财富持有者不利。

(4)通货膨胀对国家有利,对社会公众不利,即通货膨胀税。

四、通货膨胀的资产结构调整效应

通货膨胀的资产结构调整效应即财富分配效应,是指通货膨胀会通过储蓄和部分有形资产价格的变化影响社会成员原有资产比例的现象,是由于通货膨胀的产生导致经济主体调整实物资产和金融资产的比例的效应。

社会成员拥有的资产可以分为实物资产和金融资产两种形式,许多人同时还拥有负债,因

此，一个家庭的财产净值等于资产价值与债务价值之差。

通货膨胀时期，实物资产的货币价值大体随着通货膨胀率的变动而相应升降，具体的，通货膨胀对实物资产的影响程度取决于持有的实物资产在货币形态上的自然升值与物价总水平上涨之间是否一致，如果前者大于后者，可以受益，如果前者小于后者，则会受损。

金融资产的价值在通货膨胀条件下变化比较复杂，一般而言，股票价格在通货膨胀条件下会呈现上升趋势，但影响股票价格的因素很多，很难确定地说在通货膨胀条件下它可以升值，就持有金融负债的人而言，由于通货膨胀会减少实际债务，从而对债务人有利而对债权人不利。

每个社会成员的资产负债结构不同，受通货膨胀的影响也不同，要看最终持有的实物资产、货币资产和负债三方面所得的收益和损失的净差额而定。一般来说，在居民、企业和政府中，居民部门在总体上是货币多余者，处于净债权人地位，是通货膨胀的受害者，而企业和政府两个部门，总体上是货币不足者，处于净债务人的地位，在通货膨胀条件下是受益者。

每个家庭的财产净值，在通货膨胀之下，往往会发生很大变化。

例如：假设一个家庭有存款20 000元，债务60 000元，货币值可随物价变动而相应变动的资产25 000元。当没有通货膨胀时，其资产净值为20 000＋25 000－60 000＝－15 000元，这时的资产净值既是名义值，也是实际值。当出现了通货膨胀时，设定通货膨胀率为100％。为简化分析，暂不考虑利息因素，于是：存款仍为20 000元，债务仍为60 000元，货币值可变的资产则变为25 000×（1＋100％）＝50 000元；总名义资产净值为20 000＋50 000－60 000＝10 000元，而实际值是：

存款20 000÷（1＋100％）＝10 000元；

债务60 000÷（1＋100％）＝30 000元；

货币值可随物价而变动的资产其实际值仍为25 000元。

故实际资产净值只有（25 000＋10 000）－30 000＝5 000元。

▶ 五、通货膨胀的资源分配效应

通货膨胀扰乱了社会对资源的分配与调节秩序，使有限的资源不能高效率、合理地利用。在市场经济条件下，价格机制与各种市场机制共同作用，引起社会资源合理流动。但是，在通货膨胀情况下，由于价格上涨，特别是由于各种商品价格上涨的时间、速度与幅度不同，表现出时间不均衡、价格不均衡，加之通货膨胀预期的存在，最终会使价格机制发生扭曲，各种市场失去正常的秩序，由此而造成的价格与市场对资源的引导与分配也会变得扭曲，甚至会导致社会资源的浪费。

例如，在通货膨胀到来之前，或者在通货膨胀初期，社会公众会认为房地产是比较理想的保值投资对象，其价格上涨率也很高，因此对房地产业的投入大量增加，但随着通货膨胀的发展，人们就会发现大量的房地产开发超过了市场需求，或许出现大量闲置的土地、房屋等，这就是通货膨胀造成价格扭曲、导致资源不合理分配与流动的结果。

又如，在通货膨胀期间，由于实际利率下降，公众储蓄意愿降低，对银行正常的储蓄减少，银行信贷资金来源减少，金融市场正常融资渠道受阻，民间高利贷应运而生；与此同时，由于货币贬值，企业积累的资金不能满足扩大再生产需要，需要借助银行与金融市场融资，资金需求增加。这时利率机制不起作用，资金资源供求不一致，资金不能合理、有效流动，降低了资金的使用效率和社会效益。

六、恶性通货膨胀与社会危机

现在大多数经济学家都认为,通货膨胀对经济增长有害。主要原因在于,通货膨胀使已经正常分配的社会收入和财富重新分配,影响了经济秩序、生活秩序及社会秩序,扰乱了价格机制与各种市场的功能与作用,给社会带来极大的消极影响。

(一)对经济秩序的不良影响

通货膨胀使社会投资下降,使企业设备更新和技术改造能力下降,影响社会扩大再生产,影响生产发展。通货膨胀阻碍商品出口,依赖进口,限制了本国生产与流通的发展,阻碍了民族经济,影响该国或地区在国际市场的竞争能力,给其长远发展带来不利。通货膨胀加剧了经济结构失衡,形成虚假的需求大于供给,供求失衡的市场使价格盲目上涨,扭曲和模糊甚至掩盖了产业结构、产品结构的矛盾与问题,经济结构失衡问题不但没有解决,反而更严重了。通货膨胀影响了正常的商品流通,由于膨胀期间,物价大幅度的增长,流通领域容易获取暴利,投机利润大于生产利润,往往吸引大量社会资金,其中包括生产资金进入流通领域,出现弃生产、搞流通、产销脱节、批零混乱等现象,扰乱了商品流通秩序。通货膨胀加剧了经济环境的不确定性,通货膨胀预期飘浮不定,政府对经济的宏观调控更加困难,力度减弱,政策失误的可能性增加,公众对经济走势也举棋不定,社会经济活动与经济秩序混乱。

(二)对社会秩序的不良影响

通货膨胀使固定收入者实际收入下降,往往会导致其不安心工作甚至以权谋私等现象,形成很多深层次的问题。通货膨胀使收入和财富重新分配,有可能激发社会矛盾,引起社会各界的不满,甚至可能形成社会各阶层的对立,尤其是低收入者,本来收入较低,实际值更少,容易对高收入阶层、官方或投机商产生不满情绪。通货膨胀使投机利润增加,挫伤了投资者、劳动者的积极性,助长了投机钻营,使社会风气与道德败坏。通货膨胀加大了政府宏观管理的难度,措施往往不尽如人意,加之老百姓心理预期,容易形成与政府的对立,导致政策执行难,严重时会导致政治危机和社会动乱。当通货膨胀超过一定的界限从而形成恶性通货膨胀时,还可能引发社会经济危机。其主要表现有:商品抢购,物价飞涨;信用萎缩,银行挤兑;纸币流通制度出现危机,等等。

第四节 通货膨胀的治理

一、宏观紧缩政策

如果通货膨胀主要是由于总需求过度引起的,需要采取抑制总需求的政策,是需求管理政策的核心思想,而抑制总需求的途径主要包括紧缩的货币政策、紧缩的财政政策和紧缩的收入政策三个方面。

(一)紧缩的货币政策

紧缩的货币政策就是控制货币供应量,但这种控制并不是减少货币存量,只是减缓货币供应量的增长速度,以抑制总需求的急剧膨胀。货币当局也可以采取传统的中央银行的三个货币政策工具——法定存款准备金、再贴现和公开市场业务,限制银行信贷规模,绝对减少货币存量。

紧缩性货币政策具体操作时,可采取如下措施。

1. 提高法定存款准备金率

中央银行对商业银行提高法定存款准备金率,可以降低商业银行可运用的信贷资金总额,缩小派生存款,减少投资额,达到控制货币供应量的目的。这种手段简单易行,见效快,对控制货币供应量效果较好。但明显缺乏弹性,对经济震动过大。

2. 提高再贴现率

中央银行对商业银行提高再贴现率,可以促使商业银行对企业提高贴现利率,导致企业利息负担加重,利润减少,从而抑制企业对信贷资金的需求,以此减少投资,减少货币供应量。同时,提高储蓄存款利率,鼓励居民增加储蓄,把更多的消费基金转化为生产资金,减少直接需求,减轻通货膨胀的压力。

提高利率是控制货币供应量比较有效的手段,但也有一定的副作用,主要表现是:会直接降低企业的投资,导致经济衰退;直接增加企业贷款成本,容易使企业提高商品价格,出现成本推动,加剧通货膨胀;高利率会诱使大量境外资金涌入,掌握甚至控制本国经济;等等。

3. 加强公开市场业务

中央银行在金融市场中,向商业银行、企业及其他社会公众出售手中的有价证券,主要是政府公债、国库券、中央银行金融证券等,吸引社会各界资金,并回笼至中央银行,减少商业银行及其他社会公众手中的现金或存款,达到减少市场货币供应量的目的。

货币学派更注意货币政策的作用,弗里德曼认为,因为过度地增加货币量是通货膨胀的唯一原因,所以,降低货币增长率也是治理通货膨胀的唯一方法,即只有将货币增长率最终下降到接近经济增长率的水平,物价才可能大体稳定下来,即中央银行运用货币政策工具抽紧银根。

一般而言,减少总需求以制止通货膨胀往往会导致经济增长的下降,失业率上升,并且,开始紧缩的力度越大,衰退越严重,但持续时间较短,通货膨胀率也能较快地降下来;反之,采取温和的措施,开始时的衰退并不严重,但拖延的时间较长。因此,政府就面临着抉择:是付出较大代价以求迅速见效,还是使其成为一个较为漫长的过程。

(二)紧缩的财政政策

紧缩的财政政策包括:①消减政府的财政支出,其中包括政府的购买性支出和转移性支出;②增加税收,抑制个人和私人部门的消费支出和投资支出。总之是紧缩财政支出,提高赋税,一方面压缩政府财政支出所形成的需求,另一方面抑制私人部门的需求。但是,财政支出具有很大的刚性,教育、国防和社会福利的消减会有阻力,有些并非能由政府完全控制,而增加税收会遭到社会公众的强烈反对,而且,税收方面的制度都是通过立法程序确定的,政府财政部门并不掌握税收的调整权。

(三)紧缩的收入政策

紧缩的收入政策即工资物价管制政策,是指政府制定一套关于物价和工资的行为准则,强制性或非强制性要求价格决定者(劳资双方)共同遵守。实行物价和工资管制,主要针对成本推动型的通货膨胀,其目的在于限制物价和工资率的上涨率,降低通货膨胀率而又不至于造成大规模的失业。这些限制主要包括以下几方面：

（1）指导性为主的限制。对特定的工资或物价进行"权威性劝说"或施加政府压力，迫使工会或雇主协会让步；对一般性的工资或物价，政府根据劳动生产率的提高等因素，制定一个增长标准，作为工会和雇主协会双方协商的指导线，要求他们自觉遵守。

（2）以税收为手段的限制。政府以税收作为奖励和惩罚的手段限制工资和物价的增长，如果增长率保持在政府规定的幅度内，政府就以减少个人所得税和企业所得税作为奖励，如果超过界限，就增加税收作为惩罚。缺陷：对于指导性政策或税收政策，效果取决于劳资双方与政府能否通力合作。

（3）强制性限制。即政府颁布法令对工资和物价实行管制，甚至实行暂时冻结。缺陷是一般会妨碍市场机制对资源的有效配置。如果在价格管制的同时没有采取相应的紧缩需求的措施，公开的通货膨胀会转化为隐蔽的通货膨胀，一旦重新放开价格，通货膨胀将会以更大的力量爆发出来。

二、收入指数化政策

收入指数化政策是指对货币性契约订立物价指数条款，使工资、利息、各种债券收益以及其他货币收入按照物价水平的变动进行调整。即根据生活费用物价的变动情况，至少部分地自动调整工资水平。

收入指数化政策有三个优点：一是它有利于抑制通货膨胀，在这种情况下，反通货膨胀只会造成更少的失业，因为当通货膨胀率低于签订劳务合同时的预期水平时不会引起实际工资的提高，从而不会造成就业的减少；二是可以消除物价上涨对工人收入水平的影响，减弱由通货膨胀所带来的分配不均问题，有利于社会稳定；三是能借此剥夺政府从通货膨胀中获得的收益，杜绝其制造通货膨胀的动机。我国在1993—1996年实行的保值储蓄，就属于此类政策，目的是使人们不必担心通货膨胀会使货币购买力下降，从而降低通货膨胀预期，停止抢购。

缺陷：假如由于劳动生产率的增长下降或其他类似石油危机时的供给方面的冲击，产出下降，这就要求国民收入中工资的份额必须下降，但由于指数化保护了工人的实际工资，其他人为维护自身利益，也提高价格，反而加剧了成本推进型的通货膨胀。在通货膨胀发生后，指数化使其在一定程度上具有惯性，因此，该政策提出被当作一种适应性的反通货膨胀措施，不能从根本上对通货膨胀起到抑制作用，而且，全面实行指数化在技术上也有很大难度。

三、其他治理通货膨胀的政策

（一）增加有效供给

增加有效供给即供给政策。以拉弗为首的供给学派认为，虽然通货膨胀的直接原因是货币供应量过多，但从根本上说，货币过多所导致的需求膨胀是相对总供给过少而言的，因此，治理通货膨胀，根本的方法是增加生产和供给。增加生产意味着经济增长，可以避免单纯依靠减少总需求引起衰退的负效应，增加供给还能够满足过剩的需求，从而克服通货膨胀。要增加生产和供给，一个最关键的措施是减税，减税可以提高人们的储蓄和投资能力与积极性，同时配以其他政策措施，一方面是消减政府开支增长幅度，争取平衡预算，消灭财政赤字，并缓解对私人部门的挤出效应，二是限制货币供应量的增长率，抑制社会总需求。供给学派强调了一向被忽视的供给方面因素，认为治理通货膨胀的根本出路是增加供给，有积极意义，但他们过分夸大了减税对增加供给的刺激作用,从实际情况看,效果并不明显。

改善劳动市场结构的人力资本政策也是针对供给方面治理通货膨胀的措施之一,主要包括:对劳动者进行再就业的训练;提高有关劳动力市场的信息,减少对就业和转业的限制,指导和协助失业人员寻找工作;优先发展劳动密集型和技术熟练要求程度比较低的部门以扩大就业,由政府直接雇佣私人企业不愿意雇佣的非熟练工人,使他们在从事对社会有益事业中得到训练和培养,提高就业能力;等等。

(二)反托拉斯和反垄断政策

这种政策认为,当通货膨胀是由于那些垄断性工业部门操纵价格上涨而引起时,一种可能的纠正办法就是把某些较大企业肢解为几个较小的企业,以便增加竞争。

(三)实行币制改革

如果一国的通货膨胀已达到难以遏制的状况,而上述任何一种措施都不能使情况好转,政府还在被迫不断地发行货币,整个货币制度已经接近或处于崩溃的边缘,那么唯一可以采取的措施就是实行币制改革。币制改革的一般做法是废除旧货币,发行新货币,并对新货币制定一些保证币值稳定的措施。币值改革还必须辅之以其他措施。

第五节 通货紧缩

一、通货紧缩的概念

对于通货紧缩的含义,与对通货膨胀一样,在国内外还没有统一的认识,不同的学者对此有不同的标准和定义,主要可以归纳为以下三种。

(一)"三要素"定义

这种观点认为,通货紧缩是经济衰退的货币表现,因而必须具备三个基本特征:一是物价水平的普遍持续下降;二是货币供给量的连续下降;三是有效需求不足,经济增长率的持续下降。这种观点被称为"三要素论"。但持三要素定义的学者,对货币供应量与经济增长率的下降却有两种不同的标准:①必须是绝对量的下降,即货币供应量的负增长和经济的负增长(经济连续两个季度以上出现负增长,即严格意义上的经济衰退);②不必是绝对量的下降,可以是相对量的下降,即货币供应增长率的下降和经济增长率的下降。

(二)"两要素"定义

这种观点认为,通货紧缩是一种货币现象,表现为价格的持续下跌和货币供给量的连续下降,即所谓的"双要素论"。

(三)"单要素"定义

这种观点认为,通货紧缩就是物价水平普遍、持续的下降,被称为"单要素论"。但持"单要素"定义的学者又有不同的具体标准:第一种标准,价格水平持续下降半年以上为通货紧缩;第二种标准,价格水平持续下降两年以上为通货紧缩;第三种标准,通货膨胀率低于1%,即为通货紧缩。

从上面的介绍可以看出,尽管对通货紧缩的定义仍有争论,但对于物价的全面持续下降这一点却是共同的。一般来说,单要素论的观点对于判断通货紧缩发生及其治理更为科学。这是因为:通货紧缩作为通货膨胀的反现象,理应反映物价的变动态势,价格的全面、持续下降,表明单位货币所反映的商品价值在增加,是货币供给量相对不足的结果。货币供给不足可能只是通货紧缩的原因之一,因此,双要素论的货币供给下降的界定,将会缩小通货紧缩的范围;而三要素论中的经济衰退,一般是通货紧缩发展到一定程度的结果,因此,用经济衰退的出现来判断通货紧缩就太晚了。根据单要素论的观点,判断通货紧缩的标准只能是物价的全面持续下降,其他现象可以作为成因或紧缩的后果,作为通货紧缩的构成要素是不妥的。

二、通货紧缩的分类

通货紧缩类型的划分,对于全面准确地把握通货紧缩的性质、机理,针对不同情况寻找不同的治理对策具有重要意义。按照不同的标准,通货紧缩可以划分为不同的类型,主要有以下几个方面。

(一)相对通货紧缩和绝对通货紧缩

相对通货紧缩是指物价水平在零值以上,在适合一国经济发展和充分就业的物价水平区间以下,在这种状态下,物价水平虽然还是正增长,但已经低于该国正常经济发展和充分就业所需要的物价水平,通货处于相对不足的状态。这种情形已经开始损害经济的正常发展,虽然是轻微的,但如果不加重视,可能会由量变到质变,对经济发展的损害会加重。

绝对通货紧缩是指物价水平在零值以下,即物价出现负增长,这种状态说明一国通货处于绝对不足状态。这种状态的出现,极易造成经济衰退和萧条。根据对经济的影响程度,又可以分为轻度通货紧缩、中度通货紧缩和严重通货紧缩。而这三者的划分标准主要是物价绝对下降的幅度和持续的时间长度。一般来说,物价出现负增长,但幅度不大(比如-5%),时间不超过两年的称为轻度通货紧缩。物价下降幅度较大(比如在$-10\% \sim -5\%$),时间超过两年的称为中度通货紧缩。物价下降幅度超过两位数,持续时间超过两年甚至更长的情况称为严重通货紧缩,20世纪30年代世界性的经济大萧条所对应的通货紧缩,就属此类。

(二)需求不足型通货紧缩和供给过剩型通货紧缩

需求不足型通货紧缩,是指由于总需求不足,使得正常的供给显得相对过剩而出现的通货紧缩。由于引起总需求不足的原因可能是消费需求不足、投资需求不足,也可能是国外需求减少或者几种因素共同造成的不足,因此,依据造成需求不足的主要原因,可以把需求不足型的通货紧缩细分为消费抑制型通货紧缩、投资抑制型通货紧缩和国外需求减少型通货紧缩。

供给过剩型通货紧缩,是指由于技术进步和生产效率的提高,在一定时期产品数量的绝对过剩而引起的通货紧缩。这种产品的绝对过剩只可能发生在经济发展的某一阶段,如一些传统的生产、生活用品(像钢铁、落后的家电等),在市场机制调节不太灵敏、产业结构调整严重滞后的情况下,可能会出现绝对的过剩。这种状态从某个角度来看,并不是一件坏事,因为它说明人类的进步,是前进过程中的现象。但这种通货紧缩如果严重的话,则说明该国市场机制存在较大缺陷,同样会对经济的正常发展产生不利影响。

(三)显性通货紧缩和隐性通货紧缩

界定通货紧缩,在一般情况下可以而且能够用物价水平的变动来衡量,因为通货紧缩与通货膨胀一样是一种货币现象。但是如果采取非市场的手段,硬性维持价格的稳定,就会出现实际产生了通货紧缩,但价格可能并没有降低下来的状况,而这种类型的通货紧缩就是隐性通货紧缩。隐性通货紧缩的存在为我们的判断带来了困难,但并不影响我们以物价水平的变化作为通货紧缩的标准,就像隐性通货膨胀的存在,不影响我们以物价水平作为通货膨胀是否发生的判断标准一样。

三、通货紧缩的原因

尽管不同国家在不同时期发生通货紧缩的具体原因各不相同,但从国内外经济学家对通货紧缩的理论分析中,仍可概括出引起通货紧缩的一般原因,具体有以下几个方面。

(一)紧缩性的货币财政政策

如果一国采取紧缩性的货币财政政策,降低货币供应量,削减公共开支,减少转移支付,就会使商品市场和货币市场出现失衡,出现"过多的商品追求过少的货币",从而引起政策紧缩性的通货紧缩。

(二)经济周期的变化

当经济到达繁荣的高峰阶段,会由于生产能力大量过剩、商品供过于求而出现物价的持续下降,引发周期性的通货紧缩。

(三)投资和消费的有效需求不足

当人们预期实际利率进一步下降,经济形势继续不佳时,投资和消费需求都会减少,而总需求的减少会使物价下跌,形成需求拉下型的通货紧缩。

(四)新技术的采用和劳动生产率的提高

由于技术进步以及新技术在生产上的广泛应用,会大幅度地提高劳动生产率,降低生产成本,导致商品价格的下降,从而出现成本压低型的通货紧缩。

(五)金融体系效率的降低

如果在经济过热时,银行信贷盲目扩张,造成大量坏账,形成大量不良资产,金融机构自然会"惜贷"和"慎贷",加上企业和居民不良预期形成的不想贷、不愿贷行为,必然导致信贷萎缩,同样减少社会总需求,导致通货紧缩。

(六)体制和制度因素

体制变化(企业体制、保障体制等)一般会打乱人们的稳定预期,如果人们预期将来收入会减少,支出将增加,那么人们就会"少花钱,多储蓄",引起有效需求不足,物价下降,从而出现体制变化型的通货紧缩。

(七)汇率制度的缺陷

如果一国实行钉住强币的联系汇率制度,本国货币又被高估,那么,会导致出口下降,国内商品过剩,企业经营困难,社会需求减少,则物价就会持续下跌,从而形成外部冲击型的通货紧缩。

四、通货紧缩的影响及危害

长期以来,通货紧缩的危害往往被人们轻视,人们常常认为它远远小于通货膨胀对经济的威胁。然而,通货紧缩的历史教训和全球性通货紧缩的严峻现实迫使人们认识到,通货紧缩与

通货膨胀一样,会对经济发展造成严重危害。

(一) 加速经济衰退

通货紧缩导致的经济衰退表现在三方面:一是物价的持续、普遍下跌使得企业产品价格下跌,企业利润减少甚至亏损,这将严重打击生产者的积极性,使生产者减少生产甚至停产,以致社会的经济增长受到抑制。二是物价的持续、普遍下跌使实际利率升高,这将有利于债权人而损害债务人的利益。而社会上的债务人大多是生产者和投资者,债务负担的加重无疑会影响他们的生产与投资活动,从而对经济增长造成负面影响。三是物价下跌引起的企业利润减少和生产积极性降低,将使失业率上升,实际就业率低于充分就业率,实际经济增长低于自然增长。

(二) 导致社会财富缩水

通货紧缩发生时,全社会总物价水平下降,企业的产品价格自然也跟着下降,企业的利润随之减少。企业盈利能力的下降使得企业资产的市场价格也相应降低。而且,产品价格水平的下降使得单个企业的产品难以卖出,企业为了维持生产周转不得不增加负债,负债率的提高进一步使企业资产的价格下降,而企业资产价格的下降又意味着企业净值的下降和财富的减少。通货紧缩的条件下,供给的相对过剩必然会使众多劳动者失业,此时劳动力市场供过于求的状况将使工人的工资降低,个人财富减少。即使工资不降低,失业人数的增多也使社会居民总体的收入减少,导致社会个体的财富缩水。

(三) 分配负面效应显现

通货紧缩的分配效应可以分为两个方面来考察,即社会财富在债务人和债权人之间的分配以及社会财富在政府与企业、居民之间的分配。从总体而言,经济中的债务人一般为企业,而债权人一般为居民。因此,社会财富在债务人与债权人之间的分配也就是在居民和企业之间的分配。

在通货紧缩的情况下,产品价格的降低,使企业利润减少,而实际利率升高,使作为债务人的企业的收入又进一步向债权人转移,这又加重了企业的困难。为维持生计,企业只有选择筹集更多的债务来进行周转,这样企业的债务总量势必增加,其债务负担更加沉重,由此企业在财富再分配的过程中将处于更加恶劣的位置。如此循环往复,这种财富的分配效应不断得到加强。

(四) 可能引发银行危机

与通货膨胀相反,通货紧缩有利于债权人而有损于债务人。通货紧缩使货币越来越昂贵。这实际上加重了借款人的债务负担,使借款人无力偿还贷款,从而导致银行形成大量不良资产,甚至使银行倒闭,金融体系崩溃。因此,许多经济学家指出,货币升值是引起一个国家所有经济问题的共同原因。

▶ 五、通货紧缩的治理

由于通货紧缩形成的原因比较复杂,并非由单一的某个方面的原因引起,而是由多种因素共同作用形成的,因此治理的难度甚至比通货膨胀还要大,必须根据不同国家不同时期的具体情况进行认真研究,才能找到有针对性的治理措施。下面以我国存在的通货紧缩为例,提出治理通货紧缩的一般措施,包括以下两个方面。

(一)实行扩张性的财政政策和货币政策

要治理通货紧缩,必须实行积极的财政政策,增加政府公共支出,调整政府收支结构。对具有极大增长潜力的高新技术产业,实行税收优惠,尽可能地减少对企业的亏损补贴以及各种形式的价格补贴,利用财政贴息的方式启动民间投资,大力发展民营经济,引导其资金投向社会急需发展的基础设施领域,在继续增加国家机关和企事业单位以及退休人员工资的基础上,更要把提高农民和中低收入者的收入水平当作一件大事来抓。总之,实行积极的财政政策,就是要在加大支出力度的基础上,优化财政收支结构,既要刺激消费和投资需求,又要增加有效供给。

通货紧缩既然是一种货币现象,那么治理通货紧缩,也就必须采取扩张性的货币政策,增加货币供给,以满足社会对货币的需求。增加货币供给的方式不外乎从基础货币和货币乘数两个方面着手。中央银行可以充分利用自己掌握的货币政策工具,影响和引导商业银行及社会公众的预期和行为。在通货紧缩时期,一般要降低中央银行的再贴现率和法定存款准备金率,从社会主体手中买进政府债券,同时采用一切可能的方法,鼓励商业银行扩张信用,从而增加货币供给。具体操作要根据造成货币供给不足的原因,灵活掌握。

财政政策与货币政策的配合运用,是治理通货紧缩和通货膨胀的主要政策措施,但由于货币政策具有滞后性的特点,而且在通货紧缩时期,利率弹性较小,因此财政政策的效果一般比货币政策更直接有效。

(二)加大改革,充分发挥市场机制

市场经济是在全社会范围内由市场配置资源的经济,市场经济不是万能的,但实践证明它是最优的,政府对"市场缺陷"的矫正,必须限制在一定的范围,受到约束,否则对经济的破坏作用是巨大的。反思我国通货紧缩局面的形成,无不跟政府主导型发展战略有关,像国有企业大量亏损,失业现象严重,重复建设造成经济结构的扭曲,短缺与无效供给的并存以及政府部门的腐败、效率低下等都与政府对市场的不信任、对市场的过度干预紧密相连。因此,要想尽快走出通货紧缩的困境,必须加大改革力度,充分发挥市场机制的作用,积极推进国有企业的转制工作,甩掉国有企业的沉重包袱,建立现代企业制度,增强国有企业的活力,使其真正发挥促进经济发展的关键作用,完善市场经济所需要的科技、教育、住房、卫生、医疗、社会保障制度。

本章小结

1. 通货膨胀是一种持续的物价总水平的上涨现象,一般用消费价格指数、生产价格指数和GDP平减指数来度量,其中最常用的是消费价格指数,它能够较好地反映出通货膨胀对居民生活的影响程度。

2. 通货膨胀是总供给与总需求总量失衡的必然结果,但结构性的原因也非常重要。现实的通货膨胀往往是总需求因素、总供给因素与结构性因素混合作用而成的。

3. 明显的通货膨胀会产生广泛的社会经济效应,其中的收入分配效应和资产调整效应,对依靠固定收入生活的最广大阶层具有不利的影响,而恶性通货膨胀则对整个社会经济生活有百害而无一利。

4. 对于通货膨胀,要根据其形成的主要原因,运用综合性的宏观政策进行调控。由于需求拉升是形成现实通货膨胀的主导性因素,因此,宏观紧缩性的货币政策、财政政策在反通货膨胀的实践中处于非常重要的地位。

5. 通货紧缩指的是物价总水平的持续性下跌趋势,往往伴有产出水平下降、货币供给萎缩的现象。这也是另外一种宏观经济运行失衡的表现,可能既有实体经济本身方面的原因,也有货币供给方面的原因。治理通货紧缩,需要特别重视财政政策对经济运行的结构性调控作用及对微观主体信心和乐观预期的引导作用。

通货膨胀(inflation)   通货紧缩(deflation)
需求拉升型通货膨胀(demand-pull inflation)   公开型通货膨胀(open inflation)
隐蔽型通货膨胀(repressed inflation)   指数化政策(index policy)

1. 什么是通货膨胀?简述通货膨胀的类型。
2. 为什么说物价水平是测度通货膨胀的主要标志?
3. 试分析通货膨胀的成因和社会经济效应,并提出治理对策。
4. 如何运用宏观紧缩政策治理通货膨胀?
5. 如何理解通货紧缩的含义及形成原因?
6. 评价通货紧缩的社会经济效应,并提出相应的治理对策。

第十章 货币政策

本章学习目标

1. 了解货币政策的最终目标,理解多个最终目标之间的矛盾统一关系。
2. 掌握货币政策操作目标、中介目标的选择标准、特点及其内容。
3. 了解货币政策的工具体系,掌握主要的货币政策工具的作用机理及特点。
4. 掌握货币政策的多种传导机制。

现代市场经济的发展,离不开国家的宏观调控,而宏观调控的重点是以货币政策为核心的金融调控。货币政策是中央银行为实现既定的宏观经济目标而采用各种工具控制和调节货币供应量及利率,从而引导投资和消费的政策和措施的总和。只有货币供应量与经济发展对货币的客观需要量一致,货币流通才稳定,经济才能协调发展,而货币供求失衡所导致的通货膨胀和通货紧缩都会对经济产生不利影响,因此,货币政策的基本任务就是通过调节货币供应量,使之与货币需求量相适应,从而实现社会总供求的平衡。

第一节 货币政策的最终目标

一、货币政策概述

(一)货币政策的定义

货币政策有广义和狭义之分,现代通常意义的货币政策是就其狭义而言的,即中央银行为实现既定的经济目标运用各种工具调节货币供应量,进而影响宏观经济运行的各种方针措施的总称。

货币政策也是金融政策,它是中央银行为实现既定的宏观经济调控目标而采用各种方式调节货币供应量、信用量和利率,进而影响宏观经济的各种方针和措施的总称,是宏观经济政策的一种。货币政策的内容一般包括货币政策目标、实现目标所运用的政策工具,即货币政策工具、监测和控制目标实现的各种操作指标和中介目标、政策传导机制和政策效果等基本内容,这几项内容彼此相关,构成完整的货币政策理论体系。

(二)货币政策的特征

货币政策具有以下特征。

(1)货币政策涉及整个货币供应量、信用量、利率、汇率及金融市场等宏观经济总量指标,不是单个银行或某一经济部门的金融政策活动。

(2)货币政策调整社会总需求,从而促进整个社会总需求与总供给的平衡。

(3)货币政策以间接调控为主,采用经济手段和法律规章等措施。

(4)长期目标与短期目标相结合。特定条件下的货币政策总是短期性的,不断变动的,最终目标是一种长期性的政策目标。

(三)货币政策的任务

货币政策的任务主要表现为以下几方面。

(1)维持适度的货币供应,防止因货币过多或不足而造成经济的过度繁荣或经济衰退。

(2)提供稳定而良好的货币金融环境,是维持适度货币供应在信用货币制度下的延伸和发展。

(3)抵消其他经济干扰因素,即逆经济风向而动。

二、货币政策目标

货币政策是整个宏观经济政策体系的一部分,所以,货币政策的目标与整个宏观经济政策的目标是基本一致的。货币政策目标在货币政策体系中居于首要地位,如何确定货币政策的目标,将关系到货币政策的具体实施和货币政策的实施效果。由于各国不同时期的社会经济条件、经济政策以及金融体制不同,货币政策目标的选择也不同。如美国联邦储备银行把经济增长、充分就业、稳定物价和国际收支平衡作为货币政策的目标,日本银行把稳定物价、平衡国际收支和维持对资本设备的适当需求作为货币政策的目标,英格兰银行把充分就业、实际收入的合理增长率、低通货膨胀和国际收支平衡作为货币政策的目标。目前,世界各国的货币政策目标包括物价稳定、充分就业、经济增长和国际收支平衡四个,这四个目标是随着经济形势的变迁和货币政策理论的发展而被相继提出的,因此,从表面上看,货币政策的各个目标都是由货币当局或中央银行确立的,但是,从实际上看,任何货币政策的目标,都反映了现实的经济金融形势对货币政策所提出的客观要求。

(一)货币政策目标形成的历史过程

1930年以前,西方国家信奉"自由放任"原则,认为资本主义是一架可以自行调节的机器,能够自行解决矛盾。当时西方社会普遍存在各种形式的金本位制度,维持金本位制被认为是稳定货币的基础,所以维持货币币值的稳定是货币政策的主要目标。

20世纪30年代世界经济大危机震撼了资本主义世界,美国的物价水平下跌22%,实际国民生产总额减少31%,失业率高达22%。各国政府及经济学家就开始怀疑黄金的自动调节机能,纷纷抛弃金本位制。1936年,凯恩斯《通论》问世,系统提出国家调节经济的理论,以解决失业问题。第二次世界大战结束后,1946年,美国国会通过就业法案,具体地将充分就业列入经济政策的目标。因此,充分就业就定为国策,成为货币政策的主要目标之一。

自20世纪50年代起,整个世界经济都得到了迅速的恢复。由于各国经济发展的不平衡性,美国经济增长率落后于其他国家,为了保持自身的经济实力和经济、政治地位,美国提出了经济发展速度问题,把促进经济增长作为当时的主要目标。所以,这时各国中央银行的货币政策目标也发展成为稳定物价、充分就业和促进经济增长三大目标。

50年代末以后,国际贸易得到了迅速的发展。许多国家长期推行凯恩斯主义的宏观经济政策后,各国都出现了不同程度的通货膨胀,国际收支状况也日益恶化,特别是美国经济实力削弱,国际收支出现逆差,使以美元为中心的国际货币制度受到严重威胁,美元出现了两次大危机,使许多国家都密切注意这种态势的发展,并提出了平衡国际收支的经济目标。因此,作为中央银行的货币政策目标也相应地发展为四个,即稳定物价、充分就业、促进经济增长、平衡国际收支。

(二)货币政策的最终目标

货币政策的最终目标是中央银行通过调节货币供应量、信用量所要达到的最终目的,主要包括以下几方面。

1. 物价稳定

物价稳定是指中央银行通过货币政策的实施,设法使一般物价水平在短期内不发生显著或剧烈波动,呈现基本稳定的状态。物价稳定是中央银行货币政策追求的最主要目标之一。理解时应把握以下几点:

(1)物价稳定作为中央银行的首要货币政策目标,是由币值稳定的政策目标演变而来的。在现代信用货币流通条件下,币值的稳定与否不是以单位货币的含金量来表现的,而是以单位货币的购买力来表现的,而货币的购买力通常以综合物价指数来表示,这样,物价指数上升,说明单位货币的购买力下降,货币贬值。

(2)物价稳定指的是一般物价水平,而不是某种商品的价格稳定。就物价总水平而言,也不是绝对静止不动的,物价稳定与冻结物价是两回事,所以,货币政策目标不是简单地抑制物价总水平的波动,而是保持物价总水平的基本稳定。

(3)物价稳定只能是相对的稳定,而不是绝对的稳定。在现代信用货币流通的条件下,物价波动总体上呈上升趋势,因此,中央银行的货币政策目标是稳定物价,将一般物价水平控制在一定的范围内,防止出现通货膨胀。

那么,中央银行应该把一般物价水平控制在什么水平上才算稳定呢?这应该根据各国的具体情况和本国人们的承受能力而定,但是,把物价水平控制在最小的波动幅度内,总是有利于一国经济发展的。引起一般物价上涨的原因主要有:一是总需求过度,总需求过度引起一般物价水平上涨是指货币供给过多,导致社会总需求上涨,超过按现行价格供给的增长,导致物价上升;二是成本上升,引起成本上升的原因主要有工资上升和利润上升等;三是结构性因素,在供求基本平衡的基础上,由于经济结构失衡导致物价上涨。

中央银行在物价上涨方面所能发挥的作用主要局限于货币因素领域,即防止货币供应量过多、总需求过度而引发的物价上涨,对于成本上升或结构方面所造成的物价上涨,中央银行货币政策的调节作用则显得力不从心。

2. 充分就业

充分就业是指凡是有劳动能力并自愿参加工作者,都能在较为合理的条件下,找到适当的工作。这里的充分就业,把两种失业排除在外,一是摩擦性失业,即由于经济制度的动态结构调整及技术、季节等原因造成的短期内劳动力供求失衡而形成的失业;二是自愿失业,即劳动者不愿意接受现行的工资水平或嫌弃工作条件不好而造成的失业。这两种失业在任何社会经济制度下都是难以避免的。

除了摩擦性失业和自愿性失业以外,任何社会都还存在一个可以承受的非自愿失业幅度,即劳动者愿意接受现行的工资水平和工作条件,但是仍然找不到工作,也就是对劳动力需求不足而造成的失业,所以,充分就业并不意味着失业率为零。

通常以失业率,即失业人数与愿意就业的劳动力的比率表示就业状况,那么,失业率为多少就可以称为充分就业呢?由于各国的社会经济状况、民族文化、可以容忍的失业程度等不同,大多数经济学家认为失业率在4%左右就为充分就业。

3. 经济增长

关于经济增长,经济学界有两种解释:一种观点认为,经济增长就是指国民生产总值的增加,即一国在一定时期内生产的商品和劳务总量的增加,或者指人均国民生产总值的增加,剔除价格因素后的人均GNP,其优点是可以找出衡量一国经济增长的直接指标,并通过GNP来判断一国国民经济增长的程度。但是经济增长率与GNP增长率是两个并不完全相同的指标,而且GNP的统计口径也有一定的伸缩性,有的包含在GNP中的商品和劳务并不直接增加社会财富因而并不代表经济增长,而且在GNP产值背后,可能隐藏着环境的污染、资源的浪费等虚假因素。

另一种观点认为,经济增长是指一国生产商品和劳务的能力增长,其优点在于更强调经济增长的动态效率,用一国的生产能力代表经济增长的程度,可以舍弃总需求中的一些变化性因素,强调一国提供商品和劳务的能力,但是只考虑一国潜在的生产商品和劳务的能力,而没有考虑这些能力能否有效利用,而且这种潜在的生产能力如何统计难以确定。

中央银行的货币政策只能以其所能控制的货币政策工具,通过创造和维持一个适宜于经济增长的货币金融环境,促进经济增长。

4. 国际收支平衡

国际收支平衡是在西方主要国家国际收支日益恶化的背景下提出的。国际收支是指在一定时期内,一国与其他国家或地区之间由于政治、经济、文化往来所引起的全部货币收支,是一国国民经济的重要组成部分。反映在一国的国际收支平衡表上,国际收支平衡是指一个国家对其他国家的全部货币收入与全部货币支出保持基本平衡,所以,略有顺差或略有逆差可以看作是实现了国际收支平衡。国际收支平衡有动态和静态两个概念,静态的国际收支平衡是指一个国家在一年内的国际收支总额保持基本相抵,所以,它以年末国际收支总额平衡与否作为判别的标准;动态的国际收支平衡是指一个国家在一个时期内(3年或5年)的国际收支平衡,从动态的角度看,如果一年的逆差能被另一年的顺差所抵消,则可以看作实现了国际收支平衡。在货币政策的实践中,大多数国家都以静态的国际收支平衡作为货币政策的最终目标。

目前在国际收支管理中,动态平衡正受到越来越多的重视,由于国际收支状况与国内市场的货币供应量有着紧密的联系,所以对于开放条件下的宏观经济而言,一国货币政策的独立有效性正面临越来越严峻的挑战。

5. 金融稳定

金融稳定即维护金融体系与金融市场的稳定,该目标对于建立一个良好的货币金融环境以促进经济发展十分重要,中央银行作为一国金融体系的领导与核心,有责任监督和引导银行与其他金融机构沿着健康、健全的轨道开展业务活动,维护金融体系和金融市场的稳定。

中央银行维护金融体系稳定的做法,是通过发挥它的最后贷款人作用来帮助防止金融恐慌;中央银行维护金融市场稳定的做法,是保持利率和汇率稳定。

三、货币政策最终目标之间的关系

货币政策的几个目标,都是国家经济政策的战略目标的组成部分,它们既有一致性,又有矛盾性,各国在制定货币政策目标时必须考虑这一点。所以,政策目标的选择只能是有所侧重而无法同时兼顾。具体而言,除了经济增长和充分就业之间存在正相关关系,具有较多的一致性以外,各个目标之间都存在冲突。

(一)充分就业与物价稳定之间的冲突

就两个目标本身而言,要实现充分就业,中央银行应放松银根,扩大总需求,于是生产加快、就业增加,从而造成物价上涨,即充分就业的实现是以物价上涨为代价的。要想稳定物价,中央银行应紧缩银根,使货币供给减少、利率增加,于是投资减少、社会总需求下降,从而造成物价下跌或趋于稳定,但失业增加。

对两者关系最经典的描述是菲利普斯曲线。英国经济学家菲利普斯研究了英国1861—1957年的失业率和工资物价变动之间的关系,得出结论,在失业率和物价上涨率(通货膨胀率)之间存在此消彼长的替换关系,把这种现象概括为一种曲线,称为菲利普斯曲线,如图10-1所示。

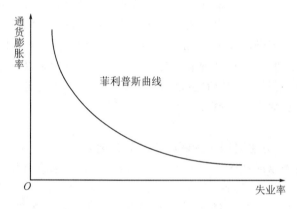

图10-1 失业与通货膨胀率的关系

当失业率较低时,通货膨胀率就较高;反之,当通货膨胀率较低时,失业率较高。政府陷入两难境地,政府无法同时解决这两个问题,只能在通货膨胀率和失业率的两极之间进行组合,即所谓的相机抉择,根据当时的社会经济条件,做出正确的选择。

(二)物价稳定与经济增长之间的冲突

各国的实践表明,经济增长常常伴随着物价的上涨,在经济衰退时期采取扩张性货币政策,刺激总需求,促进经济增长和减少失业,但常常造成流通中的货币数量相对过多,导致物价上涨。

一种观点认为,适度的物价上涨能够刺激投资与产出的增加,从而促进经济增长,而经济增长主要取决于劳动生产率的提高和新生产要素的投入,在劳动生产率提高的情况下,产出的增加伴随着单位产品生产成本的降低,物价必然下降,即随着经济的增长,物价有可能趋于下降或稳定。我们认为适度的物价上涨在短期内可以促进经济增长,但在长期内,最终是会造成投资膨胀、资源短缺和阻碍经济增长的,所以,不能将通货膨胀作为经济增长的催化剂。

另一种观点认为,从供给决定论出发,物价稳定也完全能维持经济增长,理由是劳动生产率是不断提高的,货币工资与实际工资也会随着劳动生产率的提高而增加,因而,只有物价稳定才能促进整个经济正常运转并维持长期的增长势头。

(三)物价稳定与国际收支平衡之间的冲突

对于开放经济条件下的宏观经济而言,中央银行稳定国内物价的努力常常会影响到该国的国际收支平衡。例如:假如国内发生严重的通货膨胀,货币当局为抑制通货膨胀,有可能实行紧缩的货币政策,提高利率或降低国内的货币供应量,在资本自由流动的条件下,利率的提高会导致资本流入,资本项目下出现顺差,同时由于国内物价上升的势头减缓和总需求的减少,出口增加而进口减少,经常项目下可能会出现顺差,这样会导致国际收支的失衡。由此可见,稳定物价与国际收支平衡之间并非总是协调一致的。

(四)经济增长与国际收支平衡之间的冲突

国内经济的增长会促使国民收入的增加和支付能力的增强,从而增加对进口商品及国内本来用于出口的一部分商品的需求,如果此时出口贸易的增长不足以抵消这部分需求,必然会导致贸易收支的失衡。就资本项目而言,一定的经济增长率需要相应的投资率加以支持,在国内资金来源不足的情况下,必然借助于外资的流入,外资的流入导致国际收支中的资本项目出现顺差,在一定程度上可以弥补贸易逆差造成的国际收支失衡,但并不一定能确保经济增长与国际收支平衡协调一致,这还要取决于外资的利用效果。

(五)充分就业与国际收支平衡之间的冲突

如果充分就业能够推动经济快速增长,那么,一方面可以减少进口,另一方面还可扩大出口,这当然有利于平衡国际收支。但为了追求充分就业,就需要更多的资金和生产资料,当国内满足不了需求时,就需要引进外资、进口设备、原材料等,这对平衡国际收支又是一大不利因素。

(六)充分就业与经济增长之间的冲突

通常,就业人数愈多,经济增长速度就愈快;而经济增长速度愈快,为劳动者提供的就业机会也就愈多。但在这种统一的背后,还存在一个平衡劳动生产率的动态变化问题。如果就业增加带来的经济增长伴随着社会平衡劳动生产率的下降,那就意味着经济增长是以投入产出的比例下降为前提的,它不仅意味本期浪费更多的资源,还会妨碍后期的经济增长,因而是不可取的。只有就业增加所带来的经济增长伴随社会平均劳动生产率的提高的组合才是应该鼓励的。

关于我国的货币政策目标,《中华人民共和国中国人民银行法》第三条规定:"货币政策目标是保持货币币值的稳定,并以此促进经济增长。"

➢ 四、货币政策最终目标的选择方式

由于货币政策最终目标之间存在着矛盾,任何一项货币政策实际上都不可能同时实现以上所述的目标,在这种情况下,中央银行在制定货币政策时,要协调不同目标之间的矛盾,解决方法主要有:

一是统筹兼顾。在两个目标之间存在矛盾的情况下,中央银行实行任何一种货币政策都只能达到其中一个目标,而且在达到这个目标的同时,还将在一定程度上牺牲另一个目标。但是,如果中央银行对这两个目标同时加以考虑,通过适当的操作,以使这两个目标都能控制在相对合理的、能被人们接受的水平,就可以在一定程度上缓解两个目标之间的矛盾。例如,稳定物价和充分就业这两个目标之间存在矛盾,中央银行在制定货币政策时,可以确定一个相对

较低的物价上涨率和相对较低的失业率,作为货币政策的最终目标,并通过适当的操作,就将这两个目标都控制在预定的目标值以内。

二是相机抉择。这是凯恩斯学派经济学家所提出的货币政策操作的主张,是指货币当局或中央银行在不同时期,应当根据不同的经济形势,灵活机动地选择不同的货币政策,以达到当时最需要达到的政策目标。如在通货膨胀时期,中央银行应实行紧缩性的货币政策,以抑制通货膨胀;在经济萧条时期,实行扩张性货币政策,以刺激投资,促进经济增长。可见,通过实行相机抉择的货币政策,中央银行可以根据当时的经济形势,区别轻重缓急,优先解决当时的主要问题,以达到当时最需要达到的政策目标,并在一定程度上缓和货币政策目标之间的矛盾。

三是政策搭配。当货币政策目标之间存在矛盾,因而用一种货币政策无法同时达到多种目标时,货币政策与财政政策的适当搭配,可以是一种值得选择的解决矛盾的途径。根据蒙代尔的政策搭配说,货币政策和财政政策配合可以分别解决国际经济问题(外部平衡)和国内经济问题(内部均衡),其中财政政策主要解决国内经济问题(内部均衡),货币政策主要解决国际经济问题(外部平衡)。如当国内经济衰退和国际收支逆差同时存在时,政府当局可以实行扩张性财政政策,以促进经济增长,实现内部均衡,而中央银行则实行紧缩性货币政策,提高短缺利率,吸引资本流入,平衡国际收支,实现外部平衡。

第二节 货币政策工具

货币政策目标的执行必须通过各种货币政策工具的运用来完成,所谓"货币政策工具"是指中央银行为了实现货币政策的最终目标而采取的措施或手段。中央银行对货币信用的调节政策有两大类:一是从收缩和放松两个方向调整银行体系的准备金和货币乘数,从而改变货币供应量,这就是一般性货币信用管理,它影响货币信用的总量,属于宏观措施;另一类是用各种方式干预信贷市场的资金配置,有目的地调整某些经济部门的货币信贷供应量,从而引起货币结构变化,这就是选择性信贷管理,属于微观措施。因此,中央银行的货币政策工具可以分为一般性货币政策工具和选择性货币政策工具。

➤ 一、一般性货币政策工具

一般性货币政策工具即传统的三大货币政策工具,也就是我们常说的"三大法宝":存款准备金政策、再贴现政策和公开市场业务政策。一般性货币政策工具的特点是:对金融活动的影响是普遍的、总体的,没有特殊的针对性和选择性。一般性货币政策工具的实施对象是整体经济,而非个别部门或企业。

(一)存款准备金政策

1. 定义

存款准备金政策是指中央银行在法律所赋予的权力范围内,通过调整商业银行等存款货币机构交存中央银行的存款准备金率,以改变货币乘数,控制商业银行的信用创造能力,间接地控制社会货币供应量的一种货币政策。这个政策工具存在的基础是法定存款准备金制度。法定存款准备金制度最早起源于英国,但以法律形式将其形成一种制度,则是始于1913年美国的《联邦储备法》。20世纪30年代经济大危机后,法定存款准备金制度演变为中央银行限制银行体系信用创造和调控货币供应量的政策工具。目前凡是实行中央银行制度的国家,一般都实行存款准备金制度。

准备金制度主要包括两部分内容:一是准备金制度建立的目的和作用,二是准备金制度的基本内容。就准备金制度建立的目的而言,一般有三个:①保证银行资金的流动性和现金兑付能力;②控制货币供应量,根据前面介绍的货币乘数理论,货币供应量为基础货币与货币乘数的乘积,而法定存款准备金比率是决定货币乘数大小从而决定派生存款倍增能力的重要因素之一,派生存款和货币供应量对法定存款准备金比率的弹性系数很大,准备金比率的微小变动将会导致货币供应量的大幅度变动,因而法定存款准备金比率可以称为中央银行调节货币供应量的一种手段;③对以直接控制为主要特征的中央银行信用体制而言,法定存款准备金制度的建立还有助于中央银行进行结构调整。中央银行借助于准备金的缴存集中中央银行资金,通过直接贷款或调整再贴现等计划分配手段,就可以实施以结构调整为目的的信贷控制。

10-1 专栏:中国人民银行的存款准备金政策和制度

准备金制度的基本内容包括:①对法定存款准备金比率的规定,即法定存款准备金率,该比率规定一般根据不同存款的种类、金额及银行规模和经营环境而有所区别,也有采用单一比率的;②对作为法定存款准备金的资产种类的限制,一般只能是在中央银行的存款。在有些国家,一些高度流动性的资产,如商业银行的库存现金和政府债券也可以作为法定存款准备金;③法定存款准备金的计提,一般包括存款余额的规定及缴存基期的确定等;④法定存款准备金比率的调整幅度等。

2. 存款准备金政策作用

存款准备金政策具有以下作用:①保证商业银行等存款货币机构资金的流动性;②集中一部分信贷资金;③调节货币供应总量。

存款准备金政策的作用机制如下:

(1)数量机制(货币供应量):影响商业银行的超额储备,影响商业银行的可贷资金数量,影响货币乘数。

(2)价格机制(利率):影响商业银行的资金成本。

(3)具有预告效应:影响居民与企业预期,使之配合或符合中央银行的政策需要。

3. 存款准备金政策的优缺点

存款准备金政策是威力较大的政策工具,法定存款准备金的调整一般会产生很大影响:一是对货币乘数的影响。根据信用创造原理,准备金比率越高,银行存款创造信用的规模就越小,存款准备金所能支付的派生存款数量就越小。二是对超额准备金的影响,表现为决定超额准备金的多少,影响商业银行创造信用的基础。调整法定存款准备金比率,若基础货币和准备金总额不变,则超额准备金就发生变化,货币乘数扩张或收缩。

(1)存款准备金政策具有的优点有:①对存款货币银行的影响是平等的;②对货币供给量具有极强的影响力。由于法定存款准备金比率是通过货币乘数影响货币供应量的,因此即使变动幅度很小,也会引起货币供应量的巨大变动。③即使存款准备金比率保持不变,也会在很大程度上限制商业银行体系创造派生存款的能力。调整法定存款准备金比率,若基础货币和准备金总额不变,则超额准备金就发生变化,货币乘数扩张或收缩。

(2)存款准备金政策具有的缺点有:①效果影响深远且巨大,易造成经济的剧烈震荡和大起大落,不具备充分的伸缩性,使用起来不太灵活,影响其效果;②引起大众心理预期的强烈变化,对商业银行产生巨大强制力;③对各银行影响不一(超额准备金率较高的银行所受影响较小),并且对各种不同种类的存款影响不一致;④能直接影响利率水平,但无法影响利率结构;⑤金融脱媒现象的存在或出现;⑥主动负债的拓展。因此,西方的央行实施货币政策往往重点在再贴现率和公开市场业务上。

10-2 专栏:中国人民银行的定向降准

4. 法定存款准备金政策效果

(1)法定存款准备金率是通过决定或改变货币乘数来改变货币供给。即使准备金调整的幅度小,也会引起货币供应量的巨大波动。

(2)中央银行的其他货币政策工具都是以存款准备金为基础。没有法定准备金,其他货币政策工具难以发挥作用。

(3)即使商业银行等金融机构由于种种原因持有准备金,法定存款准备金的调整也会产生效果。

(4)即使存款准备金率维持不变,它也在很大程度上限制了商业银行体系创造派生存款的能力。

5. 法定存款准备金政策的局限性

(1)由于准备金率调整的效果较猛烈,其调整对整个社会和公众心理预期都会产生显著的影响,不宜作为中央银行调控货币供给的日常性工具。

(2)存款准备金对各种类别的金融机构和不同种类的存款的影响不一致,因而货币政策实现的效果可能因这些复杂情况的存在而不易把握。

10-3 专栏:人民币存款准备金率调整历史图示

(二)再贴现政策

1. 定义

再贴现政策(rediscount policy)是指中央银行通过调整再贴现率来干预和影响市场利率以及货币市场的供求,从而调节市场货币供应量的一种货币政策。再贴现是商业银行融资的途径之一,当商业银行急需资金时,可以将其从工商企业贴现的票据向中央银行进行再贴现,中央银行向商业银行收取的利息称"再贴现率"。由于再贴现是西方国家商业银行从中央银行借款的最传统、最常用的方式,因此,再贴现往往笼统地指中央银行对商业银行的各种方式的贷款,再贴现政策也是中央银行最早拥有的货币政策工具。

2. 再贴现的内容和调控机制

中央银行的再贴现之所以能影响货币供应量,主要是通过影响商业银行借入资金成本来实现的。再贴现政策一般包括两方面内容:一是再贴现率的调整,二是贴现窗口管理。这使商业银行在向中央银行借款时面临两类成本:再贴现率所代表的利息成本,不符合贴现窗口管理政策而遭受拒绝或损失信誉的成本。

(1)调整再贴现率。中央银行提高再贴现率,直接导致商业银行融资成本上升,限制了商业银行向中央银行借款的愿望,可以引起商业银行的超额存款准备金水平的下降,使其提高对企业贷款的利率,从而收缩信贷规模,提高市场利率水平,最终达到减少货币供应量的目的。相反,降低再贴现率,则会出现货币扩张的效果。

调整再贴现率还有一种所谓的"告示效应",即贴现率的变动,可以作为向商业银行和社会公众宣布中央银行政策意向的有效办法,从而通过对公众心理预期的影响,加深货币政策的效果。

(2)贴现窗口管理,即规定向中央银行申请再贴现的资格。中央银行向商业银行发放贴现贷款的设施,称为贴现窗口管理,为了调整商业银行的贷款投向或防止贴现贷款被商业银行滥用,中央银行会对贴现贷款采取一些限制性措施,如规定再贴现票据的种类和决定何种票据具有贴现资格等。在不同国家,贴现窗口管理的角度不同。如美联储认为,中央银行开设贴现窗口并以通常低于市场利率水平的再贴现率发放贷款,是对商业银行的一种特惠,不是商业银行的一种权利,因此,如果商业银行利用这种优惠而大量赚取利润,这种做法应该受到限制。美联储规定,如果某家商业银行申请贴现贷款过于频繁,中央银行将拒绝对其贷款,并向该银行发出警告。

3. 再贴现政策的优缺点

1)优点

(1)能直接影响商业银行的资金成本,调节市场的货币供应量。

(2)能够在一定程度上反映中央银行的政策意图,具有较强的预告效果和告示作用,以影响商业银行及社会公众的预期。如当中央银行提高再贴现率时,就预示经济要紧缩,这个"告示"作用会在很大程度上加强对金融市场的直接影响,特别是商业银行一般会自觉与中央银行保持一致,按同样幅度调高向企业的贷款利率。

(3)中央银行在运用再贴现政策时,通过规定再贴现票据的种类,借以改变资金流向。

(4)中央银行可以利用再贴现政策来履行最后贷款人的职能,防止金融恐慌。在银行危机时期,中央银行凭借强大的资金实力向银行体系提供贷款,是防止危机的一种最为有效的救助手段。

2)缺点

(1)中央银行在再贴现活动中处于被动地区,再贴现与否取决于商业银行。尽管中央银行通过降低或调高贴现率来影响商业银行的借款成本,但不能强迫商业银行向中央银行申请再贴现,事实上,当市场利率低于再贴现率,且利差足以弥补市场借款所承担的风险和银行放款的管理费用时,商业银行更愿意到金融市场上融资。

(2)只能影响利率总体水平,而无法影响利率结构。

(3)不宜随时变动,伸缩性较差,不具有强制性;而且,由于货币市场的发展和高效率,商业银行对中央银行贴现窗口的依赖性大大降低,贴现政策只能影响前来贴现的银行,对其他银行只是间接发生作用。该政策缺乏弹性,中央银行如果经常调整再贴现率,会引起市场利率的经常性波动,使企业或商业银行无从适应。

(4)如果中央银行把再贴现率定在某个特定水平上,市场利率与再贴现利率之间的利差会随着市场利率的波动而发生波动,从而引起再贴现的规模乃至货币供应量发生大幅波动,这些波动并不反映中央银行的政策意图。

(5)告示作用有局限性。再贴现率的调整有时不能准确反映中央银行的政策意图,甚至会引起社会公众误解。当市场利率高于再贴现率时,贴现贷款数量将增加,中央银行为了使贴现总量不至于过多，不得不提高再贴现率，以保证二者的差额不变，尽管此时中央银行没有紧缩货币的意图，但再贴现率的提高会使社会公众误解以为中央银行正在转向政策紧缩。

(6)中央银行通过再贴现政策发挥最后贷款人职能，存在道德风险问题。由于商业银行知道在自己陷入困境时中央银行会来救助，商业银行在经营中就倾向于冒更大的风险，即为道德风险问题。越来越多的中央银行已经认识到，应当在防止金融恐慌和防范道德风险之间进行权衡，不能过于频繁地充当最后贷款人。

(7)再贴现率的高低有限度，如果在经济高速增长时期，再贴现率无论多高，都难以遏制商业银行向中央银行再贴现或贷款。

4. 调整再贴现政策的效果

调整再贴现政策的作用主要有：①再贴现率的调整可以影响全社会的信贷规模和货币供应量；②再贴现政策对调整信贷结构有一定的效果；③再贴现政策有一定的"告示效应"。

再贴现政策的局限性主要表现在：①主动权并非只在中央银行，甚至市场的变化可能违背其政策意图；②再贴现率的调节作用是有限度的；③与法定准备率比较而言，再贴现率易于调整，但随时调整会引起市场利率的经常波动，使商业银行无所适从。

10-4 专栏：中国人民银行的再贴现政策

例如，2004年3月24日，央行宣布实行再贷款浮息制度，将1年期内再贷款利率上调0.63%，再贴现利率上调0.27%，这一举措好比是关小了中央银行流向金融机构的资金"闸门"。控制贷款规模的过度膨胀，抑制过热。

（三）公开市场业务

1. 定义

公开市场业务(open market operation)是指中央银行在金融市场上公开买卖有价证券，以改变商业银行等存款货币机构的准备金，进而影响货币供应量和利率，实现货币政策目标的一种货币政策手段。

公开市场业务主要是通过影响商业银行体系的准备金来进一步影响商业银行信贷量的扩大或收缩，进而影响货币供应量的变动。中央银行根据货币政策目标的需要及经济情况，选择最佳时机、最适当的规模买进或卖出国库券、政府公债等，增加或减少社会的货币供应量。

公开市场业务发挥作用的先决条件是证券市场必须高度发达，并具有相当的深度、广度和弹性等特征。同时，央行必须拥有相当的库存证券。在大多数发展中国家，由于证券市场还处于萌芽阶段，或者尚未形成，而无法开展公开市场业务。

2. 公开市场业务的效果

公开市场业务的效果主要有：①调控存款货币银行准备金和货币供给量；②影响利率水平和利率结构。

公开市场业务的作用机制主要有：

(1)数量机制：直接影响商业银行准备金的数量，进而影响货币供应量，如果中央银行从商业银行手中买进有价证券，会导致商业银行存款准备金的相应增加，并由此导致货币供应量的倍数扩张；相反，如果中央银行对商业银行卖出有价证券，会导致商业银行存款准备金的相应减少，引起货币供应量的收缩。

(2)价格机制：影响利率水平和利率结构。①如中央银行买进有价证券，不仅使货币供应量增加,而且将使市场利率下降。一方面,在货币需求一定时,货币供给的增加将导致市场利率下降;另一方面,中央银行买进有价证券,将引起有价证券需求的增加,在有价证券供给一定的情况下,使有价证券的价格上升,由于有价证券的价格一般与市场利率呈反方向变动关系,因此,有价证券价格的上升也将引起市场利率的下降。②如中央银行在公开市场上买进一定数量的政府长期债券,同时卖出同等数量的政府短期证券,此时货币供给量将不受影响,但长期利率将趋于下降,而短期利率将趋于上升,就是所谓的"操作变换"。然而在实际操作过程中,中央银行对长期利率的影响不如对短期利率的影响显著。

公开市场业务要能有效发挥作用必须具备以下三个条件:
(1)中央银行必须具有强大的足以控制整个金融市场的金融实力。
(2)要有一个发达完善的金融市场且市场必须是全国性的,证券种类要齐全且达到一定规模。
(3)必须有其他政策工具的配合。

10-5 专栏:中央银行公开市场操作

3. 公开市场业务的政策目的
(1)防卫性目的(defensive operation),即为了维持既定的货币政策,抵消其他方面对基础货币的影响。因为除了中央银行的公开市场业务以外,影响商业银行体系准备金的因素还有很多,而这些因素并非中央银行能够直接控制的,因此,要避免这些因素变动对银行体系准备金和货币供应量的影响,中央银行必须预测这些因素的变化,并在其变化方向和幅度不符合既定货币政策意向时,采取相应的公开市场业务来抵消其变化的影响。
(2)主动性目的(dynamic operation),即中央银行为了实现货币政策的转变,主动改变银行体系的准备金水平和基础货币。如在经济萧条时期,中央银行主动买入有价证券,扩大货币供应;在通货膨胀时期,中央银行卖出有价证券,收缩货币供应。

4. 公开市场业务的优缺点
1)优点
(1)具有"主动性"。
(2)公开市场业务具有很大的灵活性,可以决定买卖证券的种类和规模,既可以对基础货币进行较大规模的调节,也可以对货币供应量进行微量调节,避免法定准备金政策的震动效应。
(3)中央银行可以根据金融市场的信息不断调整其业务操作,进行经常性连续性操作。
(4)公开市场业务操作迅速,不存在延误。
(5)公开市场业务操作具有极强的可逆转性。当中央银行在公开市场操作中发现错误时,可以立即逆向使用该工具,以纠正其错误,而其他货币政策工具则不能迅速地逆转。
(6)公开市场业务操作对基础货币的调节不仅迅速灵活,而且它所调节和控制的是整个银行系统的基础货币总量,这使这种政策工具的运用符合政策目标的需要。

2)缺点
(1)作用细微,强制影响较弱,预告效果不大,其他市场的存在会减少其影响,存在一定时滞,需要商业银行和社会各界的配合。在对社会公众预期的影响方面,虽然对中央银行买进或卖出各种有价证券加以观察,大致可以看出中央银行的政策趋向,从而影响人们的心理预期,但由于公开市场业务是持续发生的,随时可以改变,同时也很难判断公开市场业务是改变政策的主动性操作,还是抵消其他影响的防卫性操作,所以,其告示效果不是很大。在对商业银行的影响力方面,中央银行虽然决定买进或卖出各种有价证券,但商业银行是否愿意交易仍然取决于自己的判断,难以产生强制性的影响。

(2)公开市场操作较为细微,技术性较强,政策意图的告示作用较弱。

(3)需要以较为发达的有价证券市场为前提。

5.公开市场业务的特点

(1)公开性。中央银行在公开市场上买卖政府债务,吞吐基础货币,是根据货币政策的要求,按照市场原则,通过众多交易对手竞价交易进行的。这使它具有较高的透明度,既为商业银行以平等身份在货币市场上的竞争创造了条件,也有利于消除金融市场上的幕后交易弊端和不正之风。

(2)灵活性。中央银行在证券市场上进行证券交易,不仅在时间上(即什么时候买进或卖出),而且在数量上(即买多少)均很灵活。这有利于中央银行根据经济发展形势、货币市场利率走向、资金稀缺程度的观测以及货币政策的需要随时操作,也有利于通过经常性地对货币供给量进行微调,使其效果平滑稳定,以减少对经济和金融的震动。

(3)主动性。中央银行在公开市场上始终处于主动地位,即它可根据一定时期货币政策的要求和该时期银根的趋紧情况,主动地招标和买卖政府债券,所以它日益受到货币当局青睐,成为最广泛的常用的调控手段。

(4)直接性。公开市场操作直接性强,中央银行的有价证券买卖可直接影响商业银行的准备金状况,从而直接影响市场货币供给量。

10-6 专栏:中国人民银行的公开市场业务

10-7 专栏:公开市场短期流动性调节工具 SLO

10-8 专栏:中国人民银行的常用借贷便利 SLF

二、选择性货币政策工具

选择性货币政策工具是指中央银行针对某些特殊的经济领域或特殊作用的信贷而采用的信用调节工具,主要是为了实现结构性的控制目标。中央银行常用的选择性政策工具主要有间接信用控制、直接信用控制和间接信用指导。

(一)间接信用控制

这类调控工具的特点是,它的作用过程是间接的,需通过市场供求变动或资产组合的调整来实现。这类工具主要有消费者信用控制、证券市场信用控制、不动产信用控制、优惠利率和预缴进口保证金等。

1.消费者信用控制

消费者信用控制是指中央银行对消费者购买不动产以外的各种耐用消费品的销售融资予以控制。其主要内容包括:①规定用分期付款购买耐用消费品时第一次付款的最低金额;②规定用消费信贷购买耐用消费品的借款的最长期限;③规定可用消费信贷购买的耐用消费品种类,对不同消费品规定不同的信贷条件;等等。

控制消费者信用是控制社会总需求的重要措施之一。耐用消费品的需求往往随着经济情况的变动而做周期性波动,而不加控制的消费者信用又倾向于加剧这种波动,因此,为熨平经济周期就有必要对消费者信用加以控制。另外,适当的消费者信用控制也有助于引导社会消费,改进资源配置效率。消费者信用控制最早始于美国,以后逐渐为许多国家所采用。

2. 证券市场信用控制

证券市场信用控制是指中央银行对证券信用交易的法定保证金比率做出规定,是中央银行对以信用方式购买股票和债券所实施的一种控制措施。所谓法定保证金比率即指证券购入者首次支付证券交易价格的最低比率,即通常所说的保证金比率。中央银行根据金融市场状况选择调高或降低保证金比率,就可以间接控制证券市场的信贷资金流入量,从而控制最高放款额度。最高放款额度和保证金比率之间存在下述关系:

$$最高放款额度 = (1 - 法定保证金比率) \times 交易总额$$

中央银行通过提高保证金比率来控制信用的优点:①可以控制证券市场信贷资金的需求,稳定证券市场价格;②可以调节信贷结构,限制了大量的资金流入证券市场,使较多的资金用于生产和流通领域。

证券市场信用控制的措施:①规定信用交易比例;②规定银行为经纪人的证券抵押贷款的比例。

3. 不动产信用控制

不动产信用控制是指中央银行通过规定和调整商业银行等金融机构向客户提供不动产抵押贷款的限制条件,控制不动产贷款的信用量,从而影响不动产市场的政策措施。其主要内容有:商业银行或其他金融机构房地产贷款的最高限额、最长期限以及首次付款和分期还款的最低金额。不动产信用控制的目的在于防止房地产行业或其他不动产交易,因贷款规模的扩大而发生膨胀,防止产生投机性交易。

4. 优惠利率

优惠利率是指中央银行对国家重点发展的经济部门或产业规定较低的贷款利率,目的在于刺激这些部门和行业的生产,调动它们的积极性,以实现产业结构和产品结构的调整和优化。中央银行实行优惠利率有两种方式:①中央银行对需要重点发展的部门、行业和产品制定较低的贷款利率,由商业银行具体执行;②中央银行对这些行业和企业票据规定较低的再贴现率,以引导商业银行的资金投向和规模。

5. 预缴进口保证金制度

缴进口保证金制度是指为保证国际收支平衡,抑制进口过度增长,中央银行要求进口商按照进口商品总值的一定比例,预缴进口商品保证金,存入中央银行。缴进口保证金制度是限制进口的一种措施。

(二)直接信用控制

直接信用控制是指中央银行以行政命令方式或其他方式,直接对商业银行的信用活动进行控制。常用的手段主要有利率最高限额、信用配额管理、规定商业银行的流动性资产比率和直接干预等。

1. 利率最高限额

利率最高限额又称利率管制,是指中央银行依据法律规定商业银行对定期存款和储蓄存款所能支付的最高利率。最典型的是美国的 Q 条例,该条例规定,活期存款不准付息,对定期存款及储蓄存款则规定利率最高限额。

利率管制的目的在于防止金融机构用提高利率的办法在吸收存款方面进行过度竞争,以及为牟取高利进行风险存贷活动。这种措施从原则上讲有利于商业银行的稳健经营和中央银行对货币供应量的控制。

2. 信用配额管理

信用配额管理是指中央银行根据金融市场的资金供求状况及客观经济形势的需要,权衡轻重缓急,对商业银行系统的信贷资金加以合理的分配和必要的限制。信用配额管理最早始于18世纪的英格兰银行,目前在许多发展中国家,由于资金供给不足,也采用这种方法。

3. 规定商业银行的流动性资产比率

规定商业银行的流动性资产比率是指中央银行规定商业银行持有的流动性资产在其全部资产中所占的比重。这一手段可以达到限制商业银行信用过度扩张、约束其稳健经营的目的。

4. 直接干预

直接干预是指中央银行直接对商业银行的信贷业务放款范围等加以干预。如直接限制放款额度、直接干预商业银行对活期存款的吸收等。

(三)间接信用指导

间接信用指导是指中央银行通过道义劝告、窗口指导等办法间接影响商业银行的信用创造。

1. 道义劝告(moral suasion)

道义劝告是指中央银行利用自己在金融体系中的特殊地位和威望,对商业银行和其他金融机构发布通告、指示或与各金融机构的负责人进行面谈,交流信息,解释政策意图,婉转劝其自动采取相应措施来贯彻中央银行的货币政策,使其放款的数量和投资的方向,符合中央银行的要求,从而达到控制和调节信用的目的。

2. 窗口指导(discount window guidance)

这个概念来自日本,是指中央银行根据产业行情、物价趋势和金融市场动向,规定商业银行每季度贷款的增减额,并要求其执行。中国的窗口指导是中央银行与专业银行之间的行长联席会或业务部门之间的碰头会制度。平时根据需要不定期举行,在经济活动高峰期的第四季度则往往每旬举行一次。专业银行向中央银行报告信贷业务进展,中央银行则说明对经济、金融形势的看法,通报货币政策的意向,提出建议。

可以看出,间接信用指导是通过中央银行的影响力而加以实施的,为了保证其政策效果,中央银行必须在金融体系中拥有较高的地位和威望,以及拥有控制信用的足够法律权力和手段。中国货币政策工具的选用:逐步由直接调控为主向间接调控为主转化。

三、中国特色的货币政策框架

(一)我国货币政策的最终目标和中介目标

从全球范围看,对货币政策理论和实践的探索一直在不断动态演进。经过多年实践探索,中国特色的货币政策框架已初步形成并不断发展完善。《中华人民共和国中国人民银行法》规定:"货币政策目标是保持货币币值的稳定,并以此促进经济增长。"这是法律明确规定的我国货币政策的最终目标。这意味着首先要保持币值稳定,对内保持物价稳定,对外保持人民币汇率在合理均衡水平上基本稳定,为经济发展提供适宜的货币金融环境。同时要以服务实体经济为方向,将就业纳入考量。坚持系统观念,加强前瞻性思考、全局性谋划、战略性布局、整体性推进,在多重目标中寻求动态平衡。

为了实现最终目标,货币政策需要关注和调控一些中间变量,主要发达经济体的央行大多以价格型调控为主,而我国采用数量型和价格型调控并行的办法。传统上,我们对金融总量指标比较关注,但也在不断优化调整。过去,货币政策曾对 M_2、社会融资规模等金融总量增速有具体的目标数值,近年来已淡出量化目标,转为"与名义经济增速基本匹配"等定性描述。随着经济高质量发展和结构转型,实体经济需要的货币信贷增长也在发生变化。货币信贷总量增长速度的变化,实际上是我国经济结构变化,及与此相关联的我国金融供给侧结构变化的反映。

未来我国将继续优化货币政策中间变量,逐步淡化对数量目标的关注。当货币信贷增长已由供给约束转为需求约束时,如果把关注的重点仍放在数量的增长上甚至存在"规模情节"显然有悖于经济运行规律。需要把金融总量更多作为观测性、参考性、预期性的指标,更加注重发挥利率调控的作用。

(二)我国的货币政策工具

我国金融体系以银行为主,货币政策传导主要通过银行实现。近年来,人民银行抓准作为货币创造直接主体的商业银行,通过流动性、资本、利率这三大外部约束影响商业银行货币创造行为,完善货币供应调控机制。人民银行不断丰富货币政策工具箱,发挥好宏观审慎评估的激励约束作用,对商业银行货币创造的行为做前瞻性引导,保持 M_2 和社会融资规模增速同名义经济增速基本匹配。人民银行注重引入激励相容机制,健全结构性货币政策工具体系,根据经济发展不同时期的需要动态调整支持重点,促进提升经济发展的可持续性和韧性。

目前,我国常用的货币政策工具包括:

(1)公开市场业务。
(2)存款准备金。
(3)中央银行贷款。
(4)利率政策。
(5)常备借贷便利。
(6)中期借贷便利。
(7)抵押补充贷款。
(8)定向中期借贷便利。
(9)结构性货币政策工具。

10-9 专栏:利率工具概述

上述货币政策工具的具体内容可参见中国人民银行网站货币政策栏目。

其中,结构性货币政策工具包括支农再贷款、支小再贷款、再贴现、普惠小微贷款支持工具、抵押补充贷款、碳减排支持工具、支持煤炭清洁高效利用专项再贷款、科技创新再贷款、普惠养老专项再贷款、交通物流专项再贷款、设备更新改造专项再贷款、普惠小微贷款减息支持工具、收费公路贷款支持工具、民营企业债券融资支持工具、保交楼贷款支持计划、房企纾困专项再贷款、科技创新和技术改造再贷款、保障性住房再贷款等。

(三)我国货币政策的执行情况

中国人民银行坚持以习近平新时代中国特色社会主义思想为指导,认真落实党中央、国务院决策部署，稳健的货币政策灵活适度、精准有效，强化逆周期调节，为经济社会发展营造了良好的货币金融环境。

一是保持货币信贷合理增长。综合运用降准、公开市场操作、中期借贷便利、再贷款再贴现等工具，增设临时正、逆回购操作，保持流动性合理充裕。促进信贷均衡投放，盘活低效存量金融资源，整治资金空转和手工补息，提升服务实体经济质效。二是推动社会综合融资成本稳中有降。支农支小再贷款、再贴现利率、公开市场7天期逆回购操作利率持续下降，继续推动存款利率市场化，引导贷款市场报价利率等市场利率下行。三是引导信贷结构调整优化。先后设立科技创新和技术改造再贷款、保障性住房再贷款；放宽普惠小微贷款认定标准，扩大碳减排支持工具支持对象范围，落实好存续的各类结构性货币政策工具；推出房地产支持政策组合，降低个人住房贷款最低首付比例，取消个人房贷利率下限，下调公积金贷款利率。四是保持汇率基本稳定。坚持市场在汇率形成中起决定性作用，发挥好汇率对宏观经济、国际收支的调节功能，保持汇率弹性，强化预期引导，坚决防范汇率超调风险。五是加强风险防范化解。健全金融风险监测评估，稳妥处置重点区域和重点机构风险。有序推进金融支持融资平台债务风险化解，强化金融稳定保障体系建设。

中国人民银行将坚持稳中求进工作总基调，完整准确全面贯彻新发展理念，坚定不移走中国特色金融发展之路，加快建设金融强国，推动金融高质量发展，深化金融体制改革，加快完善中央银行制度，推进货币政策框架转型。稳健的货币政策要注重平衡好短期和长期、稳增长和防风险、内部均衡和外部均衡的关系，增强宏观政策取向一致性，加强逆周期调节，增强经济持续回升向好态势，为完成全年经济社会发展目标任务营造良好的货币金融环境。

稳健的货币政策要灵活适度、精准有效。合理把握信贷与债券两个最大融资市场的关系，引导信贷合理增长、均衡投放，保持流动性合理充裕，保持社会融资规模、货币供应量同经济增长和价格水平预期目标相匹配。把维护价格稳定、推动价格温和回升作为把握货币政策的重要考量，加强政策协调配合，保持物价在合理水平。完善市场化利率形成和传导机制，发挥央行政策利率引导作用，释放贷款市场报价利率改革和存款利率市场化调整机制效能，促进金融机构持续提升自主定价能力，推动企业融资和居民信贷成本稳中有降。

坚持聚焦重点、合理适度、有进有退，积极发展科技金融、绿色金融、普惠金融、养老金融、数字金融，加大对重大战略、重点领域、薄弱环节的优质金融服务。畅通货币政策传导机制，丰富完善货币政策工具箱，提高资金使用效率。坚持以市场供求为基础、参考一篮子货币进行调节、有管理的浮动汇率制度，发挥市场在汇率形成中的决定性作用，综合施策、稳定预期，坚决对顺周期行为予以纠偏，防止形成单边一致性预期并自我强化，坚决防范汇率超调风险，保持人民币汇率在合理均衡水平上基本稳定。落实好防范化解房地产、地方政府债务、中小金融机构等重点领域风险的各项举措，坚持在推动经济高质量发展中防范化解金融风险。

第三节 货币政策的中介目标和传导机制

一、货币政策的操作目标和中介目标

（一）操作目标和中介目标

对于中央银行而言，如何选择适当的货币政策工具，并加以适当运用，以实现预定的货币

政策的最终目标,是中央银行制定和执行货币政策的重要环节。但是,任何货币政策工具的运用都不能直接作用于实际的经济活动,从而直接达到预定的货币政策的最终目标,它只是改变了商业银行准备金、短期利率或流通中现金等变量,只能通过对这些中间变量的影响来传导到实际的经济活动,从而间接地达到货币政策的最终目标。我们把货币政策工具可以直接作用的变量称为货币政策的操作目标或手段变量。央行改变了操作目标后,与最终目标实现之间还有一定距离,因此需要在操作目标和最终目标之间再设置一个货币政策的中介目标,或称为中介目标。货币政策中介指标是指为实现货币政策目标而选定的中间性或传导性金融变量。货币政策最终目标并不直接处于中央银行控制之下,为了实现最终目标,中央银行必须选择某些与最终目标关系密切、中央银行可以直接影响并在短期内可以度量的金融指标作为实现最终目标的中介性指标,通过中介指标的控制和调节最终实现政策目标。货币政策的传导过程,就是货币政策工具影响最终目标发生变化的过程,须通过操作目标和中介目标的传导才能完成,因此对央行最终实现货币政策最终目标有着重要意义。在西方货币理论中,中介目标的存在发挥了两个作用:一是人们长久以来认识到货币政策作用机理具有滞后性和动态性,因而有必要借助于一些能够较为迅速地反映经济状况变化的金融或非金融指标,作为观察货币政策实施效果的信号;二是为避免货币政策制定者的机会主义行为,需为货币当局设定一个名义锚,以便社会公众观察和判断货币当局的言行是否一致。我们先大致了解货币政策工具、操作目标、中介目标和最终目标的关系,如图10-2所示。

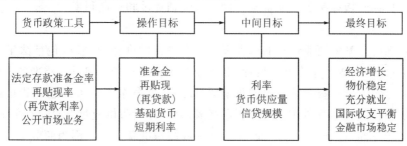

图10-2 货币政策工具、操作目标、中介目标和最终目标的关系

(二)操作目标和中介目标的选择标准

货币政策的操作目标和中介目标并不是可以随意确定的,须是较为迅速地反映经济状况变化的金融或非金融指标。一项指标能否成为操作目标和中介目标,一般认为看是否满足三个标准,即可测性、可控性和相关性,并且要结合不同国情具体问题具体分析,有的还要考虑抗干扰性标准。

1. 可测性(measurability)

可测性有两层含义。第一,该指标是可以量化的;第二,除量化外,央行还可以及时得到这些准确的量化数据以便分析、公布和预测。缺少这两个标准的任何一个,都不能认为是可测性。如心理因素会影响人们的购买行为和工作态度,进而对经济增长和充分就业产生作用,但心理因素这个变量很难量化,不满足第一个条件,因而不具备可测性;个人消费支出这个指标是可量化的,但是央行取得这些数据有一定时滞,不能及时获得,不满足第二个条件,因而也不具备可测性。

2. 可控性(controllability)

可控性是指中央银行通过各种货币政策工具的运用,能对该指标进行有效的控制和调节,能够较准确地控制该指标的变动状况和变动趋势。不现实的、不受中央银行所左右的、无法用来影响货币政策贯彻实施的金融变量,不能选为中介目标。

3. 相关性(relatedness)

相关性是指作为货币政策中介目标的变量与货币政策的最终目标有高度相关性,中介目标的变化会引起最终目标的第一程度的变化,因此,中介目标的设置才能发挥作用,完成货币政策调节从货币政策工具到操作目标、中介目标进而到最终目标的传导。另外,只有当中介目标和最终目标具有高度相关性,央行才能通过观察这些中介目标指标的变化来判断货币政策实施情况和最终目标的变化情况,确保最终目标的实现。

4. 抗干扰性

货币政策在实施过程中往往会受到许多外来因素或非政府因素的干扰,只有选取那些受干扰程度较低的中介目标,才能通过货币政策工具的操作达到最终目标。

二、操作目标和中介目标的常用指标变量

(一)操作目标指标变量

作为操作目标的指标一般有准备金、再贴现、基础货币和短期利率。

1. 准备金

银行体系准备金是由商业银行的库存现金和在央行的准备金存款(包括法定准备金存款和超额准备金存款)构成。作为操作目标,准备金大致满足三个要求:第一,准备金数据容易被央行获取;第二,作为央行资产负债表的负债项目之一,准备金规模可以通过货币政策工具操作被央行所控制;第三,准备金作为基础货币组成部分,与货币供应量有直接相关关系。但是,准备金作为操作目标,还是有不足之处,主要体现在超额准备金上。因为商业银行要持有多少数量的超额准备金,是商业银行自身的行为,不易为央行控制,如果法定准备金保持不变,超额准备金就成为决定基础货币和货币供应量的基本要素,因而不易被完全控制。

2. 再贴现(再贷款)

再贴现的实质是中央银行对商业银行提供的贷款,是央行投放基础货币的渠道之一,并且直接反映在央行资产负债表的资产方。因此,央行可以直接即时地从资产负债表中获得再贴现的准确数据,并通过调整再贴现规模影响商业银行的超额准备金,进而作用于商业银行信贷规模和基础货币。如经济复苏时期,央行调低再贴现率,商业银行再贴现融资需求增加,从而再贴现规模放大,带动超额准备金、基础货币的同步放大以及信贷规模和货币供应量的倍数扩张,从而有利于经济复苏和就业增长。

3. 基础货币

基础货币是由准备金和流通中现金组成的,两者都是央行的负债,因此,可测性和可控性很好。同时,由于基础货币的扩张会引起货币供应量的多倍扩张,故基础货币增减对货币供应量的增减有直接作用,从而对经济活动产生影响,保持了和最终目标之间的高度相关性。但是,基础货币中的超额准备金和流通中的现金均不易为央行控制,因此基础货币的可控性略显不足。

4. 短期利率

央行可以很容易地得到短期利率的数据,因此,这一指标具有很好的可测性。从可控性来说,央行可以自主调整再贴现率、央票利率、央行主动进行的回购利率等。但由于不同金融工具对应了不同的短期利率,如银行间同业拆借利率、债券回购利率等,整体货币市场短期利率受到央行的影响,但并不是其可以完全控制的。从相关性来说,对投资、消费和国民收入起到重要作用的是长期利率,而货币市场形成的短期市场利率更大程度上影响的是金融机构流动性,只是长期利率的一个影响因素,因而相关性稍显不足。

(二)中介目标指标变量

中介目标的划分种类不尽相同,大致可以分为数量型和质量型两类。数量型如货币供应量、信贷规模等,质量型如利率、汇率等。纵观各国货币政策具体实践,货币政策中介目标的选择是一个不断变化的过程,各国在不同历史时期和不同经济背景下采用不同的货币政策中介目标,其中利率、货币供应量、信贷规模和汇率是各国中央银行采用最多的中介目标。

1. 利率

利率作为货币政策的中介目标,与经济活动水平和经济周期正相关。作为内生经济变量,利率是顺经济循环的,当经济繁荣时,信贷需求增加,导致利率上升,当经济萧条时,信贷需求减少,导致利率下降;其变动能反映货币与信贷的供求状况,利率上升可能是货币供不应求,利率下降可能是货币供过于求;利率水平可以由中央银行加以控制和调节,中央银行通过调整再贴现率和在公开市场上买卖有价证券就可以影响整个金融市场的利率水平。利率是可以把货币供应量的变动传导到生产和投资领域的重要渠道,利率的变动会影响企业投资、政府支出的规模和个人的消费支出等,从而调节社会总供求。满足中介目标选择的标准。

利率作为中介目标的优点:①利率能够反映货币与信用的供求状况,并能表现货币与信用供求状况的相对变化;②中央银行能够运用货币政策工具较为有效地控制利率;③有关利率的数据可及时获得;④利率的调整可把中央银行的政策意图及时传递给各金融机构,并通过各金融机构迅速传达到企业与消费者,使之做出相应的反应。

利率作为中介目标的缺点:①可测性有偏差。中央银行用作指标变量的利率是社会上各种借贷关系所用利率的加权平均数。中央银行信息部门所收集到的是各种公开市场上的利率,不是全部有关利率的资料;中央银行公布的利率是名义利率,而影响实际投资成本的是实际利率;金融市场上的行政干预使利率不能反映市场真实的供求状况。上述种种使利率的可测性降低。②可控性有偏差。首先,中央银行可控制名义利率,对于真正影响投资活动的实际利率,中央银行对其则很难控制;其次,利率对经济活动影响力的大小取决于货币需求的利率弹性,事实上货币需求的利率弹性是不确定的,因经济周期的不同阶段,或因不同的经济体制而有所不同。中央银行仅能影响短期利率,而对长期利率,中央银行的影响力甚微。

2. 货币供应量

货币供应量是以弗里德曼为首的货币主义学派所坚持的货币政策中介目标,货币供应量包括流通中的现金和存款货币。货币供应量作为中间目标的优点和选择的理由有以下几个方面。

(1)货币供应量与经济活动高度相关。①货币供应量是经济的内生变量,生产和商品交易的变化必然引起货币供应量的变化,而且这种变化是顺经济循环的。当经济繁荣时,生产和商品交易规模扩大,信贷需求增加,银行体系超额储备减少,货币供应量增加;反之,经济萧条时,生产和商品交易规模缩小，信贷需求降低，银行体系超额储备增加，货币供应量将减少。②货币供应量是货币政策的外生变量，它的松紧变动直接作用于经济过程。首先，货币供应量的变动能直接引起国内生产总值的变动。货币供应量增加，能促进国内生产总值的增长，紧缩货币供应量，会抑制国内生产总值的增长。通过对货币供应量的调节，能够调节国内生产总值的增长速度。其次，货币供应量的变动与物价的变动有密切关系。货币供应量增加，引起社会总需求增加，超过一定程度后，会引起通货膨胀，导致物价上涨，紧缩货币供应量，会抑制物价水平的上涨，因此，货币供应量是与货币政策最终目标高度相关的指标。并且，作为政策性变量，货币供应量是逆经济循环的，当经济繁荣时，应紧缩货币供应量来抑制物价的上涨，当经济萧条时，应扩张货币供应量刺激经济发展。因此，政策性影响与非政策性影响一般不会相互混淆。

（2）货币供应量便于观测，不会使政策性因素与非政策性因素的影响与政策效果发生混淆，不会扰乱中央银行的判断。

（3）货币供应量可以由中央银行直接控制。

（4）货币供应量与货币政策意图联系密切。

货币供应量作为中介目标的缺点有：与经济的相关程度受一些因素的影响也日益降低，如金融创新；中央银行控制能力，如金融自由化、社会公众持有现金比率的变化会对货币供应量产生影响，从而使中央银行难以精确地控制货币供应量；具有时滞。

3. 信贷规模

20世纪80年代，在各国央行纷纷放弃利率这一中介目标转投货币供应量时，有学者提出不同意见，如本杰明·弗里德曼提出以未清偿贷款或债务作为中介目标，即信贷规模。信贷是企业资本投资和流动资金的主要融资渠道，信贷规模增加，会带动投资和消费的增加，从而促进经济增长；反之则会带动经济下行。但随着直接金融市场的发展和金融结构的调整，信贷规模和经济增长之间的相关度逐渐减弱。同时，由于信用扩张效应，信贷规模和经济增长之间不断相互作用，可能发生虚假繁荣，造成经济杠杆率过高，产生泡沫经济。一旦泡沫破灭，将加剧经济周期波动。在可控性方面，央行可以通过行政方式干预商业银行体系创造的信贷规模，具备很强控制力。但是由于倒逼机制，经济生活中的商业银行有突破信贷规模的天然动力，且规模管理也与金融市场化的趋势相违背。我国自1998年起，全面取消了信贷规模管理这一中介目标，改以货币供应量作为主要中介目标。

4. 汇率

以汇率作为货币政策中介目标最主要的优点是限制了过多的货币发行，有利于控制通货膨胀。无论是将本币盯住黄金还是其他国家货币，都对货币发行提出了黄金或外汇储备的要求，自动限制了过多的货币发行。

汇率目标虽然有利于控制通货膨胀，但在资本项目开放条件下将导致货币政策独立性丧失，对目标国的冲击将直接传输给盯住国。汇率目标使得汇率不能轻易变动，外汇市场上的信号难以反映货币政策的意图。在以汇率作为货币政策中介目标的情况下，央行通常会实施过度膨胀的政策，由于汇率稳定，在平时很难察觉，直到有投机攻击时才会显露。由于不能防止游资对本币的投机冲击，国内经济可能为此付出高昂的代价。

▶ 三、货币政策的传导机制

货币政策的传导机制，是指央行通过货币政策工具的实施，影响操作目标、中介目标，最终传导至货币政策最终目标的过程,如上文图 10-2 所示。如果中央银行在公开市场上向商业银行买进一定数量的有价证券,则商业银行的准备金将增加。由于商业银行的准备金是基础货币的重要组成部分,因此,在货币乘数一定的条件下,商业银行准备金的增加将使货币供应量成倍地增加。从这个具体的过程看,当商业银行通过向中央银行出售有价证券而获得准备金后,它即可以通过贷款或投资而引起存款货币的成倍扩张,并且,中央银行在公开市场业务上买进有价证券不仅使货币供应量增加,而且还将导致利率下降,而这两者都会引起总需求的增加,尤其是投资规模的扩大,最终结果将是物价上涨、就业增加和经济增长。这说明,中央银行通过该货币政策工具的执行,在一定程度上达到了充分就业和经济增长的最终目标,但未能达到物价稳定的目标,这是由货币政策最终目标之间的矛盾所决定的。

根据影响经济体的大致部门来划分,货币政策的实质是总需求管理政策,影响了国民收入中的投资、消费和净出口,因此货币政策可以从以下三个方面来分析。

(一)投资渠道

1. 利率传导机制

凯恩斯主义的观点认为,货币供应量的增加将引起利率的下降,在资本边际效率一定的条件下,利率的下降将引起投资的增加,投资的增加又将通过投资乘数的作用引起国民收入的增加。反之,货币供应量减少,利率上升,人们投资意愿和数量下降,国民收入进一步减少。以 M 表示货币供应量,r 表示利率,I 表示投资,Y 表示国民收入,凯恩斯的货币政策传导机制理论可以表述为:

$$M\uparrow \to r\downarrow \to I\uparrow \to Y\uparrow$$

反之:
$$M\downarrow \to r\uparrow \to I\downarrow \to Y\downarrow$$

凯恩斯学派提出以下观点:①货币政策必须通过利率来加以传导。因此,货币政策的中介目标应该是利率,在西方国家长期的货币政策实施实践中,实际上是以利率作为中央银行的控制对象的。②从货币政策的传导机制看,货币政策的作用是间接的,它必须经过两个中间环节,如果这两个中间环节或其中一个环节出现问题,则货币政策是无效的。如当一国经济出现"流动性陷阱"时,货币供应量的增加就不能使利率下降,于是,货币政策就是无效的。又如在利率下降后,如果投资者对利率的下降并不敏感,即投资的利率弹性缺乏,则货币政策同样是无效的。所以,凯恩斯学派强调财政政策的有效性,认为货币政策是不可靠的。③在凯恩斯的货币政策传导机制中,只强调了货币和利率等金融因素的变动对实际经济活动的影响,而没有考虑实际经济活动的变动,如产量、收入等实物变量的变动,也将对货币和利率产生相应的反作用。如货币供应量的增加将导致利率的下降,利率的下降将刺激投资增加,投资的增加又将通过投资乘数使国民收入成倍地增加。凯恩斯的分析到此为止,但实际上,收入的增加必然将引起货币需求的增加,

货币学派认为,利率在货币传导机制中不起重要作用,而更强调货币供应量在整个传导机制上的直接效果。货币学派论证的传导机制可表示如下(其中 E 表示支出,y 表示名义收入):

$$M\uparrow \to E\uparrow \to I\uparrow \to y\uparrow$$

$M \to E$ 是指货币供给量的变化直接影响支出。这是因为:①货币需求有其内在的稳定性。②货币需求函数中不包含任何货币供给的因素,因而货币供给的变动不会直接引起货币需求的变化;至于货币供给,货币学派把它视为外生变量。③当作为外生变量的货币供给改变,比如增大时,由于货币需求并不改变,公众手持货币量会超过他们所愿意持有的货币量,从

而必然增加支出。

$E \to I$ 是指变化了的支出用于投资的过程,货币学派认为这将是资产结构的调整过程。①超过意愿持有的货币或用于购买金融资产,或用于购买非金融资产,甚至人力资本的投资。②不同取向的投资会相应引起不同资产相对收益率的变动,如投资于金融资产偏多,金融资产市值上涨,收益相对下降,从而会刺激非金融资产,如产业投资,产业投资增加,既可能促使产出增加,也会促使产品价格上涨,如此等等。③这就会引起资产结构的调整,而在这一调整过程中,不同资产收益率的变化又会趋于相对稳定状态。

最后是名义收入 y,y 是价格和实际产出的乘积。由于 M 作用于支出,导致资产结构调整,并最终引起 y 的变动。这一变动究竟在多大程度上反映实际产量的变化,又有多大比例反映在价格水平上,货币学派认为,货币供给的变化短期内对两方面均可发生影响,就长期来说,则只会影响物价水平。

2. 托宾的 Q 理论

经济学家托宾于1969年提出了一个有关股票价格与投资支出相互关联的理论,称为托宾 Q 理论。托宾将 Q 定义为:$Q =$ 企业市场价值 / 资本重置成本。如果 $Q > 1$,说明企业市场价值相对高于企业重置成本,这种情况下,建立新厂房和购买新设备的资本成本要低于收购同等规模的企业价值,因此企业会偏向选择新建厂房和购买机器,而不会直接收购另一家企业,这意味着企业的投资支出将会增加。若 $Q < 1$,表明企业市场价值相对低于企业的资本成本,因此企业会选择收购已有的企业来替代建造新厂房和购买新设备,从而对新投资品购买的投资支出会处于相对比较低的水平,投资支出也相对减少。货币政策和托宾 Q 之间有一定的相关关系,当货币供应量增加,债券利率下降,股票价格 P_s 上升,托宾 Q 值上升,带动投资和国民收入。其传导过程如下:

$$M\uparrow \to r\downarrow \to P_s\uparrow \to Q\uparrow \to I\uparrow \to Y\uparrow$$

反之 $$M\downarrow \to r\uparrow \to P_s\downarrow \to Q\downarrow \to I\downarrow \to Y\downarrow$$

3. 信贷传导机制

信贷传导包括银行信贷渠道和资产负债表渠道这两种形式。银行信贷渠道是指货币供应量 M 的增加会直接导致银行信贷可供量 L 的增加,企业资金需求得到满足,因而导致投资和产出的增加。资产负债表渠道是指货币供应量 M 增加导致利率下降,利率下降一方面使企业股价上升,公司净值提高;另一方面会使企业利息支出减少,直接增加现金流 NCF。这两方面促进企业的资产状况得到改善,使银行贷款的逆向选择和道德风险减少,从而放贷意愿增强,企业得到贷款数量增加带动投资和产出增加。具体传导过程描述如下:

$$M\uparrow \to L\uparrow \to I\uparrow \to Y\uparrow$$

$$M\uparrow \to \begin{cases} r\downarrow \to P_s\uparrow \\ NCF\uparrow \to 资产状况改善 \end{cases} \to L\uparrow \to I\uparrow \to Y\uparrow$$

(二)消费支出渠道

1. 利率和收入传导

货币供应量增加,使得利率下降,消费和储蓄收益下降使得储蓄意愿下降,从而消费支出 C 会增加。同时,货币供给量增加会提高消费者的临时性收入 Y_i,根据恒久收入理论,临时性收入增加会促使消费支出增加,从而影响国民收入。反之,货币供应量减少会使得利率上升,储蓄意愿增强,减少支出,从而使国民收入下降。

$$M\uparrow \to \begin{cases} r\downarrow \\ Y_i\uparrow \end{cases} \to C\uparrow \to Y\uparrow$$

2. 财富效应

储蓄生命周期理论表明,决定消费支出的是消费者毕生的财富,而不仅是今天的收入,消费是按照时间均匀安排他们一生的消费支出的。消费者毕生财富的一个重要组成部分是金融资产,如股票、债券等。当股票和债券价格上升,消费者财富增加,就会增加消费,这被称为消费支出的财富效应渠道。

$$M\uparrow \to r\downarrow \to P_s\uparrow \to 毕生财富\uparrow \to C\uparrow \to Y\uparrow$$

3. 流动性效应

流动性效应是指消费者遇到的财务困难的可能性和所持有的金融资产的流动性相关。一般来说,消费者遇到的财务困难的可能性与持有金融资产的流动性成反比,持有金融资产流动性越好,遇到财务困难的可能性越小,消费支出越稳定。而金融资产的流动性与金融资产价格走势有一定的相关性,资产价格受到货币政策的影响。如货币供应量增加,利率下降,股票、债券等金融资产价格上升,消费者就能更顺利地在不受损的条件下卖掉所持有的资产,陷入流动性困难和财务困难的可能性也就越小。反之,如果金融资产价格下降,消费者持有的金融资产陷入流动性困难的可能性就比较大。

$$M\uparrow \to r\downarrow \to P_s\uparrow \to 金融资产价值\uparrow \to 财务困难可能性\downarrow \to C\uparrow \to Y\uparrow$$

4. 消费信贷渠道

货币政策还可以通过影响消费信贷规模来调整消费需求,作用于国民收入。如当央行放松银根,或者上调消费信用比率,消费者从金融机构获得消费性贷款就变得比较容易,因而会增加相应的消费支出。如央行放松银根,下调住房抵押贷款首付率,那么购买者可以用相对较少的自由资金完成购买行为,因此会有效增强住房消费。反之,对住房的需求就会下降。

$$M\uparrow 或消费信用比率\downarrow \to 可得消费信贷\uparrow \to C\uparrow \to Y\uparrow$$

(三)国际贸易渠道

开放经济条件下,净出口受汇率波动影响很大。当本国货币升值,外国货币贬值时,本国商品的国际市场价格会相对上升,外国商品价格相对下降,因此出口下降,进口增加,净出口下降。汇率又受到货币政策的影响。货币供应量增加会引起本币利率下降,此时如果外国利率不变,根据利率评价理论,此时资本会流向利率较高的国外,本币汇率 e 下降,外币汇率上升,本国商品劳务相对便宜,外国商品劳务相对昂贵,出口增加,进口减少,净出口上升,国民收入增加。其传导机制可表述为:

$$M\uparrow \to r\downarrow \to e\downarrow \to 净出口\uparrow \to Y\uparrow$$

第四节 货币政策效应

一、货币政策效应及其衡量

货币政策效应即有效性问题,是指货币政策的政策目标与实际运行效果之间的偏差。制定和实施货币政策的目的是实现调节经济的政策目标,而目标能否实现以及能够在多大程度上实现,即货币政策效应如何,是货币政策制定者十分关心的问题。

对于货币政策效应有两种观点:第一,认为货币政策是无效的;第二,认为货币政策在某种程度上是有效的。两种观点的争论实际上是与经济自由主义和政府干预经济两个经济思想的交替起伏相伴而生的。人们普遍接受第二种观点。货币政策在制定、实施以及传导过程中由于受到种种因素的影响,其效果会打折扣,政策制定者只有充分了解货币政策的这些局限,才能更好地行使自己的职能。

➤ 二、影响货币政策效应的因素

货币政策的效应主要受到货币政策的时滞、货币流通速度、微观主体的心理预期以及其他经济政治因素这四大因素的影响。

(一)货币政策的时滞

货币政策从制定到最终目标的实现,必须经过一段时间,这段时间就称为货币政策的时滞(time lag)。货币政策时滞是决定货币政策效应中作用时间长短问题的决定性因素,它由内部时滞和外部时滞两部分组成。

内部时滞指从政策制定到货币当局采取行动这段时间。它分为两个阶段:第一阶段是认识时滞(recognition lag),即从需要采取货币政策行动的经济形势出现到中央银行认识到必须采取行动所需要的时间;第二阶段是决策时滞(decision lag),也叫行动时滞,即从中央银行认识到必须采取行动到实际采取行动所需要的时间。内部时滞的长短取决于货币当局对经济形势发展的预判能力、货币当局的独立性、制定政策的效率和行动的决心等因素。

外部时滞(outside lag)也称为效应时滞,是指从中央银行采取货币政策措施到对货币政策目标发生影响取得效果的时间。它也分为两个阶段:一是中央银行调整货币政策后,经济主体决定调整其资产总量与结构所耗费的时间,称为执行时滞;二是从经济主体决定调整其资产总量与结构到整个社会的生产、就业等变量发生变化所耗费的时间,称为生产时滞。外部时滞主要由客观的经济和金融条件决定。

外部时滞所需要时间的较长。货币当局采取货币政策行动后,不会立即引起最终目标的变化,需要影响到中介目标变量的变化,通过货币政策传导机制,影响到社会各经济单位的行为,从而影响到货币政策的最终目标。这个过程需要时间,但究竟多长时间,经济学家有不同看法,有的认为2年左右,有的认为时滞不超过6~9个月。货币政策时滞如图10-3所示。

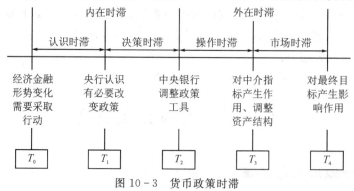

图 10-3 货币政策时滞

(二)货币流通速度

对货币政策生效的另一主要限制因素是货币流通速度。如果在政策制定后货币流通速度发生变动,而政策制定者在制定政策时并未意识到或预料到,货币政策的效果就可能受到严重影响,甚至有可能使本来正确的政策走向反面。但是在实际生活中,对货币流通速度变动的预测和估算很难做到不发生误差,因为影响其变动的因素太多。

(三)微观主体的心理预期

当一项货币政策提出时,各种微观经济主体会立即根据可能获得的各种信息预测政策的后果,从而很快地做出对策,而且时滞较短。微观主体广泛采取的对策使中央银行制定政策的效果可能在一定程度上遭到破坏。例如,政府拟采用长期的扩张政策,人们通过各种信息预期社会总需求会增加,物价会上涨,在这种情况下,工人会要求更高的工资,企业预期工资成本增大而不愿扩展经营。最后的结果是只有物价的上涨而没有产出的增长。

(四)金融创新

随着金融市场创新的发展,大量金融市场创新工具,一方面使得货币供应量的概念定义和计算越来越困难,另一方面降低了货币需求的利率弹性,使得货币需求函数的稳定性大大降低,货币流通速度变得更加难以控制,进而影响货币政策的效应。

(五)其他政治经济因素

客观经济条件和政治条件的变化也会影响到货币政策的效果。在货币政策出台后,如果生产和流通领域出现某些始料不及的情况,就可能出现货币政策效果下降的情况。比如,在实施扩张性货币政策中,生产领域出现了生产要素的结构性短缺。这时即使货币、资金的供给很充裕,由于瓶颈部门的制约,实际的生产也难以增长,扩张的目标无从实现。政治因素对货币政策效果的影响也是巨大的,由于一项政策方案的贯彻,都可能给不同的阶层、集团、部门或地方的利益带来一定的影响,这些主体如果在自己的利益受损失时做出较强烈的反应,就会形成一定的政治压力,当这些压力足够有力时,就会迫使货币政策进行调整。

三、货币政策与财政政策的配合

(一)货币政策和财政政策配合的必要性

1. 货币政策和财政政策统一性

(1)二者的调控目标是一致的,即都是为了实现物价稳定、充分就业、经济增长和国际收支平衡的最终目标。

(2)二者都是需求管理政策。货币政策着眼货币供应量的调节,而货币供应量的变动直接决定着社会总需求的大小;财政政策着眼财政收支的调节与管理,其执行结果无论怎样,最终都将对社会总需求产生重大影响。

(3)二者内在的互补性。作为两大政策的具体操作机构的财税部门和中央银行,其内在联系非常密切,任何一方的变动都会引起对方的变动。这也决定了两大政策的实施必须联合运作才能发挥整体效应。

2. 货币政策和财政政策的区别

(1)政策的调控主体不同;
(2)作用过程不同;
(3)政策工具不同;
(4)可控性不同;

(5)时滞不同。

货币政策和财政政策的区别如表10-1所示。

表10-1 货币政策和财政政策的区别

对比项		货币政策	财政政策
调控主体		中央银行	财政部
政策工具		一般性货币政策工具	税收、财政支出
可控性		通过市场,需传导过程	政府直接控制
时滞性	认识时滞	长	短
	决策时滞	短	长

(二)货币政策和财政政策的配合手段和配合方式

根据货币政策和财政政策的不同特点,一国经济运行的状况、内外均衡目标的关系,根据蒙代尔的"有效市场分配原则",财政政策和货币政策在实现内外部均衡中起到了不同的作用。蒙代尔认为有两种政策配合方法:一种是以财政政策对外,货币政策对内。这样的配合只会扩大国际收支不平衡。另一种方法是以财政政策对内,货币政策对外。这样该国在实现外部均衡的同时更加接近内部均衡线,最终会趋于内外均衡。货币政策和财政政策的配合实现内外均衡目标如表10-2所示。

表10-2 货币政策和财政政策的配合

区间	经济状况	财政政策	货币政策
Ⅰ	失业/国际收支顺差	扩张	扩张
Ⅱ	通胀/国际收支顺差	紧缩	扩张
Ⅲ	通胀/国际收支逆差	紧缩	紧缩
Ⅳ	失业/国际收支逆差	扩张	紧缩

货币政策和财政政策的配合有四种情况:①"双紧政策";②"双松政策";③"松货币、紧财政"政策;④"紧货币、松财政"政策。

一般而言,财政政策和货币政策方向一致,宏观调控的意向明确,效果快而显著,但容易导致经济状况的急剧变化;一松一紧的政策配合能够缓冲政策的冲击力,但导向不明确,力度弱,时滞较长。

本章小结

1.货币政策是指中央银行为实现既定的货币政策目标运用各种货币政策工具调节货币供应量,进而影响宏观经济运行的各种方针措施的总称。

2.货币政策的最终目标有四个,即稳定物价、充分就业、经济增长及国际收支平衡。但是,这四个目标之间却充满了矛盾,因而使中央银行无法通过实行同一货币政策以同时达到多个不同的目标。

3.1995年颁布的《中华人民共和国中国人民银行法》规定,我国货币政策目标是保持货币币值的稳定,并以此促进经济增长。

4.中央银行货币政策工具可分为一般性货币政策工具、选择性货币政策工具。其中,一般性货币政策工具有三种,即存款准备金政策、再贴现政策和公开市场业务。选择性货币政策工具则种类很多。各国中央银行可根据本国实际和货币政策的目标加以选择和运用。

5.货币政策对实际经济活动的作用是间接的。中央银行运用一定的货币政策工具,往往不能直接地达到其预期的最终目标,而只能通过控制某一中介目标,并通过这一中介目标的传导来间接地作用于实际经济活动,从而达到最终目标。货币政策中介目标的选择必须满足可控性、可测性和相关性这三个基本特性的要求。

6.货币政策的传导机制是指从货币政策工具的运用到最终目标的达到所经过的各个环节和具体的过程。在货币政策传导机制问题上,凯恩斯学派和货币学派有着重大的分歧。这种分歧决定了他们在货币政策中介目标的选择上也有着重大的分歧。

本章关键词

货币政策(monetary policy)　　　　　最终目标(ultimate goal)
操作目标(operating target)　　　　　中介目标(intermediate target)
货币政策工具(monetary policy tool)　法定准备金(reserve requirement)
再贴现(rediscount)　　　　　　　　　公开市场业务(open market operation)
传导机制(conduction mechanism)　　　货币政策时滞(monetary policy time lag)

本章思考题

1.西方国家货币政策的最终目标有哪几个？中央银行在同一时间实行同一种货币政策能否同时达到这些最终目标？为什么？

2.中央银行的一般性货币政策工具有哪几种？它们分别是怎样调控货币供给量的？其各自优缺点分别有哪些？

3.中央银行选择货币政策中介目标的依据主要有哪些？

4.货币政策工具如何实现对宏观经济的调控功能？

5.试述货币政策的传导机制。

6.影响货币政策效应的因素有哪些？

10-10 专栏:负利率政策

第十一章
国际金融概论

本章学习目标

1. 了解外汇、汇率、国际储备的基本概念,掌握汇率的标价方法、外汇交易的种类以及国际储备分类。
2. 了解国际货币制度的发展,以及金本位制、布雷顿森林体系和牙买加体系的特点。
3. 了解国际金融市场的含义和类型,理解欧洲货币市场的概念和特点。
4. 了解国际货币市场与国际资本市场的区别以及不同市场中常用的各种金融工具。

第一节 外汇和汇率

一、外汇

外汇是指外国货币或以外国货币表示的资产。它有动态和静态两种含义,其中静态外汇又有广义和狭义之分。

动态的外汇是指为了清偿国际债权债务关系,进行货币兑换的行为。这种兑换由外汇银行来办理,一般不需要现钞的支付和运输,而是通过银行间转账划拨来完成。在这个意义上,外汇就是国际结算。

广义静态的外汇是指可以清偿对外债务的一切以外国货币表示的资产或债权。我国以及其他各国的外汇管理法令中一般沿用这一概念。根据《中华人民共和国外汇管理条例》中规定:"本条例所称外汇,是指下列以外币表示的可以用作国际清偿的支付手段和资产:(一)外币现钞,包括纸币、铸币;(二)外币支付凭证或者支付工具,包括票据、银行存款凭证、银行卡等;(三)外币有价证券,包括债券、股票等;(四)特别提款权;(五)其他外汇资产。"从这个意义上说外汇就是外币资产。

狭义的外汇是指以外币表示的可用于国际之间结算的支付手段。从这个意义上讲,只有存放在国外银行的外币资金,以及将对银行存款的索取权具体化了的外币票据才构成外汇,主要包括银行汇票、支票、银行存款等。

自改革开放之后,我国的外汇储备快速增长,尤其是在加入世贸组织之后,出口成为重要的经济动力之一,随着出口换回的外汇越来越多,外汇储备在 2014 年达到了 3.84 万亿美元的高峰。随后的近 10 年,我国外汇储备稳中有降,平稳保持在 3~3.3 万亿美元。1990—2023 年我国外汇储备的变化如图 11-1 所示。

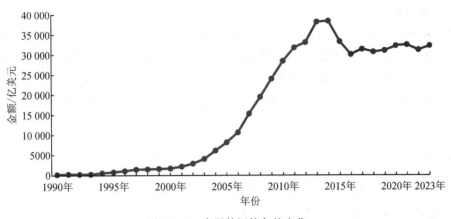

图 11-1 中国外汇储备的变化

二、汇率及其标价方法

(一)汇率的概念

由于各个国家使用的货币是不同的,当国与国之间进行商品或劳务的交换时,就需要把一国的商品和劳务以该国货币表示的价格换算成另一国货币表示的国际价格,从而产生了换算比率,即汇率。汇率又称汇价,就是两国货币之间的兑换比率,或者说是一国货币以另一国货币表示的价格。

(二)汇率的标价方法

1. 直接标价法

直接标价法指以一定单位(1 个、100 个或 1000 个)的外国货币作为标准,折算成若干数量的本国货币来表示汇率的方法。在直接标价法下,外国货币为基准货币,本国货币为标价货币,是以本国货币表示外国货币的价格。

在直接标价法下,一定单位外国货币折算的本国货币的数额增大,则说明外币升值,而本币贬值。反之,一定单位外国货币折算的本国货币的数额减少,则说明外币贬值,而本币升值。因此,在直接标价法下外币币值的上升或下跌的方向和汇率值的增加或减少的方向相同。

例如,我国外汇市场的美元兑人民币中间价汇率为:月初 USD 1＝CNY 6.143 5;月末 USD 1＝CNY 6.128 8,说明美元币值下降,人民币币值上升。

2. 间接标价法

间接标价法指以一定单位(1 个、100 个或 1000 个)的本国货币为标准,折算成若干数额的外国货币来表示汇率的方法。在间接标价法下,本国货币为基准货币,外国货币为标价货币,是以外国货币表示本国货币的价格。

在间接标价法下,一定单位本国货币折算的外国货币的数额增大,则说明外币贬值,而本币升值。反之,一定单位本国货币折算的外国货币的数额减少,则说明外币升值,而本币贬值。因此,在间接标价法下外币币值的上升或下跌的方向和汇率值的增加或减少的方向相反。

例如,伦敦外汇市场中英镑兑美元汇率中间价为:月初 GBP 1＝USD 1.584 3;月末 GBP 1＝USD 1.586 6,说明英镑币值上升,美元币值下跌。

3. 美元标价法

美元标价法是指以一定单位的美元折算成若干数量的各国货币来表示各国货币汇率的方法。第二次世界大战后，随着美元国际货币地位的确立，以及美元在外汇交易市场上的交易量的迅速增大，西方各国银行在报出各种货币买卖价时，大多采取了美元标价法。

例如，瑞士苏黎世某银行面对其他银行的询价，报出的各种货币汇价为：USD 1＝JPY 119.835 6；USD 1＝CHF 0.962 2；USD 1＝CAD 1.186 0。

三、汇率的种类

汇率的种类繁多，根据理论政策和货币制度可以划分成以下几个种类。

（一）基本汇率和套算汇率

1. 基本汇率

外国货币的种类有很多，一国往往选择出一种与本国对外往来关系最为紧密的货币即关键货币，并制定或报出汇率。本币与关键货币间的汇率称为基本汇率。关键货币一般是可自由兑换的国际货币，并且在该国国际收支中使用最多，占外汇储备比重最大的货币。世界上大多数国家都把美元当作关键货币，把美元与本币之间汇率作为基准汇率。

2. 套算汇率

套算汇率又称为交叉汇率。各国在制定出基本汇率后，再参考主要外汇市场行情，推算出的本国货币与非关键货币之间的汇率。

例如：我国某日制定的人民币与美元的基本汇率中间价为 USD 1＝CNY 6.147 5，而当时伦敦外汇市场英镑对美元汇率的中间价为 GBP 1＝USD 1.581 6，这样，就可以套算出人民币与英镑间汇率的中间价为 GBP 1＝CNY(6.147 5×1.581 6)＝CNY 9.722 8

（二）买入汇率、卖出汇率和现钞汇率

从银行买卖外汇的角度，汇率可划分为买入汇率、卖出汇率和现钞汇率。

买入汇率，也称买入价，即银行从同业或客户买入外汇时所使用的汇率。卖出汇率，也称卖出价，即银行向同业或客户卖出外汇时所使用的汇率。买入价和卖出价之间的差价就是外汇银行的收益。中间汇率，指银行买入价和银行卖出价的算术平均数，即两者之和再除以2。中间汇率主要用于新闻报道和经济分析。现钞汇率，即银行买卖外国钞票的价格。

在直接标价法下，较小的数值为银行买入外汇的汇率，较大的数值为银行卖出外汇的汇率。例如，某日东京外汇市场的报价如下：USD 1＝JPY 119.834 5/50，其中，汇率中的第一个数字 119.834 5，为银行的美元买入价，第二个数字应为 119.835 0，为银行的美元卖出价。

间接标价法下，较小数值为银行卖出外汇的汇率，较大数值为银行买入外汇的汇率。例如，某日伦敦外汇市场的报价如下：GBP 1＝USD 1.497 0/90，其中汇率的第一个数字 1.497 0 为银行的美元卖出价，第二个数字 1.499 0 为银行的美元买入价。根据直接标价法和间接标价法的特点，我们可以看出银行均是以较低的价格买入外汇，以较高的价格卖出外汇，银行通过赚取买卖外汇的差价来获取收益。表 11－1 是中国银行外汇牌价举例。

表 11-1 中国银行外汇牌价举例

货币名称	现汇买入价	现钞买入价	现汇卖出价	现钞卖出价	中行折算价	发布日期	发布时间
美元	635.40	630.23	638.10	638.10	636.92	2021/12/25	10:30:00
欧元	718.21	695.89	723.50	725.83	721.28	2021/12/25	10:30:00
英镑	849.42	823.03	855.68	859.46	853.90	2021/12/25	10:30:00
港币	81.45	80.80	81.77	81.77	81.67	2021/12/25	10:30:00
日元	5.545	5.372 7	5.585 7	5.594 4	5.563 9	2021/12/25	10:30:00
加拿大元	495.21	479.57	498.86	501.06	497.15	2021/12/25	10:30:00
韩国元	0.534 2	0.515 4	0.538 4	0.558 2	0.536 8	2021/12/25	10:30:00
澳门元	79.17	76.52	79.48	82.13	79.33	2021/12/25	10:30:00

(三)即期汇率和远期汇率

按外汇交易交割日不同,汇率可划分为即期汇率和远期汇率。交割是指买卖双方履行交易契约,进行钱货两清的授受行为。即期汇率也称现汇汇率,是指买卖双方成交后,在两个营业日以内办理交割所使用的汇率。远期汇率也称期汇汇率,是指买卖双方成交时,约定在未来某一时间进行交割所使用的汇率。一般而言,期汇的买卖差价要大于现汇的买卖差价。

银行一般都直接报出即期汇率,但对于远期汇率有两种报价方法,一种是直接报价方法,即直接将各种不同交割期限的期汇的买入价和卖出价表示出来,这与现汇报价相同。例如,在香港外汇市场上美元兑港币的汇率为:

即期汇率	1个月远期汇率	3个月远期汇率	6个月远期汇率
7.754 3/53	7.756 2/75	7.757 0/90	7.762 0/50

这种报价方法一般用于银行对客户的报价上。该方法的优点是一目了然、简单方便,缺点是改动不方便。因此,银行同业间经常使用另一种方法,即远期差价报价法。

远期差价报价法,又称点数汇率报价法或掉期率报价法,即报出期汇汇率偏离即期汇率的值或点数,然后再根据即期汇率和远期差价计算远期汇率。远期差价又分为升水和贴水两种:升水表示期汇比现汇贵;贴水则表示期汇比现汇便宜。另一种是平价,表示期汇汇率与现汇汇率两者相等。升贴水的幅度一般用点数来表示。在外汇交易中一点表示万分之一(0.000 1)。

例如,在香港外汇市场上美元兑港币的汇率为:

即期汇率	7.754 3/53
1个月的掉期率	30/50
3个月的掉期率	40/70
6个月的掉期率	90/120

用远期差价报价法来表示远期汇率的方法比较简单。在现实中,虽然即期汇率的变动比较频繁,但是远期差价一般比较稳定,因此用远期差价报价比直接报价法方便。

由于直接标价法和间接标价法的特点不同,升水和贴水的表示方法也不一样。在不同的标价法下,即期汇率和远期差价计算远期汇率的方法可归纳如下:

在直接标价法下,某日东京的外汇市场上,美元兑日元的即期汇率为 USD 1 = JPY 119.834 5/50,3个月美元升水点数为 30/60,则3个月的美元兑日元的远期汇率为:

USD 1＝JPY(119.834 5＋0.003 0)/(119.835 0＋0.006 0)＝JPY 119.837 5/10

6个月美元贴水 60/50,则 6 个月美元兑日元的远期汇率为：

USD 1＝JPY(119.834 5－0.006 0)/(119.835 0－0.005 0)＝JPY 119.827 5/00

在间接标价法下,某日伦敦外汇市场上,英镑兑美元的即期汇率为 GBP 1＝USD 1.550 0/10。1 个月期美元升水 30/10,则 1 个月英镑兑美元的远期汇率为：

GBP 1＝USD(1.550 0－0.003 0)/(1.551 0－0.001 0)＝USD 1.547 0/00

6个月期美元贴水 50/80,则 6 个月英镑兑美元汇率为

GBP 1＝USD(1.550 0＋0.005 0)/(1.551 0＋0.008 0)＝USD 1.555 0/90

(四)名义汇率、实际汇率

名义汇率为现实中的货币兑换比率,它可能由市场决定,也可能由官方制定。由于通货膨胀率的作用和干扰,名义汇率并不能够完全反映两种货币实际所代表的价值量的比值。

实际汇率是名义汇率用两国价格水平调整后的汇率,即外国商品与本国商品的相对价格,反映了本国商品的国际竞争力。名义汇率 e 与实际汇率 R 之间的关系是：

$$R = e \cdot \frac{P_f}{P}$$

其中：P_f 和 P 分别代表外国和本国的有关价格指数。R 和 e 都是直接标价法下的汇率。

▶ 四、汇率的变动

(一)影响汇率变动的主要因素

1. 国际收支

一国的国际收支可反映该国对外汇的供求关系。当一国出现国际收支逆差,反映该国对外汇的需求量大于供给量,这会在外汇市场上引起外汇汇率上升,即本币汇率下降。反之,一国的国际收支顺差会导致外汇汇率下降和本币汇率上升。国际收支包括贸易收支、服务收支和资本流动等若干项目。

2. 通货膨胀

根据购买力平价,通货膨胀是影响汇率变动的最重要的基本因素。它影响汇率的传导机制包括：第一,若一国通货膨胀率高于他国,该国出口竞争力减弱,而外国商品在该国市场上的竞争力增强；这会引起该国贸易收支逆差,造成外汇供求缺口,从而导致本币汇率下降。第二,通货膨胀会使一国实际利率下降,推动资本外逃,引起资本项目逆差和本币汇率下降。第三,由于通货膨胀是一个持续的物价上涨过程,人们的通货膨胀预期会演变成本币汇率下降预期。在这种预期心理下,为了避免本币贬值可能带来的损失,人们会在外汇市场上抛售本币、抢购外汇。而这种投机行为会引起本币汇率的进一步下降。

3. 利率

从短期来看,利率对汇率的影响是极为显著的。它影响汇率的传导机制包括：第一,在其他条件不变的前提下,利率上升会吸引资本流入,在外汇市场上形成对该国货币的需求,推动高利率货币的汇率上升。当代的国际金融市场上存在大量国际游资,它们对利率的变动极为敏感,所以从短期来看,诱发国际资本流动是利率影响汇率的主要途径。第二,利率上升意味着信用紧缩,这会抑制该国的通货膨胀,在一定时期可以通过刺激出口和约束进口推动该国货

币汇率上升。第三,利率上升会抑制该国总需求,特别是严重依赖于贷款的那一部分投资需求和消费需求,这会进一步限制进口从而有助于该国货币汇率上升。

4. 经济增长

在其他条件不变的情况下,由于国内需求增加带动的经济增长会引起进口增加。如果其他国家经济增长较慢,则该国出口增加也较慢。这容易造成该国的贸易收支逆差并引起该国货币汇率下降。如果经济增长是由该国劳动生产率提高所引起的,那么在增长过程中生产成本会下降,产品价格下降且产品质量提高。尽管该国进口会相应增加,但是由于出口增加得更快,该国货币汇率往往会上升。

5. 政府的政策

政府的各项政策都会通过各种途径直接或间接地影响汇率。政府干预汇率的直接形式是通过中央银行在外汇市场上买卖外汇,改变外汇供求关系,从而影响外汇汇率或本币汇率。政府采取汇率政策的目的一般是为了稳定本币汇率,避免汇率波动加大国际贸易和国际金融活动中的风险,抑制外汇投机行为;它也可能是为了使汇率有利于本国的经济发展或有助于实现政府的某项战略目标。政府汇率政策的效力不仅取决于该国外汇储备的多少,而且取决于该国的宏观经济状况。例如,若该国金融泡沫破灭,股票和房地产价格急剧下跌,便可能出现资本外逃,造成该国货币贬值压力。一旦贬值压力超过政府干预能力,本币汇率开始下降,便会进一步通过贬值预期诱发更大规模的资本外逃,使该国陷入恶性循环。

在中央银行参与外汇市场交易不足以实现政府汇率政策目标时,政府往往借助于外汇管制干预汇率。政府其他各项经济政策也会间接地影响汇率。例如,扩张性财政政策会刺激需求和经济增长,通过增加进口带来本币对外贬值的压力。紧缩性货币政策会通过抑制通货膨胀和提高利率而刺激本国货币汇率上升。政府的贸易政策可以通过刺激出口和限制进口而带动本币对外升值。

6. 心理预期

人们对各种价格信号的心理预期都会影响汇率。若人们预期本币汇率将会下降,便可能在外汇市场抛售本币,并助长本币的贬值压力。若人们预期本国将会出现较高的通货膨胀率,会派生出本币对外贬值预期。在一般情况下,人们的心理预期是上述基本因素在人们头脑中的反映。但是,人们的心理可能受多种其他因素的影响,如宣传和报道、谣传和迷信等。一些事件一旦对人们的汇率预期产生普遍影响,它对当前的汇率便会产生重大作用。

7. 外汇投机

外汇投机指在汇率预期基础上,以赚取汇率变动差额为目的并承担外汇风险的外汇交易行为。在当代国际金融市场上,存在着规模庞大的国际游资。其中,一部分国际游资隶属于国际垄断资本集团。它们在外汇市场上,并非是单纯的市场价格信号接受者,而往往充当价格制定者的角色。例如,1997 年 7 月爆发的泰国货币危机固然有多种原因,外汇投机者的恶性炒作无疑起到火上浇油的作用。

(二)汇率的变动对国际收支的影响

1. 汇率对进出口的影响

当一国货币汇率下降时,外汇能够兑换更多的该国货币,从而能够购买更多的该国商品,所以该国的出口量会增加;同时,该国货币只能兑换更少的外汇,从而只能购买更少的外国商品,该国的进口量会下降。

2. 汇率变动对资本国际流动的影响

汇率变动对资本国际流动的影响在很大程度上取决于人们对于汇率的心理预期。如果人们认为汇率变动是一次性的，那么一国货币贬值会吸引资本流入。因为本币贬值使外资能够兑换更多的本国货币，从而可以支配更多的实际资源。本国的土地、劳动力、设备、原材料和各种金融资产对外资来说都更加便宜了。因此，外资会增加对该国的直接投资和间接投资。我国在20世纪80年代和90年代前半期数次下调人民币汇率，对我国大量利用外资起到了重大的作用。

如果人们认为一国货币汇率下跌显示出它将进一步下降的信号，那么，它可能引起资本外逃，特别是短期资本的大量外逃。因为一旦该国货币汇率进一步下降，外资在该国的资产只能兑换更少的外汇。在1997年下半年的东南亚金融动荡中，东南亚国家的货币纷纷贬值，在一定时期内人们产生出继续贬值的心理预期，于是资本大量流往国外，而这种资本流动显著加剧了东南亚国家货币的贬值程度。

3. 汇率变动对国际储备的影响

汇率变动可以影响国际储备总量。例如，当一国货币汇率下降带来国际收支顺差时，会使该国外汇储备相应增加。汇率变动也可以影响外汇储备结构。例如，当美元汇率不断下跌时，持有该外汇储备的国家便会蒙受一定损失。为了避免这种损失，它们可能调整外汇储备的结构。

(三) 汇率对国内经济的影响

1. 汇率对国内物价的影响

一国货币对外贬值会导致国内物价水平上升。这主要通过三条途径：第一，当贬值引起出口量增加和进口量减少时，该国商品市场上的商品数量会减少。另一方面，贸易顺差带来的外汇转化为中央银行的外汇储备时，该国货币投放量会相应增加。这种商品和货币总量对比关系的变化会引起该国物价上涨。第二，贬值会带来成本推进型通货膨胀。贬值会使所有进口商品的本币价格上涨，并带动国内同类商品的价格上涨。在物价上涨的情况下，人们会要求增加工资，这会进一步推动物价上涨。此外，进口设备和原材料的本币价格上升，会抬高生产成本并推动物价上涨。第三，贬值会带来需求拉上型通货膨胀。贬值带来贸易顺差之后，会产生出一种外贸乘数效应，即国民收入的增加额成倍地超出贸易顺差额。当收入增长时，该国总需求会增加，并带动物价上涨。

2. 汇率对国内产量的影响

一国货币对外贬值通常会使该国产量增加。其发生作用的途径表现为：第一，通过外贸乘数导致产量增加。这种乘数效应发挥作用的前提是该国属于需求约束型经济，存在闲置生产要素和生产能力。因此，当货币贬值提高了该国的国际竞争能力和扩大了市场之后，该国产量便会增加。外贸乘数的大小取决于两个因素，即边际储蓄倾向（储蓄增量占国民收入增量的比例）和边际进口倾向（进口增量占国民收入增量的比例），它们越小则外贸乘数越大。第二，贬值带来的贸易顺差使该国外汇储备增加，它可用于购买先进技术设备和国内紧缺的原材料，为经济增长创造物质条件。第三，由于本币一次性贬值有利于吸引外资，特别是有利于吸引外国直接投资，所以，它可以通过外资在经济发展中的作用带动经济增长。

3. 汇率对就业的影响

一国货币对外贬值往往有助于创造更多的就业机会。首先，贬值有助于经济增长，而在此过程中就业机会将会增加。其次,贬值能够吸引外资流入,这也有助于该国就业增加。第三,当贬值引起国内物价上涨后,在一定的时期内,工资上升可能滞后于物价上升,从而实际工资下降,这有助于企业雇佣更多的劳动力。第四,在存在大量过剩人口的发展中国家,贬值给该国创造出更大的国外市场,并使该国能够进一步发挥在劳动密集型产品生产上的优势,这为过剩人口转移到劳动密集型制造业创造出良好的条件。

4. 汇率对资源配置的影响

根据近几十年来新兴工业化国家的经验,政府实行压低本币汇率的政策有利于提高资源配置效率。首先,贬值使出口产业更加有利可图,因为它们赚取的外汇可以兑换更多的本国货币,从而促进出口产业的发展。其次,贬值使进口商品的本币价格上升,有利于进口替代产业的发展,因为国内同类商品也会相应涨价,使得生产它们更加有利可图。对于发展中国家来说,由于贬值提高了进口农产品的价格,特别有助于刺激农业的发展。这对于缩小收入分配不均、扩大市场需求,以及保证农业原料的供应和农业劳动生产率的提高,都有着非常重要的意义。第三,贬值使政府较少地依赖于关税、非关税壁垒、出口补贴和其他行政手段实现国际收支平衡,避免它们所造成的市场价格信号的扭曲,这有利于资源在市场机制作用下实现比较合理的配置。

▶ 五、外汇交易

(一)即期外汇交易

即期外汇交易,又称现汇交易,是指买卖双方成交后,在两个营业日内办理交割的外汇买卖。在即期外汇市场上,一般把提供交易价格(汇价)的机构称为报价者,通常由外汇银行充当这一角色;与此相对,外汇市场把向报价者索价并在报价者所提供的即期汇价上与报价者成交的其他外汇银行、外汇经纪、个人和中央银行等称为询价者。

一笔完整的即期外汇交易往往包括四个步骤:询价、报价、成交、证实。在这四个步骤内,外汇交易双方均应明确表示出买卖的金额、买入价和卖出价、买卖的方向、起息日及付汇结算指标等。

(二)远期外汇交易

远期外汇交易又称期汇交易,指买卖双方成交后,并不立即办理交割,而是按照所签订的远期合同规定,在未来的约定日期办理交割的外汇交易。

远期外汇交易根据交割日是否固定分为固定交割日期的远期外汇交易和选择交割日期的远期外汇交易。其中,固定交割日期的远期外汇交易,指双方约定的交割日期是确定的;选择交割日期的远期外汇交易,没有固定的交割日,可以在成交日的第三天起至约定的日期内任何一个营业日进行交割,但必须提前两天通知报价行。

人们进行远期外汇交易的主要原因在于企业、银行、投资者规避风险之所需,具体包括以下几个方面:

第一,进出口商预先买进或卖出期汇,以避免汇率变动风险。汇率变动是经常性的,在商品贸易往来中,时间越长,由汇率变动所带来的风险也就越大,而进出口商从签订买卖合同到交货、付款又往往需要相当长的时间(通常达 30~90 天,有的更长),因此,有可能因汇率变动而遭受损失。进出口商为避免汇率波动所带来的风险,就会想尽办法在收取或支付款项时,按成交时的汇率办理交割。

举例:某一日本出口商向美国进口商出口价值 10 万美元的商品,共花成本 1200 万日元,约定 3 个月后付款。双方签订买卖合同时的汇率为 USD 1=JPY 130。按此汇率,出口该批商品可换得 1300 万日元,扣除成本,出口商可获得 100 万日元。但 3 个月后,若美元汇价跌至 USD 1=JPY 128,则出口商只可换得 1280 万日元,比按原汇率计算少赚了 20 万日元;若美元汇价跌至 USD 1=JPY 120 以下,则出口商可就得亏本了。可见美元下跌或日元升值将对日本出口商造成压力。因此日本出口商在订立买卖合同时,可以按 USD 1=JPY 130 的汇率,将 3 个月的 10 万美元期汇卖出,即把双方约定远期交割的 10 万美元外汇售给日本的银行,届时就可收取 1300 万日元的货款,从而避免了汇率变动的风险。

第二,外汇银行为平衡远期外汇持有额。远期外汇持有额就是外汇头寸(foreign exchange position)。进出口商为避免外汇风险而进行期汇交易,实质上就是把汇率变动的风险转嫁给外汇银行。外汇银行之所以有风险,是因为它在与客户进行了多种交易以后,会产生一天的外汇"综合持有额"或总头寸(overall position),在这当中难免会出现期汇和现汇的超买或超卖现象。这样,外汇银行就处于汇率变动的风险之中。为此,外汇银行就设法把它的外汇头寸予以平衡,即要对不同期限不同货币头寸的余缺进行抛售或补进,由此求得期汇头寸的平衡。

举例:香港某外汇银行发生超卖现象,表现为美元期汇头寸"缺"10 万美元,为此银行就设法补进。如果该外汇银行没有马上补进,而是延至当日收盘时才成交,这样就可能因汇率已发生变化而造成损失。所以,银行在发现超卖情况时,就应立即买入同额的某种即期外汇。本例中,即期汇率为 USD 1=HK 7.70,10 万美元合 77 万港币。

第三,投机者为谋取汇率变动的差价而进行远期外汇交易。投机者往往有意识地持有外汇多头或空头,通过汇率的变动获取收益,同时也承担汇率变动的风险。

(三)套汇

套汇是指利用同一时刻不同外汇市场上的汇率差异,通过买进和卖出外汇而赚取利润的行为。套汇分为直接套汇和间接套汇两种。

直接套汇又称双边套汇,是最简单的套汇方式,它利用两个外汇市场上某种货币的汇率差价赚取利润。例如,在纽约外汇市场上 USD 100=HK 770,而在香港外汇市场上 USD 1=HK 7.71,因此,在纽约卖出港币买入美元,在香港卖出美元买入港币,每 1 美元获得 0.01 港币的利润

间接套汇又称三点套汇,利用三个外汇市场上外汇的差价,在三个外汇市场同时进行贱买贵卖,以赚取利润的活动。判断三个市场三种货币之间是否存在套汇机会可以依据以下原则:首先,将多个市场上的汇率转换成同一标价法,并将基准货币单位统一为 1;其次将各个汇率值相乘,如果 $E_{ab} \cdot E_{bc} \cdot \cdots\cdots \cdot E_{mn} \cdot E_{na} \neq 1$ 则存在套汇机会。

例如,在纽约外汇市场上 USD 100=FRF 500,在巴黎外汇市场上 GBP 1=FRF 8.54,在伦敦外汇市场上 GBP 1=USD 1.72,根据三点套汇机会存在的原则,首先统一单位和标价法,则在纽约市场 FRF 1=USD 0.200,在巴黎市场上 GBP 1=FRF 8.54,在伦敦市场 USD 1=GBP 0.581 4,其次将这三个汇率值相乘 0.2×0.581 4×8.54=0.993≠1,因此这三个市场存

在套汇机会。

(四)外汇投机交易

外汇投机交易指根据对汇率变动的预期,有意保持某种外汇的多头或空头,希望从汇率变动赚取利润的行为。投机者进行外汇投机交易,并没有商业或金融交易与之相对应,而且外汇投机利润具有不确定性,当投机者预期准确时,就可以赚取汇率变动的差价,如果预期失误,则要蒙受损失。外汇投机交易分为即期投机和远期投机两种。

即期投机是指外汇投机者根据预期买进或卖出某种现汇,希望这种货币不久将出现上升或下降的外汇交易。如果投机者预期某种货币看涨,则买进这种货币,希望能高价抛出;如果预期某种货币下跌,则卖出这种货币,希望能低价补进。

远期外汇投机有买空和卖空两种基本形式。在一般情况下,投机者预测外汇汇率上涨,先买进期汇,等到汇率上涨后再卖出现汇的投机活动,称为买空,亦称为做多头;如果投机者预期外汇汇率下跌,则先卖出期汇,等汇率下跌后再买入现汇的投机活动,称为卖空,亦称做空头。在这种交易中,合同到期时并不一定进行金额交割,往往只由一方支付汇率变动所引出的外汇差额。

六、国际储备

国际储备(international reserve)是一国货币当局持有的,用于弥补国际收支逆差、维持其货币汇率和作为对外偿债保证的各种形式资产的总称。

目前,国际货币基金组织会员国的国际储备,一般可分为四种类型:货币性黄金、外汇储备、在IMF的储备头寸和特别提款权。

货币性黄金即一国货币当局作为金融资产持有的黄金。显然,非货币用途的黄金(包括货币当局持有的)不在此列。在金本位制度下,黄金为全世界最主要的国际储备资产。但由于黄金的开采量受自然条件的限制,而且私人窖藏、工业与艺术用途的黄金需求不断增长,黄金日渐难以满足世界贸易和国际投资的扩大对国际储备的需要。能自由兑换成黄金的货币(如英镑、美元)就取代其成为主要的国际储备资产。目前,各国货币当局在动用国际储备时,并不能直接以黄金实物对外支付,而只能在黄金市场上出售黄金,换成可兑换的货币。所以黄金实际上已不是真正的国际储备,而只是潜在的国际储备。

外汇储备为各国货币当局持有的对外流动性资产,主要是银行存款和国库券等。一国货币充当国际储备货币,必须具备两个基本特征:①能够自由兑换为其他货币(或黄金),为世界各国普遍接受作为国际计价手段和支付手段。②内在价值相对比较稳定。

11-1 知识拓展:我国外储余额与美元指数的关系

在IMF的储备头寸指在IMF普通账户中会员国可自由提取使用的资产,具体包括会员国向IMF缴纳份额中的外汇部分和IMF用去的本国货币持有量部分。IMF成立的一个宗旨是在会员国遭受国际收支困难时向其提供短期融通资金。普通贷款最高限制是会员国份额的125%。会员国份额中25%用黄金、美元或特别提款权认购,其余75%用本国货币认购。前者(25%)称为"储备档"贷款,在使用时不需要IMF批准,会员国随时可以用本国货币购买(在规定期限内再购回本国货币),故是一种国际储备资产。储备头寸的另一部分是IMF为满足其他会员

国的资金要求而使用掉的本国货币。这部分是对 IMF 的债权，IMF 随时可向会员国偿还，亦即会员国可以无条件用来支付国际收支赤字。IMF 向其他会员国提供本国货币，就会使 IMF 的本国货币持有量低于份额的 75%。故加上可在储备档提取的金额，一国的净储备头寸就等于它的份额减去 IMF 对其货币的持有额。

特别提款权是 IMF 对会员国根据其份额分配的，可用以归还 IMF 贷款和会员国政府之间偿付国际收支赤字的一种账面资产。IMF 分配的而尚未使用完的特别提款权，就构成一国国际储备的一部分，特别提款权作为使用资金的权利，与其储备资产相比，有着显著的区别：首先，它不具有内在价值。是 IMF 人为创造的、纯粹账面上的资产。其次，特别提款权不像黄金和外汇那样通过贸易或非贸易交往取得，也不像储备头寸那样以所缴纳的份额作为基础，而是由 IMF 按份额比例无偿分配给各会员国。第三，特别提款权只能在 IMF 及各国政府之间发挥作用，任何私人企业不得持有和运用，不能直接用于贸易或非贸易的支付，因此具有严格限定的用途。

第二节 国际货币体系

➢ 一、国际货币体系的概念和主要内容

国际货币体系，是指国际结算所采用的货币制度，即国与国之间进行支付的系统规定、做法与制度，是随着世界市场的形成和国际贸易的发展逐步形成的。

国际货币体系包含以下几个主要内容：①确定世界及各国货币的汇率制度。②确定有关国际货币金融事务的协调机制或建立有关协调和监督机构。③确定资金融通机制。④确定主导货币或国际储备货币。⑤确定国际货币发行国的国际收支及约束机制。

国际货币体系在其发展过程中经历了三个重要的历史时期：第一个时期为 1870 年到 1914 年的金本位时期；第二个时期为 1945 年到 1973 年的布雷顿森林体系下的固定汇率时期；第三个时期是 1976 年牙买加协议以来的国际货币多元化和浮动汇率时期。

➢ 二、国际金本位制

19 世纪初，英国首先完成了工业革命，处于世界工业、贸易、金融和海运的中心地位。随着经济的快速发展，英国在 1816 年首先确立了金本位制，到 19 世纪末，其他资本主义国家也完成了工业革命，相继确立了金本位制。在此背景下，世界上首次出现的国际货币制度是国际金本位制，其大约形成于 19 世纪 80 年代末，结束于 1914 年。

国际金本位包括金币本位、金块本位和金汇兑本位等三种具体类型。

金币本位制是金本位制的最初形态，其理想的情况是纯粹金本位制度，具有以下三个特点：①黄金充当国际货币制度的基础。②各国货币间的汇率由各自货币的含金量决定。③国际金本位制具有自动调节国际收支的机制。

金块本位制又称"生金本位制"，是一种不完全的金本位制。其特点是：①尽管规定金币作为本位币，但在国内不流通金币，只流通银行券，银行券不具有无限的法偿力。②不能自由铸造金币，但仍然规定单位货币的含金量，并且规定黄金的官方价格。③银行券不能自由兑换成

黄金，但在需要进行国际支付时，可以用银行券到中央银行根据规定的数量兑换黄金。

金汇兑本位制又称"虚金本位制"，也是一种不完全的金本位制。其特点是：①国内不流通金币，只流通银行券，银行券在国内不能兑换成黄金或金币，但可首先兑换成某种外汇，再以外汇在国外兑换黄金。②实行这种货币制度的国家需将本国货币与另一个实行金本位制或金块本位制的国家的货币挂钩，实行固定汇率，并在该国存放外汇和黄金作为储备金，在必要时通过买卖外汇或黄金来维护本国货币币值的稳定。

但是金本位也存在着很大的缺陷：国际流通的货币量受到黄金的限制；国际收支的自动调节存在着严重的缺陷；国际收支逆差因金币的大量外流，对国内经济影响巨大，甚至造成经济衰退。

三、布雷顿森林体系

第二次世界大战即将结束时，一些国家深知，国际经济的动荡乃至战争的爆发与国际经济秩序的混乱存在着某种直接或间接的联系。因此，重建国际经济秩序成为保持战后经济恢复和发展的重要因素。在国际金融领域中重建经济秩序就是建立能够保证国际经济正常运行的国际货币制度。1944年7月1日—22日，在美国新罕布什尔州的布雷顿森林举行了由44个国家参加的联合国货币金融会议，讨论了战后国际货币制度的结构和运行等问题。会议通过了《国际货币基金组织协定》和《国际复兴开发银行协定》。会议确立了新的国际货币制度的基本内容。由于美国的黄金储备当时已经占到资本主义世界的3/4，因此，如果建立的货币体系仍然与黄金有密切联系的话，实际上就是要建立一个以美国为中心的国际货币制度。布雷顿森林体系的内容也正好反映了这样一个事实。

布雷顿森林体系包括五方面内容：

(1)成立国际货币基金组织和世界银行。为了保证上述货币制度的贯彻执行，建立国际货币基金组织和世界银行。

(2)确立国际储备货币。布雷顿森林体系规定，美元取得与黄金具有同等地位的国际储备资产的地位，美元与黄金挂钩。各国确认1934年1月美国规定的1美元的含金量为0.888 671克纯金，35美元换一盎司黄金的黄金官价。美国承担向各国政府或中央银行按官价兑换美元的义务；同时，为了维护这一黄金官价不受国际金融市场金价的冲击，各国政府需协同美国政府干预市场的金价，确立汇率制度。

(3)在汇率制度方面，它规定国际货币基金组织成员国货币与美元挂钩，即各国货币与美元保持稳定的汇率，实行可调整的固定汇率制。

(4)国际收支调整机制。当成员国发生国际收支逆差时，由国际货币基金组织提供短期资金融通，以协助其解决国际收支困难。

(5)各国货币兑换性与国际支付结算原则。《国际货币基金组织协定》规定了各国货币自由兑换的原则：成员国应承诺实现货币的可兑换性，即允许货币在经常账户交易中自由兑换成其他成员国的货币。任何成员国对其他成员国在经常项目往来中积存的本国货币，若对方为支付经常项货币换回本国货币，应予以自由兑换。这一原则的确立旨在促进国际贸易和投资，通过确保货币的自由兑换来减少外汇管制，从而降低交易成本和促进资本流动。考虑到各国的实际情况，《国际货币基金组织协定》做了"过渡期"的规定。《国际货币基金组织协定》规定了国际支付结算原则:会员国未经国际基金组织同意,不得对国际收支经常项目的支付和结算加以限制。

但是布雷顿森林体系本身就是不稳固的,事实上,自布雷顿森林体系建立之日起,"特里芬难题"就一直伴随国际经济的发展。1960年以前,布雷顿森林体系的主要问题是"美元荒";而1960年以后,主要问题是"美元灾"(1960年10月出现第一次美元危机,1968年3月第二次美元危机,1970年后美元危机加剧)。1971年8月,美国宣布停止美元兑换黄金,这一行动意味着布雷顿森林体系的基础发生动摇。1973年,西方主要国家纷纷实行浮动汇率制度,布雷顿森林体系瓦解(体系的两个基础——各国货币与美元挂钩、美元与黄金挂钩均告崩溃)。

四、牙买加体系

布雷顿森林体系瓦解以后,重新建立、至少是改革原有货币体系的工作成了国际金融领域的中心问题。1976年1月,成员国在牙买加首都金斯敦举行会议,讨论修改《国际货币基金组织协定》的条款,会议结束时达成了《牙买加协定》。同年4月,国际货币基金组织理事会又通过了以修改《牙买加协定》为基础的《国际货币基金组织协定第二次修正案》,并于1978年4月1日起生效,从而实际上形成了以《牙买加协定》为基础的新的国际货币制度。

新的国际货币制度的主要内容包括三个方面:

(1)汇率制度。汇率制度方面,《牙买加协定》认可了浮动汇率的合法性。它指出,国际货币基金组织同意固定汇率和浮动汇率的暂时并存,但成员国必须接受基金组织的监督,以防止出现各国货币竞相贬值的现象。

(2)储备制度:储备制度方面,《牙买加协定》明确提出黄金非货币化,会员国可以按市价在市场上买卖黄金;取消会员国之间、会员国与基金组织之间以黄金清偿债权债务的义务,降低黄金的货币作用;逐步处理基金组织持有的黄金。

11-2 知识拓展:
历次美元危机

(3)资金融通:资金融通方面,扩大对发展中国家的资金融通。国际货币基金组织用出售黄金所得收益建立信托基金,以优惠条件向最贫穷的发展中国家提供贷款;将基金组织的贷款额度从各会员国份额的100%提高到145%,并提高基金组织"出口波动补偿贷款"在份额中的比重,由占会员国份额的50%增加到75%。

但是牙买加体系下,主要工业国家全都采用浮动汇率制,汇率波动频繁而剧烈;多元国际货币缺乏统一的稳定的货币标准,这本身便是一种不稳定的因素,同时国际收支调节机制仍不健全。所以当今世界各国也都在致力于改革国际货币体系,主张建立新的国际货币体系。

第三节 国际金融市场

一、国际金融市场概述

(一)国际金融市场的含义和类型

国际金融市场(international financial markets),指从事各种国际金融业务活动的场所。国际金融市场按性质不同可分为传统国际金融市场、离岸金融市场;按资金融通期限的长短可分为国际货币市场、国际资本市场;按经营业务种类可分为国际资金市场、国际外汇市场、国际证券市场和国际黄金市场;按金融资产交割的方式不同分为现货市场、期货市场和期权市场。

国际金融市场可以是有形的市场,也可以是无形的市场。有形的国际金融市场往往是国际性金融机构聚集的城市或地区,也称为国际金融中心,它们已经遍布亚洲、欧洲、北美等地区。无形的国际金融市场由各国经营国际金融业务的机构组成,在国际范围内进行资金融通、有价证券交易及相关国际金融业务活动,主要是通过电话、传真、互联网等现代化通信设施来完成交易的。

(二)国际金融市场的形成与发展

国际金融市场是随着国际贸易的发展与扩大而产生和发展的。从最早的国际清算中心到国际金融市场的出现,直至今天的欧洲货币市场,这个过程经历了几个世纪。

17世纪末,随着美洲大陆的发现,资本主义全球市场体系逐步形成。在这个过程中,英国成为世界经济的主要力量。1694年英格兰银行正式成立,伦敦在成为世界经济中心、国际贸易中心的同时,也成为国际汇兑、国际结算和国际信贷中心,这标志着现代国际金融市场开始形成。

一战后,伦敦作为国际金融中心的地位开始衰落。二战后,英国的经济力量大为削弱,而美国未参与战争,实力猛增,美元逐步取代英镑,另外,瑞士作为中立国,经济、货币都较稳定,于是逐渐形成了纽约、苏黎世、伦敦三大国际金融中心。

战后,随着各国经济恢复和快速发展,形成了法兰克福、卢森堡、日本、亚太地区等国际金融中心,特别是日本的迅速崛起,东京成为继伦敦、纽约之后的第三大国际金融中心。

进入21世纪以来,国际金融市场呈现出以下几个特点:

首先,金融市场一体化进程加快。金融市场一体化不仅体现在各地区之间的金融市场相互贯通,还体现在全球不同种类市场的相互贯通,市场的相关性不断提高。目前,国际金融市场既有货币市场和资本市场的区分,又有银行信贷、债券、股票、外汇市场等区别。

其次,跨国银行业务综合化、网络化。在金融创新的推动下,分业经营管制失去效力,各国金融当局逐渐地放松管制,使得跨国银行的经营业务扩展到非银行业务领域,跨国银行开始经营过去主要由投资银行、保险公司和其他金融机构经营的债务发行。金融全球化发展为跨国银行实施全球战略创造了条件,金融电子化则为跨国银行全球经营奠定了基础。

最后,金融体制出现趋同化。目前,金融自由化的浪潮席卷越来越多的国家,各国金融体系透明度不断提高。在经济全球化背景下,混业经营成为世界经济的发展趋势,经济金融全球化导致全球金融市场竞争激烈。

二、欧洲货币市场

(一)欧洲货币市场的概念

欧洲货币市场,就是经营欧洲美元和欧洲一些主要国家境外货币交易的国际资金借贷市场。这里所谓的"欧洲"一词,实际上是"非国内的""境外的""离岸的"或"化外的"意思。例如,欧洲美元,是指存放在美国境外各银行(主要是欧洲银行和美国、日本等银行在欧洲的分行)内的美元存款,或者从这些银行借到的美元贷款。这与美国国内流通的美元是同一货币,具有同等价值,两者的区别只是在于账务上的处理不同。

(二) 欧洲货币市场的形成和发展

欧洲货币市场起源于 20 世纪 50 年代，市场上最初只有欧洲美元。当时，美国在朝鲜战争中冻结了中国存放在美国的资金，苏联和东欧国家为了本国资金的安全，将原来存在美国的美元转存到苏联开设在巴黎的北欧商业银行、开设在伦敦的莫斯科国民银行以及开设在伦敦的其他欧洲国家的商业银行中。美国和其他国家的一些资本家为避免其"账外资产"公开暴露，从而引起美国管制和税务当局追查，也把美元存在伦敦的银行，从而出现了欧洲美元。当时，欧洲美元总额不过 10 亿多美元，而且存放的目的在于保障资金安全。

在第二次世界大战结束以后，美国通过对饱受战争创伤的西欧各国的援助与投资，以及支付驻扎在西欧的美国军队的开支，使大量美元流入西欧。当时，英国政府为了刺激战争带来的经济萎缩，企图重建英镑的地位。1957 年英格兰银行采取措施，一方面对英镑区以外地区的英镑贷款实施严格的外汇管制，另一方面却准许伦敦的商业银行接受美元存款并发放美元贷款，从而在伦敦开放了以美元为主体的外币交易市场，这就是欧洲美元市场的起源。

到了 20 世纪 60 年代，欧洲货币市场逐渐发展起来。其主要原因是：

(1) 美国国际收支发生逆差。这是欧洲美元迅速增长的最根本原因。欧洲美元存在的形式首先是美元存款。私人公司或其他经济实体在欧洲银行存入一笔欧洲美元，归根到底，只能是把原来在美国银行里的一笔活期存款转存到欧洲银行里来。同样，一家欧洲银行贷出一笔欧洲美元，也只能是把这笔原来存在美国银行里的活期存款转贷给借款人。所以欧洲美元根本是美国银行对外负债的转移。

(2) 美国政府对资本输出的限制措施促使大量美元外流。由于美国国际收支不断出现逆差，趋势日益恶化，所以从 60 年代开始美国政府就采取了一系列限制美元外流的措施。如美国政府从 1963 年起实施利息平衡税，对外国政府与私人企业在美国发行的债券利息，一律征收平衡税，借以限制美国企事业对外直接投资，同时限制设立海外分支机构和银行对外信贷。1968 年美国政府的金融管制当局正式停止美国企业汇出美元到国外投资。这些措施引起美国国内商业银行的不满，纷纷向国外寻求吸收存款的出路。全世界的跨国公司也不得不转向欧洲货币市场，以满足其资金融通的需求。这些因素都大大地促进了欧洲货币市场的发展。

(3) 欧洲一些主要国家解除外汇管制，并实行各国货币自由兑换。西欧主要国家从 1958 年 12 月开始，允许出口商和银行拥有外币资金，主要是美元资金。当时，美元是国际主要的支付与储备货币，西欧各国解除对外汇的管制，就意味着各国货币可以自由兑换美元。这些措施使得欧洲银行的美元存放业务迅速增长，同时也促进了美国银行的分支机构大量增加。

进入 20 世纪 70 年代以后，欧洲货币市场进一步发展。无论从该市场上的资金供应方面，还是从资金需求方面来看，都在迅速增加。同时，欧洲货币市场的范围也在不断扩大，它的分布区扩展至亚洲、北美和拉丁美洲。因此，"欧洲"这个名词的产生是因为原先的市场在欧洲，但实际上由于欧洲货币市场的不断发展，它已不再限于欧洲地区了。

(三) 欧洲货币市场的特点

欧洲货币市场是一个有很大吸引力的市场，这个市场与西方国家的国内金融市场以及传统的国际金融市场有很大的不同，关键在于这是一个完全自由的国际金融市场，主要有如下特点：

(1) 欧洲货币市场经营非常自由。由于欧洲货币市场是一个不受任何国家政府管制和税收限制的市场,所以经营非常自由。例如,借款条件灵活、借款不限制用途等。因此这个市场不仅符合跨国公司和进出口商的需要,而且也符合许多西方国家和发展中国家的需要。

(2)欧洲货币市场资金规模极其庞大。欧洲货币市场的资金来自世界各地,数额极其庞大,各种主要可兑换货币应有尽有,故能满足各种不同类型的国家及其银行、企业对于不同期限与不同用途的资金需要。

(3)欧洲货币市场资金调度灵活、手续简便,有很强的竞争力。欧洲货币市场资金周转极快,调度十分灵便,因为这些资金不受任何管辖。这个市场与西方国家的国内市场及传统的国际金融市场相比,有很强的竞争力。

(4)欧洲货币市场有独特的利率体系,其存款利率相对较高,放款利率相对较低,存放款利率的差额很小,这是因为它不受法定准备金和存款利率最高额限制。因此,欧洲货币市场对存款人和借款人都极具吸引力。

(5)欧洲货币市场是一个"批发市场"。欧洲货币市场的经营以银行间交易为主,银行同业间的资金的拆借占欧洲货币市场业务总量的很大比重;它也是一个批发市场,由于大部分借款人和存款都是一些大客户,所以每笔交易数额很大,一般少则数万元,多则可达到数亿甚至数十亿美元。

(四)欧洲货币市场的组成及其业务活动

欧洲货币市场是由一个世界性的广泛的国际银行网所组成。这些银行被泛称为"欧洲银行"。所谓"欧洲银行"与其说是一种机构,不如说是一种职能。"欧洲银行"以伦敦为中心,散布在世界各大金融中心。它们之间通过信函、电话、电报和电传联系。伦敦有许多金融机构,它们同世界各国有千丝万缕的联系,形成了伦敦特有的金融地位。这些机构由三类银行组成:

(1)英国商业银行在伦敦开设的总分行;
(2)其他各国商业银行和金融机构在伦敦开设的分行、金融公司或投资银行;
(3)由不同国家大商业银行组成的联合银行集团。

欧洲货币市场的业务由两部分组成:一部分是银行同业拆借;另一部分是非银行之间的交易。就资金的借贷的期限、方式和业务性质而言,可分为中长期的欧洲资本市场和短期的欧洲货币市场。

1. 中长期的欧洲资本市场

中长期的欧洲资本市场是指欧洲银行经营的中长期借贷的市场,由银行中长期信贷和欧洲债券市场组成。

欧洲银行的中长期信贷,最短在1年以上,一般为1~3年、5年、7年、10年或更长。资金的借贷者,大多数是世界各国的企业、社会团体、政府当局或国际机构组织。资金来源,少数为长期存款,多数为较短期存款。办理中、长期信贷,一般都需签订合同,有的合同还需经借款国的官方机构或政府担保。利率一般以伦敦同业拆放利率为基础,根据金额大小、时间长短或借款人的资信,再加上不同幅度的附加利率,一般为0.25%~2.5%。对于金额大、时间长的贷款,往往由几家、十几家甚至数十家不同国家的银行组成银行集团,由一家或几家大银行牵头,向借款人共同提供。

发行欧洲债券是在中长期的欧洲资本市场上筹资的另一种主要形式。特别是20世纪70年代以来,由于对长期资金需求增加,债券形式的借贷活动发展很快,形成了专门的欧洲债券市场。欧洲债券的发行者、债券面值和债券发行地点分属于不同的国家。例如,法国一家机构在英国债券市场上发行的以美元为面值的债券即为欧洲债券;日本金融机构在东京证券交易所上发行的美元债券,则算为外国债券,而不能算为欧洲债券。

欧洲债券往往由一家大商业银行牵头,联合几家甚至数十家不同国家的大银行代为发行,大部分先由这些银行买进,然后转到销售证券的二级市场或本国市场卖出。欧洲债券的安全性较高,流动性强,主要借款人是跨国公司、各国政府和国际组织。现在,欧洲债券在资本市场借贷总额中的比例已超过中、长期银行信贷。

欧洲债券主要分为以下三种:

一种是普通固定利率债券,即在发行时,利率和到期日均有明确规定,不再改变。另一种是浮动利率债券,即利率按约定时间调整,多数为半年调整一次,以 6 个月期的伦敦银行同业拆放利率或美国商业银行优惠放款利率为基础,再加上一定的附加利率计算。

还有一种是可转换为股票的债券,购买者可以按照发行时规定的兑换价格,换成相应数量的股票。

2. 短期的欧洲货币市场

欧洲货币以欧洲美元为主,但尚有其他各种存于发行国之外的主要货币所形成的欧洲货币,如欧洲英镑(Eurosterling)——存于英国之外的英镑,欧洲日元——存于日本以外的日元等,故欧洲货币是以存款银行的所在地,而非存款人来认定,目前短期的欧洲货币市场的中心在英国的伦敦。

短期的欧洲货币市场主要是由期限 6 个月以下的短期资金所构成,交易金额很少小于 500 万美元。任何国家的居民都可以在本国或外国的短期欧洲货币市场借入外币。不仅企业营业时间可与银行营业时间相配合,而且不受异地借贷时差的影响,同时由于欧洲货币市场有较高的存款利率、较低的放款利率,欧洲货币因此受到各国私人企业以至中央银行的偏好。

短期的欧洲货币市场放款业务不受各国中央银行规定存款准备率的限制,因此能有效地降低放款资金成本,并且将之回馈给贷款的跨国企业,无形之中降低跨国企业的资金借贷成本。

短期欧洲货币市场的放款业务通常由主办银行联合其他银行组成联贷银行团,以联合贷款方式放款给跨国企业,联贷的方式一方面能降低单一银行的呆账风险,同时也能增加跨国银行能借款的资金额度。

(五)欧洲货币市场的影响

欧洲货币市场对世界经济产生了不可低估的影响,主要表现在以下几个方面:

第一,欧洲货币市场导致了国际金融市场的联系更加密切。欧洲货币市场在很大程度上打破了各国间货币金融关系的相互隔绝状态,它将大西洋两岸的金融市场与外汇市场联系在一起,从而促进了国际资金流动。因为欧洲银行的套利套汇活动,使两种欧洲货币之间的利率差别等于其远期外汇的升水或贴水,超过这个限度的微小利率差别都会引起大量资金的流动,于是这个市场所形成的国际利率,使各国国内利率更加相互依赖。它促进了国际金融的一体化,这是符合世界经济发展的基本趋势的。

第二,欧洲货币市场促进了一些国家的经济发展。欧洲货币市场在很大程度上帮助了西欧和日本恢复它们的经济并使其得到迅速发展。欧洲货币市场是日本 20 世纪 60 年代以来经济高速发展所需巨额资金的重要补充来源。发展中国家也从这个市场获得大量资金。据世界银行统计,从 1973 年到 1978 年 6 月底,两年半时间内发展中国家从国际货币市场上借进 621

亿美元,其中绝大部分是从欧洲货币市场上借来的。发展中国家运用这些资金加速了经济建设,扩大了出口贸易。因此,它加强了发展中国家和发达国家的经济力量。

第三,欧洲货币市场加速了国际贸易的发展。在不少国家,对外贸易是刺激经济增长的重要途径。20世纪60年代中期以来,如果没有欧洲货币市场,西方国家对外贸易的迅速增长是不可能的。

第四,欧洲货币市场帮助一些国家解决了国际收支逆差问题。欧洲货币市场方便了短期资金的国际流动,特别是促进了石油美元的回流。据国际货币基金组织估计,1974—1981年,世界各国的国际收支经常项目逆差总额高达8100亿美元,但各国通过国际金融市场筹集的资金总额即达7530亿美元,这在很大程度上缓和了世界性的国际收支失调问题。在这期间,欧洲货币市场所吸收的石油出口国的存款就达1330亿美元,从而发挥了重要的媒介作用。

当然,欧洲货币市场也给世界经济带来了不可低估的不稳定性,主要表现在以下几方面:

第一,经营欧洲货币业务的银行风险增大。欧洲美元等货币的拆放都具有以下几个特点:①借款人除了本国客户外,尚有外国客户,或虽系本国客户,但又转手再放给外国客户,所以,它具有极其复杂的国际连锁关系;②借款金额巨大,而又缺乏抵押保证;③由于借款人有时把资金转借出去,几经倒手,最后甚至连借款人是谁也不能完全掌握。

第二,影响各国金融政策的实施。对参与欧洲货币市场的国家来说,如果对欧洲美元等资金运用过多、依赖过深,或这种资金流入流出过于频繁、数额过大,那么,在一定程度上将会影响到该国国内货币流通的状况。

第三,加剧外汇证券市场的动荡。欧洲货币市场上的资金具有很大的流动性,每当某一主要国家货币汇率出现动荡将贬值下浮时,它的流动性将进一步加剧。

第四,加剧资本主义国家的通货膨胀,这是国际性通货膨胀加剧的一个因素。

三、国际货币市场

国际货币市场主要是指各国银行对多种货币所开展的业务活动。货币市场是经营期限在一年以内的借贷资本市场。常用的借贷方式有银行信贷、同业拆放等短期周转的业务。在货币市场上发行和流通的票据、证券也是短期的,如国库券、商业票据、银行承兑汇票和转让大额定期存单等。这些票证的共性是期限短、风险小和流动性强,都具有活跃的次级市场,随时可以出售变成现金。由于这些票证的功能近似于货币,所以把短期信贷和短期票证流通的市场叫作货币市场。国际货币市场可以分为传统的国际货币市场和新型的国际货币市场。前者一般是在居民与非居民之间进行的。后者是指欧洲货币短期资金融通市场,是国际货币市场的主体部分。

国际货币市场主要包括以下几种市场业务。

(一)短期信贷

短期信贷市场主要包括银行对工商企业的信贷和银行同业拆放市场。前者主要解决企业流通资金的需要,后者主要解决银行平衡一定头寸、调节资金余缺的需要。

1. 银行短期信贷

这里的银行短期信贷主要指外国工商企业在西方国家的货币市场上进行存款或放款。首先应注意的是利息率惯例。按国际惯例,外币存款的利息计算方法是以存款按年历的实际天数除以360天计算;英国的惯例是,英镑、比利时法郎、新加坡元、爱尔兰镑、南非兰特等按年历的实际天数除以每年365天计算;瑞士的惯例是,瑞士法郎在国内市场上以每月30天计算,每年360天计算。

举例:有一笔金额为500 000瑞士法郎,在瑞士某家银行从1月31日起存到2月28日止,年利率7%。若按国际惯例,存款利息为500 000×7%×28÷360=2722(瑞士法郎)。若按瑞士惯例,存款利息为500 000×7%×30÷360=2917(瑞士法郎)。

这个例子说明,外国工商企业在西方货币市场进行融资时,要注意利息率惯例。

2. 银行同业拆借

在短期信贷业务中,银行同业拆借业务相当重要。市场参与者主要是商业银行、中央银行、其他非银行金融机构。伦敦银行同业拆借市场是典型的拆借市场,它的参加者为英国的商业银行、票据交换银行和外国银行等。伦敦同业银行拆借利率是国际金融市场贷款利率的基础,即在这个利率的基础上再加一定的附加利率。伦敦同业银行拆借利率有两个价:一个是贷款利率,另一个是存款利率。二者一般相差0.25%~0.5%。在报纸上见到的报价如果是9%~9.25%,那么,9%为存款利率,9.25%为贷款利率。

第二次世界大战以后,西方各国政府为了通过中央银行管理和控制信用,都以法令的形式规定银行和其他金融机构在接受客户的存款后,必须按一定比例,也就是法定准备率,向中央银行交纳一定的法定准备金。这种准备金就是商业银行在中央银行的存款,但这种存款没有利息。中央银行通过变动法定准备率来控制商业银行的贷款能力,控制信用扩张的幅度。法定准备率越高,商业银行的贷款能力越小;反之,法定准备率越低,商业银行的贷款能力越大。

由于中央银行接受商业银行交纳的准备金不付利息,商业银行不愿在中央银行有超额准备金而损失利息,但商业银行在中央银行的准备金也不得低于法定准备率所规定的限额。商业银行和其他金融机构在存贷业务中,其资产和负债经常变动,故其在中央银行的准备金也要变动。在一天之内,有些商业银行在中央银行的法定准备金可能超过法定准备率规定的最低限度,而另一些商业银行在中央银行的法定准备金则可能低于法定准备率规定的最低限度。如果中央银行发现,某家商业银行的法定准备金不足的话,就会立即公布该银行不能参加票据交换。因此,凡是那些在中央银行法定准备金不足的银行,必须当天立即以可用的资金把不足的法定准备金补足。所谓立即可用的资金也叫当天抵用的资金:一是现钞,二是向中央银行借款,三是向同业银行借款。

各商业银行自己保留的现钞不会太大,若法定准备金短缺不太大时,可把现钞存入银行,若缺口太大,则现钞难以应付。商业银行的法定准备不足时,一般不愿向中央银行申请借款,这时银行最好的办法就是向同业银行借款,把同业银行在中央银行多余的法定准备金的一部分转到自己的账户上来,待到自己在中央银行的法定准备金多余之时,再把相当于原来的借款额度部分转到其债权行的账户上来。

同业拆借业务是银行一项经常业务,以隔夜拆借为多,今天借明天还,绝大部分是1天期到3个月期,3个月以上到1年的较少。同业拆借,彼此之间靠信用办事,一般打个电话就解决了,也不用什么契约、票据之类的工具。在英国,同业拆借的最低额度为25万英镑,高的可达数百万英镑。同业拆借可以由资金短缺方找资金有余方,资金有余方也可主动找资金短缺方。双方也可通过经纪人去寻找借贷对象。由于现代通信设备发达,借贷双方已经不限于同一城市了,而成为全国性的交易,成交后立即通过中央银行的通信网络拨账,次日仍通过电讯拨还。

同业拆借是商业银行之间进行的借贷业务,但在美国中央银行有存款的不只是商业银行,还有外国银行、联邦机构和证券经纪人等。这些机构根据同业拆借的原则,也可以把它们存在中央银行账户上的余额借给需要资金的机构。借出和偿还同样是通过中央银行拨账的方式进行。

(二)可转让定期存单

可转让定期存单简称定期存单(CD),指银行发行对待有人偿付具有可转让性质的定期存款凭证。凭证上载有发行的金额及利率,还有偿还日期和方法。如果存单期限超过1年,则可在期中支付利息。在纽约货币市场,通常以面值为100万美元为定期存单的单位,有30天到5年或7年不等的期限,通常期限为1~3个月。一律于期满日付款。

从本质上看,存单仍然是银行的定期存款。但存单与存款也有不同:

(1)定期存款是记名的,是不能转让的,不能在金融市场上流通;而存单是不记名的,可以在金融市场上转让。

(2)定期存款的金额是不固定的,有大有小,有整有零;存单的金额则是固定的,而且是大额整数,至少为10万美元,在市场上交易单位为100万美元。

(3)定期存款虽然有固定期限,但在没到期之前可以提前支取,不过损失了应得的较高利息;存单则只能到期支取,不能提前支取。

(4)定期存款的期限多为长期的;定期存单的期限多为短期的,由14天到1年不等,超过1年的比较少。

(5)定期存款的利率大多是固定的;存单的利率有固定的也有浮动的,即使是固定的利率,在次级市场上转让时,还是要按当时市场利率计算。

银行发行的可转让定期存单,在性质上仍属于债务凭证中的本票,由银行允诺到期时还本付息,购买存单的投资者需要资金时,可把存单出售换成现金。存单把存款和短期证券的优点集中于一身,既为银行带来了方便,又为客户提供了好处。

存单的利率高于类似的偿还期的国库券的利率。这种差异是由存单的信用风险程度比较大决定的,还由于存单的流动性没有国库券的流动性强,二级市场对存单的需求较少,存单的收益纳税面大。在美国,存单收益在各级政府都纳税,不同的发行银行,存单的利率也存在差异。存单市场发展的初期,存单的差别是比较小的,可是逐渐地存单的买者开始对不同的银行发行的存单进行选择,资信高的银行发行的存单利率低,资信差的银行发行的存单利率高。

存单的利率是固定的。存单的持有者在出卖存单时,市场现实利率可能与存单上商定利率不一致,可能高于商定利率,也可能低于商定利率。在次级市场上购买存单的人,要求按当时的现实利率计算。因为他若不在次级市场上买存单,而到银行直接买原始存单,只能依据这个当时利率,而在次级市场上买到的存单到期时,银行是按商定利率支付利息的。比如说,存单转让时,市场利率为10%,而存单利率为9%,市场利率高于存单商定利率1%,存单的卖者要把这1%补给存单的买者。由发行存单那天起到期满那天为止的利息归买者。由于市场利率高于存单上的商定利率,存单的卖者要从他所得到的利息中减去补给存单买者两种利率之差。这就是说,若市场利率高于存单商定利率,存单的卖者有一定损失;若市场利率低于存单商定利率,存单的买者要对卖者支付这两种利率之差。这时,存单卖者得益。

(三)商业票据

商业票据是指没有抵押品的短期票据。从本质上说,它是以出票人本身为付款人的本票,由出票人许诺在一定时间、地点付给收款人一定金额的票据。

商业票据是最早的信用工具,起源于商业信用。而商业信用的出现先于金融市场的产生之前。在没有金融市场时,商业票据没有流通市场,只能由收款人保存,到期才能收款。到有了银行,有了金融市场,商业票据的持有者才可以拿商业票据到银行去抵押,到市场上去贴现,提前取得资金。近年来更进一步演变为一种单纯的用在金融市场上融通筹资的工具,虽名为商业票据,却是没有实际发生商品或劳务交易为背景的债权凭证。

商业票据主要有以下几种:

(1)短期票据,是货币市场中的短期信用工具,最短期限是30天,最长是270天。

(2)单名票据,发行时只需一个人签名就可以了。

(3)融通票据,为短期周转资金而发行。

(4)大额票据,面额是整数,多数以10万美元为倍数计算。

(5)无担保票据,不需要担保品和保证人,只需靠公司信用担保。

(6)市场票据,以非特定公众为销售对象。

(7)大公司票据,只有那些财务健全、信用卓著的大公司才能发行商业票据。

(8)贴现票据,以贴现的方式发行,即在发行时先预扣利息。

商业票据市场基本上是一种初级市场,没有二级市场。其原因在于:

第一,大多数商业票据的偿还期很短,20天到40天。

第二,大多数商业票据的发行人在投资者面临严重流动压力时,是准备在偿还期到期以前买回商业票据的。

商业票据利率一般比政府发行的短期国库券的利率高,这是由风险、流通和税收的原因决定的。商业票据的风险大于政府国库券的风险,所以其利率要高于国库券的利率。同是商业票据,资信程度高的公司发行的利率低,资信程度差的公司发行的利率高。商业票据没有二级市场,国库券有二级市场,所以商业票据利率比国库券的利率高,商业票据的收益在各级政府纳税,在美国,国库券的收益只在联邦政府纳税,所以商业票据的利率要高。

商业票据利率和银行优惠利率也有重要关系。优惠利率是商业银行向与它关系最好的企业贷款所收的利率。商业票据利率和银行优惠利率是互相竞争的。如果银行优惠利率高于商业票据利率,一些大企业就通过发行商业票据筹资;反之,若优惠利率低于商业票据利率,一些大企业则不发行商业票据而向银行借款融资。

(四)银行承兑汇票

银行承兑汇票是指发票人签发一定金额委托付款人于指定的到期日无条件支付于收款人或持票人的票据。汇票在性质上属于委托证券,是由发票人委托付款人付款,而本票是由发票人自己付款,两者的区别是明显的。

银行承兑汇票指以银行为付款人并经银行承兑的远期汇票。"承兑"就是银行为付款人,表示承诺汇票上的委托支付,负担支付票面金额的义务的行为。一旦银行在汇票上盖上"承兑"字样,汇票就成为银行的直接债务,在此后银行负有于汇票到期时支付现金给持票人的义务。

汇票是随着国际贸易的发展而产生的。国际贸易的买卖双方相距遥远,所用货币各异,不能像国内贸易那样方便地进行结算。从出口方发运货物到进口方收到货物,中间有一个较长的过程。在这段时间一定有一方向另一方提供信用,不是进口商提供货款,就是出口商赊销货物。若没有强有力中介人担保,进口商怕付了款收不到货,出口商怕发了货收不到款,这种国际贸易就难以顺利进行。后来银行参与国际贸易,作为进出口双方的中介人,开出信用证,一方面向出口商担保,货物运出口,开出以银行为付款人的汇票,发到银行,银行保证付款,同时又向进口商担保,能及时收到他们所进口的货物单据,到港口提货。出口商开出的汇票,如为即期汇票,开证行于见票后立即付款;如为远期汇票,开证行见票予以承兑,到期付款。银行承兑汇票就是通过国际贸易的结算过程被创造出来的。

假设美国某一进口商从法国某一出口商那里进口一批价值10万美元的货物,为了进行支付,美国的进口商从美国某一家银行取得以法国出口商为收款人的信用证,凭这张信用证允许法国出口商对美国这家银行开一张汇票。

法国出口商发出商品并把信用证转交给法国银行,法国银行开一张对美国银行的汇票,并寄给美国银行。美国银行确认之后,汇票上盖"承兑"印记,这就创造出一张银行承兑汇票。

应注意的是,美国银行只是保证到期支付,不必为这种交易提供信用。

(1)出口国——法国银行提供信用。法国的出口商出口货物后持承兑汇票要求法国银行对汇票议付,也就是支付现金,并把这笔款存在法国银行。

美国的进口商已经收到货物,同时对美国承兑银行有一笔短期负债。美国银行则既有一笔新资产(美国进口商所负责的汇票金额),又有一种新负债(银行承兑汇票对汇票持有人支付),等到汇票到期时,美国银行向法国银行支付10万美元,美国进口商向美国银行支付10万美元。这个过程说明,是法国的银行提供了信用。

(2)证券商提供信用。法国银行接受本国出口商的议付后,把汇票卖给美国一家证券商,得到美元并存在美国银行。待汇票到期时,美国银行向持有汇票的美国证券商支付10万美元,美国进口商对美国银行付款。这个过程说明是美国证券商提供了信用。

(3)美国承兑银行提供信用。法国银行提供本国出口商议付后,把汇票卖给美国承兑银行,获得美元并存在美国银行。待汇票到期时,美国银行不必对自己支付了。美国进口商对美国银行付款。这个过程说明,美国银行提供了信用。

承兑汇票的主要用途是为国际商品流通融资。一是为本国的出口商融资,本国的出口商持有外国银行承兑的汇票可以在本国银行贴现,直接取得出口货款。汇票到期之后,本国银行再从外国银行收回汇票所载的金额。二是为本国进口商融资,本国进口商与外国出口商签订进口合同之后,可要求本国银行通知外国出口商开出以本国银行为付款人的汇票,使外国出口商及时交货。本国进口商从本国银行得到提单并向本国银行付款。

银行承兑汇票是随着国际贸易产生的,可以说没有初级市场,但有次级市场。参加银行承兑汇票次级市场交易的有三种人:一是创造银行承兑汇票的承兑银行;二是经纪人;三是投资者。

承兑银行所持的银行承兑汇票都是自己承兑、自己贴现的。这部分汇票的大多数没有进入初级市场,没有流通。经纪人主要是代客买卖,收取佣金。投资者持有的银行承兑汇票占市场流通总额的绝大多数。

四、国际资本市场

国际资本市场(international capital markets)是指在国际范围内进行各种期限在1年以上的中长期资金交易活动的场所与网络,主要由国际银行中长期信贷市场(international bank loan)、国际债券市场(international bond markets)和国际股票市场(international equity markets)构成。

(一)国际银行中长期信贷市场

国际银行中长期贷款是指由一国的一家商业银行,或一国(多国)的多家商业银行组成的贷款银团,向另一国银行、政府或企业等借款人提供的期限在一年以上的贷款。

国际银行中长期贷款有以下几个特点:

(1)资金来源广泛,信贷资金供应较为充足,借款人筹资比较方便。

(2)贷款在使用上比较自由,贷款银行一般不加以限制。

(3)贷款条件严格,贷款成本相对高。

国际银行中长期贷款根据从事国际银行中长期贷款的主体所处市场的不同分为传统国际金融市场的银行中长期信贷和欧洲货币市场的银行中长期信贷。传统国际金融市场的银行中长期信贷是指由市场所在国的银行直接或通过其海外分行将银行所在国货币贷放给境外借款人的国际信贷安排。欧洲货币市场的银行中长期贷款是指欧洲银行所从事的境外货币的中长期信贷业务。

目前,国际银行中长期贷款主要有双边贷款和银团贷款两种形式:一是双边贷款又称独家银行贷款,是指一国的一家银行向另一国的政府、银行、公司企业等借款者发放的贷款;二是银团贷款(辛迪加贷款),是由一国或几国的若干家银行组成银团,按共同的条件向另一国借款人提供长期巨额贷款。

银团贷款已成为当今主要贷款形式,银团贷款具有贷款规模大、期限长、货币选择灵活等特点,但是贷款成本相对较高。银团贷款的时间通常为7~10年,贷款规模最多可达几十亿美元,而利率通常为LIBOR加上一定的加息率。对于借款人来说,独家银行往往无法提供长期的巨额资金,但是通过银团贷款则可以获得足够的资金。对于贷款银行来说,银团贷款可以分散贷款风险、适度减少同业之间的竞争、克服有限资金来源制约、扩大客户范围、带动其他业务发展等。

在国际银行中长期贷款中,参与贷款的借款人主要为世界各国政府、国际金融机构、大型企业;贷款人主要为实力较强、具有从事国际贷款能力的大型银行。

银团贷款主要由牵头银行、代理银行和参加银行三部分组成:

(1)牵头行:负责整个银团贷款的组织工作,包括与贷款人联络接洽,签订贷款合同等。

(2)代理行:是银团贷款在执行过程中的核心,负责监督管理贷款的具体事项。

(3)参加行:承诺提供给贷款人贷款的银行。

由于国际银行中长期的期限长、金额大、风险大,债权银行为了保障贷款的安全性,需要债务人为其债务提供担保。当借款人出现不能按期支付本息等违约行为时,担保人有义务代替借款人履行贷款合同的相关规定。担保人一般是由借款人所在国的政府机构担任。

(二)国际债券市场

国际债券(international bond)的含义是指一国政府、企业、金融机构等为筹措外币资金在国外发行的以外币计值的债券。

国际债券按是否以发行地当地货币为面值可以划分为外国债券、欧洲债券和全球债券。外国债券(foreign bond)是发行人在某外国资本市场上发行的以市场所在国货币为标价货币的国际债券。如英国的猛犬债券(bulldog bonds),美国的扬基债券,日本的武士债券。欧洲债券是发行人在债券票面货币发行国以外的国家发行的以欧洲货币为标价货币的国际债券。全球债券(global bonds)是可以同时在几个国家的资本市场上发行的欧洲债券,是欧洲债券的一种特殊形式。

国际债券发行市场又叫一级市场,是政府、机构和企业在发行债券时,从规划到推销、承购等阶段的全部活动过程。发行市场的主要参与者有:发行人、担保人、牵头人、承销商以及法律顾问。

发行国际债券一般需要国际公认的评级机构对债券资信进行等级评定,目的是将债券资信状况公布于众,保护广大投资者的利益。债券评级的主要内容包括:①债券发行人还本付息的清偿能力;②债券发行人在金融市场上的声誉、历次偿债情况、有无违约记录;③发行人破产的可能性。

目前美国主要的评级公司是标准普尔公司(S&P)、穆迪投资者服务公司(Moody)、菲奇公司(Fitch)、达夫公司(D&P)和麦卡锡公司(M&M)。

1. 国际债券发行的方式

(1)按募集对象的不同,国际债券发行的方式主要分为公募和私募两种。

①公募。这是向社会广大公众发行的债券,可在证券交易所上市公开买卖。公募债券的发行必须经过国际上认可的债信评级机构的评级。借款人需将自己的各项情况公布于众。借款人每发行一次债券,都要重新确定一次债信级别。

②私募。它是指私下向限定数量的投资人发行的债券。这种债券发行的金额较小、期限较短,不能上市公开买卖。但私募债券机动灵活,一般不需要债信评级机构评级,也不要发行人将自己的情况公布于众,发行手续较简便。

(2)根据有无中介机构,国际债券的发行方式也可分为直接发行和间接发行两种。

①直接发行。由发行人自己出面发行债券,发行人自己办理发行的全部手续,做好发行前的准备工作,并直接向投资人出售债券,剩余的债券也由自己处理。发行人也可在债券发行之前,先在规定期限内接受投资人的申请,按申请数印制债券,并直接发行,这样可以防止债券过剩。

②间接发行。由发行人委托中间人代理发行债券,具体又分为委托募集和承购募集。委托募集是委托销售集团推销债券,推销不完的债券退回发行人处理。承购募集是由承购集团推销,推销不完的债券由承购人买下。在国际债券市场上,一般都采用承购募集的方式发行债券。

2. 国际债券的流通方式

国际债券的流通方式分为在证券交易所挂牌上市和柜台交易两种。

(1)在证券交易所挂牌上市。公募债券发行后,一般来说,发行人在主干事的协助下,应使债券尽可能快地上市。债券上市的手续是发行人必须向债券上市地的证券管理部门提出申请,提供所需要的文件,以便他们审核。债券上市后,只要债券未全部清偿,发行人始终要对债券进行管理,包括参与交易,以维持债券在市场上的信誉。

(2)在柜台交易。柜台交易是在证券交易所以外的地方进行的证券交易,通常是在证券公司或银行的柜台,以电话、电报或电传等方式成交。在柜台交易的债券无须登记上市。

(三)国际股票市场

随着科学技术的迅猛发展,无形市场的地位日益突出。与国际证券市场相比,股票市场的国际化进程比较缓慢。但20世纪70年代以来,各国逐步取消有关资本国际流动的限制,跨国股票的投资也迅速膨胀,国际股票市场正在经历一个加速发展阶段。虽然由于美国次贷危机的影响,2008年不少国家和地区在国际股票市场上发行的股票市值出现下降,但股票市场国际化的整体发展趋势没有改变。

股票市场国际化主要体现在以下两个方面:第一,一国股票市场的对外开放。20世纪70年代以来,一些发达国家进一步放松资本项目管制,提高对外开放的程度,允许外国企业在本国股票市场上发行股票并上市流通,允许外国投资者参与本国股票市场的投资。一个原本封闭的国内股票市场,开始变成全面对外开放的国际化股票市场。第二,企业筹资市场的多元化。许多大型跨国公司由于生产经营的全球化,促使其筹资方式也日趋多元化,表现之一就是选择在国外发行股票并上市。国际股票市场具有资金供应的充足性和流动性,因此越来越多的跨国公司选择通过国际股票市场融通资金,以此来扩大其资本来源,降低其筹资成本。

国际股票发行市场指国际股票发行人发行新股票、投资者购买新股票的运营网络。国际股票的发行分为两种情况,一种是新设立股份公司第一次发行股票,另一种是原有股份公司增资扩展而发行新的股票。

国际股票流通市场是指已发行的国际股票在投资者之间转让买卖的场所或交易网络。它是国际股票市场最为活跃的部分,为国际股票提供了流动性。国际股票流通市场组成成分主要有证券交易所、证券交易自动报价系统、证券经纪人、证券运营商、投资人、证券交易清算系统和证券监管机构等。

国际股票流通市场具有四个层次,其中国际性证券交易所处于核心地位,场外交易市场(OTC市场)发展迅速,并于近年来分离出第三市场和第四市场。

(1)证券交易所。证券交易所是有组织地进行股票集中交易的有形固定场所。证券交易所提供完备的交易设备和快捷的清算信息服务,流动性很强,一般有会员制和公司制两种。会员制是当前国际股票市场主要采用的组织形式。如东京证券交易所(TSE)、伦敦证券交易所(LSE)、纽约证券交易所(NYSE)。

(2)场外交易市场。场外交易市场也称柜台市场或店头市场,它是主要的场外市场,是在证券交易场所外从事股票交易的无形市场。美国的场外交易为世界最大,其代表是纳斯达克(NASDAQ)。

(3)第三市场。第三市场是通过将原来在证券交易所上市交易的股票移至场外交易而形成的无形市场。其发展原因是股票投资的机构化,由于机构投资者需要为场内交易的大额股票支付大笔佣金,一些证券商为吸引这类业务,把上市股票的交易拉到场外进行。第三市场并无固定交易场所,场外交易商收取的佣金是通过磋商来确定的,因而,同样的股票在第三市场交易比在股票交易所交易,佣金要便宜一半,所以它一度发展很迅速。直到1975年美国证券交易管理委员会取消固定佣金比率,交易所会员自行决定佣金,投资者可选择佣金低的证券公司来进行交易,第三市场的发展才有所减缓。

(4)第四市场。第四市场也是场外交易市场的一种拓展,是投资者直接进行股票交易的市场。机构投资者的一些大额股票交易甚至不通过证券商,直接寻找交易对方,私下协商成交。第四市场的吸引力和优点,首先在于其交易成本低廉。因为买卖双方直接交易不需要支付中介费用,即使有时须通过第三方来安排,佣金也要比其他市场少得多。据统计,在美国利用这种市场进行证券交易比在证券交易所交易一般可节省佣金70%。其次是价格合理。由于买卖双方直接谈判,所以可望获得双方都满意的价格,而且成交比较迅速。第四市场有很大发展潜力,同时也对证券交易所内和场外的大批量证券交易产生巨大的竞争压力,促使这些交易以较低的成本和更直接的方式进行。

本章小结

1. 外汇的标价方法有直接标价法、间接标价法、美元标价法。
2. 外汇交易的种类有即期外汇交易、远期外汇交易、套汇交易和外汇投机交易。
3. 国际储备有四种:货币性黄金、外汇储备、储备头寸、特别提款权。
4. 国际货币体系的主要内容:①确定世界及各国货币的汇率制度。②确定有关国际货币金融事务的协调机制或建立有关协调和监督机构。③确定资金融通机制。④确定主导货币或国际储备货币。⑤确定国际货币发行国的国际收支及约束机制。
5. 国际金融市场根据交易者的身份可以划分为在岸金融市场和离岸金融市场,其中离岸金融市场的总和就是欧洲货币市场。
6. 国际金融市场根据资金融通的时间长短可以划分为国际货币市场和国际资本市场。不同的市场常用的金融工具也不相同。

本章关键词

外汇(foreign currency)　　　　　　　汇率(exchange rate)
国际储备(international reserve)　　　　国际货币体系(international monetary system)
国际金融市场(international financial markets)　　欧洲货币市场(European money markets)
国际货币市场(international money markets)　　国际资本市场(international capital markets)

本章思考题

1. 简述汇率的直接标价法和间接标价的区别。
2. 如何利用即期汇率和远期差价报出远期汇率?
3. 国际储备的含义是什么?国际储备具有哪些类型?
4. 特别提款权的特点是什么?
5. 远期外汇交易的目的是什么?
6. 套汇和外汇投机交易有哪些区别?
7. 简述国际金融市场的含义和类型。
8. 简述欧洲货币市场的特点和主要影响。

课程思政文章荐读

1. 高举中国特色社会主义伟大旗帜,为全面建设社会主义现代化国家而团结奋斗——在中国共产党第二十次全国代表大会上的报告(2022年10月16日)

2. 国务院关于金融工作情况的报告——2022年10月28日在十三届全国人民代表大会常务委员会第三十七次会议上

3. 郭树清:加强和完善现代金融监管(认真学习宣传贯彻党的二十大精神)(2022年12月14日)

4. 人民银行行长易纲在2022年金融街论坛年会上的讲话(2022年11月21日)

5. 更好建设金融稳定长效机制 守住不发生系统性风险底线——人民银行副行长宣昌能在2022金融街论坛年会上的讲话(2022年11月21日)

6. 美元周期与中国外汇市场——人民银行副行长、外汇局局长潘功胜在2022金融街论坛年会上的讲话(2022年11月21日)

7. 中央金融系统代表团新闻发言人潘功胜参加党的二十大新闻中心集体采访实录(2022年10月20日)

8. 2022年人民币国际化报告(2022年9月)

主要参考文献

主要参考图书、报刊

[1] 黄达.金融学[M].5版.北京:中国人民大学出版社,2020.
[2] 钱水土.货币金融学[M].3版.北京:机械工业出版社,2020.
[3] 王常柏.金融学概论[M].3版.北京:中国人民大学出版社,2021.
[4] 李莉.金融学[M].北京:中国金融出版社,2021.
[5] 米什金.货币金融学:第12版[M].北京:中国人民大学出版社,2021.
[6] 丁志国,赵晶.金融学[M].2版.北京:机械工业出版社,2020.
[7] 高晓燕.金融学[M].2版.北京:中国金融出版社,2020.
[8] 黄宪,侯成琪,赵征.货币金融学[M].7版.武汉:武汉大学出版社,2020.
[9] 杨利,张俊杰,牛海龙.金融学[M].北京:清华大学出版社,2020.
[10] 李成.金融学[M].3版.北京:科学出版社,2019.
[11] 李健.金融学[M].3版.北京:高等教育出版社,2018.
[12] 兹维.金融学[M].2版.北京:中国人民大学出版社,2018.
[13] 曹龙骐.金融学[M].6版.北京:高等教育出版社,2019.
[14] 弗里德曼.存款经营[M]北京:中国计划出版社,2001.
[15] 戴相龙,黄达.中华金融辞库[M].北京:中国金融出版社,1998.
[16] 窦尔翔,周知.债性资本市场[M].北京:中国财富出版社,2014.
[17] 方先明.证券投资学[M].南京:南京大学出版社,2012.
[18] 法博齐,莫迪利亚尼,琼斯.金融市场与金融机构基础:第四版[M].北京:机械工业出版社,2010.
[19] 盖锐,孙晓娟.金融学[M].2版.北京:清华大学出版社,2012.
[20] 郭红,孟昊.金融市场[M].大连:东北财经大学出版社,2013.
[21] 何国华,韩国文,宋晓燕.金融市场学[M].武汉:武汉大学出版社,2003.
[22] 胡国辉.货币银行学[M].武汉:武汉理工大学出版社,2006.
[23] 李庚寅,货币银行学[M],西南财经大学出版社,2011.
[24] 李伟民.金融大辞典[M].哈尔滨:黑龙江人民出版社,2002.
[25] 李雅丽.金融学(货币银行学)[M].上海:上海财经大学出版社,2013.
[26] 凌江怀.金融学概论[M].2版.北京:中国高等教育出版社,2010.
[27] 刘纪鹏.资本金融学[M].北京:中信出版社,2012,255-256.
[28] 罗振宇.通货紧缩论[M].北京:经济科学出版社,1999.
[29] 马君潞,陈平,范小云.国际金融[M].1版.北京:高等教育出版社,2011.

[30] 麦勇,孟磊.金融市场学[M].上海:华东师范大学出版社,2013.
[31] 阮加.金融学[M].北京:清华大学出版社,2013
[32] 史建平.金融市场学[M].北京:清华大学出版社,2012.
[33] 汪戎,熊俊.中国信托业发展30年评述[J].云南财经大学学报,2010,144(1):86-92.
[34] 汪办兴.2009—2010年中国票据市场发展:回顾与展望[J].金融论坛,2010,4:14-20.
[35] 汪玲.资本市场[M].北京:电子工业出版社,2003.
[36] 汪小政,王亮.互联网金融与票据业务创新研究[J].票据研究 2014(10).
[37] 王松奇.货币政策与经济成长[M].北京:中国人民大学出版社,1991.
[38] 王兆星,吴国祥,张颖.金融市场学[M].4版.北京:中国金融出版社,2006.
[39] 吴晓求.证券投资学[M].2版.北京:人民大学出版社,2004.
[40] 吴英芝.证券与期货[M].北京:中国财政经济出版社,2012,4-6.
[41] 徐龙炳.货币政策效果的度量[M].上海:复旦大学出版社,2001.
[42] 杨大楷.证券投资学[M].上海:上海财经大学出版社,2011.
[43] 杨胜刚,姚小义.国际金融[M].2版.北京:高等教育出版社,2009.
[44] 杨树旺,陈子彤,周灏,等.证券投资[M].武汉:武汉大学出版社,2004.
[45] 杨长江,姜波克.国际金融学[M].1版.北京:高等教育出版社,2008.
[46] 易纲,吴有昌.货币银行学[M].上海:格致出版社,2014
[47] 易纲,张磊.国际金融[M].1版.上海:上海人民出版社,2008.
[48] 殷孟波.货币金融学[M].北京:中国金融出版社,2004.
[49] 张慎峰.金融期货市场发展展望[J].中国金融,2014(10).
[50] 张亦春,郑振龙,林海.金融市场学[M].3版.北京:高等教育出版社,2010.
[51] 张亦春.现代金融市场学[M].北京:中国金融出版社,2012.
[52] 张友麒,杜俊娟.金融学概论[M].上海:上海财经大学出版社,2013.
[53] 中国证券业协会.证券市场基础知识[M].北京:中国金融出版社,2012.
[54] 周鹏,李双建,赵旭霞.基金评级具有参考价值吗:基于竞赛理论视角下的实证分析[J].山西财经大学学报,2014,11:36-49.
[55] 周永强.股票投资基础[M].哈尔滨:哈尔滨工业大学出版社,2004
[56] 庄新田,高莹,金秀.证券投资分析[M].2版.北京:清华大学大学出版社,2013.
[57] 庄毓敏.商业银行业务与经营[M].3版.北京:中国人民大学出版社,2010.

主要参考网站及数据库

[1] 中国人民银行 www.pbc.gov.cn
[2] 国家金融监督管理总局 www.cbirc.gov.cn
[3] 中国证券监督管理委员会 www.csrc.gov.cn
[4] 中国证券业协会 www.sac.net.cn
[5] 中国证券投资基金业协会 www.amac.org.cn
[6] 上海证券交易所 www.sse.com.cn
[7] 深圳证券交易所 www.szse.cn
[8] 全国中小企业股份转让系统 www.neeq.com.cn

[9]　中国金融期货交易所 www.cffex.com.cn
[10]　中央结算公司 www.ccdc.com.cn
[11]　香港交易及结算所有限公司(香港交易所) sc.hkex.com.hk
[12]　中国债券信息网 www.chinabond.com.cn
[13]　中国货币网(中国外汇交易中心) www.chinamoney.com.cn
[14]　美国联邦储备系统(美联储) www.federalreserve.gov
[15]　万得(Wind)金融数据库
[16]　东方财富 choice 金融数据库

图书在版编目(CIP)数据

金融学/陈健主编. — 2版. — 西安:西安交通大学出版社,2024.11
　ISBN 978-7-5693-3053-3

Ⅰ.①金… Ⅱ.①陈… Ⅲ.①金融学 Ⅳ.①F830

中国版本图书馆 CIP 数据核字(2022)第 256264 号

书　　名	金融学(第二版)
	JINRONGXUE(DI-ER BAN)
主　　编	陈　健
责任编辑	袁　娟
责任校对	李逢国
封面设计	任加盟
出版发行	西安交通大学出版社
	(西安市兴庆南路1号　邮政编码 710048)
网　　址	http://www.xjtupress.com
电　　话	(029)82668357　82667874(市场营销中心)
	(029)82668315(总编办)
传　　真	(029)82668280
印　　刷	陕西奇彩印务有限责任公司
开　　本	787mm×1092mm　1/16　印张 24.75　字数 854千字
版次印次	2015年9月第1版　2024年11月第2版　2024年11月第1次印刷
书　　号	ISBN 978-7-5693-3053-3
定　　价	69.80元

如发现印装质量问题,请与本社市场营销中心联系。
订购热线:(029)82665248　(029)82667874
投稿热线:(029)82665379　微信号:yy296728019
读者信箱:xj_rwjg@126.com

版权所有　侵权必究